美学探讨与话语建构

与话语建构

刘小新　杨健民　郑海婷　主编

Aesthetics

·上册·

江苏大学出版社
JIANGSU UNIVERSITY PRESS
镇江

图书在版编目（CIP）数据

美学探讨与话语建构：全二册/刘小新，杨健民，
郑海婷主编. — 镇江：江苏大学出版社，2020.10
ISBN 978-7-5684-1438-8

Ⅰ.①美… Ⅱ.①刘… ②杨… ③郑… Ⅲ.①美学 一
研究 Ⅳ.①B83

中国版本图书馆 CIP 数据核字（2020）第 183842 号

美学探讨与话语建构
Meixue Tantao yu Huayu Jiangou

主　　编/刘小新　杨健民　郑海婷
责任编辑/张　平
出版发行/江苏大学出版社
地　　址/江苏省镇江市梦溪园巷 30 号（邮编：212003）
电　　话/0511-84446464（传真）
网　　址/http://press.ujs.edu.cn
排　　版/镇江文苑制版印刷有限责任公司
印　　刷/镇江文苑制版印刷有限责任公司
开　　本/718 mm×1 000 mm　1/16
总 印 张/42
总 字 数/800 千字
版　　次/2020 年 10 月第 1 版　2020 年 10 月第 1 次印刷
书　　号/ISBN 978-7-5684-1438-8
总 定 价/118.00 元（全二册）

如有印装质量问题请与本社营销部联系（电话：0511-84440882）

在"中国经验：美学学科建设七十年"
青年博士论坛上的讲话

陈文章·福建省社科联党组成员、副主席兼东南学术杂志社社长、总编辑

（2019年9月21日）

尊敬的各位专家学者、各位青年博士、同志们：

大家上午好！

在举国上下喜迎新中国成立70周年之际，由省社科联主办，省美学学会、闽南师范大学文学院、福建社会科学院马克思主义文艺理论与批评研究中心、东南学术杂志社和省艺术教育协会联合承办的"中国经验：美学学科建设七十年"青年博士论坛今天在这里举行，这是我省社科界2019年学术年会26个分论坛之一。在此，我谨代表省社科联，同时也代表东南学术杂志社，对论坛的召开表示热烈的祝贺！向出席会议的各位专家学者、青年博士、同志们表示诚挚的欢迎！也向闽南师范大学文学院等承办单位对此次论坛召开给予的大力支持、精心安排和周到服务表示衷心的感谢！

福建省社科界学术年会是促进我省哲学社会科学繁荣发展的重要平台，今年年会的主题是"礼赞新中国，奋进新时代"。今天的分论坛以"中国经验：美学学科建设七十年"为题，突出了美学研究的中国经验、实践导向和时代主题。新中国成立70年来，伴随着我国社会主义事业的不断进步与发展，中国美学研究事业始终与时代同频共振，在历史进步中实现着审美文化的进步，取得了令人瞩目的成绩。今年年初，习近平总书记在看望参加全国政协会议的文艺界、社科界委员时指出，文化艺术工作、哲学社会科学工作属于培根铸魂的工作，在党和国家全局工作中居于十分重要的地位，在新时代坚持和发展中国特色社会主义中具有十分重要的作用。总书记的重要讲话也为当代美学研究和学科建设指明了发展方向，我们必须始终坚持以马克思主义为指导推进美学学科建设，始终坚守中华美学立场，立足当代中国现实，结合当今时代条件，

更好地用中国美学理论解读中国审美文化实践。

东南学术杂志社很荣幸成为此次青年博士论坛的承办单位之一，借此机会，我想向在座各位简单介绍一下《东南学术》今年以来的工作情况，希望能继续得到各位专家学者的大力支持。《东南学术》在去年年底被福建省新闻出版局评为"福建省十大名刊名社"（名列期刊类第1名）之后，今年我们更加积极努力，已出刊5期，共刊发论文137篇，截至目前，刊文已被《新华文摘》《中国社会科学文摘》《高等学校文科学术文摘》《人大复印资料》等重要文摘类刊物以不同形式转载达27篇次。《东南学术》的办刊工作多次得到省委领导的关心和肯定。2019年以来，省委常委、宣传部长梁建勇分别于3月22日和8月30日对《东南学术》的办刊工作专门做出重要批示（去年也做过重要批示），肯定和表扬了《东南学术》的政治导向和办刊成效，并希望刊物再接再厉，努力推出一批富有使命担当、彰显高度理论自觉和文化自信的哲学社会科学优秀成果，不断打造具有福建特色的社科学术品牌和阵地平台。9月2日，梁建勇部长再次莅临东南学术杂志社视察调研，鼓励大家为福建省的理论建设和学术研究再立新功。《东南学术》今年推出"中国道路：社会主义实践70年"专题论文，围绕新中国成立70年来的社会主义理论和实践问题进行深入探讨，引起了社会各界的高度关注和好评，《福建日报》对此做了专题报道。其中，在这个专题里发表具有重要理论和实践价值论文的就有"人民教育家"国家荣誉称号获得者、全国最美奋斗者人选、中国人民大学一级荣誉教授卫兴华先生。《东南学术》的办刊成绩与专家学者们的支持是分不开的，在此我代表杂志社表示衷心感谢，也希望在座各位继续给予更大的支持和鼓励！

近年来，省美学学会在杨健民会长和各位副会长、秘书长的带领下，特别是在在座各位专家学者的共同努力下，在美学研究方面做了大量卓有成效的工作，大家都付出了辛勤的耕耘和汗水，也取得了丰硕的成果，可谓研讨有声有色，工作可圈可点，成绩可喜可贺！本次青年博士论坛的专家学者阵容强大，有美学研究领域的资深专家，比如我们刘登翰教授、代迅教授等，也有众多充满活力和生机的青年博士。青年是最富活力、最具创造性的群体，《东南学术》一向高度重视发掘和培养青年学术人才。青年学者在美学研究领域的开拓创新，已取得了令人瞩目的成绩。希望大家坚持正确的政治方向和学术导向，围绕论坛主题，敞开思想，畅所欲言，共同探讨美学学科的历史进程，一起总结经验、展望未来，为繁荣发展我省哲学社会科学事业，为新时代新福建建设贡献力量！以优异成绩向新中国成立 70 周年献礼！

最后，预祝论坛圆满成功！祝大家身体健康，工作顺利，生活愉快！

谢谢大家！

马克思主义美学中国化 70 年与再出发

——在"中国经验：美学学科建设七十年"学术研讨会上的致辞

刘小新·福建社会科学院副院长、研究员

（2019 年 9 月 21 日）

尊敬的各位来宾、各位同仁：

金秋时节，在迎接中华人民共和国 70 华诞的特殊日子里，我们相聚在美丽的漳州，相聚在文化底蕴深厚的闽南师范大学，共同探讨 70 年来美学学科建设的中国经验与启示，一起庆祝共和国 70 华诞。首先，我谨代表主办方之一福建社会科学院，对会议的召开表示热烈的祝贺！向参会的各位代表表示诚挚的欢迎！

70 年来，美学学科伴随着共和国前进的步伐和光辉的历程，"在实践创造中进行文化创造，在历史进步中实现文化进步"。美学学科逐渐发展壮大，不断完善学科建制和学术体系，形成了具有中国特色的发展脉络与理论逻辑，形成了具有中国特色的问题意识、学术论域和方法论意识。70 年来，美学学科深度而广泛地参与了当代中国的审美文化建设，以其独特的思辨方式参与了当代中国的改革开放事业，成为新时期思想解放和感性解放运动至关重要的学术先锋；70 年来，美学学科深度而广泛地参与了马克思主义中国化的伟大进程，为马克思主义的中国化、大众化和时代化做出了独特的贡献，成为继承与发扬中华文化精神尤其是中华美学精神并将马克思主义与中华美学传统融合发展的至关重要的理论力量；70 年来，美学学科深度而广泛地参与了当代中国的审美教育实践，为提升全民族的审美意识、审美素质和审美能力做出了重要的贡献，成为塑造文化认同、增强文化自信和提升美学力的至关重要的人文支撑。

整体而言，70 年来的中国美学发展历程大体可以分为四个历史阶段。

第一，前 17 年，唯物论美学观念的建立。这一阶段，曾经占据主流的朱光潜主观论美学遭到了严厉批判。而随着对朱光潜过去的唯心主义美学思想的批判，美学大讨论的帷幕也徐徐拉开。其中流派纷呈，既有客观论美学、主观论美学，也有主客观合一论美学、社会实践论美学等。这次颇具行政化组织指导色彩的美学大讨论，在中国当代美学史上堪称具有里程碑式意义的历史贡献——它建立了以马克思主义唯物论的反映论为最高原则的美学观念，具体包括唯物论的美的本质论、唯物论的美学史观、唯物论的美的创造思想、唯物论的审美观等诸多层面。同时，美学大讨论也深刻形塑了中国当代文艺学的样貌，它直接确立了文艺学意识形态论或审美反映论的学科走向。通过蔡仪等主编的《文学概论》，马克思主义的唯物论美学在高等教育中占据了主导地位并获得广泛传播。

第二，20 世纪 80 年代，马克思主义实践论美学观的确立。"文革"结束后，百废待兴。"双百方针"重新得到强调，美学问题重新引起文艺界的重视。在改革开放的新时代背景下，中国美学界掀起了新一轮大讨论，是为 20 世纪 80 年代的美学热潮。这一阶段的美学成就，集中表现为将马克思主义美学基本原理予以人学化和系统化。一批学者重新发掘马克思的早期著作《1844 年经济学—哲学手稿》，深度解读了其中的一系列重要命题——特别是人的物种特性或类本质是"自觉自由的谋生活动"，"劳动生产了美"，以及"美的规律"等，并把《手稿》中"自然人化"和感性实践的思想与康德主体性批判哲学相互结合、相互发明，从而为"美是人的本质力量的对象化"提供了经典论据。"1844 年经济学—哲学手稿"热的持续涌现，既是人学美学的再发现，也是感性论美学的再发现，又为文艺思想、文化建设奠定了坚实的美学基础，有力促进了 20 世纪 80 年代的文化启蒙、感性解放和思想解放的时代主潮的形成。

第三，20 世纪 90 年代至 21 世纪初期，马克思主义新实践美学的勃兴。这一阶段，之前的实践美学范式遇到了来自"后实践美学"的强劲挑战。一段时间内，"超越美学""生命美学""生存美学"等诸种张扬审美实践活动特殊性的美学流派云蒸霞蔚，引发了与实践美学旷日持久的激烈论争。正是在这个遭受质疑的过程中，当代实践美学不断反思自身的局限性，实现了实践美学的深化与拓展，形成了新实践美学。新的美学范式刷新了"实践"概念，重新阐释了实践与审美的关系，以及"美是人的本质力量的对象化"等一系列美学命题，在对话和论争中不断丰富着"实践"概念的当代内涵，健全和丰富了实践美学的范畴体系，积极回应了"超越论"和"生存论"等所谓后实践美学的种种挑战与冲击。新实践美学既坚持了传统实践美学的基本立场，同时又努力发展、完善实践美学。正是在这个意义上，新实践美学被誉为具有中国特色的当代美学，是传统实践美学的自我发展与自我超越，是马克思主义实践美学发展的新阶段、新境界。

第四，新时代马克思主义美学的再出发。 人民美学是马克思主义美学的灵魂所系。回顾当代美学史，它在 20 世纪走过大起大落的曲折道路，新世纪以来在围绕人民美学的重建问题上还曾有过热烈论争。直至 2014 年习近平总书记《在文艺工作座谈会上的讲话》的发表，人民美学的审美规范才得以重新阐发和重新确立。人民美学以人民大众为表现主体，以社会主义核心价值观为内在精神；人民美学既是形式与内容的高度统一，又是开放的美学体系。人民美学是社会主义文艺区别于其他文艺形式的根本特征，是当代中国的马克思主义美学，是引领中国文艺和审美文化未来发展的明确纲领，是建设、推进中国特色社会主义文化事业无可替代的美学力量。从根本上说，马克思主义美学中国化就是要在实践基础上不断推动马克思主义与中华审美文化的深度结合，成为实现中国特色社会主义伟大事业和中华民族伟大复兴的深厚基础。人民美学正是新的时代条件下对中华美学精神的传承与弘扬，是马克思主义美学与中华美学的深度融合。

新时代为美学的再出发提出了新课题和新任务，新时代的伟大实践为美学的再出发提供了新动力，也提出了新要求。

新时代美学再出发，始终要坚持马克思主义在美学研究中的指导地位。构建中国特色的美学，必须坚持以马克思主义为指引，坚持学习与实践马克思主义，坚持习近平新时代中国特色社会主义思想。新时代构建中国特色的美学，必须始终把马克思主义美学的立场、观点与方法贯穿到当代美学研究、审美教育和批评实践的全过程，贯穿到美学学科体系、话语体系和学术体系建设的全过程和各方面。

新时代美学再出发，始终要坚持不断发掘、传承与弘扬中华美学精神，在重认传统中构建美学的中国性与中华性。晚近几年，"中华美学精神"已经成为人文学界关注的一大焦点，成为美学重构的重要理论资源。中华美学精神的丰富内涵及其世界性意义、中华美学与马克思主义美学在新语境下的融通，以及中华美学精神的当代实践等一系列重大理论与现实问题，还需美学界开展系统全面的研究与具体深入的阐发。

新时代美学再出发，始终要坚持不断深化开放的研究，吸收和借鉴世界美学一切有益成果，在比较、互鉴与融合中推动新时代美学的新发展。新时代美学再出发要在坚定文化自信和中国立场的基础上继续深化开放的研究，以更加开放、包容的文化心态广泛地学习、借鉴国外美学与文艺理论的优秀成果，尤其要密切关注和研究国外马克思主义美学研究的新发展和新成果，在中外思想的对话与多元文化的协商中获得美学学术的历史进步。

新时代美学再出发，始终要坚持主动介入新时代审美文化实践，回应理论问题，聚焦现实关切。美学要与新时代中国特色社会主义实践同频共振，与人民同呼吸共命运，以当代问题为导向，以人文价值为引领，积极介入当代审美文化实践，聚焦现实问题与人民关切，努力回应新时代在审美文化领域提出的理论挑战，在审美文化的实践创造中实现新时代美学的重构与创新，在历史进步中实现当代美学的繁荣发展。

新时代美学再出发，始终要坚持积极应对科学技术发展和文艺传播技术的巨幅变革带来的新问题与新挑战，提出美学的新议题，开拓美学的新论域，寻找美学研究新的学术生长点。新时代的美学必须积极参与到与科学话语的广泛对话之中，关注新技术对人文领域的深刻影响和强势渗透，聚焦新技术时代的审美文化嬗变趋势，聚焦新技术时代的人文关怀命题；要密切关注"人类世"的历史经验与人文困境，努力应对"后人类"时代的新问题、新经验和新挑战。

最后，预祝论坛圆满成功！谢谢大家！

目　录

第一辑

第二辑

第一辑

论文学批评与"历史"概念

南帆

引　言

成熟的文学批评通常包含作品的阐释和评判。作为阐释和评判赖以展开的理论依据，不同的文学批评学派分别拥有独特的轴心概念，例如道德、现实、典型、审美、无意识、形式等。"历史"概念不仅占有重要的一席，而且组成了阵容庞大的社会历史批评学派。然而，"历史"概念已经历史悠久。由于语境的改变，以及理解的差异乃至分歧，"历史"概念逐渐累积了丰富的甚至不无矛盾的含义。对于文学批评来说，这些含义不仅隐蔽地支配着批评家的阐释和评判，同时也构成了各种重要的文学命题。20 世纪被形容为理论的时代，精神分析学、形式主义、结构主义、新历史主义等各种文学批评学派纷至沓来，它们与文学批评之中的"历史"概念形成复杂的对话，甚至激烈的争辩。尽管历史对于文学的简单覆盖或者文学对于历史的简单复制遭到了普遍的异议，但是，另一种共识正在从各个方向汇聚：无论是以道德、审美还是以无意识、形式作为轴心概念，历史始终构成了一个不可或缺的维度。

"历史"概念如何介入文学批评？

一、"历史"概念与文学批评的相互关联

何为历史？《说文解字》曰："史，记事者也。从又持中。中，正也。"这种表述提供的一个基本认识是，历史话语是对于过往事实的公正记录。当然，这些记录的意义远远超出了资料的保存。一些归纳主义者试图从古今的众多事例之中提炼某种普遍的原则。在他们心目中，历史话语显现的形而上功能甚至可以某种程度地替代宗教或者哲学；强调"历史"概念内部隐含的历时态演

变，"分久必合，合久必分"，这是历史哲学相对深刻的含义。雷蒙·威廉斯在《关键词》中指出，英文之中 history 与 story 源于同一个词根。15 世纪之后，前者指的是过去一个真实事件的记载，后者表示非正式记录与想象性事件；15 世纪末，history 时常指谓"关于过去的有系统的知识"。如果说，这些含义代表了人们对于历史话语的一般印象，那么，威廉斯同时指出"历史"概念的另一种含义如何逐渐显现：

> 也许把 history 当成是"人类自我发展"（human self-development）的解释，就是另一种重要意涵的代表——这种意涵在 18 世纪初期维柯（Vico）的作品以及新种类的"普遍历史"（Universal Histories）里是很明显的；其中一个新意涵，就是过去的事件不被视为"特殊的历史"（specific histories），而被视为是持续、相关的过程。这种对持续、相关的过程做各种不同的系统化解释，就成为新的、广义的 history 意涵，最后终于成为 history 的抽象意涵。此外，强调 history 的"人类自我发展"意涵，会使 history 在许多用法里失去了它跟过去的独特关联性，并且使得 history 不只是与现在相关，而且是与未来相关。①

很大程度上，这同时解释了"历史"拥有的崇高声望。"历史证明""以史为镜"或者"以历史的名义发言"，这些修辞之所以潜藏了不言而喻的理论威信，是因为历史的客观、公正，以及在这种基础之上概括的种种发展规律令人信服。许多时候，重视乃至崇敬历史的态度被形容为"历史主义"。弗雷德里克·詹姆逊曾经做过一个通俗的解释："让我们此刻先在经验或常识上把'历史主义'看作我们同过去的关系，它提供了我们理解关于过去的记录、人工品和痕迹的可能性。"②

现代文化体系内部，文学话语与历史话语分疆而治。这种文化地貌的构成隐含了人文知识的复杂博弈。回溯遥远的古代，二者曾经处于混沌不辨的状态，许多神话、史诗既叙述了古老的民族历史，又包含强烈的抒情。文学话语

---

① ［英］雷蒙·威廉斯：《关键词：文化与社会的词汇》，刘建基译，北京：生活·读书·新知三联书店，2005 年，第 205 页。
② ［美］弗雷德里克·詹姆逊：《马克思主义与历史主义》，张京媛译，见张京媛主编《新历史主义与文学批评》，北京：北京大学出版社，1993 年，第 19 页。

与历史话语的分割是一个漫长的文化演变，二者之间的相异旨趣很早开始显现。先秦时期，如果说风、雅、颂、赋、比、兴组成的"诗六义"描述了文学话语的雏形，那么孔子著名的"春秋笔法"——"微而显，志而晦，婉而成章，尽而不污，惩恶而劝善"①——则显示了历史话语的不同方位；作为一个儒家思想的代表，孟子的"《诗》亡然后《春秋》作"②似乎更为关注问题的另一面：两种不同的话语如何衔接一脉相承的主题。古希腊亚里士多德的《诗学》认为，诗按照可然律或者必然律描述的事情更具普遍意义；相对地说，历史仅仅叙述已发生的个别事情——亚里士多德因此认为，"写诗这种活动比写历史更富于哲学意味"，因为前者具有更为明显的"普遍性"③。不论亚里士多德显示了何种褒贬倾向，这种比较首先证明了文学话语与历史话语的同源关系，二者存在各种特殊的呼应：二者可能相互重叠、相互衡量、相互参证、相互解释。这显然是"历史"概念与文学批评相互关联的重要理由。

狭义的文学批评通常考察一部作品或者一个作家的若干作品，广义的文学批评——可以与"文学研究"一词互换——涉及文学话语的所有因素。按照现今的研究范式，这些因素往往可以划分为三个部类：作家、作品、读者。古往今来，无论是"思无邪"、意境、现实主义、现代主义，还是典型、无意识与恋母情结、符号结构、魔幻、接受美学，批评史上积累的诸多术语构成了多元的理论工具。不同学派的批评家各擅胜场，只有社会历史批评学派真正将"历史"概念作为衡量、分析和评判文学话语的理论前提。

顾名思义，社会历史批评学派倾向于将文学问题置于社会历史结构之中，解释一个作家的情节构思与阶级出身，以及教育程度之间的隐秘呼应，阐述一个时代的经典名单为什么在另一个时代遭到质疑，或者分析一个文化区域的读者与另一个文化区域的读者如何完成"视野融合"。印刷与出版行业的利润如何建构现代作家身份？作家的经济收入如何投射于文学风格？民族主义维护了民族文化的纯正性质还是限制了文学的想象？电子传媒的崛起是否改变了文学的文化生态？这些问题通常纳入社会历史批评学派的考察范围。总之，社会历史批评学派擅长论证每一种文学现象之所以如此的社会历史原因。

严格地说，社会历史批评学派的"社会"与"历史"并非同义语。相对

① 左丘明：《左氏春秋·成公十四年》，长春：吉林文史出版社，2016年，第218页。
② 朱熹：《四书章句集注·孟子集注·卷八·离娄章句下》，北京：中华书局，1983年，第295页。
③ ［古希腊］亚里士多德：《诗学》第九章，罗念生译，北京：人民文学出版社，1962年，第29页。

地说，"社会"更多的是指一个共时态的文化空间，更为重视多种成分构成的社会结构。勒内·韦勒克曾经概括了文学社会学的三个领域："作家的社会学，作品本身的社会内容以及文学对社会的影响等。"① 由于复杂的社会结构，作家、作品接收到来自社会各个群体的不同信息，这些信息无不力图塑造符合自身利益的文学；另一方面，作家、作品引人注目地进入社会，按照文学的审美理想改造社会——哪怕是隐蔽地潜移默化。文学社会学的基本观念是：文学是社会的产物，同时又介入社会文化。泰纳可以被视为文学社会学的先驱，他曾经论证文学话语存在三个根源，即种族、环境和时代。"社会"通常关注三者之间的共时互动，然而，种族、环境和时代无不拥有自己的独特传统，拥有其独特的发展逻辑——这显然在三者互动之间增添了纵向的坐标。这时，"历史"概念登场了。

许多文学批评的考察表明，"历史"概念的含义可能沿着远为不同的方向展开。"历史"概念可能赞叹文学的再现如何成为历史的写照，如何生动地还原某一个历史事件的现场，甚至如何保存了历史话语遗漏的史料或者风俗民情；也可能解释一个时代如何造就作家的天才想象，一种文学形式是在何种文化气氛之中酿成。文学史无疑是"历史"概念的阐述对象——批评家必须关注文学的各种因素如何在"历史"之中显现一脉相承的运动轨迹。这种运动轨迹并非单向地延伸，而是交织在古今之间复杂的往返对话。无论是唐朝"文起八代之衰"的"古文运动"、宋朝江西诗派的"夺胎换骨""点铁成金"，还是 20 世纪艾略特的"传统与个人才能"，或者布鲁姆的"影响的焦虑"，历史既召唤文学承袭传统、延展传统，又激励文学反叛传统、抗争传统。正如马克思在《路易·波拿巴的雾月十八日》之中一段精彩名言所描述的那样，人们常常借助历史开拓未来——借助古老的语言、口号、服装，"演出世界历史的新的一幕"②。当然，人们没有理由忽略另一些批评家由来已久的疑问：对于文学批评说来，"历史"概念有意义吗？他们公然将"历史"概念视为审美的干扰。这时可以察觉，文学批评之中的"历史"概念隐含了纷杂的理论线索。

---

① ［美］勒内·韦勒克、奥斯汀·沃伦：《文学理论》，刘象愚，等译，北京：生活·读书·新知三联书店，1984 年，第 94 页。

② ［德］马克思：《路易·波拿巴的雾月十八日》，见《马克思恩格斯文集》（第 2 卷），中共中央马克思恩格斯列宁斯大林著作编译局编译，北京：人民出版社，2009 年，第 471 页。

二、文学批评之中"历史"概念的多重含义

弗雷德里克·詹姆逊曾经在谈论文学阐释的时候考察了多种历史主义的理论内涵，例如存在历史主义、本原历史主义、尼采式反历史主义，如此等等①。然而，阐述"历史"这个概念如何具体地投入文学批评，我更愿意援引本尼特和罗伊尔在《关键词：文学、批评与理论导论》之中的清晰归纳。他们指出了批评家视域之中文学文本与"历史"概念的四种关系：

> 1. 文学文本不属于具体的时代，它们是普遍的、超越历史的。它们历史上的生产语境和接受语境与独立存在、拥有自身法则和审美自治性的文学作品无关。
> 2. 一部文学作品的历史语境——指当时围绕着它的生产语境——对合适地理解作品是不可缺少的。文本是在具体的历史语境中产生的，但是作品的文学性可以与该语境相分离。
> 3. 文学作品能够帮助我们理解它们所处的时代。现实主义文本尤其提供了对具体历史时刻、历史事件或历史时期想象性的再现。
> 4. 文学文本与其他的话语和修辞结构紧密地联系在一起。它们仍然是上述写作过程历史的一部分。

本尼特和罗伊尔补充说，第一种模式往往指新批评与广义的形式主义家族；第二种模式指的是文献学、传记式，以及文化或者政治背景的批评；第三种模式可以称为"反映的"（reflective）批评，批评家倾向于将文学视为某一时期历史的镜子；第四种模式是新历史主义，批评家恢复关注遭受新批评或者形式主义摒弃的历史，但是，他们的兴趣隐含了马克思主义与后结构主义的折射②。

当然，没有理由将历史话语赢得的敬重想象为世界范围的普遍原则。相反，西方的一批思想家对于历史话语显示出嫌恶的态度。尼采就曾经不恭地认为，脱离生活的历史话语仅仅是一些无法消化的知识，从而将生动的世界变为

---

① ［美］弗雷德里克·詹姆逊：《马克思主义与历史主义》，见张京媛主编《新历史主义与文学批评》，北京：北京大学出版社，1993年。
② ［英］安德鲁·本尼特、尼古拉·罗伊尔：《关键词：文学、批评与理论导论》，汪正龙，等译，桂林：广西师范大学出版社，2007年，第109-110页。

乏味的"木乃伊"①。作为一个著名的历史学家，海登·怀特在《历史学的重负》一文中全面回溯了科学家、艺术家及知识界关于历史学的"敌意"——"现代作家对历史学的敌意最清楚地体现在，他们把历史学家看作小说和戏剧中感受力被抑制的极端例证的代表"，"艺术洞见与历史学识之间是相对立的，它们所分别激起的对生活的反应在性质上是相互排斥的"②。面对现成的事物，为什么拒绝直接审视而求助于腐朽的陈年往事？模仿过去才能赋予现在合法性吗？谁说只能从逝去的往昔获取诗意？这些人毋宁觉得，历史是一种华而不实的权威，"这与其说表达了一种对现在的牢固控制感，还不如说表达了一种对未来的无意识恐惧，未来太可怕了，人们不敢去思考"③。但是，海登·怀特并未主张抛弃历史。他所认可的是这种观点——历史并非一个凝固的过去，相反，历史主义的精髓恰恰是不懈的内在运动："历史学家的任务并非在于规定一种时时处处都有效的特殊伦理制度，而在于激发人们认识到，他们当下的状况从来都部分地是特定人群选择的结果，因而可以在同一程度上被进一步的人类行为所改变。"④ 事实上，海登·怀特关于历史话语的观念汇入另一个文学批评学派，从而被视为"新历史主义"的组成部分。

如果说本尼特和罗伊尔，以及海登·怀特涉及的是西方批评史，那么，人们同时还可以看到，"历史"概念曾经在中国文学批评史，以及现今的批评实践之中衍生出另一些特殊的命题，例如"诗史"或者"正史之余"。

"诗史"是中国文学批评授予杜甫诗作的特殊荣誉："杜逢禄山之难，流离陇蜀，毕陈于诗，推见至隐，殆无遗事，故当时号为'诗史'。"⑤ 在批评家心目中，"诗史"并非仅仅以凝练的诗歌语言记录各种见闻。某些时刻，历史是一个发烫的对象，悲愤的诗人如同真诚的历史学家，直面破碎的山河与人间疾苦，感叹兴亡，仗义执言，无畏地记录统治者试图删除或者掩盖的历史景象。文学史上以文学作品赢得"诗史"称号的诗人并不多，汪元量、文天祥、黄道周、钱谦益等诗人无不出现于改朝换代之际。结合自己的跌宕生平，黄宗

---

① ［德］尼采：《历史的用途与滥用》，陈涛，等译，上海：上海人民出版社，2005年，第29页。

② ［美］海登·怀特：《历史学的重负》，董立河译，载于彭刚主编《后现代史学理论读本》，北京：北京大学出版社，2016年，第22、24页。

③ 同②，第38、26页。

④ 同②，第40页。

⑤ 孟棨：《本事诗·高逸第三》，见丁福保《历代诗话续编》，北京：中华书局，1983年，第15页。

义再度展开了"诗史"命题的内涵。他"史亡而后诗作"① 的理念以颠倒的方式延续孟子的观点，并且断言"诗之与史，相为表里者也"②，"以诗补史之阙"③。尽管"诗史"的命题阐述的是诗歌的功能，但是批评家围绕的中心显然是"历史"。当"诗史"被解释为"以诗存史""以诗证史"，或者"以诗注史"的时候，前者仅仅是一种工具或者补充资料，后者才是真正的目的。

相对于"诗史"，另一个异曲同工的命题是"史统散而小说兴"④，"小说者，正史之余也"⑤。不论是著名的《三国演义》《水浒传》《封神演义》，还是名声稍逊的《说岳全传》《杨家府演义》《说唐演义全传》，这些小说均依附于特定的历史事件，铺张扬厉，加工充实。种种杂史、传说、笔记、传记具有明显的文学话语形式，它们往往被视为正史的外围材料，填充补白或者增添趣味。这种观念甚至延续到 20 世纪初：众多历史小说即是以通俗的形式普及历史知识。吴沃尧表示："是故吾发大誓愿，将遍撰译历史小说，以为教科之助。……旧史之繁重，读之固不易矣；而新辑教科书，又适嫌其略。吾于是欲持此小说，窃分教员一席焉"，他力图"使今日读小说者，明日读正史如见故人；昨日读正史而不得入者，今日读小说而如身亲其境。小说附正史以驰乎？正史藉小说为先导乎？……"⑥

"诗史"或者"正史之余"的命题可以追溯至历史话语的意识形态功能。中国古代文化体系内部，历史话语的地位远远超过了文学话语。历史话语往往负有立规矩、明是非、认定传统、标榜模范、褒贬兴亡、借古喻今的意义，相对地说，文学话语时常被视为娱乐遣兴的雕虫小技。二者的主从关系甚至决定了两种语言风格的分野。历史话语推崇质朴无华，秉笔直书，同时，历史学家时常公然对文学话语的辞章之学表示鄙视。曾几何时，《论语》认为"质胜文则野，文胜质则史"，当时史官的浮夸之辞引起孔子的不满；然而，在后世的

① 黄宗羲：《万履安先生诗序》，见《黄宗羲全集·第十九册·南雷诗文集》（上），杭州：浙江古籍出版社，2012 年，第 43 页。
② 黄宗羲：《姚江逸诗序》，见《黄宗羲全集·第十九册·南雷诗文集》（上），杭州：浙江古籍出版社，2012 年，第 9 页。
③ 同①，第 42 页。
④ 绿天馆主人：《古今小说序》，见冯梦龙《冯梦龙诗文》，橘君辑注，福州：海峡文艺出版社，1985 年，第 36 页。
⑤ 笑花主人：《今古奇观序》，见冯梦龙《冯梦龙诗文》，橘君辑注，福州：海峡文艺出版社，1985 年，第 81 页。
⑥ 吴沃尧：《月月小说序》《历史小说总序》，见《二十世纪中国小说理论资料》（第一卷），北京：北京大学出版社，1997 年，第 188、191 页。

历史学家心目中，华美的言辞仿佛是文学话语的独特标识。"诗史"或者"正史之余"的命题表明，文学批评乐于接受历史话语的基本观念，包括语言风格。对于那些秉持"信言不美，美言不信"的批评家说来，"彩丽竞繁"的夸饰几乎无法摆脱巧言令色的嫌疑。

如果说"诗史""正史之余"的命题将"历史"作为一个强大的中心，那么，在另一些时候，这个概念恰恰标识了文学话语的内在性质。众所周知，文学话语的一个重要特征是虚构。然而，虚构的界定往往借助历史话语作为"他者"。没有如实记录，无所谓虚构。历史话语通常被视为如实记录的标本。无论是以想象、不及物还是施行语言（performative）解释文学的虚构，历史话语的实录、及物和记述始终作为一个甩不下的理论影子活跃在论述的间隙。回到亚里士多德的观点，文学话语超越历史展现了更具普遍意义的可能，虚构是文学话语实现这种意图的手段。这时的历史话语作为"他者"负责显示，文学话语的虚构增添了什么。精神分析学倾向于将文学话语描述为欲望和无意识制造的"白日梦"——由于坚硬而强大的"现实原则"，受挫的欲望不得不返回内心，贮存于无意识，伺机借助文学形式化妆出演。作为这种文学观念的一个支点，"现实原则"无疑代表了与"白日梦"相对的"历史"逻辑。

尽管虚构表示无中生有，但是文学话语——尤其是现实主义文学——必须维持一定程度的表象真实。"真实"不仅意味一种正面的文化价值，同时涉及审美经验的完整召唤。多数读者不会为一个塑胶制造的英雄热泪长流，破绽百出的战争场面也无法震撼人心。表象真实的破损可能严重干扰审美的投入程度。从京剧、电影、诗歌到科幻作品或者现代主义小说，不同的文类分别制定自己的真实标准。童话可以描述一辆马车从木匠嘴里吐出来，现实主义小说必须兢兢业业地再现各个工艺环节。文学批评时常启用"历史"概念作为表象真实的担保，"于史有据"的描述可以赢得读者的信赖。通常的观念之中，"真实"是历史记录的附属特征。然而，这时文学批评的"历史"概念仅仅泛指某一个历史时期普遍认可的常识，而不是独特的历史事件。

历史话语的如实记录依循一个严格的执行标准。不论是首次历史书写核对记载对象，还是后续历史书写核对前人记载的史料，历史话语通常设立一个清晰的外部验证体系。相对而言，文学话语不存在外部验证体系，文学话语的表象真实来自作品内部——来自情节逻辑的自洽和仿真的细节复制。然而，鉴定"自洽"与"仿真"是否合格的时候，常识形成的历史背景成为不言而喻的准绳。哪一个作家构思唐朝的军队使用坦克作战或者乾隆皇帝通过互联网发号施令，"历史"概念所携带的常识将给予断然的否决。

对于史传文学——中国文学内部一个极为活跃的部类——来说，"于史有据"的要求远为苛刻。史传文学不仅保证故事情节与基本史实的相符，同时，服饰、礼仪、饮食、官衔、宫廷规矩、各个行政部门职能等诸多细节不得有误。这时的"历史"概念仿佛仅仅指定的是一个单纯的模仿对象。然而，批评家对于《三国志》与《三国演义》的异同考察发现，前者更为重视历史演变的天下大势，后者更为关注人物的性情言行。所以，《三国志》有意回避曹操的"不仁"之举，例如恩将仇报诛杀吕伯奢，仿佛这种细节没有资格载入史册；《三国演义》视刘备为正面主角，他的"抛妻弃孥"的情节并非无情无义，而是胸怀天下而无心恋家①。这种差距表明，文学话语并未完全接受"历史"概念的规训。

现今，"诗史""正史之余"，以及"于史有据"往往被归结于现实主义文学范畴，现实主义文学文本的历史含量通常表现为日常的现实与历时态的历史构成特殊的张力。"历史"概念所包含的宏大内容如何凝聚于文学文本，马克思主义文学批评具有深刻的启示意义。

三、马克思主义文学批评的深刻启示

1859 年 5 月，恩格斯给斐迪南·拉萨尔写了一封信，谈论拉萨尔的剧本《济金根》。恩格斯在信中的最后一段表示："我是从美学观点和史学观点，以非常高的亦即最高的标准来衡量您的作品的。"② 通常认为，"美学"与"史学"是马克思主义文学批评的两个重要衡量准则。相对于"美学"，作为历史话语的"史学"意味了什么？

在马克思和恩格斯的理论体系之中，"历史"并非一个抽象的概念，而是拥有充实的内容。《德意志意识形态》批判了黑格尔的历史哲学与费尔巴哈的观点，阐述了历史唯物主义。马克思和恩格斯论证了人类物质生产的历史意义，并且在这个基础上揭示了生产力、生产关系、经济基础、上层建筑的相互关系，以及这些因素之间内在矛盾形成的运动机制。显然，马克思和恩格斯描

---

① 李庆西：《三国如何演义——史家叙事与小说家讲史》，《中华读书报》，2018 年 9 月 26 日第 13 版。
② ［德］恩格斯：《恩格斯致斐迪南·拉萨尔（1859 年 5 月 18 日）》，见《马克思恩格斯文集》（第 10 卷），中共中央马克思恩格斯列宁斯大林著作编译局编译，北京：人民出版社，2009 年，第 177 页。

述了一个持续发展同时又充满现实气息的历史，因此，文学批评需要解决的问题是如何理解和评判一部作品对于这种历史景象的再现。

作为世界无产阶级革命的领袖，马克思和恩格斯的历史描述必将发展出一个主题：无产阶级终将通过阶级的革命推翻剥削体系，获得真正的彻底解放。这是生产力和生产关系的内在矛盾长期演变必然造就的阶级命运。尽管如此，成熟的文学并非直接论述这些政治观念，相反，恩格斯的主张是，"倾向应当从场面和情节中自然而然地流露出来，而无须特别把它指点出来"①；他甚至觉得"作者的见解越隐蔽，对艺术作品来说就越好"②。在这里，恩格斯强调了"美学"准则的完整性——不能因为历史主题的政治论辩而放弃或者降低"美学"准则的要求。在谈论《济金根》的时候，马克思和恩格斯不约而同地指出，文学作品必须"莎士比亚化"，不能"席勒式地把个人变成时代精神的单纯的传声筒"③；"不应该为了观念的东西而忘掉现实主义的东西，为了席勒而忘掉莎士比亚"④——在马克思和恩格斯的心目中，莎士比亚代表了至高的艺术范本。

如果说，历史内部生产力与生产关系的内在矛盾及其演变是一幅理论图景，那么如何把这一幅理论图景展示为人们熟悉的日常现实？文学批评从现实主义文学中找到了一个转换的中介：典型人物。恩格斯在另一封致明娜·考茨基的信中说："每个人都是典型，但同时又是一定的单个人，正如老黑格尔所说的，是一个'这个'。"⑤ 正如恩格斯在与拉萨尔的通信之中解释的那样："主要的出场人物是一定的阶级和倾向的代表，因而也是他们时代的一定思想的代表，他们的动机不是来自琐碎的个人欲望，而正是来自他们所处的历史潮流。"⑥ 如果说，人物通常仅仅是负责完成情节的个别"行动者"，那么典型人物的性格则包含了重要的历史内容。马克思对于《济金根》的不满恰恰是拉萨尔没有处理好济金根的阶级身份所承担的历史角色——作为一个骑士，济金

① ［德］恩格斯：《恩格斯致明娜·考茨基（1885 年 11 月 26 日）》，见《马克思恩格斯文集》（第 10 卷），中共中央马克思恩格斯列宁斯大林著作编译局编译，北京：人民出版社，2009 年，第 545 页。
② ［德］恩格斯：《恩格斯致玛格丽特·哈克奈斯（1888 年 4 月初）》，见《马克思恩格斯文集》（第 10 卷），中共中央马克思恩格斯列宁斯大林著作编译局编译，北京：人民出版社，2009 年，第 570 页。
③ ［德］马克思：《马克思致斐迪南·拉萨尔（1859 年 4 月 19 日）》，见《马克思恩格斯文集》（第 10 卷），中共中央马克思恩格斯列宁斯大林著作编译局编译，北京：人民出版社，2009 年，第 171 页。
④ ［德］恩格斯：《恩格斯致斐迪南·拉萨尔（1859 年 5 月 18 日）》，见《马克思恩格斯文集》（第 10 卷），中共中央马克思恩格斯列宁斯大林著作编译局编译，北京：人民出版社，2009 年，第 176 页。
⑤ 同①，第 544 页。
⑥ 同④，第 174 页。

根代表一个垂死的阶级，他对于皇权的反抗没有前途①。恩格斯的批评意见与马克思不谋而合：《济金根》忽略了农民运动的历史意义，以至于济金根无法真正展示这个悲剧的全部内涵②。

的确，典型人物是马克思主义文学批评之中一个举足轻重的范畴。恩格斯在《致玛格丽特·哈克奈斯》的信中认为，典型人物是现实主义文学的标志之一："现实主义的意思是，除细节的真实外，还要真实地再现典型环境中的典型人物。"③ 典型人物不仅是典型环境的产物，同时还将深刻地影响典型环境。双方的互动表明，典型人物的性格之中隐藏了历史的密码。马克思主义文学批评如此重视典型人物的一个原因是，他们的性格构成了认识历史的一个视窗。换言之，现实主义作家不仅逼真地再现某一个历史时期的社会表象，更为重要的是，作品将通过人物的言行举止、生活癖好或者社交圈子再现历史的内在肌理——诸如阶级结构，不同阶层的升降沉浮，某个如日中天的群落将不可避免地衰亡，另一个新兴的群落将拥有真正的未来，如此等等。批评家之所以热衷于典型人物的性格阐述，很大程度上寄寓了历史的阐述。

因此，"典型人物"同时构成了文学批评的一个阐释范畴——这个范畴成为人物与历史之间的联结。许多批评家把典型视为个性与共性的统一。曹操、林冲、贾宝玉或者阿喀琉斯、堂·吉诃德、哈姆雷特这些公认的典型人物无不显现出独一无二的个性，批评家的工作是阐释隐藏于个性背后意味深长的共性，继而借助这些共性展示历史的内在结构。然而，文学批评实践表明，共性的阐释时常会陷入困境，因为典型人物的个性与共性并不对称。《红楼梦》之中的林黛玉相貌俊俏，多愁善感，自尊心强，才思敏捷，言辞犀利，具有肺病症状；《水浒传》之中的鲁智深是一个酒徒，一个军官，一个力大无穷的拳师，一个不近女色的和尚，一个喜欢打抱不平的莽汉——事实上，这些典型人物身上的每一种个性特征均可提炼出某种共性。这时，批评家不得不返回初衷：哪些共性可以纳入"历史"的解释？

在这个意义上，批评家有意无意地将"阶级性"作为共性的同义语。换

① ［德］马克思：《马克思致斐迪南·拉萨尔（1859年4月19日）》，见《马克思恩格斯文集》（第10卷），中共中央马克思恩格斯列宁斯大林著作编译局编译，北京：人民出版社，2009年，第170页。
② ［德］恩格斯：《恩格斯致斐迪南·拉萨尔（1859年5月18日）》，见《马克思恩格斯文集》（第10卷），中共中央马克思恩格斯列宁斯大林著作编译局编译，北京：人民出版社，2009年，第176页。
③ ［德］恩格斯：《恩格斯致玛格丽特·哈克奈斯（1888年4月初）》，见《马克思恩格斯文集》（第10卷），中共中央马克思恩格斯列宁斯大林著作编译局编译，北京：人民出版社，2009年，第570页。

言之，所有的个性特征无不归结为人物的阶级出身。从服饰、社交、娱乐，到酒量、语速、步态及一颦一笑，一个人的阶级地位负责解释一切。一个贫农、一个士兵或者一个资本家往往成为阶级形象的代表。尽管这种解读吻合历史概念对于阶级谱系的理论核定，然而，某些时候，典型人物的奇特个性可能与既定的阶级含义尴尬地"脱钩"。例如，鲁迅的阿Q曾经给批评家制造了许多难堪——那个欺软怕硬、擅长"精神胜利法"的形象如何与贫下中农的阶级性衔接起来？我曾经指出，典型人物的个性、共性、阶级性三者的递进结构时常无法完成：

> 首先，当共性与阶级性相互重叠的时候，一个阶级仅需要一个典型人物，同一阶级的众多人物无助于解释社会历史；另一方面，许多人物的性格特征并非来自他的阶级身份，例如奥赛罗的嫉妒、猪八戒的懒惰，或者阿Q的"精神胜利法"。因此，作品时常剩余众多与共性、阶级性无关的人物、情景与细节，成为主题无法吸收的赘物与噪音。①

我倾向于放弃典型人物的抽象"共性"，代之以具体的"社会关系"。对于阶级、性别、种族，以及各种物质力量造就的社会历史来说，社会关系构成了内在的肌理。马克思在《关于费尔巴哈的提纲》之中写下一个精辟的命题：人是一切社会关系的总和②。《德意志意识形态》的解释是——"社会关系的含义是指许多个人的合作"③。一方面，各种社会关系不断地塑造一个人的性格，这些塑造有机地组织在众多人物彼此交往形成的情节之中；另一方面，正如《德意志意识形态》所描述的那样，社会成员的共同活动构成了深刻的影响历史的生产方式。换言之，文学批评对于典型人物的解读围绕个性、社会关系、历史之间的联系展开：

> 性格可以想象为社会关系网的网结。一个性格的诸多特征不可能

---

① 南帆：《讲个故事吧：情节的叙事与解读》，《东南学术》，2018年第4期。
② ［德］马克思：《关于费尔巴哈的提纲》，见《马克思恩格斯文集》（第1卷），中共中央马克思恩格斯列宁斯大林著作编译局编译，北京：人民出版社，2009年，第501页。
③ ［德］马克思、恩格斯：《德意志意识形态》第一章，见《马克思恩格斯文集》（第1卷），中共中央马克思恩格斯列宁斯大林著作编译局编译，北京：人民出版社，2009年，第532页。

完全追溯至阶级的馈赠，但是，这些特征无不可以视为种种社会关系的响应。敢闯敢为的脾性可能与少年时代的街头团伙有关，精打细算的节俭可能与总管的位置有关，擅长体贴他人可能与家庭之中的长子身份有关，儒雅的谈吐可能与一批富有教养的邻居有关，刚愎自用的风格可能与一帆风顺的仕途有关，阴暗的报复情绪可能与某一次重大的创伤有关……某些历史时期，阶级关系可能构成了社会关系之中最为重要的成分，这时，阶级对于性格的塑造和规约具有基础的意义。很大程度上，社会历史同时是社会关系的交织与演变。尽管文学"笼天地于形内，挫万物于笔端"，但是，社会关系的此起彼伏无疑是作家的兴趣焦点。如果说，社会关系构成了社会历史的主要内容，那么，可以将社会关系的含量——而不是通常所说的"共性"——作为"典型人物"的衡量标志。一个人物性格汇聚的社会关系愈加丰富，这个人物性格就拥有愈强的典型性。这种衡量方式既包括了阶级关系，同时又远比阶级关系丰富。更为重要的是，这时的人物性格不再是一个单薄的概念剪影，而是与社会历史保持千丝万缕的具体联系。①

作为现实主义文学的理论大师，卢卡奇认为典型人物集聚了历史的精髓，然而，这是一个闭合的历史整体，还是一个开放的、充满各种可能的历史？卢卡奇的现实主义文学观念隐含了历史总体论的前提。他在《历史与阶级意识》中认为，历史不是一些孤立的事实堆积，而是各种事实必然联系合成的整体。每一个历史片断的意义只能在整体之中才能真正明辨。这也是典型人物的意义。在他看来，只有历史整体性才能克服资本主义物化制造的碎片化社会。然而，卢卡奇的观点产生了很大的争论。不仅像卡尔·波普这样的哲学家反对历史整体主义，利奥塔也宣称代表后现代主义向整体主义开战，即使是阿多诺、马尔库塞等一批西方马克思主义思想家，亦表示异议。卢卡奇的总体论不仅带有强烈的黑格尔气息，同时，总体论对于差异与感性的压抑窒息了不同类型的反抗能量，例如卢卡奇对于现代主义的不解与排斥。对于文学批评说来，历史总体论引起的争论远未结束；"历史"概念内部隐藏的歧义必将延伸到文学的评判。

---

① 南帆：《讲个故事吧：情节的叙事与解读》，《东南学术》，2018 年第 4 期。

四、对话：历史、心理、文学形式

20 世纪形形色色的文学批评学派分别显现了各自的理论模式，"历史"概念曾经遭受不同程度的轻视、拒绝、曲解乃至挑战，包括围绕于这个概念周边的意识形态、政治、社会现实、生活等。论争不可避免，社会历史批评学派从未放弃"历史"概念具有的阐释意义。尽管如此，批评家心目中的"历史"概念陆续与某些著名的文学批评学派展开深入对话，历史的理解出现了某些前所未有的视角。当然，这些著名的文学批评学派多半拥有庞杂的概念体系，学派内部众多成员的理论观点不尽一致，因此，所谓的对话更多的是基本观念的相互较量。

精神分析学不仅活跃在心理学领域，同时也是 20 世纪声名显赫又极具争议的一个批评学派。无论是考察作家、作品还是读者，精神分析学提供了一套独特的概念术语，诸如恋母情结、无意识、压抑、童年创伤、现实原则、快乐原则、阉割焦虑、本我、自我、超我、升华等。精神分析学是一种深度心理学。根据意识、无意识、象征、力比多这些术语的描述，人类的内心世界层层叠叠，曲径通幽，远非一面公正而客观的"镜子"。在某种程度上，汹涌的内心波澜与历史的回旋起伏异曲同工，二者共同存在激烈的冲突与角逐，只不过前者向躯体内部的精神领域延伸，而后者展现于躯体外部的社会环境。现在，这个问题已经愈来愈尖锐：内心乃至无意识多大程度地存有历史维度的印记？每一个时代具体的历史内容是否重写恋母情结和无意识的内涵及其形式？换言之，这是一种生物性的遗传还是家庭构造——特定历史时期——的副产品？如果每一个时代的恋母情结和无意识仅仅是一种重复，那么，历史概念的这种含义——"人类自我发展"及前后相随的持续演变——与精神分析学的概念术语如何兼容？

精神分析学的另一个倾向是强烈的决定论。从恐惧、焦虑、崇拜到梦、口误，以及之所以喜爱某种乐曲、服装款式、食品或者发型，所有的个人言行均存在特殊的心理原因，尽管各种蛛丝马迹隐蔽地埋藏于深不可测的无意识。马克思主义历史观念之中，生产力、生产方式构成了历史运动的决定因素，然而，精神分析学将关注焦点收缩到主体内部建构的某一个特殊情结——"历史"概念能否涉足这个陌生领域？

"如果说马克思是从与其有关的社会关系、社会阶级和政治形式的角度出发来观察我们的劳动需要的影响，那么弗洛伊德观察的则是它对心理生活的含义。"作为一个西方马克思主义批评家，伊格尔顿不仅意识到马克思主义与精神分析学之间的差异，同时，他试图恢复"历史"概念与精神分析学的联系："社会和历史的因素与潜意识有何联系，这是一个问题，但是弗洛伊德著作的目的之一就在于帮助我们从社会和历史的角度去探讨个人的成长。弗洛伊德所创立的确实是一个关于人这个主体如何形成的唯物主义理论。"伊格尔顿对于劳伦斯《儿子与情人》的分析表明，他将"儿子"恋母情结的很大一部分原因归咎于矿工的家庭生活形式①。然而，这种观点遗留的潜在问题是，资产阶级或者知识分子家庭的子弟是否会出现相同的恋母倾向？

在另一个西方马克思主义思想家马尔库塞的著作《爱欲与文明》中则是对精神分析学与马克思主义相互融合的积极尝试。如果说，精神分析学各种术语的描述对象是个体，那么《爱欲与文明》将其置换为社会。在这个意义上，精神分析学的"压抑"基本上相当于"社会压迫"。马尔库塞呼吁建立"非压抑性文明"，但是，他的解放论述并未依赖阶级政治的一系列术语，而是集中指向精神分析学的"现实原则"。精神分析学认为，"现实原则"制造的压抑是维持文明的必要条件，因此，压抑的痛苦不可祛除。在马尔库塞看来，如同历史的原始开端，历史的最成熟阶段不存在压抑。"在最适当的条件下，成熟文明中优厚的物质财富和精神财富将使人的需要得到无痛苦的满足。……因而，快乐原则与现实原则之间对抗关系也将朝着有利于快乐原则的方向发生变化。"② 这时，一方面，人们不再处于某种压抑体系的监管之下为了财富而劳动，劳动毋宁说成为人的全面而自由发展的具体形式；另一方面，弗洛伊德意义上的性欲转化为远为丰富的"爱欲"。在《爱欲与文明》之中，马尔库塞专门论证了"作为感性科学的美学"是如何隐含"快乐与自由、本能与道德的和解"的，文学和艺术提供了力比多的自由空间。

一旦这些哲学和美学观念成为精神分析批评学派的强大背景，"历史"的概念将无声地回归。马尔库塞在《爱欲与文明》的序言中说："本书之所以运用心理学范畴，是因为这些范畴已经变成政治范畴。人在现时所处的状况使心理学与社会政治哲学之间的传统分野不再有效，因为原先自主的、独立的精神

---

① ［英］特雷·伊格尔顿：《二十世纪西方文学理论》，伍晓明译，西安：陕西师范大学出版社，1987年，第167、178-179、191-196页。
② ［美］赫伯特·马尔库塞：《爱欲与文明》，黄勇，等译，上海：上海译文出版社，1987年，第110、111页。

过程已被个体在国家中的功能即公共生存同化了。"① 心理学范畴与政治范畴的转换包含了深刻的历史判断。所谓的"成熟文明"与"优厚的物质财富和精神财富"并非抽象的观念，而是以具体数据证明某一个历史阶段的表征。精神分析学仅仅将社会关系限制于家庭内部。然而，按照马尔库塞的设想，个体的创伤及其修复必将跨出家庭范畴，这必然是"历史"概念启动的时刻。

相对于精神分析批评学派，形式主义家族的众多成员似乎更为坚决地拒绝了"历史"概念。什克洛夫斯基这一句话几乎众所周知："艺术从来都是独立于生活之外的，在它的颜色中，从未反映过城堡上空旗帜的色彩。"② 俄国形式主义批评学派抛开了"内容"与"形式"的传统划分，扩大了文学形式的外延，并且认为"文学性"——文学之为文学的本性——主要特征显现于自足的文学形式。"陌生化"关注的是文学形式体系的内部新颖与陈旧的交替。勒内·韦勒克的"内部研究"与俄国形式主义遥相呼应，他对于"内容"与"形式"的划分同样表示不满："显然，一件艺术品的美学效果并非存在于它所谓的内容中。"韦勒克的论断是："无论是一出戏剧，一部小说，或者是一首诗，其决定因素不是别的，而是文学的传统和惯例。"③ 许多时候，韦勒克被视为英语世界的"新批评"派成员，他对作者传记与文学关系的否定立即令人联想到"新批评"的"意图谬误"。"新批评"认为，依赖作家的意图解释文学作品显然是不智之举。与"意图谬误"对称的另一个命题是"感受谬误"。读者的感受见仁见智，不足为凭。事实上，"新批评"的"意图谬误"与"感受谬误"如同两扇大门，将环绕于作家与读者周围的历史关在文学之外。结构主义的理想是描述一个不受历史影响的稳定结构，这个批评学派祭出的"结构"内部显然没有历史的位置。许多时候，形式主义家族的众多成员分别从不同的角度与一个命题发生联系：审美是无功利的，审美没有理由屈从沉重的、充满了血与火的历史。在种种不无相似的论述之中，审美与历史构成了相互抗衡的两个知识谱系，对于形式主义家族说来，再也没有什么别的比文学形式更适合充当"审美"对象的了。

从后结构主义至"文化研究"的兴起，"形式"独尊的观念遭到了愈来愈多的质疑，尽管语言的理论意义并未下降。"新历史主义"之所以引人瞩目，

---

① ［美］赫伯特·马尔库塞：《爱欲与文明》，黄勇，等译，上海：上海译文出版社，1987年，第12页。
② ［俄］什克洛夫斯基：《马步》（选译），张冰译，《俄罗斯文艺》，1989年第2期。
③ ［美］勒内·韦勒克、奥斯汀·沃伦：《文学理论》，刘象愚，等译，北京：生活·读书·新知三联书店，1984年，第146、72页。

一个重要的原因是"历史"概念的重现。作为一个新兴的学派,"新历史主义"之称多少有些模糊含混,语焉不详。这个学派的开创者斯蒂芬·葛林伯雷表示:"文学研究中'新历史主义'的特点之一,恰恰是它(也是我自己)与文学理论的关系上的无法定论,从某种意义上说,它是说不清道不明的。"①然而,作为历史主义的定语"新"表明,"历史"概念出现了另一些内涵。M.H.艾布拉姆斯在为《文学术语词典》撰写"新历史主义"条目时曾经进行了清晰的总结:

> 　　新历史主义者不再将文本孤立于其历史背景之外进行研究,而是将注意力主要投向文本产生时的历史、文化背景,文本的意义所在,其影响力以及后世批评家对它的理解与评价。这并非是对早期学术成就的简单回归,因为新历史主义者的观点与实践都与从前的学者有着显著的不同:从前的学者或者把社会与知识历史看作"背景",而将文学作品视为是此背景下的独立实体,或者把文学视为某一时期特定世界观的"反映"。与其相反,新历史主义者认为文学文本"处于"构成某一特定时间、地点的整体文化的制度、社会实践和话语之内,而文学文本与文化相互作用,同时扮演了文化活力与文化代码的产物与生产者的角色。②

M.H.艾布拉姆斯具体阐述了新历史主义的若干重要观点:第一,文学并未占据一个"跨历史"的审美领域,从属于某种永恒的艺术价值标准,亦非一个具有固定意义的自主实体;第二,历史并非仅仅充当一个时代文学的"背景",也不是文学的简单反映对象,文学文本"嵌入"背景本身,与文化网络之中的制度、信仰、文化权力及各种实践和产品等交织为我们所说的历史,事实上,文学文本与非文学文本的"分界线"也是这种互动的产物;第三,新历史主义不接受关于人类本质的人文主义概念,相反,人类主体即是特定社会权力关系的意识形态建构;第四,读者也是来自特定时代环境和意识形态的建构。因此,所有认为可能对文本进行客观公正的解释与评价的这种观念

---

① 〔美〕斯蒂芬·葛林伯雷:《通向一种文化诗学》,盛宁译,见张京媛主编《新历史主义与文学批评》,北京:北京大学出版社,1993年,第1—2页。
② 〔美〕M.H.艾布拉姆斯:《文学术语词典》,北京:北京大学出版社,2009年,第366—367页。

无非是人文的理想主义幻觉。新历史主义批评家并未回避他们自己的"主观性"。他们的工作是建构——而不是发现现成的——文本的意义以及叙述的文学与文化历史①。

　　M. H. 艾布拉姆斯引用了一个观点：新历史主义可以描述为"对文本史实性和史实文本性的交互关注"："历史不应被视为一套固定的、客观的事实，而是如同它与之互相影响的文学一样，是本身需要得到解释的文本。"② 因此，进入新历史主义的批评实践，"历史"概念出现了若干异于传统理解的重要特征：一方面，"历史"从未脱离文学生产，但是，历史并非简单的文学背景或者文学对象，具有现成的固定性质，客观不变，文学内在地嵌入历史并且试图改造历史，哪怕仅仅在微小的范围形成微弱的改造；另一方面，文学文本也不存在固定不变的意义，批评家根据不同价值观念形成的多维阐释意味着改造历史的各种冲动。作为后结构主义的遗迹，新历史主义将历史叙事的语言效果敞开在理论的聚光灯之下。历史之所以不是一套固定的客观事实，一个重要的原因是：历史是叙述出来的，不同的叙述主体可能言人人殊。正如詹姆逊所言，历史本身并非文本，但是，人们只能了解以文本形式显现的历史——没有人还能返回历史现场③。历史叙事与实在论之间注定存在各种激烈的争辩，但是，无论如何，语言与文本的意义正式成为"历史"概念的组成部分。

五、文学话语与历史话语

　　历史叙事与实在论的争辩远未结束，但是人们至少意识到二者的区分具有特殊意义。我曾经在《无名的能量》之中指出：

　　　　按照最为通俗的观点，"历史"可以解释为过往发生的一切；另一些时候，"历史"也可以指称各种历史著作陈述的内容，正如约翰·H. 阿诺德所言，"语言会让人迷惑。'历史'常常既指过去本身，也指历史学家就过去所写的内容。"现今，二者的混淆已经带来了严重的后果。或许，这种表述有助于摆脱纠缠：过往发生的一切均

---

① ［美］M. H. 艾布拉姆斯：《文学术语词典》，北京：北京大学出版社，2009 年，第 369-373 页。
② 同①，第 367 页。
③ ［美］弗雷德里克·詹姆逊：《马克思主义与历史主义》，张京媛译，见张京媛主编《新历史主义与文学批评》，北京：北京大学出版社，1993 年，第 19 页。

可充当历史著作的素材，历史著作的陈述意味了运用某种话语给予有效的处理——这即是历史话语。"过往发生的一切"相对于现状或者未来，权衡的要素显现于时间之轴；"历史话语"相对于哲学话语、经济学话语或者社会学话语，权衡的要素显现于话语组织层面。①

二者的区分并未削弱实在论的意义，主体意志之外的历史存在不会因此而蒸发于无形。然而，这个事实由于二者的区分而逐渐清晰：一方面，只有获得叙述的历史才能产生作用——历史叙事决定"过往发生的一切"将以何种面貌出现于当今的文化空间，表现出哪些意义，从而有机地融入和组建一个社会的意识形态；另一方面，历史话语如果仅仅是处理历史素材的一种形式，那么，这意味着另一些类型的话语也可能积极参与，形成另一种叙事，例如文学话语。

文学话语如何叙述"过往发生的一切"？文学话语与历史话语具有哪些真正的差异，以至于二者不可能合二而一？新历史主义及各种相似的观念迅速将这些问题提交给文学批评。这时，文学批评之中的"历史"概念远远超出作品的背景描述，超出将文学作为历史的镜像加以分析。许多时候，文学批评考察文学话语之际的隐蔽"他者"即是历史话语。文学贡献了什么？这种结论隐含的前提之一，是历史话语无法提供这种贡献。

《本馆附印说部缘起》通常被视为中国小说理论的一份重要文献。作者指出了历史话语的种种不足，这些不足恰恰反衬了"稗史小说"的深入人心："夫说部之兴，其入人之深，行世之远，几几出于经史上，而天下之人心风俗，遂不免为说部所持。"按照作者的区分，"有人身所作之史，有人心所构之史"②，文学话语显然擅长"人心"的历史。海登·怀特认为，历史话语与文学话语具有内在的相似性，前者时常依赖后者的遗产，例如，历史话语对于情节结构的使用。"如何勾勒某一个特定的历史处境，端赖于历史学家匠心独运，以将某一特定的情节结构与他想要赋予某种特殊意义的历史事件序列相匹配。这本质上是文学性的、也即制造虚构的行为。"在他看来，"以这样的情节结构将事件进行编码，乃是一个文化将个人的和公共的这两种过去赋予意义

---

① 南帆：《无名的能量》，北京：人民文学出版社，2012年，第73页。
② 严复、夏曾佑：《本馆附印说部缘起》，见《二十世纪中国小说理论资料》（第一卷），北京：北京大学出版社，1997年，第27页。

的一种方式"①。

文化赋予各种生活景象特殊的意义，话语类型决定了编码的基本模式。相对于科学话语、宗教话语、经济话语和文学话语，一轮明月或者一江春水的意义远为不同。聚焦历史话语与文学话语的差异，我力图论证的观点是：历史话语的分析单位是整体社会，文学话语的分析单位是具体人生。历史话语的内容往往拥有跨度巨大的时间与空间，并且在大型的因果关系脉络之中描述各种历史事件的来龙去脉。因此，历史话语热衷的题材往往是社会制度、战争、国家权力体系的交替、某些产生重大影响的特殊人物，如此等等，这些现象由于"社会"范畴而合成一种表示"意义"的独立单位；文学话语热衷的题材往往是个体之间的悲欢离合、恩怨情仇，这些现象由于"人生"范畴而合成另一种表示"意义"的独立单位。"意义"的独立单位同时意味着一种价值评判——某种事物获得了单独显现的资格。如同国家、社会从混沌"天下"显现，主体与个人的聚焦同样是哲学与社会学的一个重要转折。这时，"人生"成为主体与个人的具体诠释。如果说文学对于悲欢离合的关注曾经被视为一种狭小的兴趣，那么"人生"范畴的形成与文学话语地位的晋升均是"现代性"的文化产物②。

显而易见，没有哪一种脱离了"人生"的"社会"，犹如不存在脱离了"社会"的"人生"，但是历史话语与文学话语的聚焦视域显然不同。肖像、对白、恋爱、邂逅、伤春悲秋的情绪转换、"赢得生前身后名，可怜白发生"的感叹……这些因素无助于历史话语考察一个社会；然而，文学话语提供了组织这些因素的模式，各种人生从宏大的历史图景背后显现。历史并非某种宗教观念的投射，亦非黑格尔式绝对精神的化身，同时，历史也不是若干帝王将相的舞台，历史是无数大众共同创造出来的。大众并非一个抽象的平均数，他们构成了历史的实体，在很大程度上，大众现身于历史图景源于现代文化的诉求，文学积极地给予呼应。"五四"新文化运动时期，周作人的《人的文学》及《平民文学》之所以赢得广泛的反响，显然与这种诉求密切相关。现代社会的世俗气氛、日常生活的显现，以及神话传奇的后撤、现实主义文学对于小人物的关注无不表明"人生"范畴正在文学演变之中陆续加重分量——这同

---

① ［美］海登·怀特：《作为文学作品的历史文本》，董立河译，载于彭刚主编《后现代史学理论读本》，北京：北京大学出版社，2016 年，第 47 页。

② 这个问题的详细辨析可参阅南帆《无名的能量》第二章"重组与聚焦：历史话语与文学话语"，北京：人民文学出版社，2012 年。

时是文学话语摆脱历史话语从而赢得相对独立的过程。

文学话语的相对独立至少出现了三个方面的理论后果。首先，文学话语之中"以诗证史"或者"正史之余"的命题不得不重新辨析：作为关键词的"历史"指的是历史实在，而不是历史话语。换言之，文学作品并非证明历史著作，而是以另一种方式叙述历史实在。文学的叙述往往意味了不同于历史著作的独特发现——这无疑是文学话语之所以存在的基本理由。其次，历史话语关注的"社会"与文学话语关注的"人生"存在转换与呼应机制。人们可以从历史话语描述的"社会"状况了解那个时代的"人生"，也可以根据文学话语描述的"人生"状况证实那个时代的"社会"——"典型人物"的性格解读通常包含了这方面的内容。尽管如此，某些目光犀利的作家可能表现出不同凡响的洞见，这时，文学话语再现的"人生"可能偏离乃至激进地挑战历史话语表述的"社会"，二者将在文学批评领域展开激烈角逐。历史话语和文学话语对于历史实在的分别表述遗留下一个重大的理论分歧：是维护某种统一的大写的历史，还是支持多元的小写的历史？再次，如果说社会历史批评学派与形式主义家族曾经分别守护"历史"与"语言"两个关键词，那么，正如新历史主义所阐述的那样，"历史"与"语言"两个领域正在相互交织，"语言"并非一个固定的结构超然世外，相反，从命名、词汇、修辞、叙事模式到文类等级及写作制度，"语言"内部充满了各种争夺、对抗和冲突。人们已经察觉，"历史"的波澜将在"语言"领域产生各种回响，相对地说，人们还来不及完整地评估"语言"在塑造世界的工作之中可能释放多大的能量。

从文学话语与历史话语混沌不分、前者依附于后者到文学话语相对独立、二者相互角逐，文学批评之中"历史"概念的分量愈来愈重。各种形态的批评实践之中，"历史"概念的含义表现出相当程度的转移。"历史"概念的含义既可能指文学话语再现的某一个时期的社会现实，也可能指文学话语生产赖以完成的社会制度、文化规范、意识形态等；既可能指鸿门宴、赤壁之战、乾隆下江南这些具体的历史事件，也可能指古往今来内在的运动规律，以及发展、演变的意识；同时，"历史"概念还可能指文本再现的往事，或者指再现往事的文本——历史著作。文学批评援引"历史"概念衡量文学，意味着文学话语与历史话语进入一个复杂的关系网络相互评判。

（作者单位：福建社会科学院）

文化解释学初论

杨春时

在全球化的背景下，各个民族之间的交往日益广泛、深入，对他族文化产品的接受和阐释越来越重要，也出现了许多需要解决的问题。这样，跨文化阐释不仅是一个实践问题，也成为一个理论问题，而建立文化解释学就有了必要性。

一、从历史解释学到文化解释学

解释学是关于如何获得文本意义的理论，其任务是打通主体与文本的时空间距，理解和阐释文本的意义。解释学经历了古典解释学到现代解释学的发展阶段：狄尔泰开创了古典解释学，其任务是消除历史造成的对文本的误解，还原其本来意义。古典解释学不承认阐释的历史性，而强调阐释的客观性。伽达默尔建立的现代解释学本于海德格尔的实存哲学，由于"此在在世"的时间结构，理解和解释也就具有了时间性。伽达默尔说："因为只有当海德格尔赋予理解以'生存论的'（Existenzial）这种本体论转向之后，时间距离的诠释学创新意蕴才能够被设想。"① 海德格尔的时间性解释学思想经过伽达默尔的阐发，建立了系统的哲学解释学，于是现代解释学得以确立。

伽达默尔认为，阐释是一种"视域融合"，是一种"效果历史"，因此具有历史意义，而不能还原其本来意义。解释学发生的历史背景是现代性的确立。现代性开启了时间性，产生了历史的间隔，于是对历史文本的理解发生了障碍。时间性解释学的宗旨就是打通时间距离，沟通现代与古代，理解和阐释

---

① ［德］汉斯·格奥尔格·伽达默尔：《真理与方法——哲学诠释学的基本特征》（上卷），洪汉鼎译，上海：上海译文出版社，1999年，第381页。

历史文本的意义。早期海德格尔没有建立空间性的存在论哲学，伽达默尔也没有建构起空间性的解释学，他建立的时间解释学没有自觉地面对不同社会文化体系之间的阐释问题，因此还不是完善的、全面的解释学。在后期现代社会，由于现代性的完成和"历史的终结"（福山），"文明的冲突"（亨廷顿）成为主要矛盾，哲学对时间性的强调转向对空间性的强调。海德格尔后期哲学从对此在的时间性研究转向对本有的空间性研究，解释学也由对时间性的关注转向对空间性特别是对文化属性的关注，因此，建立空间性解释学具有了迫切性。本来时间与空间是一体化、不可分离的，时间解释学中就存在着空间性的维度，只是被时代的需要遮蔽了。因此，有必要和可能依据已有的思想资料来建构一个空间性的解释学，从而使得解释学成为完善的意义生成之学。关于空间解释学的设想，笔者已有专文论述①。空间解释学作为一种哲学解释学，其重要的应用学科就是文化解释学。

解释学认为，解释活动包括理解、阐释和应用三个环节，而应用环节突出地体现了解释学的实践性。时间解释学的应用学科主要是历史解释学，而空间解释学最主要的应用学科是文化解释学。文化是最重要的空间形式，它分隔和连接了不同的民族。所谓文化解释学，就是关于不同民族之间的解释活动的理论，是阐释他族文化的原则和方法论。民族是现代性的产物，它作为一个"想象的共同体"，实际上是一个文化共同体。文化相对于自然，是人类创造的全部物质和精神财富，它形成了一整套价值体系和知识体系。文化的民族性造成了各民族之间交往、理解的障碍。由于文化差异，一个民族接受其他民族的文化产品时，往往不能充分理解和沟通，产生了各种误解，甚至导致冲突。在早期现代社会，文化冲突还不突出。在冷战时代的两个阵营之间，文化差异主要体现为意识形态的冲突。在后冷战时代，文化差异在更广阔的领域凸显出来，演变为文化冲突。亨廷顿提出，"文明的冲突"成为当代世界的主要矛盾，就是对这种文化矛盾的理论表述。这样，克服文化障碍，理解他族的文化及其产品，进而沟通不同民族的文化，就成为解释学的重要使命。迄今为止，学界还没有形成系统的文化解释学理论，但仍然有一些初步的论述。如伽达默尔突破其时间性解释学的限制，谈论到文化阐释的问题。他在《欧洲的遗产》（Das Erbe Europas，1989）中强调，不同文化之间的一体化应该从差异中学习："这种目的不是（单边地）掌握或者控制，而是我们有责任去体验确实异

---

① 杨春时：《空间解释学论纲》，《学术研究》，2019 年第 1 期。

于我们预判背景的他者的他者性。在这种语境中，我们所奋斗的最崇高的目标就是参与他者，分享他者的特异性……这样，为了互相分享，我们可以学习把他者性和其他人类作为'我们的他者'加以体验。"① 约斯·德·穆尔提出了"文化间性阐释学"的构想②。当代跨文化研究的倡导者雷蒙·潘尼卡出版了多种著作，力图建立跨文化解释学。他提出，解释学存在着三种形式或者说三个阶段：第一种是形态解释学（morphological hermeneutics），这是比较简单的、初级的文本解释；第二种是历时解释学（diachronical hermeneutics），即时间性解释学；第三种是历地解释学（diatopical hermeneutics），在这一阶段，解释学不只要克服时间的距离，还要克服空间的距离，而这就是文化的差异。因此，这是一种文化阐释学。此外，克利福德·格尔茨关于文化人类学的著作《文化的解释》，偏重于经验的研究，主要是考察各种文化的性质。总的来说，这些关于文化阐释的论述都打下了文化阐释学的基础，但还没有建立起完整的文化解释学理论体系，文化解释学的建构仍然有待完成。

二、文化解释学的依据

建立文化解释学，首先要面对的是跨文化阐释的可能性的问题，也就是如何克服文化差异、达成理解的问题。约斯·德·穆尔在《阐释学视界——全球化世界的文化间性阐释学》中划分了历史上出现的三种解释学理论：狄尔泰代表的古典的"视界拓展"理论、伽达默尔代表的现代的"视界融合"理论，以及德里达代表的后现代的"视界播撒"理论。狄尔泰的"视界拓展"理论认为，阐释主体在对文本的理解过程中进入对方的处景，把对方纳入自己的视界，导致"理解拓展了我们存在的视界"，从而使得理解和阐释成为可能。这种阐释理论的合理性在于，指出了阐释中主体视界对文本的顺应及阐释的客观性一面。而其缺陷在于，把主体中立化、把文本的意义客观化，而忽视了阐释主体对文本意义的生成性改造。伽达默尔的"视界融合"理论认为，理解活动是阐释主体的视界与被阐释文本的视界的融合，产生了新的视界，它不同于阐释之前的主体的视界和文本的视界。这种阐释理论的合理性在于，阐

---

① ［荷］约斯·德·穆尔：《阐释学视界——全球化世界的文化间性阐释学》，麦永雄、方颖玮译，《外国美学》（第20辑），南京：江苏凤凰教育出版社，2012年。

② 同①。

释不再是主体的独白和客观意义的再现，而成为消除视域差异的双向的运动，因此具有历史性。其缺点是，忽视了阐释活动的不对称性，包括不同语言、不同文化体系之间的不对称性。语言的不对称性主要体现为不能充分对译的问题，以及强势语言和弱势语言的区分；而文化的不对称性主要体现为不同文化之间的差异性，以及强势文化与弱势文化之分。于是阐释活动成为强势文化语言对弱势文化语言的强制性定义，导致阐释的偏差。而这一点，正是后来福柯的话语权力理论所强调的。"视界播撒"理论实际上是一种反解释学的理论，它认为阐释是由能指的推移造成的意义的"延异"，从而导致阐释的不确定和失效。因此，可以不把德里达的解构主义列入解释学，但可以把同样作为后现代主义的福柯的话语权力理论作为一种阐释理论。福柯认为，阐释总是被话语权力支配的，话语权力通过对主体的规训来对阐释对象进行强制性定义，如理性对"疯子"的定义。这个理论的合理性在于，它揭示了阐释的不对称性。而其缺陷在于，夸大了这种不对称性，抹杀了阐释的可能性与合理性。

从哲学层面上说，建立文化解释学必须确立主体间性理论作为其根据。哲学领域主客二分的"他者"理论，是文化解释的最大障碍。他者被当作主体的对立面，导致主体与他者无法沟通。传统哲学的他者是客体，主客对立，主体无法理解客体。在传统认识论中，主体对客体的认知只是外在的"说明"。萨特提出"他人便是地狱"，"他人的凝视"造成对自我的否定，从而排除了互相理解的可能。海德格尔提出"非本真的共在"，公众成为泯灭自我意识的他者，屈从公众意识造成阐释的失真。后现代的他者是存在之外的主宰，列维纳斯把他者作为构建自我的上帝；福柯把权力作为规训主体的他者；德里达把语言的能指关系作为决定阐释的他者。于是，在他者的宰制下理解失去了可能性，意义虚假化或被消解。而建立文化解释学的哲学根据，就是建立主体间性理论，解决主体与他者的对立。主体间性是阐释活动得以可能的依据，主体间性理论也成为解释学的基础理论。这个主体间性概念包括两种含义：一是胡塞尔的认识论意义上的主体间性概念，二是哈贝马斯的社会学意义上的主体间性概念。胡塞尔提出的主体间性概念，是指不同认识主体之间达成共识的可能性。在这个意义上，不同民族之间在理解世界时可以达成共识，由此得出了阐释的公共性原则。在哈贝马斯看来，主体间性的意义在于不同社会主体之间可以通过交往活动建立交往理性，达成互相理解，由此得出阐释的根据和可能性问题，阐释本质上是建立主体间性的活动。这两个主体间性概念都可以在不同角度上介入阐释活动。特别是后者，更直接地把阐释活动与交往活动联系起来，从而揭示了阐释活动的理性根据。但是，无论是认识论的主体间性还是社会学的主体间性，都源于同一个哲学本体论，而本体论的主体间性理论就成为更为根本的解释学的基础理论。从根本上说，阐释的基础是理解，理解的根据在于人类生存是一种"共在"，它源于"存在"的同一性。鉴于传统的存在概念无法给出阐释的依据，笔者提出了新的存在论，认为存在是生存的根据，具有本真性；存在是我与世界的共在，具有同一性。存在的同一性是阐释的可能性的本源。但是，一方面，由于存在异化为现实生存，存在的本真性失落，而其残存部分就成为生存的超越性。同时，在现实生存中，存在的同一性破裂，主客分离，有了时空间距，这就产生了理解的障碍。另一方面，生存不仅是存在的异化，也是其"残缺样式"，在一定程度上保留了存在的同一性，体现为我与世界的主体间性，这是阐释的依据。因此，人可以依据主体间性理解世界，不同的民族可以交流并互相理解，从而形成人类文化的统一性。

从文化传播的角度上说，文化阐释的可能性在于"文化间性"。与主体间性对应，也产生了文化间性概念。约斯·德·穆尔提出了文化间性的概念，做出了"文化间性阐释学"的设想，但对文化间性概念并没有专门阐述。那么，什么是文化间性呢？笔者认为，所谓文化间性，应该理解为主体间性在文化上的表现形式，是文化之间的可沟通性。在各个民族的文化中，生活态度和价值观念、思维习惯和认知方式各不相同，造成了彼此理解的障碍。"文明的冲突"理论揭示了这一点，但是它夸大了这种障碍，认为民族文化之间的冲突是难以克服的。事实上，文化之间虽然存在着差异，但还存在着沟通的可能，这就是所谓的"文化间性"。文化间性的产生从根本上说是源于人类的理性，它造成了人类文化的统一性。这里说的文化是指文明人类的文化，而文明与野蛮（原始文化）的区别就在于文明具有理性。各民族文化所具有的基本的价值和认知是有共通性的，当然也具有差异性，但共通性更根本。从各个民族之间的交往角度来说，文化间性源于主体间性，也就是哈贝马斯所说的"交往理性"。不同的文化之间不是孤立存在的，而是互相交流、互相影响的。古典时代的文化交流还不充分，而在现代社会，不同民族之间的交流加强了，孤立的生活方式被打破了，形成了主体间性，也产生了文化间性。文化间性就是不同民族文化之间交流、影响的产物：在互相交流中，每个文化体系都具有了开放性，并且发生了改变，带有了其他文化的因素，可以理解、接受他族的文化，形成了文化融合的趋势。随着现代化、全球化的发展，这种趋势会日益加强，人类文化共同体得以形成，这就产生了文化间性。约斯·德·穆尔指出：

"譬如，当我们更紧密地审视文化差异时，自我与他者的对立就会有问题。每一种文化都从其他文化获取众多元素……因此，我们甚至能够说，每一种文化本身早已是文化间性的了。任何文化的渊源总是存在于'其他地方'。若无这种间性维度，同一性与差异性的嬉戏是不可能的。"① 文化解释学承认存在着文化差异，并构成理解的障碍；又承认存在着文化间性，即人类文化有共同性和可交流性。例如，中国接触西方之初，是排斥和歧视西方文化的，认为西方文化是无父无君、不孝不忠的蛮夷文化。后来在彼此的交往（包括军事、经济、政治、文化的冲突和交流）中，中国逐步理解和接受了西方文化（当然也有保留），中西文化之间产生了文化间性，于是"五四"时期就发生了引入西方现代文化的新文化运动，并且产生了与现代文化融合的现代中国文化。同样，西方文化也逐步改变了对中国文化的偏见（尽管还有保留），理解了中国文化。总之，文化间性为文化阐释提供了可能，文化阐释就是在文化间性的基础上进行的。

后现代主义的"后殖民主义"理论，主张消除文化歧视，反对西方文化中心主义，有其合理性，但是由于它把文化差异绝对化，因而导致了否定文化间性的极端。后殖民主义理论认为，所谓"东方"，是西方塑造的一个虚假的概念，成为一个他者；东方由于接受了西方文化，就失去了主体性而被他者化了。后殖民主义理论的代表爱德华·W. 萨义德认为，由于"西方与东方之间存在着一种权力关系，支配关系，霸权关系"，"……它可以被制作成——也就是说，被驯化为——'东方的'"②。后殖民主义理论揭示了文化传播的不平等性，也揭示了文化解释的非客观性，这当然有合理性。但是它把文化差异绝对化，以权力关系否定文化间性，从而抹杀了文化沟通和阐释的可能性，这是片面的。

三、文化阐释的两重性

文化阐释具有两重性：一方面，文化阐释具有可能性，因为存在着主体间性和文化间性，可以达成互相理解；另一方面，文化阐释也存在着有限性，因

---

① ［荷］约斯·德·穆尔：《阐释学视界——全球化世界的文化间性阐释学》，麦永雄、方颖玮译，《外国美学》（第20辑），南京：江苏凤凰教育出版社，2012年，第330页。
② ［美］爱德华·W. 萨义德：《东方学》，王宇根译，北京：生活·读书·新知三联书店，1999年，第8页。

为它不能完全弥合文化差异，导致理解的不充分。换一个角度看，文化阐释还具有两重性：一是文化阐释具有合理性，它可以消解文化间的差异形成文化间性，从而理解他文化；二是文化阐释又具有不合理性，这是由文化间的不平等性、视域融合的不充分性造成的，这正是后殖民主义理论和话语权力理论所强调的。它们认为，不同文化之间的阐释就是强者一方对弱者一方的制造，弱者一方对强者一方的被动认同，因此不具有合理性。阐释双方确实具有不对称性、不平等性，导致了阐释的不合理性。但这种不合理性不是绝对的，也不是全部情况，还存在着阐释的合理性，文化阐释是这个矛盾的两方面的融合，即可能性与有限性、合理性与不合理性的统一。关于文化阐释的主体间性和文化间性，以及文化阐释的合理性、可能性，前面已经有所论述，这里主要考察文化阐释的不合理性和有限性。文化阐释的有限性，从根本上说是由于空间—文化间距的存在使得理解、阐释遇到了障碍。其不合理性是因为阐释双方不对称、不平等。虽然阐释作为"视域融合"可以一定程度上实现主体间性和文化间性，消弭空间—文化距离，但这种距离不会完全消失，仍然在一定程度上存在，从而导致主体间性、文化间性的不充分性和理解的有限性。同样由于阐释双方的不对称性和不平等性，也导致了阐释的强制性和偏向性。

文化阐释的有限性首先在于语言的障碍，因此文化解释学也包含语言学、翻译学的问题。语言不仅仅是思想的工具，也是文化的密码，从根本上说，语言是主体与世界关系的深层结构，是一种深层的意义体系。因此，语言体现着世界观，不同的语言体系体现着不同的世界观，从而导致阐释的障碍。从哲学上说，一方面，本源的语言是交谈，它作为存在的结构同一了主体与世界。而现实语言是本源的语言的沦落，同一性破裂，成为一种"残缺样式"。于是现实语言就不能充分传达意义。在这种前提下，各种语言的差异就妨碍了各民族的交流，这就是"巴别塔"寓言的内涵。另一方面，现实语言也是本源的语言的体现，一定程度上体现了语言的本源性，它可以沟通主体与世界，而各种语言也存在着可沟通性即"语言间性"。翻译是把一种语言转换成为另一种语言，从而传达意义。但由于语言之间的差异，翻译也具有两重性：一是由于"语言间性"，翻译可以打通语言的隔离，传达意义；二是翻译不能完全克服语言的差异，导致翻译的不准确性。由于不同的语言体系之间没有完全对等的词汇和相同的语法，不具有完全的可通约性，因而这就造成了翻译的不准确性乃至于误解。这种不准确性和误解是不可避免的，这是不同语言体系和文化体系的根本差异造成的。奎因认为翻译不能准确地传达原意，提出了"译不准"

原理。翻译必须克服文化、语言的差异，体现出文化间性，也就是寻找两种语言蕴含的意义之间的重合处、切近点，构造"语言间性"。这就要求在一定程度上改变原来的语义以完成语言的移译。这种语义的改变体现在新的定义和新的语言使用中。例如，在中西语言的翻译中，"革命"是社会制度的革新，已经不是原来的"天命变革"的意思了，从而现代化了。但是，在革命概念的现代意义中，仍然或明或暗地存留着某些旧有的观念。有时由于两种语言中的概念差异过大，难以找到对等的词汇，因此就要创造新的词汇，如"幽默"概念的翻译就是新词汇的创造。翻译就是沟通语言差异，创造"语言间性"，从而传达意义。尽管如此，翻译总是近似地传达他文化文本的意义，而不能原封不动地传达。总之，翻译是文化解释的基础性工作，也是文化解释的一种应用形式。它一定程度上克服了不同语言体系之间的差异，也不可避免地在一定程度上体现了这种差异，从而导致了文化阐释的偏差性。翻译理论必须建立在对文化、语言差异的认知上，从而通过移译具体地克服这种差异，更合理地传达意义。

不仅语言层面上存在文化阐释的障碍，文化观念的差异也使得文化阐释产生了偏差。每个阐释主体，都会立足于本土文化阐释其他文化，虽然在阐释过程中也要向其他文化开放，改变自己，但毕竟不会完全认同于他文化，而要保持自己的文化立场，难免"以自己之心，度他人之腹"，产生某种偏见，包括理解的错位和评价的偏颇。在阐释活动中，阐释主体并没有完全与阐释对象同一，还保持着一定的独立性、主体性，阐释对象也没有完全成为主体，也保留着一定的客体性，这样，阐释双方就具有某种不平等性，"视域融合"就不充分，还存在着"视域差异"，甚至"视域冲突"。这就意味着阐释主体会在一定程度上把自己的打上文化烙印的"前见"加之于对象，从而导致阐释的偏见。尽管这种偏见可能是"合法的偏见"，但毕竟是一种偏见，它打上了主体性的烙印。在现实中，我们每个人都是站在本土文化的立场上认识和评价他文化，从而不可避免地产生文化偏见，这就是所谓"民族文化中心主义"。阐释的不平等性意味着权力的介入，特别是强势文化对于弱势文化的阐释，往往会带有很深的偏见和强制性，这正是"后殖民主义"立论的依据。同时，这种文化偏见也不仅仅是强势文化所固有的，弱势文化也会产生文化偏见。一方面，弱势文化主体会屈从强势文化，认同强势文化，从而产生阐释的偏向。如中国在现代化的过程中受到了西方文化中心主义的影响，产生了"全盘西化"的倾向。另一方面，弱势文化主体也会反抗强势文化，固守本土文化，排斥和否定强势文化，产生另外一种偏向。如中国在遭遇西方文化之初，认为西方文化是野蛮的狄夷文化；在建立现代民族国家的运动中也产生了某些民族主义偏见。

但是，阐释的主体性偏向及其产生的"视域差异"不仅仅是一种局限性，也有其必要性和合理性。文化阐释的主体性偏向和"视域差异"产生了对他文化文本的批评。文化阐释不是完全的认同，还有文化批判。这种批判既是文化差异的体现，也是文化阐释的功能。文化阐释不仅要理解他文化，也要评价他文化，从而在文化交流中取长补短，有所吸收、有所拒绝。潘尼卡指出，在跨文化的理解和阐释中有两个原则在起作用：同质原则和对话原则。同质原则就是阐释的同一性，阐释双方具有一致性，产生文化认同；而对话原则是指阐释的差异性，阐释双方存在着不一致性，产生文化批判。文化阐释需要文化批判，这就涉及文化的优劣问题。文化之间有差异，但是否有优劣之分，历来是有争论的，有的理论不承认文化有优与劣、先进与落后之分，认为文化之间是不能比较的；也有的理论认为文化之间各有长短，有先进落后之分。应该说，不同的文化各有其现实合理性，因此不能以某一种文化的标准去衡量文化的高低、优劣。但每一种文化都各有短长，也有先进落后之分，这种区分是在文化交流中确立的。文化交流也是一种文化选择，是优化和淘汰的过程，好的文化或文化因素会得以保存和发展、传播，差的文化或文化因素会被改造、淘汰。甚至"先进文化"也会对"落后文化"有所借鉴，从而推进现代文化发展，如18世纪的欧洲，因对中国文化的推崇而推进了启蒙运动，虽然这里包含着某些对中国文化的误解。另外，文化还具有时间性的维度，现代性构成了文化评价的一种尺度，而文化差异也体现在文化的先进和落后方面，这就是现代文化和前现代文化的差距。立足于现代文化立场，对于前现代文化有所批判和改造，也是文化阐释的题中应有之义。在当代，面对前现代文化与许多文化的冲突，特别是某些宗教极端主义与现代文明的冲突，发挥文化阐释的批判功能更有必要。通过文化批判，各种文化才能互相取长补短，有所改造和进步。这就需要文化的开放性，要向其他文化开放，容忍文化差异，接受文化批评，这是文化阐释的重要方面。

那么，文化阐释的合理性是什么，或者说合理的文化阐释是什么？我们在否定了文化阐释的绝对合理性的同时，也承认其具有相对合理性，而不赞同那种抹杀文化阐释的合理性，把文化阐释当作一种权力生产的后现代理论。合理的文化阐释首先在于开放性，文化阐释的主体要向对方开放，与对方展开有效的对话。既然文化阐释的可能性在于打破文化间隔，使两种文化展开对话从而建立主体间性和文化间性，那么文化阐释的标准也首先在于向对方开放的程度和对话的效果。如果固守前见，拒绝向对方开放和对话，那么就无法理解对方，不能阐释其意义，文化阐释就是失败的。反之，充分地向对方开放，有效地展开对话，就会在最大限度上避免偏见，达到对对方的充分理解，合理地阐释其意义。

其次，文化阐释的合理性还在于阐释者的文化视域的合理性，主要是其先进性。各种文化不仅具有空间性，也具有时间性，这样，文化阐释与历史阐释就具有了内在的联系。从历史发展的角度看，以现代性为准则，文化就有了先进、落后的区别，如"五四"运动以来的中西文化之争后面就包含着传统与现代之争。阐释者的文化立场是否具有先进性，就决定了文化阐释的合理与否。如果依据先进文化来阐释他文化产品，那么就可能获得比较合理的结果；反之，则可能获得不合理的结果。例如，对于中国传统文化产品，站在现代性的立场，运用现代理论来阐释，就会得出比较合理的结论；而对于现代文化产品，如果站在前现代性的立场，运用传统的理论来阐释，就可能得出不正确的结论。例如，在"五四"运动以前，用中国传统文化和理论阐释西方文化产品，就得出了西方文化是野蛮文化的结论。当然，由于各种文化都具有自身的缺陷，现代性本身也是有缺陷的，因此这种历史性的阐释标准也是相对的，存在着片面性和偏见，如西方文化中心主义，需要加以警惕和纠正。

四、文化阐释的基本构成

文化解释学的建构不能凭空创造，而应该在现有的历史解释学的基础上进行。历史解释学和文化解释学的阐释对象不同，但二者作为解释学的分支，在基本原理上具有共同性，因此，我们可以借鉴历史解释学的理论加以改造、建设文化解释学。历史解释学的核心理念是"视域融合"，也就是阐释者的当下视域与被阐释者的历史视域之间的沟通与融合。如果把历史视域转换为文化视域，就可以建构文化解释学。文化视域是指一定的社会文化空间，对于文化阐释的主体而言，就是构成文化阐释的前见的文化观念、习惯等；对于文化阐释的对象而言，就是与文本相关的文化背景。总之，文化阐释的核心就是文化视域的融合。

文化阐释的第一个要点是了解本民族的文化和他民族的文化，进而确认民族文化差异。对他文化的文本的阐释，首先必须在了解本土文化和他文化的前提下，明确他我两种文化的主要差异，进而沟通两种文化视域。如果没有这种自觉，盲目地进行阐释，就会限于阐释的自发性，从而屈从于文化偏见，导致文化阐释的障碍和偏失。有了对于文化差异的自觉，就可以在阐释中主动地沟通这种差异，从而达到视域融合。例如，对于西方文本的阐释，必须了解西方的社会、历史、文化，以及它与中国文化的差异，这样，在阐释中才能理解对方，而不会简单地排斥和否定，也避免了误解。"五四"时期对于西方文化经典的译介，由于对文化差异的理解不够，也有误读的事情发生，如鲁迅评论易卜生的《玩偶之家》，提出了"娜拉出走之后怎么办"的问题，认为女性在社会上无法谋生，所以就只能回到家庭做"玩偶"。其实这是不了解欧洲社会情况，用中国"半殖民地半封建社会"的视角来解释娜拉的命运。娜拉在中国可能无法独立谋生，最后只能遭遇像《伤逝》中的子君那样的结局。但资本主义的丹麦不同于中国，女性可以独立谋生，娜拉可以去做女教师、女招待、女职员等，而不至于饿死。因此，《玩偶之家》的主题也不是男女平等问题——这是中国"五四"文学的主题，而是对于金钱化的、虚假的家庭关系和社会关系的揭露。

文化阐释的第二个要点是文化宽容。面对文化差异，要以开放的态度进行文化对话，以跨越、沟通文化差异。理解、阐释是一场对话，而对话要求向对方开放，这就需要有一种对对方的尊重和同情，这是理解、阐释的动力和前提。历史解释学还没有产生文化宽容的理念，这种观念进入解释学，是在文化阐释的背景下发生的。1981 年在巴黎发生了"德法之争"，其间伽达默尔提出了"凡在人们寻求理解之处，就有善良意志"[1] 的命题，而德里达认为这是康德的"善良意志"的形而上学思想的遗留，于是发生了争论。这场争论的意义在于，把理解、阐释与同情和宽容联系、结合起来，从而扩大了阐释学的构成。哈贝马斯提出建立"交往理性"，其前提是不把他人当作工具行为的对象，而是当作交往行为的对象，而这就包含着一种善意。文化理解不会自然发生，要克服偏见性，就要有对他文化的宽容和同情，尊重他文化，向对方开放，才能了解对方。这种善良意志是主体间性的内涵，也是达成文化间性的推动力。如果解释者以自我为中心，排斥他文化，拒绝对话，就会以自己的前见

---

① 米歇尔·菲尔德、帕尔默：《〈对话与解构〉导论》，载于孙周兴、孙善春编译《德法之争：伽达默尔与德里达的对话》，上海：同济大学出版社，2004 年，第 20 页。

强加于对方，阐释就变成了一种强制性行为，从而导致解释的失效。

文化阐释的第三个要点是文化阐释双方之间的对话。阐释主体与阐释文本之间具有文化差异和视域差异，要克服这种差异，实现视域融合，就要开展一场主体之间、文化之间的对话。对话是把对方作为主体来沟通，互相倾听。对话不是独白，彼此都要有所改变，互相靠拢，理解、阐释才能发生，从而达成主体间性。伽达默尔认为："流传物像一个'你'那样自行讲话。一个'你'不是对象，而是与我们发生关系……因为流传物是一个真正的交往伙伴（Kmmunikationspartner），我们与它的伙伴关系，正如'我'和'你'的伙伴关系。"① 对话就是"视域融合"的途径。这个"视域融合"是理解的过程，是同化与顺应的双向运动。一方面，阐释者能够在一定程度上把自己的前见"悬隔"，并且在一定程度上顺应文本的文化视域，试图站在对方立场上来理解对方，使得自己的文化视域被纳入对方的文化视域。另一方面，文本所承载的文化视域也一定程度上被解释者的前理解所同化，发生变异，纳入其文化视域。在这种双向作用中，两种文化视域都发生了改变，互相靠近、融合，从而弥合了文化的鸿沟而达成了理解。

文化阐释的第四个要点是依据主体间性构建文化间性。文化间性一方面是文化之间存在着的事实，是在既往的文化交流中形成的，另一方面也是在文化阐释中具体化而重构出来的。文化间性不会自然地出现在阐释活动中，还要求在文化阐释中重构、充实、具体化。这就是在对话中通过"视域融合"重建两种文化之间的联系，进而理解和阐释他文化。阐释者与对象的对话是在特定的文化空间中发生的，它们具有各自的文化视域。通过阐释者与文本之间的对话，发生了"视域融合"，而这就是彼此对对方的影响和改造，从而形成新的视域。新的文化视域构筑起一道桥梁，跨越了文化鸿沟。所以，阐释前后的两种文化关系发生了改变，隔离被打破，形成了文化间性，而在阐释前，这种文化间性还没有形成，只是一种可能性。

文化阐释的第五个要点是新的意义的创造，而不是文本原初意义的再现，也不是主体已有思想的再现。形成文化间性，实际上是创造了新的人类文化，它不只属于阐释的某一方，也属于阐释的双方和全人类。"视域融合"导致了"视域扩展"，扩大了原初视域。新视域克服了文化差距，彼此进入对方，从

① ［德］汉斯·格奥尔格·伽达默尔：《真理与方法——哲学诠释学的基本特征》（上卷），洪汉鼎译，上海：上海译文出版社，1999年，第460页。

而扩大了各自的视域。这就是说，视域融合不仅意味着阐释双方视域的接近，还意味着彼此视域的扩展，从而产生了新的意义空间。伽达默尔强调视域融合，也指出了其结果就是视域扩展，他说，解释的结果"……总是意味着向一个更高的普遍性的提升，这种普遍性不仅克服了我们自己的个别性，而且也克服了那个他人的个别性"①。"视域扩展"意味着解释的结果不是再现作者的思想，也不是复制解释者的思想，而是产生了新的意义。这也就是说，解释活动不是复制既有的社会文化观念，而是打破既有观念，创造新的意义。伽达默尔指出："文本的意义超越它的作者，这并不只是暂时的，而是永远如此的。因此，理解不只是一种复制的行为，而始终是一种创造性的行为。"② 这就是说，文化阐释获得的意义不是现成的，而是生成性的，是视域扩展的产物。在解释活动中，解释者通过对话打破既有的解释规范（前见），进行了新的理解和阐释，使得文化解释具有了创造性。例如，在东方和西方的关系中，东方文化与西方文化的互相阐释产生了巨大的差异和冲突，彼此在文化交往中也都有所反思：东方吸收了西方的现代文化观念，扬弃了自己的前现代的落后性，形成了中国的现代文化；而西方在东方的反抗中也反思、批判了殖民主义、西方文化中心主义，产生了反殖民主义和反西方文化中心主义的思想。

　　文化阐释的最后一个环节，是通过反思把理解到的文本的内涵转化为理性的把握，使得文本的意义呈现出来。文化阐释是对文化产品的理解和阐释，在理性水平上，对理解的反思是以理论为工具的，因此反思的成果就具有了理论形态，这是文化阐释的高级形态。正如文化阐释包括视域融合，也包括视域差异，甚至包括视域冲突，反思的结果也包括文化认同和文化批判性两个方面，从而完整地把握了文本的意义。

（作者单位：四川美术学院）

---

① ［德］汉斯·格奥尔格·伽达默尔：《真理与方法——哲学诠释学的基本特征》（上卷），洪汉鼎译，上海：上海译文出版社，1999 年，第 460 页。
② 同①，第 380 页。

华文文学理论建设的几个问题

刘登翰

如果把 1979 年 4 月《花城》创刊号刊登的曾敏之先生的《港澳与东南亚汉语文学一瞥》，以及同在这一年，中国其他 9 家文学刊物：北京的《当代》（第 1、2 期）、《十月》（第 3 期），上海的《上海文学》（第 3 期、第 4 期）、《收获》（第 5 期、第 6 期），湖北的《长江》（第 2 期），安徽的《清明》（第 2 期）、《安徽文学》（第 11 期），吉林的《新苑》（第 3 期），广东的《作品》（第 9 期），率先向大陆读者介绍了 5 位台湾及台湾旅美作家的 16 篇作品，作为祖国大陆对台港澳暨海外华文文学研究的起步，那么迄今，这一领域的研究已经走过了 40 年历程。

作为一门新兴起的学科，它是为改革开放的伟大历史变革所催生和推动的，也是改革开放 40 年文学学科研究上的一个重要收获。

40 年的时间虽然不长，但它在两个方面的意义深长，值得我们重视：

其一，带来了中国现当代文学研究特别是文学史书写的结构性变化。当我们进入台港澳文学的研究之后，其历史进程和存在形态让我们意识到，中国当代文学乃至整个 20 世纪的中国文学，并非只有一种发展模式和表现形态，还有同样属于祖国领土一翼而处于特殊状态下的台湾、香港、澳门地区不尽相同的存在。我们此前的现当代文学研究，特别是文学史的书写，基本上没有对台港澳文学发展的历史描述和经验总结，这对于包括台港澳文学在内的中国现当代文学整体，当然是不完全的。总结 20 世纪中国文学的历史进程和艺术经验，包括经典作家和经典著作，不能缺失共同源于中华文化和中国历史大背景下的台湾、香港、澳门部分，这是越来越为学界认同的一个观念。但随之而来的问题是，如何把处于不同社会文化环境中发展的海峡两岸及香港、澳门地区的文学，融入一个以中国历史和中华文化为大背景的共同文学发展脉络或框架中来予以论述，这是一个具有挑战性的问题。此前研究者的大致做法是，在传统的现当代文学的论述之后，增加一章或数章来分别论述台湾、香港、澳门文学。但这种"纳入式"的增加只是一个临时措施，难以体现中国文学进入 20 世纪以后在不同历史社会背景下秉承共同文化的不同进程和发展，以及不同历史经验的互相丰富。我们需要有一个能够涵纳 20 世纪全部中国文学发展的新的概括高度和叙述框架，这就必然带来固有的现当代文学史书写方式的结构性变化。

其二，推动了华文文学作为一个新学科的建设。当我们最初把台湾旅外作家例如白先勇、聂华苓、於梨华等放在台湾文学中论述时，无论称其为"台湾留学生文学"还是"台湾旅外作家文学"，都会不安地感到，已经获得了移居国国籍身份的台湾旅外作家，其与台湾作家的身份已经不同，放在一起作为同一类型作家讨论，显然不妥。这个问题对于香港、澳门地区的旅外作家也同样存在，于是有了"台港澳暨海外华文文学"的称谓。但"台港澳"是中国文学，"海外华文文学"除了尚未获得移居国国籍身份的华侨外，应当归属移居国文学中的少数族裔文学，二者在国籍身份认同上有着根本的不同，用一个"暨"字将他们并联在一起，显然有些勉强。而且"海外"相对于"海内"，是一种带有地域性的视野，并非准确的科学命名，于是有了 1993 年庐山第六届研讨会上"世界华文文学"的重新命名。但在此后的研究实践中，这一命名仍然充满歧解和争议。首先，世界华文文学包不包括祖国大陆的华文创作，还是专指祖国大陆以外包括"台港澳"和"海外"的华文创作？由此便有了广义的华文文学和狭义的华文文学之分，前者认为应当包括祖国大陆的华文创作，这是世界华文创作最为庞大的中国本土的创作群体，有利于和世界不同语种文学的比较和对话；后者从目前的研究实践出发，认为大陆的华文文学不仅创作数量庞大，且已形成了一个包括古代、近代、现代和当代的完整、系统的研究体系，而"台港澳"暨"海外"是在不同的历史背景和文化环境下产生的华文创作，目前的研究尚待深入，单独列出来有利于对这一领域学术特殊性的认识和相关理论建设的加强。因此，就目前情况而言，"台港澳暨海外华文文学"作为"世界华文文学"的狭义概念，仍普遍为学者所用。但为使论述对象更明确，我主张把台港澳文学放在中国文学的大脉络中来讨论，而"海外"其他国家和地区的华文创作作为世界华文文学的狭义概念，更适合目前学界研究的实际。尽管有人提出"海外"这一概念的不确定性，中国视世界其他国家和地区为"海外"，而站在其他国家和地区的立场，中国是他们的"海外"。但这样不就更凸显了世界华文文学研究的中国立场、中国视野和中国流派吗？

对这一概念的另一争议是，应该叫"华文文学"还是"华人文学"？提出这一质疑的学者基于一个事实，即当第一代海外移民逐渐融入移居国的社会和文化时，特别是他们的后裔，认同了移居国的身份，逐渐使用移居国语言进行创作将成为越来越普遍的现象。但国籍身份的改变并不等同于族裔身份、文化身份的改变，作为移居国的华裔族群仍然保持着来自母国的族裔文化，包括他们的非华文创作，仍然充分运用来自父祖之邦的文化资源，表现出对于族裔文化的坚守。这从汤婷婷等一批华人后裔的非华文创作中可以看得很清楚。尽管其中可能会有些"文化误读"，但"误读"也是文化坚守中的一种交杂现象。这是已被历史证明并还将证明下去的客观事实。因此，主张用"世界华人文学"这一称谓的学者认为，这将有利于把华人及其后裔的非华文创作也包括进来。虽然这一争议同样没有结论，华文文学包含着一部分华裔作家的非华文写作，仍约定俗成地成为经常使用的概念。

在这场论争中，有学者提出，利用汉字的多义性，以"世华文学"来整合两个概念：世华的"华"字，既代表华文，也代表华人。不过无论称谓如何，重要的是对命名内涵的界定。我以为，这个概念应该包含三个层次：一、外在的语言形态——华文；二、内在的文化精神——中华文化或吸收了移居国在地文化的华族文化；三、创作主体的族性归属——华族。这三个层次实际上存在一种逻辑关系和互文关系，既包括了语言形态的华文，也包括了作品内涵的中华文化精神，更强调了创作主体的华族。称之"世界华文文学"，有利于阐明华文应用的世界性，因为这一概念也包括了非华族的华文创作，相对却忽略了华文文学创作主体的族属性，而我觉得创作主体的族属身份是个关键。即使以"华文文学"名之，也不能忽略"华人"这一身份，因为语言和文化都融入在"人"这一创作主体之中。华人的华文创作和非华人的华文创作在文化的呈现和解读上，有很大的不同。何况非华人的华文创作数量本就不多，在庞大的华文文学体系中，当属于非主流部分。对它们的评说，更多应该属于创作者本国文学的外国语创作，除非创作者已经认同了中国的国籍身份和文化身份。

命名的迟疑不定，两个甚至多个概念的同时并用，说明这一学科还不成熟，处于留有许多理论空白尚待深入的青葱状态。

华文文学研究中另一个有待澄清的看法是，把海外华文文学视为中国现当代文学的一部分。这种提法在研究初期已经出现，但至今仍时有所闻或在论文中时有所见，便不可忽视。100 多年来，中国海外移民的身份已有许多变化，由华侨而华人而华裔而华族。特别是 20 世纪 50 年代中期以后，中国取消了双重国籍，移居海外并取得了所在国国籍的中华子民，其身份已不再是中国人，而成为所在国的公民。将他们的华文创作放在与中国文学的比较和对话中进行讨论是可以的，但将他们的创作再视为"中国文学的一部分"不仅不妥，还可能引起某些不必要的政治纠葛（此类事情曾经发生过）。这种说法较多出现在新移民文学的讨论中。确实，20 世纪 80 年代以来十分活跃的新移民文学，其作者虽移居海外并大多取得了移居国的国籍身份，但其文化认同并未改变。他们最初的文化养成是在原乡获得的，其跨越两地的人生经历使其创作题材往往是从海外回眸原乡的社会人生，是一种双重经验的跨域写作；由于海外的华文阅读市场相对狭窄，因此其大多数作品都寻求回到原乡发表和出版，主要的读者群也在原乡。他们的作品进入中国当代文学研究者的视野对中国当代文学产生影响，这并不奇怪。但能否因此就将其称为"中国当代文学的一个组成部分"或者称为"中国现当代文学的一个分支"而写入中国现当代文学史呢？文学史是一种区域性的国别叙述，创作主体的国籍身份是界定的首要标准。今天许多所谓的"新"移民，不少已有了三四十年甚至更长的移居历史，许多也都取得了移居国的公民身份，宣誓效忠于移居国，严格地说，他们是移居国的华裔文学，他们是世界华文文学的一部分，但不是中国文学的一部分，这是必须分清的。新移民文学如此，其他有着更漫长移居历史的第二代、第三代华裔文学，更是如此。

　　造成这一错解有一个历史背景。直到今天，在教育部的学科分类中，并没有"华文文学"这一学科，许多大学普遍将它放在二级学科中国现当代文学之下，或将它划归于文艺学之下。这并不是一种恰当的学科分类，目前照此执行，并不等于它就是正确的。早期从事华文文学研究的学者，许多也是从中国现当代文学的教学与研究领域转过来的，他们带来了中国现当代文学研究的历史经验，也带来了中国现当代文学研究的习惯性思维和相似性的论题与方法，在某种程度上造成华文文学研究对于中国现当代文学研究的依附。走出对中国现当代文学研究的依附性，确立华文文学作为一个独立学科的特殊价值存在，已成为华文文学研究建构自己理论和突破当下研究瓶颈的关键之一。

　　这是一个系统性工程，许多相互关联的问题有待我们解决。但我认为有两个方面的工作特别重要：

　　首先，确立华文文学（或称华人文学，下同）研究的学科特殊性和不可替代性。华文文学研究是文学研究，有文学研究的许多共同性问题需要讨论。但华文文学之所以是华文文学，因为它作为研究"对象"有其自身的特殊性，有一系列伴随华人移民历史和生存实践而来的学术命题需要面对。正是这些特殊命题，构成了华文文学学科的特殊性质和价值存在，为其他文学研究所不可替代。粗略梳理一下，这些问题诸如：关于华侨、华人、华裔、华族等概念的形成和差异及其对文学创作与研究的影响；关于从中国"移民"到移居地"公民"的身份转变；关于身份认同、国家认同和文化认同的一致性和差异性；关于华人的跨国离散生存和中华文化全球性的网状散存结构；关于落叶归根、落地生根和灵根自植的华人生存方式的多元选择和变化；关于华人如何文学和文学如何华人；关于华人的世界性生存体验和原乡人生回眸；关于华人移民双重经验的跨域书写；关于作为华人文化政治行为的华文文学与华人族群建构；关于华文文学与"华人性"的文化表征；关于华文文学的文本价值、历史价值、政治价值和审美价值。这些产生于华人世界性移居历史进程中的问题，既是华人文学研究的命题，也是华文文学创作和批评必须面对的问题，其独特性是其他文学所不可替代的。正是在对这些问题进行深入探讨的学术基础上，才存在建立华文文学作为一个独立学科的可能性。

其次，建设华文文学研究具有自洽性的理论、方法和诠释体系。这里所说的"自洽性"，指的不仅是理论的完整性、系统性，更重要的是指这一理论与作为理论"对象"的华文文学自身的相洽性，亦即华文文学的理论和方法，是从华文文学自身的创作实践中提升起来的，用以诠释自身创作现象和问题，并对相关其他文学研究具有一定的启示意义。

2004 年，在我和刘小新联名发表的一篇文章中，曾提出"华人文化诗学"的概念，企望以此作为探索华文文学研究的一种理论范式和批评实践。华文文学的特殊性使我们意识到，从形式诗学批评走向文化诗学批评，是内在于华人历史变迁和华文文学发生、发展进程中的必然。"华人文化诗学"的概念核心，是突出华文文学创作和研究中的华人主体性地位。华人既是华文文学的创作主体，又是这一文学被描绘的主要客体，还是这一文学传播的重要受体。华人散居世界的历史波折、身份变移、文化迁易、生存吁求、族群建构、多元共存的冲突与融合等，共同构成了华文文学的主要内涵，也成为华文文学研究必然的题中之意。这就意味着华文文学批评的重心将出现两个转移：一是从重视中华文化和中国文学对海外华文文学的影响研究向突出华文文学中的华人主体性的转移；二是从以中国视域为主导的批评范式向以华人为中心的"共同诗学"与"地方知识"双重视域整合的转移。两个转移都聚焦于华文文学创作和研究如何突显"华人性"的问题。"华人性"既是对华人主体性的强调，同时又是对华文文学如何区别于其他族裔文学的文化性征的表现。华人的世界性生存，使其与黑人族裔和犹太族裔共同成为全球三个最大的散居族裔。二战后的半个多世纪相继兴起的黑人学、犹太人学、华人学，都以强烈的族性文化，为自己在这个多元和多极的世界定位。在讨论美国非裔黑人文学和犹太裔文学的诸多著作中，"黑人性"和"犹太性"成为人们辨识他们文化行为和文学书写的重要特征，把对他们的行为和书写提升到文化诗学的境界。同样，"华人性"作为华人表现文化的一种族属性表征，一方面深深植根于中华民族漫长历史的文化积淀之中，是溶解在民族共同生活、语言、信仰、习俗与行为习惯中的共同文化心理、文化性格、文化精神；另一方面，"华人性"又是由华人离散的独特命运和生存现实所酿造的。华人的离散与聚合，导致中华文化的世界性"散存结构"。分布于异邦文化夹缝中的华人文化，必须通过对自己族性文化的建构和播散，表现出强烈、鲜明的"华人性"，才能在异邦文化夹缝中建构自我，并以独特的族裔文化，参与到所居国多元文化的共建之中。

华人在从原乡到异邦的身份变移和文化迁易中形成的文化心理、性格和精神，以及表现文化和行为方式的特殊性体现，成为区别不同族裔之间族属性特征的标志。反映在文学书写上，是对华人生命历程和精神历程一系列特殊命题的表达。除前文曾经提及的一些问题，还有：华人对文化原乡和异邦生存的想象；华文文学现代化建构中的中华性、本土性和世界性的关系；华人原乡文化传统与文化资源的继承、借用和转化；华人文学母题中的漂泊/寻根与中华文学游子/乡愁母题的联系和变异；华文文学意象系统与华人族群生存的文化地理诗学的关系。这些特殊命题所呈现的"华人性"特征，为"华人文化诗学"拓展了广阔的创作和批评空间。对这些问题的诠释，不是单纯的审美分析所能够完成的，必须打通文本内外，将文本分析放在具体历史语境的权力话语结构之中，即通过文化诗学的路径，才能抵达这些特殊问题诠释的深层。

"华人性"是内在于华人历史迁移的生存实践之中的，它以中华文化为底色，却又融摄着世界多元文化而呈现为华人的一种独特的文化形态。因此，"华人文化诗学"强调"共同诗学""地方知识"及"个人经验"的整合，既重视研究华文文学作为文学的共同诗学规律，从散居世界各地的华人及其后裔的文学创作中抽象出海外华文文学共同的美学和普遍的特征，又关注不同地域、国别，以及不同阶层、性别和个体的文化差异，即华文文学在不同生存境遇和历史文化空间中所形成的特殊性。在"华人文化诗学"的视域中,"华人性"是一个普遍与特殊的统一的概念,既是结构性的,也是建构性的。一方面,"华人性"包含了普遍的"中华性",也蕴含着"本土性""个人性"等具体的特殊内涵。另一方面,"华人性"又是不断建构的历史范畴。对"华人性"的认识与阐释,必须返回到华人海外生存的具体性之中,返回到华文文学所置身其中的文化政治场域之中。这正是"华人文化诗学"的诠释路径。

华文文学的理论建设是多元的。中国古代文论、现代文论,以及西方文论等都可能被吸收用来诠释华文文学的诸多问题,但理论和理论对象的相洽,是我们追寻的目标。"华人文化诗学"只是我们对于华文文学理论自洽性的一种认为可行的理论策略和批评尝试。华文文学的理论建设是个尚未引起足够重视的问题,华文文学研究要想走出瓶颈,更上层楼,建构理论是不可或缺的一级台阶。

(作者单位:福建社会科学院文学研究所)

潜感觉论

杨健民

一、潜感觉是一种"不自觉的感觉"

　　人的感觉系统包括了五官感觉和肌体感觉。从普遍意义上说，这些感觉都体现为显感觉，而实际上，作为感觉主体的人，还有一种潜感觉，它深藏在人的潜意识域里，必须达到一定的能量积蓄程度，才可能显现出来成为显感觉。马克思在《1844 年经济学—哲学手稿》中指出："人不仅通过思维，而且以全部感觉在对象世界中肯定自己。"在我看来，这个"全部感觉"既包含了所有感觉能力（五官感觉和肌体感觉），同时也包含了所有感觉性质（显感觉和潜感觉）。

　　从意识水平来看，潜感觉与潜意识都属于意识水平线下面的心理过程。潜感觉是包容在潜意识层次里的。然而，潜意识与潜感觉的一个明显区别是：前者需要阈限下的刺激，刺激形成了它的生理根源；后者则几乎不需要刺激，而是靠感觉能量自身的功能充满，因而它更多地表现为本能和不自觉性。别林斯基认为，对于作家来说："他的本能，朦胧的、不自觉的感觉，那是常常构成天才本性的全部力量的。"① 所以，我以为也可以把潜感觉称为"不自觉的感觉"。

　　潜意识是阈限下的刺激的产物，这是为脑神经的研究成果所证明了的：当外部客体以强烈的方式刺激主体心理活动时，主体所获得的是显意识的经验。但外部客体的刺激强度并不是一样的，而是有很大的差异（有人将其区分为"强刺激"和"弱刺激"）。强刺激能够为主体所觉知；而弱刺激达不到觉知

---

① ［俄］别林斯基：《一八四七年俄国文学一瞥》，满涛译《别林斯基选集》（第二卷），上海：时代出版社，1953 年，第 420 页。

程度，这种现象被心理学称为绝对阈限下的刺激。绝对阈限下的刺激只能引起主体的阈下反映，这些反映就构成了潜意识心理过程的一部分。然而，客体的弱刺激也包括部分的阈上刺激，阈上刺激之间也有强弱之分，尽管它们实际上达到了觉知的绝对阈限，但由于高级神经活动的诱导规律的作用，对强的特性的觉知就抑制了对弱的特性的觉知，这些弱的特性因此就不能进入到显意识中，而仍然只能成为一种潜意识。

潜意识在本质上是一种主体意识，它同显意识一样存在于个体的大脑皮质之中，是由神经系统主动扬弃的，在这种扬弃之下，那些暂时属于非"强的"刺激物被分化，衰减、削弱了，但它们并未彻底消失，而是被潜藏进主体的潜意识域，并未通过主体感知而转化为可以在个体的现实思维之中活动着的，因此它一般处在相对静止的潜在状态中。

而作为"不自觉的感觉"的潜感觉，它的特异性表现在"不自觉"上，这种"不自觉"常常是以不期而至的方式突现在人的感觉世界中的。马赫在批驳有人认为世界是一种神秘的东西构成的，这种神秘的东西与另一个同等神秘的东西——自我的相互作用，产生了所能经验的感觉这一论点时，举了一个他亲身经受过的事例：

> 我大约十五岁时，在我父亲的图书室里，偶然见到康德的《对任何一个未来的形而上学的导言》。我始终觉得这特别幸运。这本书当时给我留下了强烈的、不可磨灭的印象，这样的印象是我此后阅读哲学著作时始终没有再体验到的。大约两三年后，我忽然感到"物自体"所起的作用是多余的。一个晴朗的夏天，在露天里，我突然觉得世界和我的自我是一个感觉集合体，只是在自我内感觉联结得更牢固。虽然这一点是以后才真正想通的，但这个瞬间对我整个观点起了决定性的作用。①

在马赫看来，世界并不神秘，它是颜色、声音、空间、时间等基本要素和"我的自我"所联结成的要素复合体（或感觉复合体）的某种思想符号。马赫的观点明显地带有主观唯心主义和经验主义的倾向；然而，这种观点则从另一个方面启示我们，人们对于世界的认识，常常由于感觉复合体（要素复合体）

---

① ［奥］马赫：《感觉的分析》，北京：商务印书馆，1986年，第23页注①。

的作用而变得不自觉。这是因为在感觉复合体中，组成世界的那些基本要素和"我的自我"已经融为一体了，而"物自体"在这里自然也就失去了它的功能。这时，当一个新的世界（包括现象世界、艺术世界乃至书的世界等）扑面而来时，这个新的世界中的基本要素就加入了既有的自我内感觉复合体的基本要素，这些要素在整个复合体中一旦达到满载，它就会自动显现出来，由此形成了一种不自觉的感觉；这种不自觉的感觉以沉潜的方式存在于人们的感觉世界里，从而本能地、极其自然地流露出来。

实际上，在现代西方哲学史上，对于不自觉的感觉这一问题是有人探讨过的，虽然他们所运用的不是"潜感觉"这个词语。这就是柏林大学的尼古拉·哈特曼提出的"昧觉"说。哈特曼作为叔本华最有才气的弟子，继承了叔氏的一元宇宙意志论。但他又根据黑格尔"凡物莫不有理"的观点，修正了叔氏的盲目的宇宙意志论，认为宇宙意志不是盲目的，而是有理性、有智慧、有目的的，不过此种有理智目的的意志，并非自觉的而是"昧觉"的（unbewusst）罢了。因此哈特曼调和黑格尔、叔本华二人之说，称其一元的本体为"昧觉"①，从而将意志与理性兼含起来。

"昧觉说"的提出，为后来的变态心理学对于"下意识"的研究开了先河。通过"昧觉说"，哈特曼就将理性与意志视为人与万物同具之本则，它们只不过是茫昧而不自觉罢了。这似乎接近于"天理自在人心""仁义礼智非由外铄"之先天主义。由此看来，哈特曼的"昧觉说"，在于证明自然物象同人一样，具有一种非自觉而是茫昧的理性与意志。这种理论使哈特曼既陷入了泛心论的沼泽，又陷入了先天主义的泥潭，从而彻底地暴露了他的主观唯心主义偏向。然而，"昧觉说"的提出，则从另一个方面拓展了心理学研究的领域，即人的观念中确实潜藏有茫昧而不自觉的部分，它们蛰伏在人的深层心理结构中。这类似于我们上面所提出的"潜感觉"。

在我看来，潜感觉是作为感觉的一部分而存在的，它的主要功能在于为感觉的呈现积蓄能量。法国心理学家里波把潜意识看成"一个能量收集器"，我也同样认为，潜感觉也是"感觉能量的收集器"。现代科学证明，人的心理过程就是一系列电—化学变化；任何意识事实，都伴随着一定的运动觉，从而形

---

① 关于"昧觉"，贺麟先生解释说：德语此字原为 Das unbewusst，而英语译作 the Unconscious，系茫昧的意识之意，译作无意识、无知觉约欠妥，因而译为"昧觉"。参见贺麟《现代西方哲学讲演集》，上海人民出版社，1984 年版。

成能量的传递和转换。从感觉过程来看，这其中的物理能量或其他能量转变成了心理能量，心理能量不会全部消失掉，它的一部分可以以化学能的形式保存在脑结构中，成为记忆痕迹。潜感觉可以说就是这些留下来的能量的汇集，如果这种汇集达到一定程度，它们就会自动地充溢出来，从而呈现为显感觉。从这点上看，潜感觉的呈现就是"能量充满"，它同时标志着新的感觉过程（直觉）的开始。

艺术感觉同样如此。对于作家来说，他的感觉世界任何时候都不会是充分展开的，由于记忆功能的限制、经验范围的局限，以及感觉系统的误差，总是有一部分对于现象世界的感觉被潜埋入主体意识的底层。然而，使我们感到有意味的是，在这一底层里，那些沉潜的感觉能量并不像潜意识那样，需要有阈限下的刺激才可以显现出来，而是一旦这种沉潜的感觉能量由于不断地增殖而达到充满时，它就会自然而然地外溢出来，从而成为作家感觉世界里的一种本能的、不自觉的呈现。这种情形，就像一只十公升的水箱里装有两公升的水，当外在的水不再加入时，它就一直处于水箱的底层；而当外在的水不断地注入并达到乃至超过十公升时，它就掺和在这些新注入的外在的水里而充溢出来。柯罗连科在谈到作家捕捉生活中碰到的形象的不自觉性时说："他们大多是自己聚集起来的，就是说，不受作者的'意图'的控制。"① 关于这一类的说法，在不少作家的创作经验谈中都谈到过。

潜感觉对于创作的影响问题，在中外的艺术心理学理论中远不如潜意识对于创作的影响那样为理论家们所密切注意。在潜意识的研究领域里，弗洛伊德学派以主体潜意识中的那些与生俱来的本能冲动和幼年时期被压抑的欲望，来说明创作的动力和艺术形象产生的根源。这种理论对于西方现代派文学影响极大，它既引导现代派作家在创作中对人的心灵世界进行深层的开掘，从而拓展了表现人物内心活动的空间；同时又驱使现代派作家在创作时排斥理性，摆脱美学和道德的"羁绊"，只凭纯粹的"自发"和无拘束的"自由"来表现赤裸裸的潜意识。弗洛伊德的荒谬在于过分夸大了潜意识的本能冲动。而我们所说的潜感觉，在它达到能量充满时便自动地、本能地外溢出来，这种"本能"与潜意识的本能冲动是不同的。前者是后天的感觉能量的不断积蓄而达到充满的一种不自觉的流露；而后者则是先天的与生俱来的某种欲望，它是原始的行为，是反理性的。这种本能与布拉德雷的说法如出一辙，布拉德雷说："形而

---

① 《世界文学》，1959 年第 8 期，第 125 页。

上学可以错，但自己的本能不会错。"他认为本能是原始的、第一性的东西，它是不会错的；而替本能和本能信仰作辩护的哲学、形而上学或理性思维是可以错的。这种说法的反理性表现在：它把本能视为主人，而把理性和哲学视为替主人辩护的仆人。这同休谟的所谓"理性是，并且应该只是情感的奴隶"，是有密切联系的。因此，我们所说的潜感觉的本能地、自动地呈现，这种本能是有它的理性前提的，并且受到它的特定的情感逻辑的支配。

正因如此，在作家的感觉世界里，潜感觉不仅仅是属于感官的，更是属于心灵的。反过来说，作家的感官不能仅仅成为粗俗的实际需要的俘虏，只具有"有限的意义"（马克思），而必须具有普遍的、无限的意义。如果完全为了物质利益或单纯的生理本能意义而使心灵落入尘埃，那么，潜感觉就不可能产生为审美关系所特有的自由的精神创造。歌德曾经这样比较过他和席勒的创作："席勒的特点不是带着某种程度的不自觉状态，仿佛在出于本能地进行创作，而是要就他所写出的一切东西反省一番，因此他对自己作诗的计划总是琢磨来，琢磨去，逢人就谈来谈去，没有个完……我的情况正相反，我从来不和任何人，甚至不和席勒，谈我的作诗的计划。我把一切都不声不响地放在心上，往往一部作品已完成了，旁人才知道。"① 很显然，席勒过分地追求哲学思辨，导致了他的创作形成了一种众所周知的"席勒化"倾向，实际上，这也就束缚了他的潜能。

既然，艺术以形象化了的人的感觉作为自己的内容，那么，这种内容就不再是一般的社会历史内容，而是被能感受音乐美的耳朵、能感受形式美的眼睛，被拥有精神感觉及实践感觉的心灵，换句话说，也就是被马克思所说的人的感觉或感觉的人类性——所摄取的蕴含有社会历史意义的美。因此，感觉就不仅仅表现在人的感官或肌体上，它是被现实无限充实着的知、情、意、想象、直觉、灵感，甚至梦境、幻觉等的综合体。从这个意义上说，任何企图将潜感觉从感觉系统中排除出去的行为都是不明智的。潜感觉作为感觉的一部分而存在，它主要是精神性感觉，所以，潜感觉从本质上说更应该属于人的心灵，是人的心理能量的"仓库"。然而，人的心理能量不仅仅是本能的能量，它主要是在人类的历史经验中形成的，并且不断地得到补充、增殖。这就有赖于一个人在审美关系方面的素养。马克思说："忧心忡忡的穷人甚至对最美丽

---

① ［德］歌德：《欧美古典作家论现实主义和浪漫主义》（二），北京：中国社会科学出版社，1981年，第304页。着重号为引者加。

的景色都没有什么感觉；贩卖矿物的商人只看到矿物的商业价值，而看不到矿物的美和特征，他没有矿物学的感觉。"① 很显然，在衣履无着、饥肠辘辘的赤贫境况下，人的感官只能成为粗俗的实际需要的俘虏，仅具有"有限的意义"。

但是，如果我们换一个角度看问题，则会进一步提出，那些"忧心忡忡的穷人"是不是潜藏有对美丽景色的感觉的能力呢？也就是说，他们除了实践性感觉外，是不是还具有潜在的精神性感觉？我想是有的。任何一个正常的人，都具有潜在的掌握审美关系的能力，只不过当他为了物质利益（生存或温饱）而疲于奔命时，他的实际需要占了上风，而审美需要则退居到一个次要的或几乎沦丧的位置上；从心理学意义上说，他的对于衣食的实践性或认识性感觉，抑制了他的对于最美丽的景色的精神感觉。而一旦他衣足饭饱，他的那种潜在的精神性感觉就会被逐步地放松，从而对美的感觉能量由于审美素养的作用就会在心理底层不断地得到补充、增殖，直到能量充满而不自觉地、本能地外溢出来，形成了对于美丽景色的审美感觉。这说明，潜感觉对于每一个正常的人来说都是存在的，然而它的呈现则需要一个人在审美关系方面具有一定条件的素养，才能构成真正的心灵的东西，而不仅仅是原始本能的东西。

有一个区别必须指出，人的属于心灵的潜感觉绝非与人对形而上学本体的"洞见"的感觉一样，前者是在理性的把握下的有对象感觉，而后者则是放弃理性把握的无对象感觉；前者是人对于现象世界的一种潜在的审美感知，而后者则是人对自身的超越欲望所产生的幻象的自我直觉。举例来说，一棵树的形象可以潜入人的感觉世界的深处，虽然它在目前由于诸种因素（如前所述的记忆功能的限制、经验范围的局限及感觉系统的误差等）而暂时不能直接呈现于感官；而人对自我超越的欲望的感觉就决然不同于对一棵树的感觉，它纯粹是对"无"的感觉，这种感觉越强烈、越执着，其形态就越朦胧、越神秘。因为形而上学的本体只存在于人的虚构中，所以对这种虚构的把握必然是神秘的。西方某些现代派文学的非理性就表现在这样一种对"不可知"的感觉和体验上，如卡夫卡对"城堡"、萨特对"恶心"、贝克特对"戈多"、伯格曼对"上帝"、艾略特对"荒原"的感觉等。这些感觉从哲学意义来说，是无法用一个明确的概念或词去作本质上的规定的，只有那些现代派的艺术家能够以幻

---

① 中共中央马克思恩格斯列宁斯大林著作编译局：《马克思恩格斯全集》（第42卷），北京：人民出版社，2006年，第126页。

象的自我直觉去呈现这种感觉。

作为不自觉的感觉，潜感觉可以说是创作活动中的一种潜在的高级形态，一旦它的能量充满而外溢出来，则可能成为作家感觉世界中的一种高级境界。这种境界当然不是像鲁迅在分析《二十四孝图》时所无法容忍的那位整年假惺惺地玩着一个"摇咕咚"的七十多岁的老莱子的有意作态，而是如同纯真的童心那样天真而不自觉。有人把艺术创作看作人类童心的复活和再现，我觉得是有道理的。事实上，鲁迅一直是反对作文秘诀之类的说教，在他看来，如果真的有人以为能够"密授一些什么秘诀"，那着实无异于老莱子的"摇咕咚"，把"肉麻当有趣"了。鲁迅在谈到怎么写时所做的结论是："与其防破绽，不如忘破绽。""防破绽"是自觉的心理状态，"忘破绽"则是不自觉的心理状态。我们在这里所说的作家的"潜感觉"，就是一种"忘破绽"的感知状态。

"忘破绽"的感知状态所蕴含着的深刻哲理、心理内涵，暗示着作家在感知现象世界时，他的"全部感觉"必须集中在被感知对象上，而不用在自己身上，必须把自己忘掉。因为一旦一心二用，就会破坏乃至扼杀对于对象的最可宝贵的真情。费尔巴哈认为，人的感官在聚精会神于被感知对象的时候，它势必"失掉了自己，忘记了自己，否定了自己"①。同样，作家不能过分地注意自己的感觉，特别是自己的"潜感觉"，倘若过分地去注意，潜感觉本身也就失去了它的意义了。魏肇基曾经在《心理学概论》中证明："感觉如被注意，则能格外明了地现出其性质。"因为这就可能使你的"感觉"越出感觉本身的范围，而不成其为感觉了。潜感觉状态同样如此。当然，潜感觉有各种各样的形态，它们的"忘破绽"方式也是各不相同的。但是，对于作家的潜感觉来说，最典型的形态可能是它的直觉性。

二、潜在直觉的能量充满和心理内化

潜感觉以能量充满的方式显示了它的基本能力，然而它一旦被显现出来，就不再是潜感觉了，而表现为一种直觉。因此，潜感觉的终点就是直觉的起点，质而言之，潜感觉显现过程的完成，便是直觉过程的开始。

---

① ［德］路德维希·费尔巴哈：《费尔巴哈哲学著作选集》（上），荣震华、李金山，等译，北京：商务印书馆，1984 年，第 478 页。

不过，潜感觉的过程与直觉的过程似乎并不是如此截然分开的，直觉形态往往隐含在潜感觉的过程中，为潜感觉的面纱所遮蔽。从这个意义上说，潜感觉只是一种现象，直觉才是它的本质。

这实际上也就是美学的统一性问题：究竟统一于客观还是统一于主观？对于这个问题，在这里没有谈论它的必要。我们谈论的是作家的艺术感觉，因而问题就在于作家的艺术感觉应该统一在哪里？如果我们把潜感觉看作作家创作活动中的一种潜在的高级形态，它的显现也将成为作家艺术感觉世界中的一种高级境界，那么潜感觉就既不能统一在某些最初的物象上，也不能统一在某种单纯的心象上，而是统一在既超越了物象（物理场感觉）又超越了心象（心理场知觉）的审美直觉（审美场知觉）上。

审美直觉作为潜感觉的一种本质形态，它以作家的潜在直觉为基础，它的功能不取决于作家感觉世界中物象和心象的简单相加，而取决于作家对物象和心象的超越。当然，这种超越并不是走到如歌德曾经批评过的席勒式的纯哲学的玄思，也不是克罗齐所说的混沌的"直觉"。我们所把握的审美直觉，必须是作家对于现象世界的物理感觉（物象）能量与心理知觉（心象）能量的双重充满。在这个双重充满中，物象能量的充满意味着作家在生物学意义上人的感性经验的本能程度，而心象能量的充满则意味着作家的主观感情和客观生活相互撞击的激活程度；达到了双重充满，就达到了作家的感性经验与理性实践的共同积淀，由此构成了作家在瞬间内把握形象初级结果的审美直觉的主体素质基础。

在作家的艺术感觉过程中，知觉主体物象能量的充满并不是一件困难的事情。由于人的最初感觉所依靠的是现实对象所传递过来的能量，因此这些能量一般都构成了人在生物学意义上本能的感性经验，它在文学创作中通过语言符号的传达时往往被舍弃了。比如一只喜鹊、一棵桃树之于我们的物理感觉，就是喜鹊有头、有尾、有两眼、两脚、两只翅膀，还有一张尖尖的嘴；桃树有大的树干、小的枝条，枝条上长有叶子；等等。如果不是创作中的特别需要（如鲁迅在《秋夜》中所描写的："在我的后园，可以看见墙外有两株树，一株是枣树，还有一株也是枣树。"——着重号为引者加），这些细节总得被舍弃，因为它们早已在人们头脑中形成一种本能的感性经验，没有必要再做不厌其烦的交代。作家在面对一个现象世界时，他的原始的生理感知尽管能够感知事物的物理性能和化学性能，但是这种物化性能对于作家的审美感知来说总是比较狭隘的，并且容易将作家的审美感知潜能（潜感觉）在无形中束缚住。

如果李白对于燕山雪花的感觉只停留在"大如花"的最初物象上，如果杜甫对于武侯庙古柏的感觉仅仅如沈括在《梦溪笔谈》里用计算尺寸的方法讥之为"无乃太细长乎"的实证物象，那么李、杜就不可能写出"燕山雪花大如席"和"黛色参天二千尺"那样的佳句来。因而，对于任何一位有艺术才能的作家来说，他感知客观对象有限的物化属性时，其物象能量的充满都是可能的，作家也因此获得了对于客观对象进一步感受的自由度。

然而无论如何，物象能量充满是作家潜感觉过程的一个必要阶段，只有通过这一阶段，作家的潜在直觉才能进入心象能量充满的层次。一般来说，物象能量不是直接诉诸作家所运用的语言符号，但是，它们却加入了作家主体的审美感知图式，并以它自身的能量受到审美感知图式的"同化"，从而在下一步顺利地发生知觉活动。正是在这个意义上，作家的物象（物理场感觉）仅仅表现为原始的"潜感觉"，他的才华不取决于对这种"潜感觉"的依附而取决于对它的超越。

由此，作家必须完成他的潜在直觉能量的第二重充满——心象能量的充满。正如中国古典诗歌曾经揭示过的那样，诗歌美学中主观和客观应该在诗人的审美直觉中得到统一的规律，作家的潜感觉中所具有的直觉形态必须形成一个客观生活和作家主观感情相互撞击的交接点，也就是客观世界和主观世界这两个世界的交接点。在这个交接点上，客观的大千世界必然激起作家心灵的反应和情感的波动或震颤，而作家的主观感情也必然诱导他对客观的大千世界做出超越出物理感觉的心理场知觉，以获得心象。这时，作家一生中感情和生活的某些系列有可能在这种心象中被激活，从而使得心象的能量不断地得到补充、增殖，直至充满，以加强潜在的直觉形态，为直觉形态的显现做好充分的准备。

我想用福楼拜的例子来证实我上述的观点。福楼拜同他的父母亲的关系一直很不好，在他的早期著作中，除了十七岁时在一本自传《一个疯子的回忆录》中详细描述过两个梦（一个涉及他父亲，另外一个涉及他母亲）外，他再也没有谈过父母亲。他在去世的五年前发表了中篇小说《好客的圣·朱利安的传奇》，他在小说中说：三十年来，他一直想写一个杀害了自己父母并因此成为一个作家的故事。

这段往事引起了萨特和精神分析学家们的兴趣。萨特认为，这是福楼拜本人自发这样做的，这使得福楼拜自己具有两个完全不同的形象：一个是在很平庸的水平上描述的形象，也就是说，福楼拜一直弄不清自己是个什么样的人，他只想象自己类似每一个人，而这些并不含有任何意义；另一个形象是当他处于活动之巅时，他又很能理解自己一生历史的不能分明的起源。有一次福楼拜写了一句极有意思的话："人们很可能像我一样，都有同样可怕的沉闷的深渊。"萨特针对这句话指出："福楼拜意识到这些深渊不是理性的东西。他后来写道，他常有一现即逝的直觉，仿佛令人目眩的闪电，在那一瞬间，他什么都看不见却又看到了一切。每次这个直觉要消失时，他都试图再次通过这道闪电去探查给他启示的道路，结果他绊倒在地，陷入随之而来的黑暗之中。"①

很显然，福楼拜对于父母亲的印象已经形成了一种无意识，并且深潜在他的感觉世界的底层，他无法解释自己，又无力解脱家庭隐私（他还恨他的哥哥）的困扰。尽管他想尽一切办法，甚至将自己想象为类似每一个人，来为自己做出自我理解，但是这种理解却不可名状并不断地逃离自身，陷入那些同样是不可名状的深渊。由此，他便经常有了"一现即逝的直觉"。这种直觉是潜在的、茫然的（直觉消失之后他仍然陷入黑暗），也就是说，他的直觉形态并未在他自身与外界生活的某个交接点上形成必要的撞击。直至他去世的五年前，他的主观感情与客观生活的某些系列便在构思《好客的圣·朱利安的传奇》时寻找到了相互撞击的交接点，通过撞击形成了直觉形态的心象（心理场知觉）。这种心象在构思过程中不断地被激活、补充、增殖，直至充满，然而无论如何，它仍然是一种潜在的直觉形态，是一堆潜感觉，只有呈现这感觉，才能在呈现过程的完成时宣告感觉的形式（艺术作品）的诞生。

潜在直觉必须在知觉主体（作家）物象能量和心象能量的双重充满中得到显现，并且变异为审美直觉，使主体进入直觉思维。尽管这一显现只是对于事物（现象世界）形成的初级结果的瞬间把握，它的整个推理过程被压缩到最低限度，省去了中间的一些"不必要的"步骤和环节，然而，物象能量的充满和心象能量的充满实际上为知觉主体（作家）提供了两个方面的东西：一是感性经验，从而构成经验性直觉；一是理性实践，从而构成理性直觉。经验性直觉和理性直觉在不同的感知水平上共同激发了知觉主体（作家）的潜在直觉的能量，在这里，经验性直觉运用无意识，理性直觉运用思维，它们的高速化、自动化、简约化使得整个过程基本上处于自我观察的界限以外。也就是说，主体在进行直觉思维时常常感到"知其然，不知其所以然"，而实际上

---

① ［法］萨特：《思想记游》，见萨特文集《在存在主义和马克思主义之间》（*Between Existentialism and Marxism*. NLB，London，1974）。

主体已经在进行一种特殊的推理活动。

这个过程常常被人们称为"主体心理内化"的过程。对于作家来说，"心理内化"的中介不是某种理论模式，而是他的审美感知图式。作家的"心理内化"就是作家的一切观察、感觉受到他的审美感知图式的"同化"；只有"同化"了，作家才能顺利地发生认识活动。从生理感知角度来看，月亮就是月亮，它绝不是人的心灵，但从艺术意味来说，把月亮看成恋人的心却是允许的（不是有首歌唱道"月亮代表我的心"吗）。因为这种变异成为恋人心灵世界的一个索引，同时体现了作家审美感知图式的某种独特性，恋人心灵世界的特异性如果不是通过作家的这种感觉变异独特地反映出来，它所表现出来的东西一定是十分乏味的。

由于人的知识经验的日益丰富，因而基本上能够适应日益增强的审美直觉能力所需要的知识经验的消耗，这一点对于必须具有坚实而充分的知识蓄积的作家来说尤其如此。但是，作为作家的感觉能力的一种高级形态，潜在直觉能力与作家的理性能力密切相关。理性能力越强，作家就越能在瞬间把握现实事物初级形成的结果而无须再做有意识的选择，从而使得整个潜感觉的显现更趋于自动化、高速化。所以，作家的审美直觉并不能忽视理性的作用。

在对待审美直觉的理性这一问题上，曾经有过争论。苏珊·朗格在《艺术问题》一书中列举过这么一种观点，它就是在各种较为严肃的哲学著作中所出现过的看法：直觉是一种超感性的感觉，不需经过推理过程而能够达到对现实把握的特殊认识。苏珊·朗格不同意这种看法，在她看来，直觉就是洛克在《论人类悟性》中所说的"自然之光"，它"是一种基本的理性活动，由这种活动导致的是一种逻辑的或语义上的理解，它包括对各式各样的形式的洞察，或者说它包括对诸种形式特征、关系、意味、抽象形式和具体实例的洞察或认识"[1]。

当然，苏珊·朗格主要是试图从艺术欣赏的角度出发，说明那种时时参与到理解活动之中并构成了推理活动的基础的直觉，它由此变成了艺术知觉；反过来说，艺术知觉就是一种直接的、不可言传的，却又合乎理性的直觉，但是，苏珊·朗格用理性来规范直觉，绝不等同于笛卡儿的理性直觉、休谟的因果直觉、康德的理性范畴框架的统觉，以及黑格尔的绝对理念观照的直觉。因为笛卡儿、休谟、康德和黑格尔把直觉完全理性化了，导致了对于人类心理意

---

[1] ［美］苏珊·朗格：《艺术问题》，滕守尧译，北京：中国社会科学出版社，1983年，第62页。

识的辩证运动的否定，而苏珊·朗格的高明之处在于承认了直觉是一种基本的理性活动，但它在对艺术意味（或表现性）直觉时，则永远也不能通过推理性的语言表达出来。这就启示我们：对于直觉，我们不能认为它完全排除了它本身的逻辑形式。直觉作为一种基本的理性活动，它的逻辑力量被隐藏到审美感觉的背后，因而它事实上并没有取消自身的逻辑，它被取消的只是逻辑的外在格式。后期意象派曾试图"扭断逻辑的脖子"，从而打开感性直觉的窗子，可是事实证明他们并没有达到这一目的。

在潜在直觉的显现过程中，作家"心理内化"所具有的审美感知图式不仅受到理性因素的影响，而且取决于作家的情感体验深度。不少人用"高峰体验"说明艺术创造与主体情感的关系，我认为，在作家的艺术感觉过程中，潜感觉的显现所采取的"高峰体验"的方式，是潜在直觉在情感逻辑的作用下有秩序地暴露在显感觉之中的。

情感逻辑作为客观具体物象的情感转化为心象并进而转化为情感符号的一种逻辑形式，它同样依靠知觉主体物象能量的充满和心象能量的充满。然而除此之外，它还有两个能够促使潜在直觉显现的参照系统：一是主体的原始创造动力；一是主体的自我意识能力。

主体的原始创造动力推动着作家的经验性潜在直觉的显现。作家的感觉经验既有先天的，又有后天的，这两种感觉经验都必须与主体原始的力量相结合，才能形成一种原始创造动力。在原始创造动力的作用下，主体对于现实世界的物象才能进入心象。康定斯基说，艺术创造是内在需要的表现："底下的一股力量，有一天会显露出来……儿童们直接从他们的情绪深处所构造的形式，岂不要比那些希腊形式的模仿者的作品更富于创造性么？那些野蛮人艺术家都有着自己的形式，他们的艺术岂不是像雷霆一样的有力么？"① 倘若说，一位作家的感觉不能大规模地从物化属性中解放出来，只停留在物象的感觉水平上，那么他所感觉到的湖水就仅仅是湖水，而不是一缕彩霞，或者是一片爱情的波澜，于是，他的创造力也就丧失了。

主体的自我意识能力推动着作家的理性潜在直觉的显现。在艺术感觉过程中，作家的理性不是某个简单的概念，而是作家自身的文化心理结构与社会心理结构的双重积淀下的自我意识，它包含着人类发展过程中人类整体及每个个

---

① ［英］赫伯特·里德：《现代绘画简史》，刘萍君译，上海：上海人民美术出版社，1979 年，第131、132 页。

人感性经验与理性实践的成果，常常使得作家在反顾自身时能够直接悟到眼前的博大，在回首往事中能够直接感受现实的惊奇，从而迅速地、不知不觉地导致自己心灵的怀孕。罗曼·罗兰曾经在他的自传中谈到了这种感受。罗曼·罗兰童年时一直生活在家乡，十六岁那年为了治疗肺病，他随母亲和妹妹去做了一次短暂的旅行，当他到了瑞士边界弗尔尼的平台上时，心灵受到了一次强烈的震动，使得年幼无知和缺乏经验的他在这里获得了一次洗礼：

> 为什么我要在这里受到启示，而不在别处呢？我不知道。可是这仿佛揭去了一层纱幕。心灵好像被亵渎的处女，在拥抱中苞放了，觉得活力充沛的大自然的狂欢在身体里流荡。于是初次怀孕了。过去种种的抚爱——尼埃弗田野中富于诗意和感性的情感、灿烂夏日中的蜂蜜和树脂、星夜里爱与恐惧的困倦——忽然一切都充满意义了，一切都明白了。于是就在那一瞬间，当我看到赤裸裸的大自然而渗入它内部时，我悟到我过去一直是爱它的，因为我那时就认识了它。我知道我一直是属于它的，我的心灵将怀孕了。①

可以看出，罗曼·罗兰在这之前的所有感觉潜能（潜在直觉）都在这里得到了显现。作家对于大自然的物理场感觉（物象）和心理场知觉（心象）的双重能量充满，在主体自我意识能力的催化下，极其迅速地进入作家的审美感知图式进行同化，形成了在"一瞬间""悟到"过去与现实的种种迹象在"我"的心灵"怀孕"的审美直觉。这种审美直觉沉积着作家当时所具有的全部情感内容，它包含着人类文化形态逻辑化了的共同情感和作家自己的个性情感。但是，在参与潜在直觉的显现的过程中，作家的个性情感占据了主要地位，而人类逻辑化了的情感则退居为背景。只有这样，作家才能在对于现象的瞬间把握中凸显了自我意识能力，从而使物象能量和心象能量在新的层次和意义上得到充满，完成作家审美感知图式的同化而将潜在直觉显现为审美直觉。

综上所述，作家的潜感觉是艺术创造的一种巨大潜能，它对于作家潜在的直觉与灵感思维的开拓起到了始发性的作用。把握潜感觉，关键在于把握潜在直觉，这里就有作家主体素质的加强与必要心态的创立的问题。虽然作家感知

---

① ［法］罗曼·曼兰：《罗曼·罗兰文钞》（第 2 版），孙梁缉译，上海：上海译文出版社，1985 年，第 159 页。

现实世界时物象能量和心象能量的双重充满形成了主体的感性经验与理性实践的共同积淀，而且这种共同积淀与作家的审美直觉在瞬间所把握的形象的初级结果并不构成直接的对应关系，但是，作家主体素质的优劣，却能极其明显地影响到潜感觉在作家审美感知图式中的"同化"，从而影响到潜在直觉向审美直觉的显现。换言之，作家主体素质越高，他的感觉变异能力和艺术想象能力就越强；反之，他就只能把一杯酒感觉成为一杯酒，而不能感觉成为能够唱歌、哭泣、跳舞的，甚至像大海那样淹没了人的灵魂的奇异的东西。

三、灵感发生的双重机制：潜在直觉和想象力

灵感问题，在美学史上是一个老生常谈的问题。而时至如今，对于这个问题的探索却以它的越来越深入的开拓给人们带来了常谈常新的感觉。1978 年关于形象思维问题的讨论，也导引着一部分人打开了"灵感"这个被禁闭了十几年之久的理论之门。那时对这个问题的研究文章并不多，涉及的内容也并不广泛，研究得不算深入。这些文章主要在于为灵感正名或重新确立它在美学史和文学史上的地位，辨析它的特点、性质及其在文学创作或科学创造中的作用，有的文章探讨了灵感概念的历史演化，并对中西关于灵感问题的说法做了初步的比较。作为一种理论上的拨乱反正、正本清源，这些研究都是有意义的，它毕竟为今天我们对这个问题的进一步探讨立下了基础。

1980 年，钱学森在《关于形象思维问题的一封信》[①] 中提出，人的思维不限于形象思维和抽象思维这两种，"我认为创造性思维中的'灵感'是一种不同于形象思维和抽象思维的思维形式"。由此，对于"灵感思维"的探讨便日趋活跃，人们试图从各个侧面、角度、层次、结构上论证这一"特殊的思维形式"。尽管对于"灵感思维"这一提法的科学性仍然意见不一，然而它无疑是一种突破，正在接受脑科学、人工智能、心理学、哲学、美学等学科的综合论证和检验。特别是思维科学的兴起，为揭开大脑与灵感之谜提供了新的动力和机遇。美国著名神经心理学家、1981 年诺贝尔医学奖获得者罗吉·斯佩里通过实验，成功地揭开了大脑两个半球是高度专门化的，而且许多高级的功能都集中在右半球的秘密。这种关于左右脑分工专门化的新学说，洞开了寻求灵感思维发生机制的一个新的门户。于是，对于灵感问题的探讨便由外在特性

[①]　钱学森：《关于形象思维问题的一封信》，《中国社会科学》，1980 年第 6 期。

转入内在发生机制上来，一系列大胆的、新颖的见解和结论相继出现。将灵感视为一种思维形式也受到越来越多的人所认可，虽然这其中不乏有一些肤浅的、皮相的认识（如简单地认为灵感既然是一种思维，那么它的整个发生过程就是思维的），但是从总体上看，凝注于灵感思维的眼光毕竟是开阔的。因此，对于灵感问题的探索，最突出的成就是借助现代脑科学、心理学和广义逻辑学的积极成果，提出了新的解释。这里，有两种解释似应值得注意：

第一种解释是刘仲林的"臻美推理"法。他认为灵感是想象和直觉的矛盾运动达到高度统一的状态，这种矛盾运动构成的臻美推理，将从整体上推出（领略）艺术创造的理想结果的思维过程。这种推理在本质上是不同于形式逻辑推理的一种或然性的非线性推理；由于它的基本结构又是由想象、直觉、灵感这些在美学上常用的范畴组成的，所以称之为臻美推理。臻美推理在想象、直觉、灵感这些美学范畴中所体现的逻辑体系是"审美逻辑"，它在一定意义上可以看作康德把美学和逻辑学联系在一起的"审美判断"的继续和发展。根据这种审美逻辑，可以否定那种认为想象、直觉、灵感是"非理性因素""非逻辑方法"的观点。[①]

第二种解释是刘奎林的"潜意识推论"法。他认为灵感是显意识与潜意识交互作用而相互通融的结晶。在这里，潜意识推论以脑神经系统功能结构的建构与信息同构这两个方面，与显意识推理构成既有联系又有区别的理性活动。因此，潜意识推论是一种既非归纳又非演绎的非逻辑的特殊的理性活动。根据这种推论，可以认为灵感是一种非逻辑思维的潜思维形式。[②]

以上两种解释，一种运用广义逻辑学原理，把灵感看作由想象和直觉的矛盾运动构成的并非是非逻辑方法的形式；而另一种则运用现代脑科学和心理学的研究成果，把灵感看作显意识与潜意识交互作用构成的非逻辑思维的形式。显然，这两种解释得出的结论是不一致的。但它们都能给予我们一定的启示。我想，倘若我们从人与世界交流和碰撞的最初的一瞬——感觉方面入手，也许会得出另外一种解释。这就是说，对于灵感问题的把握，还可以从一种最基本的内在机制——潜在直觉切入。如前节所述，对于作家来说，潜在直觉是潜感觉的一种形态，它在作家主体物象（物理场感觉）能量和心象（心理场知觉）能量的双重充满中显现出来，从而变异为潜感觉的本质形态——审美直觉，使

---

① 刘仲林：《科学创造性思维中的逻辑》，《中国社会科学》，1983 年第 2 期。

② 刘奎林：《灵感发生新探》，《中国社会科学》，1986 年第 4 期。

主体进入直觉思维。因而，作为灵感发生的一种内在机制，潜在直觉同样必须达到主体物象能量和心象能量的双重充满。但是，这仅仅是我们隐隐约约看到的一种迹象，因为理论还难以用透彻清晰的语言描述这种机制对于灵感发生的作用，它并不像我们在把握潜感觉时对潜在直觉所具有的那种较为明晰的认识。不过，正因为对潜感觉的发现，使我们看到了潜在直觉的双重能量充满为感觉主体所提供的两种直觉形式：经验性直觉和理性直觉。经验性直觉由主体的感性经验构成，理性直觉由主体的理性实践（理解力）构成。这是潜在直觉的显现的成果，它们同时也成为灵感发生的重要依据。

其实，这个问题早就被爱因斯坦注意到了。爱因斯坦认为，直觉既离不开经验，又离不开理解，直觉的依据在于"对经验的共鸣的理解"[1]。然而，如同想象不同于直觉，因为想象到的未必能直觉到，灵感也不同于直觉，因为直觉起作用时未必都伴随着灵感。所以，潜在直觉的能量充满所产生的直觉形式，还必须有一个外在机制的作用，这些直觉形式才可能转化为灵感。那么这个外在的机制是什么呢？我们可以从爱因斯坦创立广义相对论的过程来看。广义相对论的创立这一激动人心的突破是在"灵感的瞬间"出现的，其结论是从"结果应该是什么样子"这种非凡的直觉天性那里获得的。在爱因斯坦看来，"结果应该是什么样子"的直觉感乃是一种"想象"，因为概念和实例都是可以想象的。所以，爱因斯坦认为，理论物理学中的发现是发现者的想象力的产物，他希望这种现象应该被人们像接受伦理公理那样接受下来。因为"想象力比知识更重要"，"知识是有限的，而想象力概括着世界上的一切，推动着进步，并且是知识进化的源泉。严格地说，想象力是科学研究中的实在因素"[2]。因此，对于灵感发生来说，想象力是一种相对于潜在直觉的外在机制。

这样，我们便可以以潜在直觉为内在机制，以想象力为外在机制，把灵感的发生描述为：潜在直觉的双重能量充满所产生的经验性直觉和理性（理解力）直觉，在想象力的作用下骤然突现的一种理智和情感异常活跃的状态。

其实，这仅仅是一种理论意义上的描述，因为在我们的一些举例说明中往往舍弃了其中的一些环节。就像屠格涅夫所说的，他的小说如同一片青草一样自然而然地生长出来，或者像歌德所说的，他作诗简直与女人生孩子一般，不

---

① ［美］爱因斯坦：《爱因斯坦文集》（第 1 卷），许良英、范岱年编译，北京：商务印书馆，1977年，第 102 页。
② 同①，第 284 页。

知不觉就生下来了，这些比喻无疑是生动的，然而，现代理论已经不满足于这种比喻性的说明。即使像克罗齐在谈到审美判断与审美再造的统一时对于艺术灵感所举的一个实例，在今天看来仍然不会使我们以上的描述感到满足。克罗齐这样说：

> 某甲感到或预感到一个印象，还没有把它表现，而在设法表现它。他试用种种不同的字句，来产生他所寻求的那个表现品，那个一定存在而他却还没有找到的表现品。他试用文字组合 M，但是觉得它不恰当，没有表现力，不完善，丑，就把它丢掉了；于是他再试用文字组合 N，结果还是一样。"他简直没有看见，或是没有看清楚"，那表现品还在闪避他。经过许多其他不成功的尝试，有时离所瞄准的目标很近，有时离它很远，可是突然间（几乎像不求自来的）他碰上了他所寻求的表现品，"水到渠成"。霎时间他享受到审美的快感或美的东西所产生的快感。①

无疑，克罗齐所举的实例说明了直觉和想象在经过多次的组合——否定——又组合——又否定——再组合——肯定的矛盾运动（即直至想象的组合被直觉肯定时）便产生了灵感。这是一个推理过程，它与前述的"臻美推理"运动在思维形式上有酷似之处。克罗齐注意到了直觉和想象这两个因素，但是，他并没有也不可能注意到这样的一个因素，就是既作为审美直觉的显现又作为灵感发生的内在机制——潜在直觉。这样，克罗齐对于灵感的实例描述便忽略了灵感发生的一种基本动作——感觉，以及由感觉所产生的物象和心象能量的功能充满。

我曾经在《艺术灵感试探》一文中提到，人脑的生理机能能够使人脑的思维功能具有可以后天训练的性质，生活积累越多，其艺术敏感性也就越强。不断地、长期地、反复地进行这方面的训练，灵感就会经常不期而至。在我今天看来，这个观点并没有过时，不过由于当时研究能力的限制，我未能发现到生活积累和后天训练实际上也有一个物象能量和心象能量的双重充满的过程。换言之，潜在直觉将担负起为灵感发生积蓄生活和心理能量的任务。既然对于艺术感觉的探讨使我们进入了研究潜感觉的层次，那么我们将从这里步入灵感

---

① ［意］克罗齐：《美学原理　美学纲要》，朱光潜译，北京：外国文学出版社，1983 年，第 129 页。

发生的深层机制领域。这可能是一种理论上的冒险——因为即使一些成功的作家也未可究诘自身的这种内在机制。理论的困难常常造成探索的中断，然而，尽管是一脉依稀可辨的理论迹象，也会促使我们力求在作家的创作实践中整理出一个可以理解的秩序，或者至少是一种大略可见的轮廓——这是需要做出说明的。

当然，潜在直觉的物象能量和心象能量的双重充满，并不表明灵感发生机制任务的最后完成。感觉能量的双重充满所显现出来的经验性直觉和理性（理解力）直觉，只是一种内在机制，它还必须找到它自身的形式，亦即有中介起作用的结构形式，以获得外在机制并共同发生作用。只有这样，灵感发生机制的任务才宣告完成，艺术灵感也就由此宣告诞生，这种情形才比较完整地表明了我们上述对于灵感发生的描述的思维秩序。对此，我想以苏联作家柯罗连科创作《严寒》时的情形来说明。

在柯罗连科的日记里，有一则在 1880 年 10 月他从雅库茨克流放地归来的途中所记的札记：

> 前边，路旁边，冒着青烟。我们乘马车来到那里。一个人躺在一堆砍伐下来的松树枝上。头旁边放着一个小提包，眼睛闭着——那是一个由于艰苦的旅程而疲倦不堪的人的姿态。
>
> "这是什么人？"我问。
>
> "这？想必就是从矿山来的那个人。我记得，前天曾在我们那儿过宿。走到这儿来啦。"
>
> "你讲什么！要晓得这儿离开你们那儿一共只有十一俄里。"
>
> "不错，十一俄里。瞧，走得很慢。他是残废，脚尖往外撇。"
>
> "他还要走很远的路么？"
>
> "不晓得——大概他是到曼祖尔斯卡雅乡去。"
>
> "至少还有一千俄里的路。而他一昼夜约莫只走六俄里！……"
>
> "他还好吧，暖和的日子还长呢。天气一冷就够瞧的——他会活活冻死，真的。"马车夫谈论着，一面把马合烟叶放在手掌上研碎。
>
> 我们乘马车已经走了很远，但是树枝中间那一缕青烟和这个注定了快要死亡的人的模糊的影子，还老是在我的眼前晃动……①

---

① ［苏］多宾：《论题材的提炼》，《译文》，1955 年 11 月号。

这段札记作为一种生活积累，它在作家的潜感觉中不仅积蓄了经验地直观这个残废的淘金者的物象能量，而且积蓄了理解这个残废的淘金者的心象能量。这两种能量无疑达到了它们自身的充满，并以直觉的方式呈现在作家脑子里："树林中间那一缕青烟和这个注定了快要死亡的人的模糊的影子。"苏联另一位作家多宾在《论题材的提炼》这篇文章中指出，柯罗连科的这段札记，使"一个残废的淘金工人的形象就在艺术家的心坎上留了下来"①。可是，在这以后整整的二十年时间里，这段札记却始终原封不动，没有获得创造性的生命。这究竟是为什么呢？问题在于，柯罗连科对这位残废的淘金者的印象所形成的经验性直觉和理性（理解力）直觉并未转化为真正为作家所感悟的题材内容。这就是爱因斯坦曾经料想到的：直觉起作用时未必都伴随着灵感的出现。质而言之，作家还没有找到灵感发生的一个必要的中介形式。尽管在这二十年后的一段时间里，柯罗连科正在构思一篇名为《严寒》的小说，并企图表现这么一个主题：看到周围的坏人坏事时就有一种"令人痛苦的个人责任感"，牺牲精神就很自然地从这种责任感中产生出来。牺牲的不可避免性不是由于外力强制或命中注定，而是由于内在良心的要求。这个主题使柯罗连科感到十分激动。可是，它与上述的那段札记却是如此不相似，因为它们相互之间并没有什么直接的联系。这样，柯罗连科在那段札记所提供的具有充分戏剧性和表现力的素材"核心"中，就始终找不到题材内容的立脚点，当然也找不到主题表现的立脚点。说穿了，就是作家还没有捕捉到他的直觉与他企图要表现的主题相互吻合的灵感。

对于大多数作家来说，类似这样的现象是经常出现的，然而，作家的艺术灵感也往往出现在这一个关节点上。因此，问题并不取决于作家对生活素材的直观和理解的直觉形式，而是取决于作家是否获得了一种独特的灵感形式。这里，作家的想象力将作为一个中介，沟通直觉与灵感之间的联系，从而使得作家对生活素材的启悟的灵感发生成为可能。柯罗连科的想象力就起到了这样的作用。在他的创造性想象中，生活和主题的吻合终于出现了这么一种可能的生活场景：

> 假使遇见那个孤单的旅人，不是在一个比较暖和的十月里的日子，而是在最可怕的西伯利亚严寒季节……假使乘车经过的人们都不

① ［苏］多宾：《论题材的提炼》，《译文》，1955年11月号。

理会那流浪人的死活，而漠不关心地从他身边经过……假使良心的谴责，终于驱使一个乘车经过的人，独自向那寒冷的可怕的冰天雪地里突进，去拯救一个流浪人……①

这样，作家札记里的生活图景与那个使作家激动的主题在创造性想象中，获得了一种超越生活题材的灵感形式。因为"令人痛苦的个人责任感"和牺牲精神这个主题，是柯罗连科所构思的《严寒》这篇小说的灵魂，所以题材的中心便不是那个残废的淘金者的形象，也不是他的不幸和痛苦的身世，而是受良心驱使、走向牺牲的那个人的形象。无疑，这个形象的获得正是来自作家的灵感，它使得 19 世纪 80 年代的俄国人民所困惑的那个关于 70 年代革命的一代徒然牺牲的问题，在这篇作品中得到了一定的反映。

从柯罗连科的例子来看，灵感发生并不单纯依赖于潜在直觉，也不单纯依赖于想象力。潜在直觉作为内在机制，在于为想象力提供必要的直觉能量；而想象力作为外在机制，在于激发灵感发生，但"想象力又是通过直觉发挥作用的"②，反过来正如康德所说，直觉判断的理解力是为想象力服务的。因此，灵感发生的机制是由潜在直觉的内部机制和想象力的外部机制共同构成的双重机制，它们是相辅相成的。在这里，潜在直觉这一内部机制是为了使物象能量和心象能量转化为直觉能量，而想象力这一外部机制则是为了促使直觉能量转化为灵感能量。在这个意义上，灵感发生的过程行为又可以描述为潜在直觉和想象力的双重机制引起的物象、心象能量和直觉能量的双重转化。而实际上，同潜在直觉的显现一样，灵感发生的这个双重转化过程是极其迅速的，它只是表现出一种瞬间的把握，从而把整个转化过程中的推理活动压缩到最低限度，省去了其中的一些步骤和环节。总之，灵感发生并不按照形式逻辑所相对固定的规则和格式去演绎，而是"在与烦琐的三段论法没有任何共同之处的某种内在的豁然顿悟之中，突然给我们的点破"③。所以，它是一种"非形式逻辑"的思维。

但是，这并不能说灵感是非逻辑性的。作为逻辑，它本身也是不断深化和发展的，现代逻辑学的开放性正在破除那种逻辑学就是形式逻辑的偏见，从而

---

① ［苏］多宾：《论题材的提炼》，《译文》，1955 年 11 月号。
② 普朗克语，转引自王梓坤《科学发现纵横谈》第 63 页。
③ 此为波动理论创造者德·布意语，转引自《哲学译丛》，1980 年第 6 期，第 32 页。

以科学的辩证的观点来分析对待创造性思维（包括灵感思维）中的非形式逻辑成分。其实，马克思早就指出："思维规律的理论决不像庸人的头脑关于'逻辑'一词所想象的那样，是一成不变的'永恒真理'。"① 这的确是一个十分诱人的课题。近几年就有人根据克罗齐所说的"有意识的稳健而彻底的逻辑改革运动，只有在美学中才能找到基础或出发点"②，提出科学创造性思维（包括灵感思维）中除了形式逻辑外，还有一种审美逻辑（如前述的刘仲林的观点）。这无疑是对灵感思维中的逻辑思维方式提供的一个有突破性的见解。我认为，在我们上述描述的灵感发生过程中，的确不可能用一般的形式逻辑来说明它的高度压缩的思维推理过程，因为被压缩的推理过程是不具备形式逻辑的规则和格式的。尽管我们可以在理论上把灵感发生的过程拆开来做出诸如上述的"双重转化"的表述，并且在表面上看来，这个"双重转化"还可能具有形式逻辑程序，但实际上，对于作家来说，灵感发生的这个"双重转化"在很大程度和很大可能性上不具备严格的思维推理形式，而是始终和作家的艺术感觉的感性认识发生联系的。从"审美"二字本身的希腊文原本含义来说，它是感觉或感性认识的意义，因此灵感发生的审美逻辑是一种与作家的感觉（包括潜感觉）有着紧密联系的逻辑方式。根据刘仲林的解释，审美逻辑主要是作为中介特点而存在于科学创造活动中的。从这个意义上说，灵感发生的审美逻辑将决定着作家的潜感觉向显感觉的转化。潜感觉作为一种"不自觉的感觉"，它无疑包含着灵感的潜在因素，当潜感觉中的潜在直觉在作家主体的物象能量和心象能量的双重充满中得到显现，并且变异为有着主体想象力在起作用的审美直觉时，这种审美直觉便可以说是艺术灵感了。这也就是我们在上述所试图证明的：艺术灵感不等于直觉；只有审美直觉才可能是艺术灵感。

既然艺术灵感的发生并不具备那种按部就班的形式逻辑程序，那么它将具备什么样的思维方式呢？我认为，艺术灵感发生的那种非形式逻辑的质变方式是一种思维的跃迁方式，它跨越形式逻辑的推理程序，以非连续的质变使作家的潜在直觉在物象和心象能量的双重充满中跃迁为审美直觉。在高级神经活动中，神经脉冲能量的跃迁决定了思维的跃迁，从而达到信息的跃迁这样的思维

---

① 中共中央马克思恩格斯列宁斯大林著作编译局：《马克思恩格斯全集》（第20卷），北京：人民出版社，第382页。

② ［意］克罗齐：《美学原理　美学纲要》，朱光潜译，北京：外国文学出版社，1983年，第51页。

运动的深层高级形态。因此，从艺术感觉角度，尤其是从潜感觉角度来说明灵感的发生，其目的在于提出这样的一种看法：单纯用潜意识来说明灵感的发生，将其视为只有在潜意识的阈限下刺激下才能实现，这不能说明灵感发生的全部现象。恰恰相反，有相当一部分的灵感几乎不需要刺激，而是靠感觉能量自身的功能充满，在作家主体的潜在直觉和想象力的双重机制的协同作用下，达到"神思方远，万途竞萌"的灵感发生情境的。

（作者单位：东南学术杂志社）

论厦门时期鲁迅哲学思想的转换

俞兆平

一

1927 年 1 月 15 日午后，鲁迅从厦门厦港沙坡尾登上了到广州去的"苏州号"轮船。至第二天中午，随着海轮汽笛的鸣响，他曾工作、生活过四个多月的厦门岛、厦门大学渐渐地跟着海浪退去、隐去。时间的逝去，对于鲁迅来说反成为一种积淀，在厦大这短短的四个多月中，鲁迅除开设"中国文学史"和"中国小说史"两门课程之外，还撰写了学术论著《汉文学史纲要》《〈嵇康集〉考》；创作了小说《奔月》、散文《从百草园到三味书屋》《父亲的病》《琐记》《藤野先生》《范爱农》；写下了杂文《厦门通信》《华盖集续编·小引》《华盖集续编·校讫记》《坟·题记》《写在〈坟〉后面》《〈争自由的波浪〉小引》《所谓"思想界先驱者"鲁迅启事》《阿 Q 正传的成因》《关于三藏取经记等》《〈走到出版界〉的"战略"》《新的世故》《〈绛洞花主〉小引》；翻译了《以生命写成的文章》（日）、《说〈幽默〉》（日）、《文学者的一生》（日）；编定了杂文集《坟》《华盖集续编》；以及留下了自然地袒露情怀与思想的《两地书》中许多重要的信札……其成果之丰硕，若用"惊人"一词来评定，也一点不为过。

那么，启航之后的鲁迅心境如何呢？这在他当夜写给李小峰的《海上通信》中可窥得一二：在海上，"小小的颠簸自然是有的，不过这在海上就算不得颠簸；陆上的风涛要比这险恶得多"。"陆上的风涛"指的是与"尊孔"的校长林文庆、与"胡适派"的顾颉刚等的人事纠葛仍无法释怀。但信的末尾却来了一段令人注目的话："但从去年以来，我居然大大地变坏，或者是进步了。虽或受着各方面的斫刺，似乎已经没有创伤，或者不再觉得痛楚；即使加我罪案，也并不觉着一点沉重了。这是我经历了许多旧的和新的世故之后，才获得的。我已经管不得许多，只好从退让到无可退避之地，进而和他们冲突，蔑视他们，并且蔑视他们的蔑视了。"① 他已退无可退，将正面迎敌了。这说是私下向朋友透露将要采取的应战策略也可，但内中也明白地告知，在 1926 年这一年，我变了，"进步了"！

这就让人自然地联想到他到广州之后在 1927 年 9 月写的《答有恒先生》信中的一段话：

> 我离开厦门的时候，思想已经有些改变。这种变迁的径路，说起来太烦，故且略掉罢，我希望自己将来或者会发表。单就近时而言，则大原因之一是：我恐怖了。而且这种恐怖，我觉得从来没有过。②

遗憾的是，鲁迅在其后的时间里，对此"思想变迁的径路"的具体叙述像是没有"发表"过，而国内外鲁迅研究界对此似乎也缺乏追根溯源的探寻。或许鲁迅在厦门生活的时间太短了，前后仅四个多月。因此，在鲁迅思想史研究中，厦门时期往往被一笔带过。按现存资料，像是只有李长之在《鲁迅批判》一书中把厦门到广州这一时期单独划为一个阶段："自一九二六的九月至一九二七的九月，是他生活上感受了异常不安定与压迫的时期，他赴厦门，又赴广东，这种变动使他对人生的体验更深刻了；虽然使他沉默，然而在他是一个次一阶段的潜伏期、酝酿期。时代背景就是宁汉分裂，国民党党内实行一种清党运动。鲁迅在感情上当然异常激动，可是这时他的'爱的问题'也得到解决，所以他已是在有人抚爱之中，而慢慢度入他的次一个阶段的进展了，而这短短的一年乃是他精神进展上的第四个阶段。"③ 虽然厦门时期是突出了，却也只是事态描述性的语言，关于鲁迅"思想变迁"的问题并未触及。

但鲁迅自述道，"我离开厦门的时候，思想已经有些改变"，在其思想发展史上却是一至关重要的问题。因为已往学界对鲁迅思想演变期的论述与界分，主要是从两个向度切入：一是政治斗争，一是"概念泛化"。前者的代表如瞿秋白、李泽厚，他们都主张 1927 年是鲁迅思想从前期向后期转变的时间点，瞿秋白根据鲁迅《三闲集·序言》中这些话："我是在二七年被血吓得目

---

① 鲁迅：《海上通信》，《鲁迅全集》（第三卷），北京：人民文学出版社，2005 年，第 417、420 页。
② 鲁迅：《答有恒先生》，《鲁迅全集》（第三卷），北京：人民文学出版社，2005 年，第 473 页。
③ 李长之：《鲁迅之生活及其精神进展上的几个阶段》，《李长之批评文集》，珠海：珠海出版社，1998 年，第 11 页。

瞪口呆，离开广东的"，"我一向是相信进化论的，总以为将来必胜于过去，青年必胜于老人"，但"目睹了同是青年，而分成两大阵营，或则投书告密，或则助官捕人的事实！我的思路因此轰毁"，而得出由此"鲁迅从进化论进到阶级论，从绅士阶级的逆子贰臣进到无产阶级和劳动群众的真正友人，以至于战士"的结论①。李泽厚则更明确地指出："鲁迅前期也可以 1925 年春参与女师大事件为界标分为两个小段。"后期的起点是："在广泛的'文明批评''社会批评'中，在这种日益深入的阶级斗争中，鲁迅不断具有和提出了许多接近和符合于马克思主义的重要思想、观点或观念，这些观念是他 1927 年终于接受和成为坚定的马克思者的内在根据和思想前提。"② 1927 年血腥的 4 月，成了鲁迅思想前后期演变的明晰的分水岭。显然，瞿秋白、李泽厚对鲁迅思想演变界分的依据是政治斗争。另一种"概念泛化"，指的是从 20 世纪 80 年代起，由鲁迅《写在〈坟〉后面》所言及的——"以为一切事物，在转变中，是总有多少中间物的"，这一"中间物"概念的凸显，成了鲁迅思想研究中的亮点。其代表人物之一为王乾坤，他分析道："'中间物'作为一个环节，首先表明人的此在'由此到那'之大限。""从根本上说，'中间物'论是鲁迅的生命哲学。""'中间物'构成了鲁迅全部思想的一个轴心概念。其他思想可以看作这个轴心的一个个展开。而从研究的角度看，'中间物'也就成了释读其思想的总向导。"③ 亦即"中间物"这一概念可以披覆鲁迅的"全部思想"。

这里，我首先必须加以说明的是，我绝无否定从政治斗争、"概念泛化"等角度来分析鲁迅思想的念头。如若欠缺政治斗争视角，那鲁迅思想研究就失去了历史现实的根基；如若欠缺生命哲学的视角，那鲁迅对个体生存价值的独特悟解势将遮蔽。但我们还应该注意到，鲁迅的思想是丰富复杂、多向度的，是一个浑圆的整体，它包括哲学、美学、政治学、社会学、心理学等。因此，任何单一视角的切入，都无法完成对"鲁迅全部思想"的把握；任何一个视角的过分强化，都有可能产生偏离的危险。例如，在上述《答有恒先生》一文中，鲁迅说到的是由政治斗争的血淋淋杀戮而导致的"恐怖"，是他思想改变的原因，但仅是"大原因之一"。政治斗争确是"大原因"，但在鲁迅心目中仍然只是原因"之一"，那定然还会有另外的"之一"。

---

① 瞿秋白：《〈鲁迅杂感选集〉序言》，孙郁、黄乔生主编《红色光环下的鲁迅》，石家庄：河北教育出版社，2002 年，第 21 页。
② 李泽厚：《略论鲁迅的思想发展》，《中国近代思想史论》，北京：人民出版社，1986 年，第 455 页。
③ 王乾坤：《鲁迅的生命哲学》，北京：人民文学出版社，1999 年，第 14 页。

"路漫漫其修远兮，吾将上下而求索。" 1926 年冬季前，鲁迅在与友人通信中曾不断地提及"路"的探索问题，在《致李秉中》信中写道：

> 其实呢，我自己尚且寻不着头路，怎么指导别人。这些哲学式的事情，我现在不很想它了。①

这说明，鲁迅对于思想上选择"路"的问题，已提高到哲学的层面上来考虑了。因此，单一的政治斗争视角是涵括不了鲁迅思想整体的。

而"概念泛化"的研究视角，是上升到"哲学"层面，但它仅属于"生命哲学"的范围。鲁迅随意从生命进化理论中抽绎出"中间物"这一名词概念，能成为鲁迅思想的"轴心概念"，但能成为研究"鲁迅全部思想"的"总向导"吗？若按此逻辑，对鲁迅思想研究就会产生"静态化"与"单一化"，即趋于凝固化的危险，最明显的一点就是，对鲁迅思想演变期必要的分界线模糊了，这是与鲁迅对自己思想改变过程的描述相悖的。

我曾论析过，20 世纪初，在人文精神与物质主义（包括唯科学主义）对峙这一世界性宏大命题跟前，中国文化思想界能跟得上当时西方哲学思潮的，只有鲁迅与王国维。早在 1907 年，鲁迅在《文化偏至论》中就提出"掊物质而张灵明"的主张，这种强化人文精神并以此来与物质主义、唯科学主义相抗衡的哲学理念，能是区区的一个"中间物"概念所能涵括的吗？②

正是由于对人文精神与物质主义对峙这一全人类面临的哲学困境缺乏了解，1981 年版的《鲁迅全集》关于这一问题的注释竟然写出如此令人目瞪口呆的文字：

> 在《文化偏至论》中，作者……"掊物质而张灵明，任个人而排众数"，这种提法，既表现出小资产阶级的急进的民主主义的政治特征，同时也表明，正是在社会存在和社会意识的关系，群众和个人的关系这两个有关社会生活的根本问题上，作者当时没有得到科学的解决。③

---

① 鲁迅：《致李秉中》，《鲁迅全集》（第十一卷），北京：人民文学出版社，2005 年，第 528 页。
② 俞兆平：《科学与人文：鲁迅早期的价值取向》，《厦门大学学报》（哲学社会科学版），2003 年第 2 期。
③ 鲁迅：《鲁迅全集》（第一卷），北京：人民文学出版社，1981 年，第 18 页。

注释者连自己枪上的准星都未调好就胡乱开枪，于今仅留"硬伤"而已。

因此，不论是哪一种研究视角，只要它把自身绝对化、凝定化了，它就会对鲁迅思想整体的研究产生遮蔽的偏误，所以，本文从哲学的视角来论析鲁迅1926年前后的思想演变，只是为着深化、周全，而非排异、独断。

二

那么，1926年前鲁迅哲学思想的状况如何呢？还是以鲁迅的自身表述为准：

> 其实，我的意见原也不容易了然，因为其中本有着许多矛盾，教我自己说，或者是"人道主义"与"个人的无治主义"的两种思想的消长起伏罢。①

此信写于1925年5月，到鲁迅编辑《两地书》时，他把"个人的无治主义"改成了"个人主义"。此二者有何区别呢？在鲁迅的笔下，"个人的无治主义"是和俄国文学中一个典型人物关联一起的，他就是俄国作家阿尔志跋绥夫的小说《工人绥惠略夫》的主人公。绥惠略夫和同道者为着拯救生活在苦难中的群众，为着改革社会现状这一"共同事业"，他们勇敢献身，最后仅剩孤身一人。但那些群众——"不幸者们"非但不领情，反而和专制者串通一气，帮助后者追杀、迫害他。愤激之下，他转而向"不幸者们"也宣战了。仇视一切，复仇社会，最后自身也归于毁灭，这就是绥惠略夫所代表的"个人的无治主义"，鲁迅在给许广平的信中亦写成"个人的无政府主义者"②。而这也是鲁迅1926年12月在《〈阿Q正传〉的成因》一文中，用讥讽的笔调把高长虹写成"走到出版界"的"一个中国的'绥惠略夫'"的原因，即认定高为仇视社会、仇视一切的无政府主义者。鲁迅在1925年5月还自称为"个人的无治主义"，到1926年年底即否定之，把自己此前的思想一侧定位改为"个人主义"，这不就显露出其思想在这一年中发生了内在的变化吗？

① 鲁迅：《致许广平》，《鲁迅全集》（第十一卷），北京：人民文学出版社，2005年，第493页。
② 鲁迅：《鲁迅全集》，北京：人民文学出版社，2005年，第十卷，第180-184页；第十一卷，第466页。

　　"个人主义"的内涵远大于"个人的无治主义",它比较契合 1925 年前鲁迅的思想。孙伏园在《鲁迅先生逝世五周年杂感二则》中提及:"从前刘半农先生赠给鲁迅先生一副联语,是'托尼学说,魏晋文章'。当时的朋友都认为这副联语很恰当,鲁迅先生自己也不加反对。"这里,"托"指托尔斯泰,"尼"指尼采。托尔斯泰以源于基督教精神的"大爱主义",即人道主义而著称于世;尼采思想则奠立于个人主义的基础上,批判传统的理性、道德,提倡精英式的"超人"与"强力"精神。这与《两地书》中所说的"人道主义与个人主义"两种思想消长起伏相吻合。

　　孙伏园在上面那篇文章中还强调,鲁迅先生特别喜欢尼采的文章。"例如萨拉图斯脱拉语录,说是文字的刚劲,读起来有金石声,而他的学说的精髓,则在鼓励人类的生活、思想、文化日渐向上,不长久停顿在琐屑的、卑鄙的、只注意于物质的生活之中。"[1] 周作人也谈到鲁迅在日本留学时对尼采的喜爱:"豫才于拉丁民族的艺术似无兴会,德国则只取尼采一人,《札拉图斯忒拉如是说》常在案头,曾将序说一篇译出登杂志上,这大约是《新潮》吧。尼采之进化论伦理观我也觉得很有意思。"[2] 1929 年 12 月,鲁迅在《我和〈语丝〉的始终》中谈到外界对他"始于'呐喊'而终于'彷徨'"之评时说:"但我的'彷徨'并不用许多时,因为那时还有一点读过尼采的《Zarathustra》余波。"[3] 尼采的文章能使他从彷徨中振作而起,由此可见尼采学说对他影响之深。

　　鲁迅在《文化偏至论》中批评的第一个偏至是"唯物质主义",第二个偏至是"囿于众数"。他抗衡"唯物质主义"的对策,是"掊物质而张灵明";抗衡"众数"的对策,则是"任个人而排众数",而后者的思想资源主要来自尼采的超人哲学。

　　　　若夫尼佉,斯个人主义之至雄桀者矣,希望所寄,惟在大士天才;而以愚民为本位,则恶之不殊蛇蝎。意盖谓治任多数,则社会元气,一旦可隳,不若用庸众为牺牲,以冀一二天才之出世,递天才出

① 孙伏园:《鲁迅先生逝世五周年杂感二则》,孙郁、黄乔生主编《回望鲁迅　鲁迅先生二三事》,石家庄:河北教育出版社,2002 年,第 75 页。
② 钟叔河编:《周作人文类编·八十心情》,长沙:湖南文艺出版社,1998 年,第 124 页。
③ 鲁迅:《我和〈语丝〉的始终》,《鲁迅全集》(第四卷),北京:人民文学出版社,2005 年,第 172 页。

而社会之活动亦以萌，即所谓超人之说，尝震惊欧洲之思想界者也。①

重天才、精英，贬庸众、愚民；推崇"个人"，排斥"众数"，1926 年厦门时期之前的鲁迅所取的"个人主义"的内涵以尼采超人学说为主。在鲁迅心目中，"众数"，即庸众之恶犹如"蛇蝎"，甚至超过暴君："借众以陵寡，托言众治，压制乃尤烈于暴君。"若"以愚民为本位"，以庸众的意向为治国理政的依凭，势必压制精英、天才，国家、社会的元气必然"隳堕"。他以法国大革命之后社会状况为例，由于伪"民主"大潮盛行，社会政治经济上一切权利均由"众数"所定，其结果是精英思想被扼制，贵族精神荡然无存，"明哲非多，伧俗横行，浩不可御，风潮剥蚀，全体以沦于凡庸"②。整个社会沦陷于凡庸、平俗、粗野、丑陋的风气之中。

鲁迅对此社会现象感触颇深，1922 年北京大学部分学生反对学校征收讲义费，发生风潮，后以校方开除一个学生冯省三为结。鲁迅为此写下《即小见大》一文，为"牺牲者"鸣不平：风潮过了，学生的讲义费已取消，学生胜了，但没有听得有谁为这次牺牲者祝福。就像辛亥革命前后，谋刺良弼和袁世凯而死的四烈士，民众也早已忘却他们，四烈士坟其中三块墓碑，直到 1922 年还没人去刻上烈士的名字。此事深藏在鲁迅的心中，直至 1925 年 5 月给许广平的信中还提及："提起牺牲，就使我记起前两三年被北大开除的冯省三。他是闹讲义风潮之一人，后来讲义费撤去了，却没有一个同学再提起他。我那时曾在《晨报副刊》做过一则杂感，意思是牺牲为群众祈福，祀了神道之后，群众就分了他的肉，散胙。"③ 这"胙"，也就是小说《药》中的"人血馒头"，革命党人夏瑜之血竟成了愚民治肺痨之"药"，此种惨痛，此种对庸众的失望，在鲁迅心中多年来经久不散。

鲁迅对庸众、"众数"的失望，更集中表现在他所塑造的艺术典型——阿 Q 身上。我在《〈阿 Q 正传〉新论——越界的庸众与阿 Q 的悲剧》一文中曾指出：多年来，我们以"哀其不幸，怒其不争"一语作为鲁迅对阿 Q 审美倾向的定评，是不准确的。从《文化偏至论》到《热风·随感录三十八》，再到

---

① 鲁迅：《文化偏至论》，《鲁迅全集》（第一卷），人民文学出版社，2005 年，第 53 页。
② 同①，第 52 页。
③ 鲁迅：《致许广平》，《鲁迅全集》（第十一卷），人民文学出版社，2005 年，第 491 页。

《阿 Q 正传》，即从哲学理论到杂文，再到艺术典型，共同构成了鲁迅对 20 世纪初中国的精英式的"个人"与愚庸式的"众数"这一社会性对立矛盾问题的观察、追索与思考。阿 Q 是庸众中的越界者，鲁迅不是"哀其不幸"，而"主旨是'憎'，精神是负"；鲁迅不是"怒其不争"，而是"惧怕其争"。由越界庸众构成的"阿 Q 似的革命党"，是中国游民文化的沉渣泛起，是民粹主义思潮的形象浮现，它不但不能成为中国革命的推进力量，带来的反而是一场场的灾难①。因篇幅关系，此不赘述。

在《我之节烈观》中，鲁迅进而透视到"众数"中存在着一种"无主名无意识的杀人团"的邪恶力量："社会上多数古人模模糊糊传下来的道理，实在无理可讲；能用历史和数目的力量，挤死不合意的人。这一类无主名无意识的杀人团里，古来不晓得死了多少人物；节烈的女子，也就死在这里。"②"众数"所倚仗的是"历史"（传统的延续）和"数目"（庸众的多数）这两项"模模糊糊"的规则，便可或明或暗地杀人了。像《祝福》中迫害祥林嫂的鲁镇，《狂人日记》中迫害狂人的狼子村，《孤独者》中挤死魏连殳的 S 城、寒石山村等，都存在着一种由传统意识所累积、所构成的，并深藏于庸众之中的"无主名无意识的杀人团"的集体无意识，这也就是祥林嫂、狂人、魏连殳等的悲剧命运产生的根本原由。庸众之愚昧，"众数"之恐怖，被鲁迅从中国的历史与社会的深层中挖掘而出了。

与庸众对立的即天才。鲁迅在《文化偏至论》篇末指出，中国若要"将生存两间，角逐列国是务，其首在立人"，"立人"的要务之一是促使天才、精英的诞生与成长。如何做到呢？鲁迅认为培育天才的土壤最为重要，好比人们想有乔木，想看好花，则一定要有好土；没有土，便没有花木了，所以土实在较花木还重要。这里，问题又回到"众数"上来了，因为"天才并不是自生自长在深林荒野里的怪物，是由可以使天才生长的民众产生，生育出来的，所以没有这种民众，就没有天才"。但当时中国的状况如何呢？像阿 Q、华老栓、北大闹讲义费风潮的北大学生触目皆是，在鲁迅眼中，"这样风气的民众是灰尘，不是泥土"③。此时的民众是"灰尘"，这是鲁迅在 1924 年沉痛的判断，所以卢梭式的"任个人而排众数"这一理念仍是他这一时期哲学思想的主导。

① 俞兆平：《〈阿 Q 正传〉新论——越界的庸众与阿 Q 的悲剧》，《新华文摘》，2010 年第 3 期。
② 鲁迅：《我之节烈观》，《鲁迅全集》（第一卷），北京：人民文学出版社，2005 年，第 174、176 页。
③ 鲁迅：《未有天才之前》，《鲁迅全集》（第一卷），北京：人民文学出版社，2005 年，第 174 页。

三

如果说"掊物质而张灵明"是以人文精神对抗唯物质主义（包括唯科学主义）的哲学理念贯穿鲁迅一生思想的话，那么，"任个人而排众数"这一推崇精英、超人的哲学理念到了 1926 年秋冬季，即在厦门大学的四个多月的时间里，却开始有所变化，甚至有了变为"任众数而排个人"这一颠倒过来的趋势。

厦门时期的鲁迅在为文时，像是少了写《摩罗诗力说》《文化偏至论》时那种判断式的口吻与自信，犹豫、思索和选择成了此时的主调。请读读《写在〈坟〉后面》的这段话："然而我至今终于不明白我一向是在做什么。比方做土工的罢，做着做着，而不明白是在筑台呢还在掘坑。所知道的是即使是筑台，也无非要将自己从那上面跌下来或者显示老死；倘是掘坑，那就当然不过是埋掉自己。"① 这些年来的笔耕、劳作，究竟是为自己"筑台"，还是"挖坑"？他分辨不了。即使是"筑台"，也仍逃脱不了陷落、虚无的暗影。

而对于时局的看法，从他在 1926 年 12 月所写散文《范爱农》中亦可看出。范爱农是刺杀安徽巡抚恩铭的徐锡麟烈士的弟子，是一位充满革命激情的留日学生，在辛亥革命之后却无处谋生，穷困落魄，流离失所，最终失足溺水而死，鲁迅疑他是自杀而亡。辛亥革命给王金发一类，即内里仍是庸众、游民的流氓无产者们，带来的是权力、金钱和女人，而真正的革命知识分子却陷入生存的困境，甚至以死亡为归结。此等惨痛的经历，沉淀在鲁迅的心中，多年后仍然无法化解："见过辛亥革命，见过二次革命，见过袁世凯称帝，张勋复辟，看来看去，就看得怀疑起来，于是失望，颓唐得很了。"② 新漆剥落，旧相显露，仍是奴才主持家政，国人成了奴隶的奴隶，由庸众中这类"阿 Q 似的革命党"换汤不换药的"革命"，使得鲁迅彻底失望，心境一度陷于颓唐与消沉。在厦门，他依然发出"北京如大沟，厦门则小沟也，大沟污浊，小沟独干净乎哉"③ 的感慨！

但此时，如板结的土壤在冬末春初忽然有了松动，同是《写在〈坟〉后面》忽然冒出以下的句子：

---

① 鲁迅：《写在〈坟〉后面》，《鲁迅全集》（第一卷），北京：人民文学出版社，2005 年，第 299 页。
② 鲁迅：《〈自选集〉自序》，《鲁迅全集》（第四卷），北京：人民文学出版社，2005 年，第 468 页。
③ 鲁迅：《致章廷谦》，《鲁迅全集》（第十一卷），北京：人民文学出版社，2005 年，第 583 页。

> 古人说，不读书便成愚人，那自然也不错的。然而世界却正由愚人造成，聪明人决不能支持世界，尤其是中国的聪明人。①

你能相信自己的目光吗？这是鲁迅另一向度的思想发出闪光了。这是1926年11月11日夜在厦门大学集美楼上发生的事，它标志着鲁迅哲学思想转换的开始。

聪明人、傻子及奴才，这是鲁迅在文章中多次运用的类型化的喻象，但在不同时期其所喻指的对象内涵又有一些变化。三个喻象汇集一起的，最早见之为写于1925年12月、后收入《野草》集中的《聪明人和傻子和奴才》一文。但此文笔锋主要指向奴才的丑态：他不断地向人诉说自己的生活惨状，日夜劳作，不时挨罚，吃的是猪狗食，住的是阴湿的黑屋。但在激起傻子的义愤、后者准备破墙开窗之际，他却反转过来，呼喊主人赶走了傻子，并由此而得奖赏。这里的寓意很是明显，仍是在批判愚昧怯弱、奴性十足的庸众，而对"聪明人"则只是略加讥讽一下。

破墙开窗的"傻子"喻象，一下就让人想起鲁迅在《〈呐喊〉自序》中与金心异（钱玄同）的对话来："假如一间铁屋子，是绝无窗户而万难破毁的，里面有许多熟睡的人们，不久都要闷死了，然而是从昏睡入死灭，并不感到就死的悲哀。现在你大嚷起来，惊起了较为清醒的几个人，使这不幸的少数者来受无可挽救的临终的苦楚，你倒以为对得起他们么？"② 显然，傻子的喻象包含着为当时社会与民众所不理解的那些舍生取义的先驱者形象，以及鲁迅自身。在小说《药》中，当满脸横肉的康大叔转述夏瑜"阿义可怜"一语时，茶馆里的花白胡子、驼背五少爷、二十多岁的人，包括华老栓、华大妈一干人等不是都以为他"疯了"——"傻了"吗？

1926年11月15日，在厦门的鲁迅给许广平的信中曾为自己此后所走的路设计了以下几条："（1）积几文钱，将来什么都不做，苦苦过活；（2）再不顾自己，为人们做一点事，将来饿肚也不妨，也一任别人唾骂；（3）再做一点事（被利用当然有时仍不免），倘同人排斥我了，为生存起见，我便不问什么事都敢做，但不愿失了我的朋友。第三条我已实行过两年多了，终于觉得太

---

① 鲁迅：《写在〈坟〉后面》，《鲁迅全集》（第一卷），北京：人民文学出版社，2005年，第302页。
② 鲁迅：《〈呐喊〉自序》，《鲁迅全集》（第一卷），北京：人民文学出版社，2005年，第441页。

傻。"① 我"太傻"了，这是鲁迅夫子自道。因此，在鲁迅所使用的这三个喻象中，"傻子"所喻指的均为正面的，正值的。

隔了两天，鲁迅应邀到厦门集美学校演讲。他演讲的题目为"聪明人不能做事　世界是属于傻子"，但其中"傻子"所喻指的对象与内涵有了较大的变化："世界是傻子的世界，由傻子去支持，由傻子去推动，由傻子去创造，最后是属于傻子的。这些傻子，就是工农群众，就是孙中山先生'三大政策'中所要扶助的农民和工人。"② 由于演讲的形式要求通俗易懂，他直截了当地表明，"傻子"就是工农大众，和《写在〈坟〉后面》中的"愚人"同义。

如果说，此前鲁迅所设立的"傻子"喻象还只包括革命先驱者及为启蒙民智而呐喊的先觉者的话，那么，在此它已扩展、包容了工农大众，这一为前期鲁迅视之为"庸众"，称之为"众数""众庶""愚庸""凡庸""愚民""无赖""末人""灰尘"等的群体。由此，你难道会看不出鲁迅在尼采的"任个人而排众数"的超人哲学基点上开始移动了吗？鲁迅把尼采哲学中的社会群体分类做了调整，在精英与愚庸对立这一社会问题的判断上，开始逐渐挣脱了尼采哲学的束缚。在国内外鲁迅研究界中，王晓明最早看出了这一点："从早先高喊'任个人而排众数'，到现在将世界放到'愚人'肩上，他的立场已经有了一百八十度的转变；从这个新立场再转到将工农视为中国的希望，那几乎是顺理成章，非常容易了。"③ 这也说明了在厦门集美学校的演讲在鲁迅思想发展史上是一重要的界石。

在这次演讲中，另一喻象——"聪明人"的内涵也移动了，如果说，《野草》中的那篇只是轻轻地挖苦一下社会上那些见风使舵、老于世故、明哲保身、八面玲珑的处世圆滑者，那么这次鲁迅以其直指军阀及其帮凶："当今所谓'聪明人'，如段祺瑞、贾德耀等北洋军阀，只知勾结帝国主义者，屠杀无辜的爱国工人和学生，他们是双手沾满血腥的刽子手；又如陈西滢、唐有壬等'现代评论派'，只会开驶'新文化运动'的倒车，镇压反帝爱国请愿的群众，他们是反动军阀的走狗。"他们之所以"聪明"，在于"会用'聪明'作钢刀

---

① 鲁迅：《致许广平》，《鲁迅全集》（第十一卷），北京：人民文学出版社，2005 年，第 616 页。
② 鲁迅：《聪明人不能做事　世界是属于傻子》，《鲁迅演讲全集》，武汉：长江文艺出版社，2007 年，第 70 页。
③ 王晓明：《无法直面的人生——鲁迅传》，上海：上海文艺出版社，2001 年，第 175 页。

见血去杀人，用'聪明'作软刀，杀人不见血"①。与其说这是一次演讲，不如说是一篇政治宣言，是鲁迅向反动军阀、向"现代评论派"那些"正人君子""聪明人"正式宣战。类似的演讲，鲁迅在厦门期间共做了5次，以集美学校这次最为酣畅淋漓、质直明了。

此时的鲁迅何以会发生如此之大的思想变化呢？我认为，很大一个原因是与北伐军的节节取胜有关。鲁迅对北伐战事的进展颇为关注，在《两地书》中，仅1926年9月至12月就提到3次。9月30日他在给许广平的信中写道：北伐军是顺手的，看今天报章，武昌还未降，南昌猛扑数次未取得。10月20日的信：北伐军得武昌，得南昌，浙江也独立了，上海近旁又要小战。11月25日的信：泉州已得，浙陈仪又独立，商震反戈攻张家口，国民一军将至潼关。写信时立场鲜明，对劣迹斑斑、腐败暴虐的北洋军阀恨不得它立刻崩溃，对北伐军势如破竹、摧枯拉朽之势振奋不已。北伐形势往胜利方向的快速进展，证明了他在此前对国内正在较量中政治力量的选择倾向是正确的。

辛亥革命之后，军阀们如走马灯似的轮流执政，国内政局却日见衰败，鲁迅对他们已不抱任何幻想了，他因之"失望、颓唐"，从"呐喊"变为"彷徨"。但国民党中一股政治力量的新动作引起了他的注意与重视，1925年4月，他在给许广平的信中写道："改革最快的还是火与剑，孙中山奔波一世，而中国还是如此者，最大原因还在他没有党军，因此不能不迁就有武力的别人。近几年似乎他们也觉悟了，开起军官学校来，惜已太晚。"② 惋惜之情透露出希望之所在。直到1935年，国共破裂已久，他在给杨霁云的信中仍对孙中山怀着敬意："中山革命一世，虽只往来于外国或中国之通商口岸，足不履危地，但究竟是革命一世，至死无大变化，在中国总还算是好人。"③ 他从中国革命和历史行进这种大的视角出发，直到逝世的前一年，仍对孙中山做出肯定性的评价。而此时，对于中国国民党，鲁迅在寄寓希望的同时，还深表同情："国民党有力时，对于异党宽容大量，而他们一有力，则对于民党之压迫陷害，无所不至，但民党复起时，却又忘却了，这时他们自然也将故态隐藏起来。"④ 这是1926年10月他写给许广平的信，信中把国民党看成一伙诚笃敦

① 鲁迅：《聪明人不能做事　世界是属于傻子》，《鲁迅演讲全集》，武汉：长江文艺出版社，2007年，第70页。
② 鲁迅：《致许广平》，《鲁迅全集》（第十一卷），北京：人民文学出版社，2005年，第475页。
③ 鲁迅：《致杨霁云》，《鲁迅全集》（第十三卷），北京：人民文学出版社，2005年，第393页。
④ 同②，第581页。

厚、重于信义的谦谦君子，甚至为他们不对"研究系"之类的"异党"痛下重手而遗憾。由此，也才会理解到，1927 年 4 月 12 日国民党的血腥清洗与屠杀对鲁迅的心灵造成的伤害有多大，久经逆境磨砺的鲁迅竟被吓得"目瞪口呆"，感到从来没有过的"恐怖"，真是爱之深方恨之切啊！

因为对孙中山和国民党的信任，因为北伐军已经占领了与厦门毗邻的泉州，鲁迅在 1927 年 1 月 4 日厦门大学为他召开的送别会上的讲演，完全放开地直抒胸臆："我们幸而有孙中山先生，他站出世间来就是革命，他革命失败了还是革命。他要把革命的工作，进行到完全的成功，实现大同世界的理想。……现在全中国的人民正在实行孙中山先生的教导，为救祖国，救全人类，与北洋军阀作殊死战，进行伟大的革命。革命必定成功，曙光就在眼前。"[1] 此时的鲁迅，对中国社会政治的发展前程充满了希望与信心。他认为，北伐战争的成功来自孙中山"联俄联共、扶助农工"政策的正确，而在这场战争中竟然是他以往视之为"庸众"的"农工"起到了决定性的作用，他们最有热血，最能奋斗，最肯牺牲，甘愿为国家的独立自由献出自己的生命。"那些所谓'傻子'的革命青年和劳动工农，乃正是社会的改造者，是世界的创造者，他们是世界的主人，世界是属于他们所有的。"[2] 无数青年和工农以鲜血铸成的革命真实，无数青年和工农以生命换来的胜利情景，构成了一股巨大的力量，冲击着鲁迅旧有的哲学、社会学和政治学观念，促使着鲁迅从原本的"任个人而排众数"的尼采超人哲学，逐步地转换到"任众数而排个人"的新的哲学基点上来了。这也是他日后转向重视工农大众，倾向中国共产党，在文艺方面翻译卢那察尔斯基的《艺术论》、普列哈诺夫的《艺术论》，接受文学阶级性等马克思主义美学、文艺学观念的根本原因。

鲁迅要走了，要离开厦门大学了，作为挚友的林语堂自然割舍不了，那么以何相送呢？1927 年元旦，他特地译了尼采《查拉图斯特拉如是说》中的一文作为送别之礼，其意深长。该文为《译尼采论"走过去"——送鲁迅先生离厦门大学》，发表于厦门大学学生文艺团体编的该期《鼓浪周刊》上，后收入《剪拂集》。文章内容大约是：这城于你是无益而有损的。这里是思想的地狱，伟大的思想要活活地熬死、烹小，伟大的感情都要枯萎；这里充塞着屠宰

---

① 鲁迅：《在厦门大学送别会上的讲演》，《鲁迅演讲全集》，武汉：长江文艺出版社，2007 年，第77 页。

② 鲁迅：《聪明人不能做事 世界是属于傻子》，《鲁迅演讲全集》，武汉：长江文艺出版社，2007年，第 70 页。

灵魂的腥气；这里用肮脏的破布、吐出的泔水做新闻纸；这里的人们只闻见赝币的玲珑，及金银的叮当。这是个充满着压小的灵魂、褊狭的胸膛、尖斜的眼睛的城；这是个充满着自炫者、厚颜者、刀笔吏、雄辩家、好大喜功者的城；这是个繁盛着一切废疾、不名誉、淫欲、无信、熟烂、萎黄、不安的地方……萨拉土斯脱拉说，这大城有祸，我愿意马上看见烧灭他的火柱。我临行时赠你一句格言：谁不能住下爱一个地方，只好——走过去！① 林语堂不愧为鲁迅的知己，他知道鲁迅对尼采的崇奉，故引用尼采之文作别。但这译文却如箴言，不仅是鲁迅从厦门"走过去"，而且是从尼采哲学"走过去"。

（作者单位：厦门大学中文系）

---

① 林语堂：《译尼采论"走过去"——送鲁迅先生离厦门大学》，见陈思和主编《超人哲学浅说——尼采在中国》，南昌：江西高校出版社，2009年，第235-236页。

不忘初心：中国当代文艺评论70年

郑珊珊

作为社会主义文化建设的重要内容之一，文艺工作中的重要一环，中国当代文艺评论始终与党的方针政策密切相关。新中国的每一次文艺大繁荣大发展，都有党的重大文艺方针政策与文艺实际相结合作为根本政治保证。有学者指出："20世纪以来的中国文坛，文学与政治的关系经历了一个从政治化（过度政治化）、去政治化到如今重新政治化的否定之否定的历程。"① 这一概括同样适用于中华人民共和国成立以来当代文艺评论70年的发展历程。文艺评论历来受到党和国家的高度重视和社会各界的普遍关注，70年来始终以1942年毛泽东《在延安文艺座谈会上的讲话》（后文简称《延安讲话》）为理论基础和指导思想，强调文艺的"人民性"，以"政治的"和"艺术的"为文艺评论的两个基本标准，其间虽然经历了一些曲折，也是由于对《延安讲话》产生了认知与理解上的偏差而造成了一些负面效应。从总的发展方向来看，对《延安讲话》精神的坚持与发展、对文艺的"人民性"的强调是始终不变的。特别值得注意的是，2014年习近平《在文艺工作座谈会上的讲话》和2016年习近平《在中国文联十大、中国作协九大开幕式上的讲话》等系列重要讲话，进一步强化了以人民为中心的导向，进一步创新和发展了马克思主义文艺思想，体现了当代文艺评论越来越重视对《延安讲话》精神的回归。这种回归，可以精简地概括为"不忘初心"。

一、从对接延安传统到"过度政治化"（1949—1977）

新中国成立，万象更新。文学评论也面临着价值重估，亟须统一思想和发

---

① 胡亚敏：《中国马克思主义文学批评中的文学与政治新探》，《文学评论》，2019年第3期。

展方向。中华人民共和国成立前夕，中华全国文学艺术工作者代表大会（简称"第一次文代会"）确认了"新的人民的文艺"为新的文艺方向。这一方向，实际上是对《延安讲话》精神的全面继承。在这次大会上，周扬提出："批评必须是毛泽东文艺思想之具体应用，必须集中地表现广大工农群众及其干部的意见，必须经过批评来推动文艺工作者相互间的自我批评，必须通过批评来提高作品的思想性和艺术性。批评是实现对文艺工作的思想领导的重要方法。"① 这一观点，也是对《延安讲话》"文艺界的主要的斗争方法之一，是文艺批评"的继承和发展。这次大会的精神很快在全国文艺界得到全面贯彻落实，推动了文艺评论事业的稳步发展。1956 年，"百花齐放，百家争鸣"作为发展社会主义科学文化事业的方针被确定下来，进一步鼓舞了文艺评论的繁荣发展。

新中国成立初期，在新文艺伟大变革的时代精神影响下，"十七年文学"明显带有浓郁的政治倾向性，文艺评论的标准也倾向于政治而弱化了艺术。文艺评论界都坚持了毛主席"以政治标准放在第一位，以艺术标准放在第二位"的教导，在评论文艺作品时，无论古今中外，多以"革命""进步""阶级性""反帝反封建"等为标准进行判断和评价。随着政治运动越来越强烈的冲击，文艺评论越来越重视文艺作品的意识形态功能，甚至出现了模式化评论的趋向，以阶级分析取代文艺分析，片面强调政治标准而忽视了艺术标准，一定程度上背离了马克思主义文艺思想，甚至走向过度政治化乃至激进化的道路。"文艺界在'十七年'时期兴盛起来的'战歌'批评模式，其理论基础是'以阶级斗争为纲'的政治规训。这样的批评模式一旦蔓延开来，就不仅仅是文学艺术的一场灾难，而是一场文化的劫难。"② 在当时特殊政治文化环境之下，政治与文艺紧密关联、错综缠绕，文艺评论也不免立足于政治来评价文艺作品，甚至一度沦为"四人帮"操弄"阴谋政治"的工具，过分贬低文艺评论的艺术性，片面强调"文艺批评的战斗性"，动辄上纲上线——"所有的批评都是从政治理念出发，都是要达到政治目的"③。到 20 世纪 70 年代中后期，受时代风气影响，文艺评论几乎以否定性批评为主，陷入了教条化、僵化的境

---

① 周扬：《新的人民的文艺》，王尧、林建法主编，郭冰茹编选《中国当代文学批评大系》（第 1 卷），苏州：苏州大学出版社，2012 年，第 24 页。

② 丁帆：《中国当代文艺批评生态及批评观念与方法考释》，《文艺研究》，2015 年第 10 期。

③ 陈晓明：《当代文学批评的政治激进化——试论姚文元的批评方法》，《中国现代文学研究丛刊》，2014 年第 6 期。

地。必须认识到，这一局面是由对《延安讲话》的片面化、歪曲化解读造成的，是过于强调文艺的政治从属性和阶级性思潮的膨胀造成的，在客观上弱化了党对文艺工作的领导①，严重影响了文艺评论的健康发展。

这一历史时期中的一个细节已为不少学者所注意："新中国成立之前，'文艺批评'的使用比'文艺评论'更加普遍。改革开放之后，'文艺评论'被较多地使用，特别是在党政文件中，已经基本形成了一律使用'文艺评论'的局面。"② 从"文艺批评"到"文艺评论"，两个词语在概念上基本没有区别，但在使用上的微妙变化，暗含着改革开放以后社会各界对"文艺批评"曾经的过度政治化和激进化的反拨。

二、文艺为人民服务，为社会主义服务（1978—2011）

改革开放是中国当代文艺评论发展史上的一个重大时间节点。党的十一届三中全会做出了以经济建设为中心取代以阶级斗争为纲的决策，中国发生了重要历史转折，文艺工作也开创了百花齐放的崭新局面。1979 年 10 月 30 日，邓小平《在中国文学艺术工作者第四次代表大会的祝词》指出"党对文艺工作的领导，不是发号施令，不是要求文学艺术从属于临时的、具体的、直接的政治任务"③，并纠正了之前一个时期对《延安讲话》的错误理解："我们要继续坚持毛泽东同志提出的文艺为最广大的人民群众、首先为工农兵服务的方向，坚持百花齐放、推陈出新、洋为中用、古为今用的方针，在艺术创作上提倡不同形式和风格的自由发展，在艺术理论上提倡不同观点和学派的自由讨论。"与此同时，党及时调整了文艺方针政策。1980 年 7 月 26 日，《人民日报》社论提出了"文艺为人民服务，为社会主义服务"的"二为"方向。这些政策层面的调整"是对过去把文艺与政治关系过分简单化、教条化倾向的一种拨乱反正，为文艺思想解放奠定了政策基础"④，也为文学评论的健康发展提供了根本理论遵循与可靠制度保障，极大地解放了思想，激发了文艺的活

---

① 吴灿新：《新中国成立70年来文艺发展的经验探讨》，《岭南学刊》，2019 年第 4 期。

② 庞井君、胡一峰：《构建当代中国文艺评论学论纲——以若干核心概念的辨析为中心》，《艺术百家》，2016 年第 6 期。

③ 邓小平：《在中国文学艺术工作者第四次代表大会的祝词》，中共中央文献编辑委员会编《邓小平文选》（第二卷），北京：人民出版社，1994 年，第 213 页。

④ 刘方喜：《错位与化解：40 年文论三次转向的反思》，《社会科学辑刊》，2019 年第 1 期。

力。文艺评论在此时发生了重大转向，站到了思想解放的前沿，焕发出新的生机。

　　鉴于"文革"时期深刻的历史教训，文艺评论开启了"拨乱反正"的新时期，在重估一切价值的同时，一定程度上表现出对政治的疏离，并积极对接"五四"的启蒙传统，追求客观性、艺术性和科学化。"对'文革'的批判性反思开始，举起'大写的人'的旗号，张扬启蒙与人性的解放，为'新时期'文学反映历史、反映现实、表现人的尊严和精神价值提供理论支撑，并给予富有时代感的阐发。"① "伤痕文学""改革文学""寻根文学"等创作热潮接连涌现，与"现实主义文学热"交集融汇，形成了新的文艺气象，也向文艺评论提出了新的问题与思考。如"朦胧诗"的兴起与"三个崛起"论的出现，引导了文艺创作与文艺评论走向广阔的世界，虽然从今天的角度来看，当时的讨论存在不少局限性，但在当时以巨大的冲击力更新了人们对审美本质的认识，为新时期文艺发展清除了理论障碍。与此同时，学界也努力在马克思主义的思想图谱中围绕文艺评论进行创新性的阐发，其标志性的理论创新就是"把恩格斯在《诗歌和散文中的德国社会主义》一文中以及1859年就《济金根》问题致拉萨尔的信中所提出的'美学和历史的观点'阐释为马克思主义文艺批评的最高标准，力图通过这种追本溯源的方式来重构马克思主义文艺批评标准的理论向度与价值取向"②。这可谓文艺评论在马克思主义中国化上的一个重要的理论贡献。1983年3月16日，周扬《关于马克思主义的几个理论问题的探讨》把相关讨论推向了高潮，其后虽然引发了一些批判，但关于人道主义讨论等思想解放的理论热情仍得以继续释放。这些理论探讨即使对现在的构建中国文艺评论话语体系来说，也仍有重要的启发。

　　到20世纪80年代中期，随着大量西方现代思潮的涌入，中国社会各界观念林立，方法盛行，理论话题不断转换，文艺界也掀起人性论、主体论、本体论、系统论、价值论等争鸣。尤其是1985年，被称为文艺学、美学"方法论年"，方法论热达到高潮，文艺评论在理论上走向具体观念的创新建构。这些争鸣与讨论，深化和拓展了马克思主义文艺理论的方法论体系，为文艺评论注入了新的生机和活力，提供了丰富的理论资源，表现出了改革开放眼界开阔、

① 陈晓明：《文学观念与话语的解放——略论改革开放40年的文学理论与批评》，《中国当代文学研究》，2019年第1期。
② 张永清：《始终确保马克思主义文学理论与批评的"在场"》，《浙江社会科学》，2018年第10期。

思想解放的时代精神。大概也是从这时起，越来越多的学者积极投身文艺评论，带来大量的新兴理论和方法，以学术理论为根基的学院批评开始兴起，并渐渐发展壮大，成为文艺评论的主流。当然，热潮之下有些人对理论的消化吸收不够完全，也存在一些运用生硬、生吞活剥、生搬硬套的现象。特别令人反思的是，一些错误思潮随着这一激荡的时代风气开始蔓延泛滥，尤其是大量西方文艺评论术语被极力肯定和滥用，一些人完全否定文艺评论的政治性，因此文艺评论界发生了分歧。"一方面，有的文艺批评家为自由化思潮推波助澜，充当着超出批评范围的极不光彩的角色；另一方面，富有责任感的文艺批评家经受住了历史的严峻考验，为社会主义文艺事业健康持续发展作出了贡献。"① 在关键时刻，邓小平视察南方的谈话消除了杂音，把正了方向，再次统一了全社会的认识。文艺评论也在反思中重新找准位置，走上更加理性有序的发展道路。

20 世纪末，回归理性的文艺评论"出现了重返历史、重返意识形态的转向"②，再次呈现政治化，并走向文化研究。值得注意的是，此时的政治化不同于早年的过度政治化，而是文艺评论界逐渐达成共识："一切批评在某种意义上都是政治的。"③ 人们开始认识到，正如《延安讲话》中所说的："一切文化或文学艺术都是属于一定的阶级，属于一定的政治路线的。"任何形式的文艺评论都无法回避政治因素的影响，作为上层建筑的一部分，文艺评论中政治始终在场。这一共识的达成，一方面是由于在党的领导下，中国特色社会主义文艺评论的理论建构有了进一步的创新、丰富和完善，人们对文艺评论与政治的关系有了更加客观和理性的认识；另一方面，也与当时的世界思潮有一定关系。"20 世纪被形容为'批评的时代'，批评家的阐释拥有令人瞩目的思想能量。许多阐释甚至汇成了后现代主义文化的组成部分。"④ 象征主义、新历史主义、权力话语、后殖民批评、女权主义批评等具有浓厚意识形态色彩的西方文化理论和批评流派兴起并传入中国，为文艺评论政治化提供了理论支撑，也推动了中国文艺评论在理论上的新突破。

与政治的和解，为文艺评论打开了巨大的文化空间，使得文艺评论走向多

---

① 李明泉：《走向理性与繁荣的文艺批评——当代文艺批评的回顾与展望》，《当代文坛》，2006 年第 2 期。
② 胡亚敏：《中国马克思主义文学批评中的文学与政治新探》，《文学评论》，2019 年第 3 期。
③ ［英］特里·伊格尔顿：《文学原理引论》，刘峰译，北京：文化艺术出版社，1987 年，第 247 页。
④ 南帆：《文学批评：开发的解读及其边界》，《东南学术》，2019 年第 5 期。

元和丰富。20 世纪 90 年代以来，随着社会主义市场经济体制逐步形成，文艺评论与经济的关系变得更加紧密。尤其是面对商品化浪潮的席卷和消费文化的侵入，文艺的文化价值与经济价值之间的矛盾冲突日益尖锐，文艺评论一度失去了思想的锋芒，阿谀奉承、庸俗吹捧的评论大行其道，严重损害了文艺评论的声誉和价值。关于这一病态现象的批判不绝于耳，然而现实中的文艺评论始终难以抵抗市场经济的冲击，"文化搭台，经济唱戏"也大行其道，媚俗、拜金主义、利己主义、新自由主义等文艺现象与思潮伴随着商业化浪潮时时涌现，不断冲击着文艺评论的立场与原则。此时，文艺评论的重新政治化正是基于对这些错误倾向的理性反思，体现了对过度商业化、娱乐化的抵制和纠偏。政治所体现的理性因素，提示人们警惕并反思文艺现象中的内在政治品格的消解、娱乐霸权及其负面作用。另外，从这一时期开始，文艺评论的理论生产有了显著进展，突破了单一学科或方法的藩篱，吸收了历史学、政治学、社会学、心理学、哲学等各种学科的理论与方法，在更为广阔的文化视野下全面认识文艺作品及其所反映的社会生活的丰富性与复杂性。这一走向文化研究的发展趋势持续至今，为文艺评论的繁荣发展提供源源不断的动力。

三、以人民为中心：构建中国文艺评论话语体系（2012—）

随着社会主义进入新时代，建设社会主义文化强国成了实现中华民族伟大复兴的重要任务。在这一时代背景下，文艺界肩负着树立文化自信、建设文化强国的重要历史使命。对于文艺评论而言，构建自成一格的中国文艺评论话语体系，成了时代的必然要求。

2014 年 5 月 30 日，中国文艺评论家协会正式成立，昭示着对文艺评论的重视和加强。同年 10 月 15 日，习近平在文艺工作座谈会上发表重要讲话。次年 10 月 3 日，《中共中央关于繁荣发展社会主义文艺的意见》发布。这一系列围绕文艺发展的顶层设计，体现了党和国家对文艺工作的高度重视，也为文艺评论创造了良好环境。这一阶段党和国家对文艺工作的进一步强调，也是源于新形势下文化领域特别是文艺界暴露了不少问题。习近平《在文艺工作座谈会上的讲话》（后文简称《文艺讲话》）中对文艺界的概况总结，就是文艺工作"在市场经济大潮中迷失方向"，"在为什么人的问题上发生偏差"。这样的问题很多是在改革开放以后就出现的，虽然早已为社会各界所关注和反映，但长期以来并未得到根本的改变和扭转，而且随着国际环境和时代主题发生重大变化，近年来更加凸显和尖锐，甚至对我国的主流价值观和意识形态都造成了一定的冲击。文艺评论界也随之出现了纷繁乱象，大体可归结为两种："一种是一些优秀的有理论深度的文艺批评总是被淹没于众多话语鼓噪声中，而难以起到引导的作用；另一种是文艺批评的较高形态与较低形态总因千头万绪、错综复杂，而难以出现文艺批评的更高形态取代较低形态的趋势或局面。"①

在这种情况下，《文艺讲话》重申了文艺创作的人民取向，并再次强调了文艺为人民服务、为社会主义服务的根本方向，为文艺评论提供新的思想指引，激发文艺界的正能量，发挥好文化的教化功能和价值引领作用。《文艺讲话》还指出，文艺评论"是引导创作、多出精品、提高审美、引领风尚的重要力量"，"不能都是表扬甚至庸俗吹捧、阿谀奉承，不能套用西方理论来剪裁中国人的审美，更不能用简单的商业标准取代艺术标准"。"要以马克思主义文艺理论为指导，继承创新中国古代文艺批评理论优秀遗产，批判借鉴现代西方文艺理论，打磨好批评这把'利器'，把好文艺批评的方向盘，运用历史的、人民的、艺术的、美学的观点评判和鉴赏作品，在艺术质量和水平上敢于实事求是，对各种不良文艺作品、现象、思潮敢于表明态度，在大是大非问题上敢于表明立场，倡导说真话、讲道理，营造开展文艺批评的良好氛围。"这些具体的指示是对《延安讲话》精神的进一步丰富和发展。习近平在中国文联十大、中国作协九大开幕式等场合，都对文艺评论做了重要指示，"强调了当代中国文艺创作与批评所应持守的'中华立场'，明确了文艺创作与批评的价值构建要求"②，也显示了以习近平同志为核心的党中央对文艺评论的高度重视，为文艺评论工作指明了正确的方向。

近年来，文艺界和学术界也展现了理论自觉，围绕文艺评论的相关议题展开了广泛而深入的探讨，并显示出文艺评论的重新政治化。文艺与政治在马克思主义理论层面上，进行了新的重整与契合，在一定程度上体现了理论的自洽性。这种自洽性在价值观念、人文关怀、社会表现及思维方式等方面，展现了新的价值向度和理论自觉。需要注意的是，此时的重新政治化与 20 世纪末的政治化有所类似，既是体现文艺评论对现实社会的人文关怀和责任担当，也是对过度商业化、娱乐化的理性干预，但也因时代不同而有新发展。一方面，传

---

① 李明军：《当代中国文艺批评学的发展与建构》，《文艺争鸣》，2016 年第 9 期。
② 吴爱邦：《马克思主义文艺理论中国化的新阶段——从毛泽东到习近平》，《中共福建省委党校学报》，2016 年第 2 期。

承我国优秀文化传统、培育和弘扬社会主义核心价值观的时代责任，需要文艺评论发挥积极作用。另一方面，科技的日新月异给社会生活带来了重大变化，也给文艺评论带来了新的挑战。数字技术的飞速发展和新媒体的巨大变革，显著地改变了人们的生活方式，当今社会结构空前多元、复杂、立体，价值空间空前多样、动态、敏感，社会意识形态空前活跃、繁荣、丰富。尤其是随着全球化的发展和消费主义的盛行，以意识形态为代表的政治因素早已渗透到人们的日常交往和社会生活中，在传媒世界、娱乐休闲、商业消费甚至衣食住行中无处不在。在这样复杂的时代背景下产生的文艺作品，必然潜藏着复杂的意识形态冲突。这就意味着当今文艺评论所承担的任务远比 20 世纪末更为复杂，文艺与经济的关系尚未调整到位，文艺与科技的关系又有了新的变化。因此，适时加强政治化是时代的必然趋势。

必须注意的是，在移动互联网时代，个人的表达与传播既快速又便捷，引发了大众对批评的热情，网络批评、新媒体批评的社会影响力越来越大，也影响了批评的文体和方式，甚至对原本居于主流的学院批评造成了一定冲击。这些网络新媒体评论中包含了大众的政治态度和政治表达，使得当今文艺评论必须重视这种新的评论形式，在新的文化领域中掌握文化领导权。而这种重视正是对"以人民为中心"导向的强调。"只有牢固树立马克思主义文艺观，真正做到了以人民为中心，文艺才能发挥最大正能量。以人民为中心，就是要把满足人民精神文化需求作为文艺和文艺工作的出发点和落脚点，把人民作为文艺表现的主体，把人民作为文艺审美的鉴赏家和评判者，把为人民服务作为文艺工作者的天职。"《文艺讲话》的这一指示，是基于《延安讲话》的进一步丰富和阐发：创新和发展了马克思主义文艺理论，深化了人民的概念，再次强调了文艺的服务对象。

沿着《文艺讲话》的指示精神，新时代文艺评论在为马克思主义文艺理论中国化而自觉努力。"在'中国当代文学理论话语的重建'过程中，无论存在主义、结构主义、新历史主义、后殖民主义等理论思潮多么异彩纷呈，也无论精神分析、形式分析、新批评、生态批评等批评流派如何争芳斗艳，我们都必须始终确保马克思主义文学理论与批评的'在场'。"[1] 面向新时代，文艺评论的发展有了更高的追求和使命感，构建中国文艺评论话语体系日渐成为文艺界和学术界的共识。有学者强调，要"重建一个具有马克思主义批判精神的

---

[1]　张永清：《始终确保马克思主义文学理论与批评的"在场"》，《浙江社会科学》，2018 年第 10 期。

多元文艺批评体系"①。有学者提出："加强本土话语体系建设，建构中国风格中国气派的文艺理论评论话语，进而使之在世界领域内发出强健的声音，是中国文艺创作与理论发展的必然要求，更是时代和历史的需要。"② 对本土化和中国立场的强调，显示了秉持马克思主义的文艺评论队伍的崛起，也显示了中国文艺评论正在开启具有自我意识和批判精神的新时代。

四、小结

从《延安讲话》到《文艺讲话》，中国文艺思想的发展脉络清晰，文艺评论也始终带着时代的鲜明烙印。回望当代文艺评论 70 年的发展历程，对于今天构建一个符合新时代文艺发展要求的多元文艺评论体系，具有重要的借鉴意义和参考价值。历史与现实充分证明，党的领导是社会主义文艺发展的根本保证。无论时代与社会如何变化，文艺评论受到了什么样的冲击，最终都是在党的正确领导下走回正轨并健康发展的。当代文艺评论的每一场重要讨论与争鸣，每一次重大创新与突破，都是在马克思主义文艺理论指导下进行的，都在积极回应人民群众的审美需求。真正有价值的文艺评论，都坚持了人民的立场。因此，只有坚持党的领导、坚持马克思主义的指导、坚持以人民为中心，文艺评论才能把好方向盘，积极发挥文化引领作用。

新时代推动了中国当代文艺评论的观念创新、范式变迁和话语建构，要求文艺评论必须以有创新有担当的理论锐气和文化面貌阐释中国文艺实践，并赋予文艺评论承担重振中国声音、中国风格、中国气派的伟大使命。这一使命与中华民族伟大复兴的中国梦相适应，也给了文艺评论广阔的发展空间。70 年的发展经验提供了足够的文化自信，只要不忘初心，文艺评论一定能够不负时代、不负人民！

（作者单位：东南学术杂志社）

---

① 丁帆：《中国当代文艺批评生态及批评观念与方法考释》，《文艺研究》，2015 年第 10 期。
② 马琳：《在文化自信中建构本土评论话语体系——第二届中国文艺评论年会综述》，《中国文艺评论》，2017 年第 2 期。

新中国成立以来三次美学高峰的话语建构

王伟

一、问题缘起：美学作为打开世界的方式

正所谓，"学术是历史性的，思想是时代性的"①。当代中国拥有庞大的"学术人口"，曾一度占据学术话语乃至文化空间中心方位的美学思想自然也不例外，甚至更为显豁。具体到伴随新中国成长起来的美学主流学派——以李泽厚先生为代表的实践美学，真切体现怀抱深广之"天下情怀"的人文知识分子如何在历史意识指引之下接受时代精神对思辨主体的质询征召，以美学的特有方式来打开这个世界，并用美学的生动语言向人们讲述中国故事、表达中国经验、贡献中国智慧。时至今日，这一努力的结果及其对学科本身建设和公共空间建构的意义与影响，显然需要我们及时总结与认真梳理。有鉴于此，近年来不少学人在"重写美学史""超越实践美学"的冲动之下，基于其所处的不同思想方位、依据的不同评价标准，与曾经的"精神之父"——实践美学展开坦诚开放的持久对话，进而生产与再生产出有关实践美学历史脉络、现实延展及未来发展趋势的丰厚论述，也使其本身成为中国美学史乃至世界美学史的重要研究对象。有理由相信，时空绵延的大讨论与正在行进的大时代关联互动，不仅使之成为"后理论"时代美学知识生产的重要增长点，还将有力推动中国美学在学科高原上再建思想高峰，进而参与世界美学话语秩序的重新组构。

是以，本文将实践美学放置在中国现代性历史进程的大背景下，经由内部视点与外部视阈相互辩证，采用学术史与社会史有机结合的整体考查方式，多维度、分层次讨论实践美学的问题意识、思想流绪、话语创新及其与时代精神

---

① 时胜勋：《李泽厚评传》，合肥：黄山书社，2016年，第84页。

的同频共振、互相砥砺。通过其间繁复驳杂之张力关系的系统研究，我们希冀解决如下环环相扣、彼此托举的四组问题：其一，实践美学在与其他流派的交往对话中是如何整合丰饶厚重的"中、西、马"三方资源，精心建构起一套以实践范畴为叙事起点、以情感解放为归宿的美学话语体系而被学术社群一度视为世界美学本土化成功典范。其二，实践美学作为与新中国共同成长起来的学术话语体系，"为何"，以及"如何"被新中国美学史描述为启蒙现代性的美学表达并与新时期如火如荼的思想解放运动互为表里、相互支援。其三，具有精英化、理想化倾向的实践美学作为"新启蒙"的宝贵遗产或曰历史债务是否能够，以及如何因应娱乐化、平民化、世俗化盛行之"后启蒙"时代的转型挑战，继续履行新时代中华美学的历史使命与现实担当。其四，经由反思实践美学而起的"后实践美学"如何创新自身话语体系并改写中国美学版图与世界美学格局，从而为新时代美学思想的体系建构与中华美学精神的实践创新提供不可或缺的历史坐标。

二、镜像与方向："美学热"与"新启蒙"的融合互动

20世纪80年代不仅是思想解放、张扬理想的美好年代，同时也是中国美学溢出学科畛域产生广泛深远之社会影响的"黄金时代"。时至今日，经历当年"美学热"的美学理论工作者及其影响下的晚辈学生，还对这一所谓"社会苏醒时代"的美学荣光与未尽梦想念念不忘，并在现代性焦虑的怀旧氛围下重构当年一哄而上"谈美论道"的热闹图景，以缓解当下步履维艰、进退失据的学科焦虑。应该承认，正是在这份感情沉淀及其支配下的历史讲述，让20世纪80年代的美学始终驻留在我们的视线之中，然而这段未曾远去的历史叙述在为世人开启某种洞见的同时，也在不经意间遮蔽除此之外的其他侧面。为了更好地打开被遮蔽、被隐匿的历史内面，我们必须穿透话语雾障，重返问题生成的历史语境，不仅要令人信服地探讨这段时期美学话语的创生背景及其在传播过程中的变迁发展，还须更进一步挖掘、编织这一美学思潮的话语"场域"及其所铺开的关系网络。

若以今日冷却下来的"后见之明"观之，以新启蒙为表征的新时期思想解放运动，其至少有两个层面的含义：一是解放"人的思想"的过程；二是人通过"思想"（这里做动词用）而获得解放的过程。正是在这一意义上，我

们认为，"实践美学思想就是美学思想实践的产物"①。进而言之，当中的逻辑链条似可简要描述为摧枯拉朽、波澜壮阔的思想解放运动将并不起眼也不成熟的美学一举推向时代舞台的正中心。这种应时而生的"美学热"的体现便是万帆齐发、百舸争流中形成主流学派，而学派的形成标志就是要适时出现一个开宗立派的代表人物和一套被学派成员共同相信、付诸实施的理论主张，并且这套理论语言必然体现为一套区别于前人与旁人的话语表达系统，当然，这套更富魅力的言说方式的生产者也就被公认为这一学派的奠基人、推动者与偶像代表。循此叙事逻辑逆向推演过来，视野开阔、学养深厚的李泽厚先生将其不懈思考、吐纳古今的成果凝练为主体性实践哲学，并将这套原本晦涩抽象、艰深难懂的哲学理论"降维"运用在不那么抽象的美学领域，就形成了具有社会维度、人性情怀的实践美学。显而易见，强调"人的主体性""见物又见人"② 的实践美学话语明显比脱胎且胶着于古典认识论哲学的客观反映论美学（以蔡仪先生等人为代表）更显得新奇感人，因而出其不意地迅速俘获了一大批苦寻表达方式而不得的青年学子，于是就出现了以实践美学为标签的美学流派，而这一流派一以贯之、坚守不渝的话语符号便是实践二字。那么何为实践？实践何为？实践这一源于古希腊思想、荣耀于马克思主义哲学的关键名词，被李泽厚等人旧瓶装新酒般地重新阐释为人的主体性活动，而主体性则被看作"人的自我确证"③ 被刻意解释为现代性的内核，以呼应新时期"四个现代化建设"的时代主题。

通过晚近学者关于那个时候思想生态的总体分析，我们似可得出如下结论。其一，"美学热"既有时代合理性又有历史局限性，其兴起之本不在于学问内部的能量蓄积，而是源于百废待兴、万象更新的外部世界，即人们试图借助"泛美学话语"来合理合情合规地表达对待历史的态度、看待现实的立场，以及想象未来的资源。因之，这种热度只是一种"过火"或者说是"虚火"，缺乏持续内在的坚实支撑，这也喻示着这种现象虽然热闹绚烂、令人迷恋，但无法长时存续，随着外部大环境的陡然转换，一度膨胀的美学终将告别不属于自己的喧哗躁动，复归平和的本来面目。其二，经由个体酝酿与历史锤炼而成

---

① 王伟：《从经典化到大众化——建国以来实践美学的传播》，《吉首大学学报》，2009 年第 1 期，第 25—29 页。

② 聂振斌，等：《思辨的想象——20 世纪中国美学主题史》，昆明：云南大学出版社，2008 年，第 291 页。

③ 杨春时：《走向后实践美学》，合肥：安徽教育出版社，2008 年，第 81 页。

的实践美学何以在新时期美学热潮中脱颖而出一举超越其他流派，除了学派开创人与阐释者本人胸襟气度及其卓尔不群的语言表达方式之外，其根本缘由在于这套话语所提倡的核心要义——主体性，是那个时代所欠缺并且亟须的价值所在。有鉴于此，若要理解具有时间持续度与空间规模感的新启蒙思潮，就必须把握实践美学创新求变的思绪流动；而解剖实践美学的思维方式与价值取向，就要在大历史的分析架构下悉心考辨李泽厚先生的思想储备与言说策略，这或许就是我们今天讨论李泽厚"人类学本体论"基础上主体性实践美学到底"想什么""为什么想"与"怎么想"的意义之所在。

三、危机或契机："后启蒙"语境中的实践两难

到了 20 世纪 90 年代，市场经济及其相拥相生的市场理念在正式获取合法身份之后一路引吭高歌，并迅疾展示其势如破竹的磅礴力量，被其所裹挟的人们的兴趣焦点亦随即发生意味深长的跟进转换，似乎在一朝之间由形而上的宏阔思想图景想象猛然转向形而下的周遭经济状况关注，由强调理性精神的启蒙现代性遽然过渡到张扬消费欲望的感性现代性。与之相应的是，原先不登大雅之堂、学人嗤之以鼻的大众媒介文化凭借其对人性底层的深刻洞察与无远弗届的市场伟力后来居上、大肆扩张，呈加速度式地挤压精英趣味、自律美学的高雅艺术。面对此时此地的此番此景，实践美学及其所能激发与调用的思想资源能否有效回应时代所提出的问题，而这种回应能否安然地将理论危机变为思想转机呢？在讨论这一问题之前，我们首先分析一下实践美学的学术困局与历史困窘。

如前所言，独具一格、别立新宗的实践美学之所以能够在新时期取得无与伦比的话语主导权，不在于其理论本身的精致程度，而在于其核心关键词"实践"与"实践是检验真理的唯一标准"① 的社会历史氛围相互呼应，从而借力使力地扩大理论的阐释张力与想象空间。那么，在大开大阖、纵贯古今的宏大论述之外，面对细致精微的审美经验与层出不穷的审美文本，实践美学具有多大的阐释效能呢？在常人眼中，"大时代"之后的"小时代"并不渴求美学理论来为审美活动定规立法，而是询唤其对我们日常审美活动进行诠释。但令人颇感遗憾的是，实践美学作为一种大而化之的宏大话语似乎无法胜任这项

---

① 本报特约评论员：《实践是检验真理的唯一标准》，《光明日报》，1978 年 5 月 11 日。

释义工作，其所能做的不过是继续援引西方马克思主义的"异化"理论，试图高屋建瓴地总体批判消费社会的"商品拜物教"，并痛心疾首地感慨普罗大众被标准化、商业化、扁平化的传媒文化所催眠，进而一厢情愿地将审美活动升格为对抗现实异化的超越路径。诚然，这种理论反思与审美批判宛如黄钟大吕，让一度深陷消费文化的人们对其负面质素保持应有的必要警惕，因而具有不容抹消的学理价值与难能可贵的深邃洞见，但问题在于，这种千篇一律、先入为主的陈词套话只是从原理层面的先验立场粗疏揭橥问题，而不能追随并真正深入日新月异的中国文化现实与世界文明肌理发现诊断并解决问题。进而言之，当交换逻辑影响下的"艺术商品化"的负面效应被大众所体认并熟知的时候，言辞激烈却又难脱世俗风情的审美救赎论就愈发显得孱弱苍白与匮乏不足。除此之外，悄然退入象牙塔内的实践美学家对大众审美文化言之凿凿的批判言辞，其背后延续的还是"以理节情"、改造欲望的传统美学主张，然而这种高高在上、俯视众生的精英趣味与理性姿态，在平民化、欲望化的娱乐消费时代又显得不接地气、不合时宜。换言之，耽溺于抽象思辨、醉心于审美乌托邦的经典美学由于难以解释蓬勃兴起、欣欣向荣的后现代消费文化而从"被动失语"转向"主动沉默"，无力回天、怅然若失的美学家亦随之不再自诩为社会思想解放的先锋斗士，转而专心致志地在学院高墙之内推动美学的规范化、专精化，而这种思想发展机制似乎被公众视为一种自娱自乐、无补于事的学术语言游戏。正是有感于实践美学与公共空间原本开放畅通的联系通道出现阻碍的新状况，有学者依据托马斯·库恩（Thomas Kuhn）的范式理论将李泽厚本人开创的实践美学命名为"旧实践美学"，并顺势将其所代表的经典美学范式描述为一种须被扬弃且将退出舞台的历史环节。

四、颠覆与重复：世纪之交的"新""后"之争

世纪之交，在 21 世纪来临时的"后新时期"，曾经显赫一时、如日中天的实践美学已经从一种自信开放、介入现实的公共话语转变成一套自我循环、自我繁衍的学术话语。与此同时，在学术话语系统的内部竞争当中，一度掌握美学原理教材叙述口径的实践美学日渐受到风头日盛、思想活跃的"后实践美学"① 的强力挑战，进而不得不进行体系内的局部调整并与这些"吃自己奶

① 杨春时：《对〈"后实践美学"质疑〉的质疑》，《哲学动态》，2001 年第 1 期。

长大"却有"弑父情节"的新一代学人共享学术空间与学术话语权。

"后实践美学"一词出自杨春时教授所著的《走向后实践美学》一书，依据他对这一自我命名的解释，在实践美学加上"后"字作为前缀并非单纯指两者在时间意义上的先后之别，同时暗含着他们超越实践美学、更新美学话语体系的壮志雄心。现在看来，作为一个松散驳杂、各自登峰的流派群体，"后实践美学"主要干将大都是从实践美学内部分化出来的，内部又可依据不同的逻辑起点再细分为各有特色、相互激荡的诸个派别，比如杨春时建基于生存论的超越美学、张弘阐扬海德格尔的存在美学、吴炫借镜法兰克福学派的否定美学、王一川返回语言本体的修辞论美学、潘知常标榜"我爱故我在"① 的生命美学，等等。现在看来，上述诸君引用的学术资源各不相同，操持的话语形态迥然有别，之所以能够半推半就、并行无碍地共同分享这一称谓，原因在于他们一方面都对自己曾经深信不疑、顶礼膜拜的思想养料"爱深责切"，慨叹失去创新能量、趋于保守停滞的"旧实践美学"已然完成其历史使命而成为亟待超越的"过时"对象；另一方面又对以实践美学最新发展形态登场亮相的"新实践美学"（以邓晓芒、易中天、张玉能等学者为中坚代表）虽以推动实践美学话语创新发展为学术旨趣，但只是在原有范畴的大框架下翻新话语、细部微调，因而不能有效阐释悬而未决但又必须回答的美学基本问题，似乎也无力回应林林总总、日新月异的当代审美文化现象，甚至某些新实践美学家本身还自觉抑或不自觉地臣服于以电视为代表的大众传媒以获取象征性的文化资本并将之转化为更为实在的其他资本。

有论者以今日视距观察二者的"相爱相杀"并得出一个看似悖谬的有趣结论，看似咄咄逼人的后实践美学实际上是在为其对手实践美学"续命"而非"催命"。换而言之，正是得益于上述力图摆脱前辈"影响焦虑"的后起之秀的反思批判，日中则移、盛极而衰的实践美学乃至成为明日黄花、无奈飘零的思辨型美学才能够在求新是尚、迭代迅疾的汉语学界保有存在感与关注度。这种说法显然并非毫无根据的调侃之词，君不见，新旧实践美学与后实践美学依托学术期刊作为对话平台（例如《学术月刊》《社会科学战线》《厦门大学学报》《吉首大学学报》等核心期刊）展开旷日持久、针锋相对的高水平争论，于不期然间提升各自论文乃至整个学科论文的转载量与引用率，并因此形成在圈内高潮迭起的新中国第三次美学大讨论，同时奠定今日中华美学复调多

---

① 潘知常：《我爱故我在——生命美学的视界》，南昌：江西人民出版社，2009 年，第 53 页。

声、相互砥砺之多元化格局基础。

新中国成立以来，数次美学论争的历史经验反复提醒我们，高层次、有质量的学术争论自然不能闭着眼睛各说各话、各行其是，而是需要一个论辩双方真心看重、诚心认可的对话平台或讨论焦点。不言而喻，实践概念作为实践美学一成不变、赖以维系的理论始基，无可避免地成为后实践美学所要超越的对象或批判的靶心。进而言之，谙熟形式逻辑与论辩技巧的后实践美学家深知一旦抽取这一基石，借由本质主义思想方式建构起来的实践美学大厦便会动摇乃至解体，所以他们采取"集中一点、中心开花"的论辩策略。无须赘言，所谓实践，乃是一个内涵丰富、外延广阔的模糊语词，以至于从古希腊到后现代两千多年来，众多思想家各依所需对之做出迥然有别乃至截然对立的多种解释。具体到中国实践美学的灵魂人物李泽厚先生，其行文立论代表着汉语学术共同体对于这一概念加以来料加工的经典主流观点，即将人类主体性实践活动理解为"人的本质力量对象化"①，并颇具思维跳跃性地将之作为美与艺术的本质与根源。然而，在濡染 20 世纪西方哲学思潮并具备多重学理根源的后实践美学家（以杨春时为代表）看来，无论新老实践美学家如何转圜与辩解，天然带有"理性、集体性、必然性、物质性、现实性"② 等理论品格的实践范畴，恐怕难以解释人类艺术活动（审美活动的典范形态）的非理性、个体偶然性、精神自由性与超现实性。无须讳言，新旧实践美学家对这种质疑的直接反应是不以为然、深感委屈的，随即以逐条回应的方式展开同样力度的反批评，有理有据地指出后实践美学家关于实践美学的理论画像，只是现有学术秩序的挑战者出于论辩考量的心造幻象、强加之词，与不断变化发展的实际情况存有一定偏差。值得一提的是，在捍卫实践美学的历史尊严与现实立场的同时，以张玉能先生为代表的新实践美学家还敏锐地注意到李泽厚晚年已然偏离"实践本体"而皈依"情感本体"，这位美学大家"已经不能作为实践美学流派的代表人物"③，因此不能以偏概全地将实践美学的理论主张与李泽厚个体的美学思想简单等同。

"芳林新叶催陈叶，流水前波让后波。"在德高望重的上一辈学人由于时间推移而日渐淡出"美学场域"的新世纪，今日美学的论辩主力与主轴演化

① 李泽厚：《美学三书》，合肥：安徽文艺出版社，1999 年，第 485 页。
② 杨春时、任天：《在超越自我中求真——杨春时教授访谈》，《学术月刊》，2004 年第 3 期。
③ 张玉能：《新实践美学论》，北京：人民出版社，2007 年，第 1 页。

为新实践美学与后实践美学关于是否在实践结构之外另起炉灶的体系之争。随着讨论走向纵深层次的并存共处、融合互动，两者都从对方身上反观自身长短，提出不少引人注目的真知灼见。特别是新实践美学一脉，不再将实践概念看成不言自明的前提，而是将之视为亟待反思、有待厘清的问题，进而在全新的历史起点上扩大这一哲学范畴的内涵与外延以挖掘潜能、顺应时势，并由此产生了一系列旨在"重树实践美学的话语威信"[1] 的新近理论成果，如张玉能本人的"新实践美学论"、朱立元先生的"实践存在论美学"[2] 等。正是有感于二者相互砥砺、携手推进多元并生之美学格局的历史生成，有论者以颇具隐喻的诗性语言写道："双方的关系似乎就有点像两辆平行飞驰的火车上的乘客，他们一方面为自己所乘的列车的疾驰如风而自豪陶醉，但另一方面却又忍不住相互眺望对方车上的风景。"[3]

五、结语或开始：新时代中国美学再出发

有道是，"没有建设的批评难以超越历史；没有批评的建设难以开辟未来"[4]。依靠批判实践美学起家的后实践美学并不止步于"只破不立"的后现代解构，而是在"破"的基础上建设并完善自身的理论体系，体现了具有历史使命感与知识生产力的中国学者不忘初心，自觉抵制"后理论时代"思想碎片化的不良倾向，重新阐释人类艺术活动、重构中华美学话语体系的努力。经过长期摸索，一向以现代性作为阐释框架的后实践美学，终于在新世纪初从现象学大师胡塞尔那里找到了反思实践美学、建立当代美学的关键概念"主体间性"[5]。不言而喻，杨春时作为当代大陆最有思想原创性的美学家之一，并不满足于将百千年来中西美学思想的更迭递嬗当作主体间性理论的材料注脚，而是在大时代的召唤下融入自己独特的生命体验与哲学思考对这一概念展开深层次的结构性探究，并对其施以合乎时代精神、具有逻辑深度的"创造性转换"与"转换性创造"。在深受现代欧洲哲学思潮影响的他看来，令人

---

① 张玉能：《重树实践美学的话语威信》，《民族艺术》，2001 年第 1 期。
② 朱立元：《走向实践存在论美学》，苏州：苏州大学出版社，2008 年，第 1 页。
③ 刘成纪：《生命美学的超越之路》，《学术月刊》，2000 年第 11 期。
④ 汪济生：《实践美学观解构：评李泽厚的〈美学四讲〉》，上海：上海人民出版社，2007 年，第 1 页。
⑤ 杨春时：《中国美学的现代转化：从主体性到主体间性》，《湖北大学学报》（哲学社会科学版），2010 年第 1 期。

眼花缭乱的主体间性论述大体可归结为三种类型：一是以胡塞尔为代表的认识论层面的主体间性，探讨的是"自我"如何切中"外在的超越之物"；二是以哈贝马斯等人为代表的社会学层面的主体间性，探讨的是人与人之间的关系；三是以海德格尔、伽达默尔等人为代表的本体论层面的主体间性，他本人则力图在此基础上建构新的美学话语体系。

在重构现代美学理论大厦的基点已然明晰之后，那么如何整合和整合何种资源，以及当代审美文化重新进行价值定位并规划自己乃至新时代中国美学的发展方向，便是后实践美学家们接下来所要研究的课题。杨春时先生在其厚积薄发的最新力作《作为第一哲学的美学》一书当中一连运用"五个超越"的排比句式，气盛理足、声情并茂地概括了自己的具体实施路径，即"超越实存哲学和后形而上学，建立存在论美学；超越先验现象学和经验现象学，建立审美现象学；超越本质主义和解构主义，确立审美的超越性；超越主体性哲学和他者性哲学，确立审美的主体间性；超越意识美学和身体美学，建立体验美学"①。显然，杨春时先生这套试图融贯古今、会通中外的审美现象学话语体系，体现了其对思想总体性与文化关联性之辩证立场的坚守与超越，其不仅是对新旧实践美学的疏离与超越，更是对自己原有美学思想的清理与超越，从某种程度上确实有助于推动美学研究的"中国学派"的形成与发展。

六、致谢语

本文研究承蒙福建省本科高校教育教学改革研究项目（"十三五"教育科学规划课题本科高校教改专项）"'本硕一体'新文科框架下的新时代闽南审美文化课程教材建设"（FBJG20180195）、福建省教育科学"十三五"规划2018年度课题"新时代闽派美育视阈下的闽南戏曲文化传承发展研究"（FJJKCG18—137）资助，研究依托科研创新平台为福建省高校特色新型智库"泉州师范学院海丝文化传承发展研究院"。

（作者单位：泉州师范学院文学与传播学院，厦门大学中国语言文学博士后科研流动站）

---

① 杨春时：《作为第一哲学的美学》，北京：人民出版社，2015年，第1页。

当代文论构建的方法、途径与尝试

王伟

一

回眸百年来中国文艺理论的发展历程，可以发现：晚清以降，包括文艺理论在内的西方哲学社会科学理论曾两次大规模涌入。一次是"五四"前后，一次是 20 世纪 80 年代以来。前者处于国家、民族饱受欺凌的危亡之际，一批先进的中国人希冀通过学习西方来打倒旧文化、催生新文化；后者则是在极"左"年代与世界文化交流的阻断之后，中国的大门重新打开，经历过文化荒废的知识分子群体如饥似渴地汲取外来文化的营养，奋力追赶世界大潮。总体而言，两次都是国人迫于现实需要的主动引进，都发挥了理论启蒙的历史作用，都深刻形塑了中国现当代文艺理论的样貌——从文论观念的转型、文论方法的借鉴，到文论议题的选择、文论热点的聚焦，再到文论教材的编写、文论著作的生产，如此等等。值得加以反思的是，长期形成的引进惯性所带来的即便不说可怕但也产生了十分严重的负面效应。不少学者感慨道，我们的文艺理论界往好里说是乐此不疲地讲着他人的故事、唱着他人的歌谣，朝差里讲就是少有乃至完全没有自己的原创性。

其中，最有代表性的当属曹顺庆教授与张江教授两人。具体而言，20 世纪 90 年代后期，曹顺庆教授提出"失语症"命题，认为中国现当代文论"长期处于文论表达、沟通和解读的'失语'状态"①。此言一石激起千层浪，虽然不无争议、不乏批评之声，但不得不承认确实戳到了中国文论界的痛处。前几年，张江教授大张旗鼓地指责当代西方文论对中国文论有着醒目的消极影响，这集中表现为"强制阐释"的根本缺陷。他还认为种种本是文学场外的

---

① 曹顺庆：《文论失语症与文化病态》，《文艺争鸣》，1996 年第 2 期。

理论资源，却被无节制地移入文学阐释话语之中，从而导致文论对文学的极度偏离①。张教授的观点引发了文艺理论界的强烈共鸣与热烈讨论，迄今仍方兴未艾。不论是"失语症"还是"强制阐释"的批评，无疑都高调表达了对中国文论现状的担忧与介入。当然，这种整体判断让我们不得不痛苦地承认：从根本上说，长期热火朝天地引进西方文论、文化的背后，潜藏着理论自卑、文化自卑、文化盲从的不良心态。只是在不同的学者那里，表现得程度有强有弱、有显有隐罢了。古人云，知耻而后勇。唯有勇于正视而非回避这一问题，我们才可能予以真正解决。

所幸的是，这一问题近年来已经受到国家层面的高度关注，并在治国理政、民族复兴的层面上高屋建瓴地给出了坚定文化自信的纲领性指导意见。国家之魂，文以化之，文以铸之。正因如此，党的最高领导人才屡屡强调文化自信的重要性。譬如，习近平总书记在与文艺工作者座谈时指出，"增强文化自觉和文化自信，是坚定道路自信、理论自信、制度自信的题中应有之义"②；在与哲学社会科学专家座谈时强调，加快构建中国特色哲学社会科学是自信的体现③；在中国文联十大、中国作协九大开幕式上的讲话，对广大文艺工作者提出了"坚定自信，用文艺振奋民族精神"的殷切希望④；在纪念马克思诞辰200周年大会上的讲话中强调，"理论自觉、文化自信，是一个民族进步的力量"⑤。除了这些与文艺理论有直接关联的重要讲话之外，"坚定文化自信，推动社会主义文化繁荣"更是被写进了党的十九大报告中⑥，成为中国今后一个历史阶段的基本国策。

毋庸置疑，文化自信的提出与中国综合国力的稳步提升息息相关。换言之，文艺理论的发展不可能躲进小楼、不问世事，而是必然与生龙活虎的社会实践发生千丝万缕的联系；文艺理论的构建更不可能无视国家的文化政策导向，以及其中蕴含的或近或远的政治关切。按照马克思主义文学批评家和文化

---

① 张江：《强制阐释论》，《文学评论》，2014年第6期。
② 中共中央宣传部编：《习近平总书记在文艺工作座谈会上的重要讲话学习读本》，北京：学习出版社，2015年，第28页。
③ 习近平：《在哲学社会科学工作座谈会上的讲话》，北京：人民出版社，2016年，第15页。
④ 习近平：《在中国文联十大、中国作协九大开幕式上的讲话》，北京：人民出版社，2016年，第5页。
⑤ 习近平：《在纪念马克思诞辰200周年大会上的讲话》，北京：人民出版社，2018年，第19页。
⑥ 中共中央宣传部理论局：《中国共产党第十九次全国代表大会文件汇编》，北京：人民出版社，2017年，第33页。

理论家特里·伊格尔顿（Terry Eagleton）的说法，"'纯'文学理论只是一种学术神话"。逐一详细考察过 20 世纪的诸多文论流派后，伊格尔顿不仅理据十足地得出了"政治批评"的结论，还明确宣告"文学理论不应因其政治性而受到谴责。应该谴责的是它对自己的政治性的掩盖或无知，是它们在将自己的学说作为据说是'技术的'、'自明的'、'科学的'或'普遍的'真理而提供出来之时的那种盲目性，而这些学说我们只要稍加反思就可以发现其实是联系于并且加强着特定时代中特定集团的特殊利益的"①。因此，哲学社会科学工作者一方面不应再对西方文化、文论的政治性熟视无睹，另一方面需要在构建中国文化、中国文论时以多种方式表达政治关怀。唯有如此，立时代之潮头、积极为党和人民述学立论才不会流于形式或沦为一句空话。

二

构建中国特色的哲学社会科学必须立足中国问题，文艺理论自不例外。什么是"中国问题"？什么是"立足"？看似平常的它们需要深入理解、付诸行动，否则，我们就仍会因先前介绍，模仿西方的惯性而在构建过程中自觉不自觉地重回旧路。所谓中国问题，又称中国经验、中国体验，是指发生在中国大地上的政治、经济、科技、社会、文化、哲学、历史、军事、外交等一揽子的过往与现在。所谓立足中国问题，是以中国问题为研究基点，及时而有力地回应实践的要求，既总结历史及现实经验尤其是能够凸显中国特色的经验，又评估那些不尽人意的地方并给出带有前瞻性的解释。由于历史悠久、幅员辽阔，中国问题的复杂性不言而喻。因此，当援引西方理论——譬如流行的后现代主义——来解释中国问题时，就会在客观上有意无意地将其简化，忽视其内部存在的较大差异（除了具有后现代的部分之外），它还同时拥有前现代、现代的内容，而且这种三者并存的局面还将长期延续下去。这就从反面说明中国特色哲学社会科学的构建决不能脱离中国实践，否则就难免成为无源之水、无本之木。

就文艺理论而言，立足中国问题首先要求研究的主要话题出于鲜活的中国文艺实践，而非仅仅尾追人后、拾人牙慧，随他人讨论热点的转移而变换

---

① ［英］特里·伊格尔顿：《二十世纪西方文学理论》，伍晓明译，北京：北京大学出版社，2007 年，第 197 页。

研究重心。具体来说，中国故事的美学表达堪称当前文艺理论界的核心命题之一。改革开放四十多年来，中国取得了举世瞩目的伟大成就，如何以审美的方式进行反映，如何书写新时代的中华民族史诗是需要深入探讨的重要课题。应该注意的是，现当代文艺发展史充分表明，文艺不同于政治、经济、新闻、宣传、历史等的地方在于，它不能满足复述它们的现成结论，而是必须转换为高远的立意、生动的形象、曲折的情节、精湛的修辞、精彩的画面等，必须营造出自己富有艺术吸引力与感染力的美学世界。这也意味着文艺有能力以自己独特的视角展现其他学科叙述之外的丰赡细节，在或补充或修订中呈现繁复的中国故事。在此过程中，容易看到，不少从西方线性历史观看来已然"落伍"的命题，却正在中国文艺的园地中焕发着勃勃的生机。譬如，文艺的人民性，文艺的爱国主义主题与英雄叙事，现实主义与典型形象，文艺与时代、政治、意识形态的关系，文艺与文化强国、文化安全的关系，文艺批评的功能与角色，如此等等。此时此刻，站在旅行理论的立场上窃笑旁观，只能被时代的洪流所无情淘汰；投入中国文论的现场，对上述议题进行再度考量与定位方是正道。

构建中国特色的文艺理论要始终保持建构主义的姿态，避开本质主义的暗礁。与中国传统看待事物的方式迥然相异，本质主义非常推崇并尽力探求事物可以跨越时空的不变本质，这种思维路径随着西方文化的传入而被学术界长期普遍接受，其各式各样的变体至今还有较大的影响。尽管它对于认识事物有着积极的意义，但这种理解事物的模式也易于陷入僵化、保守的境地。特别是一旦与政治宗派主义、威权主义结合起来，就会滋生无法估量的危害。回顾现当代中国文艺的发展历程，从一度过于政治化乃至文艺成为政治的附庸，到极力摆脱政治、遁入"纯文学"或"审美主义"的阁楼而不可脱身，虽然掉进的陷阱有别，但其实所犯的错误在性质上并无二致。20 世纪 90 年代后期伊始，文艺理论界的反本质主义之风渐成气候。需要注意的是，这股席卷人文社会诸多学科的思潮并非铁板一块，而是具有多重的理论来源、多向的理论走势。若是未能认真辨别，就会被其中的一支所迷惑、困扰，由反本质主义进入历史虚无主义的歧路、误区。譬如，打着重说的旗号否定经典、否定过去，推销其"去历史化""去价值化""去政治化""去中国化"的各色言论。历史从未完美，但不能因为曾经有这样那样的缺陷而全盘否定。诚如美国哲学家理查德·罗蒂（Richard Rorty）所言，一味地指责过去而看不到就在眼皮子底下的成就，不利于激发民族自豪感与筑就国家共同体①。因此，我们应一分为二地对待中国革命与建设年代的文化实践、文化探索。就文艺理论而言，有过偏颇甚至严重错误，但马克思主义中国化的成果同样不容抹杀。而这些都与当时的社会状况密切相连、不可分割，我们要回到其时的历史语境之中，从整体上来权衡成就与不足，而不是站在根本不存在的历史"阿基米德点"上来信口臧否。

建构主义是开放的，是包容的，是整合的，是博弈的，既面向不同学科的理论，又面向不同源地的理论。不言而喻的是，这种敞开的姿态又不是毫无立场、毫无底线地接纳差异与他者。依照伊格尔顿的观点，这是后现代文化主义的惯用伎俩。我们必须勇敢承认并大声宣布，有些差异与他者本身就是错误的，必须与其进行不懈斗争②。建构主义是立足当代、面向未来的，我们要与时俱进地充分研究新生文艺现象并拿出合理阐释。譬如，网络文艺、科幻文学等，探究科技如何深刻改变了文艺的样式，如何深刻形塑了文艺的面貌，而文艺又对此进行了怎样的美学回答。建构主义要致力于提炼有中国特色的命题，打造有标识性的新概念、新范畴，构建充满普遍性阐释力量的中国文论话语体系，并注意在与国际文论界的对话、交流中让其认识、接受。建构主义不是一劳永逸的，而是一个根据本土经验不断调整的动态过程。

三

如果说，构建中国特色文论话语体系需要摒弃或弱或强的自卑心理，坚定文化自信，在方法论维度上立足中国问题，秉持建构主义的姿态，那么，具体构建过程可以从如下几个方面着手开展工作。

首先，坚持和发展马克思主义文论。迄今为止，马克思主义是人类历史上最为先进的思想体系，它确立了科学的世界观与方法论，是我们立党立国的根本指导思想。随着马克思主义思想的传入，马克思主义文论的一系列命题对中国现当代文论的建构产生了较为深远的影响。譬如，经济基础决定上层建筑，艺术生产与物质生产不平衡发展的规律，典型环境中的典型人物，莎士比亚化，文艺的倾向性，历史真实，美学与史学相结合的批评观，如此等等。值得

---

① ［美］理查德·罗蒂：《筑就我们的国家》，黄宗英译，北京：生活·读书·新知三联书店，2006年，第1页。
② ［英］特里·伊格尔顿：《论文化》，张舒语译，北京：中信出版社，2018年，第33页。

注意的是，20世纪晚期以来的一段时间内，伴随着西方后现代主义思潮风行中国文艺理论界，马克思主义文论一段时间内明显被冷落，不论在研究还是在教学方面均是如此。因此，马克思主义文论的指导地位自然被弱化，相应的是，在与当代文艺现实结合中加以发展也做得远远不够。在部分关注马克思主义文论的学者当中，焦点往往不是经典马克思主义，而是西方马克思主义。应当承认，西方马克思主义对资本主义的批判不可谓不犀利，但又要看到这种批判很大程度上局限于文化层面，对其背后的政治、经济因素触及偏少，未能从根本上撼动其统治。针对这种文化转向，伊格尔顿曾一针见血地指出，为后现代主义所津津乐道的文化问题太过囿于文化，而忽视了政治、经济、战争、环境、贫穷等更为根本的问题①。中国文艺理论的发展历史证明，无论是面对形形色色的反马克思主义现象，还是当中国自身的马克思主义文论遭遇极"左"危机时，马克思主义经典作家的相关理论都起到了纠偏补弊的作用。因此，我们要不断重温经典，重新激发出上述理论命题在新时代的活力，这是坚定理论自信、坚持马克思主义文论指导地位的切实保障。只有"原教旨马克思主义者才会将马克思主义的作品视为不可改变的圣典箴言"②，所以，在坚持马克思主义文论的同时，我们还要注意发展创新。在这方面，从鲁迅、瞿秋白、周扬等一批左翼作家、理论家，到毛泽东、邓小平、习近平关于文艺的重要讲话，都为马克思主义中国化、时代化做出了理论贡献。

其次，坚持中国古代文论的创造性转化。经历过"五四"时期与20世纪80年代以来的两次大规模西方文论冲击波之后，在科学主义与线性历史进步论的幻象下，这种前现代的古代文论遗产大面积坍塌，其治学模式连同诸多概念都被弃若敝屣。虽然当时就有学者痛心疾首地斥责这是"数典忘祖"的行为，但终究声音微弱而难敌仰慕西学的时代风潮。事实上，古代文论极为丰富而庞杂，涵盖了诗词、戏曲、小说等多种文类。无论是关于文艺外部还是文艺内部，都有十分精到、精彩的见解。而且，这些见解都跟具体的文艺作品——已成为文艺经典的作品——紧密相连。换句话说，中国传统文论从来不是形而上的玄思，或向壁虚构，而是始终保持着介入文艺作品的热情与力量。反过来看，这也决定了它们具有极强的指导文艺创作的实力。相形之下，这一优点是

---

① ［英］特里·伊格尔顿：《文化的观念》，方杰译，南京：南京大学出版社，2003年，第151页。
② ［英］特里·伊格尔顿：《马克思主义为什么是对的》，李扬，等译，北京：新星出版社，2011年，第56页。

当代一些从哲学思潮中生发出来的西方文论派别所并不具备，甚至望尘莫及的。时过境迁，西方文论与中国文艺实践"两张皮"的现象日益严峻，对西方文论的工具主义态度渐渐得到反思。确实应予认真思索的是，能否简单地给古代文论贴上一个过时的标签？古代文论的哪些智慧现在依然有效，在当代文论与文艺批评中不遗余力地发挥着作用？沿着这条逻辑之旅，我们必须走出那种只在文学批评史的意义上来认识古代文论，而不思其现代价值的流行性窠臼，注重古代文论的创造性转化、创新性发展。需要注意的是，这不是要把古代文论的术语、命题一股脑儿照搬过来，而是要在系统梳理、分门别类的基础上去粗存精、取其精华、去其糟粕，在新的时代条件下传承和弘扬中华优秀传统文化，传承和弘扬中华美学精神。

再者，坚持西方文论的批判式借鉴。"他山之石，可以攻玉。"必须承认，不同国家的文艺既各有特色又有相通的一面，他者的眼光是不可或缺的重要参照，可以提供一些我们平时未见得注意到的视角或维度，能够帮助我们更好地认识自身的文化。但当亦步亦趋地沿袭那些源于西方文化、旨在回应西方问题的文论观念时，各式各样的隔膜、误读、偏见、扭曲等亦在所难免。因此，对于西方文论决不能盲目崇拜，也不能大而化之地笼统排斥，而应在充分把握的基础上有批判的汲取。譬如，总结西方文论发展历程时，伊格尔顿曾提出其中有一个从作者到文本再到读者的焦点变化。假如抛开特定的文化语境，这个花费了一百多年的转变就殊不可解。用这个三段论来套中国文论更是胶柱鼓瑟，因为三者在中国文论的叙述中常常融汇一体，我们并不存在作者—文本—读者相互分立的问题。历史的后见之明告诉我们，西方文论的三段论固然简洁明快，但这也意味着它每一个阶段其实都剑走偏锋，因过于突出某一个方面而打压其他方面，是片面的深刻。所以，我们不能用西方文论来随意裁剪中国的文艺作品，委曲求全地以后者来证明前者的正确。

四

自张江教授在《强制阐释论》一文中提出"强制阐释"概念以来，文艺理论界就此展开了持续讨论。如果说，强制阐释侧重于批判西方文论的根本缺陷、反思其对中国文论的不良影响，那么，围绕有效阐释问题——譬如批评的公正性、阐释的边界、意图是否在场、作者能否死亡、文本的自在性、前见是不是立场，如此等等——张江教授与学界同仁随后进行的一系列探讨，则有意识地为替代"强制阐释"、建立当代中国阐释学分步骤做了较为扎实的准备工作。在批判"强制阐释"、总结近期关于阐释问题诸多相关讨论的基础上,张江教授《公共阐释论纲》① 一文水到渠成地提出了"公共阐释"这一重要概念,并全面概括了其蕴含与特征。显然,公共阐释是在阐释学领域进行中国表达的一种有益探索。在总体上认可这一范畴的前提下,我们认为有两个问题还可以深入讨论。

一是公共阐释如何处理共时与历时的关系问题。论述公共阐释的基本蕴含时,张江教授指出:阐释的公共性体现为共享性,这种共享性可以为相同语境与不同语境下的阐释与接受者所共有。换句话说,公共阐释既是共时的又是历时的,且同时具备共时与历时的特征。不言而喻,这里所谈的共时与历时,都并非转瞬即逝的,而是一个相对稳定的结构与较长的时间段落。某种阐释若要晋升为公共阐释,具备共时性是首要条件,至于它能否穿越历时系统,则存在不确定性。如果要求公共阐释同时具备共时与历时特征,那么就会在不知不觉之间将公共阐释固定化、完美化。或者说,未及充分考虑到公共阐释本身的复杂性与可变性。也就是说,有的公共阐释的确可以不断跨越历时的疆域,而有的则在此之后或许又销声匿迹。有的公共阐释可能只是昙花一现,或只领风骚三五年,始终未能走出共时的结构。还有一些新晋的公共阐释,其历时性延续的能力需要假以时日来验证。因此,与其说公共阐释同时兼备共时与历时两种特性,毋宁说它是历时之轴在共时之轴上的投射,或者说是共时性对历时性的选择性吸收。唯有通过共时结构的拣选过程,那些曾经是历时的公共阐释,才能在新的结构中获得认可,延续其历时性。而随着结构的式微、局部断裂乃至整体转换,先前的公共阐释不见得会被全部接受,有些甚至可能被新的结构拒之门外。

二是公共阐释与意识形态的关系问题。公共阐释受到斯坦利·费什(Stanley Fish)阐释共同体思想的启发,每每诉诸共同体。譬如公共理性的共同体、多种话语的共同体、同一语言组成的共同体、理解共同体、民族共同体,如此等等。不过,如果就此止步的话,那么就难以避免费什阐释共同体思想中所暗藏的缺陷——忽视共同体的政治倾向、缺乏意识形态分析等。实际上,以上共同体都还仅是较为笼统的描述,如果加以细分,那么每一共同体的内部都可能分歧丛生。因为阐释从来不是一个风平浪静的港湾,而是充满斗争

---

① 张江:《公共阐释论纲》,《学术研究》,2017 年第 6 期。

之所。换言之，这些同时并存的阐释尽管不尽一致，但有时都称得上公共阐释。不言而喻，其中隐含着相异的政治倾向，潜藏着相左的意识形态编码。以大众文化研究为例，法兰克福学派的痛诋与伯明翰学派的赞扬为人熟知，它们就分别代表了精英主义与平民主义的立场分歧。众所周知，西方文艺思想曾多次大规模涌入中国，并带来了深远影响。事实上，很多时候，它们并未根据中国的情况研究中国问题，而是或有意无意地直接套用了西方的理论模式。这种情形甚至发生在不少颇为知名的学者身上，王国维《红楼梦评论》对叔本华哲学的套用，朱光潜古代中国没有悲剧的断言，闻一多中国小说是外来文艺形式的观点，等等，均是如此。无论是这些观念本身，还是这些学者使用的方法论，都带有强烈的意识形态色彩。现今，在批判西方文论、重构中国文论话语体系时，对那些流行于国内文艺界的域外公共阐释进行意识形态分析，当是不可或缺的重要一环。

结语

晚清以降，西方文艺理论曾两次大规模涌入中国，深刻影响了现当代文艺理论的样貌。在承认西方文论所发挥的理论启蒙作用前提下，也应看到引进惯性带来的负面效果——无论是"失语症"还是"强制阐释"的批评，都表达了对这一状况的担忧与介入。在民族复兴的新时代背景下，我们应摒弃先前理论自卑、文化自卑、文化盲从的不良心态，坚定文化自信，立足中国问题，坚持并发展马克思主义文论，坚持中国传统文论的创造性转化，坚持西方文论的批判式借鉴，以建构主义的姿态构建中国特色的文艺理论话语体系。最近几年，这项工作开展得有声有色，取得了一定的成绩，但仍需进一步完善、拓展。

（作者单位：福建社会科学院文学研究所）

新中国 70 年文艺本质论的发展与教材书写

朱盈蓓

在现代文学理论中，关于本质论的研究是一个重要问题，更是一个核心问题。近七十年来，在中国文论的现代转型与文论现代化进程中，文学本质论被广泛且多次探讨，经历了多次建构，对于中国当代文学理论体系的逻辑和理论发展的不同观点也体现在对文学本质的争议上。有关文学本质论的研究主要以下面几种方式呈现：一是在高校普遍使用的文学理论教科书中，对"文学是什么"的追问和回答，在结合文论史的阐述与时代对文论观点的影响分析中给文学下定义，以较为逻辑性、体系性结构的方式阐释文学本质论，并建构理论体系；二是文学理论和文学批评者们经验积累以个人对现代文学理论的见解对"文学是什么"进行专题探讨及争论；三是在有关于现代文学理论的论文与文学批评的著作中，对"文学是什么"进行非体系化的简要分析，甚至是与其相关联的文学名词进行对比和较为隐晦的解释。这就造成了关于文学本质论阐释的不同哲学和美学基础。尽管如此，对教材建设中的本质论研究始终应当基于教材与教学的需求特点，寻求规律性与合目的性的统一，体现知识性与功能性的统一。

从中华人民共和国成立至今，中国文学理论 70 年的教材经历了十七年俄苏模式、"文革"结束后的学科建设恢复期、20 世纪 90 年代新时期和 21 世纪后新时期文论新生态的四个重要阶段。在前期文学理论教材研究基础上，选取具有代表性的文学教材：以群主编的《文学的基本原理》①、十四院校合编的

---

① 以群主编：《文学的基本原理》，上海：上海文艺出版社，1980 年。（1961 年 5 月开始编写，1963 年 2 月出版上册，1964 年 8 月出版下册，1978 年被定为高等学校文科教材，1979 年 7 月修改后第 3 次印刷，1980 年修订为单册出版。）

《文学理论基础》①、童庆炳主编的《文学理论教程》②、陶东风主编的《文学理论基本问题》③、杨春时主编的《文学理论新编》④、王一川主编的《文学理论（修订版）》⑤，考察以教材书写所体现的中国文学理论现代化发展进程里的本质论观点，考察文学理论生态环境的实际需求与理论体系建构逻辑之间的关系，在本质论演变过程中寻找各阶段各观点存在的历史性意义与价值，探索文论现代化发展的线索，深入将教材作为文学理论权威话语体系的范式解读。

一、关于本质论的论述与争论

（一）文学的范畴与哲学美学基础

西方文化传统中"文学"概念的追溯，是 18 世纪莱辛的《关于当代文学的通讯》和斯达尔夫人《从文学与社会制度的关系论文学》的论述，并不久远⑥。在我国，作为现代概念的文学本质论言说自王国维开始。王国维在《文学小言》第 1 则中即指出："昔司马迁推本汉武时学术之盛，以为利禄之途使然。余谓一切学问皆能以利禄劝，独哲学与文学不然。何则？科学之事业，皆直接间接以厚生利用为旨，古未有与政治及社会上之兴味相刺谬者也。"⑦ 可见，王国维坚持纯文学的独立性与自主性，反对文学功利性，反对文学成为任何政治形式的工具，文学是超然的、非功利的，将求利的"铺锱的文学"、逐名的"文绣的文学"都赶出了文学的范畴，认为"绝非真正之文学也"。王国维带有相当多的西方美学观点，他的认知源自对康德、叔本华及尼采的阅读吸收。他受到席勒美学思想的影响，以其"游戏说"为基础，从而认为"文学

---

① 十四院校《文学理论基础》编写组：《文学理论基础》，上海：上海文艺出版社，1983 年。

② 童庆炳主编：《文学理论教程》，北京：高等教育出版社，1998 年。（该教材前后经历了四个版本：初版 1992 年普通高等教育 "九五" 国家级重点教材；第二版 1998 年；第三版 2004 年；第四版 2008 年。）

③ 陶东风主编：《文学理论基本问题》，北京：北京大学出版社，2004 年第 1 版，2005 年第 2 版，2007 年第 3 版。

④ 杨春时：《文学理论新编》，北京：北京大学出版社，2007 年。

⑤ 王一川：《文学理论》，成都：四川人民出版社，2003 年。

⑥ 乔纳森·卡勒：《文学性》，《问题与观点——20 世纪文学理论综述》，马克·昂热诺，等编，史忠义，等译，天津：百花文艺出版社，2000 年，第 21—34 页。

⑦ 王国维：《文学小言》，《中国近代文论选》（下卷），郭绍虞、罗根泽编，北京：人民文学出版社，1959 年，第 766 页。

者，游戏的事业也"①。强调文学的情与景，"故能写真景物真感情者谓之有境界"②，将文学良莠的判断标准指向情感、真实、个性及创造性，构建了一个纯文学的审美体系。到了"五四"时期前后，胡适 1917 年对钱玄同的回应："语言文字都是人类达意表情的工具，达意达的好，表情表的妙，便是文学"③，1925 年郭沫若在《文学的本质》一文中认为："文艺的本质是主观的，表现的，而不是没我的，摹仿的。"④ "五四"时期是 20 世纪前半个世纪在学科的初创期对于本质论观念的自觉发散时期，这种探索带有整体行为的自觉，是文艺观念现代转型的标志。

毛泽东《在延安文艺座谈会上的讲话》为新中国成立后当代文论体系的建构、本质论观点的修整提供了参照基础。其后，本质论与学科建设一起，经历了十七年的俄苏文论移植、改革开放时期的繁荣深化，到了 21 世纪的文论新生态时期，关于"文学是什么"，在不同的文化环境、历史阶段，不同的学术群体和个体中都有着不同的解释，但仍能发现在关于文学的范畴存在着延续性的观点细部的梳理。例如：创作层面，诗歌与散文两大体裁是重要且一直存在的，并且其内容总是来自作者对现实生活与主观情感上的反映。理论层面，关于文学是语言的符号、语言的艺术、语言的媒介等说法中，文学的语言是区别于其他艺术的重要特征；语言是审美导向型的体验活动，文学来自审美情感的反映，也促进文学创作的完成；文学是现实意象类的形态，文本内容中关于"感物"的说法便来自文学对自然景物与社会人事间的模仿；文学具有存在想象与虚构性特点，文学创作是在主观文学思维上对周遭事物进行想象与虚构而得出的。回顾"文学是什么"的问题时，基本取得的一致是淡化政治意识形态色彩，仍然承认文学的社会意识形态特殊性。赵臻通过对童庆炳⑤、汪正龙⑥、王一川⑦进行比对分析，发现三位学者都是从溯源和功用角度出发将文

---

① 王国维：《文学小言》，《中国近代文论选》（下卷），郭绍虞、罗根泽编，北京：人民文学出版社，1959 年，第 770 页。

② 王国维：《人间词话》，上海：上海古籍出版社，1998 年。

③ 胡适：《什么是文学》，《胡适文存》（卷一），上海：亚东图书馆，1923 年，第 297 页。

④ 郭沫若：《文学的本质》，《文艺论集》，北京：人民文学出版社，1979 年，第 225 页。

⑤ 童庆炳主编：《文学理论教程》，北京：高等教育出版社，1998 年。

⑥ 汪正龙：《人学与语言艺术：新时期两大文学理论范式的演进与汇通》，《思想战线》，2010 年第 1 期。

⑦ 王一川：《"文学是语言的艺术"吗？》，《文学自由谈》，1997 年第 2 期。

学的本质定义成"文学是一种语言艺术，是话语蕴藉中的审美意识形态"①。王一川认为"文学是语言的艺术"这一这一命题应该追溯到苏联时期，赵臻则将"文学是语言的艺术"这一命题更远地溯源到了康德对艺术划分的尝试，认为只有将该命题在本源性语言的视域下分析，才能够有效发现文学的本质，达到对世界本源问题的解释，从而实现人的精神的自我超越。

（二）文学主体性的讨论

从 1984 年开始，当代西方文艺评论各种流派观点集体涌入中国，促进了知识分子思维拓展、哲学、美学的反思，以及自我认知和超越的探索。到了 1985 年，整个文学艺术及理论界都介入了文学艺术批评方法的引进和重构中。因此，1985 年被称为"方法年"。改革开放后，对极"左"文艺思潮的逐步深入清理，对于文学艺术和政治意识形态关系的重新梳理和辨析，都为文学现象和美学问题的重新阐释提供了良好的思考环境。到了 1986 年，"方法年"向"观念年"转变：出现了文学本体论的探讨和文学主体论的争鸣。文学主体性问题是由刘再复提出和阐发的。1985 年刘再复《文学研究应以人为思维中心》和《论文学的主体性》先后在《文汇报》和《文学评论》发表后，文艺界就文章提出的"文学主体性"问题展开了讨论②，从而引起了巨大且持久的理论争鸣③，产生了深刻的社会影响。

"应当构筑一个以人为思维中心的文学理论与文学史的研究系统"④ 受到

---

① 赵臻：《本源性视域下的语言与文学》，《东南学术》，2018 年第 3 期。
② 《文汇报》1985 年 9 月 30 日用整版篇幅刊登了上海师大中文系八位教师有关《文学研究应以人为思维中心》的讨论摘要，后又于当年 11 月 18 日和 11 月 25 日发表了董子竹、何西来的讨论文章；1986 年 2 月 18 日和 3 月 1 日，中国社会科学院文学研究所文艺理论室就文学主体性问题组织座谈，并将会上 10 位同志的发言摘要在《文学评论》第 3 期发表。《红旗》杂志 1986 年第 8 期发表的陈涌《文艺学方法论问题》，以及《文论报》1986 年 5 月 11 日、6 月 21 日发表的汤学智、敏泽的文章也就主体性问题提出了不同看法。参见陈川整理《关于"文学主体性"的讨论》，《文艺理论与批评》，1986 年 3 月，第 136 页。
③ 有关文学主体性问题探讨的著作，有刘再复（1987，1988）的《性格组合论》和《文学的反思》、九歌（1989）的《主体论文艺学》、敏泽（1988）的《主体性·创新·艺术规律》、董学文（1992）的《两种文学主体观》、徐碧辉（1997）的《文艺主体创价论》等。此外，刘再复（1985，2002）、陈涌（1986）、杨春时（1986，2002）、夏中义（1995）等一大批学者都发表了有分量的研究成果。参见刘小平《文学主体性问题的缘起、内涵与论争》，《广东外语外贸大学学报》，2015 年第 6 期，第 50 页。
④ 刘再复：《文学研究应以人为思维中心》，《文汇报》，1985 年 7 月 8 日。

李泽厚康德哲学研究成果"主体性实践哲学"① 的启发，刘再复提出的文学主体性问题，是对"文学是人学"这一重要命题的肯定并应和了时代需求的新的阐释和建设。但在讨论的早期，立即出现了不赞同意见，这些意见认为刘再复的文章"不成体系"（袁红、张国民）、"混淆概念"（涂武生、敏泽、毛崇杰）、"对象主体"缺乏论据及论证过程无法成立（袁红、钱竞）、不应随意分开"精神主体"和"实践主体"（陈涌、王善忠、吴世常）等。当然，肯定意见是大部分，普遍认为文学主体性思想提出了重大问题，是理论新进的最早的声音，抓住了我国文论中的主要缺陷，提供了有利的参考，其理论虽不完善，但意义无法否定。

在这一场文学主体性争论中，关于文学主体性的内涵、价值、意义，文学主体的类型、构成，文学主体性与意识形态、反映论、方法论、人道主义的关系，性别在文学主体性中的位置等方向均有涉及，也是在相关讨论中，主体论文艺学被逐步构筑，重新回答了文学本质的基本问题，从而突破了文学反映论下的文学本质观。

再其后在 20 世纪 90 时代改革深入的新时期，西方后现代主义思潮在世纪末蜂拥而入，主体间性作为对主体性的补充和更替，有学者（如杨春时）开始建构超越主体论文艺学的文学体系。

（三）文学本质论与反本质论的争议

本质主义引导的西方文学观念在进入 20 世纪后，经受了后现代主义文化思潮的批评和冲击。后现代主义思潮自身带有强烈的目的性，是对现代文明的根基、传统进行整体的各个角度的批判性反思，是对现代文化的解构。20 世纪 90 年代西方后现代理论对我国文论产生了巨大影响。后现代主义文论主要是解构主义和新历史主义文论在中国文论中具有影响力，主张文学没有确定的本质，认为对文学本质的探讨是话语权力和意识形态的构造。因此，文学理论成为解构文学本质的理论，对文学本质被构成的历史描述和对文学理论本身的解构活动成为文学理论的主要内容。面对后现代文论与我国文艺实践之间的差异，陶东风指出："文艺学教学与研究存在的主要问题是：……文艺学研究与公共领域、社会现实以及大众实际文化活动、文艺实践、审美活动之间曾经拥有的积极而活动的联系正在丧失，大学文艺学已经不能积极有效地介入当下的

---

① 李泽厚：《关于主体性的哲学提纲》，《李泽厚哲学文存》，合肥：安徽文艺出版社，1999 年，第663 页。

社会文化与审美/艺术活动，不能解释改革开放尤其是 90 年代以来文学艺术的生产方式、传播方式以及大众的文化消费方式的巨大变化。"① 后现代主义文论在中国文论史的影响是两面的：一方面以本质主义消解了形而上学传统下的客体性文论观、主体性文论观，为中国文学理论的现代发展清理了窠臼；另一方面以解构排斥建构，以历史替代理论可能性，导致虚无主义。但本质主义与本质论是有严格差异的，钱中文批评了在教材书写中对于两者的混淆："在所谓反文学理论的本质主义的讨论中，就把关于文学本质的探讨与本质主义捆绑在一起，不分青红皂白地加以批判……"②

后现代哲学基础建构起来的文论教材就在理论与实践的诉求中应运而生。陶东风主编的《文学理论基本问题》③、南帆主编的《文学理论（新读本）》④、王一川著的《文学理论》⑤ 等教材，都突破了惯有的文艺理论教材编撰方式，突破了文学意识形态本质论、审美本质论，以反本质主义的立场，还原了文艺理论话语权力的建构。南帆主编的文学理论教材，"文学批评与文化研究"一章介绍和论述了文化研究的多种问题。王一川教材将文学理论教材简化为文学批评理论和方法教学，案例分析采用了个人特色极强的感性修辞诗学，都与其他教材有着区别。

二、七十年典型教材中的"文学"定义

（一）十七年俄苏文论模式阶段

在十七年文学理论教材中，全国文科统编教材以群主编的《文学的基本原理》和蔡仪主编的《文学概论》是这个时期中国文艺学学科体系建设的代表。在 1961 年全国文科教材会议精神和周扬的指导下，1963—1964 年以群主编的《文学的基本原理》中，将政治、哲学唯物反映论、文学现实主义与苏联体系的三论相结合，增加了文学起源论、文学接受论内容（第三编"文学鉴赏""文学评论"）；将中国历代文艺作品代表作作为例证，具有了中国本

---

① 陶东风：《大学文艺学的学科反思》，《文学评论》，2001 年第 5 期。
② 钱中文：《"面向时代的文学理论与批评"国际学术研讨会贺词》，《中国中外文艺理论研究》，北京：中国社会科学出版社，2015 年，第 1—3 页。
③ 陶东风主编：《文学理论基本问题》，北京：北京大学出版社，2004 年第 1 版，2005 年第 2 版，2007 年第 3 版。
④ 南帆主编：《文学理论（新读本）》，杭州：浙江文艺出版社，2002 年。
⑤ 王一川：《文学理论》，成都：四川人民出版社，2003 年。

土化特色。教材同时也体现了经过俄苏文学理论翻译介绍的高潮期、对于刻板使用苏联模式文学理论教材后所带来的文学理论反映论和意识形态论的表达，以及作为政治附属品的现代性退场。

《文学的基本原理》盘点了从文字出现的初期、两汉时期、魏晋南北朝时期，以及隋唐至晚清一千多年间各著作中对文学概念不同的解答。一方面肯定了文学的历史性，认为文学的性质是随着客观世界的实际变化而得成的；另一方面则是以对文学与现实之间关系的理解为标准来归纳，得出文学与现实无关，只是以作者个人的"才智""心境""灵感"的偶然发生，或是以唯心主义中某个流派对"绝对理念"与"宇宙精神"理解的表现①。通过对文学是意识形态与其他意识形态间的相似与不同点的说明，以及文学处于艺术中的一部分与其他艺术的相似与不同点的说明，进而分析文学性质的特点并解答"文学是什么"这一疑问。教材凸显了马克思主义认知——"文学的本质是一种社会意识形态，是一定的社会生活在人类头脑中反映的产物"②，经过举证比较发现现实社会中的经济基础、上层建筑和其他意识形态有着密切的联系；而文学区别于其他意识形态的特点则在于它必须借助具体的、感性的形象来反映社会生活。教材把塑造形象又具体认定为语言艺术，也可以说文学是利用语言为工具来塑造艺术形象的。这表达了作者的思想感情，透过文学来展现现实社会中错综复杂的关系，揭示人物的内心世界与刻画人物间不同的性格，以此帮助人们更好地认识世界与改造现状。

在对于文学规律的历史举证后，教材有且只有一种"本质"的理解才是科学的、规范的、符合文学的观点树立了。然而教材在对文学本质进行阐释时却存在矛盾点，一方面支持"马克思社会主义理论所认为的文学是意识形态"③ 与"关于文学本质的认识总存在着争论，这是因为其与现实社会的阶级斗争有着密切的联系，也是中外文学的发展史所附有的客观规律所导致"④。而另一方面，教材认为资产阶级的利益是现代文学理论与资产阶级文学理论的相互联系；但同时又认为无产阶级的文学理论是正确的，无产阶级的利益与立场总站在人民与社会的方向，无产阶级有着超越自身追求全人类真善美的观

---

① 以群主编：《文学的基本原理》，上海：上海文艺出版社，1980 年，第 8 页。
② 毛泽东：《在延安文艺座谈会上的讲话》，《毛泽东选集》（第三卷），北京：人民出版社，1991 年，第 862 页。
③ 同①，第 19 页。
④ 同①，第 19 页。

念，因而也是普遍的、客观的和科学的①。

（二）改革开放初期

在"文革"结束后，我国文学理论的学科建设迎来恢复期，从 20 世纪 70 年代末到 80 年代的文学理论教材中反映了文学审美的现代化转变。这一时期主要分两方面研究：一是分析西方文学的新兴思潮里西方文学理论著作中国化演变的作用；二是在高校文科材料中具体解析十四院校合编的《文学理论基础》②。

《文学理论基础》指出："在马克思主义产生之前，已有优秀的作家和文学理论家探讨与研究过很多文学实践中的现象和规律，并提出过一些精辟的见解，对于文学的发展起过正向的推动作用。"③ 但由于历史和阶级的束缚，过去的那些文学理论还是不能够全面且深刻地认识到文学的本质、特征、发展规律及其他的一些问题，这导致许多的文学现象还不能够被科学说明。该书重点强调了马克思主义文学理论的三方面内容：文学与社会生活之间的关系，文学本身的特征和内部的结构，文学作品与读者体验的关系，借以研究出文学不同于其他社会意识形态间的特殊性，掌握文学的特殊规律。该书列举了毛泽东多篇论文中对于分析中国半殖民地半封建社会的性质及其主要矛盾问题；对比鲁迅的《阿 Q 正传》，其中也描述了中国半殖民地半封建社会里农村的情况，写了辛亥革命失败的原因。毛泽东与鲁迅的文本都反映着一种社会生活，批评资产阶级的革命，但其在具体内容的思维方式与表述上却存在极为明显的不同。由此可以得出科学和社会之间是通过对现实生活中不同条件进行分类的，在研究后反映出其本质问题，而文学类作品对社会环境的反映则是以构建一个完整性的故事来表达其想法的。在文学层面，作家通过形象思维的描述，以具体且生动的形象构成一幅完整的生活图景来展现社会现实生活状态，即文学的根本特征是利用形象特征来反映社会生活。

（三）改革深入期

进入 20 世纪 90 年代新时期后，文学理论教科书更多是吸收了西方现当代的学术成果，其在思想观念与方法上均显得更加前卫、多元、开放。其中高等教育出版社出版的童庆炳主编的《文学理论教程》是普通高等教育"九五"

---

① 关于马克思主义意识形态理论的"内在矛盾"，参见曼海姆《意识形态与乌托邦》，北京：商务印书馆，2000 年。
② 十四院校《文学理论基础》编写组：《文学理论基础》，上海：上海文艺出版社，1983 年。
③ 同②，第 1 页。

国家级重点教材中发行量最高且使用学校最多的文学理论教材。童庆炳在书的框架安排上保留了上阶段的文论教材中对于文学理论对象与任务的编写，其主要从文学的本质论、构成论、创作论和接受论四个层面来解释文学性质与文学观念等方面知识。这也表明新时期的现代文学理论教材已达到一个新高度。童庆炳对于"文学"的定义考虑到了历史维度方面，他把"文学"理解为一种"活动"的基础，再分别从"文化""审美""惯例"的三个视角来界定"什么是文学"与其主要的性质，呈现的是较为开放的文学理论观。

童庆炳主编的《文学理论教程》将"文学中难以界定的问题与解决办法"用专门篇目进行解释，并列举多个例子说明文学的本质是"审美"的绝对主义观念和文学的本质是"惯例"的相对主义之间的区别，主张"在文学中以审美的角度和狭义的观念为中心去厘清文化的文学观念和广义文学，且折中广义文学和惯例的文学观念"①。童庆炳站在文学历史的角度对文学概念的发展情况进行列举，认为在现代社会中针对"文学是什么"这一疑问，被更多人所认可的依旧是文学的审美含义，也就是"文学被视为审美的语言作品"②。经过历史上人类的长期活动行为与学者对社会理论体系的架构，促使文学成为艺术门类的一部分，主要体现在审美时人类的语言艺术中，包括诗歌、散文、小说、剧本等。针对文学本质论的思考，童庆炳认为文学的语言常富有独特的表现力，能否通过作品呈现审美形象是区分文学和非文学的标准。

《文学理论教程》将"审美意识形态"作为文学的本质定义，使得文学的审美特性得到了彰显，改良了工具论文学本质观，将反映—意识形态更新为审美反映—审美意识形态，继承并调和了十七年以来的文论教材核心。它让文论在经历了社会实践意志的群体性自觉，以及集体理性至上的多年统一之后，又经历了改革初期经济发展对个体存在、感性需求活动的确认和冲击，对审美主体做出了呼应。它将主体审美意识纳入意识形态论、反映论，区分了客体论文学本质观和主题论文学本质观，极好地实现了过渡时期文论教材的承上启下作用，是"从计划经济到市场寂静，从民族国家到全球化语境，从文化战争到文化建设，从现实主义文学理论到文化论文学理论，从意识形态文学观到现代性文学观过渡阶段的文学理论"③。

---

① 童庆炳主编：《文学理论教程》，北京：高等教育出版社，1998 年，第 79 页。
② 同①，第 13 页。
③ 章辉：《过渡时期的文学理论——评童庆炳主编〈文学理论教程〉》，《中国图书评论》，2006 年第 8 期。

（四）21 世纪文论新生态时期

在 21 世纪文论新生态环境下的教材中，陶东风主编的《文学理论基本问题》①、南帆主编的《文学理论（新读本）》②、王一川著的《文学理论》③ 等教材，都突破了惯有的文艺理论教材编撰方式，突破了文学意识形态本质论、审美本质论，以反本质主义的立场，还原了文艺理论话语权力的建构。再加上杨春时主编的《文学理论新编》④，这些展示出浓郁审美现代性特点、侧重强调哲学美学主体间性的教材，都具有深刻的研究价值。

1. 以陶东风主编的教材为例

后现代主义文论主要是解构主义和新历史主义在中国文论中最具影响力。后现代主义文论主张文学没有确定的本质，认为对文学本质的探讨是话语权力和意识形态的构造，因此文学理论成为解构文学本质的理论，对文学本质被构成的历史描述和对文学理论本身的解构活动成为文学理论的主要内容。陶东风主编的教材以设问为线索，解构了传统教材书写的逻辑链，将文论史的重要问题置于前列，带着问题意识让受教者不为先验预设所困惑，形成了开放式的观念传递。陶东风教材反思文学理论学科中文学本质论的倾向，以后现代主义文论中的解构主义立场反本质主义，并不认为有一个恒定的文学本质存在，它认为文学的本质受限于历史性、地域性的知识和话语建构，强调了现代文学理论知识的历史性与地方性，从而消解了新中国成立以来的实体论本质主义文学本质观。

陶东风主编的《文学理论基本问题》的特色在于打破了传统文学理论教材中的"四大块"分布叙述体例，把历史上有关中外文学理论历史化与地方化的形式进行了认真整理，把中西方文学理论特征进行了多次对比考究。作者放眼当今社会关于现代文学理论研究去主动关注文学的基本问题，为"文学"的概念与"什么是文学"等问题做出了历史性的解释。这样的解释旨在介绍概念的非固定式特征，并且对这种历史性的解说结合国家的实际情况，使其能够在不同民族的观念下对于"文学"这个概念进行介绍。

《文学理论基本问题》梳理了中国从两千多年前到现当代的"文学"概念的历史变迁，直观发现文学的创作与文学观念一直都是开放的，对于文学的认

---

① 陶东风主编：《文学理论基本问题》，北京：北京大学出版社，2004 年第 1 版，2005 年第 2 版，2007 年第 3 版。

② 南帆主编：《文学理论（新读本）》，杭州：浙江文艺出版社，2002 年。

③ 王一川：《文学理论》，成都：四川人民出版社，2003 年。

④ 杨春时：《文学理论新编》，北京：北京大学出版社，2007 年。

识也是处于持续不断的发展和变化中，所谓"纯文学"的概念仅仅是停留于一种历史性的建构过程。从古至今的文学理论著作中对"文学"的直接解说数量少且均不绝对，多数提及文学本质论的都是以间接方式表现出来，甚至会以文学创作的形式出现。所以在过去常被当作关于"文学"的各种定义，相当部分其实只是对"诗歌""文章""美术"等形态的解释，并且关于"文学"活动的解说也只是停留在对政治、教育、民俗、宗教、文献整理等人类文化活动中，以及各种写作活动与艺术行为的表述中。它最多只是与我们今天所使用的"文学"概念相类似，并不是今天使用的"文学"总体概念，但也为后世中狭义"文学概念"的形成在思维方式与语言形态等方面积累了知识。

《文学理论基本问题》列举了19世纪前后欧洲现代主义文学理论的转型，强调了文学作品中哲学的意义，以及隐喻性的象征、暗示性象征等艺术手法的运用。作者在20世纪欧美文学理论中举证意大利美学家克罗齐的想法"直觉—表现"是文学的本质特征："我愿意马上用最简单的方式来表达，艺术是幻象或直觉的。"[1] 以什克洛夫斯基的"陌生化"理论站在狭义的角度论证文学作品就是指"用特殊的旨在使作品尽可能艺术化的手法所创造出来的东西，一部文学作品中的内容才是它文体技巧的总和"[2]。关于"什么是文学"，陶东风提及卡勒所言："文学是在特定的环境氛围中，有关人文文学作品的任何文本，也就是由其社会文化来决定的。"[3] 可以看出，相比于中国历代对文学本质论常疑问的"文学是什么"，西方文学界则更倾向于去思考"是什么让我们社会把一些东西用来定义文学?"将"什么是文学"这一复杂的问题赋予多元开放的态度来探究。但不管是中西方文学理论，还是文学本质论均处于整个文学界重要的讨论专题，它随着时代的迁移，已经成功进入各种社会文化概念中，与之进行比较、汇通。

2. 以杨春时所编的教材为例

杨春时先后编撰了两本文学理论教材，一本是2002年与俞兆平、黄鸣奋合著的《文学概论》[4]。这本教材将"文学是语言艺术"作为表层特征放到最首要的位置进行解说（第一编总体论，第一章文学的性质，第一节文学是语言艺术），将"审美超越"作为文学的深层内涵即本质进行论述。其后的2007

① ［意］克罗齐：《美学原理·美学纲要》，朱光潜，等译，北京：外国文学出版社，1983年，第209页。
② 方汉文：《道与存在文本意向性的比较诗学视域》，《苏州大学学报》（哲学社会科学版），2001年第4期。
③ ［美］乔纳森·卡勒：《当代学术入门：文学理论》，李平译，沈阳：辽宁教育出版社，1998年。
④ 杨春时、俞兆平、黄鸣奋：《文学概论》，北京：人民文学出版社，2002年。

年，杨春时独著了《文学理论新编》①，发展了 2002 年教材中的文学审美特性的内涵和体现，梳理了文学审美特性的哲学美学生成机制。教材列举了人类的三种生产方式：自然的生存方式、现实的生存方式、自由的生产方式。其中，文学作品与文学活动被认为是一种生存活动，而且是一种精神的生存活动。杨春时对比劳动、学习、思考等活动，得出文学不是局限在某一种特定的生活活动中，它是一个完整的、独立的生存方式。在文学活动中，主体将主动投入作品所构建的生活中去，身临其境般感知文学角色的命运与情绪。"文学活动不仅吸引了主体自我，并反映出社会生活的各个领域都已进入到我们体验中的情况。"② 文学是一种完整的生活体验。一方面，文学以现实生存为基础和前提。文学是现实中的人所创造出来的，人的性格与思维都会受到社会的束缚和现实生活的影响；另一方面，文学是一种体验活动，其特征在于以审美为导向，审美是文学的最高属性。文学不仅独立于现实，而且是通过实践的努力去改造现实状况，利用人的精神与创造力，特别是想象力，去冲破意识形态的限制与物质条件的制约，从而达到超越现实的想法。

在《文学理论新编》中，杨春时认为文学是使用语言的艺术。语言艺术包括诗歌、散文、小说等文学体裁。文学通过语言来构造文学现象，小说等叙事文学使用语言塑造出以人物角色为中心的文学形象；诗歌等抒情文学则采用语言去表达情感的体验，塑造情感中的不同意象③。对比话剧、影视等体裁，发现其容易被时间、空间等限制，而语言艺术是不受时空束缚的，人工符号与文学形象具有强大的自由性和表现力，塑造出意向性、间接性和模糊性的形象。该书针对"什么是文学"这一疑问，从文学的外在延伸看，可以说文学是语言艺术；从文学的内涵上来看，文学是以审美为导向的精神活动，不仅在对现实生存的基础上以自由、体验的活动方式达到超越的体验感，还体现于具有形象性、思想倾向性、情感性、虚拟性、个性化等审美特征。

三、教材"本质论"书写中的反思

"文学是什么"这一问题，一直受到学术界的关注与讨论。通过对各阶段

---

① 杨春时：《文学理论新编》，北京：北京大学出版社，2007 年。
② 同①，第 10 页。
③ 同①，第 18 页。

具有典型代表意义的六本文论教材进行归纳分析，对于本质论的不同表述展示着现代文学理论体系的建立，意味着对于文学和艺术的认识和阐释进入了更加自觉的阶段。

一是教材书写中的本质论的变化，体现了文论教材建设的建构与解构相辅相成，从未停止发展和变化。在改革开放初期，文论教材遵循的是上一个时期固化了的意识形态文学本质论，此后经历了新时期童庆炳主编的《文学理论教程》将审美意识形态作为文学本质的书写，再经历了后新时期反本质主义的影响，体现出对中心主义的"唯一"的突破，在对西方理论教材体系与原有中国文论教材体系的解构中，逐渐建立起具有中国特色的教材理论书写框架来。尤其是马克思主义研究和建设工程教材《文学理论》的出现，是中国特色文学理论教材书写对前序各类教材总结、思考的最新成就，体现了独特的中国特色社会主义文学理论内涵和体系。

二是不同教材对于相同概念的不同书写，是对概念的嬗变的及时反馈，体现了对于文艺现象发生的逻辑追溯的科学性。如 1985 年，先锋小说、寻根文学等文艺潮流的出现给予当代中国多元的文艺理论思考的契机，引发了对于根本问题的一再追问和争论，也引发了重写文学史、重寻文论研究方法、重述文艺哲学美学根基的浪潮。

三是进入后新时期以来的多类型教材的量产，体现出当代中国文论失语症的重度加深。在新中国成立后的文论教材建设中，经历过拿来主义式的教材与理论架构植入阶段，把俄苏文论当作具有普遍性原理使用，又曾把西方后现代理论原封不动地引入教材编撰中，客观上忽视了对于中国传统文论的继承和延续，也忽视了中国新时期以来的文艺实际和需求。尽管到了后新时期，在新的文论生态下，出现了陶东风教材、王一川教材、杨春时教材不同于其他教材的各自本质论架构，对于本质论的观点和见解独特，形成了具有中西文论融合的新的知识体系的教材书写，是改革开放以来文论教材建设在中西文论融合思考下的产物；但也出现了在文化研究转向中的迷路，混淆着文学阐释的对象，失去了文学理论的价值和立场，值得关注。

基金项目：教育部人文社会科学研究"文学理论教材建设与中国文论现代化研究"【17YJC751061】阶段性成果

（作者单位：厦门大学嘉庚学院）

"拆墙" 与 "筑桥"

——世界华文文学 70 年栉风沐雨发展历程之嬗变

肖成

　　历史的总体化趋势是由多元辩证决定的，因为"每一个社会构成或历史上现存的社会事实都包含了几种生产方式的同时交叠和共存，包括现在在结构上已被贬到新的生产方式之内的从属位置的旧的生产方式的痕迹和残存，以及与现存制度不相一致但又未生成自己的自治空间预示倾向"[1]。这种"交叠和共存"的景象就鲜明地反映在世界华文文学 70 年栉风沐雨的嬗变过程中。当今世界华文文学版图的构成，除了海峡两岸和香港与澳门地区之外，还包括东南亚、东北亚、北美、欧洲及大洋洲等主要区域，其形成伊始就呈现出一种"散中见聚"的状态。一方面，海外华文作家散居于全球数十个国家或地区，形成了"花果飘零，灵根自植"[2] 的文学追求的不同面向；另一方面，在所在国家或地区文化中，海外华文作家虽处于"弱势"境遇之中，但其"灵根自植"中华文化的努力，增强了海外文学的"在地"生产能力，提升了海外华文文学的质量。换言之，这"是一种'道统外移'的古老想象。他们遍及世界各地，是持续几个世纪以来移民和海外拓居这一历史过程的结果"[3]。

　　众所周知，"近代以来中国社会发展过程中的一个主题，文化思潮流变中的一个中心线索，也可以说是权力政治视野中的一个关注点，就是如何调适、确认中国与世界的关系。从闭关锁国的失败、以夷制夷到中国的和平崛起宣示及中国文化走出去，我们用了近两百年、至少是超过一个半世纪的时间。但如

---

① 胡亚敏：《后现代社会中的新马克思主义批评》，《华中师范大学学报》（人文社会科学版），2000 年第 6 期。

② 王德威：《华语语系文学：花果飘零　灵根自植》，《文艺报》，2015 年 7 月 24 日。

③ 同②。

何看自己、如何评价世界、如何调适自身与世界的关系，今天也还是一个值得讨论的问题"①。如果从 1910 年美国"天使岛"华工刻于墙壁上的汉语诗歌算起，世界华文文学发展至今已有 100 多年历史了。它自诞生之日起，就处于一个东西方文明冲突、融合与交流的全球性场域中。而 1949 年改天换日的鼎革之变，不仅向全世界庄严宣告了中华人民共和国的成立和中国人民从此站起来了，而且"'1949'也成了以往中国现代文学和当代文学的分界线。但当我们深入考察 1949 年前后文学转型包含的丰富内容时，我们会意识到，中国现当代文学恰恰是以其历史一体性和丰富差异性跨越了'1949'，呈现出中国现当代文学原本就贯通的历史血脉"②。从 1978 年改革开放，到中华民族伟大复兴的今天，我们祖国已经迎来了 70 华诞。伴随着祖国 70 年来的发展历程，海外华文文学的发展也从艰难起步阶段，一路踯躅地迈进了世界文学的殿堂。抚今追昔，回望来时路，很有必要对此嬗变过程中的经验和教训做个总结，这对于未来世界华文文学创作和研究具有继往开来的意义。

"所谓'世界华文文学'，当指全球用汉语创作的文学作品。但我们惯常的实际指向并没有把中国大陆的文学创作包括在内。……诚如我们常说'胸怀祖国，放眼世界'中的'世界'，或俗称'海外'。"③ 亦即"海外华文文学是中国本土文化外传以后，在世界各国延伸和发展而形成的一个各具特色、丰富多彩的文学世界。这个'世界'是华族文化向外移动、与各种'异'文化主体之间的多元'对话'，也不是同一民族过去视域与今日视域的'对话'，而一个民族向世界各方移动以后形成的种种不同视域的'会谈'"④。早期中国大陆学术界虽然将之当成本土文学的某种延伸、补充和发展，着重于通过海外华文文学来把握各地区、国家华文文学的特性，但由于本土文化向外移动之后所接触的国家、民族的文化可能完全不同，而作为创作主体的个人对各种"异质"文化所持态度也各自有别，兼之各个国家、民族的主流文化对外来文化所采取的政策也并不相同，所以其意义是多重复杂的。其所呈现出来的复杂"混血"的现象，即其独特魅力之所在——既指它地理疆域跨度之广远，又在

---

① 吴俊：《关于民族主义和世界华文文学的若干思考》，《文艺研究》，2015 年第 2 期。
② 黄万华：《跨越 1949：战后中国大陆、台湾、香港文学转型研究》（上），南昌：百花洲文艺出版社，2019 年，第 1 页。
③ 白舒荣：《融汇中外文化的世界华文文学》，《学术史视野中的华文文学——第十七届世界华文文学国家学术研讨会论文集》，福州：海峡出版发行集团/海峡文艺出版社，2014 年，第 30 页。
④ 饶芃子：《寻找海外华文文学的世界坐标》，《学术史视野中的华文文学——第十七届世界华文文学国家学术研讨会论文集》，福州：海峡出版发行集团/海峡文艺出版社，2014 年，第 25 页。

于它富有建设性地参与了中国"五四"以来新文化传统的塑造与发展。它并非简单回到中华文化传统，而是通过中华文化的海外传承与流播，为世界文学发展注入诸多新元素，以"在地"方式让中外文学的交流前所未有地扩大与深化，与时俱进地开启中国文化传统的现代性转换，从而丰富中华文化传统。换言之，"在中国大陆，华文文学并非由来已久的概念。或者说，它原本只是一个简单清晰的概念。但是到了今天，华文文学已经成为一个遍布且弥散于全世界的集人文、政治和一般意识形态内涵的核心概念，同时它的外延也并不确定。这使得华文文学成为一个看似单纯实则复杂或暧昧得难以定义的文学概念。华文文学的背后仍潜藏着不同面目的民族主义的动机"①。因此，对于社会历史和现实政治的重视，也就始终是 70 年来世界华文文学嬗变轨迹中最鲜明的特点之一。与此同时，由于海外华文文学所面对的是许多文化圈之间的相互交叉重叠，如果只了解自己，不了解"他者"，就很难真切解释这种复杂的"混血"文学现象，也无法认识其中丰富的文化内涵和文学特质，并可能由此进一步衍生出系列问题：在海外华文文学创作观念和中国文学思潮之间究竟是如何牵连互动而表现出异同的？海外华文文学的意义在哪儿？海外华文文学与中国本土作家创作的当代文学有什么本质的不同？学术界关注海外华文文学的存在及演变又有何现实意义或历史价值？事实上，极重要的一点就在于海外华文文学所提供的文化启示：中国人（华人、华侨、华裔）将怎样面对一个流变的、多元的世界？中国人的身份、态度将怎样在一个嬗变时空中变换？中国人需要怎样的语言和想象策略帮助自己立足其间，并且创造出一些怎样的话题、话语和介于真实与虚妄之间的故事？正是在这个意义上，海外华人华文学创作的丰富内蕴，直逼文学在人类社会之所以必须存在和能够存在的根本原理。反过来说，要认识和理解海外华人华文文学的复杂意味，就必须从重建其文化生态、还原其生命格局开始。

如果我们大略钩沉一下 70 年来海外华文文学嬗变轨迹的话，可以看出，1949—1978 年之前的海外华文文学应该属于一个滥觞和蹒跚起步阶段，为人所知的作家作品并不多。大抵上只有从事外交工作和文化工作的当代中国作家巴人、司马文森、黄谷柳、杨骚、胡愈之、陈残云及其作品为人们所熟悉；1970 年代初期，由于"中美三个联合公报"的签署，来自英国的华裔作家韩素音开启了访问北京之旅，台湾早期现代派作家陈若曦随夫自美国返回大陆，

---

① 吴俊：《关于民族主义和世界华文文学的若干思考》，《文艺研究》，2015 年第 2 期。

"留学生文学"代表作家之一於梨华于"文革"后期的 1975 年和 1977 年先后两次受邀自美国到大陆访问。而 1978 年以后，随着中国启动了改革开放巨轮，海外华文文学的发展也进入了突飞猛进的快车道。"初创期，华文文学是从研究旅美的一批台湾作家作品起始的。中国对外开放了，1979 年，第一批旅美的中国台湾作家和作品开始涌现在中国大陆读者和研究者的视野前，公认第一篇发表的作品是聂华苓的《爱国奖券》，发表于《上海文学》1979 年第 3 期上。1979 年 6 月，《当代》创刊号刊出了白先勇的《永远的尹雪艳》。1979 年底，海峡文艺出版社出版了於梨华的长篇小说《又见棕榈，又见棕榈》。接着，人民文学出版社出版了《台湾小说选》。中国社会科学出版社也出版了张葆莘选编的《台湾作家小说选集》。台湾文学、香港文学和澳门文学研究都渐成热门。"① 同一时期，《上海文学》1979 年 3 月和 4 月专号上还连续刊登了聂华苓的《姗姗，你在哪里》、於梨华的《涵芳的故事》、李黎的《谭教授的一天》；《花城》杂志刊登了曾敏之的《港澳及东南亚汉语文学一瞥》等作品与评论，海外华文文学的发展与研究开始打开了窗口。1980—1990 年代中叶，最先进入人们视域的是香港文学、北美的"留学生文学"，接着是台湾文学、澳门文学、东南亚各国的华文文学先后登场。到了 1980 年代中叶，由于大中华圈兴起了被称为"世界大串联"的留学和移民潮，"新移民文学"迅速成为海外华文文学发展中的一支生力军，其中曹桂林的《北京人在纽约》、周励的《曼哈顿的中国女人》等作品引领了海外华文文学的"新风骚"，海外华文文学的作家队伍也日渐壮大。由于大陆留学生和新移民与祖国文化血脉相连，借助中国经济腾飞之势，他们的作品的影响后来居上，远远超过了此前的海外华文文学。

我们应该充分地认识到海外华文文学对中国文化发展所具有的深刻反思和突破性的建设意义，它带给人们的震撼不仅是海外华人面对西方异质文化及自己的母体文化所做的精神挑战。事实上，一代代海外移民或侨民不单单是生命的移植，也是文化的移植，而移民或侨民作家的创作活动又使之演化成了文学移植。海外华文文学是中国当代文学向海外的出走，也是中国当代文学向世界文学的出击。它的出现，更为快捷有效地拉近了中国文学与世界各民族文学之间的直线距离。无论是用中文写作，还是用所在国语言进行创作，海外华文文学都是在把中国文学与文化和所在国的文学与文化进行移出或移入的工作，这

---

① 公仲：《华文文学研究：筚路蓝缕　砥砺前行》，《文艺报》，2019 年 9 月 27 日。

一工作极大地促进了海外华人祖籍国与移居国之间的文学与文化交流，为双方注入了崭新的滋养元素，大大促进了双方的进步和发展。他们的一个突出的精神特征就是在远隔本土文化的"离心"状态中重新思考华文文学存在的意义，并能够在自觉的双重"突围"中重新辨认自己的文化身份，同时在"超越乡愁"的高度上来寻找自己新的创作理想。70年来，尤其是改革开放这40余年来，海外华文文学的创作在继承"五四"新文学流脉的基础上，因1949年鼎革之变和随后形成的"冷战"世界格局，从而也形成殊途同归的嬗变轨迹，先是由"移植"的痛苦演绎出"回归"的渴望，再由"离散"的凌绝迈向"反思"的"超越"，其最突出的特点就是对中外文化传统的不断突破，这一方面表现为他们对自身母体文化的重新审视，另一方面则体现为从文化多元主义的语境中寻找新的文化认同，从而确立新的海外华文文学的特殊身份。这样一条清晰嬗变的精神轨迹在海外华文文学作品中可谓得到了相当生动而充实的体现。

马克思曾指出："人的本质不是单个人所固有的抽象物，在其现实性上，它是一切社会关系的总和。"[①] 由此说明，人总是处在时代潮流中的，其行为和选择也必须适应时代的召唤。自1840年鸦片战争中国国门被洋人的坚船利炮轰开以来，直到中华人民共和国成立，在这漫长的100多年间，启蒙与救亡、内乱与外患始终如影随形地伴随着中国人，尚未品尝到现代文明结出的甜美果实，就先被迫吞咽下现代文明的苦果。而许多中国人的心态也由鸦片战争以前"天朝上国"的妄自尊大，转变为"五四"时期的妄自菲薄，民族文化自信由虚妄膨胀到基本丧失，甚至发展到对本民族文化的自轻自贱。许多人抛弃"安土重迁""父母在，不远游"的传统观念，从过去的恋土、守土到现在的离土、弃土，远渡重洋去异域，内心甚至都潜在认为外国月亮比中国圆，甘愿忍受异族的歧视与欺侮，也并不打算重返中国，不愿"再吃回头草"，宁可在异邦做"二等公民"，也要强撑苦熬于异国他乡所谓的"先进"与"发达"之中，即使生活难以为继、客死番邦、魂飘域外也在所不惜。尤其是1980年代以后，中国大陆人民更是前赴后继地兴起了出国热潮，这种"不顾一切"的大规模移民现象，确实会令人产生中国人为何要出国或移民，出国或移民后又会有怎样的遭遇等疑问。除了寻求更美好生活的考虑因素外，这在某种程度

---

① ［德］马克思：《关于费尔巴哈的提纲》，中共中央翻译局《马克思恩格斯选集》（第1卷），北京：人民出版社，1995年，第56页。

上也是民族自信心不强，甚至丧失民族文化自信的外在表现。即使在改革开放40余年后，当下中国已经全面崛起，出现了"海归"现象，但回来者仅占出去人数中的小部分，仍有大多数人留在海外，移民海外的人数依旧远高于"海归"，相信个中原因相当复杂。如果从正面评价和积极立场来看待中国人的移民现象，海外华人的出国——这种把他们从祖国带到更大世界的行为选择中，就包含了一种其早先并未觉察的根本性文化矛盾。这种矛盾自20世纪现代化进程开始以来即已困扰中国知识分子。

若要做一个"像样子"的中国人，你必须走向西方；一旦走向西方，你也就不再是完整的中国人了。具体到新移民的出国，一方面它正是来自中国社会变革中产生的"走向世界"的召唤，这是一种他们在中国生活和成长时就已经醒觉了的对现代性追求的延伸；这种追求同时深深打上了中国知识分子对中国历史发展有所承诺的道德烙印，使得这种追求只有在中国发展的历史背景下才是具有先锋意义的。另一方面，倘若从社会心理学的角度来考察，华人新移民身上也许存在着一种自我放逐的倾向。实际上，他们之所以离开故土、故乡、故国，选择漂泊海外，抛开原有的一切从零开始，在异域挣扎求存，重新开创崭新天地，很大程度上是由于人性中潜存着逃离意识，也许可将其称之为"出走意识"或"自我放逐心理"。早期老一辈华人移民还有着浓厚的落叶归根意识，心中始终怀有挥之不去的乡愁，执着地坚守着中华民族传统价值观，以至于被所在国看作难以同化的民族，视为"侨居"所在国的"逗留者"。而1949年之后，无论是从中国大陆，抑或港澳台等地区出国的人中，绝大多数都已没有了落叶归根的想法，从一开始就抱着定居他国"落地生根"的信念而主动选择了移民海外。倘若探究其原因的话，除了中国社会在诸多方面不符合他们的生活期望之外，还因为重返中国似乎等于承认他们人生追求的失败，这种失败，既是作为一种社会理想的失败，又是作为一种个人奋斗的失败，对于这批已经付出了如许众多代价的新移民来说，似乎会被当成人生"终级失败"，更是他们那已经十分压抑、焦虑、空洞及脆弱的文化心理所难以承受之重。由此可以设想一下，如果没有海外华文文学的话，将会产生怎样的社会和人生影响呢？那么从未踏出国门的中国人对海外的了解就要少很多，那些刚到海外的新移民可资借鉴的感性经验亦严重欠缺，甚至中国与世界文化交流、融合的深度和广度也会大大缩小，中华文化和中华文学亦不能这么迅速、广泛地走向世界各角落，乃至这些新移民所在国的文学殿堂也可能会因缺少了华文作家的参与而失色，故而就海外华文文学历史价值而言，很有必要确立其应有的历史地位。

值得注意的是，1990 年代以来，随着全球化影响的扩大，海外华文文学的发展与研究也经历了多次与时俱进的跨国转向。本土之外与"离散"① 概念也成了研究海外华人族群的一种新视角，使得世界华文文学也产生了"散中见聚"的新趋势，不仅使其文学能量得以更充分释放，而且让人们窥见 1949 年之后世界华文文学流动路径之复杂和内容之丰富。因为它"是不同文化迁徙群体将自身原先拥有的文化资源'旅外'迁移至现时文化空间，以'在地'的方式与原先的'在地'文化相遇、对话、交融，并逐步产生自身的'在地'性"②。由此海外华文文学发展中也出现了一些新气象：

（一）海外华文文学双语写作呈增长趋势。海外作家中，用两种语言（母语和移居国主流语言）创作的双语作家越来越多，高行健、欧阳昱、闵安琪、杨铁静、程宝林、李彦、严歌苓等作家都能用双语写作。换言之，当下海外华文文学非中文写作似乎有渐成潮流之势，同以往的中文写作相较，海外华人作家非母语创作的作家人数与作品数量、质量都呈显著上升，譬如程抱一、张纯如、蒋吉丽、高行健等。他们创作的文学作品让欧、美、日、澳文学界看到了新颖的意境，他们的文学素养、审美眼光、语言驾驭能力为西方文坛注入了一股清新的力量，他们中间有的人已经站在了世界文学的金字塔尖上了。尤其是高行健，作为 2000 年诺贝尔文学奖获得者，已经举世瞩目。此外，程抱一③、张爱玲等也以华人作家的身份进入了所在国的国家文学史。

（二）新老海外华人作家差距逐渐缩小。像澳大利亚和加拿大这样施行高税收和高福利的国家，由于贫富差距较小，人们普遍拥有知足常乐的心态。新

---

① "离散"（diaspora）一词源于古希腊语，原指散播种子于世界各地，最初被用于描绘离开故土散居世界各地的犹太人族群、殖民贸易中的非洲黑人族群及其经历。在后殖民和文化研究理论影响下，"离散"这一概念逐渐泛化，被用于颠覆民族国家、种族文化和身份认同等单一问题的认知，强调跨文化或多元文化背景下身份和文化的多重性和流动性，已不再与某些特定族群相关。由于它与"中心"相对，隐含有从中心向各地发散，却又始终与中心相关联的含义，因此常常用来强调移民虽然迁居他处，但仍然与其故土或移出地维持着藕断丝连的联系。

② 黄万华：《跨越 1949：战后中国大陆、台湾、香港文学转型研究》（上），南昌：百花洲文艺出版社，2019 年，第 15 页。

③ 程抱一，即 Francois Cheng，法兰西学院院士，是 400 多年来获此殊荣的第一位亚裔。1929 年出生在山东，祖籍江西南昌。1948 年随父移民法国，1973 年入籍法国。在法国学界他是一位著名作家、翻译家与汉学家。他用法语进行小说、诗歌、随笔创作的同时，也进行翻译，被称为"中国和西方文化之间永不疲倦的摆渡人"。1999 年其法语小说《天一言》获得了法兰西学院颁布的2001 年法语文学国家大奖——"费米娜文学奖"。其法语学术著作更是在欧美学术界备受推崇。

移民的生活心态与创作心态也逐渐与老移民趋同，开始互助合作。尤其是在1997 年香港回归前后，移居加拿大的华人新移民由于人数的骤增，精神文化需求的市场也已形成，这些新移民开始创办中文刊物，结束了以前只有英法两种文学刊物的局面。譬如在不列颠哥伦比亚省出版的朱霭信主编的英文刊物《Rice Paper》（《宣纸》）和陈浩泉主编的中文刊物《加华作家》，其水准已在当地被公认。前者由加拿大政府拨款办刊，后者由当地华人富商赞助。而且"随着华人在加国的增多和地位提升，加拿大华人文学就假天时、地利、人和，从无到有，从边缘沉默到众语喧哗，日渐发展起来。加华文学在汉语、英语、中英双语创作上都取得了累累硕果，甚至出现了获奖的法语佳作，形成了跨语种繁荣的独特景象"①。

（三）海外华文文学也一直在尝试"落地生根"，积极争取进入所在国主流文学殿堂。特别是新移民作家的大量加盟，使"本土化"进程得到加速，"在地化"的倾向也愈来愈鲜明，也就是陈若曦所说的从中国文学中"突围"出去。无论是老一辈的林语堂、老舍、黎锦扬、凌叔华、韩素音、程抱一等人，还是新一代的高行健、哈金、裘小龙、戴思洁、黄晓敏、金丝燕等人，都开始尝试面向更广大的文学市场写作，面向的读者群已经不再以单纯的华人、华侨、华裔及留学生为主，他们努力向所在国主流文坛进军，要从"中国文学"和所在国的少数民族文学的封闭圈子"突围"出去，而且现在已经有越来越多的作家积极跟进，其影响亦初见成效。这种与一般传统意义上所谓的海外华文文学创作中不同的新现象，不仅显示出新老海外华人移民作家在理念上已经趋同，而且其"在地化"的突围尝试，也似乎是在以另一种形式与中国文学进行"断奶"。

（四）去国远行之后再次产生的回流热潮和暗流涌动的海外华文文学。近十几年来，除极个别曾公开表示至死不归的新移民作家之外。新移民作家中的绝大多数均未与大中华地区割断联系，游走于海峡两岸及香港、澳门地区的大中华文化圈已成为新移民作家的新常态。甚至有些新移民作家已重新返回祖国。譬如郑愁予自美国返回台湾地区，定居金门；北岛在海外漂泊 20 多年后，受聘于香港中文大学；以"伤痕文学"而声誉鹊起的卢新华自美归国创业；赵毅衡自英国返国执教于四川大学；旅居荷兰的诗人多多也拿起了海南大学的教鞭。而国内国外两头跑的刘索拉、虹影、严力等作家则处于半回流状态，譬

---

① 赵庆庆：《加拿大华人文学史论：多元和整合》，北京：中国国际广播出版社，2019 年，第 73 页。

如孙博的长篇小说《回流》就反映了这种"海归"现象。这种回流现象的出现，很大程度上与中国经济的腾飞有关。海外漂泊多年的水土不服，梦魂萦绕的深重"乡愁"，饱尝番邦生活颠沛流离之苦，受够了文化冲突之累，重回故国、故乡、故园，回返精神的永恒栖息地，令这些海外华文作家再次如鱼得水。换言之，这一暗流涌动的"海归"现象，无形中也表明了这群海外华文作家始终无法与中华文化"断奶"，他们仍需从中华文化的母乳中汲取精神养分，获得知识补给。

（五）互联网的迅速扩张与网络文学的异军突起，为海内外华文文学的融合、兴盛、发展提供了难得的契机和良好的平台。自1990年代开始，由美国新移民作家少君等倡导的网络文学也在近20年来随着互联网的迅猛扩张，以其便利快捷及覆盖面广的特点，深为大众所喜爱，各种网站、博客、微信公众号等新媒体上推送的海外华文文学作家与作品更是汗牛充栋。譬如由美华作家施雨主持的"文心社"华文网站，其影响日益扩大，在海外华文文学的嬗变中，已经形成了文学市场的良好品牌集聚效应。一方面，越来越多的新移民加入创作队伍中来，小说、散文、诗歌、影视剧本等层出不穷、日新月异；另一方面，大中华地区的影视界、文艺界、出版界、学术界的有识之士也更加密切关注海外华文文学的发展，越来越多的海外华文作家的作品被收购和改编，从早期的《北京人在纽约》《上海人在东京》《刮痧》《唐山大地震》《金陵十三钗》《牡丹亭（青春版）》到《芳华》等改编的影视和戏剧作品，都获得了热烈反响。这进一步说明海外新老移民作家在创作水准与审美眼光上与大中华地区作家的差距正在逐渐缩小，100多年来历史造就的民族悲情开始淡化，海外华文作家共同关心的历史、家国、民族命运，以及社会关注焦点亦逐渐接近，甚至在题材选择、艺术情调上也呈现出逐渐融合的倾向。

然而，如果现在就仓促地下结论——海外华文文学已经融入了世界各地的文学，并已产生广泛而深入的影响，似乎还没到时候。毕竟海外华文文坛，无论新老移民，几乎没有职业作家，基本上以业余写作为主流。他们职业各异，经济状况不同，贫富也有差异，创作初衷大多源于对文学的一往情深，而非追名逐利。除了东南亚、北美、澳洲已经形成较为成熟的以中文为媒介进行创作的海外华文文学创作与批评群体之外，其他国家和地区都还没有形成以中文为创作和批评媒介的客观氛围，比如日本、韩国、俄罗斯，以及欧洲、非洲、南美洲等国家或地区，这些国家的新老华人移民要么以所在国语言进行创作，在所在国媒体上公开发表，要么以中文为媒介进行创作，寄回大中华地区或北美地区的华文媒体发表，或在海峡两岸和香港地区寻找出版社出版作品，因为这些国家或地区本身并没有多少华文报纸或杂志开辟"副刊"，这在一定程度上也使他们的作品缺少发表或出版的园地，无形中也可能导致某些优秀的作品因缺少读者与研究者的关注而被湮没。因此，现在就说海外华文文学的发展繁荣昌盛，海外华文文学作品在世界各地硕果累累，似乎同样也为时过早。

当前，随着中国在世界上的影响日益扩大，在关于"一带一路"研究的热潮中，"中国经验"与"讲好中国故事"也已成为海内外学者的重要研究对象与思想资源，正不断被引入学术领域。海外华文文学作为全球化时代文学进程中新的汉语文学现象，也日益成为全球化时代的一个文化关注点。因此，海外华文文学的发展如何在新时代、新语境下更生动充分地展示其世界性和"中国经验"结合的特性，为中华文化全面走向世界提供某种有益启示，是新的历史阶段我们应当努力深化和拓展的任务。毕竟"世界华文文学是根源于'中国文化'的一种跨区域文化甚至是跨语种的文学，也是与中国大陆现实国情和整体推进血肉与共的一种新型文学"①。就其价值与意义而言，海外华文文学作为世界文学的一部分，在 70 年时间里已取得了显著成就，它对外贡献域外社会，对内启示中文文坛；为源远流长的中国文学注入了崭新的异族文化因子，其所产生的广泛的认知效应、启发效应、交流效应，乃至市场效应的不断发酵，也把中国文学更快速、更直接、更猛烈、更有效地推向世界；它为汉语文学走向世界，为世界文学与文化走向多元，做出了看得见的贡献。这一点是毫无疑问的。因此，海外华文文学不仅有望成为中国当代本土文学跃升的助推器，今后要更进一步加强海内外文学界的良性互动，促进文学创作与研究的健康发展，寻找与重铸民族灵魂，回答什么是现代意义上的中华文化精神，以及如何在海外文学发展中"讲好中国故事"与"传播中国声音"，这些都应是亟待进一步开掘的重要议题。

（作者单位：福建社会科学院文学研究所）

---

① 吴秀明：《"文化中国"视域下的世界华文文学史料》，《文艺研究》，2015 年第 7 期。

论早期新诗话语场域的主体构成

伍明春

早期新诗话语场域的实践主体不仅仅是早期新诗的写作者和拥护者，还包括那些站在不同立场的质疑者和反对者。早期新诗话语场域的实践主体的复杂性可以从两个层面进行考察：一是早期新诗拥护者和反对者之间的形同水火的对抗性关系；二是早期新诗的拥护者内部和反对者内部也分别存在着多种话语主体的交错、难辨。

一、"胡适系"诗人的话语占位

值得注意的是，在《尝试集》正式出版之前，胡适把诗集的自序拟题为《我为什么要做白话诗》，曾先后放在 1919 年 5 月出版的《新青年》杂志第 6 卷第 5 号、1919 年 9 月出版的《解放与改造》杂志第 1 卷第 1 第 2 号合册，以及 1919 年 9 月出版的《北京大学日刊》上发表。胡适在该文中曾这样描述了一个早期新诗写作群体："这两年来，北京有我的朋友沈尹默、刘半农、周豫才、周启明、傅斯年、俞平伯、康白情诸位，美国有陈衡哲女士，都努力做白话诗。白话诗的试验室里的试验家渐渐多起来了。但是大多数的文人仍旧不敢轻易'尝试'。他们也不来尝试尝试，如何能判断白话诗的问题呢？耶稣说得好：'收获是很多的，可惜做工的人太少了。'所以我大胆把这本《尝试集》印出来，要想把这本集子所代表的'实验的精神'贡献给全国的文人，请他们大家都来尝试尝试。"① 显然，胡适在这里把以《新青年》为话语据点、以北京大学为思想背景的写作者群体，指认为早期新诗写作的最核心力量。早期新诗写作的这支生力军，我们不妨将之命名为"北大系"诗人或"胡适系"

---

① 胡适：《我为什么要做白话诗》，《新青年》第 6 卷第 5 号，1919 年 5 月。

诗人。

在早期新诗话语场域中，由于北京大学在思想文化界所具备的独步天下的地位，以及得到《新青年》《新潮》等新派杂志所提供的话语平台支撑，"北大系"诗人或"胡适系"诗人从一开始就占据了早期新诗话语场域的重要位置，牢牢掌控了早期新诗的话语权。在此情势之下，"北大系"诗人或"胡适系"诗人圈子之外的写作者往往被排除在外，很难发出自己的声音。譬如，1919 年 1 月，时任上海一所小学国文教师的潘公展由于受到新文化运动的影响，投稿《新青年》杂志，热情洋溢地表达了一位新文学拥趸对于建设新文学的"三件事"的意见，分别为"创作模范文学""编中国新文学所应用的《文法教科书》"和"审定今韵"。作者在该信中还专门谈及新诗创作问题："我对于白话诗的观念，以为较从前做诗，活泼得多，有生气得多；所以我虽没研究过，却'跃跃欲试'，滥做了几首，并且以后立志总要这样做，定了我那练习白话诗的书名叫《独唱集》。因为我觉得做白话诗的宗旨，是要把我个人的自由意志情感，用最直接爽快的方法写出来，至于成诗不成诗，别人说是算得诗算不得诗，那就不问：并且因为我四围的人没有一个表同情的，所以取那'独唱无和'的意思，来把'独唱'二字做成我的书名。"①

钱玄同以《新青年》编者的身份颇为详尽地一一回答了潘公展提出的三个问题，并从方言如何入诗的角度对潘公展随信附上的三首白话诗习作做了较为详细的点评，但并未直接对这几首习作的写作水准做出价值判断，也未明确表态是否在《新青年》杂志刊用这些诗作。换言之，钱玄同基本上是站在一个师者的立场，以一种居高临下的视角向《新青年》的这位热心读者发言的。作为早期新诗的拥趸，潘公展向《新青年》投稿，显然极为渴望能在这本当时如日中天的杂志上发表自己的白话诗作品，可惜最后并未如愿。关于这个问题，最近有论者指出，当日《新青年》编者只发表潘公展的来信而未刊登他的白话诗作，是由于这些诗作艺术水准不高，因而未能入得编者的法眼："潘公展的'独唱符合初期白话诗的特点，语言明白清楚，内容写实，立意、意境平实，但缺乏诗美，缺少诗意、诗味，不够雅致，因此未被《新青年》刊登。"② 在笔者看来，这个拒绝用稿的理由是表层的，其更深层的原因，应是

---

① 潘公展、钱玄同：《关于新文学的三件事》，《新青年》第 6 卷第 6 号，1919 年 11 月 1 日。
② 田丹：《留信弃诗：〈新青年〉对潘公展来稿的处理论略》，《江苏大学学报》（社会科学版），2018 年第 4 期。

《新青年》杂志的同人性质决定了圈子之外的作者无法进入"胡适系"诗人或"北大系"诗人初步构建起来的话语序列。事实上，比之于同时期发表于《新青年》杂志的其他早期新诗作品，潘公展的这几首诗作可以说并不逊色，有的甚至更胜一筹，譬如《现在之我》一诗这样写道：

> 我问现在之我，
> "你究竟是什么？"
> 他说，
> "你所最易见的是我，你所最难遇的也是我；
> 你遇见了我，切莫糊糊涂涂的看过；
> 你总要仔细思量——
> 我的生命是在一刹那！
> 我是你过去之我的遗蜕，
> 我也是你未来之我的先河；
> 我要扑杀你过去之我，
> 因为我的仇敌就只是他！
> 我还要引导你未来之我，
> 因为我本来是他的哥哥。
> 我的心头面目瞬息几千变，
> 你也免不了和我一块儿将岁月消磨；
> 你若要问我和你的关系呢，
> 那么我倘是"袖手旁观"，便看你如何！

首先，从白话语言的运用来看，这首诗可以说是相当熟练了，作者能较为从容地把思想主题表达出来；其次，这首诗要表现的主题，是自我的三个变体"现在之我""过去之我"和"未来之我"三者的相互排斥又相互依存的复杂纠缠关系，有力呼应了"五四"时期的时代精神。

二、"学衡派"文人的清算

如果说《留美学生季报》上亮相的早期新诗反对者对新诗发起的是第一波否定的声浪，那么以梅光迪、胡先骕、吴宓为代表的"学衡派"发起的就是更为猛烈的第二波攻击。

胡先骕在《学衡》杂志分两期发表的《评尝试集》，长达两万多字。该文一开头就以一种颇为不屑的口吻，把胡适的《尝试集》视为一种"不啻已死之微末之生存"，"无论以古今中外何种之眼光观之，其形式精神，皆无可取"，继而用一种饱学之士居高临下、睥睨一切的语气，对胡适的《尝试集》做了如下一番嘲讽："胡君于作中国诗之造就，本未升堂，不知名家精粹之所在，但见斗方名士哺糟啜醨之可厌。不能运用声调格律以泽其思想，但感声调格律之拘束，复撷拾一般欧美所谓新诗人之唾余，剽窃白香山陆剑南辛稼轩刘改之之外貌，以白话新诗号召于众，自以为得未有之秘。甚而武断文言为死文字，白话为活文字，而自命为活文学家。实则对于中外诗人之精髓，从未有深刻之研究。徒为肤浅之改革谈而已。"① 不难看出，胡先骕在这里的批判性观点一方面以中国古典诗歌标准作为立论基础，另一方面也透露了论者对西方诗歌的了解，试图把二者结合在一起，获得更大的说服力。

正如学者姜涛所指出的，考察"学衡派"关于新诗的猛烈批判，我们既要还原到当日复杂的话语场域，又要通过一种历史化的开阔视野，才能得到一种更为全面的印象："《学衡》的反动，在新诗人看来，似乎是不堪一击的，胡适就说：'现在新诗讨论的时期，渐渐地过去了。现在还有人引了阿狄生、强生、格雷、辜勒律己的话来攻击新诗的运动，但这种"子曰诗云"的逻辑，便是反对论破产的铁证。'胡适们这种傲慢的说法，虽然显示了新诗的胜利的姿态，言下之意，即便拉来'阿狄生、强生、格雷、辜勒律己'助阵，新诗的'正统'也再难挑战。然而，从整体上看，'学衡派'的声音，并非简单地是新诗的历史反动，在某种意义上，这一声音恰恰是新诗发生的内在张力的显现，是发生于诗歌，乃至文学的整个现代建制过程中。因而，学衡派或许可以轻易被击败，但'子曰诗云'的逻辑——'诗'的普遍立场，并没有消失，而是更为深刻地介入到新诗的合法性辩难中，并在随后的批评话语中，成为重新拣选'正统'、重设场域规则的'武器'之一。"②

热衷新文学创作的曹聚仁在"五四"时期曾致信章太炎，向这位学界泰斗请教新诗写作的问题。章氏在给曹聚仁的回信中明显流露出对新诗的不满情绪，甚至认为新诗如果不押韵就根本不该用诗来命名，他还特别建议把新诗改

① 胡先骕：《评尝试集》，《学衡》第 1 期，1922 年 1 月。
② 姜涛：《"新诗集"与中国新诗的发生》，北京：北京大学出版社，2005 年，第 192 页。

称为"燕语"："诗之有韵，古今无所变。……仆所谓形式者，亦只以有韵无韵为界。若夫属句长短不齐，则乐府已然，所不论矣。来书言女子不着裙，不失为女子；诗无韵，亦不失为诗。所引非其例。女子自然之物，不以着裙得名，诗乃人造之物，正以有韵得名，不可相喻。……若夫无韵之作，仆非故欲摧折之，只以诗本旧名，当用旧式。若改作新式，自可别造新名。如日本有和歌、俳句二体。和歌者，彼土之诗也；俳句者，彼土之燕语也。缘情体物，亦自不殊，而有韵无韵则异，其称名亦别矣。中国自古无无韵之诗。……必谓依韵成章，束缚情性，不得自如，故厌而立之。则不知樵歌小曲，亦无不有韵者，此正触口而出，何尝自寻束缚耶？绝句不过二三韵，近体不过四五韵。古体语虽繁复，用韵转换，亦得自由。惟词之用韵稍多，而小令亦只数语，绝无束缚情性之事。若并此厌之，无妨如日本人之称俳句。若不欲用日本名词，无妨称为燕语，不当以新式强合旧名。"[1] 章炳麟在这里所说的"燕语"一词，貌似诗意文雅，其实指的是一种无足轻重的闲谈。把新诗作品视为某种不值一提的闲谈文字，由此不难看出章炳麟的保守主义的话语姿态。

三、"闯入者"的挑战与逆袭

在早期新诗的话语场域中，以郭沫若为代表的创造社诗人可以说是扮演着某种"闯入者"的角色。创造社重要成员成仿吾在《诗之防御战》一文中对"胡适系"诗人展开了全面的清算。他把胡适的《尝试集》、康白情的《草儿》、俞平伯的《冬夜》，以及俞平伯、周作人所收多人诗的合集《雪朝》中的诗，统统称之为破败的诗的王宫内外生长的"野草"，几乎是全盘否定。在成仿吾看来，"《尝试集》本来没有一首是诗"，不是一些"文字的游戏"，就是"浅薄的人道主义"，康白情、俞平伯、周作人诸人的诗自然也入不了他的法眼。成仿吾在该文最后发出了更为严厉的批判："至于前面的那些野草们，我们应当对于他们更为及时的防御战。他们大抵是一些浅薄无聊的文字；作者既没有丝毫的想象力，又不能利用音乐的效果，所以他们总不外是一些理论或观察的报告，怎么也免不了是一些鄙陋的嘈音。诗的本质是想象，诗的现形是音乐，除了想象和音乐，我不知道诗歌还留有什么。这样的文字也可以称诗，我不知道我们的诗坛终将堕落到什么样子。我们要起而守护诗的王宫，我愿与

---

① 章炳麟：《答曹聚仁论白话诗》，《华国》第 1 卷第 4 期，1923 年 12 月。

我们的青年诗人共起而为这诗之防御战！"①

到了 1930 年代，创造社核心人物之一的郭沫若在回顾创造社发展历史时，就曾较为清晰地描述了"五四"新文学运动初期的几个重要话语场域之间的复杂而微妙的关系：

> 创造社这个团体一般是称为异军特起的。因为这个团体的初期的主要分子如郭、郁、成、张对于《新青年》时代的文学革命运动都不曾直接参加，和那时代的一批启蒙者如陈、胡、刘、钱、周，都没有师生或朋友的关系。他们在当时都还在日本留学，团体的从事于文学运动的开始应该以一九二二年的五月一号《创造》季刊的出版为纪元（在其前两年个人的活动虽然是早已有的）。他们的运动在文学革命爆发期中又算到了第二个阶段。前一期的陈、胡、刘、钱、周主要在向旧文学的进攻，这一期的郭、郁、成、张却主要在新文学的建设，他们以"创造"为标语，便可以知道他们的运动的精神。……一般投机的文学家或者操觚家正在旁若无人兴高采烈的时候，突然由本阵营内起了一支异军，要严正本阵营的部曲，于是群议哗然。而创造社的几位分子便成了异端。他们第一步和胡适之对立，和文学研究会对立，和周作人等语丝派对立，在旁系上复和梁任公、张东荪、章行严也发生纠葛，他们弄到社会上成了一支孤军。②

郭沫若在这里十分明确地标示出新文学运动中两个话语场域的分界：一个是以《新青年》为话语据点，以陈独秀、胡适、钱玄同、周作人等为灵魂人物的"北大系"；另一个是以《创造》季刊为话语据点，以郭沫若、郁达夫、成仿吾、张资平等人为骨干的"创造社系"。在郭沫若看来，"创造社系"与"北大系"的区别在于，前者致力于新文学的建设性工作，而后者的成绩则主要体现为对于旧文学的打倒和破坏。其内在的逻辑理路，无疑带有某种进化论的色彩，即认为前者比后者进步，因而取得更大成绩。这种逻辑理路，正是"五四"新文学运动尤其是新诗运动最常见的论述模式。

法国理论家罗贝尔·埃斯卡皮在其《文学社会学》的论著中，曾对与文

---

① 成仿吾：《诗之防御战》，《创造周报》第 1 号，1923 年 5 月 13 日。
② 麦克昂（郭沫若）：《文学革命之回顾》，《文艺讲座》第 1 册，1930 年 4 月 10 日。

学生产主体密切相关的"世代"和"群体"两个概念做了辨析，认为后者在相关论述中显得更为有效："世代这个概念，乍一看十分吸引人，其实并不很清楚，也许还是用'群体'这个概念来得更灵活、更具有组织性。'群体'就是指一个包括所有年龄的（尽管有一个占优势的年龄）作家集团，这个集团在某些事件中'采取共同的立场'，占领着整个文学舞台，有意无意地在一段时期内压制新生力量的成长。"① 从某种意义上说，以郭沫若为代表的早期创造社的同人们，既是一个群体，也作为一个处于弱势地位的"世代"，他们要反抗的，首先是"胡适系"诗人"群体"对他们无形的压抑。

沈从文在 1930 年代初曾这样评价新文学运动中的创造社："创造社对于文字的缺乏理解是普遍的一种事。那原因，委之于训练的缺乏，不如委之于趣味的养成。初在日本以上海作根据地而猛烈发展着的创造社组合，是感情的组合，是站在被本阶级遗弃而奋起作着一种复仇雪耻的组合。成仿吾雄赳赳的最道地的湖南人恶骂，以及同样雄赳赳的郭沫若新诗，皆在一种英雄气度下成为一时代注目东西的。……到现在，我们说创造社所有的功绩，是帮我们提出一个喊叫本身苦闷的新派，是告我们喊叫方法的一位前辈……他们缺少理知，不用理知，才能从一点伟大的自信中，为我们中国文学史走了一条新路……"② 这个评价既指出了创造社的问题所在，也肯定了他们的成绩和作用，是十分公允的。

当代学者李怡曾指出前期创造社成员对于"五四"时期新文学格局带来的巨大冲击："'五四'新文学的基本格局上是这样构成的：鲁迅等留日先觉者的文学领悟与英美留学生的专业素养首先形成了有意义的合力，虽然他们彼此有别，不过在'五四'这一时期却殊途同归了。同归后的格局相对稳定而单一，胡适等学者式的稳重与鲁迅等失望之后的理性形成的是'五四'新文学的相对沉闷的创作一面，由这些中年之辈为主导所形成的创作队伍影响了文学的生动，这里缺少文学的激情和未谙世事的痴迷，甚至也缺少更多文学的才华。这一局面的改变有赖于'异军突起'的创造社青年的加入，从此以后，我们的新文学才有了更多的多姿多彩，有了对某一西方文学艺术的痴迷的引入，也有了差异中产生的互动。当然，因为有一路挣扎而来的创造社的汇入，中国新文学也逐渐被灌注了一种躁动不安情绪，一种急切的求新逐异的心理，

---

① ［法］罗贝尔·埃斯卡皮著，于沛编：《文学社会学》，杭州：浙江人民出版社，1987 年，第 23 页。
② 沈从文：《论郭沫若》，黄人影编《郭沫若论》，上海：光华书局，1931 年，第 10-11 页。

在后来，即使创造社连同它的新生力量——同样自日本回归的后期创造社作为一个团体都不复存在的时候，这样的心理和情绪依然会在我们新文学的发展中被清晰地发现，因为，它们似乎已经构成了新文学遗产的重要组成部分。"①在李怡看来，创造社带来的这种冲击有力地改变了新文学原本过于稳定甚至显得沉闷的格局，从而为新文学运动注入了新动力。这种冲击在早期新诗写作群体构成上显得尤为突出：郭沫若晚出的新诗集《女神》成功地实现了对于新诗老祖宗胡适《尝试集》的"逆袭"，逐渐削弱了"胡适系"诗人在早期新诗话语场域中的主导权。

四、孤军奋战的胡怀琛

在早期新诗话语场域中，胡怀琛堪称一个另类人物。他在极力批判胡适的《尝试集》之余，还专门撰文另创"新派诗"概念，并出版新诗集《大江集》，试图在诗歌批评和写作实践两个层面与胡适分庭抗礼。胡怀琛的《新派诗说》一文开头就表明了其对"新体诗"命名的不满："新派二字，是对于旧派而言，既不满意于普通所谓'旧体诗'，故别创新派也。然则何以不名'新体'？盖吾于普通所谓'新体诗'，亦有不满意之处，故名新派，以示与新体有分别耳。总之，新派诗，即合新旧二体之长而去其短也。"② 胡怀琛提出以"新派诗"代替"新体诗"，其论述逻辑语焉不详，更多的是体现出某种鲜明的姿态性。

与梅光迪、胡先骕等人的直接否定话语不同，胡怀琛在对待新诗问题上，一贯的做法是：既以早期新诗写作者的同道中人自居，但同时又不忘划出一条和胡适等新诗人区隔开来的清晰界线："不过普通的新诗，只要是白话，不能要美。我做新诗，要是白话，再要美。我并不是专在衣裳上讲究美，我要在美人自身上讲究美。"在胡怀琛看来，声调格律仍是新诗形式建设不可或缺的重要元素："做白话诗的人，也是如此。以为我的诗不好，完全是声调格律为累，一旦把声调格律废了，便立刻好了。但是他废了声调格律之后，仍是不好，却又怎样呢？现在做新诗的人，已到了脱却衣裳裤子，仍是不美的时代

---

① 李怡：《日本体验与中国现代文学的发生》，北京：北京大学出版社，2009 年，第 209-210 页。
② 胡怀琛：《新派诗说》，《妇女杂志》第 5 卷第 11 号，1919 年 12 月 20 日。

了。我不知道他有什么法子想。"①

　　胡怀琛在批评胡适的《尝试集》的时候，所宣示的是一个游离于"新诗"和"旧诗"之外的话语立场："我现在的主张，不是主张旧诗，也不是主张新诗，是主张另一种诗。"② 这里所谓"另一种诗"，就是胡怀琛命名的"新派诗"。到了《大江集》自序中，胡怀琛开始承认自己的诗是"新诗"，但仍在极力凸显自身的独特性："《大江集》是我从民国八年到民国九年所做的新诗。但是我的新诗，却和普通的新诗有些不同。"③ 这种意图鲜明的自我论述，后来在胡怀琛的另一篇文章得到了进一步地推进："又有人说我做的新诗是假新诗，这句话我也不承认。因为假字是含有冒充的意思，我的新诗我早已标明旗帜和胡适之先生的新诗不同，我并不是冒他的牌子卖假货，何以能说是假新诗？"④ 不难看出，胡怀琛在这里一方面辩称自己的诗是"新诗"，极力寻求论述话语的合法性；另一方面又刻意强调自己的新诗与胡适的新诗的区别。胡怀琛还先后编选了《尝试集批评与讨论》⑤《诗学讨论集》⑥ 等书，收入早期新诗论争的一些代表性文章、书信等，除胡怀琛自己的文章、书信外，还包括胡适致张东荪信、朱执信《诗的音节》、刘大白致李石岑信，以及王崇植、吴天放、胡涣、井湄、伯子等人为胡适辩护的书信或文章。内容构成的这种混杂性特征，从某种意义上说，既反映了胡怀琛作为编者关于早期新诗较为全面的了解，同时也表明了他对于自身难以融入早期新诗主流话语圈子的一种焦虑。

　　胡怀琛 1924 年出版的《小诗研究》一书，还从形式和内容两个方面来谈论新诗和旧诗的区别："新诗与旧诗的区别，要分作两层来说：第一层，是形式上的分别；第二层，是实质上的分别。形式上的分别，便是旧诗有音韵字句的束缚；新诗是将一切的规律都打破了，将一切的束缚都解放了，自由自在地说话。实质上的分别，便是旧诗只有中国原有的感情和思想……新诗是受了欧洲的感化，有了热烈的感情，而用质实的方法表现出来。对于两性间有极热烈的感情，能将隐秘的事，赤裸裸地描写出来而不讳；对于国家社会的感情，也非常热烈，动不动就是摩拳擦掌地和环境奋斗。在形式上的解放，是应该的；

①　胡怀琛：《白话诗与裸体美人》，《美育》第 6 期，1921 年 7 月。
②　胡怀琛：《给王崇植的信》，《尝试集批评与讨论》，上海：上海泰东图书局，1921 年，第 27 页。
③　胡怀琛：《大江集自序》，《大江集》，上海：国家图书馆，1921 年，第 1 页。
④　胡怀琛：《诗与诗人》，《大江集》，上海：国家图书馆，1921 年，"附录"第 13 页。
⑤　胡怀琛：《尝试集批评与讨论》，上海：上海泰东图书局，1921 年。
⑥　胡怀琛：《诗学讨论集》，上海：新文化书社，1934 年。

不过也要略有范围，不能说无论怎样冗长拖沓的句子都是诗。虽然没有音节的束缚，却也不可不有天然的音节。"① 显然，对于早期新诗思想内容方面的彻底革新，胡怀琛是较为认同的，让他难以释怀的更多的是包括音节问题在内的早期新诗的形式问题。

胡怀琛在谈及编选《尝试集批评与讨论》一书的目的时，直言不讳地表达了反对和批判胡适的话语立场："我的批评，是标明旗帜，反对胡适之一派的诗；和我讨论的人，又反对我；大家笔战了一场，到底谁胜谁败，现在还没有定，还要等最后的解决。"② 事实上，这部论争文集中所收录的讨论胡适诗集《尝试集》的文章、书信，之前都已经在《时事新报》《神州日报》等报刊发表或转载。从这些文章或书信的观点看，几乎都是站在胡适一边为胡适辩护的，因而也就是批判胡怀琛的。不过，胡怀琛在编选这些文章和书信时，在排版上做了一种颇见心机的技术性处理：首先把该书分为上下两个部分，上半部分是围绕胡怀琛的《尝试集批评》一文展开的讨论，下半部分则是以胡怀琛的《尝试集正谬》为中心展开的讨论。这样的编排，让话语对峙的格局显得特别突出。更值得注意的是，《尝试集批评》和《尝试集正谬》两篇文章所选用的印刷字号，明显大于其他文章和书信的字号，因而在视觉上造成一种鲜明的差异化的对比效果，也向读者暗示了这样的信息：胡怀琛的这两篇文章比其他文章或书信显得更为重要。显然，胡怀琛试图通过此举象征性地改变自己在话语对峙中所处的寡不敌众的不利局面。

胡怀琛为胡适改诗，已经成为中国现代文学史的一段颇具意味的公案。胡怀琛曾颇为自得地为他的这一行为找到了几条看似十分充分的理由："我改胡适之的《尝试集》，我的宗旨如下：（一）完全为讨论艺术起见，不是为我，不是为他，是为着诗的前途。（二）我不是反对他，是希望中国多有一首好的新诗，希望世界上多有一首好的中国诗。（三）我自信我改的比他的原文好，他或迷信他的人，不赞成我的改本，只管说出不赞成的理由来，大家讨论。（四）……他现在拿出来印刷传布，而且诱惑他人上当；我为着诗的前途，不得不改。以上是我改《尝试集》的宗旨。"③ 从话语姿态来看，胡怀琛自认为他的站位高于胡适，因此有实力为胡适改诗，进而自许能够为早期新诗寻求出

① 胡怀琛：《小诗研究》，上海：商务印书馆，1924 年，第 17-18 页。
② 胡怀琛：《序》，《尝试集批评与讨论》，上海：上海泰东图书局，1921 年，第 1 页。
③ 胡怀琛：《改诗问题的讨论》（二），《新的小说》第 2 卷第 5 期，1921 年 3 月。

路。不过，胡适对胡怀琛热情有加地"改诗"并不感冒，一开始并未直接回应胡怀琛，而只是在写给友人张东荪的信中指出，胡怀琛这位"不收学费的改诗先生"，"改的都错了"①，显然不以为意。

与胡怀琛反对"胡适之一派的诗"的批评立场如出一辙，式芬（周作人）在《新诗的评价》一文中也十分鲜明地划清了自身与以胡怀琛为首的"《大江集》一派"的界线。在周作人看来，胡怀琛的所谓"新诗"并非真正意义上的新诗，不过是旧诗的改头换面而已，自然不屑与之为伍："他们要是说懂诗，也只懂旧诗，——念着仄仄平平，领略一点耳头的愉乐罢了。"②

胡怀琛对自己的诗歌写作的评价，也反映了他关于早期新诗的基本态度。譬如，1920 年他在改版前夕的《小说月报》"文学新潮"栏目发表了《燕子》和《明月》两首新体诗，其中《燕子》一诗是这样写的：

> 一丝丝的雨儿，一阵的风。
> 一个两个燕子，飞到西，飞到东。
> 我怎不能变个燕子，自由自在的飞去？
> 燕子说：你自己束缚了自己，怎能望人家解放你？

不难看出，这首诗的抒情方式、情境设置显然都借鉴了胡适的《蝴蝶》一诗。胡怀琛在诗后写了一段跋文，说明这首诗的写作动机，并对这首诗做了如下一番自我评价："新体诗我本来怀疑，我早做过好几篇文章说明了。但我也要亲自做过，方知道他的内容是怎样。原不敢毫无研究，一味乱说，这一首便是我试做的成绩了。我做过之后，知道新体诗决不易做，不是脱不了词曲的旧套，便是变了白话文，都不能叫新体诗。像我上面一首，前半段还是新体诗，后半段便是白话文了。再有天然音节，也是很难。譬如前面一首，第一行里的一个'儿'字，似乎可以不要，岂知不要他便不谐。因为'字'上的'雨'字，和'儿'字下的'一'字，同是一声，读快了便分不清，读慢些又觉得吃力。所以用个'儿'分开，读了'雨'字之后，稍停的时候，顺便读个'儿'字，毫不费力，且觉得自然好听，这也是天然音节的一斑。不懂这个，新体诗便做

---

① 胡适：《致张东荪的新》，《尝试集批评与讨论》，上海：上海泰东图书局，1921 年，第 13 页。
② 式芬：《新诗的评价》，《晨报副刊》，1922 年 10 月 16 日第 4 版。

不好。"① 尽管这个自我评价显得过于琐碎，甚至有某种过度阐释之嫌，但其中谈及现代汉语中的虚词在新诗音节建构中的作用问题，这在当时是颇为难得的，因而值得注意。另一首《明月》如下：

> 明月！明月！你为甚的圆了又缺？
> 月光露出半面，含笑向我说：
> 圆时借着日光，缺时乃被地球隔。
> 我本来不明，又何曾灭。
> 他人扰扰，同我无涉。

作者在诗后也附上了一段自我评价："此诗音调急促，好像是词中的'霜天晓角''清商怨'。全不是旷达，乃是寂灭。第四行便是佛家不生不灭之理。所以无妨。至于为什么急促，有两个原因：一是押入声韵，一是句子极短。这首诗虽然是新体诗，但是他的意思，也可用五言古诗写出，如下：明月复明月，如何圆又缺。月光露半面，含笑向我说。圆借日之光，缺被他所隔。我本不能明，我又何曾灭。他人徒扰扰，于我终无涉。两诗相比，不知道哪首好。"这里对所谓诗的音调的评价，显然是站在古典诗歌美学的立场来谈论的。与《燕子》相比，这首诗对于白话的运用并不彻底，还残留不少旧体诗的语言和形式的痕迹。正因为这个特点，作者轻松地把这首新体诗改写成了一首五言古诗。

　　南社出身的胡怀琛在早期新诗话语场域中左冲右突，构成了一个孤独的探求者形象。这一形象的象征意义在于：在围绕着早期新诗展开的"新"与"旧"两种话语之间，除了二元对立模式之外，对话、交流的沟通模式同样具有一定的空间。

（作者单位：福建师范大学）

---

① 胡怀琛：《燕子》，《小说月报》第 11 卷第 5 期，1920 年 5 月。

中国现代文艺批评"人民话语"的生成与重构

黄键

晚清以来，在中国近现代思想论说中，"民众""国民""人民""大众"一类概念与话语无疑构成了极为重要的层面。可以说，这类"人民"话语的生成、建构与转型在很大程度上构成了中国现代思想文化演进的表征，同时也塑造了中国思想文化话语形态极为重要的方面。

一

可以说，晚清以"新民"为主导论说的"民众"话语，建构了中国近代启蒙思潮的基本形态。在这一话语系统中，"民"被描述成亟待新派精英士大夫教化与重塑的一个数量庞大而政治与文化素质低下的群体。在梁启超等人所规划的社会启蒙工程中，文学——主要是小说——占据了举足轻重的地位，身为作者的文学知识分子便必须承担起教导作为读者的中国社会全体成员的责任。这种作者与读者、启蒙者与被启蒙者的关系显然是不平等的，在很大程度上承继了中国传统的士大夫与下层小民之间的教化与被教化的关系，而由梁启超等人所发起的对包括小说在内的俗体文学地位的提升运动，在很大程度上正是要重新构造这一新的精英与草根、作者与读者之间的教化与被教化的文体平台。

晚清知识分子对于俗体文学的重视延续至"五四"，终于成为胡适与陈独秀文学革命思想的重要成分。但是与此同时，这一成分也发生了某种微妙的变化。当时，在知识分子中间渐形澎湃之势的平民意识的裹挟之下，周作人在1918年提出的"平民文学"的概念标示着"平民"已经成为一个凝聚现代中国人在政治与文化方面的主要诉求的范畴。

同样指涉的是经济、政治、文化的下层群体，与晚清知识分子笔下的

"民"仅仅是被教育与引导的对象、读者不同，"五四"的"平民"更是一个文学主体精神的象征符号，囊括了当时知识分子的社会文化理想与文学精神。周作人在《平民文学》中说："我们说贵族的平民的，并非说这种文学是专做给贵族或平民看，专讲贵族或平民的生活，或是贵族或平民自己做的。不过说文学的精神的区别，指他普遍与否，真挚与否的区别。"① 显然，"贵族"与"平民"在这里已经超离了具体实存的社会阶层群体，而成为一种精神符号。这两个概念所指涉的已经不是作为具体读者或者作者乃至书写对象的实际社会阶层，而是作者所秉持的文学精神。可以说，这样的设定所体现的正是当时知识分子的自我身份认同。周作人认为："平民文学应以普通的文体，写普遍的思想与事实。……普通的男女是大多数，我们也便是其中的一人，所以其事更为普遍。"② 这里着重强调的并不是"平民"作为社会底层群体的特征，而是其"普通"与"多数"，正是在这个意义上，作为文化精英的知识分子作者得以实现其作为"平民"的自我身份确认："既不坐在上面，自命为才子佳人，又不立在下风，颂扬英雄豪杰，只自认是人类中的一个单体，混在人类中间，人类的事，便也是我的事。"③ 正是通过这种"普通人"意识，知识分子的自我意识与人道主义的普世情怀融合为一，获得了某种正当性，于是，这种表达所谓"平民精神"的"平民文学"实质上的精英性也就可以堂而皇之地得到认可："平民文学不是专做给平民看的，乃是研究平民生活——人的生活——的文学。……凡是先知或引路的人的话，本非全数的人尽能懂得，所以平民的文学，现在也不必个个'田夫野老'都可领会。"④ 这种作者身份的自我认定甚至可以拒绝实存的"平民"作为现实读者的可能性。

周作人的这些论述透露出，所谓"平民文学"，究其实质，仍然是知识分子的精英文学，尽管文学知识分子高扬"平民"的大旗，但是此"平民"并非彼"平民"，作为承载知识分子心目中的应然的"平民意识"的前者与作为实然的"平民"的后者之间仍有着难以弥合的距离。如果说这种距离在 1918 年的周作人那里显得无关宏旨的话，那么到了 1920 年代之后，这两种"平民"之间的距离就使得知识分子们感到了深深的困扰。

"五四"知识分子多少都受到西方浪漫主义一系的现代文学观念的影响，

---

① 周作人：《平民文学》，《每周评论》第 5 号，1919 年 1 月 19 日。
② 同①。
③ 同①。
④ 同①。

在他们的心目中，作者自我的自然流露是文学之为文学的基本条件与法则。俞平伯与许多"五四"知识分子一样，将民间文学视为文学的典范形态，他极度推崇民间文学——"做诗原是自己发抒所要说的，不得不说的话，博心理上一种痛快安慰……我平素很喜欢读民歌儿歌这类作品，相信在这里边，虽然没有完备的艺术，却有诗人底真心存在"[①]。总而言之，因其真实自然，民间文学总是好的，于是可得结论："艺术本来是平民的"[②]"平民性是诗主要素质"[③]。很显然，俞平伯的观念颇具代表性，对于相当一部分"五四"知识分子来说，"平民"或"民众"构成了一个具有救赎意义的符号，承载与寄托了他们对于文学的主要的价值诉求，成为引领他们摆脱当下的知识分子文学危机的精神标杆。但是，与此同时，一旦面对现实中的"民众文学"，他们仍然不禁要发出慨叹："近代通俗读物里，能称为文学的绝少。看了刘半农底《中国下等小说》一文，知道所谓下等小说底思想之腐败，文字之幼稚，真不禁为中国民众文学前途失声叹息！"[④] 1922 年，茅盾在《小说月报》上回复读者来信时甚至直白地写道："要晓得民众的鉴赏力本来是低的，须得优美的文学作品把他们提高来。——犹之民众本来是粗野无识的，须得教育的力量把他们改好来。"[⑤] 于是，我们看到，在"五四"知识分子建构的关于"民众"的话语中潜藏着一种知识分子与民众的关系悖论，作为作者的"民众"成为知识分子的救赎者的同时，作为读者的"民众"却成了亟须他们救赎的对象。

这一关系悖论产生的根本原因，在于现代中国的思想现代性与社会现代性发展的不同步。对于中国知识界来说，于"民众"话语的建构实际上是建构中国国家与社会现代性的一种工具性手段，在"平民""民众"等符号中蕴含着"平等""民主"等现代社会主流意识形态观念。在西方社会，这些现代性观念是随着国家与社会现代性的成长同步或者渐进生成与成熟的，而在近现代中国，这些由知识分子迅速引入的现代观念显然远远超前于中国社会现代性的成长步伐，造成了中国社会的思想现代性在相当范围与程度上超前于社会现代性的状况，于是，对于知识分子来说，思想现代性就成为引领与建构社会现代

① 俞平伯：《诗的自由和普遍》，《新潮》第 3 卷第 1 号，1923 年 10 月 1 日。
② 俞平伯：《诗底还原底进化论》，《俞平伯全集》（第三卷），石家庄：花山文艺出版社，1997 年，第 542 页。
③ 同②，第 549 页。
④ 朱自清：《民众文学谈》，《朱自清全集》（第四卷），江苏教育出版社，1990 年，第 28 页。
⑤ 沈雁冰：《怎样提高民众的文学鉴赏力？》，《小说月报》第 13 卷第 8 号，1922 年 8 月 10 日。

性的愿景与手段。因此，中国现代知识分子一方面膜拜着体现思想现代性的"民众"与"平民"的观念符号，另一方面又企图去启蒙与拯救远远落后于这些观念符号的实存的中国"民众"。在讨论"民众文学"问题的过程中，许昂诺所说的一段话可以说正揭示出了其中消息："试想共和的国家以民众为本位，而民众思想的基础，乃建筑在海淫，海盗，佞鬼神，养成奴隶性的小说曲本上面。闭目一想，真使人不寒而栗！……挽救的方法，就是重新改造民众心理，亦就是将旧有的小说曲本等等的势力根本推翻，重付以新生命。"① ——够格的"民众"才是现代国家的本位，无奈现实的"民众"不够格，故而必须改造。

1920 年代末之后，在左翼作家的"大众"话语中，知识分子与"民众"的这一关系悖论继续困扰着他们。在左翼作家的描述中，大众读者的形象仍然充满了矛盾。一方面，作为革命的主体阶级，工农劳苦大众被视为真理与革命的根基与源头，这一观念在来自托尔斯泰的《艺术论》等民粹主义倾向的理论与列宁等苏俄理论家关于文学"人民性"问题的经典论述的支持下显得无可争议，但是另一方面，对于大众实然的思想状况与文化艺术趣味的不满与批判在左翼作家这里仍然延续，"五四"知识分子对于"大众"的启蒙意图在相当一部分革命知识分子那里甚而变得更加强烈与理直气壮。1928 年，在"革命文学"论争中，郭沫若直截了当地要求革命文艺青年"接近工农群众去获得无产阶级的精神"，要当无产阶级的"留声机器"，因为"那种声音是那大地最深处的雷鸣"，但是"无论你如何接近那种声音，你终归不是那种声音"②。1930 年，瞿秋白在《普洛大众文艺的现实问题》一文中一方面反对"提高大众的程度"说法，认为知识分子作家"不配"群众去"高攀"他，另一方面又认为劳动群众所熟悉与喜爱的文艺作品中充斥着封建的与资产阶级的意识形态。而曾经宣称要做工农群众的"留声机器"的郭沫若到了 1930 年又以不容置疑的口气宣称："你不是大众的文艺，你也不是为大众的文艺，你是教导大众的文艺！你是先生，你是导师，这个责任你要认清！"③ 而要完成这一任务似乎并不困难，就是写出通俗到大众看得懂的作品，郭沫若甚至宣称：

① 贾植芳，等：《文学研究会资料》，郑州：河南人民出版社，1985 年，第 220 页。
② 郭沫若：《留声机里的回音》，《"革命文学"论争资料选编》，北京：人民文学出版社，1981 年，第 216–218 页。
③ 郭沫若：《新兴大众文艺的认识》，《大众文艺》第 2 卷第 3 期，1930 年。

大众文艺"通俗到不成文艺都可以"①。似乎只需"通俗"就足"可以"应付"大众"，文艺不文艺已经不需要费心考虑了。

正是在有关"通俗"的问题上，左翼文艺大众化运动中的文学批评话语呈现出某种矛盾的状况。尽管相当一部分左翼作家都从阶级分析的角度将"五四"以来的新文学所使用的知识分子文体判定为资产阶级文化而对之持否定态度，但是对于这些由"五四"新文学哺育成长起来的一代文学知识分子来说，"五四"的新文学惯习已经成为他们的文化思维的一部分。纵然在理智上努力从左翼政治意识形态的立场对"五四"新文学进行批判，但是新（文学）高旧（文学）低的文学价值判断已成为他们的无意识。因此，当他们出于政治意识形态的功利目标而企图将大众读者设定为自己的读者的时候，他们不得不怀着一种俯就与权宜的心态去利用这些为大众读者所熟悉与喜爱的传统文学形式。就如沈端先（夏衍）所认为的，这些大众形式只是为了使群众能够接受革命意识形态"药料"而使用的"糖衣"而已②。

出于同样的心理，在 1940 年前后关于"民族形式"的论争中，包括茅盾、郭沫若在内的大多数左翼文艺知识分子都非常肯定地认为向林冰以民间形式为"民族形式"的"中心源泉"的观点是"不大正确"的。以"民族形式"的名义提升"旧形式"地位的思路受到了左翼文艺知识分子的普遍抗拒，甚至被冠以"新国粹主义"的恶名。对于相当一部分知识分子来说，"五四"传统是他们无法放弃的文学正当性之源，在这一传统中，知识分子享有崇高的文化主导地位，而作为读者的"民众"，则是他们启蒙或者教育的对象。如果如向林冰所说，以民间文艺形式为"民族形式"的主导，则意味着知识分子所习惯的文艺价值秩序都将被倒转，而要求知识分子在历史发展与文艺创造上从属于实存的"人民大众"，并对于"人民大众"的文艺创造力与欣赏力绝对信赖。对于当时身处大都市的革命知识分子来说，要接受这些无疑有些困难。

二

直到《在延安文艺座谈会上的讲话》（简称《讲话》）发表与延安整风运动之后，知识分子与民众之间的这种悖论式关系才得以改变。延安整风运动有效

---

① 郭沫若：《新兴大众文艺的认识》，《大众文艺》第 2 卷第 3 期，1930 年。
② 沈端先：《文学运动的几个重要问题》，《拓荒者》第 1 卷第 3 期，1930 年 3 月 10 日。

地对知识分子的文化价值观念实行了结构重组，使人民大众——工农兵群众的文化惯习占据了革命文艺的正统地位，长期以来困扰左翼文艺界的"文艺的大众化"与"高级文艺"的关系问题被毛泽东从阶级意识形态的角度干脆利索地解决了："我们的文艺，既然基本上是为工农兵，那末所谓普及，也就是向工农兵普及，所谓提高，也就是从工农兵提高。用什么东西向他们普及呢？用封建地主阶级所需要、所便于接受的东西吗？用资产阶级所需要、所便于接受的东西吗？用小资产阶级知识分子所需要、所便于接受的东西吗？都不行，只有用工农兵自己所需要、所便于接受的东西。"①

当"工农兵自己所需要、所便于接受的"成为具有政治正确性意义的标准的时候，占根据地人口最大多数的农民所喜闻乐见的民间文艺形式无疑获得了当然的合法性与优先性。将周扬这个时期的观点与1940年发表的《对旧形式利用在文学上的一个看法》一文相对照就很容易看出他的转向。在1940年，他还强调"必须以新形式为主"，而在这个时候，他却说："实在说，在新文艺工作者的脑筋里，洋教条不是太少而是太多，民间艺术不是太多而是太少。"②

相对于"民族形式"论争中大多数论者都对民众的艺术趣味抱持怀疑与保留态度不同，《讲话》后的延安文艺界显示出了对于民众的艺术才能的极度尊崇。周扬宣称："群众有卓越的创造才能。我们必须信任他们的才能。群众有自己的文艺传统，又受过新文艺的影响，自己多少有一些文艺的经验，我们必须尊重他们的经验。特别是群众固有的文艺形式，我们必须特别予以重视。"③

"人民"成了文艺的至高无上的主体，也成为文艺的当然的、几乎唯一合法的受众，成为判定文艺价值的最高标的。可以说，中国文艺的"人民话语"已经生成，在当时及此后相当长的时间中，它对中国文艺施加的影响，无论如何估计都不过分。

但是，这一"人民话语"并不单纯。可以说，它实际上是集纳党、民众与知识分子文化协作一个话语平台。

《讲话》之后，"与工农兵相结合"成为知识分子自我改造运动的一个指

---

① 毛泽东：《在延安文艺座谈会上的讲话》，沈阳：东北书店，1948年，第13页。
② 周扬：《表现"新的群众的时代"》，《周扬文集》（第一卷），北京：人民文学出版社，1984年，第451页。
③ 周扬：《谈文艺问题》，《周扬文集》（第一卷），北京：人民文学出版社，1984年，第505页。

令性口号，知识分子的思想、情感、文学趣味，被要求完全"工农化"。延安的"新秧歌运动"可以说就是知识分子走向工农兵群众的一次努力。而周扬等延安文艺理论家对于这一运动的描述与评价，可以说是"人民话语"在文艺批评领域的一次典型运作。

周扬大力褒扬的是新秧歌的"群众性"，认为新秧歌是"既为工农兵群众所欣赏而又为他们所参加创造的真正群众的艺术行动"①，新秧歌所表现的是"新的群众的时代"。周扬在论述中指出，新秧歌是一种经过改造的农民群众的艺术形式，而群众对于新秧歌的接受正反映了农民对于共产党的阶级斗争观点的认可与接受，反映了农民的政治观念与欣赏趣味的进步。周扬指出，农民将新秧歌称为"斗争秧歌"，正体现了农民对于新秧歌中的政治内容的接纳："新秧歌取消了丑角的脸谱，除去了调情的舞姿，全场化为一群工农兵，打伞改用为镰刀斧头，创造了五角星的舞形，这些不都是'斗争秧歌'的鲜明标志吗？这种改革虽是由知识者开始的，现在却已经变成群众的了。"② 在周扬看来，新秧歌已经成为一个艺术平台，通过这个平台，作为作者的文艺知识分子与作为受众的农民协同表达了对于革命政治意识形态的认同，最终这个最初由知识分子创造的意识形态的象征符号已经成为"新的群众"——人民的表现形式。

但是，在周扬的描述中，一个极为重要的角色——党的干部在新秧歌的产生与推广中所起的重要作用被有意地隐去了。据张庚回忆，新秧歌运动的发起恰恰与周扬有着直接关系，正是由于周扬提出的工作要求——"不但要让老百姓懂得所宣传的内容，而且还要让他们爱看"③，才使得鲁艺的艺术工作者们从民间文艺形式中去寻找资源。同样，对传统的旧秧歌的改造，也是起因于周扬的批评与授意："秧歌队胜利回来，周扬同志就召集开会总结……他指出我们的秧歌是新秧歌，要表现新时代的人物；旧秧歌有许多丑化劳动人民的地方，我们必须抛弃。"④

显然，作为主管文艺工作的高级干部，周扬的意见无疑在鲁艺文艺工作者

① 周扬：《表现新的群众的时代》，《周扬文集》（第一卷），北京：人民文学出版社，1984年，第439页。

② 同①，第441页。

③ 张庚：《回忆〈讲话〉前后"鲁艺"的戏剧活动》，艾克恩编《延安文艺回忆录》，北京：中国社会科学出版社，1992年，第173-174页。

④ 同③，第175页。

改造传统秧歌的工作中发挥了指导性与决定性的作用。在《白毛女》的创作中亦是如此，在这期间，中共中央书记处甚至特别向创作人员发来文件，对剧情安排提出具体的修改意见。可以说，正是通过周扬这些干部的尽心履职，中国共产党的政治意识形态与政策的要求才顺利地贯彻到了延安文艺知识分子的创作活动中，使得延安文艺成为对农民宣说党的政治意识与政策的一种通道。

但是，在这里，周扬等人所执行贯彻的党的政策意志往往通过"人民"的话语形式进行表述。事实上，在党中央的话语中，党性与人民性这两者几乎是重合的，毛泽东在《讲话》引言中说："我们是站在无产阶级的和人民大众的立场，对于共产党员来说，也就是要站在党的立场，站在党性和党的政策的立场。"① 显然，无产阶级的立场就是人民的立场，也就是党的立场，在左翼政治传统中，这三者是同一的。而事实上，中国共产党通过土地革命政策将农民的利益和党的政治纲领与革命理想相统一，从而获得了农民的拥护与支持，终于整合起巨大的资源，取得了革命战争的最终胜利。可以说，毛泽东对于党性与人民性的一致性的自信并非无因。通过整风运动，中国共产党成功地使文艺知识分子服膺于党所建构起来的人民话语，承认个人话语的非正当性，在"为工农兵服务"的旗帜下，按照党的政策意志来构建"人民的文艺"。

可以说，以阶级意识形态为基础，通过革命战争、土地革命和整风运动的政治实践，以党的革命纲领与策略整合并重塑现代知识分子的"民众"想象，延安文艺的"人民话语"终于锻造成形，并在建构中国国家现代性的过程中发挥了巨大的动员力量。

于是，在延安文艺理论话语中，"人民"成为一个崇高的意识形态符号，成为文艺舞台上照耀一切的太阳。这个太阳是政治正确性的根源，不会有任何的阴影，知识分子与"民众"的关系悖论自然不再存在。

人民永远是正确的。于是，在不少作品——如《白毛女》等的创作中，大量征集并按照党组织与群众（观众）的意见来修改作品成为当时的一种颇为通行的常规。而作品的优劣好坏则往往与是否采取了"群众观点"直接相关，赵树理正是这样一个范例。赵树理之所以在周扬那里得到"人民艺术家"的高度评价，很重要的就是赵树理写作上的"群众观点"。显然，赵树理是以农民为隐含读者的，而这种写作的方式，包含着对于"人民"的政治正确性的信任与肯定："他把每个人物或事件在群众中的反映及所引起的效果，当作

---

① 　毛泽东：《在延安文艺座谈会上的讲话》，沈阳：东北书店，1948 年，第 2 页。

他观察与描写这个人物或事件的主要角度。农村的事情，还有谁比农民了解得更深切，更透彻的吗？……群众的意见总是正确的。"①

新中国成立后，由于"冷战"的国际政治背景，也出于稳定与强化国家政权的需要，更重要的是，无产阶级意识形态作为由革命战争中浴火重生的新中国的政治合法性的基石，具有不可动摇的地位，以阶级意识形态为基础的人民话语在新中国文艺批评话语中的地位由此得到了进一步确认。因此，一切文艺创作都必须以工农兵的阶级意识形态标准进行衡量，在此标准之下，不仅表现被划归小资产阶级的知识分子的思想与情感的作品往往要受到批判质疑，对于劳动人民——工农兵人群——的负面表现更是绝对不容许的。这种以阶级意识形态为基础的"人民话语"最终使得中国当代文艺创作走向了内容与形式单一、思想观念狭隘的死胡同。从新中国成立以来的文学史来看，这样的教训显然并不少见。

1950 年，在赵树理主编的《说说唱唱》上发表的小说《金锁》激起了一场不大不小的争论。显然，《金锁》的主人公性格让许多人感到困惑甚而无法接受，小说中写到金锁是一个受过压迫的人，"似乎说明他是一个劳动人民"，但是他的市侩鄙俗的人生哲学与言行，又让一些读者认为"和劳动人民的性格有点不相合"②。邓友梅等人认为，小说对金锁的描写是对劳动人民的诬蔑，"希望作者对作品对人民负责，做一下必要的修改"③。

赵树理则持有不同意见。他认为这篇小说对农村的描写是真实的，并指出："有些写农村的人，主观上热爱劳动人民，有时候就把一切农民都理想化了，有时与事实不符，所以才选一篇比较现实的作品来作个参照。"④

赵树理的观点基于自己的农村生活经验，当然是有道理的，但他完全忽略了"人民"在这时已经成为一个崇高的政治符号，承载着党和革命知识分子对于政治正确性的诉求，关于金锁的争论，重点并不在于金锁这种人物在现实中是否真实存在，而是"人民"应该是什么样的——或者说，应该被表现为什么样的。一个中学教师读者的观点很能说明问题："小说中的主角，应该选择好的典型，使读者得到教育。……农村中个别乱七八糟的事情是有的，但无

① 周扬：《论赵树理的创作》，《周扬文集》（第 1 卷），北京：人民文学出版社，1984 年，第 486 页。
② 陶君起：《读了〈金锁〉以后》，《文艺报》第 2 卷第 5 期，1950 年，第 15 页。
③ 邓友梅：《评〈金锁〉》，《文艺报》第 2 卷第 5 期，1950 年，第 15 页。
④ 赵树理：《〈金锁〉发表前后》，《文艺报》第 2 卷第 5 期，1950 年，第 17 页。

原则地写出来，是会起副作用的。"① 在这样的压力下，赵树理也多少认识到了问题的所在，他写了《对〈金锁〉问题的再检讨》，在多家报刊上发表，承认自己错了，并说："指导我作这样辩护的思想是自己有个熟悉农村的包袱。"② ——"熟悉农村"已经成了包袱，足见操持着"人民"话语的读者所要求的并不是对于现实生活的真实刻画，而是符合某种崇高政治理念的宣示。

三

新中国成立后，中国文艺评论所标举的"人民性"话语很大程度上来源于从别、车、杜到俄苏马、列文论传统，但同时也是晚清与"五四"以来的"人民话语"建构的历史与理论的双重逻辑惯性造成的结果。尽管"人民"的概念具有其历史的流变性，但是这一概念的内涵往往指向人群中的大多数，并内含劳动伦理与公平正义等价值追求，而这一话语的建构，体现的正是文学人对于大多数人的生存境况的关注，以及对于社会进步与正义的追求。在现代中国，人民话语的建构更从思想与观念上支持了国家与社会的现代性建设。从这个角度看，人民话语的建构必定是一项开放性的未完成的工程，随着国家与社会现代性建设的进展，必须做出相应的调整与应对。中国现代人民话语中所包含的知识分子与民众的关系悖论与社会文化发展阶段的局限性所导致的物质与精神资源分配不均衡密切相关，这一悖论关系体现的也正是知识分子所操持的思想现代性与整体社会现代性之间的巨大差距，现代中国通过以阶级意识形态为基础来建构人民话语，将知识分子与下层民众一起整合在党的政治领导之下，以实现国家现代性的目标。而随着新中国的建设，尤其是改革开放，以及新世纪以来中国社会的发展，中国社会现代性建构的主题已经不再是阶级的对立与斗争，而是国家、社会与全体社会成员个人的发展，是不断增加全社会的物质财富与精神文化财富，以满足全体社会成员日益增长的物质需求与精神文化需求。在这样的社会背境之下，人民话语若是要继续为中国国家与社会的现代性提供助推，就必须进行结构性调整。

而随着新技术革命与新经济的模式的形成，即使是在物质财富的生产领域，智力劳动相对于体力劳动的重要性与比重也大幅上升，而且构成了未来先

---

① 《读者对于〈金锁〉的看法》，《文艺报》第 2 卷第 8 期，1950 年，第 17 页。
② 赵树理：《对〈金锁〉问题的再检讨》，《文艺报》第 2 卷第 8 期，1950 年，第 15 页。

进生产力与社会进步的引领性力量，在这种情况下，人民的外延与构成必定发生变化。我们很难想象，从事脑力劳动和知识产品创造的都市白领与技术人员这些在现代经济社会结构中占据重要位置，甚至引领先进生产力方向的人群不被归入人民的范畴。而随着受教育人群的比例大幅提高，知识精英和大众读者之间的距离已经大大缩小，甚至，由于网络与自媒体的发展，作者群体与读者群体之间的壁垒与鸿沟已经趋于消解，参与文学写作活动的人群比例也比过去有了极大的提高。而且，经过长期的现代思想的启蒙与教育，现代思想理念已经越来越成为社会各阶层大多数人共同认可的思想理念，至少，对于大多数社会成员来说，都是可以获取与理解的思想资源。在这种情况下，以前难以解蔽的知识分子与民众之间的关系悖论也将随着社会的发展而趋于消除。因此，新时代的人民话语必须超越原来的阶级意识形态的视角，而更应该强调公平正义，以及一切关于社会进步的价值取向，不仅关注底层人群的利益诉求，更应包容与反映最广大、最多元的社会成员的利益、趣味与需求，直至关怀整个人类命运共同体的生存境况。

所有这些，都是为了持续推进整个社会的现代性发展，是为了使社会现代性的阳光能够照进社会的每一个角落，使最广大的社会成员都能够在公正的前提下享受社会进步的发展红利，实现自我发展的理想与目标。而这正是"人民"概念的题中应有之意。

为了实现这一目的，新时代的人民话语所指涉的"人民"就不应再是一个光芒万丈、令人无法直视的意识形态的崇高客体，应该充分地认识到，"人民不是抽象的符号，而是一个一个具体的人，有血有肉，有情感，有爱恨，有梦想，也有内心的冲突和挣扎"①。也就是说，"人民"并不是一个固定不变的、完美无瑕的抽象理念，而是一个个在历史中不断成长、不断追求自我发展、不断朝向未来的无限可能的人，因此，人民也会有历史发展过程中的局限，但是人民同样有着通过不断地自我发展来克服并超越这些局限，走向更美好未来的愿望与动力。文学既要展现人民自我发展的历程，也要揭示这其中的曲折与挫折。正如列宁指出的，托尔斯泰之所以成为"俄国革命的镜子"，就是因为托尔斯泰不仅表现了农民的革命意愿，也展现了农民在革命过程中的种种弱点与不彻底性，而这恰恰既折射出了人民在特定历史时期所受的局限，也揭示了人民超越这种局限的需要。同样，鲁迅的写作"揭出病苦，引起疗救

---

① 习近平：《在文艺工作座谈会上的讲话》，《人民日报》，2015 年 10 月 15 日，第 2 版。

的注意"，体现的正是人民摆脱历史所强加于他们身上的奴役的创伤，超越自身局限、发展自我的需求。只是在以前的各个历史时期中，这些往往体现为知识精英对于下层民众的批判，形成了知识分子与人民之间的悖论式关系。而在当下，社会的发展已经逐渐使知识分子与人民之间的鸿沟趋于消弭，这种悖论式关系也将自行消解，在新的人民话语中，这种对于人民的历史性局限的揭示与反思，正是人民自我发展的愿望的表现，是人民的自我反思与自我超越，是人民为自己开拓更广阔的发展空间的一种努力。这种充满自信、勇于自我反思与自我批判的新的人民话语，才是中国社会与人民在走向自我发展与中华民族伟大复兴的道路上所需要的强大助力。

（作者单位：福建师范大学文学院）

想象的挑战：中国当代科幻小说的美学气质

陈舒劼

　　"一切坚固的东西都烟消云散了"，马歇尔·伯曼用于形容现代性体验的这句话，或许同样适用于已有 70 年历史的中国当代科幻小说的阅读体验。这 70 年间的科幻想象，重新描绘了人及其所置身的世界，总试图在某一方面挑战既定的想象陈规。科学技术的发展是科幻想象的重要动力源，时至今日，科学技术改变现实的能力和效果令人惊叹。如果从宽泛的意义上理解和使用"现代性"的概念，它大致等同于"工业化的世界"，即一种在后封建时期的欧洲首先形成，又在 20 世纪日益具有世界和历史性影响的制度及行为模式①。经济增长率、工业产值、导弹的数量、药剂的临床治愈率、失业人口的比重等，各种各样的数据、图表和曲线愈来愈直接地介入日常，现代化的生活很大程度上要归因于科学技术的赐予。科学的进步、技术的发明创造及使用，在推动现代性的普及之时也成为"现代性"最好的代言人。科幻小说的繁荣兴盛，折射出科技在社会生活中影响力的日益增强，这种趋势让人的情感世界不由自主地做出反应，进而衍生出眺望未来的好奇。当然，将所有的科幻想象都归结到科技的发展进步会显得过于粗疏。科幻小说叙事的展开，无疑还受到时代语境、美学传统、文化交流等诸多因素的影响，但无论如何，它都在不同程度上实践着想象中的挑战，传递出文学对时代的认知和感受。

一

　　中国科幻小说诞生在风雨如晦的晚清，受到国外文学译介的有力影响。无

---

① ［英］安东尼·吉登斯：《现代性与自我认同：晚期现代中的自我与社会》，夏璐译，北京：中国人民大学出版社，2016 年，第 14 页。

论文学史是把梁启超的《新中国未来记》还是把荒江钓叟的《月球殖民地小说》确认为中国第一部原创科幻小说，都不影响对晚清科幻创作共同点的认识。在上述两部小说之外，海天独啸子的《女娲石》、吴趼人的《新石头记》、碧荷馆主人的《新纪元》、包天笑的《空中战争未来记》、陆士谔的《新中国》等大多数晚清科幻小说，不约而同地将想象指向了民族家国危亡的时代主题。高科技应用的想象，饱含着清除外患、挽救危亡、民族强盛的愿望，同时也承担起了文学开启民众智慧、拓宽民众眼界、改良社会风气的时代责任。晚清科幻小说提供了传统文学叙事中从未见过的冠以"科学"之名的新事物，如《新纪元》中的步行器、绿气炮、避电衣、气球队等，虽然现在看来《新纪元》的科幻想象不过是在传统神魔小说"一物降一物"的叙事套路上增加几个西洋来的新名词，但启蒙的星火却可以从这里开始燎原。鲁迅在《〈月界旅行〉辨言》中阐述的就是这个道理："盖胪陈科学，常人厌之，阅不终篇，辄欲睡去，强人所难，势必然矣。惟假小说之能力，被优孟之衣冠，则虽析理谭玄，亦能浸淫脑筋，不生厌倦"，"故掇取学理，去庄而谐，使读者触目会心，不劳思索，则必能于不知不觉间，获一斑之智识，破遗传之迷信，改良思想，补助文明，势力之伟，有如此者！我国说部，若言情谈故刺时志怪者，架栋汗牛，而独于科学小说，乃如麟角。智识荒隘，此实一端。故苟欲弥今日译界之缺点，导中国人群以进行，必自科学小说始"①。启蒙与救亡的一体性，在科幻小说身上清晰地展现出来。晚清科幻小说用"潜水艇"之类的科技名词和"民主""君主立宪"之类的政治名词搭建出一个新异的世界，同时为后来的科幻小说大致标示了在时代文化语境中所应处的位置。

中华人民共和国的成立划出了历史的新纪元，时代给文学的课题已经更换。在中国共产党的领导下建设新中国，成为时代文艺的主旋律。科幻文学在这一时代文化语境中所处的位置和所应担负的责任，实际上在1942年毛泽东《在延安文艺座谈会上的讲话》中就可以找到答案。科幻小说的文学形式，必须回应延安文艺座谈会以来"文艺为什么人服务、如何去服务"的要求。更直接的推动力来自1956年1月周恩来在中共中央关于知识分子问题会议上所做的报告。这份报告"以异常紧迫的心情传达和阐述了毛泽东关于'向科学进军'的指示"，"学科学、爱科学"的热潮随即兴起，"不仅科学小品、科学

①　鲁迅：《〈月界旅行〉辨言》，《鲁迅全集》（第十卷），北京：人民文学出版社，2005年，第164页。

童话、科学诗等科普读物大热，科幻小说也成为备受关注的对象"①。迟叔昌的《奇妙的"生发油"》（1956）、《割掉鼻子的大象》（1956）和《庄稼金字塔》（1958），鲁克的《海底鱼厂》（1960）和《鸡蛋般大的谷粒》（1963），郑文光的《海姑娘》（1960）、王国忠的《海洋渔场》（1961）和《神桥》（1962），等等，许多科幻小说洋溢着乐观的科技进步倾向和实用主义倾向。鲁迅在《〈月界旅行〉辨言》中的主张虽未过时，但科幻小说需更加紧密地结合新的时代语境履行科学普及的任务，"至少要考虑现实的科学教育、面对未来的科学发展以及处理好新时期政治上的皈依这三个重要问题"②。如何将科学启蒙的观念与大规模译介与国内的苏联科幻创作融合、以新的美学想象参与一个崭新时代的文化形象塑造，是"十七年"科幻小说要认真考虑的问题。回望这十七年中的科幻小说，"现代左翼科学小说的'工具化'传统及'向科学进军'的时代需求，偏向技术化的作家创作兴趣、文化程度不高的读者群体、苏联科幻创作与中国文学接受的错位等多重因素的共同作用，让新中国科幻难以习得师法对象苏联及凡尔纳科幻的文学审美精髓，而是呈现出单一的技术理想色彩"③。和"十七年"间主流文学创作处于同样的文化语境之中相比，这一时段科幻小说的美学挑战，更多地要从历史的维度加以考量。

1949年至1966年，科幻小说的美学贡献首先在于使科幻想象的叙事本身获得了可能。这一时期的科学技术的想象不再像《新纪元》等晚清科幻小说那般充满魔幻色彩，也不像老舍的《猫城记》那样极为偏重于社会效用的描摹，而是将较为坚实的科学技术底色融进了文学话语的时代性表述。于止的《失踪的哥哥》以公安局打电话盘问东山路16号张家开头，充满了那个时代特有的敌我斗争气息，但这个悬念还是为小说的主角"人体冷冻术"服务的，冷藏人体并用红外线升温解冻的方式使哥哥比弟弟更年轻成为可能。迟书昌的《割掉鼻子的大象》用对新社会形态的描摹开篇，而这更新更好的社会，就是建立在"割掉鼻子的大象"式的巨型猪种培育等新科技想象之上的。童恩正的《古峡迷雾》以古代巴国的考古发现为主要叙事内容，同时又在考古叙事中凸显对国外侵略势力的控诉和批判。许多研究者都肯定这一时期科幻小说的文学史意义：如"在此之前，中国科幻小说凤毛麟角，社会影响不大。新中

---

① 詹玲：《"十七年"中国科幻小说的外来影响接受及概念建构》，《文学评论》，2018年第1期。
② 吴岩：《十七年科幻小说创作综述（1950—1966）》，载姚义贤、王卫英主编《百年中国科幻小说精品赏析》，北京：科学普及出版社，2017年，第183页。
③ 同①。

国成立后，这一领域发生了重大变化"，这一时期"是新中国科幻的起步阶段"；如"我们的科学幻想小说，也只有到了解放之后，才获得了真正的新生，获得了真正的原动力，才有很大程度的发展"；如这一时期实现了中国"现代科幻小说的崛起"；如这是"中国科幻小说迎来的第一次创作高潮"①。"十七年"科幻小说全面展开了建立于科学技术之上的想象实践，是它获得文学史肯定的重要原因之一。读者由此可以发现，"科普"色彩作为日后科幻小说发展所极力摆脱的元素，却是科幻小说起步时重要的形式特征，"科普"成为科幻小说在听从时代的文化指令时保持自身特色的关键。

以扎实的科学技术想象支撑社会光明前景的眺望，构成了"十七年"科幻小说的主要美学面貌。在"十七年"科幻小说致力于实现科技细节与时代愿景相融合的美学挑战的同时，某些小说中也埋藏了疏离于这种主流美学追求的倾向，例如被称为"新中国科幻之父"的郑文光1957年在《中国青年》第22至23期上发表的《火星建设者》。这篇小说同年在莫斯科"世界青年联欢节"上获得大奖，它对未来社会的想象颇有几分悲壮的英雄主义色彩，显示出与主流文学相契合的美学气质。以火星勘探队长薛印青为代表的人类火星建设团队为把火星建成人类的第二故乡付出了巨大的牺牲，射线病、原子核实验室爆炸、火星微生物带来的瘟疫蔓延夺去了许多科学家和工作人员的生命，但胜利的曙光已经露出了地平线。"我们开发了火星地下的无穷无尽的宝藏"，"物质结构的一些最隐秘的特征也被我们的物理学家找出来了。宇宙射线不再是威胁我们的敌人，而成为我们强大的动力"，"人不但能够在火星上生活下去，而且要把火星建设得和地球一样美好，一样舒适，一样繁荣和富庶！"②火星建设某种程度上就是地球建设，就是攻坚克难、走向胜利的又一段伟大征程。火星建设的宏大叙事，始终装在薛印青的回忆之中，可他的回忆又始终笼罩在某种隐蔽而坚韧的哀痛情绪里，从而与主调形成了巨大的反差。小说开篇场景是老态龙钟的"我"被家族成员簇拥在花园中、幸福地陶醉在21世纪第一个中秋节的氛围里，此时"一个幽灵似的影子蓦地出现在我面前"，这就是薛印青。他"羞涩""犹疑不决""急促地说""两手不安地搓着""难为情地微笑着"，这显然不是高大威武坚毅勇敢的英雄形象。小说的结尾处，经历了

① 吴岩主编：《科幻文学理论和学科体系建设》，重庆：重庆出版社，2008年，第269-270页。
② 郑文光：《火星建设者》，载姚义贤、王卫英主编《百年中国科幻小说精品赏析》，北京：科学普及出版社，2017年，第198页。

慷慨激昂的回忆的薛印青"又恢复了他的忸怩不安的神态"，向听众出示了一张"一个漂亮而严肃的年青女人的相片"，并且补充说这是"我的爱人，李如蒙"。读者无法从叙事中确认"李如蒙"是薛印青牺牲的妻子还是刚结交的女友，但这一首一尾的呼应鬼气萧森地强调了个体情感的哀婉。"如蒙"的名字值得玩味，它有"如果承受""如果得到"的含义——如"如蒙俯允"，也有谐音"如梦"的寓意可能。昂扬奋进的基调之下，潜伏着隐蔽的美学疏离。

二

1978 年 3 月，中共中央在北京召开了全国科学大会，时任副总理的邓小平在会上发出"树雄心，立大志，向科学技术现代化前进"的号召，有力地推动了科幻文学的复苏，促进了中国科幻文学第二次高潮——或说"黄金时代"——的形成①。尽管科幻文学在 1984 年卷入政治观念讨论之后陷入了一段时间的停滞，但很快又随着 20 世纪 90 年代社会经济的提速发展而恢复。总体上看，1976—1984 年间的科幻小说还保留着某些与"十七年"科幻小说相似的美学色彩，但它更为鲜明地打上了时代的烙印。一些中国当代科幻的研究者倾向将"文革"结束之后的科幻文学发展史视为一个整体阶段，如叶永烈曾将中国科幻创作近百年的历史划分为 1900—1949 年的"萌芽期"、1949—1966 年的"初创期"、1966—1976 年的"空白期"、1976 年至今的"发展期"；吴岩曾经以 1979 年为界将中国科幻的发展裁为两截，二人都看到了"文革"后科幻小说发展的截然不同。科幻文学对"社会生活"的重视是一个很直接的原因。武田雅哉和林久之认为，"十七年"科幻文学中"未来科技的全方位出场……它没有对技术万能幻想的批判，只是赞美理想技术的实现就结束了"②，那么进入新时期的科幻小说正试图改变这一点。郑文光认为，科幻小说需要反映一定的社会问题，"如何利用科学幻想小说这一特定的文学形式反映现实生活，是今天科学幻想小说面临的任务"。肖建亨强调，科幻小说的"社会功能绝不应该就在这几百个字的科学知识上"。因此，郑文光的《地球的镜像》、肖建亨的《沙洛姆教授的迷雾》、刘兴诗的《美洲来的哥伦布》等

① 郑军：《"文化大革命"后至 1984 年科幻小说创作综述（1976—1984）》，载姚义贤、王卫英主编《百年中国科幻小说精品赏析》，北京：科学普及出版社，2017 年，第 327 页。

② ［日］武田雅哉、林久之：《中国科学幻想文学史》，李重民译，杭州：浙江大学出版社，2017 年，第 41 页。

小说都明显突出了社会生活的重量①。更重要的原因还在于文化场域的根本性变革。20世纪90年代是当代思想文化讨论中难以绕开的源点，许多问题可以溯源于此，或在此找到重大明显变异的迹象。改革的步伐愈加坚定，中国日益深入世界市场的竞争之中，知识生产和学术活动已经成为全球化过程的一个部分，人文知识分子从启蒙的立场后撤，思想讨论和学术表达日趋细分和精密，知识进入了职业化的快速通道②。科幻文学所置身的文化场域已经发生了重大变化。商品经济的发展繁荣，科学技术的飞速进步，都为科幻小说提供了充足的时代动力③。想象的视界骤然宽阔起来，已被现代文学重视的传统主题和刚在现实中萌芽的新元素，都进入了科幻小说叙事的视野。科幻小说的美学表达从必须服从相应指令的"想象新时代"，逐步向充满变化的"新时代的想象"转变。

科技发展极大地扩张了人类的时空感觉，神话里的种种描述开始拥有更为精确而系统的描述，天体物理、数字技术、航天科技、生物技术等不断刷新人类对宏观世界和微观世界的认识。在人文社会科学研究领域，20世纪后期的空间转向对中国当代文学的叙事和研究都产生了影响，"文学空间理论改变了传统文学理论的言说方式、开拓了文学研究的视阈、扩大了文学的研究对象，为文学研究增添了新的学术增长极"④。虽然有"四方上下曰宇"的表述，但传统的文学叙事更习惯以注入情绪、想象、记忆、体验的方式来表现空间。"文学在表达作家的思想情绪、历史想象和文化记忆时，也对家庭、建筑、邻里、村落、城市、地区、民族、国家等地点和场所进行表征，形成一系列具有文化内涵的文学表征空间。如鲁迅营造的江南小镇空间，茅盾想象的上海都市空间，东北作家群笔下的东北农村，师陀构筑的中原果园城，郭沫若憧憬的新北京空间，穆时英叙述的上海消费空间，解放区作家描述的解放区农村，李锐记忆的山西厚土，莫言追忆的高密东北乡，叶兆言描绘的南京秦淮河，苏童书写的江南小镇等。这些文学空间不仅仅是一种地理性的存在，更是作家精神追

---

① 吴岩主编：《科幻文学理论和学科体系建设》，重庆：重庆出版社，2008年，第271页。
② 汪晖：《当代中国的思想状况与现代性问题》，《死火重温》，北京：人民文学出版社，2000年，第42-44页。
③ 有研究注意到，20世纪90年代后科幻小说的飞速发展不止于商品经济的因素。"宋健同志又专门为中国工程院副院长潘家铮院士的科幻小说《一千年前的谋杀案》作序"，"对科幻文学在中国的复苏起到了积极作用。"（杨鹏：《科幻类型学》，福州：福建少年儿童出版社，2009年，第52页。）
④ 张文诺：《空间转向视阈下的中国现当代文学研究》，《烟台大学学报》（哲学社会科学版），2012年第1期。

求和文学主题诉求的意象性存在。"① 科幻文学使空间描述拥有新的可能性，无须再借助特定的自然风物或者主观情绪。通过对网络世界的想象性建构，《黑客帝国》表达了一个哲学困惑：在未来的网络时代，究竟什么是真实？《2001：太空漫游》中那块神秘的黑色石板，里面居然有一个璀璨的宇宙。郝景芳的《北京折叠》、何夕的《六道众生》、七月的《biu 一声就这样消失》等中国当代科幻小说，开始挑战传统的空间审美与空间感受。七月的《biu 一声就这样消失》详细地展示了南京城的突然收窄、弯曲、变形，最终缩为音频中"biu"的一声。南京变形以致消失带来的惊诧感，出于这种空间认知："整个空间的关联性都在破碎重组，关于这个折叠的细节我们知之甚少，那些看似消失的空间去了哪里，这些重新构成的空间关系是怎么维持，我们都一无所知。"② 实现空间变形的还有郝景芳的《北京折叠》，这部小说正面描写了城市折叠的场景："晨光熹微中，一座城市折叠自身，向地面收拢。高楼像最卑微的仆人，弯下腰，让自己低声下气切断身体，头碰着脚，紧紧贴在一起，然后再次断裂弯腰，将头顶手臂扭曲弯折，插入空隙。高楼弯折之后重新组合，蜷缩成致密的巨大魔方，密密匝匝地聚合到一起，陷入沉睡。然后地面翻转，小块小块土地围绕其轴，一百八十度翻转到另一面，将另一面的建筑楼宇露出地表。楼宇由折叠中站立起身，在灰蓝色的天空中像苏醒的兽类。城市孤岛在橘黄色晨光中落位，展开，站定，腾起弥漫的灰色苍云。"③ 这是传统的文学城市描写中从未出现过的奇景。《子夜》里的吴老太爷到上海不久，就被机械的轰鸣、霓虹的闪烁、时髦的袒露刺激得一命呜呼，城市从不缺乏令人惊讶的细节。但在《北京折叠》中，城市的新奇不再局限于景观的细节，它整体的美学面貌被改写了。支撑着城市折叠的对阶层固化和对立的担忧，找到了新的表达方式。何夕的《六道众生》用重置普朗克恒量的方式，开拓出与此世界既互相重叠又互不相关的另外五个新世界，更新了传统观念中"六道轮回"的美学表现。相比较于当代文学的空间叙事强调对特定场域的意识形态和权力运作的呈现，科幻文学叙事更注重对空间具体形态的想象与描摹，借助于科技知识的力量撬动原先的空间想象框架。

"对于所有的思想模式来说，空间都是一个必不可少的思维框架。从物理

---

① 张文诺：《空间转向视阈下的中国现当代文学研究》，《烟台大学学报》（哲学社会科学版），2012年第1期。

② 七月：《像堕天使一样飞翔：七月科幻小说选本》，天津：百花文艺出版社，2012年，第88页。

③ 郝景芳：《北京折叠》，《孤独深处》，南京：江苏凤凰出版社，2016年，第9页。

学到美学、从神话巫术到普通的日常生活，空间连同时间一起共同地把一个基本的构序系统揳入到人类思想的方方面面。"① 时间意识和空间意识共同支撑起人们感觉认知客观世界的框架。时间是传统文学中意的主题，它寄托了人生的太多喟叹。白驹过隙，光阴似箭，"逝者如斯夫，不舍昼夜"，"譬如朝露，去日苦多"，"惊风飘白日，光景西驰流"，"来日苦短，去日苦长"。既然赋予时间丰富的人生体验、形象表述已经是传统文学的长项，科幻叙事就需要寻找属于自己的路径。从宇宙大爆炸的洪荒之初，到宇宙热寂的时间尽头，科技发展赋予时间想象前所未有的重构权力，时间倒流产生的"外祖父悖论"已经被许多科幻名作讨论过。在科幻叙事的时间主题里，似乎从来不缺想象未来和重返旧日的场景。然而，20 世纪 90 年代以来的科幻小说，提供了一种将二者折叠的可能。对时空折叠的简略性描述就是，由于科幻想象的介入，从历史到未来之间的路径不再遵循进化或发展逻辑，而是体现出某种本质意义上的重复或等质。刘慈欣的"三体"三部曲、飞氘的《苍天在上》、钱莉芳的《天命》和《天意》、韩松关于地铁和高铁的一系列小说，都反映出将历史和未来首尾相叠时，科幻叙事所受到的当代认同困惑的强烈影响。飞氘的《苍天在上》对宇宙的演化史做如下概括："总之，从一切复杂向单一过渡。表面上看，这是一种退化，实际上却符合宇宙的发展趋势，因此退化就是一种进化"②，未来在此意义上成为过去的回放。刘慈欣的"三体"三部曲在对人性的理解上同样表现出历史的重复感。叶文洁向地外的太空智慧发出信息，是"三体"叙事全面铺开的总开关，而触发这个动作的，是叶文洁对于人性善的绝望。叶文洁在父亲和自己的遭遇中看到的只是人性的丑恶，在她眼里，"他人即地狱"。读者会发现，叶文洁对人性的认知在小说随后的叙事中不断以其他的方式出现。它是"黑暗森林"，它是"猜疑链"，它还"失去兽性，失去一切"。在刘慈欣的叙述中，人性和道德终究会受到"生存"这一终极任务的无情挤压。正是在"他者即地狱"的意义上，"三体"叙事中依次铺开的"文革"时期、危机纪元、威慑纪元、广播纪元、银河纪元、黑域纪元和 647 号宇宙时间线纪元，成为某种意义上的同质性叠加。韩松对科学技术发展所可能产生的技术控制忧心忡忡，在他的笔下，飞速前行的高铁或地铁象征着科技与时俱进的

---

① ［美］罗伯特·戴维·萨克：《社会思想中的空间观：一种地理学的视角》，黄春芳译，北京：北京师范大学出版社，2010 年，第 4—5 页。

② 飞氘：《苍天在上》，《中国科幻大片》，北京：清华大学出版社，2013 年，第 19、28 页。

发展，车厢在高速行进中不停地生长、膨胀，上演着无节制的欲望宣泄和无休止的灾难变异。这样，韩松笔下的"地铁"和"高铁"在象征时间之时，也取消了时间存在的意义：地铁/高铁及其附属系统囊括了人类的初始、当下与未来，过去与未来之间已经没有差别。与刘慈欣和韩松相异的是，钱莉芳的科幻叙事更习惯以未来嵌入远古的方式来表现时空折叠。无论是《天命》还是《天意》，都不难从中概括出"古老即是先进，神秘即是万能"的叙事规律。这批小说令人不由想起詹姆逊"当下是决定未来的过去"的论断："最典型的科幻小说并没有真正地试图设想我们自己的社会体系的'真实的'未来。相反，它的多种模拟的未来起到了一种极为不同的作用，即将我们自己的当下变成某种即将到来的东西的决定性的过去。"① 20 世纪 90 年代以来科幻小说的时间意识，与同一时期文学叙事中的现代性渐进时间观拉开了明显的距离。科技解放了想象操纵时间的能力。

时空意识的改变势必影响到既有的价值观念。将人类所处的世界在时空上放大到整个宇宙之后，许多既有的道德判断受到了强烈的冲击。刘慈欣的"三体"三部曲已经清晰地展示了他以生存为第一要务的"宇宙社会学"理念，除了"黑暗森林""猜疑链"等科幻语境中创造出的未来社会生存理念，他还呈现了许多在传统人文视野中异常残酷的场面。新环境催生新道德，逃出"水滴"屠杀的五艘地球星舰很快就意识到，他们之间还需要争夺有限的生存资源。"终极规律"号星舰率先启动攻击，却被"蓝色空间"号的反击击毁。黑暗是生命和文明之母，良心和责任在新时代不是褒义词，刘慈欣在漫长的"三体"画卷中不断地重复他的宇宙生存观念。在《梦之海》里，刘慈欣说："不要再从道德的角度谈了，在宇宙中，那东西没意义。"② 在《人和吞食者》中，刘慈欣又说："文明是什么？文明就是吞食，不停地吃啊吃，不停地扩张和膨胀，其他的一切都是次要的"，"自己生存是以征服和消灭别人为基础的，这是这个宇宙中生命和文明生存的铁的法则，谁要首先不遵从它而自省起来，就必死无疑。"③ 生存优于一切，这就是刘慈欣的宇宙社会学所反复申述的。王晋康同样没有把道德伦理置于特殊的保护之下，《神肉》这篇小说认为"伦理道德只是适应某种生产力水平的临时性建筑，可以随拆随建的。当科学与伦

---

① ［美］弗里德里克·詹姆逊：《未来考古学：乌托邦欲望和其他科幻小说》，吴静译，南京：译林出版社，2014 年，第 379 页。
② 刘慈欣：《乡村教师：刘慈欣科幻自选集》，武汉：长江文艺出版社，2012 年，第 164 页。
③ 同②，第 182 页。

理道德冲突时，科学总是最后的胜利者"①。与刘慈欣相异的是，王晋康在赞成的同时又有所保留，他认为在生命科学的探索和推进中，还必须对科技的风险保有警惕。《神肉》以南渊教授的经历为证，说明"最合理的信念"也不能走火入魔地推向极致。有评论注意到："王晋康的几篇小说都曾引起公众对某种哲理观点或科学观点的广泛关注和争论，包括《生死平衡》中的'平衡医学'观点；《替天行道》中对于商业道德与'上帝道德'的冲突；《十字》中关于'低烈度纵火理论'，凶恶病毒的温和化，'上帝只关心群体而不关心个体，这才是上帝大爱之所在'的观点；《与吾同在》中的'共生圈'观念；等等。"② 挑战传统观念又有所保留是王晋康科幻想象的重要特色，考虑到伦理观念的区域和前提不同，刘慈欣和王晋康的观念差异更应当视为相互补充。科学技术想象对部分道德价值观做出了明确的置换，可在另一些领域，情况变得更为复杂，科幻想象质疑原先的观念之时未必有能力给出新的答案。赵海虹的《伊俄卡斯达》提出的问题是：如果爱上自己所生却又与自己毫无血缘关系的男子，这是否属于乱伦？《伊俄卡斯达》隐喻的是生命科学技术突破时人伦观念的困境，它携带的可能性追问是：父子、夫妻等传统血缘和伦理关系崩解之下，人类新型的社会关系是怎样的？陈楸帆的《G代表女神》同样从个体视角出发，这部小说"讲述了一位没有阴道却浑身长满G点的女性，如何成为身心饥渴的现代人疯狂追捧的欲望化身"，"生态污染、阶级分化、族群冲突与人的异化，以及形形色色的人造义体、神经网络、电子毒品，共同交织成一幅全球化时代的世界缩影。这些细腻而庞杂的影像不仅仅勾画出未来拟想世界的地图，同时也暴露出有关当下现实的症候"③。陈楸帆擅长想象并呈现人类在技术时代的各种新型病症，这其中就包含着对未来生活意义的问询。"世界啊，你为什么非执意要进化不息呢？""进化为什么非要是一种压迫我们的异己力量呢？进化有尽头吗？进化的尽头会是什么呢？"④ 刘维佳《高塔下的小镇》中所发出的呼吁，既由科技发展的永无止境所触发，也包含着对这种永无止境的意义焦虑。

① 王晋康：《替天行道：王晋康科幻小说精选集》（第2卷），长春：时代文艺出版社，2011年，第105页。
② 赵海虹：《中国科幻的思想者——论王晋康的科幻小说创作》，载姚义贤、王卫英主编《百年中国科幻小说精品赏析》，北京：科学普及出版社，2017年，第988页。
③ 夏笳：《寂寞的伏兵：当代中国科幻短篇精选》，北京：生活·读书·新知三联书店，2017年，第346页。
④ 姚义贤、王卫英主编：《百年中国科幻小说精品赏析》，北京：科学普及出版社，2017年，第1233页。

启蒙是中国现代文学念兹在兹的主题之一，启蒙与救亡交织成中国现代文学史上的思想主线。鲁迅"救救孩子""从来如此，便对么"的启蒙精神，渗透到了 20 世纪 90 年代以来的科幻小说叙事之中，影响了科幻小说的美学气质塑造。姜云生于 1992 年发表在《科幻世界》上的《长平血》，鲜明地体现出了科幻文学对启蒙的关注。小说的主人公王雨牛希望通过幻觉旅行的科学实验，解开秦赵长平之战中赵国四十万降卒何以被尽数坑杀的谜团，这个科学测试同时也将反映出被测试者的隐蔽的思想取向。科技手段复盘两千多年的惨案后，王雨牛发现，当年赵国降卒为活命而相互残害的习性，仍然流淌在自己的血液之中。参与实验的女助手同样也在自己祖母的身上证实了王雨牛的判断，小说的结尾因此充满了呼应鲁迅的意味。听到自己内心呼吁的王雨牛决心实现自我清洗，"如果我们将来有孩子，他（她）身上流淌着的将是一种全新血型的血液……"，这几乎就是鲁迅当年"肩住黑暗的闸门，放他们到宽阔光明的地方"的翻版。关注科技视角下的启蒙问题的不止《长平血》。有研究注意到，在将"国民性改造的宏旨融入科幻小说的主题范畴"上，"科幻小说与主流文学达到了高度的契合"。如凌晨的《月球背面》描写未来的中国在月球上建立了可以跟美国相抗衡的基地，但腐败随之蔓延，月球基地也出现了豆腐渣工程；在王晋康的小说《蚁生》中，"文革"时期被下放到农场劳动的知青从蚂蚁身上提取出"利他素"，才让人身上体现出了人性之美①。相比于姜云生等人，韩松对人性恶的一面的叙事更为执着。韩松认为，"科幻在批判和揭露现实方面有其独特优势：超越鲁迅的民族劣根性批判，'进一步探讨在技术文明背景下中国人日益进化着的诡诈、卑鄙和阴暗，一种以信息化、法治化和富裕化为特征的新愚昧，以及科学—政治拜物教带来的身心压迫'。因此，他笔下的'鬼魅中国'——鬼气森森、凄厉可怖、鬼魅横行的中国形象，是对五四以来提出的诸多文化命题在新时代的拓展和再思考"②。对科技进步所可能造成的新压迫的警惕，是韩松科幻小说一以贯之的主线，也是这些小说美学面貌最主要的观念来源。就此而言，韩松的科幻小说或许承继并推进了鲁迅小说的启蒙主题。在韩松的科技世界里，科技带来的不总是便捷和清晰的生活，它令人迷茫、不适、紧张。自由因被滥用而滑向无序和癫狂，计划总是残缺且阴

① 高亚斌、王卫英：《我们的身上都流着"长平血"——论姜云生科幻小说的国民性批判主题》，载姚义贤、王卫英主编《百年中国科幻小说精品赏析》，北京：科学普及出版社，2017 年，第 787 页。
② 贾立元：《韩松与"鬼魅中国"》，《当代作家评论》，2011 年第 1 期。

暗诡谲，尤其是韩松在地铁或高铁中建构出的社会形态，更是笼罩在某种诡异的美感氛围之中。毫无征兆地，一列地铁在运行中不再停车、不断膨胀、不断变异："毫无疑问，列车此刻正在发生某种新的变化。或者，不是列车的变化，而是车厢中的人类社会在变化，也是整个物质世界和环境在加速变化。但谁也不知道这里面的究竟。"① 毫无缘由地，无法阻止的恶行和丑态在各个车厢此起彼伏地爆发，"还有的车厢里，诞生了新型的社会组织结构"②，奔驰许多光年之后，下车的已经不是人类，而是蚁、虫、鱼、树、草。虽然小说叙述坦承这一切可能也只是幻觉，但这种似是而非、阴森诡异的美学感受的刻意营造，始终在提示读者保持对科技发展警惕的必要性。科幻叙事在承继启蒙主题并为其表述注入新的时代元素的同时，也在经受启蒙思想的检验。刘慈欣的《三体》因其思想的丰盈复杂而吸引了不同学科背景的研究者的关注，有学者认为，《三体》对问题的"思考基调是极端黑暗、灰色的。在我读过的科幻小说中，没有任何一部作品像《三体》这样对现实的人性持有如此悲观灰暗的心态"，"其实刘慈欣是没有能力面对这个时代最深的困惑、承受这个时代最深的恐怖和焦虑的"③；"《三体》的三观，机械自然观、朴素实在论的科学观、单向的社会进化观，都是陈腐的、没落的，有害的"④；"威权主义赖以存在的理论构成了小说的核心推动力，而这个理论又完全无法实现在文本内部的自洽"⑤；还有批评在价值中立的立场上认为《三体》体现了法西斯世界观，其小说的想象方式失败无疑⑥。启蒙的本意即召唤出使用理性的勇气，在这个意义上，面向科技时代的科幻小说，的确应该有更多的担当和更大胆的审美挑战。

三

时代的画卷如此波澜壮阔，在经济规模的增长、生态环境的改善、文化交

---

① 韩松：《地铁》，上海人民出版社，2010年，第80页。
② 同①，第87页。
③ 张曦：《作为一门通识课的〈三体〉》，载李广益、陈颀编《〈三体〉的 X 种读法》，北京：生活·读书·新知三联书店，2017年，第87、97页。
④ 田松：《科幻的境界与原创力：文明实验》，《科学与社会》，2018年第2期。
⑤ 刘竹溪：《〈三体〉：威权主义倾向的遗憾》，载李广益、陈颀编《〈三体〉的 X 种读法》，北京：生活·读书·新知三联书店，2017年，第192页。
⑥ 龙马：《身边的法西斯——解析〈三体〉的世界观》，https://mp.weixin.qq.com/s/-WKOxypE0cRvyZ4kszJtww。

流的热络等时代现象的背后，科学技术及其进步正在扮演着越来越重要的角色，现实就是科幻小说最充沛的能量源。苏恩文将科幻小说认定为"认知性陌生化的文学"，"科幻小说类型总是把自身融入在未知世界中去寻找理想的环境、种族、国度、智能生物或其他超级精英的希望之中。无论如何，人们总是要假定出现其他怪异的、共变的相同体系和语义场的可能性"①。陌生化、变形化都要建立在对不断发展变化的现实的理解之上，科幻小说的想象在挑战既有的美学面目的同时，也要接受现实的挑战和检验。

第一，是科幻小说理解现实的能力。科幻小说离不开对现实世界的理解和把握，现今的现实世界纷繁复杂且变化迅速，以虚拟数字技术、生物基因技术、空间应用技术为代表的现代科技正在全面改造日常生活。科幻小说的文学形式如何理解当今时代并形成自己的美学风格，是它在未来无法回避的问题。一些原先属于科幻想象中的场景，已经出现在了现实生活中。马斯克在2017年主导的脑机接口项目 Neuralink 意在建立一个人机交互的快速通道，使得信息能随时被上载入人脑，最终实现人类与人工智能的共生。2019年7月16日这项技术取得突破，马斯克宣布"脑机接口"研究已在灵长类动物上取得成功，人脑和人工智能的融合指日可待。科幻传统中反复渲染的计算机人工智能系统掌控人类思维世界，看起来越来越趋近实现。现实传导给科幻想象的压力几乎与日俱增，认知现实不是一件轻而易举的事情。当前的文学批评已经意识到，"面对被重新结构、重新定义的时代环境，目前写作者却没有理解这个时代，无法把握背后所蕴含的巨大的社会和经济结构变动，仍沿用既定的方式看待问题，理解自我与他人的关系，致使写作与现实之间出现了巨大的错位、隔膜感增强"②。相比于非科幻性的文学叙事，科幻小说更没有理由停留在对传统的单调重复之上。"时代发展已经到了科学技术在日常生活经验中起到核心的、不可替代作用的阶段。在这样的语境下，科幻文学作为探讨人与科技之间互动关系的文学门类，可以成为主流文学的重要补充，以新的视角全面反映现实、探索现实"，现在，"科幻，是人类最大的现实主义"③，如何理解现实，就是科幻首先面临的问题。

第二，是科幻小说的想象能力。在理解和把握现实的基础上，科幻小说将

---

① ［加］达科·苏恩文：《科幻小说变形记》，丁素萍，等译，合肥：安徽文艺出版社，2011年，第4、6页。
② 霍艳：《作家的病，别让时代背锅》，http://www.sohu.com/a/249360584_754344。
③ 行超、康春华：《科幻"热"的"冷"思考》，《文艺报》，2019年9月2日，第5版。

展开想象的翅膀。如果说文学话语的职责"不在于描述已经发生的事，而在于描述可能发生的事，即根据可然或必然的原则可能发生的事"，从而"表现带普遍性的事"①，那么，科幻文学就必须拥有宽广的想象视野和严谨的想象逻辑。未来社会形态、未来主体身份、未来语言表述等，都是科幻想象可驰骋的空域。当然，目前科幻小说的想象能力还有很大的提升空间，"我们并不缺乏技术层面的想象力，我们所严重缺乏的是，对技术的一种社会性想象的深度和广度，这种缺乏又反过来制约了对技术层面的想象，这是中国的科幻文学长期停留在科普文学层面的深层次原因"②。以当前科幻小说中的社会形态想象为例，"三体"中"长老的二向箔"式社会形态想象，隐藏着高科技水平和低社会形态的逻辑错位。它和其他的社会形态想象，如智能算法构成社会形态的内在主宰、不同社会形态之间既对抗又并行、社会形态在科技发展中将产生畸变等，都在历史唯物主义和辩证法的检视中显出自身的破绽和局限。相对于具体的科学技术想象，社会形态想象更强调诸多社会因素的整体性和关联性，很难彻底摆脱既有的人类经验和理念的隐性掌控。此时我们发现，马克思主义的观念和方法，对科幻小说的社会形态想象不可或缺。重启马克思主义对未来社会形态批判的想象方式，激活这种想象的审美能量，是科幻小说想象的未来方向。马克思主义其实一直在提醒科幻文学：未来社会形态的想象还有多大的空间和能量？还能在多大程度上撕开一个想象的突围缺口，"不停地与固化的秩序和意识形态进行思想的交锋，并不惮于创造一种全新的生存方式和建构模式"③，提供某种元气淋漓的批判激情？在未来社会形态想象中理解"人类命运共同体"，能不能不再停留在各国联合对抗外星怪物的欲望消费的层面上？人工智能的兴起并不只是产生一批新词、带来许多生活的便利，它携带着新的语言法则的可能。"语言学转向"将语言从工具性的角色中解放出来，语言和言语、能指和所指等系列概念勾勒出"语言说人"的颠覆性观点，人工智能是否会带来下一次革命？按照库兹韦尔的预测，2045 年就是人工智能全面超越人类的时间节点。很难相信，这种全面超越会建立在完全相同的语言法则之上。那么，人类语法和人工智能语法之间是否有融合的空间？后者是否能完全

---

① ［古希腊］亚里士多德：《诗学》，陈中梅译，北京：商务印书馆，1996 年，第 81 页。
② 杨庆祥：《作为历史、现实和方法的科幻文学》，http://www.chinawriter.com.cn/n1/2018/0502/c404030-29960266.html。
③ 同②。

替代前者？如果区别两者是个伪命题，那它们的重合在哪里？① 想象意味着问题，也意味着科幻小说的生机。

第三，是科幻小说参与塑造新价值体系的能力。现实及其理解的巨大变化催生了科幻叙事的意义重构，许多固有的价值观念需要重新检视。有研究者指出，在许多科幻小说新颖的科技想象之下，挑动的是古典人文主义之心，小说的立场和小说的叙事内容实际上隔着一道深沟。是人文关怀还是人文执念？"当人类社会已经进步到驾驭光速旅行的时候，人类对于时空的感受、对于友谊与爱情的理解，乃至人对感情的表达方式，都必然发生根本性的变革"，但"韩松的《冷战与信使》、李宏伟的《现实顾问》、刘慈欣的"三体"，要么执着于传统的爱情观和时空感知方式，要么固守着对身体的迷恋，抑或是坚持对生命与自然的珍视，都是在不断重申着以人为中心的传统人文主义式的理念。在这个意义上，这些中国当代科幻小说的价值观堪称古典，表达的其实是一种对人文主义的执念。这类科幻文学的写作虽然在表面上是面向未来的，但其实是对过去的频频反顾，是不断画下最后的防线，以确认人类的主体性和独特性"②。科学选择难以完全脱离价值与伦理，科幻叙事已经渗入科技伦理研究中环境伦理、生命伦理、元伦理等主要问题域，"对科幻小说的伦理解读，本质上是解读人的生活，这同样也是哲学的根本任务"③。只有参与到时代文化价值体系塑造的实践中，科幻小说才能实现自身的文化价值。

（作者单位：福建社会科学院文学研究所）

---

① 陈舒劼：《科技旋涡中的长篇小说》，《长篇小说选刊》，2019 年第 5 期。
② 李松睿：《走出人文主义的执念——谈中国当代科幻文学》，《当代作家评论》，2019 年第 1 期。
③ 计海庆、孙路：《科幻小说的伦理解读》，《自然辩证法研究》，2004 年第 10 期。

论中国美学的知识生产

张文涛

一、中国美学知识生产的内涵

从知识生产的角度考察中国美学研究的整体状态，重点在于找出这一学科几个组成板块的核心指标。

什么是知识（Knowledge）？这是从古希腊发展起来的西方文化追求真理（Truth）过程中必然要回答的基本问题。表达西方文化思想的核心是哲学，真理及相关知识论也自然成了哲学的根本问题。近代哲学史上以康德为代表的认识论转向，恰恰突出的就是知识这一环节在哲学中成了研究重心的表现。把人与世界的关系划分为认识和改造两个层次的话，形成知识的基本内涵就在于人认识世界这一环节，改造世界的环节则重在对知识的运用，当然，运用知识也是知识论的一项重要内容。不同的文化、不同的思想有不同的知识观，可形成知识的基本要件则都离不开人的语言和思维。世界就是人的世界，对它的认识可以从人与人、人与自然和人与自身三部分来看，这样，人与人形成社会知识，人与自然形成自然知识，人与自身形成灵魂知识。这些知识形态在具体的文化中，它的生产侧重点也不一样。

学园作为古希腊成熟的知识生产基地，亚里士多德认为有四种知识，即理论知识、实践知识、灵魂知识和工具知识①。理论知识主要偏向于自然的知识，针对自然物的知识形成物理学，在物理学之后有更高知识层次的哲学；实践知识专门针对城邦的生活而设，它关注着人的政治、经济、伦理、法律等方面的活动特点；灵魂知识表达的自然是人的精神活动方面的特点；至于工具知

---

① 从亚里士多德在学园教授的知识看，一般只认为有三种，即理论知识、实践知识和工具知识，但从他的著作看，如《灵魂论》，就有灵魂知识这一部分内容。

识，极为重要地指出了人与认识对象（包括人本身）的关系也必须成为知识的对象，这种由关系形成的知识主要由诗学、逻辑学和修辞学来表达，它实际上涉及的就是语言和逻辑。有了工具知识，亚里士多德在表达世界大全知识上就显得更为完整。

这些知识都可统一为理念的知识。理念作为理解世界最高的概念，它集中体现了古希腊文化的核心精神。理念生成出了一个恒定不变的世界，它给现象世界以本质，从而成了现象世界可以不断超越自身的对象，现象与本质的符合又可作为形成真理的一条重要途径。理念走出了一条逻各斯之路，其最终成果就是确认了逻辑和语言在生成文化知识方面的重要地位。语言的直接功用在于对抽象思维中的概念和命题的外化表达，能得到确证的命题就是真理。逻辑表面上是对概念和命题的精确化要求，更重要的是成了精神建筑术的力量，亚里士多德从他的百科全书式的哲学构造分工细化出的各种学科也是逻辑力量促动的结果。各个学科内部的知识增长根据和生成力量也是来自逻辑。语言有了逻辑的支撑，就容易形成一个知识的真正统一主体，这样，西方知识的生产也就呈现出了追求真理，以及注重理性精确化的主要特色。

理念并不是完全属于理性化这一维度，它的全面性注定了它必须蕴含非理性的内容。古希腊文化在追求理念过程中出现的努斯（Nuse）就是与逻各斯相伴的另一条潜在的发展道路。努斯对人来说指的就是一种生命力的冲创，它与逻各斯构成了存在的丰富性。柏拉图思想中对灵感和迷狂状态的描述，很好地说明了对努斯的肯定，也构成了柏拉图理念论的完整性。

从古希腊开始，西方文化的知识生产以清晰化为主要特征，并最终固定为学科体制化来生产。到了 18 世纪中期，这种学科化的思维方式试图运用到人的感性领域，把长期被认为不可清晰化的模糊认识独立出来作为可以研究的对象，并把它纳入知识生产的过程之中，这一新的学科就是美学。美学（Aesthetic），本义指的是感性学，它所研究的是之前传统认为语言和逻辑难以把握的精神世界的非理性部分，即主要指的就是人心理中的情感，当然并不是所有的情感，而是指那种由完善的感性认识所引起的情感。从知识论看，即提供有关如何进行完善感性认识的知识。

鲍姆嘉通试图把美学科学化，但他的理性主义的哲学立场限制了他的视野。真正找到美学精确化基础的是康德。康德思想最伟大的创见就是指出了人的认识中的先验层面，可以说，只有到了康德，人类才真正找到了知识的科学基础，西方美学的所有基本问题域也得到了确立。从康德处，人们可以集中看出西方美学生产具有以下特点：

1. 学科化。在古希腊，所有的知识都可以纳入哲学，亚里士多德以哲学之名构造了一个百科全书式的知识版图，之后西方人沿着亚氏的路线把各种学科雏形从哲学中分工出来，发展出独立的学科，哲学本身的阵地不断缩小，以至到了当代有学者认为哲学已没有自身的地盘。美学在从哲学领域独立以后，秉承了哲学构造知识大全的抽象特点，具有与各种学科知识版块发生联系的特性。在不同哲学派别的视域下，美学也呈现出与之相应并能与其他美学区别开来的不同的话语展开方式。整个学科化过程，除了明显的逻辑推衍外，学科内及学科之间也有一种潜在的逻辑精神，它像树梢似的有序展开，不断拓展和细化，原则上预设了与世界范围相当的知识构造。

2. 科学化。在古希腊，科学与哲学几乎不存在区别，其共同目标在于追求知识的牢固基础。在各种知识类别中，数学知识最具客观普遍必然性，是最符合科学本义的知识，为整个自然科学奠定基础。人文学科不具备自然科学这种精确的基础知识，但从人的意识中可以找出其普遍性的先验构造知识的能力，也是一种科学化的表现。在现象学的视野下，从认识的先验层次找出知识的支点比自然科学的"科学"更为"科学"，现象学可以为科学的合法性做证明。康德在审美判断力中发现人有一种从特殊看出普遍的必然判断能力，克服了鲍姆嘉通将判断力理解为"混乱的认识"的不足，从而为美学科学化找到了一个重要基点。

3. 知识化。康德认为知识是由命题构成的，概念尚不算知识。为此，康德对审美的发生从质、量、关系和模态四个范畴给出了相应的四个美学的命题，为人类首次指出了"无功利非目的"是审美最重要的特征。命题都是以"是"的形式给出，符合西方传统哲学的思想重点，即对某一存在对象的规定性的认定，而不是仅停留在其存在的确认这一层次上，这也是知识形成的要点。当然，在概念层次就指认为知识也是西方文化的一个要点，其代表人物是黑格尔。黑格尔不像康德先把概念摆好再进行概念间的沟通以获得命题知识，他的"自否定"的辩证法就能使单一概念本身获得生成出一个命题的能力，当然，这样就可以把概念看作一个知识单位。黑格尔的"理念"就是一个美学知识对象，它不用展开至"美是理念的感性显现"这一命题才成为知识。

感性学，被日本人误译为"美学"①，传到中国沿用至今。从"美学"这

---

① 1882 年，日本人中村笃介从译法国人 Véron 的著作 Esthetique 中首提"美学"这一语词。

一语词看，人们容易误会为是专门研究与美有关的学问。实际上，作为感性学，就心理而言，优美感仅是其中的一种情感，当然应该算是一种较突出的美学情感。之所以不能把优美感作为唯一的美感，是因为在美学的视域范围内，美感还有其他的表现，如崇高产生威压感、悲剧产生痛感、滑稽产生不协调感等心理现象，与优美感形成中从对象到内在心理多方的直接谐和不一样，它们在发生过程中都会出现某种错位。之所以也是美学对象，是因为它们在精神更高的层面上也会产生和谐的效果。按照鲍姆嘉通对"感性认识的完善"三要件即"思想内容的和谐、次序和安排的一致和表达的完善"的理解，"和谐"是美学活动的一个重要指标。艺术活动是世界上最集中能引发人的情感的活动区域，由于当中有媒介的隔离作用，即使模仿生活中的功利或丑陋等与美冲突的事件，其引发的情感如能激发生命力的和谐也同样是美学的研究对象。

百年以来，中国以"美学"为核心语词，也形成了一个学科式的知识生产基地。其生产的特色主要以翻译西方美学思想为主要活动方式，由于美学与现实关系较远，几乎西方所有的美学知识原则上都可以转译成中国美学的组成部分，当然，实际情况是由于研究者的局限，并没有形成完整呈现西方美学全貌的局面。很多研究者只依照自身的所需对西方美学从概念到命题进行嫁接，形成自身对美学的理解，并以之来阐释中国古代美学思想，形成"翻译"到"套用"两个美学知识生产的基本环节。

二、中国美学知识生产的状况

从中国美学教科书可以看出中国美学知识的大致范围，也可以看出整个研究群体的水平。至今所有的以《美学》《美学原理》《美学概论》等命名的书籍，都几乎认为美学知识包括四部分或五部分内容：

第一部分，美论。这部分不管用什么语词来表达，实质上还是西方美学史上所谓"美的本质"的研究内容。有人认为本质观是形而上学的主题，世界上不存在有美的本质这种问题，不应该把美的现象与美的本质二分，而应该用"审美活动"来统一。这种认识主要来自康德美学思想，至现象学达到极致，即直达意识层面把审美当成现象来描述以取代传统对美的现象与美的本质、美与美感加以二分的做法，这种纯粹性的理论追求当然是研究者的理想，可是在具体的理论展开中，很难达到逻辑的统一性和论证过程的自洽，大多还是转向与"美的本质"有关的传统论题，不再追究各种不同概念的来源及它们之间的逻辑关系，以致给人造成一个拼凑的印象。

第二部分，美感论。这部分知识又可以分成两个层次，一个是认为有一种持久的美感状态，可称为广义的美感，如审美趣味、审美经验、审美理想、审美标准等；另一个是针对当下发生的具体美感形成过程的认知，称为狭义的美感，一般主张有四个主要表现，即审美感知、审美想象、审美情感和审美理解。如要扩大此部分知识，即借用很多心理学术语，加上"审美"作为前缀构成所谓属于审美心理的概念，这种组装知识的途径，显然是一种很外在的方法。

第三部分，范畴论。范畴主要论及六个，即美和丑、崇高和滑稽、悲剧和喜剧，它们可以构成三组意义对立的概念。在一般意义上，范畴作为概念而成为知识，显然与命题类知识有别，它们与对美感只侧重于心理维度的研究不同，而是注重对美的整体状态的表达。从最基本的过程看，审美都必然涉及作为对象的一个维度和作为以之相应的心理发生的另一个维度，两个维度的区分只是着重点不同，实际上都统一在美感的整个发生过程之中，审美对象规定了审美心理的走向，也就决定了范畴的性质。

第四部分，美育论。中国美育论谈及最多的两个美育思想家是德国的席勒和中国的蔡元培，通过这两个思想家，人们可以了解到美学实践不只是停留在个人的修养上，而是可以成为社会运动的一个组成。美育的主要途径是艺术教育，但比艺术教育更关注人的全面发展。

第五部分，艺术论。这部分知识有的美学书不介绍，它们认为美学增加艺术论会把问题变得更为复杂，艺术论最好就放在专门的艺术理论来论述，不要与美学挂靠。可有的美学书则认为艺术是美学最重要的一个研究对象，必须加以详解，甚至有的主张美学就是艺术哲学。在西方，黑格尔的美学是最为重视艺术论的代表。

这些美学基本知识的构成没有一个统一的内在逻辑，虽然大部分概念都来自西方，但不是取自某一美学派别或某一美学家的论述，以致对概念的阐释，以及概念之间的判断所形成的命题诸种知识表述皆很难达到层次清晰、逻辑自洽的理论要求。

在具备了一些基本的西方美学知识后，中国学者转而去看中国古代文化，这就出现了系列关于中国美学史的著作。至今为止，中国美学史所使用的基本思维方式皆脱离不开西方美学思想的框框。由于中国古代文论思想较为丰富，因此中国美学史大多写成文论史，即使有的美学史试图囊括其他艺术论内容，但大多停留在收集材料并做简单的阐释工作这种阶段。对中国古代的审美活动的评论都大而化之，纳入博大精深的说法就算了事。实际上，这种判断是极成问题的，古人的审美意识的表达或艺术创作，特别是秦朝之后，创造力受到了极大的摧残，艺术作品规模细小，生命意识萎缩，艺术活动成了聪明人打发时间的选择。

那么，百年中国式美学，除了这种对西方美学知识的转述并套用外，它作为一个知识生产场，没有生产什么新知识，也不具备从西方过来的学术本身该有的承继关系方面的意义，这与近代在中西文化碰撞的大气候下出现的知识生产的整体无序的特点有关，具体地说，其他人文学科，比如哲学的知识生产也遭遇相同的困境，同样没有什么创造性。但是美学作为一个西方的学术符号，它在近代以来形成的中国式的知识生产落后闭塞空间中却产生了学术外的独特的文化意义，而且比其他人文学科在某一时期产生更大的社会影响。近代中国社会出现了一股带有启蒙性质的文化思潮，美学知识传播及教育恰恰就在这一思潮中充当了一个重要的角色，有人甚至拔高这一现象，称之为"美学救国"，其实是"文以载道（文艺干预现实）"的传统套路的另一种称呼。它最早可以追溯到黄遵宪的"诗界革命"，循着此革命的思路，后有梁启超的"小说界革命"，与美学最接近的是蔡元培提倡的"以美育代宗教"，受蔡元培影响出现了刘海粟、蔡威廉的"画界改革"。差不多同时期，走"保文化火种"路径的文人如周作人、梁实秋、林语堂、沈从文、钱锺书等，以及明确推崇美学这一学科的朱光潜、宗白华等都可纳入以美学来启蒙国人这一路线。到20世纪50年代后期至60年代初，可能是出自对当时出现的"哲学热"的回应，抑或学科本身的促动，以往所积累的美学知识得到了一次大检验，美学界掀起了一场大讨论①。很多学者从哲学本体论中习得的所谓"主观"（Subject）和"客观"（Object）这类语词来表明自身的美学立场，普遍都往客观论倾斜，以获得政治的合法性。但相比之下，由于美的现象的主观性的程度更为明显，因此还是有学者主张以"主观"来论美。撇开学术含义，"主观论"者呈现了一定的人格力量。"主观"这一话语，成为这场"大讨论"的一个重大信号，它在其他知识领域无人敢自称为"主观论者"的时刻，竟还有勇气提出此说，一定程度确实触及了"美是自由的象征"这类说法的现实意义。"主观"聚集

① 蒋孔阳在《美和美的创造》一书中首次概括为四大派别，即主观派（吕荧、高尔泰）、客观派（蔡仪）、主客观统一派（朱光潜），以及社会性和客观性统一派（李泽厚）。

了某种潜在的心理能量，成为这些学者寻求可能有的专属学术活动的一个空间。空间虽然狭小，可又聊胜于无。

这种"美学大讨论"（有人称为"美学热"① ）现象到 20 世纪 80 年代前期又再一次出现。两次大讨论有很多相似之处，它们都在有限的美学知识范围内进行中国式的排列组合，没有严格的学术意义，甚至与美学本身没太大关系，只是借助美学这一术语进行某种知识训练，但都有溢出这种活动范围外的社会、文化意义。80 年代美学话语与当时关于"真理标准""异化""人道主义"的讨论息息相关，它的核心意义在于通过喊出"美学即人学"的口号来给国人一个争取"个性解放""人格独立"的机会。当时的美学界吸引了大批中国人文学科的尖端人才，一时成为文化奇观。

20 世纪 80 年代以后，美学活动趋于正常化，回归到了学术应有的轨道。有些学者发现了中国美学的某些问题，试图寻找新的美学话语来弥补以往的不足，但长期以来知识的欠缺和视野的狭隘限制了发展的可能，以致出现了美学长期停滞不前的局面，在社会思想中也没能像以前那样发出美学的声音。

三、中国美学知识生产的目标

在 20 个世纪 50 年代就有人极为敏锐地概括出存在一种"中国美学"，它指的是借西方美学的称号来生产中国自己的美学这一现象。显然，这一现象极不正常，如按西方式地进行美学知识生产，应该如何进行呢？除上述学科化、科学化、知识化三个特征外，以下是从更为直观的角度衡量其真正达到有序生产的指标。

第一，真正美学家的出现。对一个文化整体而言，这里的"美学家"指的是像西方文化那样能开创某一学派的人物，最好是由哲学家来承担。美学从哲学分析出来，天然须具备哲学那种理解世界整体的能力。在有了整个哲学体系以后再开辟出美学这一板块的知识，这才能看出美学深刻的发生底蕴，否则

---

① 美学热"的表现特征是：1. 参加学习和研究的人数众多；2. 一时发表的文章和书籍数量上也大大多于其他学科；3. 很多高校教学单位特别是中文系开设美学课；4. 专业学科内讨论的概念、术语溢出学科领域进入大众话语，如李泽厚的"积淀"这一语词，自出现以后很快被非学术类的报纸、杂志的文章所转用；5. 美学这一术语的意义本身被泛化，很多生活领域动辄则称"××美学"；6. 偏远地方的书店、图书馆都能看到美学书籍，正如福柯所说，这说明学科话语权力无所不在，已渗透到社会的很多角落。

随便推出几个所谓美学命题，皆显得浅薄和单一。西方重要的哲学家从柏拉图、亚里士多德到康德、黑格尔，以至当代的海德格尔、福柯等，都是美学家。由此来看，美学的问题还是哲学的问题，中国至今没有一个西方意义上的哲学家，可以推论出美学家也还没出现。退而求其次，能称为艺术家的美学家或稍微有较高鉴赏能力的美学家也极为少见①，老一代的学者像高尔泰是画家，宗白华是诗人，朱光潜是诗评家，他们从事美学研究，也算是具备了较好的条件。

第二，真正美学著作的出现。与第一点紧密相连，美学家当然是由其作品来确认的。美学家本人如不具备整体哲学家的资质，能熟悉某一哲学思想并从中写出与其哲学精神相吻合的美学著作也是一个重要的中国美学知识标志。到那时，汉语真正成为表述这一成果的工具，实现了"让美学说汉语"的目标。教科书也会出现一本纯粹的真正美学意义上的书籍，而不是至今看到的出处多元、内容驳杂、结构混乱的拼凑物②。

第三，真正美学价值的实现。美学知识仅是提供理解精神现象中审美发生的一个途径，它最大的好处就在于满足人们对未知世界认知的好奇心③，至于通过美学这一学科来促动美育的实施，那是"理论转变为实践"的过程，它们之间没有互通性。美育可以成为美学研究的对象，美学能为美育的实施做出某种可行性说明，但通过美学知识绝对达不到美育的效果。所以美学的价值主要就在于增加知识，拓展人们的精神版图，此外不能寄予太多的希望。

以往通过美学引发某些社会局部思想变革的做法皆不是美学知识所能产生的效果，对其使用的美学概念和命题进行推敲，按西方美学的标准甚至构不成美学知识。从主要概念上看，如"主观""客观""实践"④"存

① 朱光潜就一直强调，学美学最好要学点哲学和从事艺术创作，否则会一事无成。可见要成为美学家，这两条途径是必须兼顾的。
② 这一观点被贬称为"零碎论"。参见卢善庆主编《近代中西美学比较》，长沙：湖南出版社，1991年，前言第8页。
③ 吕澂曾称美学是一种"精神的学"，意思是由物刺激产生的心学。参见吕所撰写《美学的性质》一文，载胡经之主编《中国现代美学丛编（1919—1949）》，北京：北京大学出版社，1987年，第7页。
④ "实践"在马哲中随处可见，可与美学联系最密切的是马克思的《1844年经济学哲学手稿》（简称《手稿》）。在《手稿》中，出现"美的规律"这种在马、恩著作绝无仅有的宝贵提法，一时成为中国美学家论美的绝对前提。朱光潜为此还在马、恩编译局翻译完，以及有了刘丕坤个人单行译本的基础上重译《手稿》，晚年的朱光潜实际上也把自己的美学转向实践论。而最集中以"实践"论述美的代表还是李泽厚。

在"① 等说法，中国学者至今都没搞清楚它们的含义，起码在使用这些说法之处不愿意加以概念的考辨，或简单指出其出处的工作都没做到，有的话，也是语义含混，不知所云。本来这些语词意义就极为复杂，如没梳理其来龙去脉就加以运用，甚至还要构成美学体系，那简直是痴人说梦。至于命题，如"美是人的本质力量对象化"，乍一看，就是从"美是理式的显现"（柏拉图），更精致一点有"美是理念的感性显现"（黑格尔），或"美是太一之光的外化"（神学家）之类的命题模仿而来，但已失去了当初那些命题应有的深度和广度，没有了一个思想体系和相关的命题作支撑就对美下定义，把"人的本质力量"解释为"体力和脑力"，一个精深的概念被经验庸俗化，结果显得幼稚。西方所有的美学概念和命题皆有一套内在逻辑作支撑，所以规范有序，圆融合理。

当然，在这问题上，语言是导致中国近代以来不能正确学习西方文化知识的主要障碍，所以，在概念辨析方面，特别要明确中西方语言差异上的主要特性。语言通过言语（言）来表现，文字和语音是言语的两个主要表现途径，中西方语言的主要差别就表现在文字上。每个汉字就是一个表实在的概念（早期文字没有虚词指向，全部是实指），它们能直观地表达所指对象存在的丰富特性，不用通过命题加以扩展解释，判断动词"是"基本上不起扩大知识的作用，汉字具有语言学上"能指"和"所指"的特性。而西方的拼音文字，则仅是一个抽象的"能指"概念，必须赋予有"所指"的各种"是"的

---

① 20 世纪 80 年代后半期，实践论美学开始受到冲击，特别是到了 90 年代，美学界出现了"超越实践美学"的呼声。一批深受李泽厚影响的中青年学者不再崇拜偶像，纷纷亮出自己的美学口号，什么"诗化哲学""超越美学""后实践美学""存在美学""生存美学""修辞论美学""生活美学""否定美学""反美学"等，一时成为时髦。他们主要针对李泽厚早期的"实践"概念发难，认为"实践"只局限在"生产劳动"的含义范围太小，必须扩大"实践"的适用范围，最好集中用"存在"（修辞论美学涉及语言问题，是个例外）来取代。说到"存在"，就自然地联系到西方当代以海德格尔为代表的"存在哲学"。海德格尔的哲学晦涩艰深，中国人至今也没人真正读懂，大致了解海德格尔把"存在"说成一种人的本真状态，充满了自由和对生命的真正体验，而这一点正好打动了美学爱好者，因为直觉告诉他们这不就是一种与美息息相关的诗化生活吗？当陈嘉映、王庆节正在辛苦地重新翻译《存在与时间》，孙周兴更是为能再进一步多读懂些海德格尔的著作而劳作时，一批中文系出身的学者没经过太多的哲学训练就迅速组织出一套话语，特别是把实践美论作为对立面划出了系列不同的原则，他们认为：实践美学——哲学本体是实践，哲学来源为辩证唯物主义，有体系性，美学重要范畴为美感，理论取向承认对人的对象性本质力量的肯定；而存在美学——哲学本体是生命，哲学来源为现象学、生命哲学和禅宗，能否建体系不重要，美学重要范畴是审美活动，理论取向对非对象性的、人与存在合一的生存境界的推崇。总之，比之实践美学，生存美学更重视审美的精神性、个体性、自由性和解释性。

判断才能完善其含义，这种"存在"与"是"分开的思维方式导致了西方注重理论的文化传统，理论能力成为西方人的长项。以之来反观中国古代文化，就可以理解为什么中国人不善于进行理论创作的原因。由此可见，近代以来，学习西方所有学科化知识的主要障碍也是语言及思维问题所导致的。如按古汉语的思维，中国人永远学不好理论，也就不能学会美学知识。除非抛弃自己的语言，完全像西方人那样来思维，当中付出的代价又太大，中国人成了没有文化身份的人，这是不可接受的。还好现代汉语已大大改观了古汉语只重单个概念的不足，拓展了大量的命题，填补了概念之间的模糊空间，使很多语句更为具体和明确，出现了能与西方文化接壤的标志。但这种状况还没有被很好地意识并运用在各种人文学科的知识训练上，以致各个学科（包括美学）的知识生产状况依旧找不到目标。

美学当然不应该停留在理论知识的学习上，它应该有走向实践的可能空间。作为话语的表现方式，美学对审美这一价值活动进行表述，必然会对社会和个人产生某种导向。此处撇开美育和"美学大讨论"式的参与方式，美学在当今的语境下，它最重要的目标是须意识到话语本身的主体问题并为此主体的确立贡献出本学科的力量。没有语言学和逻辑学传统，形成了汉语有两套语法、话语没有独立的地位，这是学科知识生产不能正常发生的主要原因。在西方提出"主体性的黄昏"时，重提主体话语，并不是助长科学理性的那一主体，而是特指中国语言中应促成的主体。

（作者单位：闽南师范大学文学院）

期待视野：接受美学方法论的反思与重构

陈长利

期待视野作为接受美学的"方法论顶梁柱"，其性质如何，至今是一个未解之谜。这个术语在姚斯那里，无论是内涵还是意义，都"模糊不清"，即使姚斯本人提到 1959 年和 1961 年他曾使用过这一术语，待研究者找来文献查看时，也"仍然是语焉不详"①，再加上这一术语与各种各样的复合词或短语合用，如姚斯就提出了"经验视野""生命经验视野""视野结构""视野改变""物质条件视野"② 等，使该术语更加云遮雾罩、扑朔迷离。

接受美学是一种极富创新性的理论，所产生的影响并没有因为"期待视野"这个核心概念模糊不清而湮没无闻，相反，接受美学跨越国界、东进西渐，迅速走向世界，引发了 20 世纪中叶以降西方文艺理论研究重心向"读者"转移。朱立元先生深刻指出："当代几乎所有最新的美学思潮、批评流派，都继续沿着这个转移了的新轨道前进。"③ 接受美学这种在客观上产生的广泛影响，又反过来向理论提出要求，关于"期待视野"的更为合理的内涵还有待于进一步探讨和揭示。

以往对"期待视野"的理解是，读者在阅读前就已经形成的可以赋予任何一个文本的"先在结构"。然而，该认识却使接受美学遭受到来自"本文""读者""阐释""文学史"④ 等四个方面问题的严峻挑战而千疮百孔。接受美学研究者霍拉勃怀着既高度褒扬又无比惋惜的矛盾心情这样描述接受美学在当代的境遇："接受理论的基本假设，一经逻辑的延伸，困境便接踵而至。接受

---

① ［德］H. R. 姚斯、［美］R. C. 霍拉勃：《接受美学与接受理论》，周宁、金元浦译，沈阳：辽宁人民出版社，1987 年，第 341 页。

② 同①。

③ 朱立元：《接受美学导论》，合肥：安徽教育出版社，2004 年，第 459 页。

④ 同①，第 437 页。

理论无疑在引导文学研究的途径上具有巨大的冲击力，左右了文学研究的方法。但接受理论探索的这条道路并没有像我们原先想象的那样开阔和具有多产性。常常令人百步九折，盘旋迂回，或者步入死胡同。"① 这说明，基于"先在结构"的对期待视野的理解，还不能将这种新的理论范式有效地建立起来。

我们认为，以往单纯从"先在结构"方面来理解期待视野，带有很大的片面性，这一认识直接导致接受美学受到各项质疑和挑战而陷入困境与危机之中，关于这一概念的合理内涵亟待厘清与揭示。基于此，本文讨论的问题是：理论界以往"先在结构"的理解是如何形成的；新的合理性解释应该如何；新的理解面对各种问题和挑战能够做出怎样的回应。针对这三个问题，我们逐一讨论。

一、先在结构：期待视野的传统理解

"期待视野"的"先在结构"理解，既有这一术语的理论来源方面片面认识的原因，也有从姚斯本人的相关表述容易引起误解的原因，既有接受美学的重要研究者对期待视野做如是定性的引导性原因，也有译者翻译时未加反思而"直译"的原因。

从理论来源看，姚斯的"期待视野"思想，来源于海德格尔、伽达默尔、波普尔等人。海德格尔与伽达默尔都使用了"视野"这个词。海德格尔在《存在与时间》中认为"视野"包含"前有"，即由"预先有的文化习惯"和"前识"、"预先有的概念系统"和"前设"、"预先已有的假设"三个方面构成，是一种"前结构"②。这种基于现世存在的"先入为主"的见解结构使理解成为可能。伽达默尔继承了海德格尔的这一思想，他把"视野"解释为"我们从一个特殊的有利角度把一切尽收眼底的视觉范围"③。由于这种先入为主的"视野"来源于历史本身，所以它并非是理解的障碍，反而成为理解的条件。科学哲学家卡尔·波普尔和社会学家卡尔·曼海姆都正式使用了"期待视野"这一术语，波普尔认为，期待视野是主体科学观察与科学假说的预定前提，是"首次使观察具有意义并因而认可这些观察的结果"在生活实践

---

① ［德］H. R. 姚斯、［美］R. C. 霍拉勃：《接受美学与接受理论》，周宁、金元浦译，沈阳：辽宁人民出版社，1987 年，第 437 页。

② 朱立元：《接受美学导论》，合肥：安徽教育出版社，2004 年，第 5 页。

③ 同①，第 340 页。

中形成的前科学经验①。艺术史家冈布里奇在《艺术与幻觉》一书中明确把"期待视野"定义为一种"思维定向"②。研究者通常把这些认作将姚斯"期待视野"做"先在结构"理解的直接来源。实际上，对这些来源的认识，存在一定的片面性和简单移用。有的人的思想存在前后变化，如海德格尔，其后期思想更加看重视野在过程中生成思想；有的人的思想恰恰强调了"看"的过程和方式，如伽达默尔；有的人的思想重在自然科学方面，如波普尔。自然科学往往要先有一个假说，然后再通过实验加以验证，这时期待视野构成了研究过程的基本参照系统，而人文科学重在显现过程本身，不能简单移植。

姚斯对期待视野思想的论述主要体现在他 1967 年发表的《文学史作为向文学理论的挑战》一文中，他从文学史更新要求建立一种接受和影响美学出发，引出期待视野的概念，提出文学的历史性在于读者的"先在经验"的思想，"文学的历史性并不在于一种事后建立的'文学事实'的编组，而在于读者对文学作品的先在经验"③。姚斯解释了期待视野构成的问题，在他看来，期待视野是作为系统而存在的，"从类型的先在理解、从已经熟识作品的形式与主题、从诗歌语言和实践语言的对立中产生了期待系统"④。在同一节中，姚斯再次提到读者的期待视野由"传统的流派、风格或形式形成"⑤。从这些表述中可以看出，姚斯不仅本人已经用"先在经验"来描述，而且他对期待视野构成的理解也有脱离具体文本而体现出"先在结构"的倾向。

霍拉勃是对接受美学进行系统评述的重要研究者，他对期待视野的解释是："'期待视野'显然指一个超主体系统或期待结构，'一个所指系统'或一个假设的个人可能赋予任一文本的思维定向。"⑥ 在他的表述中，"先在结构"思想十分明显，它是一种可以独立于文本的，能够赋予任何一种文本的读者阅读能力。也正是基于这种理解，他归纳与总结了接受美学所面对的四个方面十大问题的质疑和挑战。

在 1987 年我国翻译的姚斯和霍拉勃的《接受美学与接受理论》译者前言中，译者对期待视野做了"先在结构"或"思维定向"的解释，也是使"先

---

① 朱立元：《接受美学导论》，合肥：安徽教育出版社，2004 年，第 43 页。

② ［德］H. R. 姚斯、［美］R. C. 霍拉勃：《接受美学与接受理论》，周宁、金元浦译，沈阳：辽宁人民出版社，1987 年，第 340 页。

③ 同②，第 26 页。

④ 同②，第 28 页。

⑤ 同②，第 30 页。

⑥ 同②，第 341 页。

在结构"在我国文艺理论界流行起来的一个重要原因。在该书的"译者前言"中，译者的解释是："'期待视野'（或译为'期待水准'）是姚斯文学史理论中的一个重要概念。'期待视野'是阅读一部作品时读者的文学阅读经验构成的思维定向或先在结构。在阅读活动中，与接受主体的期待视野相对的是接受对象——作品的'客观化'。"① 该解释或者受到译著作者霍拉勃观点的影响，但是对期待视野在"先在结构"上的理解起到了一定的传播和影响作用。

以上四个方面能够说明，在"先在结构"意义上理解期待视野的确有一定的根据。应当说，该理解把握住了期待视野内涵的非常重要的方面，即突出了读者在意义生成中的独立性和首要性，这是使"读者"范式得以产生和确立的前提。但是，这并非是对"期待视野"科学内涵的完整理解。无论是从思想来源的继承方面，还是从接受理论代表作家的深层思想方面；无论是从文学接受的实际情况上看，还是从以期待视野作为方法以沟通审美与历史之间的巨大裂隙这一接受美学的理论宗旨看，这种从"先在结构"来理解期待视野的认识都并不全面。

二、期待视野：在"先在结构"与"体验建构"中互动生成

期待视野更加完整的含义应该是在"先在结构"与"体验建构"中"互动生成"，接受美学的精神主旨是"对话交流"。这一认识，不仅更加符合姚斯和伊瑟尔等理论者的原意，也更加符合文学接受的实际情况。

姚斯在《作为向文学理论挑战的文学史》这篇宣言中说："一部文学作品，即便它以崭新面目出现，也不可能在信息真空中以绝对新的姿态展示自身。……它唤醒以往阅读的记忆，将读者带入一种特定的情感态度中，随之开始唤起'中间与终结'的期待，于是这种期待便在阅读过程中根据这类本文的流派和风格的特殊规则被完整地保持下去，或被改变、重新定向，或讽刺性地获得实现。"② 在阅读过程中，期待视野或者"保持下去""或被改变、重新定向""或者讽刺性地获得实现"，这样的表述，已经说明期待视野在阅读过程中的可改变性特点。姚斯在谈到期待视野构成条件中所说的第三个方面也

---

① ［德］H. R. 姚斯、［美］R. C. 霍拉勃：《接受美学与接受理论》，周宁、金元浦译，沈阳：辽宁人民出版社，1987年，第6页。

② 同①，第29页。

包含了这个意思："首先，通过熟悉的标准或类型的内在诗学；其次，通过文学史背景中熟悉的作品之间的隐秘关系；第三，通过虚构和真实之间、语言的诗歌功能与实践功能之间的对立运动来实现。"① 这里前两点还是谈读者阅读时先在的主体条件，而第三点期待视野是在文本的"虚构"和现实的"真实"之间不断运动中实现的，这就肯定了期待视野现实地产生于阅读过程中，是文本和阅读交互运动的产物。

伊瑟尔的"游移视点"思想认为，整个文本永远不可能被读者一次感知，从另一个方面来说，文学文本也并不是为了指示现存的经验客体。他把"指示"性文本和"转化"性文本区别开来，认为前者预先假定了某种参照，具有明确的意义指向性，而后者把读者的阅读期待从现实的语境中抽离出来，打破最初的参照系，它不是指向一个固有的意义，而是指向文本的艺术世界。他认为，在读者阅读过程中，期待视野不是一成不变的，而是不断在"保存"和产生新的"期待"中推进，"每一个个别的句子相关物都预示了一个特殊的视界，但是，由于下一个句子相关物以及必然由转化产生的不可或缺的修改，这个视界立刻就被转化成背景了。由于每一个句子相关物都指向即将出现的事物，因此被本文预示出来的视界就会给读者提供一种观点，这种观点（不管它有多么具体）必须包含不确定性，以便唤起读者对于解决这些不确定性的方式的期望。这样，每一个新的句子相关物都会回答前一个句子相关物引起的期望（或者肯定地回答、或者否定地回答），同时唤起新的期望"②。在伊瑟尔看来，在读者被修改的期望和被转化的记忆之间，存在着一种持续不断的相互影响，它贯穿了阅读过程的始终。但是，文本自身并不系统表述读者的期望，或者系统表述对这种期望的修改，也不详细解释记忆的可联结性怎样才能得到补充，这是读者自己的领域，有赖于具有真知灼见的读者综合与创造活动，审美客体被持续不断地在阅读中被读者建构，所以，伊瑟尔认为，"成功的交流最终必然取决于读者的创造活动"③。这样，伊瑟尔就建立起来期待视野在阅读中的不断构成的思想，从而维护了阅读过程对于文本的重要性，只是伊瑟尔在专注于文本阅读研究时又忽视了文本外部条件。

---

① ［德］H. R. 姚斯、［美］R. C. 霍拉勃：《接受美学与接受理论》，周宁、金元浦译，沈阳：辽宁人民出版社，1987 年，第 31 页。

② ［德］伊泽尔：《审美过程研究——阅读活动：审美响应理论》，霍桂桓、李宝彦译，北京：中国人民大学出版社，1988 年，第 148-149 页。

③ 同②，第 150 页。

姚斯的理论偏重于宏观的文本外部构成研究，伊瑟尔的理论偏重于微观的文本阅读研究，接受美学的"完整"理论需要把姚斯和伊瑟尔的理论结合起来。这一完整性认识，被后来伊瑟尔指明："接受美学针对的是实际读者，他们的反应证实了某些受历史制约的文学体验；而我本人的审美反应理论则集中探讨文学作品如何对隐含的读者（implied reader）产生影响，并引发他们的反应。审美反应理论根植于文本之中，而接受美学则产生于读者对作品的判断史。因而，前者本质上是系统化的，而后者从根本上说是历史性的，这两个相互关联的部分构成了接受理论。"① 因此，接受美学的方法论应该在姚斯和伊瑟尔这两种理论之间进行调节和综合。

期待视野理论在后来发展中更有进一步丰富和深化。德国学者冈特·格里姆对期待视野做了进一步探讨，他提出存在四种"期待地平线"（即"期待视野"）的可能性："中性—更新—突破：正面失望的期待地平线""中性—静止—期待地平线形成""正—更新—期待地平线形成""正—静止—期待地平线反面失望"②，这里已经不是静止地将期待视野放在先在结构意义上理解，也不是可以应用到一切作品的普遍性存在状态，而是在具体的阅读过程中，期待视野发生现实的改变。正如我国学者金元浦指出的那样，"这里不仅仅存在着一条稳定在某一状态下的期待视野，而且也存在着一条正在期待更新的读者视野"③。这一思想补充并丰富了姚斯的期待视野思想。

朱立元对期待视野的解释是："所谓'期待视界'，是指文学接受活动中，读者原先各种经验、趣味、素养、理想等综合形成的对文学作品的一种欣赏要求和欣赏水平，在具体阅读中，表现为一种潜在的审美期待。"④ 他从皮亚杰的发生认识论中的"同化""顺应"原理中受到启发，提出阅读中有"定向期待"和"创新期待"两种类型的观点。按照朱立元的解释，"定向期待"在阅读中起到选择、求同和定向的作用，为阅读和接受规定基本的走向，这一期待体现出发生心理学的"同化"特点。"创新期待"观点认为："在认识论上，主体的能动性不仅体现为以先在的心理图式去同化客体，而且也表现为主动地调节、变更原有图式以顺应客体，阅读也一样，审美经验的期待视野，作为阅

① ［德］伊瑟尔：《怎样做理论》，朱刚，等译，南京：南京大学出版社，2008年，第68页。
② ［德］格里姆：《接受学研究概论》，罗悌伦译，载刘小枫选编《接受美学译文集》，北京：生活·读书·新知三联书店，1989年，第154页。
③ 金元浦：《接受反应文论》，济南：山东教育出版社，2001年，第126页。
④ 朱立元：《接受美学导论》，合肥：安徽教育出版社，2004年，第61页。

读的主体性，一方面以习惯方式规定着对作品阅读的审美选择、定向和同化过程，而不是纯然地接受作品的信息灌输；另一方面则又不断打破习惯方式，调整自身的视界结构，以开放的姿态接受作品中与原有视界不一的、没有的、甚至相反的东西。"① 而无论是定向期待视野还是创新期待视野都是期待视野，这已经是在先在结构（定向期待）和体验建构（创新期待）两个方面来理解期待视野了。朱立元还认为，姚斯的期待视野作为"前结构"的构成因素，还是不充分的，在他看来，"前结构"包含四个层面和因素，即"世界观和人生观""一般文化视野""艺术文化素养""文学能力"是阅读前结构的四个层面、四个要素的有机结合，而姚斯和卡勒只看到"文学能力"这一个层次和因素，忽视了前三个层次和因素，"实际上是把文学阅读活动从整个人的精神文化活动的总体中割裂开来、孤立起来，这是不符合文学接受实际情况的，因而是片面的"②。

与朱立元的观点相似，金元浦在《接受反应论》中也指出了期待视野这种动态生成的思想。他先对期待视野做出自己的解释，他说："任何一个读者，在其阅读任何一部具体的文学作品之前，都已处在一种先在理解或先在知识的状态。没有这种先在理解与先在知识，任何新东西都不可能为经验所接受。这种先在理解就是文学的期待视野。它是在作者、作品、读者的历史之链中形成的。"③ 虽然，在这里他用"先在理解"和"先在知识"来为期待视野定性，但是，在接下来的论述中，却含有体验建构的含义，他说："同时，从作品来看在每一阅读展开的历史瞬间，任何一部文学作品，'即使它以崭新的面目出现，它也不可能在信息真空中以绝对新的姿态展示自身。'它总是要通过预告、信号、暗示等激发读者开放某种特定的接受趋向，唤醒读者以往阅读的记忆，将读者带入一种特定的情感态度中，开始便唤起一种期待。读者带着这种期待进入阅读过程，以在阅读中改变、修正或实现这些期待。""这样，文学的接受过程也就成了一个不断建立、改变、修正、再建立期待视野的过程。新的本文唤起读者先前的期待视野，并在阅读过程中修正或改变它，以构成新的审美感觉的经验语境。"④ 但是，他没有说明，这样体验建构的期待视野和先在结构是一个什么样的关系，再有，这样体验建构的期待视野和新批评

① 朱立元：《接受美学导论》，合肥：安徽教育出版社，2004 年，第 211 页。
② 同①，第 206 页。
③ 金元浦：《接受反应论》，济南：山东教育出版社，2001 年，第 11 页。
④ 同③。

等形式主义文论中文学对读者的改变有什么不同。

本文认为，期待视野是在阅读前的"先在结构"和阅读中的"体验建构"中互动生成的，它们共同构成了期待视野的现实生成方式。"先在结构"在阅读之前，还是潜在的、模糊的、静态的、排他的，只有在阅读的实际过程中，才使其现实化、清晰化，以及动态变化和开放吸纳，这实际上是一个体验建构的过程。读者的期待视野固然可以根据他的世界观、人生观、审美体验、审美情趣、文学能力等确定，但是这样的确定只能是大体的描述，读者的期待视野实际上是面对对象而敞开的，人的个体就像一个小宇宙一样，佛家讲"一念三千"，人的内心的复杂性决定，如果不加限定地问询一个读者的期待视野，就如同大海捞针渺茫，因为，面向的对象不同，人的期待也不一样。而只有在具体的作品和阅读中，哪怕是最初面对一部作品名称的那一刻，也是一种限定的开始，阅读的实际过程对于形成期待视野的意义就在于，它不仅限定了空间——这一作品，而且限定了时间——此时此刻，除此之外，还限定了特殊审美对象——这一人物、这一情境，也正因为这些限制的存在，才使心灵的小宇宙与这些相关的世界中的对象被照亮，通过对对象发生兴趣而产生进一步阅读的需要，也只有在这时，期待视野才是可以现实地加以描述和确定的。

同时，文学阅读不是作为整体一下子出现的，它是一个复杂的过程，在这个过程中，读者的期待视野不是保持如一不变的，伊瑟尔所谈的流动视点、格里姆所描述的四种情况和朱立元所描述的两种期待情况都是客观存在的，也就是说，我们必须把期待视野看成一个动态形成的生成过程和系统。但是，单单指明这一点，还不能区别开接受美学的期待视野和以前的期待视野有什么不同，因为即使是"文本中心主义"文学范式中也有读者阅读和阅读期待的问题，要想说明这种区别，就不能仅仅从阅读过程本身来说明，也就是我们如果单独强调"体验建构"这个方面是不够的，传统文学理论事实上都存在期待视野在阅读体验中重新建构的问题，因为只有这样，才能保证文学的效用。

真正能够将接受美学的期待视野含义与其他理论区别开来的，是期待视野在"先在结构"与"体验建构"中"互动生成"的思想。单独强调"先在结构"是读者中心论思想，它的极端形式就是费史的读者决定一切的观点；反之，单独强调"体验建构"则是新批评等形式主义文论观点，在他们那里，读者只能顺从文本，按照文本形式的标识来还原意义。而主张在对话交流中"互动生成"思想，则强调了两种不同性质的意义来源，一个来自读者经验，实质上是后现代主义的多元思想，一个来自文本意义结构，实质上是现代主义的理性结构，通过互动生成而产生"第三种意义"。这第三种意义的实质是文本与读者对话的结果，所以说，接受美学的根本精神，是一种"对话交流"。

在"互动生成"的过程中，"先在结构"以读者的文学能力为基础；在"体验建构"中，"先在结构"以文本构成为基础，但是，两者都是运动变化的，"先在结构"将为"体验建构"提供视野、立场和方法，"体验建构"将使"先在结构"不断加以现实化，并不断注入新的动力、源泉和质素，"先在结构"使阅读走向历史，"体验建构"使阅读始终不脱离文本，通过两者的相互作用，使阅读得以顺利展开。"先在结构"中读者所秉持的独特的世界观、人生观、审美经验、审美理想、情趣追求、文学能力等，是使接受美学的期待视野不同于以往的源泉。但是，这些源泉要想成为针对某一艺术作品的期待视野，还需要体验建构来实现，在这个意义上，体验建构又具有照亮、组织、赋形的作用。

总之，"先在结构"需要"体验建构"加以现实化，而"体验建构"需要"先在结构"保证其贴近历史，两者相互作用才形成期待视野的现实形态。期待视野在先在结构和体验建构中互动生成认识，比起"先在结构"的认识，更加符合阅读的实际情况，更能够说明期待视野形成和读者经验变更的实际情况，它既重视文本的客观性、结构性，也重视反思读者的主观性、经验性；它既维护了文本在期待视野现实形成的首要性，也肯定了历史经验读者参与审美对象形成的生成性。

三、新的理解面对质疑和挑战的回应

接受美学遭遇的质疑和挑战主要来自四个方面。霍拉勃在《接受理论》中的概括分别涉及文本的稳定性、读者、阐释和文学史等四个问题。德国学者格林在《接受美学研究概论》中指出的问题与此一致。这四个方面问题的质疑和挑战，无不指向对期待视野做"先在结构"的理解。

（一）文本稳定性的问题

质疑者认为，在接受理论出现之前，文本处于支配的、至高无上的地位，英美新批评把民族传统引入对风格的分析，德国批评界把注意力引向文本的细读。而接受理论的出现却对这种阐释来了个釜底抽薪，"一部客观存在的、不朽的、具有一个独一无二的结构和一个单一的确定意义的艺术作品的概念，一一被多种范型所取代。在这些范型中，作品的本质在于作品效应是永无完成中

的展示，作品的意义是本文与读者相互作用构成的"①。当意义被读者凭借"先在结构"决定以后，文本的稳定性将从根本上被动摇。更有甚者，如美国学者斯丹利·费史，干脆认为文本对于阐释没有什么作用，一切都取决于读者，然而，质疑者的问题却让斯丹利·费史无言以对，没有文本，"读者究竟阅读什么呢？或者说批评家阐释什么呢？"②

来自文本稳定性的质疑和挑战，击中了对期待视野做"先在结构"理解的要害，这种理解，使文本在理论上成为可有可无、随意阐释的东西，这势必使意义走向"相对主义"和"无政府状态"。但是，倘若人类一切意义都被削平，成为一种失去对话的割裂分散状态的话，那么，人类只有一个结果，就是从文明退回到荒蛮。因此，期待视野只有在"先在结构"与"体验建构"中互动生成认识，才能重建文本与读者的对话关系，使意义在文本与读者之间保持一种张力与运动。

来自文本稳定性的质疑和挑战，还有更深层的方面。质疑者在接受美学的方法论中发现了并不比传统新颖的旧有结构，"即使假定艺术作品具有不确定性，在姚斯的理论中，造成阅读变异性的潜在结构仍是恒一不变的"③。在质疑者看来，秉持人本主义和人道主义精神的接受美学的阅读者的"先在结构"与"文本结构"在深层次上是同质的，而接受理论家们打破文本的"稳定性"，暗自引进文本的"确定性"，这实际上是"作茧自缚"。对接受美学来说，这的确是一个十分重要的问题。倘若"文本结构"与读者的"先在结构"同属于一个现代结构的话，就不应该具有像它享有的那么大的声誉，而充其量是对结构内部的读者研究。但事实上，接受美学所开启的是一个崭新的文艺范式，我们称它为"接受说"，它实质上就是后现代主义文艺范式。伊格尔顿在《二十世纪西方文学理论》中认为，"人们的确可以把现代文学理论大致分为三个阶段：全神贯注于作者的阶段（浪漫主义和 19 世纪）、绝对关心作品的阶段（新批评），以及近年来注意力显著转向读者的阶段"④。接受美学创始人姚斯对这样的"范式"到来深信不疑，还为此提出了三点要求："像介绍关于艺术、历史和社会现实的情况那样，介绍关于审美形式的分析和历史接受说方

---

① ［德］H. R. 姚斯、［美］R. C. 霍拉勃：《接受美学与接受理论》，周宁、金元浦译，沈阳：辽宁人民出版社，1987 年，第 438 页。

② 同①，第 440 页。

③ 同①，第 439 页。

④ ［英］伊格尔顿：《二十世纪西方文学理论》，伍晓明译，北京：北京大学出版社，2007 年，第 73 页。

面的分析"，"将结构方法与解释方法结合起来"，"美学涉及效果，而不再只涉及描述，新修辞学应同样关心甲第文学与闾巷文学以及各种宣传工具；要对涉及效果的美学和新修辞学进行检验"①。我国学者金元浦也认为，自 20 世纪 60 年代以来，"西方批评进入了读者中心论的新的理论范式时期"②。由此可见，接受美学所开辟的读者维度，实际上，是把以形式主义文论为代表的现代主义文论引向了"以读者为知识中心"的后现代主义文论。这样，文本和读者的意义来源性质就成了一个是属于现代主义的，另一个属于后现代主义的。在这个意义上理解期待视野是"先在结构"与"体验建构"的互动生成思想，就会明白它其实是关于两种不同性质思想意义之间的对话交流。

概括来说，如果以本文对期待视野的新理解方式重新审视这些问题，就会对质疑有新的回答：第一，接受美学的期待视野方法论的提出，本身就是要动摇文本中心主义的文本坚固性，从这个意义上说，动摇传统文论的文本稳定性是它的题中之意；第二，动摇传统文本的稳定性并不意味着一切都交付给读者，先验结构与体验建构互动生成思想，既强调先在结构的读者方面，也强调体验建构的文本方面，更强调它们之间相互作用的关系方面，这实际上开掘的是一种对话思想；第三，既然有体验建构的文本制约，也就谈不上把意义完全交付给读者随意阐释，重新重视并不等于完全交付给"人道主义"思想传统，接受美学所开辟的是后现代主义思想空间；第四，破除文本霸权的实质是动摇"语言中心主义"或"理性中心主义"，是使更多的审美经验和审美需求凸显出来，这是接受美学追求的价值之一。

（二）读者

按照接受理论家们的意图，读者才是意义与文学史的渊源所在，然而读者的性质是什么，他们没能做出明确的回答，以至于"最激烈的争论都集中于读者问题的研究所关注的问题之上"③。研究者根据自己的理解，提出一大批解释概念，如"意向的读者""想象读者""现实读者""理想读者""被理想化的读者""内在的读者""超级读者""知识读者"等。但是，不管是哪一种对"读者"的理解，都不可避免地把批评的焦点集中在人类主体上，而这

① ［德］格里姆：《接受学研究概论》，罗悌伦译，载自刘小枫选编《接受美学译文集》，北京：生活·读书·新知三联书店，1989 年，第 94 页。
② 金元浦：《接受反应文论》，济南：山东教育出版社，2001 年，第 3 页。
③ ［德］H. R. 姚斯、［美］R. C. 霍拉勃：《接受美学与接受理论》，周宁、金元浦译，沈阳：辽宁人民出版社，1987 年，第 442 页。

正是法国或美国的先锋派理论家一再指出的那种局限性，即"为久遭中伤的'人道主义'传统重整旗鼓"①。

读者的问题，归根到底还是"期待视野"的性质认识问题，如果期待视野作"先在结构"理解，那么这个读者就可能是"现实读者""知识读者"或者"阐释共同体"；如果期待视野是在体验建构的文本方面来理解，这个读者很可能是"内在读者""理性读者"，因为它们是能够按照作品要求来阅读的读者；如果期待视野是在"表现说"中来理解，那么这个读者就是作家创作中的那个"意向读者""想象读者"；如果期待视野是以历史的观点来认识，那么读者就具有了"超级"的性质，因为能够把握历史将会被看成一种"超级能力"。

不同的读者类型背后有着不同的哲学基础和出发点，基于不同的出发点，读者也有着不同的阅读诉求，"'模仿说'下的文学接受，是一种向本体世界追寻的'诚意谛听'；'实用说'下的文学接受，是一种理性旨归的趣味阅读；'表现说'下的文学接受，是一种追求自由精神的体验借鉴；'客观说'下的文学接受，是一种以审美自律为特征的精神补偿；'接受说'下的文学接受，是一种主张多元价值的对话交流"②。按照传统的基于对期待视野"先在结构"理解，由于它偏重对读者的现实审美经验的强调，因而这样不仅导致"把批评的焦点集中在人类主体上"被看成"人道主义"的过时思想，而且，把读者和文本对立开来，这背后是老套的二元论的形而上学思想，这样的思想与接受美学的"对话交流"的主旨精神相去甚远。

在接受理论中，读者是"复数"，不是"单数"。依照对"期待视野"新的理解，对这些问题就会有新的回答，众多的读者类型被发掘出来，并不一定表示"读者"的性质在接受美学中含糊不清。相反，接受美学正是要通过读者实现文本与历史的对话，这种读者就是现实生活中的根据各种原则加以分类的不同人群，他们是实际生活的创造者、经历者、体验者，这些人群既可以是普通读者也可以是知识读者，既可以是作家也可以是批评者、理论者，既可以是个人也可以是阐释共同体，总之，历史是由各种人群共同创造的，接受美学赋予各种读者以独立存在的尊严，正是接受美学的价值所在，它体现出了后现

---

① ［德］H. R. 姚斯、［美］R. C. 霍拉勃：《接受美学与接受理论》，周宁、金元浦译，沈阳：辽宁人民出版社，1987年，第444页。

② 陈长利：《西方文学接受观念的五种类型》，《吉首大学学报》，2015年第3期，第88页。

代主义主张多元价值的"复数读者"思想。

（三）阐释

新范式的当务之急是为旧作品提供新的阐释，这种新的阐释一旦出现，就能够突破旧有的文学标准，并使文学标准重获青春，接受理论最一般化的理论取向是将注意力从文本转向读者，"传统批评所依附的确定的本文被接受者取而代之"①，这时，阐释是在理解文本中的读者能动性显现，因此，它也是姚斯和伊瑟尔的一个核心概念。

对期待视野"先在结构"的传统理解，直接导致了阐释困境。质疑者认为，文学的消费者并不比易变的文本更为稳定。为了解决阅读的稳定性问题，卡勒力图建构一个"结构主义诗学"，费史试图借助文学共同体和共同体的习俗惯例的力量，但是，他们遇到了相同的麻烦，即阐释活动的"未定性"受到确定力量的阻碍，"文学共同体的存在是由于批评中被观察到的一致性所致，而一致性的存在是因为文学共同体内存在着共同的成员"②。这使他们的理论陷入了两难处境和阐释循环的泥潭。

遭遇这种困境，同样是期待视野作为"先在结构"的理解在阐释环节的必然逻辑演绎。倘若撇开接受美学背后所根植的意识形态与社会基础的话，就不可能说清楚文本的性质、读者的性质和阐释共同体的性质究竟有什么不同，因为它们很可能受到同一性结构的制约。而一旦文本与读者的性质是同一个或者难以区分，那么，阐释者就会轻易地抛弃变幻不定的读者而选择更具有稳定性的文本，"我们为什么能够比阅读本文更好地阅读读者、常规或基本原理呢？"③ 这样一来，接受美学的创造性与革命性，就面临着被彻底否定的危险。

根据对期待视野的新理解，新的回答将集中在这样几个方面：第一，阐释的真正对象，既不是对读者的阐释也不是对文本的阐释，而是对读者和文本通过对话交流生成的意义的阐释；第二，制约阐释的真正力量，来自历史或意识形态，它是使对话交流最终定向并保证意义稳定性的那种最终决定力量，因此，接受美学阐释的性质是一种"话语分析"；第三，负责新的意义阐释的真正主体，依然是反思性的知识分子，因为，基于历史过程的话语分析，必须依赖于能够胜任处理这种复杂信息的智力群体，一般读者的阅读是在各个层面发

---

① ［德］H.R. 姚斯、［美］R.C. 霍拉勃：《接受美学与接受理论》，周宁、金元浦译，沈阳：辽宁人民出版社，1987 年，第 447 页。

② 同①，第 448 页。

③ 同①，第 448 页。

生的，其主要职责不在"精神生产"；第四，阐释后的文本意义具有"跨界"的性质，如从现代主义的性质转向后现代主义的性质，从文本走向历史，从"单学科"走向"跨学科"，等等；第五，阐释的价值也将更加丰富，它不仅仅是更好地帮助读者理解文本，而且，它将为更加真实的存在、社会的健全理性、主体的人格建构、经验领域的美育教化等负责。

（四）文学史

从文学作品的影响与效应出发重写文学史，是接受美学的基本理论意图。接受美学不再把文学史看成实际历史过程的派生物，而是认为"文学史必须强调作品作为事件发生的本质以及其历史构成作用"①。文学史将有独立显现现代历史发展过程的能力，"艺术史通过对过去与现在的艺术进行不断的调节，成为一种能够显示'现代的发展'的历史的范式"②。这样的文学史写作，写作主体不单单需要具备实际的历史知识，更需要对文学阐释的历史本身的知识掌握能力，这是从事阐释活动的必要组成部分。

应当说，这样一种重写历史的思想很有价值，它同传统的描述性文学史观不同，它强调了文学史与阐释的关系，使文学史与一般历史的关系获得重新思考。但是，接受美学并没有按照这个意图写出一部文学史，致使"重写文学史"始终是当代理论的一个谜题。困难主要来自两个方面：一方面，如果说当代读者的阅读情况还可以获得的话，那么时间久远的古代读者阅读的实际情况如何获得呢；另一方面，以"先在结构"为前提的阅读理解，如何保证历史上文本阅读情况的独立品格呢？此外，一些先锋派理论更使这一方法雪上加霜。德里达"呼吁历史本身的灭亡"③，在他看来，并不存在历史的客观性。海登·怀特指出，"阅读和写作历史的基本方法是与写一部小说相类似的"④。按照这些思想，如果根本不存在一个"真实"的历史，就使新的文学史重建理论所依赖的"视域融合"方法由于"历史对象"的缺失而化为泡影，而且可能存在的问题还会很多，如"先在结构"背后所秉持的是"读者中心主义"，在读者取得了无上阐释权力的情况下，无数多的读者将把意义引向各个方向；由于"先在结构"的先入为主，将使意义不断向读者倾斜，所谓的视

---

① ［德］H. R. 姚斯、［美］R. C. 霍拉勃：《接受美学与接受理论》，周宁、金元浦译，沈阳：辽宁人民出版社，1987年，第450页。
② 同①。
③ 同①，第451页。
④ 同①，第453页。

域融合将存在被读者任意解释的危险；由于出现为数众多的读者，因而给理论的反思带来无止境的难度；阅读中的相对主义盛行，将使文学史重建的意义被消解；等等。

按照对期待视野的新的理解，我们将对接受美学的文学史重构问题做如下思考：第一，接受美学的文学史重构思想具有极大的原创性，它开掘出文本与阐释这个文学史写作的新视角、新维度，弥补了以往文学史写作思维和视野的缺失；第二，新的文学史写作需要上升到思想范式高度来认识，它实质上是后现代主义思想范式到来，对文学史写作问题的重新思考，新的文学史写作将重视"更多的价值"和"民主的进程"，因此，它是一个系统化的社会性工程，而不仅仅局限于文学领域；第三，新的文学史写作是一种"视域融合"式的写作，它不仅受到读者的限制，同时受到文本的限制，而且将在二者的对话交流中把握生成性的意义；新的理解并不认为历史服从于任意阐释，存在者自有其存在的尊严，事实上，通过知识考古学、谱系学等现代科学方法进一步认识历史是可能的，新历史主义把历史等同于小说，是对历史客观性的抹杀；第四，新的文学史写作方式不能取代以往其他种类的诸如"自然史""精神史""实证史"等的文学史写作方式，因为它仅仅开辟了一个新的思维向度或认知视角，不是对以往版本的覆盖和剔除；第五，新的文学史写作方式依然受到历史上形成的各种思想范式的限制，不能将一种范式下的写作原则僵硬地运用到另一种范式之下，例如，不能把后现代主义多元价值的写作原则机械地搬用到前现代文学史的写作中去，用后现代主义的思维方式去图解前现代人的生活行为方式；第六，阐释者的"前结构"和心理图式问题，包括"世界观和人生观""一般文化视野""艺术文化素养""文学能力"等四个层次、要素的有机结合①，是新文学史写作的必要主体条件。

结论

尽管接受美学遭受到如上挑战，但是，霍拉勃还是对接受美学表达出了一种热切期望："假如接受理论能跻身于其他当代思想方式，并相互引发，接受理论则可能再次向文学提供一种备受欢迎的'挑战'，恰如它为一代德国批评

---

① 朱立元：《接受美学导论》，合肥：安徽教育出版社，2004年，第206页。

所起到的振聋发聩的作用一样。"① 面对 20 世纪以来形式主义文论和（庸俗）社会学文论的对立，米勒在《文学理论的今天的功能》中指出了下一步文学批评的研究趋势："下一时期文学批评的任务，将是在修辞学式文学研究同当前具有不可抗拒的吸引力的文学外部关系研究之间作调停工作。"② 可以说，文学理论走向内部与外部的统一研究是当代文艺理论发展的总体趋势。接受美学率先看到了这一趋势并把握住历史提供的契机，及时地提出了通过读者期待视野及其变更的方法，实现"沟通文学与历史之间、历史方法与美学方法之间的裂隙"③ 的理论宗旨。通过以上对期待视野及其有效性的重新阐发，能够认为，"期待视野"是一种独立而有效的方法论，通过它，开辟了"接受说"文艺范式，这一范式也就是后现代主义文艺范式。

综上所述，传统理论在"先在结构"意义上理解期待视野这一接受美学"方法论顶梁柱"并不能有效实现它所追求的沟通审美与历史的宗旨，这一方法论所遭受的尖锐挑战，促使了对期待视野做进一步深化研究的要求。本文在前人研究的基础上提出接受美学期待视野在"先在结构"与"体验建构"中通过"对话交流"而"互动生成"的思想，认为这一思想更加符合文学接受的实际情况和理论者的深层思想，该认识有助于回应接受美学面临的主要挑战，促使接受美学方法论重新获得有效性。本文对后现代主义文艺范式即"接受说"的形成具有方法论上的反思与认识意义。

（作者单位：中国矿业大学人文与艺术学院）

---

① ［德］H. R. 姚斯、［美］R. C. 霍拉勃：《接受美学与接受理论》，周宁、金元浦译，沈阳：辽宁人民出版社，1987 年，第 455 页。
② ［美］科恩：《文学理论的未来》，程锡麟，等译，北京：中国社会科学出版社，1993 年，第 124 页。
③ 同①，第 23 页。

中国数字美学的兴起
——论数字美学的中国学派

孙恒存　于海洋

一、中国数字美学

　　一个时代有一个时代的美学，数字化时代孕育了崭新的美学范式，这种新的美学范式通常被称为"数字美学"①。相对于"模拟美学"而言，数字美学是关于数字化语境中文艺与文化的美学形式，"数字性"是数字美学的"标出性"② 特征。20 世纪后期，数字美学在国外首先孕育萌发。国外数字美学历经半个世纪的稳定发展，已经由初始阶段的学术增长点发展为当下西方美学研究的聚焦点。诸多人文社会科学甚或自然科学围聚过来从跨学科和多学科的角度打量数字美学，形成众说纷纭的西方数字美学理论思想。数字美学在西方学界已经取得了稳固的研究阵地，这标示了数字美学的时代精神在当下风头正劲。国外数字美学的时代精神在新世纪进入国内学界可谓恰逢其时。数字美学在国内的兴起本质上就是顺应并力图引领世界潮流内数字美学的时代精神，而我们对中国数字美学的研究现状与发展前景的思考成为这个时代精神下的一个小小注脚。

　　从 20 世纪末期到 21 世纪初期，数字技术、数字媒体、数字化生活在国内高速和稳定的发展为中国数字美学的兴起提供了孵化温床。

　　首先，中国数字美学以数字技术为依托。

　　数字美学以数字技术为前提，没有数字技术就没有数字美学。国内在 20 世纪 90 年代的现代化进程中大力发展数字通信技术。《1995 年国务院政府工

---

① 孙恒存、张成华、谭成：《文艺研究的数字审美之维》，成都：四川大学出版社，2013 年，第 63 页。
② 赵毅衡：《符号学原理与推演》，南京：南京大学出版社，2011 年，第 281 页。

作报告》认为，通信领域的基础设施在当年"以北京为中心、以光缆为骨干的全国现代化数字通信网络将基本建成"。迈入新世纪，国内已经从数字通信基础设施的铺设发展到数字化、网络化技术的应用和管理，以数字网络技术为核心培育并发展了以信息产业为代表的高新技术产业，加速推进经济和社会的数字化和信息化。

国务院政府工作报告从 2001 年开始出现了"数字化"和"网络化"的表述。例如，2018 年国务院政府工作报告对数字技术的布局和重视有如下表述："实施大数据发展行动，加强新一代人工智能研发应用……为数字中国建设加油助力。"概览 2018 年的国务院政府工作报告，我们可以从国内数字化和网络化技术的开发、应用和管理的历史叙述中总结出八个基本结论：从技术到产业，从有线到无线，从生产到消费，从固定到移动，从单线到并网，从互联网到物联网，再到"互联网+"，从数字创意产业到新一代人工智能，从宽带中国到数字中国。由此看来，国家对数字技术的战略布局一方面展现了数字化和网络化技术在新世纪的发展现状，另一方面也意味着国家为数字化和网络化技术的发展提供了有效的法律政策、资金投入和管理引导。这强有力地保障了数字技术的飞速发展和应用。数字技术是一切数字文化的源泉，列席数字文化中的数字美学也不例外。其实，数字技术正是数字美学中数字性的核心内涵。总之，国内数字技术的发展为中国数字美学的兴起架桥铺路。

其次，中国数字美学以数字媒体为玩具。

从数字创美到数字审美，数字美学在创作、传播和接受的各个环节中都离不开数字媒体。数字媒体是网络作家进行创作的"法场"，是文化产业机构进行传播的中介，是网民阅读、观看、聆听的聚集地。

数字媒体尤其是数字文艺文本的载体。文艺文本存在的先决条件是它可以被固定、被铭记、被证实，而文本的固定性在历史发展中表现为不同的载体形态。传统文艺的载体是以模拟信号为基础的原子和电子，它以纸质媒介与电子媒介为存储方式。而以网络文艺为代表的数字文艺的载体则是以数字信号为基础的比特。数字化的存储和转换使数字文艺的载体装置、呈现设备迥异于传统文艺作品。新世纪以来，计算机的普及化、智能手机的大众化、数字屏幕的标配化、新媒体（社交媒体、自媒体、融媒体、全媒体、流媒体等）的兴盛、客户端的多样等方面表征了国内数字媒体的爆炸式繁荣发展现象。这实际上为数字美学开辟并拓展出了源源不断的实践场地。

数字媒体越来越变异为人类的"媒介玩具"，数字媒体的玩具属性促使数字美学深入人们日常生活的毛细血孔里——数字美学的日常生活化。"媒介玩具的思想认为媒介、媒体本质上是玩具和游戏。人们把新世纪的媒体装置当作日常生活中的玩具和玩偶，这饱含了诸多的情感因素"①，数字媒体不再仅仅是一种机器工具，而是变异为人类的游戏玩具，它如同家养的宠物般成为我们身边的"伴侣物种"。简言之，数字媒体成为我们的媒体伴侣，它不仅呈现了数字美学，同时也直接孕育了蔚为壮观的数字美学实践。

最后，中国数字美学是数字化生活中的高级需要。

当数字媒体成为人们的媒体伴侣之后，数字美学成为数字化生存中的一场重要的精神活动。"数字美"的创作、传播和接受等环节始终在数字化生活的社会现实中开展。因此，国内数字化生活的幸福指数成为中国数字美学发展程度的参考系数。

数字化生活是满足人民日益增长的美好生活需要的重要途径，国家重视大众数字化生活的建设和发展。2016 年国务院政府工作报告要求"深入推进'中国制造+互联网'……大力发展数字创意产业……建设一批光网城市，推进 5 万个行政村通光纤，让更多城乡居民享受数字化生活"。以数字化为支撑的网络技术为解决国内不平衡不充分的发展贡献了巨大力量。微信支付、网络问政、美团外卖、网络阅读等是从经济、政治、社会、文化等方面来看当今大众的数字化生活。其中，网络阅读所蕴含的数字美学在数字化生活中处于马斯洛所谓的高级需要层次。因此，数字化生活为满足人民对美好生活的向往提供了一种高级的精神食粮——数字美学。

概括起来，中国数字美学以数字技术为依托，通过数字媒体玩具，内化为"数字化生存"（尼葛洛庞帝）的高级需要。这些线索无不提醒我们——中国数字美学已然兴起。

二、中国数字美学的研究现状

从台湾作家痞子蔡（蔡智恒）的网络小说《第一次的亲密接触》（1998）算起，中国数字美学实践已经有近二十年的历史，以网络文艺为代表的数字文艺、文化在这二十年中得到空前发展和繁荣。近两三年，中国数字美学实践开

---

① 孙恒存：《媒介玩具、媒体事件与微博文化批判》，《廊坊师范学院学报》（社会科学版），2017 年第 1 期，第 42 页。

始走向国外，中国网络文艺越来越受国外消费者的青睐。例如，美国流媒体巨头网飞公司在2017年年底购买了中国网络剧《白夜追凶》的版权。可见，中国网络文学已经在美国好莱坞电影、日本动漫、韩剧等文化类型之外寻找到适合本土特色和民族精神的新兴文艺类型，培育出了世界瞩目的新型文化业态。同如火如荼、高歌猛进的国内数字美学实践对比，中国数字美学的研究起步晚、发展慢，缺少必要的理论自觉意识和实践应用转化。总结起来，中国数字美学的研究现状大体上呈现出三个特点。

第一，中国数字美学研究仍在初期发展阶段。

国内多数学者习惯从诗学、叙事学、艺术学、媒介学、文艺批评等角度研究我国新的文艺形态和新的文化业态。这以黄鸣奋、南帆、欧阳友权、周宪、赵宪章、金惠敏、陶东风、金元浦、单小曦、陈定家等学者为主要代表。如果以"数字美学"这个范畴作为研究的逻辑起点，那么中国数字美学研究目前仍然处在初期发展阶段，这表现为五个方面：

（1）从事该领域的研究者偏少。当然，何志钧、颜纯钧、马立新、孙恒存、胡新桥、樊艳春、赵文书、李小丽、封帆、沈淑琦等少数研究者也注意到"数字美学"范畴，但是从该范畴进行理论阐述和建构的学者仍然少之又少。（2）以数字美学为书名的学术著作偏少。目前来看，只有马立新的《数字艺术与数字美学》（2006）、孙恒存的《文艺研究的数字审美之维》（2013）两本学术专著专门探讨了数字美学问题。（3）关于数字美学的专题研讨会并未提上日程，课题申请项目则是凤毛麟角。目前，关于微电影、网络小说的国际性学术会议和国家社科基金项目层出不穷，而对这些新兴文艺类型的美学关照却并未引起学者的关注，相应的会议研讨自然处于空缺状态。课题项目中值得重视的是何志钧教授申请的国家社科基金规划项目"数字美学理论话语建构研究"【19BZW027】，该课题项目通过审批也预示了国家对该领域研究的重视。（4）高校硕士博士学位论文至今没有涉足数字美学领域。学位论文是衡量一个学术热点是否形成的重要参数。数字美学在硕士生和博士生的研究视野之外，而这个研究领域又蕴藏着丰富的资源，需要高校教育进行大力引导和鼓励。（5）关于数字美学的专门的学术期刊阵地仍然处于空白状态。专门的学术期刊才能把一个学术研究领域推到学界的风口上，形成系统而深厚的学术议题并引起百家争鸣，而数字美学没有这样的学术期刊阵地。

笔者在2011年转向数字美学理论的研究领域，并在随后的五年内共发表了十几篇关于数字美学的系列论文，围绕着数字美学的核心范畴进行了多维探求。我们既深入勘查了数字美学的理论资源，又将所论证的数字美学理论在国内诸多新的文艺形态和新的文化业态中进行实践操作和分析应用。但是，中国数字美学研究因研究力量薄弱、研究资金匮乏、研究热点难聚、研究成果鲜少等诸多障碍，导致它在近十年的发展中一直不见起色，如冬眠般蛰伏。中国数字美学研究仍然在披荆斩棘中"上下求索"，而其内部潜藏的研究空间和思想魅力是吸引研究者的红利，这也是它在未来能一飞冲天、一鸣惊人的不竭动力。

第二，中国数字美学研究忽略了国外数字美学的译介。

国外数字美学起步早、发展快，已经形成了丰富的理论遗产和思想宝库。我们应该积极译介国外数字美学的研究成果，为中国数字美学研究提供可资借鉴的方法和理论。但是，中国数字美学研究恰恰忽略了对国外数字美学的译介工作。国外数字美学的译介主要包括两个方面：

首先，译介国外数字美学的论著。国外数字美学的思想观点、理论体系主要集中在相关学者的论著中。译介这些数字美学论著是国外数字美学译介工作的重中之重。中国知网的数据表明，国外数字美学的学术论文并未以中文形式译介到国内期刊刊发。国外数字美学在国内的译文仍然空缺，这也正是未来研究的着力点。据 CALIS 联合目录公共检索系统的查验，国外数字美学的学术译著只有肖恩·库比特的《数字美学》（2007）。书名不含"数字美学"，但是所涉主题关于数字美学的学术译著包括马克·波斯特的《互联网怎么了?》、莱恩·考斯基马的《数字文学：从文本到超文本及其超越》、威廉·J. 米歇尔的《比特城市：未来生活志》、凯瑟琳·海勒的《我们何以成为后人类：文学、信息科学和控制论中的虚拟身体》等。而国外数字美学的一些重要专著并未翻译到国内，如约翰娜·德鲁克的《光谱实验室：推理计算中的数字美学和项目》、约兰达·维多利亚·芳多拉的《走向数字美学》等。可见，国外数字美学的论著缺少系统的译介。

其次，推介国外数字美学的学者。国内的期刊、学术会议、专业教材等都没有系统介绍和推荐国外在数字美学领域的研究者，同时也很少邀请当今知名的西方数字美学研究者来国内开办学术讲座和参加学术会议。国外数字美学研究目前已经聚集了一大批学者，其中不乏在西方学界已有影响力和知名度的权威，如肖恩·库比特、马克·波斯特、迈克尔·迪特、维托·坎贝奈利、莫妮卡·塔瓦雷斯等。目前来看，这些学者大多不为国内学者、高校研究生所熟知，这种情形严重制约了国内数字美学研究的普及和提高。这些学者在西方数字美学研究领域已经积累了相当深厚的理论基础，具有一定的权威性和发言权，我们需要向国内学者尤其青年学者推介他们及其研究成果。

第三，中国数字美学研究缺乏自觉的理论建构意识。

中国数字美学研究的最终目标是探索出一条适合国内数字文化氛围的数字美学的思想方法和理论体系，以期形成数字美学研究的"中国学派"，把国内的数字美学实践借助全球化的道路引介到世界舞台。

但是，中国数字美学研究在当下仍没有给出一个既具有本土经验又兼具世界意识的理论体系，也没形成关于数字美学的思想流派。多数既有的数字美学研究者是从具体的数字艺术与数字设计着手，运用数字美学的概念分析了数字电影、智能化城市设计、别墅空间设计、好莱坞大片、媒体艺术、故宫国宝的数字呈现等数字艺术设计作品①。这些研究者虽然从数字美学角度介入，但是止步于具体分析和概念应用，并未深入、多维地阐述和论证数字美学的理论体系和思想容量，也并未意识到数字美学在当下的研究现状和未来的发展前景问题，同时更忽略了数字美学最丰硕、最有名的指涉对象——网络文艺。

中国数字美学研究之所以出现这样的尴尬局面和游击策略，主要是因为国内研究者缺乏自觉的理论建构意识。该领域的研究者仅仅是吉光片羽、蜻蜓点水般地借用该核心范畴，并未对其进行深挖和细究。换言之，既有研究者没有意识到数字美学范畴的核心地位和学术凝聚力，也没意识到该领域的研究潜力和学科聚集力，更没意识到数字美学研究对当下人们精神生活的重要意义。数字美学是一个核心范畴，围绕这个核心深究细探才能酝酿出自成一家的理论观点，形成别具一格的思想体系。因此，国内数字美学研究的学者首先应该树立这种自觉的理论建构意识，从而为国内打造数字美学的中国学派贡献自己的智慧。

三、中国数字美学的发展前景

新时期以来，国内美学研究围绕着"实践美学"（李泽厚）、"后实践美

---

① 马立新：《数字艺术与数字美学初探》[《山东师范大学学报》（社会科学版），2006年第4期]、《数字美学论》[《中国石油大学学报》（社会科学版），2008年第1期]；李小丽：《大片中的数字美学》，《当代电影》，2008年第3期；颜纯钧：《从数字技术到数字美学?》，《电影艺术》，2011年第4期；樊艳春：《数字美学在当代别墅空间设计中的应用研究》，大连工业大学硕士学位论文，2014年5月；胡新桥：《智能化城市的数字美学》，《包装工程》，2015年第6期；封帆：《赛博时空里的体温》，《装饰》，2015年第11期。

学"（杨春时）、"生态美学"（曾繁仁）、"生命美学"（潘知常）、"身体美学"（王晓华）等美学形式进行了持久而深入的阐述和对话。无论是中国传统美学的现代转换，还是现代美学与后现代美学之争，甚或审美日常生活化与日常生活审美化的讨论，数字美学并未介入这些美学争鸣的现场。一方面，数字美学理论处在国内美学研究的边缘位置；另一方面，国内数字美学实践却在全国甚或全世界范围内红红火火地持续高涨和走俏。中国数字美学的"热实践"与"冷理论"间的悖论恰恰说明，中国数字美学研究在新时代具有无比诱人的魅力和广阔的发展前景。当前，中国数字美学未来的发展前景主要集中在两个方面：

第一，锚定中国数字美学的学科属性和定位。

中国数字美学当下迫切需要寻找一种学科属性和意识形态定位的归属感。学科属性和定位具有聚集效应，可以据此开展专业设置、师资建设、招生培养等学术训练和教育业务。中国数字美学只有在锚定了学科属性和意识形态定位的基础上才能在未来取得长足发展。

数字美学是一种技术美学，这是它的学科属性。数字美学首先是一种美学，它隶属一级学科哲学的二级学科美学的名目之下。具体说来，数字美学归属于技术美学里面，技术美学是美学的三级学科，这是由数字美学的数字性特质所决定的。"我们必须审查新技术的生态指标，以社会文化的规范性基础来引导和规范技术的未来走向。具体来说，就是以数字审美精神所产生的美学风格、美学观念、美学原则等社会伦理和文化诉求来甄别、选择、应用数字媒介技术，规范科学技术的未来发展方向。我们既要做技术推动者也要做技术负责者。"[1] 但是，数字美学具有跨学科的属性。在跨学科的属性上，数字美学是科技哲学与文艺美学间的交错叠合。技术美学本身就是指自然科学的"技术"与人文社会科学的"美学"之间的交叉。因此，数字美学可以聚集一批自然学科和人文学科。我们主张在建制归属上把数字美学列入哲学美学类，但是在开展业务研究时坚持其跨学科的属性，让诸多学科带着自身的理论武器和科学技术进入数字美学领地里"八仙过海、各显神通"。

中国数字美学的意识形态定位是"新时代人民美学"[2]。数字美学显然是

---

[1] 孙恒存：《论数字审美的符号原理与美学原则》，《中国美学研究》（第八辑），北京：商务印书馆，2015年，第61-62页。

[2] 孙恒存：《数字美学的意识形态维度：论新时代人民美学》，《廊坊师范学院学报》（社会科学版），2018年第2期；孙恒存：《新时代人民美学及其现实主义精神》，《当代文坛》，2019年第3期。

在 21 世纪以后从国内数字文艺"大众生产"的创美实践与"万众消费"的审美实践中慢慢积累而成的美学形式，它是百年人民美学在当今国内的具体形式和时代形态。数字美学就是新时代人民所肩负着的中国特色社会主义文化实践任务的主要的美学观念。准确说来，中国数字美学的意识形态是新时代人民美学。新时代人民美学在数字美学的时代形态中勇做媒介实践的弄潮儿，它立稳了潮流、把握了脉动、倡导了品格，牢牢抓住了美学的意识形态领导权。

第二，明确中国数字美学的研究范围和方法。

任何学科必然有一个研究范围，尤其对于新兴学科而言。研究范围的划定某种意义上塑造了该学科的独特身份，从而加强其存在的价值和意义。因此，我们当务之急就是明确中国数字美学的研究范围，在此基础上探索其研究方法。

中国数字美学的研究对象是国内基于数字性的文艺形态和文化业态，因此它的研究范围显然就圈定在数字文艺和文化的类型中。这包括"人工智能文艺""网络文艺""赛博格文艺""网络文娱"等数字文类，它们是国内最为活跃的新型文艺与文化。人工智能文艺、网络文艺、赛博格文艺分别从文艺美学中的生产创作、传播媒介和消费接受的角度对数字文艺进行分门别类，网络文娱是数字文化产业中的具体对象。人工智能文艺是指人工智能创作的文艺，例如微软小冰的诗集《阳光失了玻璃窗》、"做诗机"等。众所周知，网络文艺有广义、本义和狭义的界定。广义网络文艺是互联网上的一切文艺形态即"网上文艺"，本义网络文艺是网络原创、传播、接受的新型文艺形态，狭义网络文艺是包括超文本文艺在内的具有先锋、前卫、实验性质的数字文艺。赛博格文艺是指文艺接受的赛博格化。显然，人工智能文艺、网络文艺、赛博格文艺之间具有交叉重合，它们仅仅是按照不同维度来思考数字文艺。数字美学研究要总结这些新型文艺与文化的创美经验、美的传播规律和审美体验，因此，中国数字美学的研究范围是对人工智能文艺、网络文艺、赛博格文艺和网络文娱提出美学关照和打量。

从中国数字美学的研究范围来看，它以跨学科的姿态涉及哲学、美学、语言学、文学、传播学、艺术学、计算机科学技术、信息科学、心理学、社会学等多种学科地界。数字美学的跨学科特点意味着其研究方法的多元化和交叉性。中国数字美学既需要定性研究也需要定量研究，既需要思辨推理也需要实验测试，既需要心灵体验也需要文本阐释，既需要从单个学科入手也需要从多学科、跨学科和间性学科入手。可见，明确中国数字美学的研究范围和方法才能对其"庖丁解牛"。

总之，数字创美实践、美的数字传播实践和数字审美实践在国内已经形成了全面的社会现实与火热的文化现象，海量的数字美学事件内含着巨大的数字美学思想。中国数字美学研究迫切需要总结这些数字美学事件中的创美经验和审美体验，形成数字美学的本土思想和中国经验。在此基础上，我们需要把中国数字美学理论应用到国内数字创美和审美的具体实践中、转化到国内数字美学实践的文化产业链中，把数字美学的本土思想和中国经验带到世界舞台中心，为全球化数字美学研究提供中国方案和中国智慧，"打造数字美学研究的中国学派"①。

基金项目：2016 年内蒙古社科规划青年项目"内蒙古网络文艺审美实践研究"【2016NDC113】阶段性成果

（作者单位：内蒙古大学文学与新闻传播学院，山东科技大学矿业与安全工程学院）

---

① 何志钧、孙恒存：《打造数字美学研究的中国学派》，《中国社会科学报》，2018 年 12 月 3 日第 4 版。

网络文学：经验、范式与美学期待

刘桂茹

按照学界的研究，中国网络文学自 1998 年台湾作家痞子蔡（蔡智恒）《第一次的亲密接触》发表算起，至今已走过超 20 多年的发展历程。网络文学搭乘媒介变革的快速传播通道，从轻舞飞扬的自由书写到资本介入的类型化写作，再到现实化、经典化的写作诉求，开启了当代文学 70 年来阵容最为庞大的文学发展进程。尽管人们对网络文学的整体质量和美学诉求还有许多批评的意见，但不可否认的是，网络文学快速发展的 20 余年中，其不同于传统文学的美学经验和发展范式，为当代文学 70 年开辟出了别样的文学风景，提供了新媒介时代的阅读体验和文化消费方式，并以其不断靠近主流化的角色位移成为当代文学 70 年脉络中不可或缺的重要组成部分。

一、网络文学：现状与经验

根据中国互联网络信息中心（CNNIC）第 44 次《中国互联网络发展状况统计报告》，截至 2019 年 6 月，我国网络文学用户规模达 4.55 亿，较 2018 年底增长 2253 万，占网民整体的 53.2%[①]。这一组数据刷新了现阶段网络文学用户的庞大体量，表明了网络文学受众人群的广泛性和公众对网络文学的关注程度，彰显出当下"欣欣向荣"的网络文学景观。事实上，现今的网络文学已然超越了文学本身的影响力而成为一个备受关注的文学与文化现象。

自 20 世纪 90 年代以来，网络论坛、文学网站、博客、微博、微信公众号等网络空间呈现出热闹非凡的文学写作景象。任何懂得文字写作和文字编辑的

---

① CNNIC：第 44 次《中国互联网络发展状况统计报告》第 40 页，http://www.cnnic.cn/hlwfzyj/hl-wxzbg/hlwtjbg/201908/t20190830_70800.htm。

人都可以借助网络轻而易举地进入文学领域。蔚为壮观的网络文学开启了新的文学审美体验，也把更多的人带入文学这个曾经的神秘殿堂。在网络文学发展的最初阶段，人们普遍为先进技术所带来的"平等、自由、开放"精神欢呼呐喊，普通网民的"信手涂鸦"和"胡思乱想"成为展示自我的重要方式。网络媒介为文学写作带来了空前的自由与解放，众声喧哗成为网络时代的奇特景观。

台湾网络作家痞子蔡《第一次的亲密接触》被公认为中文网络文学的发端。随后，宁财神、安妮宝贝、李寻欢、邢育森、慕容雪村、雷立刚等网络作家带来了一系列知名作品，包括《成都，今夜请将我遗忘》《八月未央》《彼岸花》《此间的少年》《与空姐同居的日子》等。这一批网络作家可以说带动了网络文学的最初起步和发展，似乎宣告了"人人都可成为艺术家"的网络时代的最终到来。自由表达个性情感，恣意书写青春心事，成为这一时期较为集中的主题。不久之后，痞子蔡恢复了本名蔡智恒，成为一名畅销书作家；安妮宝贝成功转型进入知名作家行列；宁财神成为影视剧编剧；而李寻欢则干脆下海，成为一名书商。随着安妮宝贝这一批知名网络作家跳出屏幕离开网络，网络文学也走向了另一个发展阶段。

2003年起，阅读付费模式和IP热潮开启了网络文学迅速成长的新阶段，资本介入带动了网络文学走向产业化发展格局，各大文学网站拥有玄幻、穿越、宫斗、仙侠、游戏、历史等类型丰富的小说，并借助各类数据遴选推送给读者。其中，以《鬼吹灯》为代表的网络文学引领了玄幻、探险等类型的创作热潮。这种类型文学作品大量涌现，包括《盗墓笔记》《小兵传奇》《诛仙》《星辰变》《盘龙》《飘渺之旅》《魔易乾坤》《歧天路》《白狐天下》《知北游》等，成为网络文学中的"大军"。随着这批类型题材作品的走红，萧鼎、当年明月、天下霸唱、月关、血红、酒徒、江南等作家一跃成为网络作家群体中的"大神"。现如今，网络作家群体、读者群体，以及网络文学作品数量持续增长，规模庞大，网络文学运作模式日臻成熟，正朝着产业化方向踏步前行。网络文学也已成为产业资本打造大IP或是超级大IP的内容源头和关键配置，串联起电视、电影、动漫、游戏等泛娱乐产业链。

近年来，随着《宦海沉浮》《大江东去》《欢乐颂》《都挺好》《大国重工》等一批现实题材小说的获奖和走红，网络文学从充满想象的玄幻、穿越之维转向了现实之维，现实题材作品逐渐增多，体现出网络文学创作的观念调整和美学转向。从各大网络文学网站的类型和作品数量来看，现阶段的网络文学现实题材占有越来越突出的分量，尤其是在国家政策和顶层设计的引领下渐成气候，成为网络文学网站吸引读者的新亮点。比如，网络作家齐橙的《大国重工》，聚焦我国重型装备领域自 20 世纪 80 年代以来的发展历程，正是现阶段网络文学现实题材的重要代表作。现实题材作品在各平台所占比例不断提升，改变了过去网络文学以穿越、玄幻、宫斗等题材为主的类型文学"霸屏"的现象，逐渐形成相当规模的现实类题材创作风向。

网络文学不仅在国内拥有广泛受众，其借助全球媒介传播的便捷通道也受到许多海外读者的追捧。大约从 2014 年起，中国网络文学"走红"海外市场的消息成为各路媒体争相报道的热点话题。根据相关的数据报告，中国网络文学对外传播的足迹遍布全球多个国家和地区。国内最大的网络文学平台阅文集团旗下的"起点国际"成为首个上线的网络小说海外输出平台，已上线超过200 部作品，吸纳海外注册作者超过 1000 人，并且已在多个国家与当地较大网站对接海外版权、组建翻译团队、打造海外发展版图。在日本、新加坡、越南、泰国、美国、俄罗斯等国也均有大大小小的翻译中国网络文学的网站，其中较为知名的有"武侠世界""引力传说""弗拉雷翻译网"等。从本土网络文学产业的不断壮大，到网络文学的相关产品（小说、电影、动漫、游戏等）传播至东南亚、日韩、欧洲、北美等国家，中国网络文学产业的版图和声势在世界网络文艺发展格局中成为一道独特而抢眼的风景。

二、网络文学：范式与更迭

互联网的低门槛进入，使普通网民获得了空前的书写和言论自由，网络书写的迅速膨胀和网民数量的直线上升，事实上就是这种强烈的言说和表达欲望的爆发。而随着文学网站的市场化运作，许多网络作家纷纷成为网站的签约作者。这种状况更激发了网络文学的全民创作热情，并间接提升了网络文学朝向广阔的社会背景发掘题材及不断更新的动力。经过长时期的积累，网络文学"步入了时代文学的殿堂，成为一支不可小觑的文学新军。数字技术和传媒市场的双重力量已经在文学的广场上扬起了一面网络文学的新旗帜，文学的格局正在遭遇数字技术的重整"①。网络文学的崛起和突围，对传统文学生产格局产生了巨大的冲击，在主流化、产业化，以及粉丝经济和大数据运算等方面，

---

① 欧阳友权：《网络文学：从"草根庶出"到主流认可》，《学习与探索》，2010 年第 2 期。

为当代文学提供了不同于传统写作的审美范式和美学更迭。

（一）从草根到"主流"

2008 年 12 月，中国社会科学院举办了第二届"媒介文化与网络文学高层论坛"，不仅有来自中国社会科学院、中国人民大学、中国传媒大学、北京语言文化大学等高等院校的 40 多名专家学者，还有红袖添香、晋江原创网、17K 等著名文学网站的主编共同参会；而由中国作协指导、中国作家出版集团和中文在线共同主办的"网络文学十年盘点"活动，被认为是主流文坛对网络文学的第一次正视和最直接对话。活动还将《此间的少年》《成都，今夜请将我遗忘》《新宋》等 10 部作品评为"十佳优秀作品"，将《尘缘》《紫川》等 10 部作品评为"十佳人气作品"。

2009 年 6 月，《文艺报》和盛大文学共同主办的"起点四作家作品研讨会"对中国网络文学的发展进行了总结和梳理。从网络文学最初阶段出现的作家李寻欢、宁财神和邢育森，到 10 年后的"大神"级作家我吃西红柿、跳舞、唐家三少和血红，他们从文体到写作风格发生的变化引起了专家学者的热烈讨论。

2018 年被学界公认为"网络文学二十年"，各种学术专场研讨十分热烈，盘点网络文学 20 年来的发展成果；而以中国作协为代表的主办单位则发布了"中国网络文学 20 年 20 部作品"的榜单，包括猫腻《间客》、萧鼎《诛仙》、辛夷坞《致我们终将逝去的青春》、阿耐《欢乐颂》、唐家三少《斗罗大陆》、桐华《步步惊心》、金宇澄《繁花》、天下霸唱《鬼吹灯》、天蚕土豆《斗破苍穹》、我吃西红柿《盘龙》、蝴蝶蓝《全职高手》等作品入榜；第二届"中国网络文学+"大会也选出中国网络文学发展历程中的"二十件大事""二十部优质 IP 作品"和"二十个关键词"，总结网络文学发展成就。

经过 20 余年发展，网络文学在顶层制度的规划引领和数字文化产业的商业运作之下，已不再是草根涂鸦式的写作，而是以全民写作和巨大体量改变了中国当代文学格局，并逐渐成长为网络文艺主流，被纳入国家顶层设计和文化发展战略。当前，网络文学不仅以其丰富多元的内容深刻影响新时代文艺建设格局，更以其不同于传统文学的生产、传播、消费机制全面激活文艺创新创造能力，具有相当的影响力。

（二）从文学到文化产业

2003 年起点中文网开创网络文学阅读收费服务，将网络文学直接推向商业化发展进程。随着网络文学的收费阅读模式臻于成熟，各大网站逐渐开始拓展新的经济增长点，推动网络文学产业化。一批网络文学作品或是进入纸质媒体，或是成为电视电影新宠，或是被改编成热门网络游戏，网络文学成为打通各媒介门类的重要内容来源。由于《第一次的亲密接触》的出版带来了巨大的商业利益，出版商看到了网络文学纸质化的发展前景，2000 年安妮宝贝的《告别薇安》、2001 年今何在的《悟空传》、2002 年慕容雪村的《成都，今夜请将我遗忘》和林长治的《沙僧日记》等，都成功实现了从网上到纸上的华丽转身。2010 年《杜拉拉升职记》上映，网络小说与影视作品结下了不解之缘，使原本很少在网上阅读的读者逐渐了解了网络文学的题材、叙述方式。《步步惊心》《倾世皇妃》《三生三世十里桃花》等电视剧热播，《山楂树之恋》《失恋 33 天》等电影热映，更是让网络小说走向了一个新的发展途径。网络文学里的各种玄幻小说，则成为网络游戏的最佳改编对象。《斗破苍穹》就曾被"搜狐网游"买下网游版权。

越来越多的创意产业行业意识到，网络文学"全版权营销"时代已经来临。全版权的范围包括线下出版、影视游戏改编、数字化制品复制发行、信息网络传播等多方面，网络文学的作品内容能够打造产业 IP，实现多方效用。因此，近年来网络文学产业化的路径集中于 IP 打造，网络文学 IP 的影视化、游戏化、动漫化成为网络文学产业主要的盈利模式。大 IP 串联起的泛娱乐版权运营也掀起了原创网络文学的创新热潮，一批优秀的作家作品逐渐脱颖而出。2015 年中国古装电视剧的现象级作品《琅琊榜》，其优良的 IP 内核和精良制作为网络文学 IP 的影视化提供了一个成功范本；2018 年爆款 IP 大剧《延禧攻略》，全网播放量突破 133 亿，位居网剧榜首；网络作家天蚕土豆的《斗破苍穹》连载至今，全网点击量达到近 100 亿，从网文 IP 到动画、影视、同名手游、有声书的全方位开发和全产业链运作引爆市场，成为阅文集团的超级 IP。

根据《中国网络文学发展报告》的数据，2017 年网络文学市场营收规模129.2 亿元，2018 年则达到 159.3 亿元。随着近几年产业规模和影响力的持续增长，网络文学产业被纳入国家文化产业发展规划，走向主流化、规范化、精品化，并成为提升国家文化软实力的新生力量。

（三）从"受众"到"用户"

目前网络文学拥有超 4 亿受众。可以肯定地说，庞大的粉丝受众群体对网络文学的追捧、热爱、打赏是推动网络文学快速发展的重要动力。粉丝受众不仅仅是网络文学读者，更是网络文学生产、消费的参与者，并形成具有连锁效应的"粉丝经济"。美国学者亨利·詹金斯曾用"文本盗猎"的概念来解释粉丝受众的文化参与方式。尽管詹金斯讨论的是 20 多年前欧美社会的文化状况，但其关于粉丝文化的研究仍然有力回应着中国互联网时代的网络文学受众现象。

通过数字媒介所提供的传播方式，粉丝阅读网络小说并由此实现文化消费和社群联结，形成小众却又数量庞大的亚文化圈。在许多网络文学平台和论坛，粉丝通过留言、讨论、"追更"、打赏等方式积极自发自觉地参与网络小说阅读和传播，成为数字社群的积极参与者，共享观点信息和文化认同。也有粉丝积极挪用阅读文本创作"同人"小说，或是套用文本模式重新创作小说，以"文本盗猎"的方式实现新的文化生产方式。

在网络文学产业链条中，粉丝受众通过打赏方式已从"读者"身份转向"用户"身份。用户意味着流量，大量吸收粉丝流量成为资本变现的重要手段。詹金斯曾对粉丝参与效果提出了自己的担忧："在商业控制的氛围下，当人们创造和分享内容时，流通平台却被少数人所把持和管理，在此背景下人们是否还能进行有意义的参与？当人们参与到各类商业平台中，小部分人却利用人们的参与行为获利，并侵占了人们通过公共参与而创造出来的文化，这是否意味着对人们的参与形成剥削？"① 詹金斯认为，数字技术的确扩大了粉丝圈的参与人群，但它是否会使粉丝圈的文化实践更具有参与性呢？互联网时代全民参与的洪流究竟是否实现了网民参与的"胜利"呢？

的确，粉丝受众的积极参与打破了传统写作中作者与读者的区隔，在线的交互方式也改写了受众的接受体验，而受众在网络文学写作过程中的参与、消费、传播更是赋予其前所未有的重要地位，成为网络文学市场的"用户"。越来越多的研究表明，受众和粉丝之所以愿意花钱花时间积极参与，除了满足个人阅读和消费欲望，更重要的是通过网络虚拟空间所营构的社群建立彼此的身份属性和文化认同。然而，詹金斯所担忧的问题在这里仍然值得我们思考。新媒体平台通常强调的技术赋权和平等参与，似乎意味着每个人的参与实践和发出的声音都能被听到。事实上，不仅高质量的技术工具并非人人都可以轻易获取，文化和社会结构壁垒影响之下的技术使用技能与经验，也限制了所有人轻易实现平等参与的可能性。而尤为重要的是，离开了粉丝受众的积极参与，资

---

① ［美］亨利·詹金斯，等：《参与的胜利：网络时代的参与文化》，高芳芳译，杭州：浙江大学出版社，2017 年，第 1 页。

本平台的高效运作将难以为继。打破技术神话的迷思，重新思考技术、资本与受众之间的关系，也正是国内外传播政治经济学者近年来研究讨论的路径。网络文学的"粉丝"受众现象重构了当代文学生产传播的各个环节，也为我们提出了新的时代课题。

（四）从"粉丝集赞"到"猜你喜欢"

信息内爆的数据化时代，大数据正在被大规模生产、分享和使用，成为影响人们日常生活的重要技术。从"粉丝集赞""豆瓣评分"到"猜你喜欢"，只要你曾经在网络上留下过阅读浏览的痕迹，大数据就可以及时为你提供相关信息集合和消费推送。对于网络文学来说，大数据能够为网络文学的内容生产、传播机制、大 IP 全链条打造，提供遴选、培养、研发、营销等诸多环节的全方位技术支持。

粉丝点赞和"追更"的"忠诚度"大数据很大程度会影响到网络文学的内容生产、传播、再生产，以及线下营销的走向，形成"粉丝经济"的规模效应。文学网站的资本运营方可通过粉丝的反馈数据指导网络小说的故事设置走向；可根据粉丝付费订阅的数据评定签约作家的星级；可依据点击率大数据进行文学类型和排行榜单更新；可根据粉丝搜索和阅读的大数据向粉丝精准推送相关的文学类型；可利用粉丝消费的大数据打造热门 IP 并打通泛娱乐产业间的行业形态壁垒。

与粉丝相关的各种数据成为网络文学生产消费不可忽略的重要参照。透过"粉丝经济"的规模效应，可发现资本逻辑如何运用粉丝免费劳动的大数据进行粉丝市场培育，而粉丝只能被动接受资本平台运算规则下的"推送"产品。从长远来看，资本力量借助大数据的推动和遴选效应作用于网络小说创作上，导致网络文学写作更加趋于类型化、套路化、单一化。随手点开几个大型网络文学平台，各种"种田文""总裁文""重生文""玄幻文""言情文""穿越文"如同琳琅满目的商品占据各大网站，而关于各种类型小说的创作指南、人物设定、爽点设置等在许多网络文学论坛（如"龙的天空"）更是成为公开售卖的创作"宝典"。事实上，大数据运算俨然高度预设的快感传播机制，"猜你喜欢"的写作套路和类型小说推送，显然违背了大多数读者对多层次、高品质阅读的期待和需求。现阶段，人们对高质量、经典化网络文学作品的呼吁，某种程度上就是对这种大数据生产运作下的网络文学的审美疲劳和心理反弹。

不仅如此，数量巨大的网络作家事实上仍然大部分停留于"写手"阶段，哪怕像唐家三少这样处于"金字塔"顶端的签约作家，也必须保证每天更新8000字。他们需要遵从商业平台的运作规则和大数据运算法则，在技术与平台的双重规约下陷入高强度码字工作中，消耗大量体力和精力，成为网络文学产业链上的"数字劳动者"。大数据运算改变了当代文学生产与消费的外部技术支撑，其意义和局限应引起更多的重视与讨论。

三、网络文学：转换与期待

盘点网络文学走过的这20余年，网络文学对人们阅读习惯的改变、文学写作和思维方式的冲击、当代文学审美范式的重构等方面，都产生了相当大的影响。现今，网络文学突破传统文学的书写成规，以新的审美姿态获得了自身的生存空间，使当代文学产生了结构性的变化，并且在21世纪以来的文学转型中扮演了重要的角色，成为当代文学70年脉络和文学场域别样的景观。同时，网络文学仍存在篇幅太长、质量参差不齐、过度产业化、套路化、模式化、欲望化等方面的不足。未来网络文学应围绕精品化、现实题材等问题进行自我更新与转换，实现新时代美学价值和文化引领力的双重提升。

（一）提升网络文学原创品质

在网络文学资本市场的裹挟下，网络作家希望作品能够被改编成影视、动漫、游戏等形式，这是一种网络文学的生存方式。但是，如果作家仅以市场价值为目标，在谋篇布局、情节设置等方面一味讨好消费需求，无法打破已经被固化的写作类型，就可能陷入叙事的套路和想象的僵局。一旦网络文学追求的欲望结构和"爽点"叙述无法深度触动人们的情感体验和审美需求，其飞扬的想象与恣意的快感要以何种方式落地？一旦网络文学有限的题材类型，无法满足人们日益增长的美好文化生活享受，在线文字书写的魅力将会在追求创意不断翻新的数字文化领域逐渐失去吸引力。正如现阶段风头正盛的短视频应用，在争夺网络视听用户、创新数字文化产品的优势明显，已经对数字阅读市场形成强劲的竞争压力。

转换创作思维，追求优质原创网络文学和网络文学精品应成为网络文学行业的普遍共识。精品化是经典化的必由之路，网络作家需要树立精品意识，勇于跳脱平台规则和大数据运算法则的创作束缚，自觉创新写作范式；网络文学平台也不能再仅仅以点击率、粉丝流量和大IP为利益目标，注重市场价值而忽略文学文化价值，要不断优化网络文学生态，打造精品工程。网络文学如果要成为中国当代文学语域中一个有价值承载的文学形态，就必须在拥有数量的同时拥有质量，少一些套路，多一些思路，在赢得市场价值的同时赢得主流文学的深度认同，进而从点击率、注意力走向影响力和文学创新力，创造时代文学精品。

（二）加强现实题材创作

网络文学付费阅读和产业化运作将网络文学推向快速规模发展阶段，却也导致玄幻、仙侠、武侠等题材类型陷入想象固化和单一重复的困境。尤其是各种天马行空的玄幻、穿越、重生等类型小说的故事，就是主人公一路打怪升级的过程。有学者认为，中国网络小说之所以在国内外拥有广泛受众，是因为其不同于欧美小说英雄人物的叙述套路，也不同于日韩轻小说"御宅族"式的人物设定，而是草根式的主人公克服困难冲出各种困境的故事，充满了"杀伐决断"的爽感和代入感，才能在全球媒介连接浪潮中受到年轻受众群体的认同。这种说法从某种程度来说可以解释全球媒介变革与文化消费的社群身份建构，但忽视了一些重要因素。比如说，主人公生活于架空现实的各种二次元时空，自带各类金手指、操作系统、随身空间等，只要遇到困难自然有各种工具为其遮风挡雨、化险为夷。这样的想象与现实生活脱离，仅能安抚和满足受众的游戏般的爽感，无法触及现实的坚硬和痛感。

在国家政策、顶层设计及网络文学行业的市场调整下，现阶段的网络文学现实题材占有越来越突出的分量，成为各类文学评奖项目和行业竞争中令人瞩目的类型。许多网络作家也开始将目光和笔触转向现实生活，为网络文学注入了新的艺术活力。《复兴之路》《我的一九七九》《他从暖风来》《中国铁路》以及《大医凌然》《姜县人家》《生活系游戏》《特种岁月》等近期涌现的优秀作品，为现阶段现实题材网络文学创作提供了引领和示范。当然，我们同时还要警惕当前网络文学现实题材的泡沫化、同质化，以及一些所谓的"冲奖文"对现实的机械排列。应该强调的是，网络作家只有跳出叙述套路和想象局限，转变创作风格，将现实生活作为其不约而同的创作选择，不断拓展文学反映生活的深度和广度，才能为读者提供富有文化意义和正能量的文学作品，真正满足读者对网络文学审美价值的期待。

（作者单位：福建社会科学院文学研究所）

新时代网络文学发展的福建经验与美学寻绎

尚光一

进入新时代，互联网技术特别是移动互联网技术的飞速发展，催生了互联网在线阅读和手机移动阅读等各种新兴业态，而随之兴起的网络文学，呈现出与传统文学大相径庭的美学特质，更好地适应了网络时代的阅读需求，受众不断扩大，影响力不断增强。据中国互联网络信息中心 2019 年 2 月发布的《第43 次中国互联网络发展状况统计报告》显示，截至 2018 年 12 月，我国网民规模达 8.29 亿，其中网络文学用户规模达 4.32 亿，网民使用率达 52.1%；手机网络文学用户规模达 4.1 亿，网民使用率达 50.2%①，显示出我国网络文学充满锐气、蓬勃向上的发展态势。特别是，网络文学在众多青少年中的影响力，某种程度上已超越了传统的文学经典，越来越多的年轻读者开始越来越强烈地呼唤网络文学精品。在这一时代背景下，为推进网络文学健康发展，就要深入学习贯彻党的十九大精神、习近平总书记在文艺工作座谈会上的重要讲话精神、《中共中央关于繁荣社会主义文艺的意见》精神和习近平总书记在中国文学艺术界联合会第十次全国代表大会、中国作家协会第九次全国代表大会，以及在全国政协文艺社科界联组会上的重要讲话精神，真正落实"适应形势发展，抓好网络文艺创作生产"的指示，努力实现网络文学的社会效益与经济效益"两个效益"并重。鉴于此，近年来福建网络文学的发展状况及其所呈现出的美学特质，具有典型的案例价值，值得进行审视与剖析。

整体而言，进入新时代，福建网络文学呈现出良好的美学风貌，正由开拓高原走向攀登高峰，并营造出注重思想导向、价值引领、文学审美和社会效益有机统一的创作氛围与美学追求，涌现出众多具有影响力的网络作家和一批优

---

① CNNIC：《第 43 次中国互联网络发展状况统计报告》，http://www.cnnic.cn/hlwfzyj/hlwxzbg/hlwtjbg/201902/P020190318523029756345.pdf。

秀的网络文学作品，而且获得了华语科幻星云奖、上海电影节百强 IP 冠军等众多网络文学奖项。明者因时而变，知者随事而制。为推动网络文学健康发展，福建相关管理部门、协会团体、出版机构、运营平台、高校院所形成合力，努力提升闽籍网络作家的美学素养与创作水平。例如，福建省作家协会、福建省文联文艺理论研究所等单位联合举办了"福建网络作家高级研修班"，对具有代表性的闽籍网络作家进行了全员培训。再如，在福建相关部门的积极推动下，鲁迅文学院海峡青年作家高研班（福州）、福建小说创作高研班（泰宁）、鲁迅文学院福建中青年作家班（福州）等各类高端培训项目落地福建，为闽籍网络作家提升美学素养创造了契机。此外，《福建文艺界》等刊物还开辟专栏，专门刊载有关网络文学的系列文艺评论，以便为推动福建网络文学健康发展提供指导、营造氛围。

一、福建网络文学的创作系谱

长期以来，福建注重营造健康向上、规范有序、守正创新的网络文学生态环境。进入新时代，活跃在各个网络文学运营平台上的闽籍网络文学作家多达1000 人，而参与网络文学创作的写手更是已过万人。例如，"云阅"有闽籍网络作家近百人；"晋江文学城"上的闽籍网络作家则达千余人，发表作品近万部，其中正式出版的作品就有 100 多部。同时，福建本地的网络文学运营平台也日益成为网络作家聚集的重镇，例如"掌中文学网"仅签约网络作家就达1000 多人；"方柚阅读网"则成为倡导网络文艺精品的标杆。就获得的成绩而言，截至目前，闽籍网络作家中已有中国作家协会会员 9 人、福建省作家协会会员 75 人，涌现出诸如"萧鼎""藤萍""翔尘""芥沫""冰蓝纱""泛东流""米西亚""千幻冰云""虾米 XL""乱"等众多知名网络作家，以及《诛仙》《未亡日》《绯色大陆》《联盟之谁与争锋》《追爱三坊七巷》《胭脂大宋》《菀心有晴天》等一大批有市场影响力的网络文学作品。其中，"萧鼎"的作品《诛仙》入选由中国作协网络文学委员会、上海市新闻出版局、上海市作家协会、阅文集团联合发布的"中国网络文学 20 年 20 部作品"名单，并位列第五名；"藤萍"入选"第 12 届中国作家富豪榜之网络作家榜"，并成为唯一进入榜单前十名的女性作家，版税达 2500 万元。"藤萍"的网络文学作品《未亡日》位居"北京大学 2017 网络文学年榜"女频榜榜首，入围第九届华语科幻星云奖，入选中国作家协会授予的 2017 中国网络文学年榜，并获上海电影节百强 IP 冠军；"乱"入选"第 8 届中国作家富豪榜之网络作家榜"第八名，版税达 1300 万。此外，"衣冠胜雪"的玄幻和架空历史小说、"泛东流"的仙侠小说、"翔尘""踏雪真人""苦涩的甜咖啡"的玄幻小说、"皇家牛氓"的历史小说、"端木赐"的都市小说、"米西亚""blue 安琪儿"的女频小说等，也都是拥有众多粉丝的热门网络文学作品。

此外，活跃在各网络文学运营平台的闽籍网络文学作家与写手，其身份职业囊括了政府公务员、高校教师、在校研究生、公司白领、自由职业者、新的社会阶层人士等，每年创作出的网络文学作品不仅数量巨大，而且作品类型齐全，涵盖了言情、都市、玄幻、奇幻、历史、架空、穿越等几乎全部网络文学类型与题材，形成了完整的创作系谱，因而使福建网络文学呈现出更为强劲的发展后劲。

二、福建网络文学的开发脚踪

除网络文学作品文本本身所体现出的美学追求外，福建网络文学近年来也通过延伸开发积累了众多成果，反响不俗，同样彰显了自身的价值追求与美学热忱。特别是，福建网络文学在实体图书出版、影视、动漫等领域的开发均取得了不俗的成绩，市场反响热烈，某种程度上塑造了目标受众的审美观与美学倾向。其中，"萧鼎"的代表作《诛仙》《暗黑之路》《矮人之塔》《叛逆》《诛仙前传——蛮荒行》《轮回》等网络文学作品，均已出版并被开发为影视和游戏产品，广受好评。以《诛仙》为例，其被业内誉为最成功的网络文学作品之一。截至目前，《诛仙》《诛仙 2》《诛仙 3》图书已发行了 2000 多万册；改编的游戏累计注册用户数过亿；改编的电视剧《青云志》，2016 年 7 月在湖南卫视超级独播剧场播出，当时全国网收视率为 1.37%，市场份额达9.11%，位居同时段第一，累计网播量已突破 132 亿；此外，改编的同名电影《诛仙》于 2019 年 9 月在全国上映。"藤萍"的作品《九功舞》目前正在进行影视改编，《吉祥纹莲花楼》《未亡日》则正在进行拍摄和筹备拍摄，《中华异想集》同名电视剧已在制作过程中。"翔尘"的《逆脉小子》《道舞》《重生之王牌检察官》等 8 部网络文学作品的繁体版已在中国台湾地区、中国香港地区的图书市场上发售，反响热烈，而且《逆脉小子》《圣魔炼金师》已被改编为动漫。"芥沫"的代表作品《天才小毒妃》，2017 年 11 月以同名有声剧的形式在"懒人听书""喜马拉雅 FM"等平台上线，2017 年 12 月又被改编为漫画

《天才小毒妃之芸汐传奇》，而根据其改编的电视剧《芸汐传》也于2018年6月在爱奇艺独播剧场播出。"冰蓝纱"的代表作品《美人谋：妖后无双》已完成影视版权、漫画版权的签约，并被改编为大型古装电视剧《凤凰无双》，已在爱奇艺播出。"乱"的作品《全职法师》被改编为同名动画片，其第一季、第二季、第三季已在腾讯视频上线，总播放量近12亿。"真邪"的网络小说《劫修传》线下图书畅销，同名手游和影视版权也已售出。"恩赐解脱"的《百炼成神》一书已被改编为同名手游、漫画、有声漫画、有声读物等。这些福建网络文学延伸产品开发的成绩，从某种程度上塑造了目标受众的审美观、影响了目标受众的美学倾向，也反映了福建网络文学的美学品质得到了较为广泛的认可。

三、福建网络文学的美学特质

习近平总书记指出："中华优秀传统文化是中华民族的文化根脉，其蕴含的思想观念、人文精神、道德规范，不仅是我们中国人思想和精神的内核，对解决人类问题也有重要价值。要把优秀传统文化的精神标识提炼出来、展示出来，把优秀传统文化中具有当代价值、世界意义的文化精髓提炼出来、展示出来。"[①] 就福建网络文学而言，其美学特质正在于积极融入包括"八闽文化"在内的优秀传统文化元素，从而在业界彰显出鲜明的文学品格，成为"闽派文艺"不可忽视的生力军。

首先，在思想底蕴方面，福建网络文学注重在作品的整体意蕴上凸显包括"八闽文化"在内的优秀传统文化的底色。例如，在作品题材上，无论是言情、都市、玄幻、异界、奇幻，还是热血、历史、架空、穿越，各种类型的福建网络文学作品中都留有浓厚的地域文化痕迹。就作品的意蕴而言，客家文化、妈祖文化、闽南文化、闽都文化、陈靖姑文化等地域文化，常常在作品的思想底色上留下深深的痕迹。例如，在网络文学作品《追爱三坊七巷》《吉祥纹莲花楼》中，福州的坊巷、屏山等文化地标都得到了深入发掘与有意表现。

其次，在文学价值方面，福建网络文学重视彰显自身的美学观念与题材的引领性。近年来，在各大网络文学运营平台上，无论是"男频"还是"女

---

① 习近平出席全国宣传思想工作会议并发表重要讲话，http://www.gov.cn/xinwen/2018－08/22/content_5315723.htm。

频",福建网络文学都处于引领地位。特别是,依托"掌中文学网""晋江文学城"等网络文学运营平台,《绯色大陆》《谁在时光里倾听你》等福建网络文学作品,成为一段时期内"男频""女频"中的现象级作品,在业界和目标受众中都产生了深远的影响,深刻塑造了目标受众的审美取向。

最后,在细节创意方面,福建网络作家在具体的构思与创作中,无论是情节设置、背景安排,还是人物言行、主题内涵,都主动、有意识地基于"八闽文化"的众多文化符号进行创意与改编,进一步凸显了自身的美学特色。例如,有的作品将八闽先贤朱熹的思想、话语,作为主角的绝世武功的招式名称,以引发读者对朱子文化的兴趣;有的作品将故事发生的地点设置在三坊七巷、武夷山、湄洲岛等福建名胜,以顺带介绍相关历史文化和民间传说;有的作品则在情节发展中设置品茗、斗茶等情形,从而将武夷山大红袍、安溪铁观音、福州茉莉花茶等福建特产介绍给读者。凭借这些细节创意,福建网络作家集体呈现出比较明显的创作取向,在网络文学界独树一帜,进一步彰显了福建网络文学的美学特质。

四、提升网络文学美学品质的福建经验

(一)加强对网络作家的团结引领

要提升福建网络文学的美学品格,就要加强对网络作家的团结引领。为此,2017年1月,福建专门成立了福建省作家协会网络文学专业委员会,将其作为对闽籍网络作家开展指导、联系与服务的正式平台。出版界人士何强当选为第一届网络文学专委会主任,网络作家"萧鼎"当选为第一届网络文学专委会副主任。网络文学专委会成立后,作为与闽籍网络作家沟通联系的桥梁与纽带,有效发挥了团结凝聚、联系服务闽籍网络作家,以及维护闽籍网络作家正当权益的功能,并做了大量卓有成效的工作,得到了广大闽籍网络作家的好评。

同时,福建主动构建网络作家信息库。为及时追踪闽籍网络作家的发展情况与创作动态。近年来,福建省作家协会网络文学专委会等福建文学团体,通过摸底调研,统计了各主流网络文学运营平台的闽籍网络作家数量,了解其创作情况,不断建设和完善闽籍网络作家信息数据库。截至目前,福建已对全国100多家网络文学运营平台的闽籍网络作家数量进行了统计,并对这些平台上的闽籍网络作家创作情况进行调研与分析,初步搭建了闽籍网络作家信息数

据库。

最后，福建积极吸收推荐闽籍网络作家加入作家协会等文学团体。近年来，福建积极将符合入会条件的网络作家吸收进福建省作家协会、福建省各设区市作家协会、平潭综合实验区作家协会等文学团体，并主动向中国作家协会等全国性文学团体推荐闽籍网络作家，不断提升闽籍网络作家的凝聚力。据统计，中国作家协会共吸收了 9 名闽籍网络作家，福建省作家协会共吸收了 75 名闽籍网络作家。同时，福建省作家协会等文学团体还吸纳闽籍网络作家加入领导班子，进一步推动传统文学与网络文学相互促进、有机融合。例如，在 2018 年年底举行的福建省作家协会换届会议上，网络作家"萧鼎"被推选为福建省作家协会副主席，"藤萍"被推选为福建省作家协会主席团委员，"千幻冰云""文心"被推选为福建省作家协会全委会委员。此外，福建还积极推荐闽籍网络作家参加各类全国性重要文学会议。例如，福建推荐"千幻冰云"参加中国作协第九次代表大会，推荐"藤萍""翔尘"参加第八次全国青年作家创作会议。

（二）注重推介闽籍网络作家作品

为扩大福建网络文学的影响力与传播力，福建注重对网络作家创作选题的引导和扶持，鼓励网络作家创作更多体现福建红色文化、海丝文化、生态文明和当代改革开放的现实主义题材网络文学作品，并积极推荐优秀网络文学作品申报中国作协、中共福建省委宣传部、福建省文联、福建省作协等单位的各类扶持项目。例如，"正青春·福建优秀网络作家作品创作推广项目"（包含闽籍网络作家"翔尘""余蒙""文心""莫主编"的网络文学作品）入选 2018 年度福建省文艺发展基金项目。同时，《福建文学》《台港文学选刊》《故事林》等刊物积极刊载网络文学作品或网络文学评论，《福建日报》《东南快报》《海峡都市报》等媒体也注重推介宣传福建优秀网络作家及其作品。

（三）强化对网络作家的教育培训

为提升闽籍网络作家的文学素养和创作水平，通过举办培训班、组织网络作家参加相关教育培训等形式，福建积极为闽籍网络作家提升写作技巧、汲取创作灵感创造契机，有力地促进了闽籍网络作家的成长。例如，2016 年 12 月、2018 年 11 月、2019 年 3 月，福建省作家协会、福建省文联文艺理论研究所、福建省文学院等单位分别连续举办了福建网络作家高级研修班、福建网络文艺高级研修班、福建新文学群体培训班等培训项目，邀请中国作协网络文学中心主任何弘、《文艺报》总编辑梁鸿鹰、中国文联网络文艺传播中心副主任冉茂金、中国作协网络文学委员会委员庄庸、《长篇小说选刊》主编付秀莹等专家学者到场授课，并邀请网易文学知名网络作家、知名影视公司编剧等与闽籍网络作家进行现场交流互动，共培训了100余位闽籍网络作家。同时，福建在省内举办的鲁迅文学院海峡青年作家高研班、福建中青年作家班、福建小说创作高研班等各类培训项目中，专门为网络作家安排名额并组织其参加。此外，福建还主动推荐闽籍网络作家参加中国作家协会、鲁迅文学院等省外单位举办的创作培训班、新文艺群体培训班等培训项目。

（四）引导网络作家深入现实生活

为使闽籍网络作家在创作时能够做到心中有情怀、笔下有乾坤，福建大力倡导和鼓励闽籍网络作家走出书斋，深入生活、深入基层、接触社会、感悟人生，积极为闽籍网络作家提供参与基层采风创作等各类文学活动的机会。例如，福建省作家协会曾推荐闽籍网络作家"翔尘""赖晓平""聿天使"参加中国作家协会庆祝改革开放40周年主题采访团福建行活动、中国作家"重走长征路"采访采风福建行活动、中国作家协会"到人民中去"职业道德教育与文学社会服务实践活动。同时，福建省作家协会、福建省文联文艺理论研究所、福建省文学院等单位，在举办的各类文学活动中，都特意为网络作家留出名额与机会。此外，福建省各设区市作家协会、平潭综合实验区作家协会等文学团体，也积极组织网络作家参加由其举办的各类文学活动。福建的这些做法，促进了网络作家与传统作家间的联系沟通、互动交流，增强了闽籍网络作家的眼力、脚力、脑力、笔力，有助于其创作出更多现实主义题材的优秀网络文学作品。

（五）积极开展网络文学研讨交流

为促使闽籍网络作家坚定文化自信、坚定高尚艺术理想，近年来福建积极开展网络文学研讨与交流活动。例如，福建曾连续组织两届"中国梦·海峡情"海峡两岸文学创作网络大赛，并依托大赛在北京举办"文学在互联网时代的地位与应对方式"高峰论坛，组织相关专家学者对网络文学的未来进行研讨；举办福建省网络文学暨福建省高校文学社团联盟座谈会，以"文学在互联网时代的新生"为主题，对网络文学的可持续发展进行了研讨；邀请文艺评论家对福建网络文学作品进行评论，并将相关评论成果刊登在《福建文学》《福建文艺评论》《福建文艺界》等刊物和"福建文艺网""福建作家"微信公众号等平台上；与"咪咕数媒""畅读科技"等企业，联合举办"2017咪咕万里行福建省作家沙龙""咪咕万里行厦门作家沙龙""畅文名家汇"等活动，并邀请网络文学运营平台及影视、游戏、动漫等领域的版权开发机构对福建网络文学作品进行解读、研讨。这些针对网络文学的创作交流、作品评价等活动，同样激励了福建网络文学精品的创作，产生了良好的社会效益。

结论

进入新时代，互联网技术、特别是移动互联网技术的飞速发展，催生了互联网在线阅读、手机移动阅读等各种新兴业态，而随之兴起的网络文学，呈现出与传统文学大相径庭的美学特质，更好地适应了网络时代的阅读需求，受众不断扩大，影响力不断增强。在这一过程中，福建涌现出众多具有影响力的网络作家和一批优秀网络文学作品，呈现出自身鲜明的美学特质。同时，福建网络文学也通过延伸开发积累了众多成果，在某种程度上塑造了目标受众的审美观与美学倾向，进一步彰显了自身的价值追求与美学热忱。在美学特质上，福建网络文学积极融入包括"八闽文化"在内的优秀传统文化元素，在网络文学界独树一帜，彰显出鲜明的美学风格。就提升网络文学美学品质的经验而言，近年来福建重视加强对网络作家的团结引领，注重推介闽籍网络作家作品，不断强化对网络作家的教育培训，主动引导网络作家深入现实生活，积极开展网络文学研讨交流。总之，作为新时代文学的重要组成部分，网络文学使命光荣，并有其自身的特殊性。今后，福建相关管理部门、协会团体、出版机构、运营平台、高校院所应在已有经验的基础上，进一步形成合力，引导闽籍网络作家更加积极地弘扬社会主义核心价值观，鼓励其创作出更多更好的切合中国精神和中国梦、反映人民生活和社会现实的、思想性、艺术性和可读性相统一的优秀网络文学作品，推动福建网络文学又好又快发展。

基金项目：国家社科基金青年项目"新形势下大陆出版传媒产品入台传播接受机制及策略研究"【17CXW003】

（作者单位：福建师范大学文学院）

第二辑

南帆：以"关系主义"为方法

刘小新

　　多年来，"关系主义"这个概念经常出现在南帆先生的文论中，从论文《文学研究：关系主义，抑或本质主义》《多维的关系》到论文集《关系与结构》，从《文学理论》到《文学理论十讲》，南帆对"关系主义"的内涵与意义都有所阐发：关系主义的文学研究即把文学置于多重文化关系网络之中予以阐释。在"关系主义"的视野之中，文学问题、文化经验，以及文学与文化研究的一系列范畴都因为复杂的关系网络而得到多重的阐释。"关系主义"反对把结论还原到某种固定不变的"本质"。同时，阐释者本身也是关系网络之一部分。"关系主义"方法的旨趣在于考察文学的意义与审美经验如何镶嵌于各种关系网络之中，如何遭受种种改造，以及在不断的历史化之中如何重新定位。

　　"关系主义"甫一提出，就引起文学理论界的普遍关注与讨论。概而观之，关于"关系主义"的讨论，有三种观点值得我们关注：第一种观点是把"关系主义"划入后现代主义范围，认为"关系主义"取消了关于文学本质的探究，代之以文学理论的历史描述，文学和文学理论都被视为话语建构的产物，这有可能导致相对主义乃至虚无主义的后果；第二种观点认为"关系主义"是文化研究的一种方法，这种方法"在处理文化网络内文学与其他多元因素的互动关系上它是胜任的，在对文学进行文化研究时它是卓有建树和成效的。但是，关系主义并没有被运用于文学内部多元因素的网络，或虽有所运用却在力度与广度上都不及它在文化网络分析时的作用。……从某种意义上来说，这不是关系主义的弊病，而是西方文化研究、意识形态理论的先天不足或偏向影响"①。第三种观点刚好相反，是把南帆的关系主义文学研究界定为

---

① 方克强：《文艺学：反本质主义之后》，《华东师范大学学报》，2008 年第 3 期。

"充满活力的结构主义"，这一看法以鲁枢元为代表。这些分歧看起来饶有趣味，这或许表明了"关系主义"文论本身具有某种复杂性、非定型性，以及思想资源的多元性。

本质主义与反本质主义论争是"关系主义"出场的历史语境，南帆参与了这场对当代中国文学理论影响深远的论争。在这场还未终结的论争中，南帆发表了《文学研究：本质主义，抑或关系主义》一文，其"关系主义"文学论述逐渐清晰起来。新世纪以来，反本质主义逐渐发展成为文学理论领域最重要的思潮之一。理论界提出了替代本质主义的各种思想论述，试图寻找重构文学理论的各种可能性和替代性方案，"建构主义"是一种方案，"关系主义"是另一种方案。两者都持反本质主义的知识立场，但也存在某种微妙的差异，厘清这种差异十分重要。"建构主义"强调"话语建构"，极端的"建构主义"有可能滑向"方法论的个体主义"。而南帆的"关系主义"则强调关系、位置与结构，方法论上倾向于"话语分析"和"结构的阐释"。"关系主义"认为话语分析是文学理论的焦点，话语分析正在成为文学理论至关重要的入口——这是文学、语言与社会历史的交汇之地。话语分析从语言分析开始，但不止于语言，而是从语言背后再度发现话语与社会历史、意识形态的隐蔽联系，最终阐释它们之间的秘密结构和持久的互动。"关系主义强调进入某一个历史时期，而且沉浸在这个时代丰富的文化现象之中。理论家的重要工作就是分析这些现象，从中发现各种关系，进而在这些关系的末端描述诸多文化门类的相对位置。"① 显然，"关系主义"文论倾向于阐释事物之间深刻而隐蔽的关联性，认为任何事物的意义都无法从该事物本身孤立地获得阐释，而只能从它与其他事物之间的相对关系中予以理解，只能从该事物所置身的复杂的结构性关系中获得历史性的理解和结构化的阐释。"关系主义"文论把"关系"与"结构"视为文学理解与阐释的前提条件和历史语境，在阐释实践中，关系始终是首要的，这显然隐含着鲜明的辩证法思维元素，某种意义上，其方法可以视为一种"关系主义"的辩证法。

在我看来，南帆的"关系主义"是一种阐释策略，是文学理论应对日益复杂化的中国经验与文化问题的一种论述策略。《问题的挑战》《理论的紧张》和《关系与结构》是南帆重要的批评文集，从中我们可以看出南帆文学批评的关注重心：文学理论与批评如何有效地阐释我们深陷其中的基本情境，即如

---

① 南帆：《文学研究：本质主义，抑或关系主义》，《文艺研究》，2007 年第 8 期。

何应对问题的挑战。南帆一如既往地强调文学批评的问题意识，强调"中国问题"的复杂性和"中国经验"的丰富性。南帆如是而言："许多时候，问题出现于学术史内部，但是，现实是这些问题的策源地。问题的追溯时常将学术研究引入现实。"① 的确，南帆十分重视文学批评学术史内部产生的诸种概念与命题——"民族性""文学性""纯文学""第三世界""民间""本土""大众""知识分子""启蒙""主体""人民""现代性""身体""读者""日常生活""小资产阶级""无名的能量"，等等。对这些问题与概念的质疑、深入追问和重新阐释构成了南帆学术工作的一个重要方面。南帆理论独特性的一个方面正在于把这些概念放置到其生存的具体历史场景之中予以重新阐释，揭示出概念的歧义，揭示出不同历史与现实场景中概念与命题的不同语义，发现文学意义的生产机制和推动文学发展的诸种历史元素构成的张力结构，从而消解概念在把握复杂的现实和文化经验时常常产生的抽象化和总体化倾向，消解总体主义和化约主义的负面影响。在这个意义上，"关系主义方法"或许可以成为"方法论的个人主义"和"阐释学的总体主义"有效的替代方案之一。

　　南帆时常提醒我们注意概念——尤其是"大概念"——在概括现实经验时往往会产生某种化约主义的弊病。比如在文化全球化语境中，坚守文学的地方性与本土化具有特殊而重要的意义。它至少能保证让人们看到色彩丰富、风格多样的文学，而非某种千篇一律的格调与模式。但是，如果人们忽视"本土"概念的历史性与内部歧义，而心安理得地把它当成一个现成的框架或理论前提，甚至在其身上寄寓某种崇高的价值、理想乃至信仰时，这个概念就变得僵硬和凝固了。人们因此遗忘或漠视"本土"含义的变动不居及其内部所包含的各种异质元素和杂多层面。所以，南帆认为，面对不可化约的"中国个案"时，无论是德里克的"地域"还是詹姆逊的"第三世界"都"过于单纯了"。"如果进入地域或者第三世界内部，问题就会骤然地复杂起来。民族、国家、资本、市场、文化、本土、公与私、诗学与政治，这些因素并非时时刻刻温顺地臣服于某一统一的结构。"② "民间"同样是寄寓了当代知识分子某种理想的流行批评概念——"民间"成为政治权力与知识分子的他者，抵抗的飞地，至少是与政治相抗衡的文化空间。但在南帆看来，"民间"同时是开放的文化场域，政治权力、知识分子与"民间"的关系要复杂得多："民间"是

① 南帆：《问题的挑战》，《当代作家评论》，2000 年第 1 期。
② 南帆：《问题的挑战》，福州：海峡文艺出版社，2002 年，第 238 页。

政治与知识双重权力的承受者，既意味着权力的控制，也包含着对权力的抵抗。

从"歧义的读者"到"不可概括"的庞杂的"民间"，从变动不居的"本土"到历史的"文学性"，南帆从当代批评学术史内部引申出一系列复杂的理论问题。但这不是纯粹思想或学术领域内部的纯思维性演绎，而是强调问题的谱系性追溯和结构性分析。这种研究路径构成了南帆对"中国问题"与文学经验复杂性的基本认识：当代文学内部的冲突常常出现多元的两重性，在共时态存在的矛盾冲突的各种文化观念背后是前现代社会、现代社会与后现代社会三大价值系统的冲突。在《理论的紧张》中，南帆进一步发展了这一观点：理论的紧张源于"中国问题"的复杂性所产生的思想压力，文学、文学理论与批评如何介入变化了的现实？如何更加有效地阐释当前复杂的文化问题？文学如何思想当代性？这是南帆文论思考的几个核心命题。南帆尝试建立描述与阐释中国当代文学矛盾运动的框架与坐标，这一框架由两组概念六个范畴构成：前现代、现代、后现代；政治、经济、美学。这些范畴形成了复杂交错的文化网络，当代文学与文论都置身于这一复杂的历史文化网络之中。

南帆把这本文论集命名为《关系与结构》，"关系"与"结构"显然已经成为阐释文学理论问题的两个关键概念。《关系与结构》更加明确地声称：文化没有所谓的本质，文学也没有某种预先设定的本质，"文学毋宁说是各种文化关系的产物"。"关系主义"论述日益清晰："如果说结构主义通常想象一个超历史的固定结构，那么，文化关系的描述必须充分考虑诸多关系的历史演变，考虑历时与共时之间复杂的转换形式。"《关系与结构》在考察一批"关系"形成的复杂网络的同时还力图剖析某一历史时期"结构"的稳定性与导致"结构"解体的革命动力，探寻作为"无名的能量"的审美因素在结构性变革过程中可能具有的独特潜能。"关系主义"高度重视共时性结构分析，但它并不排斥历时性因素，历时性因素是共时性结构中的一个重要构成要素，在共时的结构与关系中发挥着不可忽视的重要作用。对历时与共时之间复杂的转换形式或纵轴与横轴的辩证关系的阐释是"关系主义"文论的一项重要任务。在讨论文学形态的演变时，南帆直接指出："纵轴与横轴的辩证关系是，来自横轴的成为带动文学纵轴之上持续演变的动力。……解释、评价和衡量一个时代的文学，横轴上的关系远比纵轴上的演变轨迹更为重要。"① 在考察文学类

---

① 南帆：《文学理论十讲》，福州：福建教育出版社，2018年，第8页。

型的巩固与瓦解时，他指出："纵轴之上的文学类型作为文学传统或者惯例世代延续，横轴之上前所未有的历史内容持续冲击这种传统或者惯例，直至打开一个形式的缺口。"① 在讨论文学传统及其与作家个性的关系时，南帆再次启用了"历时之轴"与"共时之轴"这对概念，认为纵轴与横轴的辩证关系不仅体现在共时之轴对历时之轴的接纳，也体现在历时之轴接受共时之轴的改造②。两者之间的冲突与震荡构成了文学史演变的内在规律。这一辩证关系的揭示不仅对文学史研究具有启发意义，而且对认识传统与创新的辩证法也有所启迪。更为重要的是，将文学传统纳入共时的结构之中成为一个不可或缺的要素，在关系主义阐释学或"关系与结构"分析之中引入了历史之维，建构了理解与阐释文学基本问题的历史文化坐标，建立了文学研究历时之轴和共时之轴的复杂运动的辩证法逻辑和历史化方法。在南帆的文论中，"历史"或"社会历史"概念，或表述文学文本所再现的特定时期的社会现实，或表述人类自我发展的历时过程，还指文学赖以产生和传播的社会文化环境，"历史"或"社会历史"始终是关系主义文论不可或缺的维度③。阅读南帆的批评实践，可以发现"关系主义"文论具有结构化阐释与阐释的历史化有机结合的特征，历史化内在于结构化阐释之中。结构化与历史化的辩证与统一是"关系主义"文论之所以充满活力的重要原因之一。

对于南帆而言，"关系主义"不仅仅是一种文学研究的方法论，而且还是一种知识立场，"关系主义"的文学研究不仅仅是一种阐释，而且还是一种批判，一种批判的阐释与阐释的批判，一种"广谱的批判"，是对文学知识生产的批判性诊断与辩证，这种批判直接指向种种本质主义化的思想方法和理论倾向。我们要问的是，如果阐释者本身也是关系网络之一部分，置身于"结构"之中，那么，批判的文学理论如何可能？"关系主义"整合了结构主义、后结构主义和文化研究的思想资源，它同样要面对人文学科语言学转向之后如何重建"主体阐释学"这一重要命题。"关系主义"既要回答主体与结构的关系为何，也要回答在结构与关系中诸种能量如何配置、博弈与交换的问题。

现今，在文学研究领域，"关系主义"还属于一种少数话语。但在其他领域，它并不缺少同道，社会学家布迪厄声称自己是"关系主义者"，新实用主

① 南帆：《文学理论十讲》，福州：福建教育出版社，2018 年，第 81 页。
② 同①，第 209 页。
③ 南帆：《文学批评中的"历史"概念》，《中国社会科学》，2019 年第 3 期。

义哲学家罗蒂对"关系主义"情有独钟，《文明的进程》的作者埃利亚斯则始终坚持"方法论的关系主义"，拉图尔从"物理实在观"转向"关系实在论"，等等。近年来，"关系诗学""关系本体论""关系社会学""关系美学""关系艺术""去中心化关系理论"等概念在西方学术界逐渐兴起。与这些论述的深度而广泛的对话与交流是"关系主义"文论进一步拓展理论空间的可能途径之一。当代文化阐释实践的许多事实已经表明，"关系主义"文学研究的兴起与发展，对文学理论、文学批评和文学史研究尤其是对文学认识论的重构都将产生不可忽视的长久影响。

（作者单位：福建社会科学院）

现代"形式"意识的自觉

——以王国维"古雅"说的"形式"意味为中心

贺昌盛

　　"人"存在于"世界"之中，但"世界"之于"人"却又无可捉摸。为了传达和呈现人的"心灵"所感知的"世界"的样态，文学艺术的创造就成了人类赋予"世界"以可把握的"形式"的"赋形"活动。如同"诗（韵文）"之于古典世界的对应一样，"现代"世界同样需要寻找与之相对应的"心灵形式"。从这个意义上讲，现代中国文学的演化历程，实际正是寻找与"现代"中国的变革形态相对应的"形式"的过程。王国维对于现代"形式"意味的发掘，新文化运动对于"白话文学"的积极推动，新文学初期小品散文及现代小说的萌芽与成长等，都可以看作汉语新文学对其自身的"形式"探索。如果说，迄今为止，现代中国还远没有完成其自身之"现代"形态的"定型化"建构的话，那么，汉语文学的"形式"确立也将同样一直处在持续的探索过程之中。

一、现代"形式"的意味：从"诗"到"小说"

　　最初的时候，人、神、自然和世界被认为是一个圆融的统一体，"诗"即是这个统一体之"总体性"的直接呈现，是人类"心灵"赋予那个可感知却又无可捉摸的"无形"统一体可把握的"形式"的"赋形"活动。古希腊时代的"诗剧"或"史诗"藉信使赫尔墨斯之名传达着来自统一体的诸般讯息与启示；中国的"古诗"则借仓颉造的字为依托记录了天道人伦的序列与情感的本初形态。"口传"的"歌"被书写成为"诗"，则富于结构、修辞、韵律和节奏的"诗"就被确定为真正能够与源初的统一体相沟通的可把握的

"形式"了。因此，"诗"一直被看作对统一体本质的最为切近的呈现，诗人则是被赋予了特殊"禀性"而有能力完美地传达天道、神谕、真理、德性和本心等隐秘信息的代言人。

西方文学无论演化出何种的形态，"诗"始终是处在最高位格上的特定形式，并以此衍生出了"诗性""诗艺""诗学"等多种范畴。中国也不例外，在漫长的历史演化过程中，"诗"同样一直处在"正宗"的绝对地位上；只不过与西方的以呈现统一体的"本质"为主要功能的"诗"有所区别的是，中国古典的"诗"传达的主要是外在的事物所激发的人的内在的情感变化，由此才形成了以"言志"为核心的"抒情"传统。西方的"诗"多包含了神圣、超验的"真理性"的意味，而中国古典的"诗"只与抒情者自身所"经验"的具体生存境遇相关联；西方的"诗"以记录和描摹神谕、圣迹、英雄等"史诗/诗剧"的方式来启示人类，而在古代中国，"征圣""传道"的功能则是由"文/史"来完成的，"言志"的"诗"主要为个人提供了情感宣泄的出口（"宋诗"的"说理"被证明是一种失败的尝试）。但无论差异如何，有着韵律和节奏的"诗"在"文学"范畴内始终被认为处于核心地位，这一点是确定无疑的。

中世纪的"神本"时代结束以后，西方世界逐步进入了一个无须"神"的指引，而"人"自身作为"主体（自主其体）"可以"自主决断"的以"理性"为支撑点的"人本"的"现代"世界。在人类告别由"神"所主宰的统一体世界之后，"诗"虽然仍保留着呈现和传达"真理"的功能，但它用于呈现和传达"真理"的方式，已经由直接的"神谕/启示"式的呈现转换成了追寻和探问已经逝去的神圣超验的"统一体"世界"本源"之"道"的"人"之"所思/所感"式的呈现——"诗"的"真理性"功能部分地被以"理性"为根基的哲学形而上学和历史学所取代，而"诗"之"史"（史诗/诗剧）的"叙事"功能则催生出了一种与"现代"世界相互呼应的全新的形式，即"小说"。伊恩·瓦特认为："自文艺复兴以来，一种用个人经验取代集体的传统作为现实的最权威的仲裁者的趋势也在日益增长，这种转变似乎构成了小说兴起的总体文化背景的一个重要组成部分。"① 卢卡奇也曾指出："小说的结构类型与今天世界的状况本质上是一致的。""史诗为从自身出发的封

---

① ［美］伊恩·P.瓦特：《小说的兴起：笛福、理查逊、菲尔丁研究》，高原、董红钧译，北京：生活·读书·新知三联书店，1992年，第7页。

闭的生活总体性赋形，小说则以赋形的方式揭示并构建了隐藏着的生活总体性。""小说是这样一个时代的史诗，在这个时代里，生活的外延总体性不再直接地既存，生活的内在性已经变成了一个问题，但这个时代依旧拥有总体性信念。"① 为"现代"世界"赋形"的"小说"成为与"现代性"相对应的最为突出的"形式"，"诗"对于"真理"的召唤（对"诗意"生存的追徊）则日趋衰微并最终退居到了边缘地带。

"小说"赋予了"现代"世界可感知且可把握的"形式"，"小说"从诞生、成熟到变形、否定的过程可以见出"现代"世界从规划、成形到变异、反思的清晰的轨迹。即此而言，"写实性"可以看作"小说"几乎与生俱来的"本性"，"小说"呈现的是人类心灵所感知的"现世/当下"的实存世界的总体性"经验"事实，这是以倾听来自"超验"世界的信息的"诗"，以及"剖面"式展示有限时空的"现代"生活的"话剧"等所无法实现的。如果我们承认现代中国文学是在广泛接受域外文学的深刻影响之下而逐步成长起来的话，那么，现代中国文学的演化历程就完全可以看作如何寻找和确立为"现代"中国"赋形"的小说"形式"的过程。一方面，中国的"现代性"的展开刺激着"小说"对其自身做出不断地调整；另一方面，"小说"以其对"现代"世界的构想和描摹参与着"现代"中国的实践建构。但同时也必须承认，中国的"现代性"还远没有达到成熟和完善的程度，在传统、现实和域外因素的多重刺激之下，"小说"的"赋形"使命更没有真正实现。从这个意义上讲，肇始于"现代白话"的中国现代文学其实一直都处在寻找"赋形"路径的"形式"焦虑之中。

二、作为"形式"的"古雅"

王国维有言："凡一代有一代之文学：楚之骚，汉之赋，六代之骈语，唐之诗，宋之词，元之曲，皆所谓一代之文学，而后世莫能继焉者也。"② 王氏的说法源自焦循的"一代有一代之所胜"（《易馀籥录·卷一五》）。焦循一直被认为是清代中叶的一位富有创造性思想的人物，其创见至少有二：一是藉西

① ［匈］卢卡奇：《小说理论》，《卢卡奇早期文选》，张亮、吴勇立译，南京：南京大学出版社，2004 年，第 65、36、32 页。
② 王国维：《宋元戏曲史·序》，姚淦铭、王燕编《王国维文集》（第一卷），北京：中国文史出版社，1997 年，第 307 页。

方《几何原本》的启发，重新诠释了中国古代的《易》是一种由个别元素的"累加"而衍化组合出"有序"宇宙的生生不息的过程（"变/易"之中的"恒定"）；一是支持袁枚的"性灵说"，主张"经学"的考据也需要与"性灵"的融入结合起来，即所谓"以己之性灵，合诸古圣之性灵，并贯通于千百家著书立说之性灵"（《雕菰集·与孙渊如观察论考据著作书》）。因此，焦循所说的"一代有一代之所胜"并非指与不同时代相对应的"文学（言说/书写）"的"形式"有所差异，而恰恰是在强调表面上似乎显示为个别的"（变）易"，其实正在以"累加/层叠"的方式呼应着宇宙总体的"有序"——"韵（文）"的节律正是"和谐"宇宙的显现；而所谓"性灵"对于"经学"所蕴涵之"道"的"融入"，也正是"人"的心灵（既包含个人的，同时又是被历代"叠加/延续"的性灵）对于"天道/伦常"序列的"感知"，"诉（言说/书写）"之于"文学"，即是对宇宙"本源/秩序/形态"的直接呈现。焦循虽然没有提及"心灵"为世界"赋形"的问题，但他的思想却直接启发了王国维对于"形式"问题的发掘，其结晶之一就是《宋元戏曲史》。

将一直被视为"卑下"之作的"戏曲"纳入"正统"的"史"的框架之中，确属一种创举，但这并非出于王国维的本意——王国维的初衷实际在"考"（《宋元戏曲考》）而非述"史"；"述史"旨在正本清源、理述流脉，"究考"则重在开掘深蕴于其中的意味。唯其如此，王国维才把"道人情，状物态，词采俊拔，而出乎自然"[①] 作为他"考释"宋元戏曲的重心。宋元戏曲可看作上古时代的"巫舞"形式的遗留、发掘和拓展，正如同"骚"之于楚、"赋"之于汉、"诗词"之于唐宋一样，外在的体式也许会随世代之"易"而有所"易"，但人有所感而发为心声的"呈现（言说/书写）"行为方式却是始终没有变化的——这种将无形的所思所感用可把握的"形式"呈现出来的以"美"的创造为目的的活动即是我们通常所称的"艺术"创作，"戏曲"无疑像骚、赋、诗、词一样，属于"艺术"之一种。

王国维在《古雅之在美学上之位置》一文中对"形式"曾有过专门的论述。他认为："一切之美，皆形式之美。"[②] 他所说的"形式"不是指艺术自身所显示出来的具体样式，而是指亚里士多德和康德所说的与"自然/质料"

---

① 王国维：《宋元戏曲史·序》，姚淦铭、王燕编《王国维文集》（第一卷），北京：中国文史出版社，1997年，第307页。

② 王国维：《古雅之在美学上之位置》，姚淦铭、王燕编《王国维文集》（第三卷），北京：中国文史出版社，1997年，第32页。

相对的先验存在且合于"理智/秩序"的"形式"。不过，王国维对这一"形式"范畴已经给予了改造，他把合于"自然/质料"的"先验形式"称之为"第一形式"，而把人为"赋形"的"经验形式"称之为"第二形式"；由此，康德所说的"优美"与"壮美（宏壮）"在王国维这里就各自都具有了"双重形式"的意味（王国维视康德的"无形式"的"崇高"为"形式"之一），而介于"优美"与"壮美（宏壮）"两者之间的一种"形式"，王国维创造性地称之为"古雅"。"戏曲小说之主人翁及其境遇，对文章之方面言之，则为材质；然对吾人之感情言之，则此等材质又为唤起美情之最适之形式。故除吾人之感情外，凡属于美之对象者，皆形式而非材质也。而一切形式之美，又不可无他形式以表之，惟经过此第二之形式，斯美者愈增其美，而吾人之所谓古雅，即此第二种之形式。即形式之无优美与宏壮之属性者，亦因此第二形式故，而得一种独立之价值，故古雅者，可谓之形式之美之形式之美也。"① 王国维界定"古雅"的核心主要有四：其一，"古雅"为常人所为，不必一定是"天才"之作却又与"天才"之作无异；其二，"古雅"包含着"美"的根本特性（即无目的的合目的性），但又属于"第二形式"的独特创造——"感"其"美"为第一形式，以"雅"（如神、韵、气、味等）表出则为"第二形式"；其三，"古雅"的判断出于后天的经验和偶然性，所以会有因人因时因地的差别——不同于康德所谓"美"的判断的必然性；其四，"古雅"的价值在不顺应流俗而使人在"惊讶"之余得"人心"之"休息"与"慰藉"，所以是一种有别于无可轻易企及的"优美"与"壮美（宏壮）"的常人皆可"修养"的"形式"，"古雅"的养成正可以成为人间"美育"的最佳途径。"（宏壮）由一对象之形式，越乎吾人知力所能驭之范围，或其形式大不利于吾人，而又觉其非人力所能抗，于是吾人保存自己之本能，遂超越乎利害之观念外，而达观其对象之形式，如自然中之高山大川、烈风雷雨，艺术中伟大之宫室、悲惨之雕刻象，历史画、戏曲、小说等皆是也。"②

以此来看王国维对于宋元"戏曲"的论述就不难发现，他正是把"戏曲"看作最为切近地呈现世俗"真实"的生存境况的"古雅"典范"形式"来看待的。"元曲之佳处何在？一言以蔽之，曰：自然而已矣。古今之大文学，无

---

① 王国维：《古雅之在美学上之位置》，姚淦铭、王燕编《王国维文集》（第三卷），北京：中国文史出版社，1997年，第32页。
② 同①，第31页。

不以自然胜，而莫著于元曲。盖元剧之作者，其人均非有名位学问也；其作剧也，非有藏之名山，传之其人之意也。彼以意兴之所至为之，以自娱娱人。关目之拙劣，所不问也；思想之卑陋，所不讳也；人物之矛盾，所不顾也；彼但摹写其胸中之感想，与时代之情状，而真挚之理，与秀杰之气，时流露于其间。故谓元曲为中国最自然之文学，无不可也。""然元剧最佳之处，不在其思想结构，而在其文章。其文章之妙，亦一言以蔽之，曰：有意境而已矣。何以谓之有意境？曰：写情则沁人心脾，写景则在人耳目，述事则如其口出是也。古诗词之佳者，无不如是，元曲亦然。"① 由"戏曲"推广至中国古代以"诗"为本位的文学，"古雅"无疑成了王国维对于中国传统文学的一次前所未有的"形式"提炼和抽象。

三、古典"叙事"的"古雅"特性

王国维在突出"戏曲"和不同世代之文学样式所具有的共同的"古雅"特性之外，还特别关注到了"悲剧"与"小说"的问题。他在《宋元戏曲史》中多次肯定了"戏曲"与"小说"的关系，而且特别强调，其彼此的关系并不单在"戏曲"对于"小说"的结构、人物及"演史"题材等的借鉴上，而关键在于"叙事"，即细腻地叙写和描摹当世人众"真实自然"的生存境遇，并以此呈现出了人生"苦悲"的内在本质。他认为，宋元戏曲中真正具有价值的不是那些"复现/演绎"历史或者宣扬"善恶果报"的剧作，而是那类能够真切地展示"直面人生苦难"的"意志"力量的作品。"明以后，传奇无非喜剧，而元则有悲剧在其中。……其最有悲剧之性质者，则如关汉卿之《窦娥冤》，纪君祥之《赵氏孤儿》。剧中虽有恶人交构其间，而其蹈汤赴火者，仍出于其主人翁之意志，即列之于世界大悲剧中，亦无愧色也。"② 王国维的"悲剧"观念主要来自叔本华。"由叔本华之说，悲剧之中又有三种之别：第一种之悲剧，由极恶之人，极其所有之能力以交构之者。第二种，由于盲目的运命者。第三种之悲剧，由于剧中之人物之位置及关系而不得不然者；非必有蛇蝎之性质与意外之变故也，但由普通之人物、普通之境遇，逼之不得不如

---

① 王国维：《宋元戏曲史·序》，姚淦铭、王燕编《王国维文集》（第一卷），北京：中国文史出版社，1997年，第389页。

② 同①。

是；彼等明知其害，交施之而交受之，各加以力而各不任其咎。此种悲剧，其感人贤于前二者远甚。何则？彼示人生最大之不幸，非例外之事，而人生之所固有故也。""叔本华置诗歌于美术之顶点，又置悲剧于诗歌之顶点；而于悲剧之中，又特重第三种，以其示人生之真相，又示解脱之不可故。故美学上最终之目的，与伦理学上最终之目的合。"① 从王国维对于"悲剧"的这一定位来看，"元剧"中虽然已经包含了揭示人生苦难的"悲剧"成分，但还只是属于善恶对抗的个别"特例"，尚不具有"普遍性"。所以，他才肯定地说："至叙事的文学（谓叙事诗、史诗、戏曲等，非谓散文也）。则我国尚在幼稚之时代。元人杂剧，辞则美矣，然不知描写人格为何事。"② 而真正被王国维视为摹写和洞察常人在常世之"常苦"本质的"悲剧"之作，就是达于"小说"典范之巅峰的《红楼梦》——"正文"故事与"序"中"题诗"相互呼应正可看作"诗"的"赋形"向"小说"的"赋形"的转换（或所谓"有诗为证"）。"生活之本质何？'欲'而已矣。……欲与生活、与苦痛，三者一而已矣。""夫优美与壮美，皆使吾人离生活之欲，而入于纯粹之知识者。若美术中而有眩惑之原质乎。则又使吾人自纯粹知识出，而复归于生活之欲。""吾人且持此标准，以观我国之美术，而美术中以诗歌、戏曲、小说为其顶点，以其目的在写人生故，吾人于是得一绝大著作曰《红楼梦》。"③ 《红楼梦》能达于"悲剧"的极致，正在于其摆脱了"元剧"式的"个别之悲"，并发掘出了"生活之欲"的生存本质。"生活之欲之先人生而存在，而人生不过此欲之发现也。""宇宙一生活之欲而已！而此生活之欲之罪过，即以生活之苦痛罚之：此即宇宙之永远的正义也。自犯罪，自加罚，自忏悔，自解脱。美术之务，在描写人生之苦痛与其解脱之道，而使吾侪冯生之徒，于此桎梏之世界中，离此生活之欲之争斗，而得其暂时之平和，此一切美术之目的也。"④

王国维的逻辑思路可以概括为："欲望"是宇宙（有限的时空世界）的先验"本质"，"人生（具体样态）"是对"欲望"的"感知性"呈现（第一形式），而"美术（艺术）"则是"诗人/艺术家"对其所感知的"人生之欲"

① 王国维：《红楼梦评论》，姚淦铭、王燕编《王国维文集》（第一卷），北京：中国文史出版社，1997 年，第 11、13-14 页。
② 王国维：《文学小言》，姚淦铭、王燕编《王国维文集》（第一卷），北京：中国文史出版社，1997 年，第 28 页。
③ 同①，第 2、4-5 页。
④ 同①，第 7、9 页。

的呈现；唯其属于"常态"，它才包含并揭示了"本质欲望"的普遍性；也唯其因为所有的普通人皆可借助"修养"而在其"经验"之中得以达致和感知，"古雅"才可能成为呈现"当世"生存境遇的最高"形式"——诗词、戏曲、小说等即是"古雅"之"（变）易"的具体形态。"夫美术之所写者，非个人之性质，而人类全体之性质也。……善于观物者，能就个人之事实，而发见人类全体之性质。"① 为了证明作为"经验"的艺术"形式"与先验本质之间的呼应关系，王国维特意大段引述了叔本华的观点。"夫美术之源，出于先天，抑由于经验，此西洋美学上至大之问题也。叔本华之论此问题也，最为透辟。兹援其说，以结此论。其言曰（此论本为绘画及雕刻发，然可通之于诗歌、小说）：……故美之知识，断非自经验的得之，即非后天的而常为先天的；即不然，亦必其一部分常为先天的也。吾人于观人类之美后，始认其美；但在真正之美术家，其认识之也，极其明速之度，而其表出之也，胜乎自然之为。此由吾人之自身即意志，而于此所判断及发见者，乃意志于最高级之完全之客观化也。……唯如是，故希腊之天才，能发见人类之美之形式，而永为万世雕刻家之模范。唯如是，故吾人对自然于特别之境遇中所偶然成功者，而得认其美。此美之预想，乃自先天中所知者，即理想的也，比其现于美术也，则为实际的。何则？此与后天中所与之自然物相合故也。……故唯自然能知自然，唯自然能言自然，则美术家有自然之美之预想，固自不足怪也。……诗人由人性之预想而作戏曲小说，与美术家之由美之预想而作绘画及雕刻无以异。唯两者于其创造之途中，必须有经验以为之补助。夫然，故其先天中所已知者，得唤起而入于明晰之意识，而后表出之事，乃可得而能也。（叔本华《意志及观念之世界》)"②

王国维从骚、赋、诗、词、戏曲、小说等"文体形制"的表层差异中寻找出恒定的深层"形式"蕴涵，并尝试以"古雅"来界定传统中国文学对应于世界"总体性"的"形式"范畴，确乎是一次前所未有的创造性发现。王氏之所谓"古雅"，其实可以理解为发于源初而绵延未息之"古"——也即人类心灵最初感于宇宙而发为心声的活动——一直都在以"雅"的"形式"——即赋予零散随意且偶然易逝的"所感/所思"以可把握的"规范"样

---

① 王国维：《红楼梦评论》，姚淦铭、王燕编《王国维文集》（第一卷），北京：中国文史出版社，1997年，第19页。
② 同①，第21-22页。

式（如诗、词、歌、赋等）——得以呈现出来；无论具体的"文体形制"有何种的变化，以"经验"的"形式"来呈现和发掘源初世界形貌的"艺术"创造活动都是一致的。即此而言，在王国维看来，"当世"的"人心"（精神形态）与古人实际并没有分别，也正是因为如此，"当世"的"言说/书写"所产生出来的"艺术"与远古时代人的心声同样能够形成彼此间或强或弱的应和，王国维在《文学小言》中特别称颂的屈原、陶渊明、杜甫、苏轼、《窦娥冤》、《红楼梦》等是最为有力的证明。

当然，王国维在把"古雅"确定为"形式"常规的同时，也并没有忽视艺术家自身特定的修养与禀赋。他认为："抒情之诗，不待专门之诗人而后能之也。若夫叙事，则其所需之时日长，而其所取之材料富，非天才而又有暇日者不能。""吾人谓戏曲小说家为专门之诗人，非谓其以文学为职业也。……职业的文学家，以文学为生活；专门之文学家，为文学而生活。"① "文学职业"与"文学生活"的区分或许是王国维有感于晚清时代在印刷技术和报章商业的刺激下粗制滥造的小说创作而给予的划界。实际上，更进一步说，即使在"为文学而生活"的范围内，王国维对于"天才"之作与"常人"之作也是给予了明确区分的。他曾特意将《红楼梦》与歌德的《浮士德》和孔尚任的《桃花扇》做过具体的比较。"夫欧洲近世之文学中，所以推格代之《法斯德》为第一者，以其描写博士法斯德之苦痛，及其解脱之途径，最为精切故也。……且法斯德之苦痛，天才之苦痛；宝玉之苦痛，人人所有之苦痛也。其存于人之根柢者为独深。而其希救济也为尤切。"② "吾国之文学中，其具厌世解脱之精神者，仅有《桃花扇》与《红楼梦》耳。而《桃花扇》之解脱，非真解脱也。……《桃花扇》之解脱，他律的也；而《红楼梦》之解脱，自律的也。且《桃花扇》之作者，但借侯、李之事，以写故国之戚，而非以描写人生为事。故《桃花扇》，政治的也，国民的也，历史的也；《红楼梦》，哲学的也，宇宙的也，文学的也。此《红楼梦》之所以大背于吾国人之精神，而其价值亦即存乎此。" "《红楼梦》一书与一切喜剧相反，彻头彻尾之悲剧

---

① 王国维：《文学小言》，姚淦铭、王燕编《王国维文集》（第一卷），北京：中国文史出版社，1997年，第28、29页。

② 王国维：《红楼梦评论》，姚淦铭、王燕编《王国维文集》（第一卷），北京：中国文史出版社，1997年，第9页。

也。"①《桃花扇》将其"悲剧"的根由归于"外在于自身"的政治、国族与历史，而未能真正揭示出人生所"本有"的"悲剧"本质；歌德的《浮士德》以其超于"常人"的"天才"能力完成了对"悲剧"的生命本质的体味与呈现，但"天才"毕竟属于俗世所"不常有"的个别"特例"；相比之下，正是因为《红楼梦》所描摹的全然是"常态"俗世之中的"常人常事"，它才更为切实地呈现出了人生之"悲剧"本质的恒常性与普遍性。据此可见，在王国维这里，世界形貌、心灵感悟与"形式"呈现，三者只有形成高度的融合，甚至融合至于"无形无间"，才能达于"古雅"之最高的"境界"。

王国维所标举的"古雅"的"形式"意味，其核心即是"心灵"如何为世界"赋形"。王国维的突出贡献在于为古典世界的"总体性"寻找到了一种可与之相对应的"心灵形式"，并以此尝试在"古典"与"现代"之间搭起了一座"诗性"沟通的桥梁。但他对于行将到来的"现代"世界却充满了忧虑和怀疑。"现代"世界是一个以"个体"的自由"欲望"为出发点来寻求实现个人价值意义的世界，而个体"欲望"的自由释放将必然导致世界之"总体性"的崩塌；以多元异质的"观念"形态出现的"人为"的"真理"已经彻底取代了源初"统一性"的"唯一真理"，"现代"世界因此变成了一个分散的、碎片化的"差异性"世界，"人"也无可挽回地变成了各自"孤立"的原子式的个人，这就是我们通常所说的西方思想的危机或"现代"的堕落。当"现代"世界逐步由西方向东方推衍的时候，王国维所感受到的并不是梁启超等人那样的"进化"的乐观，而恰恰是"统一性"世界行将崩塌的恐惧。唯其如此，他才尝试着希望寻回和重建曾经充满"诗意"的"总体性"古典世界；但他同时也坚信，即使生活在"现代"世界，由"欲望"所生成的人生之"苦"的本质是不可能有所变化的，高度"形式化（格/律）"的"诗"被叙写"常态"的"小说"所取代，也无非只是心灵"赋形"的活动随世界之"易"将有所"易"而已。

（作者单位：中南民族大学文学与新闻传播学院）

---

① 王国维：《红楼梦评论》，姚淦铭、王燕编《王国维文集》（第一卷），北京：中国文史出版社，1997年，第10页。

中国现代文学死亡审美介入叙事的几种形态及其各自的经验诉求

胡明贵

一、问题的提出

恩格斯说："今天，不把死亡看作生命的重要因素、不了解生命的否定实质上包含在生命自身之中的生理学，已经不被认为是科学的了，因此，生命总是和它必然的结果，即始终作为种子存在于生命中的死亡联系起来考虑的。""生就意味着死。"叔本华也说："死的困扰是每一种哲学的源头。"弗洛伊德在 1920 年发表了《超越唯乐原则以外》，提出了死亡本能论，认为："死亡以死本能的形式，成为一种消灭生命的势力，而所有生命的目标都表现于死亡。""本能冲动的本身一定是爱欲和毁灭性的混合"，就是说，死本能，它是与生本能同行的，死本能是生命活动真正要达到的目的，生本能必定和死本能同行，而且为死本能服务而已。由于"死的本能在本质上是缄默的，生命的叫喊大部分是从爱欲发出的"，因此，要达到死本能的目的，其途径是迂回曲折的。

卡西尔说："理解一切就是原谅一切。"如何理解死亡与文学之间的关系呢？也许我们可以毫不夸张地说，没有死亡叙述与探究，文学将毫无价值。屈原对生与死的思考——"路漫漫其修远兮，吾将上下而求索"；莎士比亚的经典台词——"是活着还是死去"——一路点亮了文学的意义。从古至今，几乎没有哪一个民族的文学经典能远离对死亡喋喋不休地叙述和思索，无论是屈原、莎士比亚、巴尔扎克、托尔斯泰、曹雪芹，还是鲁迅、川端康成、马尔克斯、莫言，等等，古今中外概莫能外。

譬如，中国经典的四大名著就是死亡叙事的经典之作：《西游记》的取经源自超度亡魂，无论小妖还是老怪，想吃唐僧肉的目的就是长生不老，没有成佛成仙与修炼成精的热望，"西游"叙事难以九九归一。《红楼梦》的结局少不得"呼啦啦大厦将倾"，只落得"好一片白茫茫大地真干净"，王熙凤之死印证了"机关算尽太聪明，反误了卿卿性命"；林黛玉之死无非要说明"质本洁来还洁去"，色即是空。没有死亡做伴，曹雪芹的《红楼梦》"字字是血，哭成此书"将从何谈起？死亡自我们出生之始就一直隐匿在我们的生命之中，如影随形地与人共在，潜在地、幽幽地威胁着我们。是死亡一路追问着人们存在的意义，才使《三国演义》的诸侯争霸、建功立业震撼人心，抵消了存在意义的虚无；才使《水浒传》大碗喝酒、大块吃肉、该出手时就出手的洒脱自在生活成为人们对自由理想的追求。但即使是建功立业曾激荡起人们心头千层热望，转瞬间依然无法逃避激情过后的寂灭——"滚滚长江东逝水，浪花淘尽英雄。是非成败转头空。"即使是风风火火纵情江湖的痛快点燃无数男儿侠肝义胆的澎湃激情，也难保梁山泊树倒猢狲散、道义被出卖的冷场与落寞难堪。

经典的诗词更是少不了死亡的逼视。古诗十九首无法摆脱死亡阴影的萦绕，李煜的词催人泪下，离不开"雕栏玉砌应犹在，只是朱颜改"的生离死别和"江南江北旧家乡，三十年来梦一场"的人生恍惚。苏轼的词直逼心灵，少不了他那"大江东去，浪淘尽、千古风流人物"对"逝者如斯"的叩问和"千里孤坟，无处话凄凉"对亡妻肝肠寸断思念的无奈。《兰亭集序》的脍炙人口在于它对生死的参悟——"向之所欣，俯仰之间，已为陈迹"，……古人云："死生亦大矣。"

因此，文学是对人类死亡经验的感性书写。现代文学自它诞生之日起，自然也与死亡结下了难分难解的情缘。单看鲁迅的小说叙事就与死亡死磕：阿Q之死、祥林嫂之死、孔乙己之死、子君之死、陈士诚之死、单四嫂儿子之夭、魏连殳之殇、夏瑜之牺牲……

既然文学离不开对死亡的叙述，那么中国古代文学书写死亡，现代文学也书写死亡，它们之间的分野又究竟在哪里呢？若从死亡叙事角度而论，中国现代文学又何以为"现代"？这就不得不让我们回顾与反思中国新文学百年以来的死亡书写的审美经验。

现代文学与古代文学最重要的分野在于它的"人的文学"标识。周作人曾说道："我们现在应该提倡的新文学，简单的说一句，是'人的文学'。应该排斥的，便是反对的非人的文学。"郁达夫总结说："'五四'运动的最大的成功，第一要算'个人'的发现。从前的人，是为君而存在，为道而存在，为父母而存在，现在的人才晓得为自我而存在了。"

那么何谓"人的文学"？何谓"非人的文学"？难道说中国古代文学都是写翎毛野兽的，是动物的文学？对此周作人给了解释："人的文学，当以人的道德为本。"难道古代"三纲五常"从来就不是人的道德，是动物的道德？周作人认为，古代的道德是偏枯的道德，是培养奴隶意识，教人忠君守节、唯命是从的道德，是刑不上大夫、不平等的道德。"真的道德，一定普遍，决不偏枯。天下决无只有在甲应守，在乙不必守的奇怪道德。……世上既然只有一律平等的人类，自然也有一种一律平等的人的道德。"因此，新文学"人的文学"表现的是普遍的道德，"应以普通的文体，写普遍的思想与事情。我们不必记英雄豪杰的事业，才子佳人的幸福，只应记载世间普通男女的悲欢成败。因为英雄豪杰才子佳人，是世上不常见的人。普通男女是大多数，我们也便是其中的一人，所以其事更为普遍，也更为切己。我们不必讲偏重一面的畸形道德，只应讲说人间交互的实行道德"。"应以真挚的文体，记真挚的思想与事实。既不坐在上面，自命为才子佳人，又不立在下风，颂扬英雄豪杰。只自认是人类中的一个单体，混在人类中间，人类的事，便也是我的事。"反之，则是写偏枯道德的文学即"非人的文学"，如迷信的鬼神书、神仙书、妖怪书、奴隶书、强盗书、才子佳人书、下等谐谑书、黑幕书。以上都是各种旧道德的结晶，这几类全是妨碍人性的生长、破坏人类的平和的东西，统统应该排斥。

新文学与旧文学同样都离不开对死亡的叙述，但其分野十分明显：旧文学叙旧道德下的死亡，新文学叙新道德下的死亡，两者的审美诉求不同。新文学死亡叙事包含的是新伦理、新道德下的苦难意识和人道主义关怀，寄托了或启蒙或革命的旨归，蕴藏着对生命意义的哲学追思。然而，新文学虽然反对文以载道，但就其产生的语境而言，又无法脱离启蒙与救亡思想史的轨道，因而也落入新的文以载道的悖论之中。故而新文学就死亡审美诉求而论，存在着思想性高于艺术性、人民伦理（或革命伦理）大于自由伦理的各种矛盾与纠结。然而，新文学在百年死亡叙事中积累了太多的经验类型，又并非只有人民伦理与个体自由伦理两种死亡叙事的类型与经验，还存在着其他异彩纷呈的人类生存经验的抒写与总结。

二、中国现代文学对"纯美"与"功利"的两种追求态势

20世纪初，中国文学理论界对文学的定义与向往出现了"纯美"与"功利"两种态势：一方面，以王国维和蔡元培等为代表的文学纯美派浮出水面，王国维主张"美之属性，一言以蔽之曰：可爱玩而不可利用者是已"，如哲学与美术是"天下最神圣、最尊贵而于当世之用者"，"今夫人积年月之研究，而一旦豁然悟宇宙人生之真理，或以胸中惝恍不可捉摸之意境一旦表诸文字、绘画、雕刻之上，此固彼天赋之能力之发展，而此时之快乐，决非南面王所能易者也"。缘此，他给文学下定义说："文学者，游戏的事业也"，而"个人之汲汲于争存者，决无文学家之资格"。蔡元培在《对于教育方针之意见》中提倡以"美育代宗教说"，认为军国主义、实利主义和德育主义都属于"政治之教育"，而美育则属于"超政治之教育"，是实现从"现象世界"达到"实体世界"之间的桥梁，能将人从生死悲苦的"现象世界"带入一种超功利的"实体世界"。

另一方面，在后维新时代，文学充当启蒙与救亡先声的呼声也甚嚣尘上，从而导致救亡的政治意识转化为文学审美的功利性态势也充斥着文学理论界，如1902年梁启超在《新小说》发表的《论小说与群治之关系》强调："欲新一国之民，不可不先新一国之小说。故欲新道德，必新小说；欲新宗教，必新小说；欲新政治，必新小说；欲新风俗，必新小说；欲新学艺，必新小说。乃至欲新人心、欲新人格，必新小说。"

以周氏兄弟为代表，他们同时受到文学"纯美"与"功利"两种审美追求的影响，并在自己的文学实验中不断调适自己的文学审美追求，以求在两种态势之间调和矛盾，追求一种动态的平衡。

周作人受王氏游戏说与梁启超小说"新民说"的影响，其文学审美观一直在"纯美"与"功利"之间摇摆，并不断调适以求平衡，如其后来在《中国新文学的源流》中提出"言志"与"载道"的文学，便是调和的表现。1907年，周作人在《〈红星佚史〉序》里推崇西方私人创作主美的文学，反对中国古代的"文以载道"："中国近方以说部教道德为桀，举世靡然，斯书之翻，似无益于今日之群道。顾说部曼衍自诗，泰西诗多私人制作，主美，故能出自由之意，舒其文心。而中国则以典章视诗，演至说部，亦立劝惩为臬极，文章与教训漫无畛畦，画最隘之界，使勿驰其神智，否者或群逼挤之，所意不同，成果斯异。然世之现为文辞者，实不外学与文二事，学以益智，文以

移情，能移人情，文责以尽，他有所益，客而已，而说部者文之属也。读泰西之书，当并函泰西之意，以古目观新制，适自蔽耳。"1908 年，周作人又在《河南》上发表《论文章之意义暨其使命因及中国近时论文之失》中批判了梁启超等人提出的小说为政治服务的"载道"思想，倡导文学"非实用"的"远功"，突出文学"无目的而合目的"的审美功能。他认为："文章之德，固亦有娱乐一端，然其娱乐之特质，亦必至美尚而非鄙琐"，"若夫文胜质亡，独具色彩而少义旨，斯为失衡"。他进一步推进了王国维的游戏说，强调文学的审美功能。故此，他主张文学的使命是"一曰裁铸鸿思汇合阐发之力也。二曰在阐释时代精神的然无误也。三曰在阐释人情以示世也。四曰载发扬神思，趣人心以近于高尚也"。但面对虎狼般的现实，周作人也不断调整自己的文学审美观，在《中国新文学的源流》中，他将中国文学的发展概括为"言志"与"载道"两条脉络，"言志"的文学重在抒发个人情感，是"即兴的文学"，而"载道"的文学是"赋得的文学"和"遵命的文学"。两者并行不悖，"言志之外之所以又生出载道的原因是文学刚从宗教脱出之后，原来的势力尚有一部分保存在文学之内，有些人认为单是言志未免太无聊，于是便主张以文学为工具，再借这工具将另外更重要东西——'道'表现出来"。他打破了两者之间的界限，并试图调和两者之间的矛盾，认为"言他人之志是载道，载自己之道是言志"，"以此（俞平伯的意境）言志，言志固佳，以此为道，载道亦复何碍？"可见他并不坚决反对"载道"，只不过强调文学的"载道"必须以"言志"为前提。"言志"即强调作家个性，他认为文学首先应该表现作家自己的个性，因为在他看来："（1）创作不宜完全抹杀自己去模仿别人；（2）个性的表现是自然的；（3）个性是个人唯一的所有，而又与人类有根本上的共通点；（4）个性就是在可以保存范围内的国粹，有个性的新文学便是这国民所有的真的国粹的文学。"这样，他在不排斥"文以载道"的同时，又突出文学审美非功利的"纯美"性，从而淡化了文学审美的功利性。虽然在"五四"新文学运动中，周作人的《人的文学》《平民文学》有标的文学先锋的作用，但后来反思"五四"新文学实践，在"载道"与"言志"之间矛盾徘徊，并最终走向风尚"纯美"的"个性的文学"。在《〈自己的园地〉序》中他开始反思"五四"新文学，批判新文学的功利主义文学观，他说："我们太要求不朽，想于社会有益，就太抹杀了自己；其实不朽决不是著作的目的，有益社会也非著者的义务，只因他是这样想，要这样说，这才是一切文艺存在的根据。我们的思想无论如何浅陋，文章如何平凡，但自己觉得要说时便可以大胆地说出来，因为文艺只是自己的表现，所以凡庸的文章正是凡庸的人的真表现，比讲高雅而虚伪的话要诚实的多了。"在《文艺上的宽容》一文中，他正式提倡个人主义的文学："文艺以自我表现为主体，以感染他人为作用，是个人的而亦为人类的，所以文艺的条件是自己的表现，其余思想与技术上的派别都在其次。"在《自己的园地》中他否定"为人生的文艺思想"："'为艺术的艺术'将艺术与人生分离，并且将人生附属于艺术，至于王尔德的提倡人生之艺术化，固然不很妥当；'为人生的艺术'以艺术附属于人生，将艺术当作改造生活的工具而非终极，也何尝不把艺术与人生分离呢？"他主张文艺以"个人为主义，表现情思而成为艺术"，因为读者"接触这艺术，得到一种共鸣与感兴，使其精神生活充实而丰富，又即以为实生活的基本；这是人生的艺术的要点，有独立的艺术美与无形的功利"。到了1932年的《中国新文学的源流》，他鼓吹性灵文学，提倡文学独抒性灵，宣称："文学是无用的东西。因为我们所说的文学，只是以达出作者的思想感情为满足的，此外再无目的之可言。里面，没有多大的鼓动力量，也没有教训，只能令人聊以快意。"他调侃说："欲使文学有用也可以，但那样已是变相的文学了。椅子原是为写字用的，然而，以前的议员们岂不是曾在打架时作为武器用过？在打架的时候，椅子墨盒可以打人，然而打人却终非椅子和墨盒的真正用处。文学亦然。"

鲁迅早年在《摩罗诗力说》与《拟播布美术意见书》中受时风影响，也提出了文学审美的超功利性与功利性——"文章的不用之用"："由纯文学上言之，则以一切美术之本质，皆在使观听之人，为之兴感怡悦。文章为美术之一，质当亦然，与个人暨邦国之存，无所系属，实利离尽，究理弗顾。故其为效，益智不如史乘，诚人不如格言，致富不如工商，弋功名不如卒业之券。特世有文章，而人乃以几于具足。英人道覃（E. Dowden）有言曰，美术文章之杰出于世者，观诵而后，似无裨于人间者，往往有之。然吾人乐于观诵，如游巨浸，前临渺茫，浮游波际，游泳既已，神质悉移。而彼之大海，实仅波起涛飞，约无情愫，未始以一教训一格言相授。顾游者之元气体力，则为之陡增也。故文章之于人生，其为用决不次于衣食，宫室，宗教，道德。盖缘人在两间，必有时自觉以勤劬，有时丧我而惝恍，时必致力于善生，时必并忘其善生之事而入于醇乐，时或活动于现实之区，时或袖驰于理想之域；苟致力于其偏，是谓之不具足……文章不用之用，其在斯乎？约翰穆勒曰，近世文明，无不以科学为术，合理为神，功利为鹄，大势如是，而文章之用益神。"他既指出"文章的不用之用"在于文学既"与个人暨邦国之存，无所系属，实利离尽，究理弗存"，不能像科学技术那样能极大地推动社会进步，但它又有情感愉悦作用，它能帮助人们解脱谋生苦恼而进入愉悦境界，即"益神"。但在《罗摩诗力说》同篇中，他又引用英国哲学家卡莱尔的话强调"文章之用"的功利性。他认为，意大利的统一和俄国的统一离不开但丁、果戈理这样伟大的文学家的宣传与鼓动："顾瞻人间，新声争起，无不以殊特雄丽之言，自振其精神而绍介其伟美于世界。"在响应蔡元培以"美育代宗教说"的《拟播布美术意见书》中，鲁迅仍强调了"文章的不用之用"与"文章之用"两种功能，他认为："言美术之目的者，为说至繁，而要以与人享乐为臬极，惟于利用有无，有所抵牾。主美者以为美术目的，即在美术，其于他事，更无关系，诚言目的，此其正解。然主用者则以为美术必利于世，傥其不尔，即不足用，顾实则美术诚谛，固在发扬真美，以娱人情，比其见利致用，乃不期之成果。沾沾于用，甚嫌执持，惟以颇合于今日之国之公意，故从而略述之。"他指出，当时社会对文艺审美功能存在着"主美"与"主用"两种倾向，但文艺虽有"表见文化""辅翼道德"与"救援经济"的"主用"功能，其"主用"功能必须通过"主美"功能来实现："美术之用，大者既得三事，而本有之目的，又在与人以享乐，则实践此目的之方术，自必在于播布。播布云者，谓不更幽秘，而传诸人间，使与国人耳目接，以发美术之真谛，起国人之美感，更以冀美术家之出世也。"

随着对中国社会现实认识的不断深入与文学实践的不断发展，鲁迅将强调欲立人先立国的文学启蒙思想与文学的功利性日益紧密结合在一起。他后来坦诚地回顾小说创作的初衷时说："说到为什么做小说罢，我仍抱着十多年前的'启蒙主义'，以为必须是'为人生'，而且要改良这人生"，"我也并没有要将小说抬进'文苑'里的意思，不过想利用他的力量来改良社会"。在《呐喊·自序》中他仍然主张文学的启蒙意义："凡是愚弱的国民，即使体格如何健全，如何茁壮，也只能做毫无意义的示众的材料和看客，病死多少是不必以为不幸的。所以我们的第一要著，是在改变他们的精神，而善于改变精神的是，我那时以为当然要推文艺，于是想提倡文艺运动了。"这些都表明了鲁迅从事文学活动的启蒙主义意志与立志——改造国民性，他突出了文学的非文学功利性——"文艺是国民精神所发的火光，同时也是引导国民精神前途的灯火"。但是他也时常怀疑文学的功利性，说："自己在北京所得的经验，对于一向所知道的前人所讲的文学的议论，都渐渐的怀疑起来。那是开枪打杀学生的时候罢，文禁也严厉了，我想，文学文学，是最不中用的，没有力量的人讲的；有实力的人并不开口，就杀人，被压迫的人讲几句话，写几个字，就要被杀；即使幸而不被杀，但天天呐喊，叫苦，鸣不平，而有实力的人仍然压迫，虐待，杀戮，没有方法对付他们，这文学于人们又有什么益处呢？""诸君是实际的战争者，是革命的战士，我以为现在还是不要佩服文学的好。学文学对于战争，没有益处，最好不过作一篇战歌，或者写得美的，便可于战余休憩时看看，倒也有趣。……一首诗吓不走孙传芳，一炮就把孙传芳轰走了。"但后期的鲁迅却更加坚定地转向了文学启蒙主义功利立志，将文学当作投枪与匕首，用更犀利的杂文从事社会批判与文化批判，将文学改造中国国民性的作用发挥到极致。究其原因，他坦言："在风沙扑面，狼虎成群的时候，谁还有这许多闲工夫，来赏玩琥珀扇坠，翡翠戒指呢。他们即使要悦目，所要的也是耸立于风沙中的大建筑，要坚固而伟大，不必怎样精；即使要满意，所要的也是匕首和投枪，要锋利而切实，用不着什么雅。"因此，鲁迅后期的创作放弃了小说、散文诗等"纯文学"的形式，而专写言辞犀利的杂文。他后期对文学审美的功利立场非常坚定，如他主张"文学是战斗的"，"一切文艺"是宣传，战斗的文学既不要风花雪月，也不要脉脉温情，而"必须是匕首，是投枪，能和读者一同杀出一条生存的血路的东西"。究其原因，他解释说："生在战斗的时代要离开战斗而独立，生在现在而要做给予将来的作品，这样的人，实在也是一个心造的幻影，在现实世界上是没有的。要做这样的人，恰如用自己的手拔着头发，要离开地球一样，他离不开，焦躁着，然而并非因为有人摇头，使他不敢拔了的缘故。"他在《〈艺术论〉译本序》中写道："蒲力汗诺夫之所究明，是社会人之看事物和现象，最初是从功利底观点，到后来才移到审美底观点去。在一切人类所以为美的东西，就是于他有用——于为了生存而和自然以及别的社会人生的斗争上有着意义的东西。……享乐着美的时候，虽然几乎并不想到功用，但可由科学底分析而初发见。所以美底享乐的特殊性，即在那直接性，然而美的愉乐的根柢里，倘不伏着功用，那事物也就不见得美了。"

三、新文学死亡叙事审美的功利性：启蒙与救亡视域下的死亡审美诉求

晚清是一个"动荡时代"，这个"动荡时代"的一切活动——政治的、思想的、文化的、经济的、军事的——都是围绕救亡图存这个中心设计的。"救亡图存"作为民族和国家符号，富有"卡里斯玛"威信和感召力，它把当时

中国社会一切可以动员的力量调动了起来，把一切可以整合的资源整合在一起。洋务运动、戊戌变法、辛亥革命、共和国、四个现代化……19世纪末以来一连串的政治事件哪一件不是牵动中国人心的大事？在民族生死存亡之秋，启蒙与救亡都给政治革命或文学革命提供了激动人心的合法性和压倒一切的舆论优势。梁启超欲新民必先新一国之小说旋一提出，不胫而走，至今仍脍炙人口："欲新一国之民，不可不先新一国之小说。故欲新道德，必新小说；欲新宗教，必新小说；欲新政治，必新小说；欲新风俗，必新小说；欲新学艺，必新小说；乃至欲新人心，欲新人格，必新小说。"文学启蒙与救亡继起之声始终如黄钟大吕，余音缭绕。柳亚子将戏剧的宣传作用提到推翻清政府的高度："他日民智大开，河山还我，建独立之阁，撞自由之钟，以演光复旧物推倒虏朝之壮剧、快剧。"傅斯年把文学与社会改革的关系说得十分直白明了——文学就是散布思想、改革社会的武器。"想把这思想革命运用成功，必须以新思想夹在新文学里，刺激大家，感动大家；因而使大家恍然大悟；徒使大家理解是枉然的，必须唤起大家的感情；徒用言说晓喻是无甚功效力的，必须用文学的感动力。未来的真正'中华民国'靠着新思想，新思想不能不夹在新文学里；犹之乎俄国的革命是以文人做肥料去培养的。我们须得认清楚我们的时代。认清楚了，须得善用我们的时代。"沈雁冰也特别强调文学唤起民众的重大责任："我们相信文学不仅是供给烦闷的人们去解闷，逃避现实的人们去陶醉；文学是有激励人心的积极性的。尤其在我们这时代，我们希望文学能够担当唤醒民众而给他们力量的重大责任。"鲁迅在《我怎么做起小说来》回忆起初创作的冲动时，"说到'为什么'做小说罢，我仍抱着十多年前的'启蒙主义'，以为必须是'为人生'，而且要改良这人生。……所以我的取材，多采自病态社会的不幸的人们中，意思是在揭出病苦，引起疗救的注意"。无疑，新文学在发生期被当作了改革思想与社会的利器，启蒙与救亡成为作家创作的崇高旨归。

文学如何介入现实社会改良或革命？文学不可能等同于暴力革命或政治改良。一切的文学都是宣传品，但一切的宣传品并不一定都是文学。鲁迅对文学与宣传关系的解读高屋建瓴，但同时他对于文学的作用限度也做过精辟的论断：文学的作用只在革命之前与革命之中，革命之后无文学。文学作为反映现实、反映生活的艺术，其最大作用莫过于"动人心"，所谓"情动于中，发为声"是也，在于"揭出病苦，以引起疗救"的注意。也就是说，文学之于社会改良或革命的作家是有限的，其动力作用于世道人心、风俗习惯，也即文化范围内的洞察、批判与改良。因此"五四"新文学的启蒙或文学革命介入社会运动的主要作用只在于文化改良，若其溢出文化范围，文学之于社会革命或改良将无能为力。因此，新文学运动的初衷是作为主潮的新文化运动的副潮，新文化运动才是新文学运动的旨归或最后归宿。欲立国，先立人；欲立人，先立一国之文化。"诚若为今立计，所当稽求既往，相度方来，掊物质而张灵明，任个人而排众数。人既发扬踔厉矣，则邦国亦以兴起。奚事抱枝拾叶，徒金铁国会立宪之云乎？""洞达世界之大势，权衡校量，去其偏颇，得其神明，施之国中，翕合无间。外之既不后于世界之思潮，内之仍弗失固有之血脉，取今复古，别立新宗，人生意义，致之深邃，则国人之自觉至，个性张，沙聚之邦，由是转为人国。人国既建，乃始雄厉无前，巍然独见于天下。"（《文化偏至论》）

然而当时现实中的老旧国民受旧伦理道德之规约，其现状令人焦虑：麻木的思想、滑稽的愚昧、无知的迷信、想做奴隶而不得的精神奴役、逆来顺受的一味勤劳、怯懦又自私凶狠……构成国民性的疾症。所以鲁迅悲哀地呐喊：我"觉得医学并非一件紧要事，凡是愚弱的国民，即使体格如何健全，如何苗壮，也只能做毫无意义的示众的材料和看客，病死多少是不必以为不幸的。所以我们的第一要著，是在改变他们的精神，而善于改变精神的我那时以为当然要推文艺。""但是国民劣根性是无论哪一个国家哪一个民族都存在的问题，并不是中国特有的现象，只是没有被特殊处理或进行'放大'而已。同时我们在谈国民劣根性问题时，必然牵涉到一个比较视角选择的问题，即参照系的选择，也就是说中国国民的劣根性不是以前就不存在，而是没有谁去比较、突出与显影。国民性问题是在鸦片战争后西力东扩和西学东渐大潮的裹挟之下发生的，是中西两种文化冲撞的结果，没有西方文化的文明示范，也就没有中国国民性落后的显现。随着国民精英对西方文化认识的进一步深化，对中国改良或革命的进一步反思，国民劣根性问题才日益凸显并最终浮出历史地表，改造国民性才成为先进的和睁眼看世界的中国人寻找民族出路的方案，其归途在于鼓民力、开民智、新民德，从而建立一个与时代发展相适应的民族文化心理，通过实行人的现代化而达到民族与国家的现代化。"所以鲁迅在《我怎么做起小说来》中说他写小说是为启蒙呐喊，是为改良人生，是为立国做准备——欲立国，先立人。人之不立，国也将衰。为此，他的小说取材"多采自病态社会的不幸的人们中，意思是在揭出病苦，引起疗救的注意"。

鲁迅等预设的新人是怎样的人呢？在鲁迅看来，极端的自我是个人自觉的最高境界，他说："盖自法郎西大革命以来，平等自由，为凡事首，继而普通教育及国民教育，无不基是以遍施。久浴文化，则渐悟人类之尊严；既知自我，则顿识个性之价值；加以往之习惯坠地，崇信荡摇，则其自觉之精神，自一转而之极端之主我。"正是出于对"极端主我"的青睐，所以他称赞施蒂纳、叔本华、克尔凯郭尔、尼采等极端个人主义者为"先觉善斗之士"，并提倡个人"力抗时俗""独往来于自心之天地"的"自有之主观"精神，从而"张大个人之人格"。鲁迅所主张的"极端主我"不是自私自利，而是一种精神，一种自主人格；具有这种精神或人格的人，敢于"抗时俗""排众数"，坚持"己见"，具有"刚毅不挠"和"勇猛奋斗之才""迕万众不慑""虽遇外物而弗为移""排斥万难，黾勉上征""始足作社会桢干"；是那些"立意在反抗指归在动作，而为世所不甚愉悦者"的"摩罗"诗人，他们"争天拒俗""不为顺世和乐之音"，而"以不可见之泪痕悲色，振其邦人"，"动吭一呼，闻者兴起"，其"精神复深感后世人心，绵延于无已"。从鲁迅对尼采等西方名哲之士的称赞和对拜伦等"摩罗"诗人的推介中，我们不难得出鲁迅"立人"的标准，即如尼采般强力意志的"精神界之战士"，既有强烈的自主意识和个性，又有力排众议坚持真理的韧性战斗精神，也就是他所提倡的"个人的自大"。他认为中国向来有点自大，是"合群的爱国的自大"，这是中国在世界文化竞争失败之后不能振奋进步的原因，因为"合群的自大"和"爱国的自大"将国里的习惯制度抬得很高，为腐朽的"国粹"沾沾自喜；党同伐异，以众虐独，泯灭个性，对少数天才宣战。而"个人的自大"是禀赋独异，个性张扬，行为自主独立，思想见识高出庸众之上，又敢于独抒己见，坚持真理，对庸众宣战；而一切新思想，多从他们出来，政治上、宗教上、道德上的改革也从他们发端。"个人的自大"的国民越多，民族与国家就越幸运。"盖惟声发自心，朕归于我，而人始自有己；人各有己，而群之大觉近矣"；"则庶几烛幽暗以天光，发国人之内曜，各有己，不随风波，而中国亦以立"。显然，阿Q不是这样的新人。阿Q以精神胜利法自慰疗伤，已中陈独秀所说"奴隶道德"的剧毒而沾沾自喜。正如鲁迅所讽刺的，他以自己的缺点为骄傲，明明是癞痢头，却骂别人"还不配"，明明是烂疮却自我陶醉夸耀说"艳如桃花"。阿Q是任人宰割的羔羊，同时他也是兽。当他遇到强者，被赵老爷与假洋鬼子欺负时，大气不敢出，唯唯诺诺，毕恭毕敬，点头哈腰，一副奴才相。当他遇到弱小时，又凶狠如兽，他不仅敢摸小尼姑的光头，还振振有词地斥责小尼姑"和尚摸得，我就摸不得？"但当他遇到官或更大的强者时，连羊也算不得了，简直就是软塌塌的鼻涕虫了。他莫名其妙地被抓进大牢，一见当官的，不是质问"你们凭什么抓我"，而是体如筛糠，两腿发软，"扑通一声"跪倒在地，心甘情愿地画了押认了死罪。阿Q虽然也有革命的内在需求与内心冲动，但他对革命的认知是墙头上的草——风吹两面倒。当别人问到他在城里看到什么新鲜的玩意时，他自夸说：杀头，好看，杀妈妈的革命党的头。他看到平时欺压他的赵太爷、钱太爷闻革命而丧胆，又欣欣然地向往革命。他对革命的理解完全是小农经济意识的理解与欲望——权威、金钱和女人。他在土谷祠做的黄粱美梦充分暴露了他的革命欲望。首先是夺权杀人，就他所认知的未庄的鸟男女都该杀，想杀谁就杀谁，想欺负谁就欺负谁，小D、王胡等留着帮他往土谷祠里搬东西，搬慢了就掌嘴；其次是抢东西，想抢谁的东西就抢谁的东西，把未庄人的东西尤其是赵太爷、钱太爷等家的东西全部据为己有；第三是女人，未庄所有的女人都成了他的女人，想要谁就要谁，眼上有疤的、脚大的、岁数小的，一个也不放过。阿Q式革命是流氓式的革命，复制了几千年来中国改朝换代的兴衰模式，对于推动中国社会的发展没有丝毫好处，只能造成巨大的破坏和内乱。所以鲁迅不是害怕阿Q式革命不成功，相反，是害怕阿Q式革命成功，故而他必须将阿Q写死。阿Q不死，中国革命无论换什么招牌都是换汤不换药；阿Q不死，国难难夷。

祥林嫂不是这样的新人。她逃出婆家，不是出于自我主体觉醒，而是沉溺于"祥林嫂"之称谓不能自拔，是慑于不敢再嫁的"节烈"，所以被迫嫁贺老六，要以头撞香案，想以死挣得贞节的荣耀。所以她是鲁迅所说的"想做奴隶而不得"。她为自己的再醮感到自卑，因此希望通过自贱——买庙里被千人跨万人骑的破门槛——来自我救赎。祥林嫂的痛苦不仅仅在于肉体的转卖和丈夫儿子的死，更重要的是精神的被奴役。她用头撞香案，用辛苦劳动得来的工钱捐门槛，都表明了内心深处精神的被奴役、被控制的状态，但她对此却丝毫不自知或自省，奴隶意识病毒已侵入她的肌体，而且内化为潜意识潜伏在意识层里，时时变成她的习惯性思维或行动，使可怕的"精神病"不时地发作出来。如果不能将她从精神奴役中解放出来，就不能从根本上消除她"苦"的"病"源。

孔乙己、陈士诚不是这样的新人。他们深受封建科举制度与等级思想的毒害而不能自拔，满口"之乎者也"，死也不肯脱下那件"似乎十多年也没有洗也没有补的长衫"，以示"万般皆下品，唯有读书高"，自己比那些短衣帮高一等。陈士诚笃信"书中自有千钟粟，书中自有黄金屋，书中自有颜如玉"，孜孜不倦于科举考试，至死不悟，以致癫狂，落水而亡。

吕苇甫、魏连殳不是这样的新人。吕苇甫与魏连殳虽钟情、投身革命，却没有超人或精神界战士那种自甘寂寞、"争天拒俗""不为顺世和乐之音"的坚韧意志和决心，最后也只得随波逐流。吕苇甫自嘲自己的革命行为就像苍蝇一样绕了一个圈又停在了原来的地方；魏连殳则躬身反对先前革命的自己，助纣为虐，当起了军阀的参谋。

子君、涓生也不是这样的新人。涓生与子君开始敢于争天抗俗，能"不为顺世和乐之音"："我是我自己的，谁也没有干涉我的权利。"蔑视世俗，大胆地追求自由恋爱，同居在一起。然而他们低估了世俗的恶势力，或铩羽而逃，或郁闷而亡。子君与涓生都不是彻底的个人主义者，他们思想深层结构仍然是封建意识，意识深处仍然卧着封建旧意识的余孽。子君仅在婚姻自由上迈出一步，但仅此而已。她的思想仍然囿于男主外女主内与男尊女卑，所以当她与涓生同居后，又回归传统妇女的角色——打毛衣，养油鸡，养哈巴狗。当涓生说"我们分手吧"，她没有再呼喊"我是我自己的"，勇敢面对现实，战天斗地，而是重新落入"贞节"或"弃妇"的旧道德意识，顿时感觉失去了天，失了明天，精神世界彻底坍塌了。

庸众更不是新人。汉娜·阿伦特在她的 1963 年出版的著作《艾希曼在耶路撒冷——关于艾希曼审判的报告》中提出"平庸之恶"一词。她认为，罪恶分为两种，一种是极权主义统治者的"极端之恶"，一种是被统治者或参与者的"平庸之恶"。其中，第二种恶比第一种恶有过之而无不及。一般认为，对于显而易见的恶行不加限制或直接参与的行为就是"平庸之恶"。鲁迅早在 20 世纪 20 年代就引用古罗马政治家西塞罗的观点——"暴民之害甚于暴君"，从而提出了"暴民之恶甚于暴君"的论断。他多次通过"看与被看"的视角写大众的"平庸之恶"。阿 Q 进城围观斩杀革命者，声称杀头好看；阿 Q 被杀头，后面跟着一堆民众追围着看他人头落地。《药》里的庸众在寒冷的冬天天不亮就挤到菜市场看夏瑜被砍头，华老栓、康大叔、茶客等又何尝不是看客。《孔乙己》全场都充满笑声，孔乙己在别人的笑声中出场，在笑声中被人打断了腿，最后又在别人的笑声中死去。《示众》中的看客为了看杀头，瘦子挤成筋，胖子挤成墩。《明天》里单四嫂死了儿子，大众借帮忙发表揩单四嫂的油。《长明灯》里大众亦群情激愤地群殴"疯子"……暴君之恶止于一人，暴民之恶则危害到全社会。

鲁迅用含泪的笑——为阿 Q、祥林嫂、孔乙己、魏连殳、子君送葬。茅盾、老舍、巴金、曹禺等新文学作家也与鲁迅一样，本着启蒙与救亡、立人与立国的文学书写，将一批批老旧的国民送进了坟墓。赵老太爷死了，老马死了，高老太爷死了，祥子、瑞珏、曾文清等也死了。

凤凰涅槃是更生。鲁迅等新文学作家写老国民的死亡，目的是揭露出国民的劣根性——奴隶道德与奴隶意识，从而提出国民性改造的问题，是为了让新人对照"其不善者而改之"。鲁迅借《狂人日记》喊出"救救孩子"，他在《药》结束处不吝在夏瑜的坟地里放上鲜花，在《故乡》里塑造了宏儿与水生。老舍在《二马》里既写了老马的死，也写了小李和小马的新生。曹禺在《北京人》里既写曾文清的自杀，也写了愫芳等的新生……立人的希望在哪里？作家无法给出答案，只能如鲁迅所言那样："希望是本无所谓有，无所谓无的。这正如地上的路；其实地上本没有路，走的人多了，也便成了路。"

四、革命视域下死亡叙事的审美诉求

国难当头或民族危机或群体生存危难之时，"吾疾贫富不均，今吾为汝均之""天下兴亡，匹夫有责""救民于水深火热之中""救民于倒悬之苦""民主""共和""科学"等诸如此类的人民伦理大叙事，异常激动人心而富有感召力。刘小枫认为："现代的叙事伦理有两种：人民伦理的大叙事和自由伦理的个体叙事。在人民伦理的大叙事中，历史的沉重脚步平整个人生命，叙事呢喃看起来围绕个人命运，实际让民族、国家、历史目的变得比个人命运更为重要。自由伦理的个体叙事只是个体生命的叹息或想象，是某一个人活过的生命印痕或经历的人生变故。自由伦理不是某些历史圣哲设立的戒律或某个国家化的道德宪法设定的生存规范构成的，而是由一个个具体的偶在个体的生活事件构成的。"虽然"每个人都有自己的故事，但并非每个人都可以和能够讲自己的故事"。这时候擅长讲故事的人、善于言说和写作的人就能够代表其他人发声，他们的叙事不仅讲述曾经发生的事，而且讲述自己想象的事，按自己认为的那样讲述历史。他们认为，历史是为当代服务的，只有为当代阐释的历史才有意义。

人民伦理大叙事在中国有悠久的传统，孔子曰"杀身成仁"，孟子曰"舍生取义"，司马迁曰"人固有一死，或重于泰山，或轻于鸿毛"，文天祥曰"人生自古谁无死，留取丹心照汗青"，顾炎武言"天下兴亡，匹夫有责"……在国家与民族生死存亡的危急之秋，文章屡次被抬高为"不朽之盛事，经国之大业"，被推为革命的先声。"铁肩担道义，妙手著文章。""文章千古事，得失寸心知。作者皆殊列，名声岂浪垂。"孟子教导人们"吾善养吾浩然之气"。但是人民伦理大叙事从来就是圣人与历史精英代表书写的。生命的意义被儒家用伦理道德规约点亮：修身的目的在于齐家治国平天下，于家族在于光宗耀祖、光耀门楣，于国家在于精忠报国、为国争光，于家人在于封妻荫子。一个人只要做到了这些，生命就会活得精彩而有意义。毛泽东直截了当地概括现代人民伦理大叙事的意义所在："我们大家要学习他毫无自私自利之心的精神。从这点出发，就可以变为大有利于人民的人。一个人能力有大小，但只要有这点精神，就是一个高尚的人，一个纯粹的人，一个有道德的人，一个脱离了低级趣味的人，一个有益于人民的人。"

郭沫若的历史剧都是人民伦理的大叙事，名为历史剧，实际上是按现实需要量身定做人民伦理大叙事。他作于抗战时期的六部悲剧：《棠棣之花》《屈原》《虎符》《高渐离》《孔雀胆》《南冠草》全部是历史剧。这些悲剧或取材战国时期或取材元末或取材明末清初的历史，都是社会变革或改朝换代关键时期的志士仁人。他以渊博的历史知识为基础，根据抗战现时需要对这些历史题材进行想象发挥和艺术虚构，从而为现实的斗争服务。其戏剧人物无论是屈原、聂政、高渐离、夏完淳、侯嬴，还是聂荌、春姑、蝉娟、如姬、魏太妃、阿盖公主，或是著名的爱国诗人与民族英雄，或是杰出的豪侠与忠义志士，都是杀身成仁或舍生取义的志士仁人，为国为家为仁义，头可断，血可流，坚强意志不可摧。

接续革命叙事的抗战叙事、解放叙事、大生产叙事、大跃进叙事等人民伦理层出不穷。董存瑞炸碉堡、黄继光堵枪眼、邱少云伏火堆、刘胡兰卧铡刀、杨子荣深入虎穴……人民伦理大叙事不绝于耳。《红岩》《红日》《红旗谱》《苦菜花》《野火春风斗古城》《英雄儿女》《红色娘子军》《红灯记》……人民伦理大叙事的经典数不胜数。江姐在革命胜利前夕慷慨就义，洪常青用自己的生命换来了吴青华等红色娘子军的新生，李玉和临行喝妈一碗酒从容赴死。基斯洛夫认为："人身的欠缺是自然而然的，如果没有对美好的欲望，人身的在体性欠缺本来算不了什么。动物没有对美好的欲望，也就没有对自身欠缺的苦恼。人性的苦恼都来源于人身的在体性欠缺与对美好的欲望之间的差距。""解决个体生命的在体性欠缺与生命理想的欲望之间的不平衡，从古至今有两种不同的方案：一些圣贤说，生命热情和愿望都是徒劳的、无用的，劝导人们放弃自己的生命热情和愿望，人应该安于自己生命的歉然（道德寂静主义）；

另一些圣贤劝导人们把自己私人的生命热情和愿望转移到集体性——社群、民族、阶级、国家甚至总体的人类的生命热情和愿望中去，由此克服个体生命的歉然（道德理想主义）。如果既不放弃自己的生命热情和愿望、又不转移到集体性的生命热情和愿望中去，个体生命就会在自身的在体性欠缺与生命理想欲望的不平衡中受苦，甚至悲观、绝望。"人民伦理大叙事具有高大上的品位，使很多觉得人生虽然短暂，但只要将有限的生命投身到无限的为人民服务当中、为国服务当中、为民族服务当中，生命的意义就会大放异彩。红色经典正好切合人们提升生命意义的这种热望并将其发挥到极致。

五、饮食男女视角下死亡叙事的审美追求

张爱玲在《烬余录》里所说的话："去掉了一切的浮文，剩下的仿佛只有饮食男女这两项。人类的文明努力要跳出单纯的兽性的圈子，几千年来的努力竟是枉费精神吗？"因为家庭衰败的特殊生长环境与太平洋战争香港沦陷经历的提炼——"炸弹随时可以落到自己的头上，时局随时可以起变化，什么东西，什么地方，什么人才是可以靠得住的呢？"所以她的小说没有重大的历史事件叙述，没有宏大的结构，"没有战争，也没有革命"，"只是写些男女间的小事情"，只写乱世之下苟且偷生、委屈挣扎的卑微者，他们"就坏也坏得鬼鬼祟祟。有的也不是坏，只是没出息，不干净，不愉快。我书里多的是这等人，因为他们最能够代表现社会的空气"。她的死亡叙事的伦理诉求，与二三十年代新文学作家不同，更多地逼视人不如意的生存境遇，"她的小说虽然都离不开男女之情，但是没有圆满的结局，只有情场上谋生的交易，表现的都是女主人公以'爱'谋生那种'耿耿不寐，如有隐忧'，'心之忧矣，如匪浣衣'般的委屈辛酸，曹七巧、葛薇龙、白流苏、霓喜、红玫瑰……曹七巧虽然分得了一份家产，但人性扭曲，用黄金的枷劈杀了自己最亲的人。葛薇龙虽然得到了婚姻但不得不靠卖身来维系这婚姻。白流苏虽然如愿以偿嫁给了范柳原，但她日后必须把婚姻当作糊口的生计来经营……"

而且她的许多作品都预设了一个死亡前置或笼罩在死亡的阴影下：《留情》中敦凤死了丈夫再嫁米先生，米先生娶了敦凤后妻子病危，故事在米先生与敦凤、垂死的妻子冲突的张力中展开。《倾城之恋》中白流苏与范柳原相识的动力来自她的哥哥们逼迫她为已离婚去世的丈夫守丧守节，逼得她无法再在娘家待下去，她只得通过谋爱来谋生。《沉香屑第一炉香》故事预设的背景

是葛薇龙的姑妈梁太太好不容易熬死了比她大几十岁的丈夫得到丰厚的遗产，梁太太不甘青春与爱的逝去，要用金钱弥补和追回失去的爱，因而利用侄女葛薇龙来做诱饵。《茉莉香片》的叙事动力也来自聂传庆已去世的母亲冯碧落，因为冯碧落爱着言子夜但迫于父母之命嫁给了聂介臣。聂介臣因为妻子另有他爱就死命地折磨她，冯碧落忧郁而亡后，聂介臣又将怨恨转嫁到儿子聂传庆身上。《金锁记》中曹七巧父母双亡，依靠哥嫂度日，才有了后来七巧嫁姜家二少爷之事。《半生缘》中曼璐变态也源自父亲去世，家道中落，自己不得不中止学业、放弃恋爱，靠做舞女养活弟弟妹妹和母亲。《花凋》用川嫦的死反衬出人间的凄凉。《霸王别姬》用虞姬的自刎保全项羽对她的真爱。张爱玲的小说或隐或现地隐含死亡，以死亡印证人之生存之艰难，充满苍凉之况味。乱世的衰败、生存的艰辛、世态的炎凉、生活的不如意及尊严的折损、精神的委屈、灵肉冲突的挣扎，诸多物质与精神的挫败、失意，尽现在她的笔端，涓涓流淌，汇成一涧人间小溪，却蕴藏着人间大悲哀。也即曹禺所谓的不是因果，不是报应，而是"天地间的残忍"吧——"天地不仁，以万物为刍狗；圣人不仁，以百姓为刍狗"。

张爱玲认为"清坚决绝的宇宙观，不论是政治上的还是哲学上的，总未免使人嫌烦。人生的所谓'生趣'，全在那些不相干的事"——恋爱、结婚、生老病死那些普普通通的事，与政治、民族、阶级等所谓国家大事不相干。所以"只要题材不太专门性，像恋爱结婚，生老病死，这一类颇为普遍的现象，都可以从无数各各不同的观点来写，一辈子也写不完"。饮食男女这样的题材选择嗜好实际上反映了作者看待人类的视点问题。张爱玲选取了两个视点来看待人间饮食男女之事，"其一是人间视点，也就是说站在普通人的立场去看。人都有喜怒哀乐，悲欢离合；以此来看待自己或者别人，正是一个人的看法。其一是在这个视点之上，俯瞰整个人间的视点。是把人类的悲哀，或人类的——刚才说的喜怒哀乐，悲欢离合，整个看在眼里。……从人间视点出发，他们真实地写出人物的愿望，这时作者完全认同于他们，承认人生的价值；从俯视人间的视点出发，则揭示出这种价值的非终极性"。所谓"价值的非终极性"，一方面指人的欲望是无穷尽的，一个欲望的实现实际上是下一个新的欲望的起点；另一方面指人的所有欲望和实现欲望的努力最终都是毫无意义的，都指向了虚无。这是人类痛苦的根源。张爱玲用这两个视点来选择创作题材，也用这两个视点看待人类的挣扎、痛苦、无奈和悲哀。她认为，像恋爱结婚、生老病死这一类颇为普遍的现象，才是生活中最安稳最常见的一面，是生命的根底，也是文学取之不尽的底子，"可以从无数各各不同的观点来写，一辈子也写不完"。比如"苏青最好的时候能够做到一种'天涯若比邻'的广大亲切，唤醒了往古来今无所不在的妻性母性的回忆，个个人都熟悉，而容易忽略的。实在是伟大的"。但是，现代"文学史上朴素地歌咏人生的安稳的作品很少，倒是强调人生的飞扬的作品多，但好的作品，还是在于它是以人生的安稳做底子来描写人生的飞扬的。没有这底子，飞扬只能是浮沫，许多强有力的作品只予人以兴奋，不能予人以启示，就是失败在不知道把握这底子"。如果脱离了生活朴素的底子，那么飞扬的就是浮沫了。"强调人生飞扬的一面，多少有点超人的气质。超人是生在一个时代里的。而人生安稳的一面则有着永恒的意味，虽然这种安稳常是不完全的，而且每隔多少时候就要破坏一次，但仍然是永恒的。它存在于一切时代。它是人的神性，也可以说是妇人性。"不论在哪一朝代，也不管是盛世太平还是乱世没落，活着的人就要过日子，就要饮食，还要男女。柴、米、油、盐、酱、醋、茶，娶嫁生子、生老病死，如果去掉一切浮华的东西，生活就是如此。战争也好，阶级斗争也罢，这些都是非常态的，毕竟都是暂时的。日常生活常态就是饮食男女。张爱玲提出要开拓文学表现的崭新领域，去表现人生安稳的一面着重以真实的面目呈现出大时代中最平凡的普通人的普遍的小悲欢及人类永恒的普遍的人性。"我用这手法描写人类在一切时代之中生活下来的记忆。而以此给予周围的现实一个启示。……我甚至只是写些男女间的小事情，我的作品里没有战争，也没有革命。我以为人在恋爱的时候，是比在战争或革命的时候更素朴，也更放恣的。战争与革命，由于事件本身的性质，往往要求才智比要求感情的支持更迫切。而描写战争与革命的作品也往往失败在技术的成分大于艺术的成分。和恋爱的放恣相比，战争是被驱使的，而革命则有时候多少有点强迫自己。真的革命与革命的战争，在情调上我想应当和恋爱是近亲，和恋爱一样是放恣的渗透于人生的全面。"

所以张爱玲主张写人间最普通的饮食男女之琐事的悲哀，鲁迅等启蒙者也主张写"几乎无事的悲哀"，但两者并不完全相同。鲁迅等新文学启蒙作家立意在启蒙，旨归在动作——反抗旧文化、旧道德与改造国民性。所以他要画出国民沉默的灵魂，揭露黑暗社会非人的生存环境，批判封建专制文化对人的戕害，并最终达到改造国民劣根性的启蒙目的。张爱玲没有鲁迅那样深刻的思想，也缺少鲁迅那样的启蒙信念和社会责任，她更关注饮食男女、穿衣吃饭诸如此类带有人间烟火味、妇人性的琐事。她的琐事的悲哀无目的而又合目的。鲁迅的悲剧是源于社会对人的挤压、文化对人的戕害，现时性、救急性与阳刚性较强，张爱玲的悲剧观则呈现出长时段、非功利等特点。对此，胡兰成在《评张爱玲》中说得比较透彻："鲁迅经过几十年来的几次革命和反动，他的寻求是战场上受伤的斗士的凄厉的呼唤"，"鲁迅是尖锐地面对着政治的，所以讽刺、谴责。张爱玲不这样，到了她手里，文学从政治走回人间，因而也成为更亲切的。时代在解体，她寻求的是自由、真实而安稳的人生"。她的苍凉渗透着悲天悯人的情怀而无悬壶济世的抱负，所以是无目的而合目的的，暗合"天地不仁，以万物为刍狗"这个大悲哀。

张爱玲使一切英雄、超人、贵族、领袖都沦为凡人和俗人，她决不赋予任何人物以伦理首先的优越感。她以日常的内容和实用的逻辑做价值标准去消解"首先习惯所牵连的想象的信念"；以现实世界的真实去消解关于现实世界的种种不实之词；以现实世界的矛盾、多重、复杂去消解人们关于现实世界整齐、统一、简单、斩钉截铁的观念世界；以现实世界的平实、朴素、凡俗去消解人的价值领域的飞扬、完美和神圣。张爱玲的反神圣化不像"五四"新文化运动时期那样，仅仅指向维护封建社会制度的价值系统，而把西方的科学、民主、人道主义或马克思主义奉为新的偶像概念，也不像 30 年代主流文学那样，以革命、人民的神圣概念与自我、个人相对立。张爱玲从根本上反对神圣化，她以世俗的实用态度，以女性的边缘位置去消解一切旨在建立中心、等级和神圣的价值体系秩序。比如关于爱情的观念，"五四"文学中"不自由，毋宁死"的决绝态度，双双赴死的叙事情节把自由恋爱这一概念神圣化，而成为"五四"新文化运动最具有确定性和感召力的观念。尽管鲁迅以涓生和子君的悲剧向这一神圣的观念提出质疑，但他并不旨在亵渎这个概念的神圣性，而是从现实的问题出发，以经济的、需"时时更新"对爱情的威胁显示自己的担忧。丁玲以《莎菲女士的日记》宣布世上的男人"死了"，爱情在现实中不可能实现，但她不过是抨击世上的男人而已，并不曾动摇自己心目中对神圣的爱情和理想的男人的信念。张爱玲自信"把人生的来龙去脉看得很清楚"，认为"人到底很例外，许多人被认为例外或是自命为例外的，其实都在例内"。

六、生命哲学视野下死亡叙事的审美表达

克尔凯郭尔认为："绝望是一种精神上的表现，它关系到人的内心的永恒性。人的内心存在着两个世界，每个人都有永恒拯救和永恒沉沦这样两种可能性，前一种是迷人的，后一种是恐怖的。""我们唯一的悲哀是生活于愿望之

中而没有希望。"梭伦说："神往往不过是叫许多人看到幸福的一个影子，随后便把他们推上了毁灭的道路。"然而，中国文化是一种早熟的乐生文化，祖先们早就对生死有一种透彻清醒的认知。庄子在《大宗师》里说："死生，命也，其有夜旦之常，天也。""古之真人，不知悦生，不知恶死；其出不诉，其人不距；倏然而往，倏然而来而已矣。不忘其所始，不求其所终；受而喜之，忘而复之，是之谓不以心捐道，不以人助天。是之谓真人。""且夫德者时也，失者顺也，安时而处顺，哀乐不能入也。"陶潜曰："死去何所道，托体同山阿。"苏轼曰："人生到处知何似？应似飞鸿踏雪泥；泥上偶然留指爪，鸿飞那复计东西！"王羲之曰："固知一死生为虚诞，齐彭殇为妄作。"祖先对死有着超乎寻常的冷静心态，正因为"人生艰难唯一死"，人生最大的悲哀莫过于死，他们早就对死亡有一种悲哀又清醒超脱的认知，所以才有生之自觉——安时处顺、顺其自然便成为中华民族最坚韧的生存理念。古华在《芙蓉镇》借秦书田之口对胡玉音说："活下去，像畜生一样活下去。"余华借《活着》表达了他认识到的生活真理——"人是为活着本身而活着"。史铁生说："不知死，安知生？北京有句骂人的话，叫'你不知死！'""死亡真的来临了，我们还会怨天尤人、愤世嫉俗吗？我们还会不懂珍惜现在所拥有的一切吗？"

可见，自古至今，中国哲人们从来就没停止过对生死的思考。李泽厚认为死的悲哀促进了中国人对死超然的认知，又由对死的认知促进了对生的自觉。在绝望中前行，在前行中绝望，一会儿"登斯楼也，则有心旷神怡，宠辱偕忘，把酒临风，其喜洋洋者矣"；一会儿"登斯楼也，则有去国怀乡，忧谗畏讥，满目萧然，感极而悲者矣"；一会儿"快然自足，不知老之将至"；一会儿又"向之所欣，俯仰之间，已为陈迹，犹不能不以之兴怀，况修短随化，终期于尽"；一会儿"纵一苇之所如，凌万顷之茫然。浩浩乎如冯虚御风，而不知其所止；飘飘乎如遗世独立，羽化而登仙"；一会儿又"倚歌而和之。其声呜呜然，如怨如慕，如泣如诉；余音袅袅，不绝如缕。舞幽壑之潜蛟，泣孤舟之嫠妇"；一会儿"酾酒临江，横槊赋诗，固一世之雄也"；一会儿又"滚滚长江东逝水，浪花淘尽英雄。是非成败转头空"，伤春与悲秋成为中国美学的重要审美方式。

希望与绝望同时寄居在中国人的心田里。新文学作家也从来没有割断祖先对生死的追问与思考的血脉。鲁迅虽然为前驱"呐喊"，但时常感到"彷徨"，甚至有时还绝望与虚无——"人生最痛苦的是梦醒了无路可走"。人自出生以后就无法停下走向死亡的脚步，鲁迅在《过客》里借过客与老翁的对话体现对生存意义的追问：

翁问客：你从哪里来？你到哪里去？客答：我不知道我从哪里来，也不知道我要到哪里去。我只是一刻不停地往前走，我只得走。有声音常在前面催促我，叫唤我，使我息不下。客问翁：前面是什么？翁答：前面是坟墓。客又问：坟墓的前面是什么？翁答：坟墓的前面是坟墓。

鲁迅通过《过客》表达对人存在的哲思：你从哪里来？你到哪里去？过客就是我们人类，人类与一切自然存在一样，都是过客。我们终生忙碌，却既不知从何而来、往何而去，也不知道为何而来、为何而去，只知道生就意味着死，一生下来我们就开始走向终点——坟墓。过客拒绝了小姑娘的馈赠，因为他知道生不带来死不带去，一切将复归于自然，归于寂静。

人们经常会问天问地问爹娘：上天为什么要生我？我为什么要活着？上天既生了我，为什么又让我饱尝无尽的烦恼与痛苦的折磨？为什么我一生下来就让我面临三种对立的煎熬：让我与自然搏斗、让我与社会纠缠（他人即地狱）、让我的肉与灵冲突？既生我，为什么又要死我？为什么要让我生离死别？为什么让我贫病交加？我怎么办？总之，为什么要让命运如此捉弄我？我们在鲁迅的《野草》、巴金的《寒夜》、老舍的《骆驼祥子》、沈从文的《丈夫》、张爱玲的《半生缘》等作品里看到命运捉弄人，人面对命运的无可奈何。尤其是曹禺对"天地不仁，以万物为刍狗"天地间的"残忍"的质问让人警醒，"我如原始的祖先们，对那些不可理解的现象，睁大了惊奇的眼"：

> 《雷雨》所显示的，并不是因果，并不是报应，而是我所觉得的天地间的"残忍"。（这种自然的"冷酷"，可以用四凤与周萍的遭遇和他们的死亡来解释，因为他们自己并无过咎。）如若读者肯细心体会这番心意，这篇戏虽然有时为几段较紧张的场面或一两个性格吸引了注意，但连绵不断地、若有若无地闪示这一点隐秘，——这种种宇宙里斗争的"残忍"和"冷酷"。在这斗争的背后或有一个主宰来管辖。这主宰，希伯来的先知们赞它为"上帝"，希腊的戏剧家们称它为"命运"，近代的人撇弃了这些迷离恍惚的观念，直截了当地叫它为"自然的法则"。而我始终不能给它以适当的命名，也没有能力来形容它的真实相。因为它太大，太复杂。我的情感强要我表现的，只是对宇宙这一方面的憧憬。

四凤与大少爷周萍终日在一起，日久生情是自然现象，他们都年轻，都渴望幸福。四凤虽然出身低贱，是周府的佣人，但她年轻漂亮、纯朴，她没有高大上的理想，只想活得好一点而已。但是她心比天高，命比纸薄。命运如此捉弄她，让她爱上自己同母异父的哥哥，让她也背负乱伦的包袱。年轻的周萍从小被送到乡下，长大以后回到周府，出于对后母繁漪的同情，陪她打发寂寞的日子，结果与繁漪发生了不正当的关系。他背上了沉重的乱伦心理负担，他不敢见自己的父亲，躲着繁漪。但是他又无法摆脱荷尔蒙的压迫与驱使，他只能借助美丽的四凤来救度自己。谁知道命运再次捉弄他，他竟又爱上自己的妹妹，而且让她怀上了自己的孩子。"周萍悔改了'以往的罪恶'，他抓住了四凤不放手，想由一个新的灵感来洗涤自己。但这样不自知地犯了更可怕的罪恶，这条路引到死亡。"

曹禺怀着上帝般悲悯之心怜悯那些被命运捉弄着的人们，他悲叹："我念起人类是怎样可怜的动物，带着踌躇满志的心情，仿佛自己来主宰自己的命运，而时常不能自己来主宰着。受着自己——情感的或者理解的——捉弄，一种不可知的力量的——机遇的或者环境的——捉弄。生活在狭的笼里而洋洋地骄傲着，以为是徜徉在自由的天地里，称为万物之灵的人物，不是做着最愚蠢的事么？我用一种悲悯的心情，来写剧中人物的争执。我诚恳地祈望着看戏的人们，也以一种悲悯的眼来俯视这群地上的人们。"

不唯四凤与周萍他们追求爱本身没有过错，周冲本身又有什么过错呢？四凤漂亮、活泼，周冲单纯地想通过自己的爱来帮助四凤，让她读书，让她过上幸福的生活。结果爱让他搭上自己年轻的性命。

仇虎原本有一个幸福的家庭，但他的干爹焦阎王害得他家破人亡：父亲被焦阎王勾结土匪活埋了，妹妹被焦阎王卖进了妓院，恋人花金子被逼嫁给了焦阎王的儿子焦大新，自己被抓进大牢砸断了腿。仇虎活着的唯一念头就是要找焦阎王报仇。当他千辛万苦越狱找到焦家时，焦阎王已死，他失去了复仇的对象。被复仇欲望折磨的决心让他将仇恨泼向了自己儿时的朋友——善良忠厚的焦大新与大新的儿子黑子。可当他杀死两人，达到了复仇目的时，他并没有感到复仇后的欣慰。仇恨牵制着，扭曲了他原本善良的心。

人类总是被自己这样或那样的欲望牵着鼻子走，被贪嗔痴慢疑五毒之心占据心灵，或贪权或贪财或贪色，或耽于愤怒或耽于偏见，或痴迷于情爱或痴迷于赌或痴迷于物，从而迷失了心性，在危机来临之前"蠢蠢地动着情感，劳着心，用着手"，"盲目地争执着，泥鳅似地在情感的火坑里打着昏迷的滚，用尽心力来拯救自己，而不知千万仞的深渊在眼前张着巨大的口。他们正如一匹跌在泽沼里的羸马，愈挣扎，愈深沉地陷落在死亡的泥沼里"。"繁漪是个最动人怜悯的女人。她不悔改，她如一匹执拗的马，毫不犹疑地踏着艰难的老道。她抓住了周萍不放手，想重拾起一堆破碎的梦，救出自己，但这条路也引到死亡。"陈白露不想过穷苦寂寞的生活，她追求物质刺激而不能自拔，贪于物欲却又良心未泯，肉与灵冲突不断，只能随波逐流地沉沦下去走向死亡。曾文清骨质奇清，颇有点仙风道骨的清俊，但衣来伸手、饭来张口的大家族贵公子习性侵蚀了他的肉体与灵魂，他想自强却又身无长技，他爱愫芳却又不敢公开表白。最后麻醉的鸦片成了他精神的梦乡。人与自然，人与社会（他人），人的灵与肉时时起冲突，无时无刻不是在搏斗着前行。

曹禺通过其戏剧中人物的死亡表现人类受命运捉弄的深刻的精神痛苦，追问的是宇宙自然法则的残酷和不可预料，繁漪、陈白露、仇虎都有着这种"雷雨"般的性格，"交织着最残酷的爱与最不忍的恨"，或因爱而毁灭了别人，也毁灭了自己；或因恨而毁灭了别人，也毁灭了自己。黑格尔指出："在艺术里，感性的东西是经过心灵化了，而心灵的东西又借感性而显现出来"，"对象的特殊又是从创造者的主体性来的。"作家笔下人物的命运其实就是作家观照世界的产物，是作者心灵的反映。张爱玲在《〈传奇〉再版序》中这样写道："个人即使等得及，时代是仓促的，已经在破坏中，还有更大的破坏要来。有一天我们的文明，不管是升华还是浮华，都要成为过去。如果我常用的字眼是'荒凉'，那是因为思想背景里有这惘惘的威胁。"天荒地老，沧海桑田，青山依旧在，几度夕阳红，大约最能表达作家们的生命哲思，否则文学上不会有那么相类似的表达："大江东去浪淘尽，千古风流人物。""滚滚长江东逝水，浪花淘尽英雄。""千古江山，英雄无觅，孙仲谋处。舞榭歌台，风流总被，雨打风吹去。""旧时王谢堂前燕，飞入寻常百姓家。""亲戚或余悲，他人亦已歌。""不见五陵豪杰墓，无花无酒锄作田。""陋室空堂，当年笏满床。"时间泱泱，无时无刻，生生灭灭，"逝者如斯"，困惑如斯。死亡迫近的威胁，逼迫着人们对生的思考——"路漫漫其修远兮，吾将上下而求索"。

结语

新文学已走过百年，百年文学对死亡的书写异彩纷呈，如托尔斯泰所言："幸福的家庭是相似的，不幸的家庭各有各的不幸。"新文学"人的文学"的提出一下子就切中人的本质，让大家明白——"活在此世此刻，既不是为了献身给建设人间天堂的道德事业，也不是随无常的风把我这片落叶般的身子任意吹到哪一个恶心的地方，而是在挚爱、忍耐和温情中拥有我此时此地的生命"。从而赢得众多作家的认同和青睐，因为每个生命都是一个独特的个体，每一个个体的生活体验都不尽相同，"每一个人的生命都值得仔细审视，都有属于自己的秘密与梦想"（基斯洛夫斯基）。但尽管新文学死亡叙事的伦理诉求千差万别，不同作家或同一作家在不同的阶段对死亡的认知与体验也是不同的。

如鲁迅既通过《呐喊》《彷徨》等死亡叙事寄托了启蒙情怀，又通过《野草》等寄托了个人对生命的独特体验——绝望与虚无。许地山作为文学研究会的发起人之一，自觉地参与了为人生文学创作，但其作品相较"文研会"其他作家却多了一层宗教色彩，比如《命命鸟》虽也是对婚姻自由新伦理的讴歌，但更多的是寄予了对佛教彼岸世界的向往。若从其总体发展情况来看，因为20世纪中国处在风云变幻的历史大变革时期，民族的生存成为压倒一切的任务，启蒙与救亡成为思想主潮，所以20年代启蒙文学、30年代革命文学、40年代解放区文学及后来的"十七年文学""文革文学""伤痕文学""反思文学"的死亡叙事都是人民伦理的宏大叙事。也就是说，人民伦理的大叙事成为20世纪中国文学的主流。但是因为个体的差异与成长语境不同，我们并不都必然地寻求活在此世唯一目的是为了献身给建设人间天堂的道德事业，因为"无论什么样的政治制度安排都不可能消除个人的道德困惑，生命意义问题'我们永远得不到答案'。以为可以通过政治制度设计从根本上解决人的道德困惑，让人类最终走进一个马克思设想的道德和谐的社会，不仅是一个神龙怪兽般的幻觉，如果道德和谐的设计变成一种政治制度的自然法，还会成为专制的正当性基础"。可是，自延安文学阉灭个体自由伦理开始后，"十七年文学""文革文学"完全消灭了个人生活与生命体验，"不承认每一个人的生命，只承认'人民'这个空洞指称的生命权利，民主专政的教化对人的惩罚依据的是个人生命之外的历史道义，这种制度的教化让人习惯了对个体生命的冷漠"。或者说"人民民主制度是带有道德色彩的社会制度，人民民主的意识形态喜欢说：科学地解释了历史发展规律的'主义'学说已经解答了人生和世界的所有问题——包括伦理和道德意识的问题，人民只需按'主义'道德去献身。但这种国家道德、全民道德的社会制度导致个体道德意识的空洞和冷漠，导致伦理的艰难。人民民主的伦理制度化地勾销了个人在生活中感受实际的困惑、做出自己的选择、确立自己的信念能力。这是人民伦理社会中的个人道德意识冷漠的根本原因"。新文学的人民伦理大叙事虽然无比崇高，也特别能激动人心，但也不可否认它对文学艺术的巨大负面影响，因此要进行认真仔细地甄别，区别对待，优秀的继承发扬光大，糟粕的剔除净化。

同时，要注意主流之外还有边缘，人民伦理大叙事之外还有个人自由伦理叙事。鲁迅通过死亡对生命绝望与虚无的拷问、曹禺通过死亡叙事对宇宙法则的追问、钱锺书通过死亡叙事对人类"围城"困境的探究、废名通过死亡叙事对庄禅哲学的参悟、沈从文通过死亡叙事对人性与人情美的缅怀、许地山通过死亡叙事对道释耶的虔诚……对人民伦理宏大叙事进行补充，与之形成强大的张力与制衡，共同沉淀为中国现代文学传统。

舍勒认为，人间的普遍真理往往是由最为个体的体验道出的。没有普遍的恶，也没有普遍的善。"不要评断人，上帝就不评断你们；不要定人的罪，上帝就不定你们的罪；要饶恕人，上帝就饶恕你们。"张爱玲说，狭窄洁净的道德是让人讨厌的，也是不真实的。在伦理道德上人人平等，从来就没道德至上的法官，有的只是个体伦理体验的独特性。新文学由发轫之初伦理叙事的多样性和丰富性滑向"延安文学""十七年文学""文革文学"等人民伦理叙事独大的局面，其偏颇十分明显，其教训也相当惨痛。文学是人学，是对人的心灵与精神存在的表现与探索。

（作者单位：闽南师范大学文学院）

后人类主义、现代技术与人文科学的未来

颜桂堤

后人类主义是近年来国内外学术研究的一个热点。2017 年，世界围棋史上最年轻的五冠王柯洁面对 AlphaGo 遭遇"三连杀"；2018 年 11 月 26 日，中国南方科技大学副教授贺建奎的实验室诞生了两位经过基因编辑的婴儿。这两个事件在国际上引起了轩然大波。这或许是人类社会走向"后人类"的两个重要事件。诸多迹象已然表明，后人类主义已经不仅仅是一场现代技术发展的变革，而且可能引发人文社会科学的一次革命，至少人文社会科学与现代技术发展的复杂关系将获得更为深刻的理解与阐释。20 世纪 90 年代以来，关于后人类的研究已经产生了一系列启发性成果，例如：弗朗西斯·福山的《我们的后人类未来：生物技术革命的后果》、凯瑟琳·海勒的《我们何以成为后人类：文学、信息科学和控制论中的虚拟身体》、雪莉·特尔克的《屏幕上的生活：互联网时代的身份》、罗伯特·皮博瑞尔的《后人类境况》、阿尔科尔·罗姗娜·斯通的《机械主义时代末期的欲望与技术之战》、唐娜·哈洛维的《赛博格宣言：科学、技术和社会主义女权主义》、罗德尼·布鲁克斯的《没有表征的智力：人造智能》、朱迪·哈伯斯塔姆与艾拉·利文斯顿合著的《后人类身体》、奈尔·白德明顿编著的《后人类主义》、凯瑟琳·亚当斯和琳恩·汤普森的《探索后人类世界：与数字对象对话》、罗西·布拉伊多蒂的《后人类》、弗雷德里克·詹姆逊的《未来考古学：乌托邦欲望和其他科幻小说》，等等。这一系列成果集中地讨论了后人类主义中现代技术的发展与表征问题，集中阐释了人类与现代技术高度发展的关系问题，人类的生存境况、人的主体性问题、生命治理形式、乌托邦，以及人文科学的发展与现代技术的关系命题在这一阐释框架中获得了重新阐释的契机。在国内人文社会科学界，后人类主义理论也逐渐进入学术视野并引起学者们的热烈讨论。对西方后人类主义主要理论家重要著述的译介与理论阐释，从某种意义上表明当前大陆学界已

经意识到后人类主义理论的导入有可能开启人文科学研究的新视域——人文科学与后人类主义理论的结合或将成为一个重要议题。要开掘后人类主义这一理论富矿，笔者认为，首先有必要理清三个重要问题：何为"后人类"？后人类与现代技术之间的关系为何？后人类对当代人文科学带来了哪些影响？

一、后人类主义：一种新的学术范式

何为"后人类"？后人类是一个危言耸听的学术概念，抑或是一种新的学术范式？后人类究竟意味着什么？当人类遇到后人类，这种遭遇是更好还是更糟？后人类与反人类、非人类之间存在何种关系？后人类主义与人文主义又存在何种关联与区别？在后人类时代，我们的主体性如何，我是否还能够认识我们自己？后人类的智能机器并不与人类争夺水源、粮食和能源这些人类重要的生存资源，那么，人类恐惧什么？后人类时代技术当道，人类的生命治理形式将发生怎样的变化？对于这一系列问题的追问与回答，是探索后人类理论的知识场域及其价值无法绕过的重要问题。"后人类主义"并非是一个本质主义的概念，无论是从内涵上还是从外延上它都并非界限分明，犹如"后现代主义"之命名，"后人类主义"之"后"，既非意味着时间上的先后，也不意味着彻底的否定与对立；而"主义"的后缀，也并不意味着它具有本质化的含义。事实上，"后人类主义"在某种意义上凸显了"对话关系"：一方面，"后人类主义"挑战了人文主义预设的一系列先决条件，形成了对"人文主义"的解构和反思；另一方面，"后人类主义"也包含着某种形态的"人文主义"思想，是一种新的思想范式①。

伊哈布·哈桑在他享誉盛名的《作为行动者的普罗米修斯：走向后人类文化》一文中先见之明地预言了"后人类"的到来，明确提出了"后人类主义"这一概念："现今后人类一词的定义尚存在较多歧义，毕竟'后人类'尚属新词，大抵而言，我们可以将'后人类'视为人类自我厌弃的一种新口号。然而，后人类主义却具有相当的潜力，必将影响当代文化且可能由一时之风尚发展成为久远的潮流……我们必须明白，人类形态——包括人类的愿望及其各种外部表现——可能正在发生剧变，因此必须重新审视。当人类主义进行自我转化，成为某种我们只能无助地称之为'后人类主义'的新事物时，我们就

---

① 赵柔柔：《斯芬克斯的觉醒：何谓"后人类主义"》，《读书》，2015 年第 10 期。

必须理解 500 年的人类主义历史可能要寿终正寝了，而只怕必须见证此种人类主义转化为后人类主义的必然到来。"① 在哈桑看来，"后人类"已不只是一时的时尚，而是掀开了历史崭新的一页，它开创了一种新的历史潮流。这样的观念陆续得到其他学者的声援与推进，凯瑟琳·海勒就是最为突出的一位。她将"后人类"视为资讯之上观，是"人类与人工智能的结合"，亦即人类成为接近人工智能的资讯处理实体。雪莉·特尔克、朱迪·哈伯斯塔姆、亚瑟·克罗克、罗西·布拉伊多蒂等研究者也在不同程度上指出：后人类时代已经降临。诸如格拉罕所声称，在 21 世纪到来前，人类不再是地球上最聪明的生物，取而代之的新品种将是结合人性特质与机器能力的后人类。凯瑟琳·海勒甚至乐观地认为，美国百分之十的人口已经算是赛博格②，换而言之，亦即十分之一的美国人已步入后人类。显然，海勒的这一看法对"后人类"报以了极高的期待，甚或是一种乌托邦的美梦。

在《我们何以成为后人类》一书中，海勒更为详尽地阐述了她对于"后人类"的理解："首先，后人类的观点看重信息化的数据形式，轻视物质性的事实例证。因此，由生物基质形成的具体形象就被视为历史的偶然而非生命的必然；其次，后人类的观点认为，意识／观念只是一种偶然现象，就像一个不断发展升迁的新贵，试图把一个次要的节目夸大为整个演出。而在笛卡尔认为自我是思考的心灵之前，漫长的西方传统都把意识／观念当作人格（人类身份）的中心。再次，后人类的观点认为，人的身体原来都是我们要学会操控的假体，因此，利用另外的假体来扩展或代替身体就变成了一个连续不断的过程，并且，这个过程早在我们出生之前就开始了；最后，也是最重要的一点，后人类的观点通过这样或那样的方法来安排和塑造人类，以便能够与智能机器严丝合缝地链接起来。在后人类看来，身体性存在与计算机仿真之间、人机关系结构与生物组织之间、机器人科技与人类目标之间，并没有本质的不同或者绝对的界限。"③ 显然，后人类社会之中，我们的命运与智能机器休戚相关。

---

① Ihab HassanSource. *Prometheus as Performer*：*Toward a Posthumanist Culture*？. The Georgia Review，Vol. 31，No. 4（Winter 1977），pp843-844.
② "赛博格"，高度概括来说，就是人和人造物组成的结合紧密的统一功能体。在今天，赛博格可以描述为用医学、生物学、仿生学等技术对有机体进行控制，并与其不分彼此，构成和谐稳定的系统。它在科幻作品中常常表现为各种近似人类的生化人或者机械人，比如《机械战警》中的机械义肢。
③ ［美］凯瑟琳·海勒：《我们何以成为后人类——文学、信息科学和控制论中的虚拟身体》，北京：北京大学出版社，2017 年，第 3-4 页。

尽管她所强调的是后人类的人机关系，但不可忽视的一点是：后人类主义已拓展了多元越界的场域。

是什么造成了从人类到后人类的跨越？在海勒看来，"后人类"强调的是观念而非具体形式，"在一定程度上，后人类将具体形式（身体）建构成思想/信息的具体证明，是对自由传统的继承而不是抛弃"。这样一种形式的后人类，"尽可能地体现各种信息技术的潜力，而不幻想无线的权力或者无形的永恒；承认并且宣扬：有限性是人的一种状态，人的生命扎根于复杂多样的物质世界，人的延续离不开物质世界"①。当然，从"人类"进入"后人类"的转变绝非"彻底的转化"或者"突变"。从结构主义的观点看，人类与"后人类"共存于一个随着历史语境不断变换的结构之中。后人类是作为一种异质性力量的场域而存在的。后人类的"后"，显然包含了双重意义，从而给人们带来了或欢乐或恐怖的感觉。后人类时代的降临，人类与智能机器将进入一种共生的关系，人类甚或可能被机器所取代，面对这样的境况，恐怖感油然而生。然而，后人类的降临也带来了欢乐，唤起了令人振奋的前景，诸如生物技术的发展使人永生的幻想几乎要变成现实了。生物技术的极大突破既让人惊喜，又让人忧心忡忡。事实上，后人类并不意味着人类的终结，也不能简单地将其等同于"反人类"。因为后人类并非必然是反人类的，它也并非必然是毁灭性的。"后人类作为一个概念，可以用来探讨积极地联系当下现实的方法，以经验为基础解释若干特征，坚持批评立场而避免否定性。"② 从某种意义而言，"后人类"为反思当代人类与现代技术之间的关系提供了新的视域、方法与资源。

迄今为止，尽管"后人类"是一个新概念，或许对这一概念的命名与理解尚存在较多分歧，但是它所包容涵盖的范畴已然表明了这一概念的复杂性，它牵涉到一系列的文化与技术领域，人文领域包括伦理学、人类学、历史学、文学、传播学、政治学等，技术领域诸如人工智能、虚拟现实、克隆技术、纳米技术、微生物学、神经生理学、认知科学等。意大利学者罗西·布拉伊多蒂在《后人类》一书的"导论"中宣称："后人类状况不是一系列看似无限而又专断的前缀词的罗列，而是提出一种思维方式的质变，思考关于我们自己是

---

① ［美］凯瑟琳·海勒：《我们何以成为后人类——文学、信息科学和控制论中的虚拟身体》，北京：北京大学出版社，2017年，第7页。

② ［意］罗西·布拉伊多蒂：《后人类》，宋根成译，郑州：河南大学出版社，2015年，第7页。

谁、我们的政治体制应该是什么样子、我们与地球上其他生物是一种什么样的关系等一系列重大问题；我们的共同参照系的基本单元应该是什么，从而引进一种全新的思维方式。"① 罗西·布拉伊多蒂"把后人类困境视为一个机遇，借以推动对思维模式、认知方式和自我表现的新形式的探寻。后人类境况会敦促我们在生成的过程中批判地、创造性地思考我们究竟是谁、我们具体能做些什么"②。他的观点与凯瑟琳·海勒达成了默契，"后人类"促使"摆脱某些旧的束缚，开拓新的方式来思考作为人类的意义"③。尽管哈桑对后人类时代的来临深感忧虑，但是布拉伊多蒂和海勒已然信心满满地为"后人类"摇旗呐喊助威。我们有理由期待，况且"后人类"已经展现出了它的丰富可能性与活力，朝向多方疆域奔进。

二、后人类主义：对现代技术的追问

现代技术的高度发展是"后人类"最为显著的特征。那么，技术如何成为事件？应该如何看待后人类时代与现代技术二者的关系？技术的高度发展对人的主体性是形成了解放，抑或是造成了压抑？

我们追问技术，是为了揭示我们与技术之复杂的关系。诚如海德格尔在《技术的追问》一文中所言："追问技术构筑了一条思想道路。"④ 技术不同于技术之本质，而技术之本质并不完全是技术因素。正如他以树为例，认为那个贯穿并且支配着每一棵树之为树的东西，本身并不是一棵树，一棵可以在平常的树木中间找到的树。由于工具性被看作技术的基本特征，如若我们步步追问被看作手段的技术从根本上看是什么，我们就会达到"解蔽"。海德格尔认为，"技术就不仅是一种手段了。技术乃是一种解蔽的方式。如果我们了解这一点，那就会由一个完全不同的适合于技术之本质的领域向我们开启出来。那就是解蔽的领域，亦即真-理（Wahr-heit）之领域。"⑤ 因此，从某种意义上

① ［意］罗西·布拉伊多蒂：《后人类》，宋根成译，郑州：河南大学出版社，2015 年，第 2 页。
② 同①，第 17 页。
③ ［美］凯瑟琳·海勒：《我们何以成为后人类——文学、信息科学和控制论中的虚拟身体》，北京：北京大学出版社，2017 年，第 385 页。
④ ［德］马丁·海德格尔：《海德格尔：演讲与论文集》，孙周兴译，北京：生活·读书·新知三联书店，2005 年，第 3 页。
⑤ 同④，第 10-11 页。

说，现代技术也是一种解蔽，"解蔽贯穿并且统治着现代技术"①。而技术时代的人类则以一种特别显眼的方式被促逼入解蔽之中。然而，"对人类的威胁不只来自可能有知名作用的技术机械和装置。真正的威胁已经在人类的本质处触动了人类。集置之统治地位咄咄逼人，带着一种可能性，即人类或许已经不得逗留于一种更为原始的解蔽之中，从而去经验一种更原初的真理的呼声了"②。事实上，这已经关涉到技术伦理的问题，20世纪以来技术的高歌猛进，大规模杀伤性武器的淫威已然昭示了"人祸猛于天灾"的道理。金惠敏曾在《技术与感性——在麦克卢汉、海森伯和庄子之间的互文性阐释》一文中着重探讨了海森伯以主体性视角观察现代技术的后果——技术的善恶："伊甸园"或"失乐园"？技术发展的缓急与人类困境的关系？从技术发展论到技术成为一种灾难？③"美丽新世界"不再美丽，"西部世界"中的杀戮与仿生人的自主意识，使得技术伦理问题成为一大热门关注的话题。

人类正经历一场深刻的变革。生物技术、人工智能、信息技术和医学进步证明了现代技术至关重要。我们正不知不觉地跨入"后人类"的大门，然而"我们对于要向何处去并不十分清楚，甚至无法解释我们遇到的和周围正在发生的一切。有些事件让我们极其恐惧和害怕，有些则让我们感到惊喜"④。AlphaGo与李世石、柯洁的围棋人机大战，既让我们看到了人工智能令人惊喜的一面，同时也揭示了其恐怖的一面。当代社会的技术力量比以往大得无可估量，这也从某种意义上映射了马尔库塞所揭示的"这意味着社会对个人统治的范围也比以往大得无可估量。我们社会的突出之处是，在压倒一切的效率和日益提高的生活水准这双重的基础上，利用技术而不是恐怖去压服那些离心的社会力量"⑤。马尔库塞在《单向度的人》中对科技异化为意识形态的问题做了系统性批判，他明确地指出，发达资本主义社会是一个"利用技术而不是利用恐怖"有效统治个人和"窒息人们要求自由的需要"的极权社会，科技"愈发达，愈全面，个人打破这种奴役转台的手段与方法就愈不可想象"，而人们受其奴役和统治的程度似乎就更加深重。"社会控制的现行形式在心的意

① ［德］马丁·海德格尔：《海德格尔：演讲与论文集》，孙周兴译，北京：生活·读书·新知三联书店，2005年，第12页。
② 同①，第28页。
③ 金惠敏：《技术与感性——在麦克卢汉、海森伯和庄子之间的互文性阐释》，《文艺理论研究》，2015年第1期，第84-95页。
④ ［意］罗西·布拉伊多蒂：《后人类》，宋根成译，郑州：河南大学出版社，2015年，第290页。
⑤ ［美］赫伯特·马尔库塞：《单向度的人》，刘继译，上海：上海译文出版社，2008年，第2页。

义上是技术的形式"，马尔库塞精到地批判道："在工业文明的最发达地区，社会控制已被潜化到这样的地步，甚至连个人的抗议在根本上也受到影响……在工业社会前一阶段似乎代表新的存在方式之可能性的那些历史力量正在消失。"① 马尔库塞的《单向度的人》发表后在德国青年学生中影响巨大，成了他们政治信仰的"行动指南"，而马尔库塞本人则成了 1968 年联邦德国大学生"造反运动"的精神领袖。

哈贝马斯与马尔库塞之间的技术争论是法兰克福学派历史上的一个重大转折。在《作为"意识形态"的技术与科学》一文中，哈贝马斯批判了本雅明、阿多诺、默克海默、布洛赫，以及马尔库塞等人的"隐秘希望"是人与自然的和谐——"复活已经毁灭的自然"。他认为，"马尔库塞用技术理性的政治内涵的表述掩盖了问题的困难"，"科学和技术的合理形式，即体现在目的理性活动系统中的合理性，正在扩大成为生活方式，成为生活世界的'历史的总体性'。马克思·韦伯曾经希望使用社会的合理化来描绘和解释这个过程。但我认为，无论是马克斯·韦伯，还是马尔库塞，都没有令人满意地、成功地描绘和解释这个过程"②。因此，哈贝马斯试图用另一种坐标系去重新阐发韦伯的合理化概念，进而讨论马尔库塞关于科技进步的双重功能的论点。事实上，该文即是哈贝马斯针对马尔库塞关于"技术的解放力量转而成了解放的桎梏"这一结论进行辩论所作的。哈贝马斯以科技进步为"新的坐标系"，论争了社会的不断合理化与科技进步的制度化关系，明确提出了在当今资本主义社会，科技进步本身已经成了"第一位的生产力"的观点。他反对马尔库塞将科技进步所起的社会功能等同于意识形态所起的社会功能。哈贝马斯进一步指出，科技在今天不仅成了第一位的生产力，而且成了统治的合法性基础，而反对马尔库塞"因为技术变成了统治的得力工具，所以技术的特征是政治的"说法。他着重考察了"来自上面的合理化"过程，以及科技本身表现为"技术统治的意识"——"代替被废除了的资产阶级意识形态的意识形态意义"。哈贝马斯认为："技术和科学具有替代被废除了的资产阶级意识形态的意识形态意义，这一点是随着资产阶级意识形态批判而取得的：这就是韦伯合理化概念中模棱两可性的出发点。这种模棱两可性是霍克海默和阿多诺作为启蒙辩证

① ［美］赫伯特·马尔库塞：《单向度的人》，刘继译，上海：上海译文出版社，2008 年，第 9 页。
② ［德］哈贝马斯：《作为"意识形态"的技术与科学》，李黎，等译，上海：学林出版社，1999 年，第 47 页。

法揭示出来的；马尔库塞突出了启蒙辩证法的意义，把它变成了技术和科学本身成了意识形态这样一个命题。"① 哈贝马斯开发了一个较为温和的批判性版本，他的方法意味着技术在其适当的范围内是中立的，但在这个范围之外，它导致了现代社会的各种病态。

在关于技术与社会的辩证关系上，哈贝马斯主张技术自主性或技术中立性。与之相对的是，马尔库塞十分明确地主张技术是由社会所决定的，"技术，是一种生产方式，是代表机器时代的工具、设备与发明物的总体，因此，它同时也是一种组织和维持（或改变）社会关系的方式，一种流行的思维和行为模式的表现形式，一种控制与支配的工具"。技术是受历史条件所制约和影响的，不存在独立的技术。他在《现代技术的一些社会含义》一文中明确指出，当代技术构成了一套完整的"组织并延续（或者）改变社会关系的模式，体现着统一思想和行为，并成为控制和统治的工具"。而在文化领域，"技术产生了大众文化，而大众文化可以调整个体，使其遵循统治者的思想和行为模式，因此技术提供了社会控制和主宰的强大的工具"②。不言而喻，马尔库塞批判的正是技术中立的价值观点。正如安德鲁·芬伯格所指出，虽然哈贝马斯的论点仍有说服力，但他对现代性的辩护似乎对其合理性的主张让步太多了，正是由于这一致命的错误，使得哈贝马斯背离了马尔库塞。他认为马尔库塞是对的，他提出了一种结合马尔库塞和哈贝马斯观点的方法。在他看来，基于这些思想家得出的批评传统是互补的，他们双方即使是在这次冲突中已然毫发无损，因此，综合是可能的。安德鲁·芬伯格以其清醒而迷人的风格宣称："每一次重大的技术变革回荡在无数的层面：经济、政治、宗教、文化。如果我们继续把社会和技术领域看成是独立的，那么我们基本上否定了我们存在的一个组成部分，也否定了我们在民主社会中的地位。追问技术使我们确信，我们应该更多地了解技术，更好地管理技术，这是至关重要的。"③

在后人类世界之中，人的身体可以随着生物技术与人工智能的发展而变形、改造，甚至变成机械人、赛博格，那么，身体还是人不可撼动的底线吗？现代技术已经成为人们日常生活中不可或缺的重要组成部分，它甚至改变了我

① ［德］哈贝马斯：《作为"意识形态"的技术与科学》，李黎，等译，上海：学林出版社，1999年，第73页。
② ［美］道格拉斯·凯尔纳：《批评理论与文化研究：表达的脱节》，［英］吉姆·麦奎根编《文化研究方法论》，李朝阳译，北京：北京大学出版社，2011年，第5页。
③ Andrew Feenberg. *Questioning Technology*. London and New York：Routledge. 1999. p1.

们的思维方式。手机的使用即是当代社会生活一个很明显的例子。由于信息技术的高度发展，手机已经不仅仅只是一部通话的工具，它也是重要的信息平台，还是随手可用的摄影设备，甚至成了不可或缺的支付工具。或许，很多人都深深地体会到，一旦出门忘了带手机，总感觉缺失了什么。哈贝马斯指出，在扩张自身欲望的情况下，人类将会因生化人的出现而分裂为两类：接受过改造的超人，和未改造过的"纯正人类"。然而，到底改造了多少才算是生化人呢？接受了人工心脏手术，或把全身都替换为机械，有没有本质上的分别？那么，"人"的概念是否因此而含混、摇摆？诸如《生化危机》《西部世界》等一系列的影视作品，已然将生化人、仿生人的问题促逼着我们正视。值得关注的是，当前对身体的建构与解构实际上开启了一个新的、超越的讨论场域。

列斐伏尔在《日常生活批判》一书中声称："技术"作为"新神话出现了"①。在他看来："当现代性作为意识形态的事业结束时，作为一种技术实践的现代主义与我们走得更近了"，"技术现代主义，它的意义，它介入日常生活的能力；与此相关的问题，即技术的控制，这个问题既是理论问题，也是政治问题"②。诚然，关于技术与人的主体性关系，我们并不能简单地予以肯定或否定，而应该看到其具有双重性：一方面，技术的发展可能促进人的主体性解放；然而，另一方面，技术可能与资本结合，也可能对人的主体性形成新的压抑。"技艺本身既能够助长专制主义，也可以促进自由，既能够招致匮乏，也可以带来富足；既能够延长劳作时间，也可以废除劳作。"③ 对后人类的技术审思，或许马尔库塞为我们提供了一种有意义的辩证视角——"既避开了本质上将技术视为一种解放与进步工具的技术专家的赞美，也规避了纯粹将技术看成一种支配工具的技术恐惧者的谴责"。

马克思对技术的辩证观念迄今依然深刻：技术创新是人类摆脱繁重劳动的保障，然而，在资本主义剥削制度之中，技术在某种意义上也构成了奴役大众的手段。技术并不必然带来确定的结果。不言而喻，在后人类的技术王国之中，我们依然应该清醒地保持对技术的追问，才能有效"构筑一条思想的道路"。

---

① ［法］亨利·列斐伏尔：《日常生活批判》（第三卷），叶齐茂、倪晓辉译，北京：社会科学文献出版社，2018 年，第 585 页。
② 同①，第 584—585 页。
③ ［美］赫伯特·马尔库塞：《马尔库塞文集》（第一卷），高海青，等译，北京：人民文学出版社，2019 年，第 51 页。

三、后人类对当代人文科学的挑战与重构

从信息技术到人工智能，从基因工程到器官移植，从纳米技术到脑机界面，技术已全面重塑后人类世界。或许，传统的人文知识观念已到了重新洗牌的重要时刻。后人类似乎既让我们兴奋，又让我们焦虑不安，同时激发了诸多备受争议的文化表征形式的出现。后人类促使我们重新思考人类地位的必要性，思考重塑人之主体性的重要性，以及需要研发出符合我们时代复杂性的伦理关系与价值观。沿着技术追问所构筑的思想道路前行，我们有必要继续探寻：后人类境况将"人"置于何等位置？后人类主义对我们当今人文科学能产生怎样的影响？后人类时代理论何为？

福柯在《词与物》结尾写道：人这一形象显露出来，"并非一个古老的焦虑的释放，并不是向千年关切之明晰意识的过渡，并不是进入长期来停留在信念和哲学内的某物之客观性之中，它是知识之基本排列发生变化的结果"，假如那些排列会像出现时那样消失，"人将被抹去，如同大海边沙地上的一张脸"①。在尼采提出"上帝之死"后，福柯的"人之死"的说法振聋发聩。福柯指出，人的概念并非是先验存在的，而是由历史与社会建构的。"人并不是已向人类知识提出的最古老和最恒常的问题"，人是其中的一个近期的构思。"这是现在关涉到人本身的存在的历史，因为人认识到自己不仅在自己周围'有'其'大写的历史'，而且人本身，就其特有的历史性而言，就是一种人类生命的历史、一种经济学的历史、一种语言的历史据以得以勾勒的那个东西。"② 对于后人类而言，福柯的这一观点依然具有启发意义。当前，关于后人类的学说建构存在着多元复杂性，有悲观的恐慌，有乐观的欢呼，也有相对辩证的观点。诚然，不管是哪一种观点，都在某种意义上面对后人类时代"作为人的意义"。人类与智能机器之间的动态关系创造了一种崭新的关于人类的想象。正如凯瑟琳·海勒所言：后人类"并不意味着人类的终结。相反，它预示某种特定的人类概念要终结，充其量，这种概念只适用于一小部分人类，即，有财富、权力和闲暇将他们自身概念化成通过个人力量和选择实践自我意志的自主生物的那一小部分人。真正致命的不是这样的后人类，而是将后

---

① ［法］福柯：《词与物——人文科学考古学》，莫伟民译，上海：上海三联书店，2001 年，第 506 页。
② 同①，第 483 页。

人类嫁接到自由人本主义的自我观念上"①。后人类并非必然是毁灭性的，它也并非必然是反人类的。或许，后人类所开启的视域为我们反思人类与现代技术、智能机器之间的关联提供了更多的资源。

毋庸置疑，后人类时代的降临，给当代人文科学的发展提出了各种挑战。

首先，后人类主义使生命伦理学遭遇人性挑战。后人类主义认为，现代技术对人身体的改良是势不可挡的。人工智能和生物科技可能彻底变革人类的身体与心智，彻底变革未来社会与经济。在福柯看来，生物技术对人的控制是极其危险的，它有可能改变人类的本性，从而把我们引入"后人类"的历史时代。尤瓦尔·赫拉利在《未来简史》中也宣称，未来基于大数据和高度智能算法的人工智能将取代人类而统治世界②。显然，后人类主义挑战了传统人文主义的思维方式，与人文主义以"人"为中心思考人与动物、人与机器的二元论不同，后人类主义强调人与"非人"、人机嵌合的共生关系。后人类的基因改造技术、人机嵌合使人成了"非人"或"超人"，这在一定意义上需要重新定义"人"的概念，以及生命伦理。

其次，后人类主义挑战着我们的传统历史观、感知方式和存在形态。后人类主义宣示着一个新时代的到来，而这个时代的鲜明特点，即是现代技术改变了全球时空结构，改变了我们对传统历史的理解，改变了人类的生存方式与思维方式，犹如德里达所说的"幽灵"。"新的通信技术打破了一个人内在与外在的传统界限。我们不再是一个人穴居在家里，与人隔绝。"由诸多电子产品电视、电话、手机、电子邮件，以及互联网构成的新的电子空间，已经彻底颠覆了我们当代的生活空间与社会结构。"新技术把令人不安的'他者'带入了家庭内部的私密空间，它们对传统的、统一的自我观念构成了一种威胁，因为自我原本植根于一个特定的文化土壤，执着于单一的民族文化，并坚定地维护自我免受异己文化的侵袭。"③ 显然，在用电脑上网的人身上体现了那种既独处又与他人在一起的奇特组合。而且，后人类主义的高度技术也深刻改变了各类文本的生产、传播与接受方式。事实上，现代技术改变的不仅仅是文学作品的存在形态，同时也隐蔽地改变了我们的感知方式和思维习惯。

---

① ［美］凯瑟琳·海勒：《我们何以成为后人类——文学、信息科学和控制论中的虚拟身体》，北京：北京大学出版社，2017年，第388页。
② ［以色列］尤瓦尔·赫拉利：《未来简史》，林俊宏译，北京：中信出版集团，2017年，第357页。
③ ［美］希利斯·米勒：《萌在他乡：米勒中国演讲集》，国荣译，南京：南京大学出版社，2016年，第62页。

　　总而言之，对人性和伦理道德的挑战，对历史观、感知方式和存在形态的改变是后人类崛起所带来的重要影响。那么，这些变化给人文科学带来了什么影响？在以人工智能、生物技术、纳米技术、大数据等现代技术所主宰的后人类世界格局之中，人文科学如何发现自己的位置？人文科学研究的意义何在？"当人在文化中，既把自己构建为必定被思考的，又构建为将被认识的时候，人文科学出现了。"① 福柯关于"人文科学"的思考迄今依然意义重大。他认为，人文科学包含在认识论的三面体中，在这些知识的空隙之中，人文学科发现了自己的位置。"人文学科向所有其他的知识呈现了一种永久的危险：的确，假如各自停留在自己的维度内，那么，演绎科学、经验科学、哲学反思都不会冒险'转入'人文科学，都不会冒险充塞着人文科学的不纯洁。""人文科学所在的认识论构型的复杂性，人文科学与三个方向的恒常关系：这三个方向向人文科学提供了空间。"② 事实上，后人类主义的发展带来的不仅仅是挑战，同时也推动了当代人文科学研究的新浪潮，使人文科学在后人类主义时代进一步获得了自我激活的新机遇，这是又一次思想更新的过程。

　　在笔者看来，后人类主义为当代人文社会科学的重构具有两个方面的意义：一方面，后人类为当代人文科学的发展提供了新视野，从新的角度揭示了人文科学在当代社会发展中存在的问题；另一方面，后人类的发展也反映了当代社会的时代要求，表现了当代人文学界对时代问题的敏感性与强大的适应能力。现代技术，尤其是信息技术革命带来的新变革确确实实地改变了各类文本的生产、传播与接受形式，而且深刻改变了人文科学研究的新方式。因此，我们应该更加关注那些带来新知识和社会变革可能性的新技术。然而，如果人们仅仅将现代高度发展的技术当作唯一的选择，而忽略了其他存在着不同的可能性与选择性，那么这个社会的文化可以说是盲目的，是历史的贫困。诚然，在后人类主义世界之中，后人类时代的人文学科依然有责任在新的历史语境之中承担起对人类生存丰富倾向与处理当代世界问题的能力与勇气。本雅明赞许布莱希特推荐的"面向现有机制的双重倾向"——运用它们，同时又转变它们——他指出，这并不是精神复兴的话题，而是"技术革新"③。在此意义上，

① ［法］福柯：《词与物——人文科学考古学》，莫伟民译，上海：上海三联书店，2001 年，第450 页。
② 同①，第 454–455 页。
③ ［德］瓦尔特·本雅明：《作为生产者的作者》，王炳钧，等译，郑州：河南大学出版社，2014 年，第 26 页。

我们现今思考后人类时代人文科学的可能，与其说是追求人文科学如何面对、摆脱当前社会问题的挑战，不如说是人文科学如何进行自我的"问题化"与"革新"的可能。

当然，后人类主义理论诞生并盛行于西方自有其历史语境与哲学历史渊源，尤其深植于西方"主体/客体"二元论哲学脉络，因此具有浓厚的西方理论色彩与强大的阐释效能。然而，以"天人合一"为传统观念的中国，显然与西方"主体/客体"二元论有着较大差异，那么当后人类主义理论旅行至中国，它对阐释当代中国问题有何意义？诚然，在引介与运用后人类主义理论的过程中，我们应该立足中国语境充分考虑中国问题的本土性与复杂性。"后人类主义"作为一种崭新的理论范式，其本身具有灵活性，而且它在很大程度上作为一个包容性极强的概念在运转着，这对我们理解与阐释当代中国迅猛崛起的技术革命及其带来的"后人类"现象具有重要意义。后人类主义的使命在于将种种思想精神资源调动起来，为我们以更加周密的方式思考现代技术提供了资源与方法，帮助我们理解当代社会与生活的构成。因此，我们有必要从广阔的视野出发，借助后人类主义理论和当代技术条件进一步思考与阐释当代中国问题。

基金项目：福建省社科基地重大项目"马克思主义地理学与当代文艺学的'空间转向'研究"【FJ2019JDZ019】

（作者单位：福建师范大学文学院）

信息代码、虚拟身体与"真实"期待

成业

罗兰·巴特在《S/Z》中完美展示了将小说文本作为多样化编码的产物来阅读的可能性，在信息化时代媒介与技术的变革使得这样的可能性成为必然性。在信息化时代的小说生产与接受过程中，物理的身体加速退场，代码的应用强烈凸显。编码与解码成为信息时代小说生产与接受的基础，同时也推进了小说文本身体的虚拟化与叙述者身体的虚拟化。文本身体的虚拟化、叙述者的虚拟化，并不影响读者对于小说的一些基本期待，其中对于小说"真实"的期待，在今天还是被各种作家、理论家、读者一再强调。我们可以将小说看作一种古老的虚拟现实技术，当我们从代码的角度去看那些形成小说"真实"的代码组合时，还是会发现一些基本的模式并没有变化。

一、信息化时代的生产与接受：代码的凸显与物理身体的退场

罗兰·巴特在著作《S/Z》中对结构主义的重要概念互文性有鞭辟入里的阐释："阅读文本的这个'我'，已经是由其他各种文本，由无限的，或更加确切地说，由业已失去的代码（它们的本源失踪了）组成的多源复合体……"① 互文性瓦解了传统读者的主体性，在罗兰·巴特看来，读者在阅读中不再是发挥主观能动性去理解阐释文本的那个主体，读者对于文本的阐释是从读者背后的文本网络与文本相互交叉的连接点上产生。罗兰·巴特认为这些打开阐释的连接点背后有各种代码的组合形式。在《S/Z》中，他创造性地提出了"阅读单位"这一重要术语。罗兰·巴特一向重视从语言角度研究文本，"阅读单位"即是小说文本中最小的语言单位。"阅读单位"可以是一个简单的短句、几个

---

① ［法］罗兰·巴特：《S/Z》，屠友祥译，上海：上海人民出版社，2000 年，第 16 页。

联系的短语，有时甚至只是一个词汇。每个阅读单位都具有自身独特的功能，能够和前后相邻的其他阅读单位明显地区隔开来。罗兰·巴特将这些阅读单位划归整理，分成不同的类别，提出了五种组合阅读单位的"代码"。这五种"代码"分别是：选择行为代码，影响读者参与小说情节建构的代码；阐释代码，悬念、突变、猜谜、解谜、逻辑等情节架构的部分；意胚代码，与人物及人物性格发展相关的语义表达模式；象征代码，可以让读者发现文本中的象征义和诱使读者推测出文本主题的代码；参照代码，牵涉文化背景、知识的代码。

五种代码同时也可以看成五种读者进入文本的层次，在不同的层次上认识文本中的阅读单位，读者将对文本做出不同的阐释。当然，罗兰·巴特在《S/Z》中分析的是巴尔扎克的一部小说，其他不同性质的小说文本也必定蕴含着形成更多代码的可能性。而读者进入文本的角度也还有很多，也将形成更多对文本的阐释代码，这是罗兰·巴特无法在一本著作之中穷尽的。但《S/Z》还是在有限的篇幅中完整揭示了一套代码体系，在体系中，不同形态的代码通向不同构造的文本网络，最终决定了读者从哪种角度进入小说文本。读者从文本的阅读者，变成了文本代码的解码者。同样，作者也成为小说文本代码的操作者。正如罗兰·巴特提出的著名论断——"作者之死"，语言地位的突出，带来了作者的主体性的相应消解，作者成为各种语言代码的使用者，语言的代码限制了作者的创作过程。今天，随着媒介、信息技术的发展，作为解码者的读者与作为代码操作者的作者更是越来越与信息系统紧密连接，阅读与写作中物理的身体正在逐渐退场。

凯瑟琳·海勒在著作《我们何以成为后人类：文学、信息科学和控制论中的虚拟身体》中考察了文字媒介的变迁对文学的影响，从纸质文本到电子文本，文学的生产、接受模式发生了根本性的转变。纸质文本具有固定的物质性，它的生产过程铭刻着作者身体的介入感。书写的手稿自不必说，就算是打字机打出的文字，作者敲击键盘的力度，也会改变打字机字母颜色的深浅程度。而在计算机键盘上敲击的力度则与电脑显示屏上呈现的文字毫无关系，计算机写作将文字完全变为一种流动可变的图像。纸质文本的生产过程面对的还是物质性的纸张，作者能对其做出的改变十分有限。而计算机里的文本则完全是一种视觉客体，作者能够随意地改变文本视觉上的形态（从字体、形状、段落格式、行间距到屏幕的大小等），大概正如海勒所说："在处理闪烁的图像构成的文本时，我就在身体内实例化体现运动的习惯性模式，将模式和随机变得比在场和缺席更真实、更密切、更强大。"① 在电子文本的生产过程中，作者或将更关注模式、编码的问题，而非其他在场的因素。电子文本的技术的生产过程摒弃了传统文本生产过程的物质性基础，在这一过程中起决定性作用的更多的是一种信息的编码方式，身体对写作的参与渐渐隐没在显示屏的荧光里。可以想见，像海明威"站着写作"这样的身体高度参与创作的方式在今天无疑将越来越少，作家将会更少关注写作时的身体状态，更多关注编写各种模式代码的操作能力，写作越来越像一场虚拟的游戏。

纸质文本与电子文本在阅读上的区别则更加明显。海勒指出，印刷文本具有一些特征——"可持续性、固定性和使用的简易性"②，只要保存得当，书本可以维持相同的形态数十年甚至数百年不变，只要翻开书本，书里头的文字就在那里，不会产生任何令你捉摸不透的变化。而电子文本却不同，它是一堆信息的格式与转码方式，只要换了不兼容的系统和阅读器，随时可能呈现乱码的形态。而在阅读电子文本的过程中，读者也经常容易受到其他信息的干扰，电脑屏幕上出现的弹窗、邮件，手机屏幕里忽然来袭的各种聊天信息，都会干扰阅读的完整度。电子化阅读的方式也完全不同，读者要按动键盘、挪动鼠标或拖动屏幕，看着闪烁的光标，而纸质阅读则只需要翻动书页。另外，纸质阅读的身体参与度是电子化阅读不能媲美的，这点海勒并未提及。当读者捧着一本书看的时候，它的厚度、重量，纸张的质感甚至是气味都会影响读者的阅读体验。我个人的经验是，阅读纸质书籍就像在和一个对象互动，你能够抚摸它、呼吸它、感受它，这些体验都是电子阅读无法带来的。当然，一旦熟悉电子阅读的方式，可以带来更快的信息接收速度。电子阅读更集中关注信息的接受，在电子阅读的过程中，读者也自然会更加关注文本中的代码、程式甚于其他。或许，电子阅读会让部分读者更享受解码的乐趣。

物理的身体开始在文本的生产、阅读过程中逐渐退场，虚拟的身体则正在大步进场，这一情况在小说文本的生产与阅读中体现得尤为明显。

---

① ［美］凯瑟琳·海勒：《我们何以成为后人类》，刘宇清译，北京：北京大学出版社，2018年，第35页。

② 同①，第64页。

二、文本与叙述者的虚拟身体

在《我们何以成为后人类》一书的第二章"虚拟身体与闪烁的能指"的最后一部分，凯瑟琳·海勒着重探讨了当代的叙述问题，她认为，在信息时代现代叙事学理论密切关注的叙述者已经成为一个虚拟的电子人。海勒从雅克·德里达对说与写概念的分离展开叙述者的概念。众多小说叙事学都提到"叙述者"这个概念，这一概念揭示了一个重要的事实——小说文本中总是隐含着一个发出叙述声音的说话人。在雅克·德里达看来，说与写的分离"把叙述者由说话者变成了书写者，或者更精确地说，变成了一个不在场景之中但铭写却始终指向的那个人"①。海勒认为，在信息论的推进下，叙述者的身份又一次发生了转变。"由于书写让位于二进制数码支撑的闪烁的能指，叙述者与其说变成了书写者，不如说变成了一个获准使用相关代码的电子人。"② 德勒兹所说的书与写的分离，让讲述故事的叙事者的声音隐入文本的故事、场景背后，而信息时代的媒介与技术的变革将这种转变再次推进：一切在计算机处理器上诞生的文字都遵循二进制的数位码，数位码通过光纤发送，处理器将其处理成文字的形式再呈现在屏幕上。海勒认为，从信息的构成过程来看，叙述者在当下已经变成了这些信息编码的操作者，叙述声音本身也成为一种信息编码。同时，叙述者也在使用罗兰·巴特所提出的诸种与文学、文化相关的符号代码，并通过这些代码和读者背后的文本网络发生关联。

以往叙述者的声音往往来自作者，但今天叙述者的声音却来自一个编写、输入代码的虚拟身体。信息通过数位码转换形成文字，文字通过巴特所提出的文学、文化代码形成电子化的叙述声音。事实上，我们甚至可以说叙述者既是信息代码的编写者，同时也是信息代码本身。在编码化的电子世界里，编码就是我们的身份。只需联系一下我们使用社交软件的常识，就能理解这种编码与身份之间的同属、转换问题。如今，社交软件和网络社区组成了众多现代人生活的重要部分。许多现代人每天在 Facebook、Ins、微博、QQ、微信上花费大量的时间，完成社交、工作。社交软件上的个人账号代表了个人的身份，人们通过账号发表观点、进行交流，个人的电子账号很大程度上就是一个人的代

---

① ［法］雅克·德里达：《论文字学》，佳亚特里·斯皮瓦克译，转引自凯瑟琳·海勒：《我们何以成为后人类》，刘宇清译，北京：北京大学出版社，2018 年，第 58 页。
② ［美］凯瑟琳·海勒：《我们何以成为后人类》，刘宇清译，北京：北京大学出版社，2018 年，第 58 页。

表。个人登录网络账号需要通过密码登录，这些密码事实上就代表了一个人的个人身份。我们看到那些关于网络黑客的新闻，黑客掌握精湛的编码技术，能够骗过系统的法眼，获得某个账号权限，完成大额的资金交易或达成其他不可告人的秘密目的。个人也常常面临这种编码身份被窃取的危机，账号被黑客窃取的用户要广而告之地大发声明宣布自己的身份不再属于自己而属于另一个人，让亲朋好友千万不要被这个代表自己的身份所欺骗。黑客之所以可以完成这种身份的窃取，正是获得或破解了计算机认定权限的编码。安德鲁·罗斯在《反文化的黑客行为》中提议当代的文化评论家完成身份上的转换，从传统的评论家到操弄代码的黑客①，这种转换在叙述者这里早已完成——大量文本的作者已经不再是作家个人，而是在键盘输入文字的打字员，将书本扫描进系统的操作者和更多系统编码的编写者。

　　许多先锋性的文本总是走在时代前面，这种叙述者的主体性被信息化取代的效果在法国新小说代表作家罗伯-格里耶的作品中已经初见端倪。这个异想天开的植物学家在自非洲归来的轮船上，突然决定用一种更真实的方式再现一个客观的物理世界，打算在自己的创作中将传统小说中的叙述者的声音痕迹从文本中彻底抹去。罗伯-格里耶的代表作《嫉妒》以对物体的"客观描写"为突出特征，小说致力于纯客观地记录下场景中的物体，而人物在小说中就像一件道具或一个物体，被很多人认为是"非人"的小说。通过这样的写作方式，罗伯-格里耶对事物的意义发出质疑。事物有意义吗？传统小说中，物体总是被赋予各种意义。为了情节、事件、环境（社会环境而非物理环境）的需要，叙述者总是给物体赋予其本来不具备的意义。契诃夫的名言大家耳熟能详——"如果房间里有一把枪，它就一定要开"。传统小说里的物体常常承担叙述者赋予的情节功能，如莫泊桑的项链、麦琪的礼物的表带，等等。一个事物在小说中出现，总要有其功能和作用。而像现实主义大家费尽笔墨描绘的物体和环境，则是为了呈现一个时代的样貌和氛围，巴尔扎克详尽地描写一间书房甚至书房里的书柜，是为了还原那个时代历史的细节。传统小说中的物体总是被叙述声音的意图所笼罩，而罗伯-格里耶努力要做的则是摒弃主观的叙事声音去客观地呈现物体。不去纠缠罗伯-格里耶对事物意义的探寻和追问，其做出的客观描写的尝试，显然在试图瓦解叙述者的主体性，转而以客观信息的输出

① ［美］凯瑟琳·海勒：《我们何以成为后人类》，刘宇清译，北京：北京大学出版社，2018 年，第62 页。

（例如一张桌子在什么位置、是什么形状）来代替传统叙述主体对物的影响。但尽管罗伯-格里耶费尽力气去完成一种看似绝对客观的描述，《嫉妒》的小说文本中还是呈现出许多"非客观"的叙事声音。例如这段经典的餐厅描写："餐厅里点了两盏灯。一只放在平柜的边上，在它的左端；另一只则放在餐桌上，占据了没人就座的第四个位置。"[1] 这里专门描述了餐厅里的两盏灯，显得绝对客观，但却依然含有叙述者视角的选择。为什么选择描述灯的位置，而不是餐厅里其他物件的位置？为什么不详细描述平柜和餐桌之间的位置关系？可见这里还是叙述者在有选择地描写。而小说的另一些部分则明显带有叙述者的主观感受"去厨房的捷径是穿过房子。一跨进门，伴随着半明半暗的气氛，顿时有一种凉爽的感觉"[2]。半明半暗的气氛指的是光线上的，凉爽的感觉则是身体对温度的感知上的，从光线到温度的感受变化，这里显然体现了叙述者细微的主观感知。而小说中著名的蚂蚁尸体的描述"一段一段的爪子和被捻碎的身子的一部分，组成了一个问号的形状"[3]。蚂蚁尸体呈现出问号的形状，这里显然是加入了选择性的符号，为什么不是句号而是问号？叙述者的主观选择在背后起了作用。而在结尾部分，问号又一次出现"在大约离地一米高的墙上，留下了一块黑斑，样子像一个问号"[4]，这里显然和前面蚂蚁尸体的问号形状有所呼应，可以看出叙述者对问号的偏爱和想通过这个符号传递给读者的某种神秘感和迷惑性。尽管从《嫉妒》中可以看出，罗伯-格里耶并不能完全抹去叙述者在小说中的痕迹，也无法完全用信息来取代叙述者的声音，但他还是在 20 世纪就做出了这样的尝试与努力。或许罗伯-格里耶没有想到，这种"客观化"地呈现事物信息的描述风格本身，也成为他个人写作风格的标签代码。在新小说之后的现代主义小说中，几乎再也看不到罗伯-格里耶这样的描述方式，当专业读者一看到"客观性"的描述风格，第一个联想到的叙述者就是罗伯-格里耶。"客观"的信息呈现也成为罗伯-格里耶个人写作的独有代码，一如前文论述的那样，这些代码也代表了罗伯-格里耶本身。

罗伯-格里耶在小说中没有完全"清除"的叙述者的身体，在信息时代化为信息代码的操控者参与小说的生产、阅读。而信息时代的叙述者在操控代码的同时，也被代码所代表，叙述者的身体由此化为代码化的虚拟身体。文本中

---

[1] 罗伯-格里耶：《嫉妒》，李清安，等译，桂林：漓江出版社，1987 年，第 7 页。

[2] 同①，第 24 页。

[3] 同①，第 29 页。

[4] 同①，第 33 页。

叙述者的身体在当下呈现出虚拟化的特征，文本自身的"身体"在信息化时代也逐渐被各种信息代码取代。在印刷术出现以前，文本被刻印、书写、记录在石板、竹简或羊皮卷等古老的媒介上，文本的身体显得尤为重要，影响着作者的写作、读者的阅读。而在印刷时代，书本、油墨、纸张是文本物理身体的组成部分，读者可以感知文本的实体，这个实体在时空中也具有一定的固定形式。到了电子时代，文本的身体彻底向虚拟身体转换。文本成为一系列编码的组合方式，承载信息的数位代码转换成文字，文字中的各种代码组合形成文本，信息代码构成了文本的虚拟身体。

伊塔洛·卡尔维诺在1979年的小说《寒冬夜行人》中，表现了对这种文本的虚拟身体的焦虑。小说中，文本在各种编码的运转过程中清楚明白自身有一个物理的身体，各种媒介的手段在塑造这个身体，给文本带来各种各样的威胁：存在问题的印刷方式让文本身体残缺，表意不明；文学编辑上了年纪，头脑不清影响文本的呈现；政治的阴谋也在影响文本身体的样貌……但这些威胁都不如信息让文本感到恐惧，在信息化下失去自己的身体是文本最不愿意看到的。由于对文本物理材料的脆弱性感到失望，叙述者想象"你"（读者）把文本砸向一扇窗户，文本的身体分解成光子、波状振动与量子。接着，"你"又将文本砸向一面墙，文本进一步分解成电子、质子、中子和其他更小的微量粒子。最后，"你"将文本送入计算机光线，文本的身体最终化为电子脉冲，进入信息流。小说中这个文本实在的物理身体转化为虚拟的信息流身体的过程，充满了叙述者的焦虑和困惑，卡尔维诺不知道这样虚拟的文本身体会将读者带向何方。小说中这个电子的文本经历了瞬间消磁的过程，变成了一堆不能理解的乱码的文字，读者对于阅读中断的焦虑被这种编码的输出中断所取代。最后，读者必须艰难地收集这一堆乱码的文字，通过语法性的重组，还原文本的本来面目。今天，这样虚拟的文本身体已经为人们所熟悉。虚拟的文本形式使文本和读者都被介入信息线路中的交互功能里，编码通过光纤在瞬间传递，在不同时间、空间位置中的读者对编码完成解码的阅读活动。虽没有出现卡尔维诺小说中那样夸张的文本语法重组，但读者还是在通过罗兰·巴特所总结的那样的文学、文化代码理解、建构文本，这一过程或许不比纠正语法错误来得简单。

在信息技术的影响下，随着文本身体的虚拟化，叙述者身体的虚拟化，带来了小说"功能性"的变化。"功能性"是虚拟现实技术中的重要属性，它描述了人机交互活动中交流的主要模式。当计算机、手机系统对人的声音做出反馈，声音就成为功能性的一种。当我们打开手机的语音助手，用说话的方式指示系统查找资料、操作软件的时候，我们的声音就成为功能性的存在。当我们戴上动作捕捉器，数据将我们身体的动作输入系统，我们肢体的动作便成为功能性的一种。凯瑟琳·海勒指出"功能性在两个方面起作用，它们既描述计算机的反应，也指示用户的传感装置怎样通过训练来适用计算机的反应"①。人类在塑造计算机的同时，计算机也在塑造人类，我们也逐渐变成与计算机等信息技术或其他生物工程技术出现前截然不同的"后人类"。小说的生产与阅读自然也要受到这种塑造的影响，这是另一个话题，这里不再过多展开。另一方面，文本身体的虚拟化、叙述者的虚拟化，并不影响读者对于小说的一些基本期待，其中对于小说"真实"的期待，在今天还是被各种作家、理论家、读者一再强调。我们可以将小说看作一种古老的虚拟现实技术，在今天，我们用代码的角度去看那些形成小说"真实"的代码组合，还是发现一些基本的模式并没有变化。

三、参照代码与虚拟身体的逼真性

通过细致精微的考察方式，罗兰·巴特在《S/Z》中提出的五种代码已经可以涵盖小说阐释中的几个关键要素。选择行为代码、阐释代码、意胚代码、参照代码，这四种代码分别涵盖了小说文本的情节、人物、象征、主题这些重要的阐释要素。而最后一种代码"参照代码"，则是与文化背景相关的部分（X 人像一尊古希腊雕像），还有各种作为社会通识的知识（俗语、谚语等），参照代码指向更广阔的社会文本，将小说文本与我们常识习惯中认为的"真实"的社会与世界勾连起来。毫无疑问，参照代码比前四个代码更具有包容度和现实意义。但相较于前四种在文本基础和文学惯例上可以轻松立得住脚的代码形式，罗兰·巴特归纳的参照代码的具体特征与它在概念论述上的包容度之间还存在一定的距离。

罗兰·巴特挑出了巴尔扎克这部小说文字中与文化客体相关的部分（X 人像一尊古希腊雕像），还有各种成型的知识（俗语、谚语等），但这些阅读单位的语义特征并不足以达到其论述的参照代码巨大的兼容性特征。乔纳森·卡

---

① ［美］凯瑟琳·海勒：《我们何以成为后人类》，刘宇清译，北京：北京大学出版社，2018 年，第 63 页。

勒在《结构主义诗学》中就指出："它们（指参照代码的语义特征）远远未能包容'一种佚名的集体的声音的种种表征'，这一声音的本源为'整个人类的智慧'，而它们的基本功能则是要让各种逼真性的参照模式发挥作用，使虚构契合实体化。"① 乔纳森·卡勒这里提出的逼真性是结构主义诗学中的重要概念，逼真性牵引出虚构的叙事文本和其他文本、读者对文体的期待、现实之间的关系。在卡勒看来，当参照代码和逼真性挂钩，作品在与其他文本的交流中便获得了证明文本意义的方法，那种"佚名的集体声音"也在不同层次上一一呈现出来——与作品联系的其他文本、读者对虚构世界的期待以及对"真实"的期待。

逼真性最早由托多洛夫在文章特辑《交流》中提出，乔纳森·卡勒在托多洛夫的基础上对逼真性概念进行了补充与完善，讨论了逼真性的五个层次②。首先是所谓"真实"（the real）的逼真性，它和我们所谓的"真实的世界"——社会文本的语言逻辑相关。罗兰·巴特在《S/Z》中对此亦有恰当论述"语句无论释放出什么意义，它总是仿佛要告诉我们某些简单、有条理，而且是真实的东西"③，这种真实性通过简单的阅读就可以直接得出结论。公认的常识、知识是逼真性的第二个层次。这一层次的逼真性不像第一种那样一目了然，但稍微了解相关语言文化惯例的人还是可以轻易识别出来。格言、惯用语与一般社会通用语言体现了这一次层次的逼真性，亚里士多德早在《修辞学》中就有意识地整理这一类语言在修辞中的应用。第三个层次，文学艺术中的逼真性，某种文学艺术体裁的模式和惯例。第四个层次，约定俗成的自然，对某种文体程式的反叛。第五个层次，对某些文本的戏谑模仿与反讽。前两个层次的逼真性在罗兰·巴特的参照代码中已有涉及（与文化客体相关的部分，成型的知识）；后三个层次的逼真性更多指向一个文学文本和其他文学文本之间的关系，是一种文学内部的真实。第三、第四层次的逼真性遵循众多文本积累形成的文学惯例，第五层次的逼真性则揭示了建立在另一部作品基础上的文本与其"元"文本之间的关系。这三个层次的逼真性在罗兰·巴特的《S/Z》中其他代码的归化中也有部分涉及。在《真实的效果》一文中，巴特也有相关讨论，只是没有整合进参照代码的概念中。乔纳森·卡勒将五种层次

① ［美］乔纳森·卡勒：《结构主义诗学》，盛宁译，北京：中国社会科学出版社，1991 年，第 303 页。
② 同①，第 210-238 页。
③ ［法］罗兰·巴特：《S/Z》，屠友祥译，上海：上海人民出版社，2000 年，第 16 页。

的逼真性和参照代码相联系，无疑完善了参照代码的内涵和外延。在这五种层次的逼真性基础上形成的参照代码，一方面可以涵盖小说文本与文本外的社会、文化背景中的现实的关系，一方面可以涵盖小说文本与其他同体裁文本之间的关系。参照代码由此关涉更加庞大的文本网络。

前文已经论述，当下信息化的发展趋势使小说文本与叙述者的物理身体加速退场，随之而来的是信息文本虚拟身体、叙述者虚拟身体的进场。信息文本的虚拟身体与叙述者的虚拟身体都建立在巴特提出的文学、文化代码的基础上，由于虚拟文本的图像性与随机性特征，代码作为小说意义模式的恒定性被更加突出了。读者对于文本的诸多期待，将通过对文本代码的解码完成。读者对于小说"真实"的期待在诸多专业的读者、批评家和非专业的阅读者对小说的期待中无疑占据重要的位置，对逼真性基础上形成的参照代码的解码可以完成这种"真实"期待的很大部分。参照代码的"真实"一方面建立在对同体裁文体的关照与超越的基础上，符合读者对小说体裁的阅读期待；另一方面建立在社会、文化、常识的语境上，让小说与社会现实发生联系，使读者在阅读中可以感受到更广阔的社会的文化的现实空间。建立在逼真性基础上的参照编码，就像登陆小说账号的密码，有了这些密码，小说的叙述便可以在读者对合理性的期待上展开，获得"真实"的阅读体验。小说文本的虚拟身体、叙述者的虚拟身体，亦由此解码成"真实"的阅读体验。

（作者单位：福建师范大学文学院）

分裂、无力与孤独：新媒体文化对个体心理的负面影响

于小植　雷亚平

引言

一般而言，媒介的变化被认为是文化嬗变的一个重要的推动要素。而新媒体的出现无疑给当下文化带来了时至今日我们也无法全面认识的巨变。

近来的研究对其变化大致形成了这样的描述：网络化环境下的人们处在无比广阔、瞬息万变的信息的汪洋大海里。网络载体巨大的容量带来了信息的膨胀，它不仅表现在同一时间点信息的丰富上，还表现在时间的纵向轴上信息更迭的迅捷上。与传统媒介不同，新媒体带来的是文字、音频、视频相互整合的超文本，能够营造更强烈的真实感。新媒体带来的一个更加实质性的变革是信息制作和发表的多点化。只要你愿意，便可以取得一个自己专有的、可以对无限公众开放的发表空间。而发表所需的音频、视频的制作也因小型移动制作设备的普及而变得非常便利。传统意义上的受众变成了集信息的制作、发表与接受于一身的"网众"。这些网众在网络信息的海洋里渐渐聚合成大小不同、形式各异的群落[1]，这些群落往往只停留在精神向度的分享方面，而现实支撑则较为少见。当然，在一些问题上，同一群落或多个群落间会形成一种共同关注和呼喊，使其在沉默的信息海洋里成为一种可见性[2]的存在。

对这种变化，学界有两种对立的声音：一种声音认为它带来的是民主化的

---

[1] 本文选择"群落"这一用词，意在强调网络化生存的散漫的精神性集合的侧面。与其意义相近的"集体""群体""部落""集群"等词语虽然也被其他研究者用于指称精神性的网络化集合，但它们都有与精神性网络化生存的集合的特征不符的侧面，如"集体"有偏重于组织性的含义，"群体"偏重于现实的物理性的存在，"部落"则倾向于指具有均质性的原始人的群体，"集群"则有随机性、无纪律、疯狂等含义。

[2] Daniel Dayan. *Conquering visibility, Conferring Visibility：Visibility Seekers & Media Performance*. International Journal of Communications, 2013(1)：5.

个体性的表达，是一种解放的力量；一种声音认为它使信息和信息的表达乃至人群都走向碎片化，进而带来了理性深度的消失。

对新媒体带来的文化得失的评价，无法绕过对新媒体文化下人的心理和实存本相的考察。文化究其实质而言，是人的一种创造物，它的流传和延续都是以人的行为作为再生产的动力的。换言之，文化考察的根基是对人的存在方式的考察。而且，就一种人造物而言，它的价值是以是否给人这一主体带来了福祉为评价标准的。所以，本文将对新媒体的使用者（同时也是被使用者，因为大多数个体在时代里都是被动的）的存在状态和心理状态进行描述和分析，以期给这个提问一个可供参考的答案。本文选择以可以想象与把握的新媒体文化下数量最大的中下层个体为对象，对其网络化生存的较常见的心理与处境进行分析，以给这个群体一个较多出现的侧面的素描。

一、人设化的自我精神赋形及精神分裂

传统媒体几乎由意识形态或精英所掌控，信息的制造者和发布者比较单一，它照亮社会生活的可见性是被设计好的。与新媒体相比，它的信息量较少，信息与信息之间容易形成统一的口径，这些少量的、相互合作的信息共同营造了一个影响公众现实感的拟态环境①。虽然传统媒体下的民众也会有其各自独特的选择，但总的说来，一个稳态社会是以压倒性多数的合作性的公民为基础的，而拟态环境就是主流意识形态对这些合作公民进行精神赋形的工具。这些合作公民并不知道拟态环境的存在，他们以为，被拟态环境有意照亮的可见性信息就是世界本身，它是自然而然的，而依据这些信息形成的理解和情感选择是自己的理性和意志的结果。

新媒体的出现打破了这种性质的拟态环境：首先，互联网形成的信息共享造成了信息数量的急剧膨胀，想要对这些海量信息进行统一的"拟态"处理是不可能的；其次，这些已有的信息往往来源于不同的意识形态，意识形态与信息紧密结合在一起，当需要利用这些信息的时候，就难以把意识形态完全排除在外，因而"拟态"处理的难度就变得非常之大；再者，个体性信息制作和信息发布的便利，使信息的生产和发布发生在"拟态"处理之前，"拟态"

---

① ［美］沃尔特·李普曼：《公众舆论》，阎克文、江红译，上海：上海人民出版社，2002年，第45页。

处理只能弥补它对"拟态环境"的破坏，而无法从源头上阻止难以预见的破坏；最后，这些原生态的信息往往是口径不一的，它的披露本身就破坏了"拟态环境"存在的基础，使从前代表"理性""正当"的"拟态"声音变成了众声喧哗中的一个声音。这个后果恐怕并不是无数原生的信息发布者的初衷，但它却是一个自然而然的走向。

因为新媒体打破了"拟态环境"这个给个体精神赋形的基础，个体在海量的相互冲突的信息里，只能自己来选择"正确"的信息，以它们给自己的精神赋形。这种自我精神赋形与传统的以"拟态环境"为基础的精神赋形的一个最大的区别就是：传统的精神赋形是以"全面"的信息为基础的，而新媒体文化下的精神赋形则是以部分信息为基础的。而这种依据部分信息进行的精神赋形就必须首先以在海量的信息里进行选择为前提。这种选择并不是在掌握了全部信息之后剔除一部分、留下一部分，而是在无法获得和分析全面信息的情况下的一种随机行为。

当然，个体选择信息并不完全是随机的，也会有所依据。与现代阐释学所阐明的"前理解"① 概念相似，个体在选择之前一定有其"前选择"。可以把这里的"前选择"定义为借以选择的依据。如果说前理解在与新的被理解之物遭遇后在某种程度上会被被理解之物所改变，从而实现主体精神的跃迁的话，"前选择"则根本不给被选择之物改变自己的机会。"前选择"里大致会有观念、愿望、品位等各种内容。与观念、愿望、品位不符的信息会被过滤掉，而与其相符的信息则会以其外在性、"客观性"身份加固个体原有的观念、愿望和品位。前理解会促成自身的变化和丰富，"前选择"则倾向于故步自封。也就是说，"前选择"往往不给前理解与新的被理解之物遭遇的机会，使前理解无法与新的被理解之物遭遇。"拟态环境"下的个体必须被动与某些自己并不愿意选择的信息遭遇并试图理解它们，因而"拟态环境"给予了个体遭遇新信息的机会，由此需要个体运用自己的前理解去消化它，并进一步实现个体理解的更新与跃迁。而新媒体环境下以保持全面性为信息摄取的出发点不存在了，海量信息的随机性使个体依据其自身的观念、愿望和品位进行选择变得有机可乘。因此，前选择扼杀了前理解，使个体难以实现对世界与自身理解的跃迁。就此而言，"拟态环境"下的个体是倾向于自卑的，而新媒体下的

① ［德］汉斯·格奥尔格·伽达默尔：《真理与方法——哲学诠释学的基本特征》（上卷），洪汉鼎译，上海：上海译文出版社，1999 年，第 271-278 页。

个体则容易自以为是。（关于二者的关系，应该并不仅限于这一个侧面，但其复杂性互动不是本文的重点，在此不做赘述。）

信息订制会加强个体的固有选择倾向。无论是个体发现某些信息搜集或制造者与自己的选择意愿接近，还是这些信息搜集或制造者根据搜索痕迹等发现潜在的客户而进行推销，都会作为一个更加具有外在性的身份使个体更坚定自己的"前选择"。与传统传媒做出全面性、客观性承诺不同，新媒体环境下的订制信息的出售者往往更倾向于信息的特性，也不回避自身的倾向性。信息订制这种交易是个一对多的过程，与传统的大众传媒一样，信息制作者要把握和扩大订制者的心理需求。不同的是：传统的大众传媒为了争取更多的受众，往往倾向于刺激人性中最具身体色彩和及时享乐性的部分，因为传统大众传媒基于大众工业的巨大规模甚至垄断力，原则上会以更广大的受众为目标；新媒体的信息制作者面对的则是分化了的市场，订制信息的出售者为扩大和留住客户，会引导个体向某种与其相似的固有类型发展，而这种发展会带来与更多个体的相似性，从而进一步加强个体自身选择的客观性的判断。在某种程度上，订制信息的个体还可以通过订制某种信息为自己贴上一个确证自我的标签，它不仅是对自己的一种明确化的表达，同时也可以成为一种与他人进行交往的依据。

新媒体环境下个体自身对信息进行随机选择的精神赋形还不能满足其社会交往的需求，而且这种孤独个体的精神赋形一般来说还是缺少外在支撑的，而网络群落则能满足这种需求。但网络群落不同于物理空间里的现实群落，"网络空间中的群体不限于以各种熟悉关系为纽带而结成的具有亲情性的群体"，"这不仅表明观念空间有了自己的群体形式，观念空间可以被组织起来，而且还说明群体也可以表现为观念形式"[1]。实际上，考察一下网络空间里的群落性质，其中最大的组成部分是以观念、意见和品位等的相似性为基础形成的群落。这种基于观念、意见和品位而聚集起来的群体，导致了同质性认同的大量生产，长时间地沉浸在同质性的观念类群体里，会导致自我重复、自我认知的虚假性，以及对异质性群体的对抗性倾向。同时，群内同质化、群际异质化[2]的新媒体部落的领袖往往会由极端的声音构成，符合标签的理念和情绪才容易

---

① 刘少杰：《网络空间的现实性、实践性与群体性》，《学习与探索》，2017年第2期，第41页。
② 王逸、蒋一斌：《网络群体极化及其心战功能》，《西安政治学院学报》，2006年第4期，第36-39页。

聚集人气。与生活常态相似的体验和声音往往无须传达，独特奇异的、少见的、与常态生活迥然不同的事件、理念和情绪才容易被重视、被识别，而依赖网络空间认知世界的个体则往往会形成错觉，把千奇百怪的特异事件当作现实生活的全貌映像，从而产生巨大的认知偏差。因而，依靠新媒体群落自我赋形的个体往往容易形成"极端信息依赖症"。

新媒体文化下个体的这种自我精神赋形，依据的是自我选择的信息，而其表达则只表现为个体在网络空间发布的信息，网众对除了个体自己发布之外的信息一无所知，"新媒体传播具有中介化人际沟通功能，而这种功能使得人际交往具有理想化和欺骗性的特点"①。也就是说，与传统媒体下的根据"拟态环境"的"现实信息"进行的精神赋形不同，它不是在传统的社区、单位里众多个体共同进行的精神赋形，这些众多的个体在现实里可以互相监督，从而使外在评价成为个体精神赋形的一个重要组成部分，新媒体文化下的个体精神赋形是缺少现实监督的，它带有更多的理想性和愿望性，有更多的自欺欺人的成分。

总之，这种精神赋形依据的是随机的或愿望选择的信息，而网络群落的内部认同使其更加合理化，群落代言人的极端状态则使群落中的普通个体自我认知走向极端。简言之，这种精神赋形的基础是虚妄的。

它类似于荷妮所说的作为神经症的一个重要源头的理想自我②，只是这个理想自我比荷妮论述的理想自我更加有脱离现实的理由，因为新媒体文化下个体的精神赋形依据的是随机选择的信息，以及网络表达的中介性带来了现实匡正的匮乏。

当然，与荷妮的论断相同，这种理想自我会导致个体与现实的分裂，因为新媒体文化下的个体无法通过精神赋形改变包括自己的阶层、居住空间乃至容貌、年龄等在内的强硬的现实。可以说，这种人择的精神赋形越接近自己的美好愿望，它就越容易脱离自己的真实处境，与现实的分裂就越巨大。如果说荷妮论述的理想自我导致的是现实里数量较少的神经症，那么新媒体带来的则是大规模的常态神经症。

---

① 梁颐：《新媒体传播对人心理和行为的负面影响探略》，《东南传播》，2010 年第 10 期，第 39 页。
② ［美］卡伦·荷妮：《神经症与人的成长》，陈收，等译，北京：国际文化出版公司，2001 年，第 6 页。

二、网络空间里的力量感与现实自我的无力感

有研究认为，新媒体会带来真正的大众的声音，会带来重塑社会的力量①。但这只是问题的一个侧面，新媒体同时也会带来个体自我认知里强烈的无力感。

首先，新媒体带来的个体精神赋形与其现实的强烈反差，不仅会带来个体的分裂感，还会带来个体力量的削弱。根据荷妮的研究，神经症者会借助理想自我的幻象带来自我的荣誉感，但现实自我根本无法达到理想自我的要求，因而神经症者会贬损现实自我。他时而活在荣耀的幻象里，时而活在无能的现实里。理想自我苛责现实自我的无能与怠惰，现实自我则以其无能和虚弱来证明理想自我的虚幻。这不仅会带来惭愧等负面情绪，而且会削弱主体的力量，使其陷入自我冲突中而无法专注于创造②。我们只要把荷妮的理想自我换成新媒体带来的个体的精神赋形，对比一下个体的现实处境，就可以得出几乎一致的结论。稍稍不同的是，新媒体带来的个体精神赋形会更加强大，原因是网络的中介性导致他人依据对神经症个体的观察而进行的反向评价匮乏，同质性网络群落的内部精神支撑泛滥，因而使神经症个体更容易逃避在网络环境里，形成网络寄居里的强者、现实里的无能为力者。另外，新媒体环境里众多信息制造者发布的信息的可信度容易受到质疑，传统媒体在新媒体面前也成为一个相对平等的信息制造者（虽然它依然保持着某种程度上的权威，但毫无疑问，信息垄断者的地位已经动摇），因而信息的客观性成为一个难题，当无数相冲突的信息同时传来时，接受者也会倾向于相信与自己的意识形态更接近的信息。那么在新媒体时代，信息越动听越真实，越美丽越真实，越契合接受者的神经症需求越真实。这种现象会导致新媒体下进行精神赋形的个体的理想自我更加虚妄。当然，它所带来的个体的无力感也就更加强烈。

其次，新媒体带来的海量信息量与个体现实可能性之间的反差也会导致个体的无力感。对于传统社会的空间分隔来说，人们处在自己的区域里较难了解到其他区域的生活细节，而新媒体造成的无数个体的自我呈现，导致理论上每个个体都可以对其他区域或群落中的其他个体进行有细节支撑的观

①　施芸卿：《表达空间的争夺：新媒体时代技术与社会的互构——以 7・23 动车事故相关微博分析为例》，《青年研究》，2013 年第 3 期，第 61-96 页。

②　［美］卡伦・荷妮：《神经症与人的成长》，陈收，等译，北京：国际文化出版公司，2001 年，第 6-9 页。

察。个体面对的是前所未有的海量信息，他可以看到各个领域、各个阶层的无限丰富的信息展示，但其现实可能性却并未同比例增加，相对而言，他的现实可能性急剧缩小了。看到了丰富的世界，自己却被困守在狭小的牢狱里，失落与无力感的增加是可想而知的。更何况，网络空间里他人的展示还是他人的人设性展示，充满了被他人理想加工过的人造美丽，而个体无法洞察这种人设性，依据这种过度的美丽观察自己可感的现实，二者的对比就更加明显了。

再次，新媒体环境下的个体面对信息的主动感与其现实力量的对比也会带来个体的无力感。在面对物理空间时，人是自身处在环境之中的，是一个小的个体面对大的物理实体的过程，自身的有限性会被强烈地意识到。传统报纸广播等媒体更主要的是借助符号来帮助受众面对虚拟的世界，也相对可以还原人在物理空间中相对较小的位置。电视的出现则改变了这一点，媒体与人的关系变成了大的个体面对小的环境的假象，个体被凸显出来。但因为电视的制作需要巨大的经济支撑，往往被社会上的庞然大物所垄断。只要它的合法性尚未受到强有力的挑战，它的垄断性制造信息的权力就是理所当然的，而且其发出的信息也被认为是客观、理性的代表。所以在还原视觉符号时会被这种力量的对比所修正。加之电视的时间方面的线性传播、频道有限等形式会加深信息发布者的控制感、受众的被动感，这恐怕是与受众的现实处境相对应的。而且，总的说来，传统媒介的传播都是自上而下、以一对多的方式，它会带给受众获得真理的幻象。新媒体则通过电脑屏幕、手机等更小的画面载体传播，扩大了接受者与信息的大小对比，加之非线性传播、海量选择性，以及对信息发布者的对等地位，甚至作为选择者、关注者而可能使某种信息成为公众可见的信息，因而成了信息的裁决者。这就使人直接面对物理空间时的思考方式得到了颠覆性的改变：个体面对新媒体制造的"世界"处于裁决者的地位。这无疑是与大多数个体由其经济、阶层、地域、相貌等决定的真实处境不相对应的。加之网络的匿名性导致的无差别发言权、随意发泄而较少会受到制约等情形，导致个体更难以接受现实里的真实处境。简言之，网络"现实"与现实的落差是巨大的，而这种巨大的落差无疑会带来巨大的无力感。

最后，新媒体环境下的个体的网络化生存只能是精神符号化的生存，而缺少行动的支撑，当需要行动去解决问题的时候，网络的无能也会带来个体的无力感。笔者相对同意刘少杰的观点，网络空间不是一个真正意义上的虚拟空间，而是一种现实空间①。如果"虚拟"一词有任意虚构的意思的话，那么网络上的空间绝不是虚拟的，而是现实的，它是技术克服了信息传递的物理空间的延展性而形成的一种只要我们意识到技术的存在就在很大程度上可以推测还原为物理空间的现实存在的一种中介性的技术空间。但它又不能说是一个物理意义上的现实空间，它无法带来主体主动传达的信息之外的副信息，它只是一种技术模拟形成的符号中介，有信息无实体。而且就目前而言，新媒体环境下的符号传达只能模拟影像和声音，而无法带来味觉、嗅觉和触觉。因而它还是某种程度上的虚拟空间。简言之，就知识、意见、情感等精神方面的传达来说，它具有现实性；就无实体无行动而言，它依然是虚拟的；就新媒体环境下的个体而言，一旦意见的表达、关注的累积都无法促成真正的行动主体采取行动时，它的虚拟性就暴露无遗了。而这种有精神无实体的窘境无疑也会带来个体的无力感。

三、精神共通感的消失与孤独感的加剧

传统媒介虽然饱受诟病，但它无疑具有一种统一性，可以提供公共的思考和交流平台，它是共同经历、共同事件、共同体验的制造者，也进而可以提供归属感和安全感。"就公共领域而言，传播、媒介的目标与价值体现在哪里？提供信息、生产现实、达成共识，这是既有新闻传播学理论的理解，它彰显了大众媒介在现代社会生活以及民主政治中不可替代的重要作用。"② 作为传统媒体的一个重要分支的大众传媒往往提供倾向于肉体享乐的信息和理念，它是以模糊阶差性为特征的无数平等而相似的众生的狂欢，其狂欢是普天同庆性的，有普泛的沟通性，也容易形成共通感。与此同时，以哈贝马斯为代表的知识精英期待的新理性也需要一个具有共通性的平台，所谓共同语言、共同规则也都需要一种共通的经验和认知为前提。虽然传统媒介带来这种共通感是以带有明显意识形态性的某种程度上的信息控制为基础的，但不可否认的是，上述精神共通感的营造是它的一个重要的正向功能。但随着新媒体的出现和兴起，这种共通感在慢慢瓦解，代之而起的是一种孤独感的蔓延。

---

① 刘少杰：《网络空间的现实性、实践性与群体性》，《学习与探索》，2017 年第 2 期，第 37–41 页。
② 孙玮、李梦颖：《"可见性"：社会化媒体与公共领域——以占海特"异地高考"事件为例》，《西北师大学报》，2014 年第 2 期，第 42 页。

　　这种孤独感首先是由新媒体环境下的个体不得不以局部信息进行精神赋形所带来的。如前所述，传统媒体下的个体精神赋形是以拟态环境为信息基础的，它所承诺的是个体与整体的一种连接。也就是说，个体通过建立起这种对世界的认知、价值感和审美趣味等，建立了一种与世界整体的统一性，建立了自身与世界的和谐互动，个体行为有了充分的整体依据，同时也能以自己的行为推动整体的改变。而其他个体依据的也是同样的信息，这就意味着自己与他人的相似性和与他人的联合。新媒体环境下的个体精神赋形依据的是随机的、甚至是人择的信息，它们只能是全部信息的一部分，代表的也只能是世界的局部，这也就意味着个体与世界的联系是不完善的。而且，自己依据世界的这个局部建立起来的对世界的认知、价值观、趣味与他人依据世界的那个局部建立起来的对世界的认知、价值观、趣味注定是不同的，那么，自己与他人的差异也就是无法避免的了，与他人的联合也无从说起，甚至是对抗的也未可知。因此，可以说，新媒体使传统媒体建立的共通感分裂了，个体从整体里疏离出来，个体与个体的关系的合作感也消失了，随之而来的，则是孤独感的产生。

　　其次，网络空间中群落间的对抗也会加强个体的孤独感。关于依据不同的局部信息带来的个体间的疏离不只是理论上的，它还现实地表现为不同网络群落间的疏离和对抗。如前所述，网络空间里的各个群落往往形成了群落内部强化认同，群落间走向疏离和对抗的倾向。传统媒体环境下个体间的价值观念方面的矛盾往往被拟态"真实"所压抑，而新媒体的发展则瓦解了原有的拟态，所以当这种矛盾被表面化后，矛盾的每一方都得到了群落内的认同，群落内更具代表性的极端信息使个体更加确证了自己的"正确"并走向极端，这无疑会加剧对其他群落的疏离甚至敌视。这种对其他群落的疏离和敌视会加强个体的孤独感。就此而言，网络群落本身就是若干局部从整体里疏离出来的存在，它的出现就意味着普天同庆感的衰落和孤独感的加强。如果说，自己所属的群落占据人数的绝大多数的话，那么就会减轻这种孤独感。但网络空间中的群落往往分化得比较细碎，很难形成这种压倒性的优势。而且，网络的连通，使基于封闭的夜郎自大式的自我中心已经不可能存在了，异质性群落信息的大量传来使差异性时刻被意识到，也使自身的渺小感时刻涌现。不仅如此，争强好胜式的群落间的论辩、攻击等敌视行为会时刻触及这种对差异性和渺小性的感知，因而使孤独感如影随形。

　　最后，新媒体环境下网络化生存的个体精神上对网络群落的依赖、对物理居住空间的疏离也会加重其孤独感。对于传统社会的空间分隔来说，人们处在自己的区域里较难了解到其他区域的生活细节，对其他区域的情感相对漠然，而对自己居住的空间则形成物理—心理—体式的了解和依赖。居住空间对传统社会人的限制，导致个体为维持与周围环境的和谐而不得不屈从于政治、阶级等同一群体的意识形态，而表现出某种压抑性。但它同时又会营造温馨的连带感，而提供归属感和安全感。现实上，群体意识形态对个体的压抑是隐藏着的，而连带感则被刻意强调出来。就此而言，传统媒体下的人的物理空间和心理空间是统一的。而且，个体除了自己居住的物理—心理空间外，也很少具有其他的选择。所以，传统媒体下的个体与其居住的物理空间的关系往往是和谐共生的。"社会空间就成为具有共同属性的社会群体所组成的地域，并且地域内的群体具有相似的感知和强烈的区域认同感。地域与其他形式的空间不同之处在于，它是社会意识形成的主要工具之一。"①

新媒体的出现和个体对它的依赖，导致个体的心理空间更多地定位在自己选定的网络部落里，在那里寻求认同和安全感、归属感。这种情况下，个体的主观社会空间出现的分裂，对自己选择的精神空间更加亲近，对自己身处其中的居住空间则走向疏离。而且，网络空间里群落间的对抗性相对酷烈，而寄托精神的网络群落与现实居住的物理空间往往是不一致的，现实的物理居住空间的个体间可能就是网络上的敌人，因而网络群落间的对抗越激烈，个体与其居住的物理空间的疏离就越强烈。

不仅如此，虽然个体会在其网络群落里建立起归属感和安全感，但这种归属感和安全感是相对脆弱的。因为，一方面，网络群落里的归属感和安全感缺少触觉等现实支撑，仅具有精神属性；另一方面，它受到了对现实居住空间的疏离甚至敌意的消解。

因此，新媒体环境下个体的这种主观社会空间的分裂导致了个体在其身处其中的居住社区里的孤独感。

结语

随着传统媒体的式微和新媒体的崛起，个体发出自己声音的能力增强了，这种声音无疑会带来个体参与塑造社会的权利。但另一方面，它也给个体带来了许多负面的心理特质：陷在局部信息里的个体塑造自己的精神带来了与其现

---

① 曾文、张小林：《社会空间的内涵与特征》，《城市问题》，2015年第7期，第27页。

实的分裂；网络空间里的主体感的增强同时也会带来其现实力量感的缩减；个体与整体的分裂、群落与整体的分裂带来了个体的孤独。不可避免地，那种万众共同拥有的乌托邦等在慢慢消失，人的分裂性、短暂性、渺小性和差异性都显现了出来。这种情况会不会导致萨特所说的不堪自由的重负而放弃承担责任走向逃避？人们会逃到哪里去？娱乐至死吗？这恐怕是一个目前还无法回答的问题。但笔者想要强调：这些看起来比较负面的词汇最好能够以中性的心情去看待，它更应该是一种描述和分析，而不是批判。一方面，由"拟态环境"带来的完整、长久、和谐等美丽的描述本身在根本上说来，带有欺骗和操纵的成分；另一方面，分裂、孤独、无力等也许是我们生存中的无可逃避的成分。但毫无疑问，这些心理侧面并不能直接带来人的幸福感。在笔者看来，就当下而言，对于新媒体的到来，我们还处在懵懂里，对它的正面和负面价值，还缺少充分的探讨，也没有构筑起理性的藩篱来收留和规约它。就这种状态而言，笔者认为，它只是一种过渡，面对一种新的技术与文化状态，从懵懂到建立理性是历史上的常态。但理性并不是势所必至的，而是需要靠人的努力来完成。如果并不想沉陷在娱乐至死的浑噩状态里，就需要首先认真地去看到人自身的状态，然后重建人对世界的整体性把握、弥合自身的分裂、建立群落间的和谐，在承认自身有限性的同时重拾自身的力量感。

基金项目：北京市社会科学基金项目重点项目【16YYA001】；霍英东教育基金会青年基础研究项目【141107】

（作者单位：北京语言大学人文学部、闽南师范大学文学院）

阿多诺论艺术的政治性

郑海婷

　　　　这不是政治艺术的时代，而是政治已经移居到自律艺术中去的时代，而且没有哪里比政治似乎死亡的地方更显得如此。

　　　　　　　　　　　　　　　　　　　　——阿多诺《论介入》①

　　自律的艺术为什么能够介入？艺术的自律性和社会性是否构成矛盾？

　　"艺术既是自律的又是社会事实"（*Aesthetic Theory*②：5）——社会论者和自律论者在阿多诺这里都讨不了好，但他同样不赞成在二者之间进行调和的骑墙派，阿多诺的视点是辩证唯物主义的。他认为，对艺术进行单一的直观界定是不可能的。介入/不介入、自律/社会、真/假……不难发现，阿多诺的辩证法中遗留了一大批难分难舍的矛盾方面，这不能归咎于阿多诺，不是阿多诺思想的弱点，而是艺术内在固有的属性。阿多诺要告诉我们，眼睛看到的总是表面的和谐，这只是统治意识形态所操纵的虚假和解，真实的世界是复杂的，我们最好用星丛来看待事物之间的关系。

　　阿多诺提出，艺术首先是要自律的，然后才会是介入的。"艺术通过放弃现实世界来承认现实的优先地位。这不是一种逃离，而是内在于艺术的概念之中，是艺术的内在法则。"（*Aesthetic Theory*：2）阿多诺的自律性没有放弃社会，而是把社会内化在自身当中，艺术作品成为经验现实的余像。由此出发，他只关心艺术的生产，不关心接受环节。这一点和萨特不同，萨特把介入文学

---

① Theodor Adorno. "Commitment". in Ronald Taylor trans. and ed. *Aesthetics and Politics*. London：Verso，1986, p. 194.

② Theodor W. Adorno. *Aesthetic Theory*. Trans. and Ed. Robert Hullot-Kentor. London；New York：Continuum，2002.由于本文中多次引用该书，故下文直接在引文后面加括号标明书名和页码。

定位为作家和读者之间的交流，认为介入离不开读者的参与。但是在阿多诺看来，艺术接受的环节艺术家无法把握，尤其在行政化的世界里，艺术的接受更是十分不可靠的。"接受往往会磨损作品赖以构成的对社会的限定性否定。"（*Aesthetic Theory*：228）

　　同样，根据辩证法，感性和理性的面向并存于艺术中。"如果艺术是完全直观的，那艺术就会变成它所要抵抗的经验生活了。"（*Aesthetic Theory*：96）而如果艺术是完全理性的，那艺术就会变成纯粹的理性演绎，成为哲学了。这两方面都是艺术所反对的，艺术既不是经验生活的复制，也不是抽象的理念，同时也不是观念和经验的僵硬拼凑。那么，艺术与直观及理性如何区别开来呢？阿多诺认为，艺术要以艺术的方式来回应现实（*Aesthetic Theory*：95）——艺术对现实的否定决定了艺术的社会性。在阿多诺看来，不回应现实的艺术是无效的艺术，但是，艺术的回应必须是艺术性的，否则它将沦为抽象的美学理论："作品……更近于某种介于主体与客体间的'力场'。"① 这样，阿多诺指出艺术要处理的一个关键问题就是：内在形式原则和社会经验现实的张力。他的艺术模仿理论就是试图民主化地处理这个问题的尝试。艺术是自律的，但它不同于唯心主义美学中的形而上学概念，而只能是一种"形而下"的自律。没有完全自给自足的形式，形式烙印着现实世界的各种矛盾，由此，形式的破坏性才获得政治的维度。让人不适的新艺术恰恰是从这个角度来反对绝对自律的，在它破坏性的外表下，异化的社会现实能够得到最真实的表现；相反，大事雕琢的自律艺术，在其审美至上的操作中，反而容易被同化、被收编。简单说来，他对艺术自律性的规定是把社会的因素通过形式内化到作品当中，从而完成了从传统形而上的自律到形而下的自律的转换，所以说，阿多诺的艺术自律论是在自律和社会之间的张力地带试图保存艺术，既不要完全否定自律，也不要完全否定社会。这种想法首先源自他对唯心主义哲学传统所支持的艺术自律论的不满，这种超凡脱俗的姿态在行政化的世界里已经是不可能的了，当下艺术的自律性遭遇到空前的挑战。艺术自律不能成为艺术偏安一隅和逃避罪责的借口，这样的自律艺术不过是意识形态的附庸，是肯定性的；同时，把欣赏艺术当成是享乐盛宴，或者企图从艺术中寻求舒适和慰藉，这些态度都是不可取的。"在艺术中对高贵性的忠诚必须被保留；同样的，高贵性也

---

① Theodor W. Adorno. *Prisms*. Trans. Samuel and Shierry Weber. Cambrige MA；London：MIT Press，1997，p. 184.

应该反思它自身的罪过，即它与特权的共谋。高贵性的庇护所仅仅存在于艺术构型坚定不移的抵抗力量之中。"（*Aesthetic Theory*：240）

目前蓬勃发展的文化工业恰恰是利用了艺术的自律性和社会性的双重属性。一方面，利用他律性使艺术成为"在一种并非真正的审美形式下向现实的回归……它缩短了作品与经验现实的距离"；另一方面，也利用了自律性，"文化工业尽量给艺术保留着一定的讨人喜欢的尊贵"。无功利性、无利害感的标签不过是使艺术更为理所当然地成为供人消遣的玩物。阿多诺和本雅明一样，承认现代艺术的客体化带来了灵光的消逝；但是，阿多诺无法赞同本雅明对技术革命下的艺术的乐观看法，根据阿多诺的批判，在假和谐的作品中又出现了灵光的回归，"实际上，意识形态已巧妙地将灵光还给了艺术作品，以加强自己神化的特点和有助于自己的商业化"。所以，我们必须在艺术和文化工业之间做出区别，主要就是看有没有被意识形态所收编："艺术并未真正地被归并，当人们赋予它一种与意识形态的目的相重合的特定社会功能时，艺术才逐渐被一体化。"① 例如，阿多诺认为，传统为艺术而艺术的纯化论者和主张艺术社会功用的实用主义者互相攻讦，各执一词，实际上他们双方都是将自律性和社会性截然分开，没有看到二者恰恰是辩证相关、相辅相成的。所以体现后面这一原则的新艺术在两边都讨不了好。人们对积极创新和突破审美陈规的新艺术的批判，不过是害怕改变、安于现状而已。追根究底，是因为他们害怕自己的既得利益受到损害，这无疑是在附和统治意识形态。

从根本上来说，当前艺术的商品化，既不是由于人们对商品化的不理解，也不是由于商品化被滥用，而是因为艺术本身已经成为社会生产的一环，所以，问题是严峻的：作为社会生产的环节，艺术如何对它置身其中的社会进行彻底的批判？阿多诺认为，正因为这样，艺术的自律性才务必要得到保护。放弃交流和沟通的新艺术表明：艺术并不奢望行政化的世界给予它一席之地，艺术的地盘由它自己守卫。阿多诺要发展艺术自律的否定面向，在行政化的世界中，艺术正是以它的自律性来抵抗被收编，来保留最后的乌托邦。以勋伯格为例，他的无调音乐与世界同化，客体化为世界，和世界一样充斥着黑暗和罪恶，在听众听来就是费解、断气、不悦耳的，这种新艺术在顽固地反对所谓真善美的艺术标准，这种不悦耳的音乐是艺术以其自律模仿社会的结果。由此，

---

① ［法］马克·杰木乃兹：《阿多诺：艺术、意识形态与美学理论》，栾栋、关宝艳译，台北：远流出版社，1991年，第159页、第73页注释11。

自律的艺术和社会之间搭起了桥梁，艺术自律性是艺术对社会进行批判的根本。"社会对抒情诗的压迫越严重，抒情诗的反抗就越坚决。抒情诗的反抗这样进行：它拒绝屈服于他律性，唯独依据自己的法则来建构自身。抒情诗与现实的距离成为衡量现实之错误和恶劣的尺度。在抗议中，抒情诗表达了对完全不同的另一个世界的梦想。抒情诗对物质事物的超强力量的特有的反对，是对世界的物化的一种反应形式。"①

那么，面对如此困境怎样保证艺术的自律性和社会性双重特征的并存？否定性的自律艺术要如何生存？艺术需要考虑如何既不会成为被统治意识形态所攻击的靶子，又不会被轻易收编。阿多诺把变移的要素赋予作品形式。因为变移是时刻都在发生的，每个作品对某一经验要素的改造结果都只是抓住了它变移中的某一个时刻的影像。没有一个艺术作品能够被另一个取代（Aesthetic Theory：135）。在这个意义上，焰火——既光彩耀人、夺人眼球，又稍纵即逝、无法把握——成为阿多诺所构想的艺术的原型。"焰火现象是艺术的原型"（Aesthetic Theory：81），"艺术是对瞬间的回忆……艺术通过对瞬间的改造而保存了瞬间"（Aesthetic Theory：228）。与真正的焰火不同，透过语言，艺术的焰火可以被保留下来。

焰火确实既无法把握又自有其瞬间华彩，但是对于艺术来说，以焰火为原型，在形式上要如何操作呢？参考本雅明作为历史的断裂时刻之定格的"弥赛亚时间"，阿多诺结合焰火，提出了艺术中"悬置的时刻"，悬置既是对现实的否定和拒绝，又是对未来的期许："每一件艺术作品都是一个瞬间；每一件成功的作品都是一次中断，是进程中的一个悬置的时刻，由此，它将自身透露给执着的眼睛。"（Aesthetic Theory：6）换言之，为什么说艺术比经验现实更具真实性？因为经验现实中的一切都受到官方话语体系的操控，人们由此获得的认识就只能是虚假的表象，所谓的现实并不真实；而艺术创作是自由的劳动，不受现实中的那些规则束缚，可以表现真正的真实。悬置是一种无中生有的策略，在这里，现实的空间和时间都可以改变，艺术形式的操作以其对现实时空的悬置和所构建的内在的另一个时空秩序为我们具现出另一个世界的可能性。

悬置的极限尝试是遁世诗歌把自己封闭成一个整体，有意与审美传统隔绝开来，例如保罗·策兰的诗歌"将浪漫主义以来作为真理载体的抒情自我分

① Theodor W. Adorno. *Notes to Literature*, Vol. 1. Trans. Shierry Weber Nicholsen. New York：Columbia University Press, 1991, pp. 39—40.

化成了无居所的语言反射下多个非场所、非自我"①，这么做的目的就是抵抗强加其上的虚假性。在这个过程中，艺术作品就更加接近真理，也更对现实负责。贝多芬也做过相应的尝试，以中断来故意破坏和谐的形式，以此造成悬置，例如《第八交响曲》第一乐章就采用了这样的否定观念："其要义是，在旋律线演化到完全、圆成之前，使它们中断，以便逼它们进入下一个音形。"② 更有参考价值的可能是普鲁斯特，《追忆似水年华》第一卷"在斯万家这边"就大量采用了悬置的技巧。那些自诩现实主义的作品用通讯报告的形式把不真实的东西弄成好像是真实的一样，相比之下，普鲁斯特更胜一筹。他的小说用内心独白的形式构建出了一个内部空间，那些在外部世界发生的事情成为入睡之前的似梦似幻的一段回忆而呈现给读者。一方面，这个内部空间的建立是模仿外部世界，将自己同化为外部世界，是社会性的；另一方面，这种虚构的世界把外部现实世界悬置起来，外部世界无法控制这个悬置的时空，是自律性的。在这种社会性和自律性兼备的时空中，人会收获什么呢？人要面对不再覆盖虚假面具的赤裸裸的世界的黑暗，并且不能求助于统治力量再给他一块遮掩丑陋的面纱。这样，世界的真实呈现在人的眼前。这种爆炸式的冲击力就是焰火的能量。阿多诺在《文学笔记》中对普鲁斯特《追忆似水年华》的下面这段评论实在是精彩：

> 他的循环式小说以临睡前的回忆开头，在整个第一部中就仅仅描写了一个男孩因为没有得到漂亮母亲的晚安吻而难以入眠。叙事者建立了一个内部空间，使他得以避免失足进入那陌生的世界。在作品营造的内部空间中他的失态将显露无遗，失态的原因在于他使用了一种虚假的语调，表现得像很熟悉这个世界似的，而实则不然。通过所谓的"内心独白"技巧，世界被不知不觉地卷入这个内部空间，发生在外部世界的事情就成为入睡时呈现在眼前的场景。普鲁斯特作品致力于悬置客观时空秩序，以内心世界的一个片段、意识之流的一个瞬间，来抵御客观时空秩序的反拨。③

（作者单位：福建社会科学院文学研究所）

---

① 冯冬：《石头开花：策兰与诗歌的（不）可能性》，台北：《中外文学》，第 44 卷第 4 期，2015 年12 月，第 136 页。
② ［德］阿多诺：《贝多芬：阿多诺的音乐哲学》，彭淮栋译，台北：联经出版社，2009 年，第 42 页。
③ Theodor W. Adorno. *Notes to Literature*, Vol. 1. Trans. Shierry Weber Nicholsen. New York：Columbia University Press, 1991, p. 33.

艺术界与剥夺艺术资格的代价
——分析美学与现象学美学对"现成品"艺术的争论

李婷文

"现成品"（Ready-mades）艺术最早出现在 20 世纪，但它对源远流长的西方艺术传统造成了重大冲击，现成品的问题也在很大程度上重新形塑了西方艺术理论，尤其是那些涉及审美和艺术定义的理论。分析美学产生于 20 世纪的欧美世界，它和现成品的问题相辅相成：分析美学为现成品的思考提供了最重要的思路，现成品的问题在分析美学问题域的形成和演进中扮演着比较关键的角色。而迪基（George Dickie）和丹托（Arthur Danto）的体制论（institutionalism）通过探讨现成品的问题，对艺术机制做出了革命性的解释，产生了巨大影响。

相比之下，现象学美学虽然也是 20 世纪重要的美学范式之一，对审美和艺术问题十分关注，但对现成品的问题，却保持着长期沉默。这本身是一个引人深思的现象，也容易造成这样的错觉，即现象学美学只关注印象派以前的艺术及其审美经验，并不像英美世界的分析美学，具有"赶时髦"的倾向，会对艺术史上的争议乃至丑闻进行思索。而关于现成品的丑闻就是："单靠一位艺术家的选择，一个日常对象就被提升到艺术品的高度。"[1] 这一对现成品的描述来自布勒东（Breton），是现成品最常见的标准定义之一。但现象学家并不是完全不关心现成品的问题，除去一些艺术理论通过援引现象学家伽达默尔的艺术论来解释现成品的问题之外，我们还会发现现象学文献中也存在着对现成品问题的直接讨论。比如美国当代的胡塞尔式现象学家约翰·巴内特·布拉

---

[1] Simon J. Evnine, "Ready-Mades: Ontology and Aesthetics", *British Journal of Aesthetics*, Vol. 53, No. 4, 2013, p. 407.

夫（John Barnett Brough），就在其两篇论文《艺术与艺术界》①（1988）和《谁害怕马塞尔·杜尚?》②（1991）里集中讨论了分析美学的体制论和现成品的问题。在稍晚发表的《谁害怕马塞尔·杜尚?》这篇文章中，布拉夫的观点产生了较大变化，从接受和解释现成品转向怀疑现成品，他甚至建议我们应该剥夺某些现成品的艺术资格，并对分析美学的相关论点做了回应和批评。本文聚焦布拉夫在现成品问题上和分析美学体制论的对话，分析布拉夫观点变化的合理性与问题，并对他晚近的观点提出补救的方案。

我们可能会好奇，为什么相对于分析美学，现象学美学的传统看起来不那么关心现成品。讨论这个问题之前，有两个基本问题我们必须先弄清楚，一是何谓现成品，二是现成品对艺术界做出了什么贡献或提出了什么挑战。"现成品"的名与实来自杜尚及其作品，它们是 20 世纪艺术史和艺术理论最熟悉的对象之一，杜尚的雪铲（《断臂之前》，1915）、小便器（《泉》，1917），以及瓶架等，都不是他自己制作的，而是他从工厂里挑出、签名并直接投展艺术馆的作品。以上这些作品都被杜尚称为"未加工的现成品"（ready-mades unaided）③，以此和"加工过的现成品"（ready-mades aided）④ 区别开来。顾名思义，二者的差异就在于有的现成品经过艺术家加工，而有的没有经过加工，只有艺术家签名。一位达达艺术家汉斯·里希特（Hans Richter）曾对现成品下此定义——"现成品就是当艺术家宣称它是艺术品，它就马上变成艺术品的作品"⑤，借此把杜尚和曼·雷归到达达主义的阵营来。这一定义跟布勒东的定义并无重大差异。

但在里希特书中的其他部分，却出现了杜尚关于现成品自相矛盾的观点，即杜尚"一再强调，'现成品'不是艺术品，而是非-艺术，现成品是话语效

---

① John Barnett Brough, "Art and Artworld: Some Ideas for a Husserlian Aesthetics", *Edmund Husserl and the Phenomenological Tradition: Essays in Phenomenology*, edit by Robert Sokolowski, Washington D. C.: The Catholic University of America Press, 1988, pp. 25–45.

② John Barnett Brough, "Who's Afraid of Marcel Duchamp", *Philosophy and Art (Studies in Philosophy and the History of Philosophy*, Vol. 23), edit by Daniel O. Dahlstrom, Washington D. C.: The Catholic University of America Press, 1991, pp. 119–142.

③ Marcel Duchamp, *The Essential Writings of Marcel Duchamp*, eds. by Michel Sanouillet & Elmer Peterson, London: Thames and Hudson, 1975, p. 142.

④ 有的哲学和文艺研究也把它们称为"独立的艺术品"（ready-mades unassisted）和"不独立的艺术品"（ready-mades assisted）。

⑤ Hans Richter, *Dada: Art and Anti-art*, London: Thames and Hudson, 1997, p. 88.

应，而不是感性的观点"①。许多艺术哲学家也都看到了这一点，并展开了讨论。迪基和斯蒂文·高德史密斯（Steven Goldsmith）② 认为，这一现象背后藏着关于革命的老问题，即"革命性的挑战者被新的秩序所吸收"③，我们将在文章中具体探讨这一点；韩波（P. N. Humble）④、布拉夫，以及保罗·克劳萨（Paul Crowther）⑤ 则强调上文所指出的未加工的现成品和加工过的现成品之间的区别。可以看到，给艺术传统及艺术理论带来挑战的不仅是革命性的现成品，也包括现成品已被吸纳进艺术界这一艺术史实。以上这些，就是布拉夫与分析美学展开对话，并提出自己方案的背景。

一、布拉夫对现成品的考察：现象学美学与分析美学的对话

在《艺术与艺术界》中，布拉夫整体上拥护体制论对艺术的看法，并试图用胡塞尔后期生活世界现象学中的"社群、文化及历史主题"来阐释体制论的主要观点，以构建一种现象学的艺术界理论。⑥ 布拉夫将之称为胡塞尔式的艺术现象学，旨在和其他样式的现象学艺术学或现象学美学相互区分。在逐步阐明艺术品和艺术界的构成方式之后，他进行总括：

> 以《欧洲科学的危机与先验现象学》为指导，以乔治·迪基的体制论为线索，我的论点是，艺术作品是一个文化对象，它在自己的社会及文化视界中得以显现。艺术作品尤以人造品的形式显现，这些人造品本来就是以艺术界为视界创造出来的，它们被呈现给艺术界的

① Hans Richter, *Dada: Art and Anti-art*, London: Thames and Hudson, 1997, p. 92.

② Steven Goldsmith, "The Readymades of Marcel Duchamp: The Ambiguities of an Aesthetic Revolution", *The Journal of Aesthetics and Art Criticism*, Vol. 42, No. 2, 1983, pp. 197-208.

③ George Dickie, "What is Anti-Art?" *The Journal of Aesthetics and Art Criticism*, Vol. 33, No. 4, 1975, p. 421.

④ P. N. Humble, "Duchamp's Readymades: Art and Anti-Art", *British Journal of Aesthetics*, Vol. 22, No. 1, 1982, pp. 52-64.

⑤ Paul Crowther, "Duchamp, Kant, and Conceptual Phenomena", in *The phenomenology of Modern Art: Exploding Deleuze, Illuminating Style*, London: Continuum International Publishing Group, 2012, pp. 172-186.

⑥ John Barnett Brough, "Art and Artworld: Some Ideas for a Husserlian Aesthetics", p. 27.

公众，以供静观。①

从这段引文中我们可以看到，人工制品是艺术品的必要非充分条件。另一个基本条件是艺术家的意图，通常表现为将这个人工制品呈现给艺术界。在界定同一个对象时，迪基提出了类别意义上的（classificatory）艺术品定义："在类别意义上，一件艺术品指的是：（1）一件人工制品；（2）这个人工制品的方方面面授予这个作品整体可供鉴赏的备选资格，而鉴赏是某个或某些人为了某个社会体制（艺术界）进行的活动。"② 我们可以据此推论出艺术品之为艺术品的最低要求，即必须是人工制品，而且必须有面向艺术界的意向。迪基和布拉夫都反复提到这两项最低要求，它们虽然都不是艺术资格的充分条件，但可以作为共同-充分条件（co-sufficient condition）。如果我们把布拉夫给艺术品下的定义跟迪基的定义相对比，会发现他几乎没有对迪基的定义补充什么。而如果我们把这个定义和丹托早期的艺术界定相对比，会发现这两个条件也被丹托所强调③，只不过丹托把"面向艺术界的意图"看得更为重要。诺埃尔·卡罗尔（Noël Carroll）在他的文章中指出了丹托对艺术界的偏重④。

和丹托相似，迪基在《艺术与美学：体制论分析》（*Art and the Aesthetic：An Institutional Analysis*）中也有偏重体制的倾向。比如，他主张，"决定一件作品能不能成为艺术品的，是这个作品有没有以艺术界为背景创造出来"⑤。但这并不意味着艺术家只要具有一定技艺和知识，在创作作品时就可以异想天开，无视传统；相反，体制论者无一不认为，创作活动只有以艺术界为圭臬，才能说明艺术家的意图没有出错。正如布拉夫所指出的那样，艺术界自我呈现为一个包含了各不相同的"职业角色"（vocational roles）的文化世界。这些角色在"社群"和"历史"的范畴内相互关联，发挥作用；如果社群是艺术界的一条横轴，那么历史就是一条纵轴，二者构成艺术界的坐标系。需要注意的是，虽然布拉夫对艺术界理论的阐释看似包容社会文化与历史的维度，但他探讨的基本上是哲学本体论的问题。正如国内分析美学研究者殷曼楟通过比较和

① John Barnett Brough, "Art and Artworld：Some Ideas for a Husserlian Aesthetics", p. 44.

② George Dickie, Art and the Aesthetic：*An Institutional Analysis*, Ithaca：Cornell University Press, 1974, p. 34.

③ Arthur Danto, *The Transfiguration of the Commonplace*, M. A.：Harvard University Press, 1981.

④ Noël Carroll, "Danto, Style, and Intention", *The Journal of Aesthetics and Art Criticism*, Vol. 53, No. 3, 1995, p. 251.

⑤ George Dickie, Art and the Aesthetic：*An Institutional Analysis*, p. 12.

整理发现，西方学界对艺术界的讨论可以归为形而上、结构性，以及历史功能三个层面，而丹托和迪基的相关论述基本停留在形而上的层面，关注的是哲学本体论的问题①。

布拉夫对艺术界提出了以角色为基础的现象学式解读，这种理解方式可以回应一些分析美学家对体制论的批评。比如理查德·沃尔海姆（Richard Wollheim）就质疑那些可以制定艺术界"规则"的"代表者"可能并不存在，就算他们存在，我们也难以想象他们至关重要的"加冕仪式"是如何生效的②。迪基给出了一个与布拉夫不谋而合的回答，他用"成员"来表示和"职业角色"大致相等的对象。迪基强调，他从来没有使用过像"代表者"这样的措辞，而"成员"并不像沃尔海姆所误以为的"代表者"那样具有人格特征，所以也不会产生诸如艺术史上有名有姓的代表者是否存在这样的问题。与此相同，布拉夫的"职业角色"也没有人格特征，他所关注的不是艺术史的事实领域，而是艺术界的本体问题。但殷曼楟注意到，尽管沃尔海姆对迪基所提出的"资格授权"问题带有一些误解，但迪基前后期对"资格授权"的解释确实含糊其辞，这从侧面反映出迪基对"艺术界"的理解在"制度"和"习俗"之间摇摆不定：前者容易引起关于权威和法定组织的联想，后者则更接近社群的无形传统，带有较少强制性和规定性③。结合这一区别，布拉夫对艺术界的描述实际上更偏向后期迪基关于"习俗"的主张。

无论如何，布拉夫在《艺术与艺术界》中表达了与分析美学体制论颇具亲和性的观点。但值得注意的是，在三年后的文章《谁害怕马塞尔·杜尚?》中，布拉夫成了体制论的批评者，而现成品的问题成为文章关注的核心。虽然布拉夫没有全盘推翻过去的观点，但他已经明确意识到体制论的隐患——"它过分受制于解释现成品的需要，而不是解释诸如伦勃朗作品的需要"④。导向不同，关注现成品和关注古典作品的艺术哲学家的根本立场就截然不同。过分关注现成品，很容易在艺术传统的问题上舍本逐末，牺牲了古典艺术品构成的艺术世界；这种牺牲是解释现成品所取得的微小成就所无法补偿的。除此之外，全盘接受甚至过度关注现

① 殷曼楟：《"艺术界"概念的现代生成及学科对话》，《社会科学研究》，2013 年第 1 期，第 180-185 页。

② Richard Wollheim, Painting as an Art, Princeton: Princeton University Press, 1987, p. 384.

③ 殷曼楟：《从迪基艺术体制论的转变看后分析美学当代转型中的尴尬》，《哲学动态》，2010 年第 8 期，第 79-84 页。

④ John Barnett Brough, "Who's Afraid of Marcel Duchamp", p. 120.

成品艺术，还会带来以下问题：（1）如果未加工的现成品也被纳入艺术品之列，那么人工制品这一艺术品的必要条件就可能会受到威胁；（2）随之而来的是艺术品的无限增殖，甚至纯自然物都可能被纳入艺术界，而这是十分反常识的；（3）史前艺术和光辉灿烂的古典艺术都可能蒙受巨大损失，因为正像丹托所指出的那样，艺术理论对于艺术家的正确意图是必要的，但史前艺术和许多古典艺术的作者显然并不具备艺术知识，或者并不带有艺术意图。布拉夫因此建议我们至少剔除那些未加工的现成品，才有希望拯救体制论和艺术界。

二、包容和剔除现成品的问题

要全面检验布拉夫的提议，最妥善的办法应该是同时考虑这项建议正题和反题的优缺点，并充分权衡利弊得失，以判断这个建议是否值得尝试。但一方面，从现成品问题探讨的传统来看，艺术哲学家们对各种意见的缺点比对优点更为重视，解决问题的思路比创造价值的思路更为常见。因为一般来说，一种肯定性的价值要么偏向传统，要么偏向革新，而阐述传统与革新价值的观点往往本身并不新鲜，也不太符合分析美学在现成品问题上"修补"艺术史的旨趣。在分析美学史上，像丹托这样提出"风格矩阵"（style-matrix）的模型，着眼于创造价值的努力，似乎并不常见。这一点我们稍后会加以讨论。基于以上原因，本文也主要关注布拉夫建议的正题与反题可能带来的问题，而对于它们可能创造的价值，尽可能简略地加以提示。

首先，我们在上面已经提到，给现成品颁发艺术资格证，本身有一些内在矛盾。其中一些矛盾是关于革命者堕落的经典故事。像高德·史密斯和马克斯·沃尔托夫斯基（Marx W. Wartofsky）这样的艺术哲学家就指出，虽然现成品横空出世时对艺术传统造成了挑战，而像制度论这样的艺术理论在设法包容现成品的前提下，对艺术传统进行重新解释，也看似值得赞赏。但这样的艺术理论实际上的服务对象仍是艺术界，它们所做的努力无异于将颠覆性的创作实践吸收和消化到传统里来，这种保守的解释方式实际上消解了现成品的革命性。这样的批评甚至延伸到杜尚等人的意图上来：一些批评者质疑，杜尚将现成品送展，是否就是为了得到艺术界的肯定[1]。另一些矛盾则可以归入本体论

---

① Steven Goldsmith, "The Readymades of Marcel Duchamp: The Ambiguities of an Aesthetic Revolution", p. 207.

问题，比如我们在上文中谈到的艺术品无限增殖和牺牲古典艺术品的问题。另外，如何看待现成品和它的材料之间的关系，例如杜尚的《泉》和展出的小便器之间的关系，也是不容忽视的本体论问题。具体来说，《泉》是否具有多于小便器的元素，或者杜尚是否只是在某一语境中把一个小便器用作一件艺术品[1]？

其次，如果我们采纳布拉夫的建议，剥夺现成品的艺术资格，将同样面临其他问题。首当其冲的是丹托所说的风格矩阵。由于每一个被授予艺术资格的新作品都可能包含着一些新风格，而每一种被接受的新风格，在艺术史的意义上都可能是第一次被引进或者被认识到。一方面，如果一段时间以来艺术史上从未有过描述某种风格 G 的谓词，在引进这种新风格 G 后，我们反顾艺术史，仍然看不到过去的艺术品具有这一特征，此时我们就可以把那段时间的艺术品用非-G 来描述。G 和非-G 就成为一对相对的谓词。另一方面，情况也可能完全相反，一段时间以来，有可能进入艺术史的艺术品都具有某种风格 F，以至于人们认识不到 F 的存在，直到具有非-F 风格的艺术品被艺术史所接受。此时我们才意识到，在非-F 风格出现以前，F 对于艺术品的资格是一个决定性特征。只是在非-F 也被接受之后，F 就不再是一个艺术品必须具备的决定性特征了。新风格的增加，有助于我们更精细地检验艺术史，更细致地体察艺术品，以及更准确地描述艺术风格。具体来说，关涉艺术的风格每次增加，艺术风格的总数就增加了 2^n 种。

对于那些曾经具有决定性的特征，它们和与之成对的风格谓词适用于全部现存艺术品：某一特定艺术品总是可以用相对谓词中的一个来描述，但不能认为该艺术品既具有又不具有某一风格。比如，像丹托例示的那样，我们可以把 G 假设为"表现的"风格，把 F 假设为"再现的"风格，在"表现的"和"再现的"风格被接受之后，它们就可以以组合的方式构成四种描述方式，来丰富艺术批评的词汇。譬如我们可以这样来描述一些视觉艺术："表现和再现的艺术品（如野兽派）、非表现的再现艺术品（如安格尔）、非再现的表现艺术品（如抽象表现主义作品）、非再现非表现的作品（硬边抽象作品）。"[2] 现成品最重要的特征是具有挑战性的"现成性"，传统艺术史上几乎所有的艺术

---

[1]　Simon J. Evnine, "Ready-Mades: Ontology and Aesthetics", p. 420.

[2]　Arthur Danto, "The Artworld", *The Journal of Philosophy*, Vol. 61, No. 19, American Philosophical Association Eastern Division Sixty-First Annual Meeting, 1964, pp. 583-584.

作品都应该被描述为"非现成的"。但现成品在 20 世纪的先锋艺术作品中并不孤独，"现成性"仍然得到了许多艺术实验的呼应，比如概念艺术中就有很多作品也是现成品。甚至有些艺术史家和批评家采取回溯的视角，把现成品归入概念艺术一类。如果现成品被剥夺艺术资格，那么至少"现成性"这种风格就不再具有合法性，而"非现成性"也不再具有描述的效力。同时，其他和"现成性"构成像表现–再现那样的风格矩阵的艺术风格，也可能被波及。因为没有现成性作为参照，一些形成矩阵的其他风格可能会变得模糊，就像没有再现表现很可能会变得难以理解一样。

更进一步来说，一类艺术品一般不只包含一种风格，而是具有多种风格。整类艺术品被驱逐出艺术界，这些风格就会或多或少受到影响。假设某类艺术品中有 n 种风格，而这些风格都遭到否定，那么艺术界至少会损失 2^{n-1} 种乃至 2^n 种风格。具体而言，现成品被接受，很大程度上是它的"创造性"价值被肯定的说明；而"创造性"作为先于现成品被接受的一种决定性的艺术价值，虽然长久以来一直跟"优美"和"劝善"的艺术价值进行竞争，但在现代艺术史上总体来说占了主导地位。现成品被驱逐，艺术界损失最小的结果之一，是现成品的创造性价值被否定。较严重的后果是其他以创造性为主要艺术价值的作品，比如抽象表现主义作品等的艺术价值和艺术资格，也会受到怀疑和危机；甚至"创造性"作为决定性的艺术价值本身，以及 19 世纪末以来的艺术史都有可能被颠覆，而这无异于另一场艺术革命。

最后，正如布拉夫所担心的那样，剥夺现成品的艺术资格，可能意味着艺术哲学家的失败——它意味着哲学理解和解释的无能，艺术哲学家没有能力欣赏现成品；而对艺术品或其备选进行理解和解释，原本是人们对于艺术哲学家的期待①。

三、回应与策略：理解传统及其构成

我们已经看到布拉夫的提议及其反题存在的问题，现在需要考虑的是，哪一边问题更严重，哪些损失无法承受，哪些问题可以得到解决。第一个问题关系到"不可能的革命"这一经典质疑，来自接受现成品引发的疑问，即授予现成品艺术的地位，本身是否是一种保守的行为？此处我们需要再次强调，对

---

① John Barnett Brough, "Who's Afraid of Marcel Duchamp", p. 140.

于某些现成品，杜尚从未声称它们是艺术品，因为它们挑战的是整个艺术界，是作为一个整体的"艺术"。因此，我们在这里引入另一种区分现成品的方法，即按照丹托和韩波提议的那样，把挑战艺术整体的现成品称为"反艺术"（anti-art）。迪基也意识到了这一点，只是没有直接提出"反艺术"的概念①。与反艺术相对，其他现成品所挑战的仅仅是"视网膜"（retinal）艺术，意即绘画艺术的正统。这些现成品要让绘画艺术，甚至是整个视觉艺术"重新服务于思想"②，而不是感官。虽然这种现成品也对艺术传统造成了冲击，但这种冲击是一种艺术界可以接受的创新形式，它跟"反艺术"的目标和效果都是截然不同的。同时，如果我们进一步考虑这组"非-视网膜艺术"与"反艺术"的区别，跟前述"未加工的现成品"和"加工过的现成品"的区别之间的关系，就会发现，"非-视网膜艺术"大体上与加工过的现成品相重合，而"反艺术"基本上和未加工的现成品相重合。

为什么要强调这一点并引入一种新的区分方式呢？我们会看到，这样的区分和比较有助于我们重新审视现成品的定义，并回答现成品本体论的难题。也就是说，前述"现成品的定义"指出，"单靠一位艺术家的选择，一个日常对象就被提升到艺术品的高度"，这是不对的。因为首先，这个定义把现成品当作铁板一块，"一个同质化的组群"③。其次，当我们把现成品区分成"非-视网膜艺术"和"反艺术"时，以上定义既不适用于"非-视网膜艺术"又不适用于"反艺术"，因为"非-视网膜艺术"一般来说都经过了艺术家的加工，所以并不是"单靠一位艺术家的选择"就被授予艺术地位；而"反艺术"虽然确实依赖艺术家的选择，但它不应该被当作艺术品。这暗示着，如果我们不自缚于现成品这个有问题的定义，我们就有可能解决包容现成品所带来的问题。

现在我们可以接着探讨，这个策略是否能够和布拉夫的提议兼容，即如果我们只是剥夺那些未加工的现成品的艺术资格，而不是全部现成品的艺术资格，问题是不是就不那么严重？我们将会看到，事实的确如此，数量众多的以"创造性"为主要价值的作品都可以免除厄运，而由于被驱逐的只是未加工的现成品，艺术批评也不必担心损失太多描述性词汇，因为未加工的现成品只给

---

① George Dickie, "What is Anti-Art?", pp. 419-421.

② P. N. Humble, "Duchamp's Readymades: Art and Anti-Art", pp. 53-54.

③ Ibid, p. 52.

风格矩阵贡献了相当有限的新特征。总体来看，驱逐未加工的现成品并不会给艺术界带来过于巨大的损失。但是，某些批评者仍然可能坚持，这种策略毕竟是保守的，它意味着艺术传统拒绝接受那些最激进、最具革命性的艺术实践。同时，我们仍然不能确定，这种艺术"裁员"究竟会带来艺术界的稳定，还是一场新的革命。对此，保守主义文论和现象学哲学对传统的论述可能会给这个问题带来一些帮助。

艾略特（T. S. Eliot）在《传统与个人天赋》中指出，在既已存在的秩序（艺术传统）和新作品之间存在着一种互相调试的关系[1]：新作品会对层层积淀的传统进行激活和更新，它们也会沉淀为传统的一部分，给之后的个人提供资源和灵感；新作品之所以为人接受，不是因为它是完全天马行空的创作，而是因为它立足于传统，以个人经验为"催化剂"，达到从个别到普遍的提升和粹化，在成熟的作品里将看不到作为"催化剂"的个人经验。迈克尔·欧克肖特（Michael Oakeshott）也是具有代表性的保守主义哲学家，他提出了和艾略特相似的看法，即"保守不仅仅是不喜欢改变（不喜欢改变可能是一种癖好），它也是一种顺应改变的自适之道，所有人在这项活动中概莫能外"[2]。这不仅意味着即便是保守派也要具备一定的顺应时势的能力，而且向我们揭示了传统的面貌——传统不是一成不变的，相反，传统内部包含着时时处处可以接受的改变，这是传统在历史中延续的方式，不以保守派的喜恶为转移。

以上观点如果推广到艺术界，我们就会认识到：首先，无论未加工的现成品是否被剥夺艺术资格，艺术传统都不是一成不变的，其中包含着大大小小的艺术革新，艺术传统也有能力包容各种各样的革新；其次，如果我们要采取一种真正的保守立场，那就更不应该用另一场革命来刷洗未加工的现成品，而是要保留它们并适应它们已经给艺术界带来的变化。殷曼楟在分析比格尔（Peter Bürger）的先锋派理论和艺术体制论时，也提出了相类似的观点，即艺术体制本身是市民社会和资本主义特殊时期的产物。先锋派对艺术体制的攻击使艺术体制从不可见变得可见，而艺术体制这一现象具有现代性的基本特征——自反性，或者自我批判性。这也是"弱体制"的模型更适用于描述艺术界的原因之一："体制"固有的稳定性和自反性带来的流变性使艺术体制总

---

[1]　T. S. Eliot, "Tradition and the Individual Talent", in Twentieth-Century Literary Theory: An Introduction Anthology, eds. Vassilis Lambropoulos & David Neal Miller, SUNY Press, 1987, p. 146.

[2]　Michael Oakeshott, "On Being Conservative", Rationalism in Politics and Other Essays, London: Methuen, 1962, p. 180.

是呈现为流动的传统①。从传统的角度来看，布拉夫的提议仍有待商榷。

谈及胡塞尔后期的生活世界现象学，它也是布拉夫艺术界现象学理论的主要资源，尤其是胡塞尔对文化世界的论述成为布拉夫解释艺术界结构的理论基础。但是，胡塞尔文化世界的积淀（sedimentation）理论是很成问题的。早在20世纪70年代之前，一位在二战期间移民美国的现象学家阿隆·古尔维奇（Aron Gürwisch）就质疑过胡塞尔的积淀理论。在古尔维奇看来，胡塞尔对历史进行现象学悬搁的必要条件是历史层（historical layers）的可移除性（removability），但这种可移除性是很可疑的。因为经验和历史都具有多样性，有的经验和历史过程会高度融合在一起，以至于难解难分，把历史和经验看作叠加在一起却可以拆分的"层次"，本身就是一种非历史的观点，会对我们理解历史积淀的形成造成误导，以为"积淀"都是可逆的过程②。正是由于相信艺术史或艺术传统的形成是可逆的过程，布拉夫才会提出剔除某些现成品的建议。但艺术史或艺术传统并不可能毫发无损地剥离未加工的现成品，剔除这部分现成品实际上是对艺术界和艺术传统进行了重组和重构，一个新的范式会因此生成，而布拉夫并没有充分考虑这项建议可能带来的副作用，以及难以预期的后果。以上问题对于提出一项激进建议的布拉夫来说，仍然有待解决。

综上所述，布拉夫关于剥夺未加工的现成品的艺术资格的建议，可以有效解决很大一部分由包容现成品带来的问题，但也会引发新的问题。这些新的问题实际上围绕着传统的革命悖论。本文在此提出一个可能的策略，以期减缓布拉夫的建议带来的问题。要降低驱逐未加工的现成品所可能带来的损失，我们可以从艺术价值的方面来考虑，因为在这些损失中，只有丹托实质性地提示了艺术裁员带来损失的确切数字。这需要我们引入第三种区分方式——爱尔兰一位试图沟通分析美学与现象学美学的当代艺术哲学家保罗·克劳萨（Paul Crowther）指出，我们可以把现成品分为"观念的传声筒"和"观念现象"：前者虽然也把物品用作媒介，但它们的目的和可以传达的意念是十分有限的，这也使得这些作品的意义比较单一，艺术价值受到局限，比如杜尚的《泉》和瓶架就是这样的作品；后者则包含着更丰富的意图，值得观者进行审美静

---

① 殷曼楟：《论艺术界弱体制性及美学的当代可能》，《文艺理论研究》，2009 年第 4 期，第 39-44 页。

② Aron Gürwisch, "The Phenomenology of Perception: Perception Implications", in The Collected Works of Aron Gürwisch (1901—1973) Vol. 1 Constitutive Phenomenology in Historical Perspective, edited by Jorge García-Gómez, N. Y. : Springer, 2009, pp. 399-410.

观，也具有更为丰富的意义和艺术价值，比如杜尚的《一英里的线索》（Mile of String）和柯特·施维特斯（Kurt Schwitters）的《梅兹堡》（Merzbau），不但具有时空的厚度，而且促使观者对作品的互文性、艺术家的创作整体进行直观的体验和思考，是这类作品的典范①。当我们考虑一件现成品的艺术资格应该被保留还是被收回时，第三种区分方式可以和第一种区分方式共同构成充分条件，作为标准之一，即这件作品是否加工过，以及这件作品是一个"观念的传声筒"还是一个"观念现象"。这样就可以在布拉夫的基础上多多少少降低维修艺术品的成本。

基金项目：中央高校基本科研业务费，"当代英语现象学美学的视觉感知问题研究"【0640/ZK1165】

（作者单位：厦门大学人文学院）

---

① Paul Crowther, "Duchamp, Kant, and Conceptual Phenomena", p. 182.

论弗雷德里克·杰姆逊的"空间批评"

李长生

在整个西方马克思主义的理论脉络中，弗雷德里克·杰姆逊（Fredric Jameson）的空间批评是一个很难化约的存在。一方面，杰姆逊坚持在现代主义与后现代主义之间做出一个截然的划分，即现代主义是关于时间的，而后现代主义是关于空间的①。另一方面，杰姆逊又将现实主义、现代主义和后现代主义分别对应于古典资本主义、垄断资本主义和晚期资本主义的生产方式。与现实主义不同，现代主义和后现代主义并不存在一个可供客观再现的物质对象。"作家之所以写这两样东西正是因为它们不存在，是一个问题而不是客观对象，必须用新的手法和技巧来表现后现代主义的全球性空间意识，后现代主义中的空间正是其神秘之处，但这种空间现实又正好是看不见摸不着的。"②显然，这与一般理论界所讨论的空间批评有很大的差异，一方面杰姆逊的空间批评与他对后现代主义的理论概括是裹缠在一起的，很难将二者完全剥离开来。另一方面，杰姆逊对后现代主义的诸多分析都采用了文学批评的方式。因此，要讨论杰姆逊的空间批评问题，必须要回到其对后现代主义的理论解剖和文学批评实践中来。

一、"认知测绘"与总体性

"认知测绘"是凯文·林奇（Kevin Lynch）在其著作《城市的印象》③ 一书中所使用的概念。林奇使用这一概念是为了说明后现代社会中出现的空间迷

---

① ［美］弗雷德里克·杰姆逊：《后现代主义与文化理论》，唐小兵译，北京：北京大学出版社，1997年，第 219 页。

② 同①。

③ ［美］凯文·林奇：《城市的印象》，项秉仁译，北京：中国建筑工业出版社，1990 年。

失问题。具体而言，即是主体在后现代社会中丧失了测绘城市空间的能力。杰姆逊从此概念出发，认为林奇所描述的空间迷失问题只是更大的一个问题的一种表征。换句话说，在空间迷失的背后潜藏着一个更大的尚未被发现的问题，这个问题便是晚期资本主义。杰姆逊认为，资本主义的发展过程大致可以分为三个历史阶段，即古典资本主义、垄断资本主义和晚期资本主义。而每一个阶段都各自生产出一个与之相对应的空间。这些空间的生产一方面是资本全球扩张的结果，另一方面也是帝国主义国家全球殖民的后果。杰姆逊将资本视为一种总体性的力量，在古典资本主义阶段，正如马克思的经典分析，资本按照自己的逻辑"把一些旧的神圣和异质的空间重新组织成几何的笛卡尔式的同质性空间，一个无限对等和延伸的空间"①。杰姆逊区分了两种空间，即马克思将之置于泰勒制和劳动过程之中的空间和福柯的权力化空间，并认为马克思所分析的这一空间更为重要，更接近于古典资本主义的生产逻辑，即"对世界的非神圣化，对旧的神圣或超验形式的解码和世俗化，交换价值对使用价值的逐渐殖民化"，"对主体和客体的标准化，对欲望的非自然化，以及欲望最终被商品化的取代"等②。在这一阶段，空间的生产并未摆脱主客体二元对立的模式。主体保有对客体的理性认知，并能实现对空间的全盘把握。反映在文艺创作中，便是现实主义当道，作者无论是立足于表现（浪漫主义）还是立足于再现（现实主义），都能完整地把握市场资本的发展所带来的巨大改变。

在资本主义发展的第二阶段，也即列宁所说的帝国主义阶段，市场资本开始向垄断资本过渡。在这一阶段，垄断资本的发展开始逐步突破主体既有的感知方式，传统文艺"模仿论"的表征模式也受到挑战。表现在空间批评中，便是个体经验与空间发展相分离，并逐渐走向对立。个体无法准确探知空间演变的内在逻辑，也无法对空间的巨变做出及时的应对。这便是杰姆逊所形容的——"在这种环境中，个体经验如果是可靠的，就不可能是真实的；如果同一内容的科学或认知模式是真实的，那它就是个体经验所无法捕捉的"③。在杰姆逊看来，现代主义的产生正是对这一危机克服的结果。由于以传统"模仿论"为核心的表征模式的破产，使得主体失去了图绘空间的能力，只能转而求助于外部空间在自我内心的投射。而这一投射又是以表征对象缺场的方

① ［美］詹姆逊：《詹姆逊文集》（第一卷），王逢振主编《新马克思主义》，北京：中国人民大学出版社，2004 年，第 295 页。
② 同①，第 296 页。
③ 同①，第 297 页。

式存在的。因此，杰姆逊认为，如果说空间化是理解后现代主义的一把钥匙的话，那么理解现代主义的关键词便是时间化①。这种表征的危机促使作者将注视的焦点从外向内转，注重开掘人物内心世界的丰富性和复杂性。杰姆逊认为，现代主义这种对心理的深度挖掘是一种新的历史经验的产物，是一个表征时代巨大转换的历史事件。伴随垄断资本而出现的帝国主义世界体系的建立深刻影响到了主体对空间的感知状况，特别是对大城市中的人们更是如此。"对他们来说，社会现实看不见了，从存在主义的立场看，社会现实已经消失了，因为它无处不在，它充塞了空间和各种力量的网，因此，在个人的经验中已经感觉不到它的存在。"② 这也就是林奇所描述的空间迷失问题的内在逻辑。

在资本主义发展的第三阶段，也即是杰姆逊所借用的曼德尔的表述——晚期资本主义阶段，资本主义的高速发展大大突破了传统城市和民族-国家的界限。与此相应的是新技术的不断涌现，特别是电脑和信息处理技术的进步造成了客观性的外部空间和主观性的内在心理空间的巨大改变。与这一生产方式相对应的便是后现代主义。杰姆逊认为，后现代主义的第一个特点便是一种新的平淡感。关于这一点，杰姆逊是将之置于空间的视域来考察的。在他看来，主体在后现代绘画，以及建筑的外观中都能感觉到这种平淡感。"后现代主义要求绘画或者艺术品本身消融在它周围的空间中，我们最终只能以一种新的时间性来描述这种体验，目的是通过这种新的空间现象来把握画家的原意。"③ 这种将时间性体验空间化的努力最终导致的便是对现代主义传统中的深度模式的消解，这一深度模式主要包括如下四个方面：一是有关本质和现象二元对立的辩证思维模式；二是弗洛伊德的心理分析模式；三是存在主义的模式；四是索绪尔的符号学模式④。杰姆逊认定，后现代主义从总体上看就是空间化的。同时，由于晚期资本主义阶段的全球资本本身具有强大的去中心化的能力，因此，资本的全球扩张所带来的也必然是全球性的空间重组。这一空间重组的过程也即是民族-国家界限被不断打破，城市空间不断被碎片化的进程。伴随这一进程的还有"主体之死"，即主体在全球资本主导的新空间中的彻底迷失和"认知测绘"能力的全部丧失。为进一步说明这一问题，杰姆逊列举了马文·

---

① ［美］詹明信：《晚期资本主义的文化逻辑》，张旭东编，陈清侨，等译，北京：生活·读书·新知三联书店，1997 年，第 293 页。
② 同①，第 297 页。
③ 同①，第 288 页。
④ 同①，第 290 页。

苏尔金（Marvin Surkin）和丹·乔伽基斯（Dan Georgakis）合著的《底特律：我的确在意死亡》（*Detroit：I Do Mind Dying，A Study in Urban Revolution*）。在该书中，作者围绕 20 世纪 60 年代底特律"黑人革命工人协会"的兴衰这一线索，着力讨论了空间与政治的关系问题。不过杰姆逊并没有因循作者的写作思路，而是从社会主义革命运动的脉络出发，从空间批评的视野对这一问题进行了理论反思。杰姆逊尖锐地指出："如果你不能在一个国家内实现社会主义，那么，在今天美国的一座城市里实现社会主义的前景又具有多大的讽刺意义呢？"① 显然，杰姆逊对社会主义革命运动采取的是一种总体性的视角，暗含着对勒菲弗和法国情境主义国际关于空间革命的理论反思。因为此两者所倡导的城市空间革命极易被资本询唤和改造为一种新的不复有革命可能性的空间，并最终可能出现杰姆逊所描述的现状，即"实际发生的是，该协会乘坐喷气式飞机从事宣传的战斗员们都成了媒体明星；他们不仅仅疏远了当地选民，而且，更糟的是，没有人待在家里料理当地事务"② 。挑战全球资本秩序的城市空间革命最终被资本的力量所驯化，进而成为另外一道独具特色的城市景观。如果套用索绪尔关于能指与所指的划分，那么即是出现了景观（能指），但景观所指涉的对象（所指）却消失了。这也是居伊·德波在《景观社会》和鲍德里亚在《符号政治经济学批判》中所诠释的主题。因此，杰姆逊是以一种批判性的态度对待后现代主义的空间化问题的，因为后现代空间极大地削弱了主体的革命行动能力。以前文所述的居伊·德波提出的景观社会为表征，后现代空间完全超出了主体的"认知测绘"能力，使其迷失在后现代空间中，从而无法感知周边的世界。

因此，面对晚期资本主义所带来的空间迷失的问题，杰姆逊寄希望于一种新的空间政治的发生。这一全新的空间政治能使主体完成自我在后现代空间中的"认知测绘"。这实际上是杰姆逊将林奇的分析方式运用到了更为广阔的全球空间中。"我对该书的利用是象征性的，因为林奇探讨的城市空间的精神地图可以外推到以各种篡改了的形式存留在我们大家头脑里的关于社会和全球总体性的精神地图。"③ 林奇关于"认知测绘"的论述是以对洛杉矶、波士顿和新泽西等后现代都市的城市空间考察开始的。具体而言，林奇以访谈的形式让

---

① ［美］詹姆逊：《詹姆逊文集》（第一卷），王逢振主编《新马克思主义》，北京：中国人民大学出版社，2004 年，第 300 页。

② 同①，第 301 页。

③ 同①，第 302 页。

这些城市的居民回忆他们所居住城市的环境，并最终得出结论认为城市所带来的对主体的异化越深，主体越不可能完成对城市空间的"认知测绘"。关于主体在后现代都市空间中的迷失，杰姆逊曾以洛杉矶为例做出过非常精细的描述：

> 大家只要到洛杉矶市中心百老汇街和第四街的交界处，沿着那大型墨西哥市集往上坡走，一直走到曾经名噪一时的灯塔山区；在沿途的路上你会有意想不到的发现：眨眼之间，一座偌大的银行大厦便飘然浮现在你面前，它的外墙耸然屹立，而墙的表层看起来几乎可说是不需依靠内容和体积来支持的。建筑所应有的内涵和外貌（长方形的，不规则四边形的）都的确难以用肉眼辨认出来。也就是说，这一面庞大的玻璃窗户，确实欠缺了一般建筑所有的立体感，可是它却提供了另一种抵制地心吸力的"二度面向"空间（two-dimensionality），把我们脚下的斜坡暂时移置到一部幻象放映机里去，让我们可以从中看到各种形状的映象，在我们四周的贴板式空间里此起彼落地浮现，这样的一座大楼，无论从哪个方向来看，视觉的效果都相同。它的存在，好比寇比力克（Kubrick）在其科幻电影《2001年》里所设计的那块巨石那样，以宿命的启示屹立眼前，使我们仿如置身一堵谜一般的命运之墙面前，任生命的变幻无常在跟前自由舒展，在当下这个多国文化共同支配着生活的大都会里，旧有的城市结构早被强暴地取缔了。问题是，奇异而新鲜的建筑外貌，以夸张傲慢的姿态，把我们对昔日城市生活的感觉系统全盘打散，把旧有的规律和指标彻底破坏以后，却提供怎样的出路？旧有的过去了，将能取而代之的却依然悬而未决。①

尽管杰姆逊列举洛杉矶的例子是为了说明后现代主义的无深度感，但这个例子本身却成了"认知测绘"的经典叙述。在如上所述的后现代都市的空间中，主体难以用肉眼辨识后现代主义风格的建筑，建筑各个侧面呈现出相似的视觉效果，给主体带来认知的困难。因此，最终导致的必然是主体通过过往城市生

---

① ［美］詹明信：《晚期资本主义的文化逻辑》，张旭东编，陈清侨，等译，北京：生活·读书·新知三联书店，1997年，第446页。

活所建构起的感觉系统被彻底打破，但一种新的认知体系却又付之阙如，因此空间迷失必然生成。

基于这样的空间迷失，林奇的解决方案是将"此时此地的直接感知"与"把城市作为一个缺场的总体性的想象感知的辩证法"结合起来①。也就是将"认知测绘"诉诸一个总体性的视野。对此，杰姆逊给予了高度评价，认为这是与阿尔都塞"意识形态"理论可以相提并论的一个理论思路，都是"对主体与其真实生存关系的想象再现"②。在杰姆逊看来，虽然这一思路仍未脱离现象学思考模式的桎梏，但已经强调了"个别主体的局部位置与他或她所处的总体阶级结构之间的距离"，正是这一距离使得"认知测绘"成为可能。杰姆逊的贡献在于，他将林奇的分析路径扩展到了整个社会结构领域，即从"我们所处的历史时刻，外推到全球规模的（或可说是跨国的）总体阶级关系上来"③。这样杰姆逊不仅大大扩展了林奇的问题意识，更重要的是赋予了"认知测绘"以一种更具可能性的激进政治的图景。

为更清晰地厘清这一问题，杰姆逊简要回顾了后马克思主义对经典马克思主义的背离。首先，后马克思主义否认阶级依然存在，仅将其视为一种文化或社会分层；其次，后马克思主义否认马克思主义的生产理论；再次，后马克思主义极力排斥再现和总体化思想，认为这一思想充满了极权主义色彩。杰姆逊对如上观点进行了逐一批驳，特别是对总体化思想给予了正名处理，并从总体性角度对空间进行了全新解读。我们知道，总体性视野是经典马克思主义对待空间问题的基本视角。经典马克思主义以对资本主义生产方式的分析入手，揭示资本积累和资本扩张对于空间开拓和重构的支配性地位，在资本主义生产方式与空间建构之间建立了一种牢不可破的逻辑关联。

杰姆逊继承了经典马克思主义这一视角和分析方式，面对后现代主义的多元化和异质性空间，坚持以一种总体性视角对之进行重新解读。首先，杰姆逊区分了两种意义上的总体性，其一是经典马克思主义的总体性，其二是后现代主义所激烈批判的总体性。杰姆逊认为经典马克思主义所倡导的总体性是卢卡奇所言的"总体的范畴绝不是把它的各个环节归结为无差别的统一性、同一

---

① ［美］詹姆逊：《詹姆逊文集》（第一卷），王逢振主编《新马克思主义》，北京：中国人民大学出版社，2004 年，第 302 页。

② 同①。

③ 同①。

性"①，而是一种容纳了差异性和多元性的总体性。这一总体性视角下的后现代空间不复再是后现代主义所主张的那种纷乱无序的空间，而是一个有机统一的空间。这种有机统一性源于晚期资本主义的急剧扩张，在以全球化为其外在表征的这种扩张和全球资本增殖的进程中，"迄今自治的民族市场和生产地带向单一地区的迅速同化，民族性生活必需品（如食品）的消失，和地球上所有国家不得不统一而成为我在前面提到的那种新的全球劳动分工。在此，开始激发我们的全球化思考的是在规模上新的无与伦比的一幅标准化图画；一幅被迫进入世界体系的统一的图画"②。其次，杰姆逊又从辩证法的角度发现了这种同一性与差异性之间的对立与统一。杰姆逊认为，差异性的对立面是全球资本，在全球化无孔不入的当下，民族-国家被召唤为一个新的角色，那就是对抗全球资本。而且似乎"只有通过这样一种可能性才能抵制世界市场，抵制跨国资本主义以及所谓第一世界的大资本借贷权力中心的侵蚀"。同时，在这个过程中，也"必须抵制后现代大众文化的扩散，这就与提倡多元性和差异性的人构成了矛盾，后者只有激活真正的多元和差异的草根文化才能首先抵制民族-国家本身，然后抵制在民族-国家之外的外部世界"③。回到空间批评的视野，这便会带来另外一个问题，那就是全球资本通过其扩张进程建构出了一个同一性的空间，但这一空间却并非是封闭的，相反，它的开放性让其内部同时又生长出抵制全球资本的力量。正如杰姆逊对黑格尔的援引和发挥："你以同一性开始，他说，结果只能发现同一性总是依据与其他事物的差异性来界定的；于是你转向差异，结果发现任何关于差异的思想都涉及关于这一特殊范畴的'同一性'的思想。当你开始观察同一性变成差异性，差异性又回过头来变成同一性时，你把二者解作不可分割的对立，你学到的是必须总把二者放在一起来思考。但此后，你发现它们并未构成对立，而在某种另外的意义上，它们是相互同一的。在这一点上，你接近了同一与非同一的同一性。"④ 也正因为此，杰姆逊赋予了"认知测绘"以一种新的激进政治的意义和乌托邦色彩。"我们认为，拒斥总体性概念的任何人在这个问题上都似乎不可能有什么有用的话可说，因为对这些人来说，总体化的社会主义幻想显然无法估计，在任意

① ［匈］卢卡奇：《历史与阶级意识》，杜章智，等译，北京：商务印书馆，1992年，第61页。
② ［美］詹姆逊：《詹姆逊文集》（第四卷），王逢振主编《现代性、后现代性和全球化》，北京：中国人民大学出版社，2004年，第389页。
③ 同②，第408页。
④ 同②，第409页。

和无法确定的微观世界里是一个虚假问题。抑或有另一种可能性，即，我们对总体性概念的不满本身并不是一个自圆其说的思想，而是一个重要征候，思考一个复杂社会中这些相互关系的愈加增多的困难的一个功能。"①

　　因此，"认知测绘"不仅只是一个后现代的空间问题，在其背后隐藏着一个更为根本的逻辑，那便是晚期资本主义的生产方式和全球资本的扩张。基于这一现状，杰姆逊自觉重回经典马克思主义关于总体性论述的立场，将之作为对"认知测绘"进行更深入研究和更大范围拓展的最根本的思考模式。同时，杰姆逊也将"认知测绘"扩展到对整个资本主义生产方式的分析和对其阶段进行划分的应用上来，并将之作为一种新的激进政治的实践方式来对待。在杰姆逊这里，"认知测绘"不仅只是一种后现代的美学表征问题，更是一种激进的社会主义文化政治实践——"完成的认知测绘将是一个形式问题，我希望我已经表明了它将是社会主义政治的一个必要组成部分，尽管它自身的可能性完全可能会依赖于以前的政治开放，这样，它就将肩负着越来越重的文化任务"②。

二、空间批评视野中的"第三世界文学"

　　较之于雷蒙德·威廉斯和戴维·哈维，杰姆逊的空间批评呈现出较为独特的面貌。前两位学者或关注资本主义生产方式确立以后文学世界中的"城市与乡村"问题，或关注文学世界中的城市景观变化及其对主体认知系统的重构，或关注资本的全球扩张对主体内在心理空间的开拓，总体来看与通常所说的"空间批评"的内在逻辑、主要结构框架和基本问题域是非常吻合的。但杰姆逊的空间批评则较难于归纳和把握。首先，杰姆逊断言后现代主义从本质上说就是空间化的，但是他并未对此论题给予充分论证。我们只能从其对后现代主义的诸多论述中去寻找这一论题的蛛丝马迹，并予以系统化。其次，杰姆逊继承了经典马克思主义和卢卡奇的总体性理论，并以此为依据和基本理论武器，对林奇提出的"认知测绘"予以拓展和深化，使之成为描绘后现代空间最重要的理论范畴之一。但是，究竟如何"测绘"后现代空间，杰姆逊并未

---

① ［美］詹姆逊：《詹姆逊文集》（第一卷），王逢振主编《新马克思主义》，北京：中国人民大学出版社，2004 年，第 305—306 页。

② ［美］詹明信：《晚期资本主义的文化逻辑》，张旭东编，陈清侨，等译，北京：生活·读书·新知三联书店，1997 年，第 307 页。

画出清晰的路线图，只是不断在强调这一论述的重要性。再次，杰姆逊提出了跨国资本主义时代中的第三世界文学文本总是以一种民族寓言的方式来投射一种政治①。如果将之置于此前所论述的空间批评和"认知测绘"的视野，那么便是杰姆逊试图通过对第三世界文学的分析来完成对第三世界国家和资本主义全球化运动所带来的全球地理景观改变的"认知测绘"。

首先，杰姆逊认为，当资本主义这种生产方式在全球范围内扩张的同时会遭遇到两种力量的抵抗。这两种力量以两种不同的社会和文化形式表现出来，一是所谓的原始社会或部落社会，二是马克思曾经分析过的亚细亚生产方式，也即杰姆逊所说的"庞大的官僚帝国制度"②。杰姆逊所有关于跨国资本主义时代第三世界文学的分析都是建立在此基础之上的。具体而言，杰姆逊认为，非洲的社会和文化是前者的典型代表，中国和印度则代表了亚细亚的生产方式。因此在阐述第三世界文学的时候，杰姆逊就是以塞内加尔的奥斯曼尼·塞姆班内（Ousmane Sembene）和中国的鲁迅为代表的。在做出这样的区分之后，杰姆逊做出了一个理论假设，即"所有第三世界文化生产的相同之处和它们与第一世界类似的文化形式的十分不同之处。所有第三世界的文本均带有寓言性和特殊性：我们应该把这些文本当作民族寓言来阅读，特别当它们的形式是从占主导地位的西方表达形式的机制——例如小说——上发展起来的。可以用一种简单的方式来说明这种区别：资本主义文化的决定因素之一是西方现实主义的文化和现代主义的小说，它们在公与私之间、诗学与政治之间、性欲和潜意识领域与阶级、经济、世俗政治权力的公共世界之间产生严重的分裂。换句话说：弗洛伊德与马克思对阵"③。寓言作为一个文学范畴，在西方可谓是已经在故纸堆的边缘摇摇欲坠了，但是在当代的西方文艺理论中，这一古老的文学范畴却逐渐出现了复活的态势。因为这一范畴"具有极度的断续性，充满了分裂和异质，带有与梦幻一样的多种解释，而不是对符号的单一的表述。它的形式超过了老牌现代主义的象征主义，甚至超过了现实主义本身"④。正是寓言本身所具有的这种异质性、流动性和意义的多重性，暗合了后现代主义的口味。但值得注意的是，在杰姆逊看来，所谓的民族寓言并不是铁板一块，也

---

① ［美］詹明信：《晚期资本主义的文化逻辑》，张旭东编，陈清侨，等译，北京：生活·读书·新知三联书店，1997 年，第 523 页。

② 同①，第 522 页。

③ 同①。

④ 同①，第 528 页。

不具备固定不变的内涵和外延。西方文学中的民族寓言与第三世界的民族寓言之间存在着很大的差异。杰姆逊以西班牙作家班尼托·皮拉斯·卡多斯（Benito Perez Galdos）为例指出，卡多斯在作品中所描写的一个男人在两个女人之间的摇摆，其实是一种政治寓言，其真正的指向在于他在民族与国家之间，在1868年共和革命与1873年波旁王朝复辟之间的摇摆。因此，在面对这样的作品时，既可以将之读作"西班牙的命运的寓言式的评论"，也可以将之形容为"个人戏剧的比喻式的装饰"①。寓言的重新出场，使我们得以发现寓言背后的政治与力比多（马克思与弗洛伊德）之间的对立。但在西方，在寓言被重新发现之前，这一对立是被遮蔽的。正是通过对寓言的再发现和再阐释，西方文艺理论才得以重新获取了文化政治的视角。更进一步，杰姆逊引用了德勒兹和加塔利的电影理论，认为二者对电影文本的分析就是一种典型的寓言式解读。只不过这种寓言结构并不显在地存在于西方文学文化文本中，而是潜藏在其潜意识里。在第三世界文学中，这种政治与力比多的对立与西方第一世界有着很大的差异，它们不是潜在的（潜意识），而是显在的（症候）。杰姆逊以对鲁迅先生《狂人日记》和《药》等文本的分析为例，指出正是第三世界文学对心理主义和自我指涉的疏离，使得其自身具有了一种寓言性质，"讲述关于一个人和个人经验的故事时最终包含了对整个集体本身的经验的艰难叙述"②。

其次，杰姆逊谈跨国资本主义时代第三世界文学的问题，谈后现代主义空间的"认知测绘"的问题，其最终的指向依然是西方马克思主义脉络中的文化政治的策略，也即是重新思考美学与政治的关系问题，试图通过二者的辩证统一来完成对社会主义乌托邦的构想。在论及这一问题的时候，杰姆逊首先引用了"文化革命"的概念，并指出了其与中国"文化大革命"和列宁"文化革命"的本质不同。也正是在这一点上，杰姆逊拐进了西方马克思主义文化政治的死胡同，包括他念兹在兹的古巴文化革命，最终都不会可能完成对资本主义的结构性破坏，更遑论提出"超克"资本主义的替代性构想了。在具体的论述过程中，杰姆逊罗列出了一份长长的理论家的名单，名单包括葛兰西（Gramsci）、威尔汉姆·莱赫（Wilhelm Rerch）、福兰斯·范农（Frantz

---

① ［美］詹明信：《晚期资本主义的文化逻辑》，张旭东编，陈清侨，等译，北京：生活·读书·新知三联书店，1997年，第535页。
② 同①，第545页。

Fanon)、赫伯特·马尔库塞(Herbert Marcuse)、鲁道夫·巴罗(Rudolph Bahro)、保罗·福赫(Paolo Freire)等,试图以此框定自己的理论范围。他特别向葛兰西的臣属概念致敬,并在此基础上提出了"文化臣属"的概念。杰姆逊指出,所谓"臣属",是指"在专制的情况下必然从结构上发展的智力卑下和顺从遵守的习惯和品质,尤其存在于受到殖民化的经验之中"①。值得注意的是,葛兰西的"臣属"这一概念颇受非议,杰姆逊并未在完成对这一概念批判的基础上使用它,因此,这导致杰姆逊整个论述都存有漏洞。第三世界文学与文化要远比杰姆逊所想象的更为复杂,单一的"臣属"概念不足以解释第三世界文学与文化的丰富性与复杂性。在面对第三世界文化与文学时,杰姆逊试图将"文化臣属"作为基本的观察视角,"如果我们要理解第三世界的知识分子、作家和艺术家所起的具体历史作用的话,我们必须在这种'文化革命'(目前对我们来说是陌生和异己)的语境之中来看待他们的成就和失败"②。但遗憾的是,尽管杰姆逊也认识到了"当一个心理结构是由经济和政治关系而客观决定时,用纯粹的心理疗法是不能奏效的"③,但他依然没有摆脱西方马克思主义的固有立场,即"也不能完全地按照经济和政治的转化方式来对待'臣属',因为习惯依然残留着有害和破坏的效力"④。也即是说,杰姆逊依然秉持了西方马克思主义所固有的文化分析的立场,将经典马克思主义的分析路径简单地化约为"经济决定论",试图通过文化政治的路径来寻找突破口。显然,后继的文化实践证明,这不过只是一厢情愿。对待资本主义的文化生产,显然必须要回到政治经济学的理论视野和分析方法,即便面对的是第三世界的文化与文学,也同样如此。因为正是有了全球资本主义这样一个潜在的或显在的对话对象,第三世界文学才不再只是第三世界文学,而是全球资本主义空间中生长出的新的第三世界文学。

综上所述,面对晚期资本主义所开创出的一个崭新而复杂的空间,杰姆逊通过复活和扩展林奇的"认知测绘"这一概念作为理解全球资本主义空间的重要手段。具体到文学批评中,杰姆逊试图通过全球资本主义遇到的主要障碍——以非洲为代表的原始部落社会、亚细亚生产方式,以及拉丁美洲的发展

---

① [美]詹明信:《晚期资本主义的文化逻辑》,张旭东编,陈清侨,等译,北京:生活·读书·新知三联书店,1997年,第532页。
② 同①。
③ 同①。
④ 同①。

方式——的分析来凸显第三世界文学之于理解全球空间的重构和资本主义生产方式的转变的重要意义，并最终得出跨国资本主义时代中的第三世界文学文本总是以一种民族寓言的方式来投射一种政治的结论。

如韦格纳的研究所指出的：对空间的关注，已经从诸多不同的角度进入了文学领域，如殖民和后殖民批评、女性主义批评、通俗文化研究、对文学经典的质疑、对文本内部空间地图的关注、对全球化语境下文学史和文学实践的关注，等等，都体现出了当代西方不同于传统的空间观念①。当代空间观念对文学领域的影响，（或者反过来说，文学参与当代空间观念的形成）最根本的体现为文学与文学之外的世界的关系、文学文本空间及阐释、文学对现实的批判力量的呈现方式等这些最基本的文学观念发生了有别于传统的变化。这些变化概括地说就是：文学空间不仅仅是现实空间的反映，其自身就是现实空间的重要组成，文学空间的生产、文学空间自身，以及文学空间的阐释等都是多元的、异质性的、互文性的，文学对社会现实的批判力量的呈现最终借助于对文本的多次、多重阐释，文学阐释和研究本身成为文学空间介入现实、批判现实的一种空间结构。"空间批评"是在西方社会、思想、文化"空间转向"背景下，以新的空间观念为基础，实现文学研究的批判功能的一种新型批评形态。无论是威廉斯还是哈维，其对文学的空间批评都力图以"空间"为切入点来展开文学研究，在以"空间批评"作为文学研究的一种范式中，文学批评本身就由文学出发而指向了更为开阔的天地，进而成为西方知识分子尤其是马克思主义知识分子通过文学而介入现实，参与政治的一种独特方式。从马克思主义文学批评的整体传统而言，当代西方马克思主义空间批评贯穿了西方马克思主义的早期和后期（有些人物如哈维则被列为新马克思主义的重要代表而区分于之前的西方马克思主义），但更多的属于 20 世纪中后期，是西方马克思主义者或西方具有马克思主义思想传统的知识分子在新的社会历史语境中所做出的一种理论和批评回应。这种回应既是对西方社会语境的文化艺术表征的马克思主义的回应，也是对马克思主义传统的回应。这种回应从根本上实现了马克思主义与"空间转向"的相互推进，实现了"空间转向"与文学研究的相互策应。当代西方马克思主义空间批评固然从整体上属于西方马克思主义传统，但从它越来越摆脱西方马克思主义哲学—文化批判而走向政治—经济批判的路

① Julian Wolfreys. *Introducing Criticism at The 21st Century*. Edinburgh：Edinburgh University Press，2002：181，187，189.

径来看，它又更多地在向经典马克思主义回归。当然，这种回归在多大程度上能够让西方马克思主义的"书斋式"批判与革命走向经典马克思主义的实践性革命品格似乎尚待观察。或许，无论如何回归，无论是文化哲学批判还是政治经济批判，西方当代社会的语境和土壤毕竟已经迥异于马克思和恩格斯的时代，也必然迥异于与之处于"地球村"之中的社会主义社会，这就注定了它只可能仍然是西方激进知识分子从资本主义内部实现对资本主义的批判与抵制的途径或方式。正是在这个意义上，我们说，空间批评是西方马克思主义在西方社会的新转型时期，知识分子通过文化艺术等领域的学术研究和学术批判参与推进西方社会，实现知识分子通过自身方式参与现实的重要途径。也正是在这个意义上，我们认为，空间批评与马克思主义文学批评传统的其他形态或范式一样，寄寓着马克思主义知识分子的文化战略与文化理想。

（作者单位：西华师范大学文学院）

R. G. 佩弗对马克思道德观的系统解读及其现实意义

赵威

      R. G. 佩弗是当代西方分析马克思主义学派重要代表人物之一。其代表作《马克思主义、道德与社会正义》一书，是在 20 世纪后期西方研究马克思的学者围绕着马克思主义与道德是否有相容性的问题展开长期论争的背景下，为"应战所有反对马克思主义和道德具有相容性的观点"①，论证马克思主义与道德有相容性并"合理重建"马克思道德观而作的。该书学术视野极其广阔，对双方观点旁征博引，逐一辨析，层层剥笋，步步推导，立场坚定地捍卫了马克思主义道德观，堪称 20 世纪后期该论题最全面的总结者。因此，该书在未有中译本之前即引起国内学者的注意，2010 年中译本出版后，佩弗进一步受到国内学界重视，曾多次应邀来华讲学，《马克思主义研究》《哲学研究》《哲学动态》《中国人民大学学报》等名刊也先后发表一批相关研究文章。② 由于佩弗在该书中反驳、引证的论著极多，而国内学者的研究文章又多围绕某一点的争论而展开，不免有碎片化之憾。其实，佩弗在大量反驳对方观点和论证己方观点的背后存在着一个系统解读马克思道德观的理论框架，本文将梳理出这个框架以揭示佩弗对该论题的理论贡献及其对当今中国的现实意义。

---

① ［美］R. G. 佩弗：《马克思主义、道德与社会正义》，吕梁山，等译，北京：高等教育出版社，2010 年，第 7 页。

② 国内与研究佩弗有关的文章参见：陈真：《佩弗的马克思主义"道德社会论"批判》，《哲学动态》，2007 年第 12 期。吕梁山：《佩弗论道德与意识形态》，《哲学动态》，2009 年第 10 期。林育川：《罗尼·佩弗"激进的罗尔斯主义"的社会正义论》，《哲学动态》，2011 年第 8 期。官维明：《罗德尼·佩弗与艾伦·伍德的"马克思主义道德观"之争及其启示》，《马克思主义研究》，2012 年第 10 期。林育川：《正义的谱系——对分析马克思主义学派正义观的一种解读》，《哲学研究》，2013 年第 1 期。林进平：《论马克思正义观的阐释方式》，《中国人民大学学报》，2015 年第 1 期。吕梁山：《自我决定的机会——佩弗对马克思自由观的重构》，《哲学研究》，2015 年第 2 期。此外，《岭南学刊》《宁夏社会科学》《晋阳学刊》《辽宁大学学报》《华中科技大学学报》《北京行政学院学报》《武汉科技大学学报》等刊物也发表了若干与佩弗相关的研究文章。

一、问题的提出：马克思主义与道德是否相容

要在一个有限的篇幅中详尽地列举这场争论的各种观点显然是不太可能的，比较现实的做法是根据它们的基本倾向精准地抓住问题的焦点所在，并提出解决之道。

认为马克思主义与道德不相容的观点包括"马克思反道德论"和"马克思非道德论"两派。前者主要代表有维尔纳·桑巴特、罗伯特·塔克、刘易斯·福伊尔等人。早在 20 世纪初，马克思主义理论家桑巴特即断言："全部的马克思主义……既没有道德判断也没有道德假设。"① 该观点被认为直接源于恩格斯关于"共产主义者根本不进行道德说教"的论断。1972 年罗伯特·塔克再次提出："科学社会主义正如它的名字所暗示的在本质上是科学的思想体系，马克思主义……被认为不包含任何道德内容。"② 随后，福伊尔在《道德理论和历史唯物主义》中又指出，道德是一种社会操纵和控制，在阶级社会中道德被用于使被剥削阶级安于他们的被剥削状况。道德是反动的意识形态，应该为马克思主义者及所有的革命的社会主义者所反对③。该派的特点是强调马克思主义为"纯科学"的理论，它不包含评价性或规范性的道德论断和主张。这其实是把事实与价值截然对立起来，如果不赞同该派的观点，就必须论证作为科学体系的唯物史观与作为价值体系的道德评价可相容的问题。

"马克思非道德论"的代表主要有艾伦·伍德、理查德·米勒、安德鲁·科利尔等人。伍德认为，虽然马克思有一种规范性观点或实践理性形式，但它本质上是非道德的，即它只是以非道德的善（如快乐、幸福、自由或人的能力的实现），而不是以道德的善（如美德、权利、正义和履行义务）为基础；斯基伦和科利尔等人则主张道德判断和道德原则必须是中立的，而马克思主义的道德判断在阶级之间并非是中立的④。它所主张的实践理性是基于对阶级利益的考虑，是支持某种版本的道德利己主义⑤。该派的特点是区分道德的善与非道德的善，以证明马克思属于后者。如果不赞同这派的观点，就必须论证道

---

① ［美］R. G. 佩弗：《马克思主义、道德与社会正义》，吕梁山，等译，北京：高等教育出版社，2010 年，第 184 页。

② Robert C. Tucker：Philosophy and myth in Karl Marx，Cambridge University Press，1972，p. 12.

③ Feuer. Lewis. S：Ethical Theories and Historical Materialism，*Philosophy and Phenomenological Research*，vol. 6，no. 3，（1942）．

④ 同①，第 182 页。

⑤ 同①，第 6 页。

德的善与非道德的善不可分割，进而解决如何合理界定道德内涵的问题，并论证马克思的道德阶级性只是对维护阶级统治的虚伪道德的抗议，其最终目标是消灭阶级的。

与此同时，凯·尼尔森、艾伦·纳赛尔、伊利亚德·阿罗诺维奇等人则主张马克思主义与道德相容论。凯·尼尔森认为，马克思的著作"充满着道德判断——尤其是充满着针对资本主义的严厉的道德谴责"①。他除了对资本主义的道德批判外，还为社会主义提供道德辩护。加拿大学者阿罗诺维奇认为，马克思著作存在一种前后一致的积极的道德理论，其基础是人的本质的实现，即自我决定；在基于合作的自由人共同体中自我实现是马克思道德观的基础。他指出："马克思规划的核心并不是脱离道德，而是走向一种新的道德观。"②纳赛尔说得更到位："马克思的社会批判理论中有一种不容置疑的伦理成分"，"资本主义生产关系的持续存在阻碍了人的可能性的实现，这一点正是马克思对资本主义的伦理诉讼的基础"③。可见，在他们看来，马克思主义与道德有相容性是毋庸置疑的。

二、崭新的思路：科学性与价值性的有机交融及其系统构成

在《马克思主义、道德与社会正义》一书中，佩弗在展开他对马克思主义非道德论的观点的全面反驳和对马克思道德观的系统论述之前，即在"导论"中简明扼要地宣示自己的政治立场、理论基础、研究方法和基本任务，展示了他解读马克思道德观的崭新思路。

在政治立场上，佩弗公开宣称他将"明确地为经典马克思主义的基本规范性政治立场辩护"④。因为马克思"关于资本主义在经济上和社会方面功能失常的大多数观点，以及他对革命运动的兴起和后资本主义社会出现的预言的的确确是正确的"⑤。

在理论基础方面，佩弗的观点是："建立在对马克思主义的政治视角（特

---

① ［加］凯·尼尔森：《马克思主义与道德观念》，李义天译，北京：人民出版社，2014年，第2、4页。
② Hilliard Aronovich, *Marxian Morality*, Canadian Journal of Philosophy, Vol. 10, No. 3, September, 1980.
③ ［美］R. G. 佩弗：《马克思主义、道德与社会正义》，吕梁山，等译，北京：高等教育出版社，2010年，第109-110页。
④ 同③，第16页。
⑤ 同③，第26页。

别是马克思的阶级和阶级斗争理论及其对资本主义的分析）来说至关重要的经验性命题基础之上。"这必然要关注阶级斗争的根源，要展开对资本主义剥削、无产阶级异化等不道德的资本主义社会的深刻分析，进而揭示它必然被消灭剥削和异化的共产主义所代替的历史规律。为此要"建立在一套正确的、经验性的社会科学理论，以及一种充分的（即正确的）道德理论基础上的理论"①。这就把道德理论视为马克思主义的社会科学理论的基础，从而证明唯物史观与道德诉求并不是不相容的。

在基本任务上，主要包括两项：一是"阐明马克思的道德观点，如果可能的话，重建他固有的道德理论"；二是"回答一些马克思主义者和非马克思主义者都同样提出过的责难：无论怎样，马克思主义和道德是不相容的"。他说："如果我们想准确地弄清我们要批判的是什么或要充分论证的是什么的话，那就必须完成第一项任务；如果我们要得到一种连贯的马克思主义道德观点或者马克思主义道德和社会理论观点，那就必须完成第二项任务。"②

在研究方法上，作为分析马克思主义者，佩弗主张"应用分析哲学的方法和技巧"从"总体层面析清马克思主义和道德的关系"，以提高分析的明晰性、精确性和逻辑严密性，但也运用伽达默尔哲学诠释学方法。近现代以来的解释学一般有两种解释方法：忠实于经典文本的解释方法和基于文本又超越文本的诠释方法。具体到马克思主义与道德是否相容的问题上，马克思主义与道德不相容论通常采用对经典做语言性诠释的方法，并举出马克思批判道德的言论为证；马克思主义与道德相容论则多用脉络性诠释，即根据马克思主义理论体系的思想脉络来解读及合理延伸。佩弗虽未表明他采用何种研究方法，但声明他同意伍德"负责任的解释实践"，它包括：（1）文本事实；（2）能够基于文本之上的解释；（3）与文本相符合的思维上的延伸③。佩弗声称，他的任务是"合理重建"马克思主义的道德理论，即是在不违背文本基本精神的基础上的思维上延伸和脉络性解读。

那么佩弗是如何"重建"马克思主义的道德观的呢？综观其解释框架大致可概括为：一个价值基础、两种分析维度、三个核心概念、四层基本判断，

---

① ［美］R. G. 佩弗：《马克思主义、道德与社会正义》，吕梁山，等译，北京：高等教育出版社，2010 年，第 2 页。
② 同①。
③ 同①。

由此构成一个系统化的马克思道德观①。

一个价值基础，就是马克思在《黑格尔法哲学批判导言》中提出的"人是人的最高本质"这一价值判断。此外，马克思还有过"人的根本就是人本身""人就是人的世界"等论断，它包含"个人应该……""社会应该……"的价值评判。佩弗指出，与此相反的则是马克思在批判"异化"时经常使用"非人""非人化"等用语。就像"我思故我在"是一切推理确定无疑的第一前提那样，"人活当活好"也应该是人类肯定自身、发展自身的先决条件。康德曾提出"人是目的"这样的道德命题，马克思的理论原点也是"从肯定自身开始"。他批判资本主义只是"从私有财产开始的肯定"，而"不是真正的、从自身开始的肯定"，这导致了人的异化；而共产主义才是"对人的本质的占有"，所以"对异化的扬弃只有通过付诸实行的共产主义才能完成"②。在马克思看来，包括资本主义在内的以往各种社会形态都只是人类的"史前史"，只有实现共产主义才是真正的"人类历史"。这虽然是青年马克思的思想，但佩弗并不认为成熟的马克思因关注点转移便否弃了这一基础。他指出，《1857—1858年经济学手稿》是中年马克思的重要著作，但书中仍然把"建立在个人全面发展和他们共同的社会生产能力成为他们的社会财富这一基础上的自由个性"看作社会形态的第三阶段，即共产主义社会阶段③。在晚年写的《资本论》中，他仍把共产主义社会形式称为"自由人联合体"，认为它是"以每一个个人的全面而自由的发展为基本原则的社会形式"④。可见，马克思从青年到晚年存在着一条一以贯之的思想脉络。佩弗还引证美国教授艾伦·纳赛尔的观点说："马克思对资本主义所作批判的特征，坚实地扎根于那种承认与道德之间存在关联的自然主义传统"，"一种关于人的概念，而这种概念是衡量和批判一个人的存在的标准"⑤。乔治·布兰克特在《马克思与功利主义》一书中也说："马克思伦理学的一个核心特征就是人的尊严、人作为自身目的的这

---

① 说明：这个框架不是佩弗清楚地提出的，而是笔者根据佩弗解读马克思的思想脉络概括出来的。

② 中共中央马克思恩格斯列宁斯大林著作编译局：《马克思恩格斯文集》（第1卷），北京：人民出版社，2009年，第231页。

③ 中共中央马克思恩格斯列宁斯大林著作编译局：《马克思恩格斯全集》（第46卷上册），北京：人民出版社，1979年，第104页。

④ 中共中央马克思恩格斯列宁斯大林著作编译局：《马克思恩格斯文集》（第5卷），北京：人民出版社，2009年，第683页。

⑤ ［美］R. G. 佩弗：《马克思主义、道德与社会正义》，吕梁山，等译，北京：高等教育出版社，2010年，第109页。

一观念。"①

两种分析维度，是指历史的维度和道德的维度，它表现为"事实"与"应当"两种路向的分进合击。他先用"应当"检视"事实"，再深入历史、解释历史、寻求规律，力求让事实导向应当，认为马克思主义与道德不相容的观点曾指出唯物史观乃历史判断，没有道德判断。也有人认为，在马克思看来无论发展出什么样的社会结构（包括不合理的社会），其本身在道德上都是正当的。佩弗则认为马克思不是这样，马克思既有道德历史主义的观点，又"坚持用道德标准来判断社会制度"②。例如，中年马克思在评论中印等东方社会的文章中，他和恩格斯一方面从道德理性的角度对西方的侵略进行过猛烈抨击，另一方面从历史理性的角度充分肯定资本主义（与东方专制主义相比）的革命性和进步性。他们既从道德立场上强烈谴责英国侵略中国的战争"摧残人命和败坏道德"，是"极端不义的战争"；但又站在世界历史的高度清醒地指出，"问题在于，如果亚洲的社会状态没有一个根本的革命，人类能不能实现自己的使命？如果不能，那么，英国不管犯下多少罪行，它造成这个革命毕竟是充当了历史的不自觉的工具"③。佩弗认为，在马克思对西方资本主义的分析中，也没有把道德与历史割裂开来，或把事实与应当对立起来，他引证马克斯·韦伯的论点说："将一个理论或世界观的事实的或描述性-解释性的成分与其评价性或规范性的成分分离开来，可能会异常困难。"在反驳马克思主义是"纯科学"的观点时，他说："如果我们认为马克思主义是作为一个整体的马克思的世界观，而不是只是其描述-说明性成分，那么它就不是纯科学的。""即使一个人接受所有的马克思主义经验性理论，如果他或她不谴责资本主义，不颂扬社会主义以及（如果它应当是必要的话）社会主义革命，那么他或她就不能称作是马克思主义者。"④ 社会主义革命既符合历史趋势，也体现道德担当。

三个核心概念，佩弗认为，马克思的"道德观建立在三个首要的道德价

---

① ［美］R. G. 佩弗：《马克思主义、道德与社会正义》，吕梁山，等译，北京：高等教育出版社，2010 年，第 128 页。

② 同①，第 227 页。

③ 中共中央马克思恩格斯列宁斯大林著作编译局：《马克思恩格斯文集》（第 2 卷），北京：人民出版社，2009 年，第 683 页。

④ 同①，第 187 页。

值之上：自由（作为自我决定）（as self-determination）、人类共同体、自我实现"①。亦即从"人是人的最高本质"这个道德价值出发，批判资本主义异化劳动对人的自由的侵犯，再号召推翻这个不道德的社会制度，建立真正的人类共同体，以实现每个人自由而全面的发展，即自我实现。佩弗引用马克思的话说："人的类特性恰恰就是自由的有意识的活动"，而异化劳动却把这种关系颠倒过来。真正的个人自由允许个人利用（社会）手段实现他或她的天赋的最大潜能，但是自我发展的社会手段只有在真正的共同体中才能为个人所用。除非在发达工业社会中建立一个真正的共同体，否则绝大多数人无法具备真正的自我发展所需要的闲暇时间，以及物质文化资源；除非在一个真正的共同体中，否则个人不可能实现他最基本的潜能———一种所有人都会追求的潜能，所以自我实现只有在真正的共同体中才有可能②。主张马克思主义非道德论的艾伦·伍德认为，自由、自我实现这些价值只是非道德的善，不是道德的善。其实，这里关键在于如何定义道德，如果仅指狭义的道德，那么这三个价值也许属于非道德的善；如果指广义的道德，那么它们肯定可归入道德范畴③。佩弗认为，狭义的道德只涉及个人行为原则的善恶，而广义的道德还涉及社会安排的善恶。如果我们把道德原则界定为以考虑人的痛苦和幸福为基础来约束人的行为的普遍化规定，那么马克思的思想就渗透着道德判断和原则。如消除异化和剥削，创造一个自由、人类共同体和自我实现的社会就是对人的痛苦和幸福的考虑④。试问：如果道德的善不能促进非道德的善，那么它的意义何在？如果道德的善不是为了使人类社会和人民生活变得更美好，它不就成了剥削阶级的思想工具了吗？可见局限于狭义的道德定义是片面的。

四层基本判断，按逻辑顺序依次展开为：道德价值判断、历史规律判断、历史条件判断、道德义务判断。这四个环环相扣的环节构成了这样的逻辑关

---

① ［美］R.G. 佩弗：《马克思主义、道德与社会正义》，吕梁山，等译，北京：高等教育出版社，2010 年，第 3 页。

② 同①，第 64 页。

③ 在笔者看来，广义的道德又可包括"义务的道德"和"愿望的道德"（参见富勒《法律的道德性》，第 6 页）、"外指"的道德和"内指"的道德（参见包利民《现代性价值辩证论》，第 22-23 页）。马克思批判资本主义社会的不道德，其依据类似"外指"的道德，即根据外在环境合理与否来判断道德的善恶；马克思高度向往一个社会应该使人实现对人的本质的真正占有，即自我实现，这正是愿望的道德。所以主张马克思有道德观的阿罗诺维奇说："一个人如果没有发展他所具有的最主要的才能和能力，那么他就是一种道德上的浪费。"

④ 同①，第 219 页。

系：从对资本主义种种"非人"的经验性道德判断，进入到探寻其内在根源的历史规律判断的学理性层次，再对它进行现时性的历史条件判断，在条件成熟时则转入唤起无产阶级革命性的道德义务判断。

首先，从道德价值判断切入现实，展开对资本主义社会的分析。在马克思看来，资本主义的"异化"根源在于生产资料私有制占有，由此产生劳、资双方在生产关系和分配关系中的不平等地位，形成剥削和阶级对立，它使无产者作为一个人无法享有自我决定的自由，而处在被强迫、被奴役的地位。无产阶级在这种异化中则感到自己是被消灭的，并在其中看到自己的无力和非人的生存的现实。这个阶级，就是在被唾弃的状况下对这种被唾弃状况的愤慨，"这是这个阶级由于它的人类本性同作为对这种本性的露骨的、断然的、全面的否定的生活状况发生矛盾而必然产生的愤慨"①。在这里，马克思对无产阶级状况的愤慨其实就是一种道德价值判断！因为它与"人是人的最高本质"这个基本价值相矛盾。所以佩弗认为，即使马克思主义的描述—说明性的成分是科学的，它还是包含一套规范性的原则和主张。马克思不单单是在描述和解释社会现象，他还在颂扬和谴责各种不同的社会安排，并制订与这些颂扬或谴责相适应的行动路线。我们只需看一下《资本论》中描述和谴责资本主义社会中劳动阶级的生存条件，"就能确知马克思做出了规范性的而且实际上是道德判断"②。

然而，道德价值判断如果要为自己奠定一个"科学"基础，就必须深入到历史规律判断中去，即以"应当"观照"事实"，展开对唯物史观的规律分析。佩弗主张："凡是接受以下几点，以及赞同马克思的基本规范性政治立场的观点都应该被标上'马克思主义'：（1）马克思的阶级和阶级斗争理论；（2）马克思对资本主义在社会和经济方面的功能失常所做的分析；（3）他对共产主义的第一（低级）阶段所作的构想。"③ 由于资本主义社会中劳动阶级的生存条件与社会基本矛盾涉及整个社会的经济基础和上层建筑，这就使问题的追索导向唯物史观的社会基本结构分析和社会基本矛盾分析这个深层的领域。马克思指出：社会的物质生产力发展到一定阶段，便同它们一直在其中活

---

① 中共中央马克思恩格斯列宁斯大林著作编译局：《马克思恩格斯文集》（第1卷），北京：人民出版社，2009年，第261页。

② ［美］R. G. 佩弗：《马克思主义、道德与社会正义》，吕梁山，等译，北京：高等教育出版社，2010年，第188页。

③ 同②，第28页。

动的现存生产关系或财产关系发生矛盾。于是这些关系便由生产力的发展形势变成生产力的桎梏。那时，社会革命的时代就到来了。随着经济基础的变更，全部庞大的上层建筑也或慢或快地发生变革①。这就是历史规律判断。把它具体运用到资本主义社会的分析上便得出"两个必然"的著名论断："资产阶级的灭亡和无产阶级的胜利同样是不可避免的。"② 私有制、雇佣关系、剩余价值剥削、阶级斗争、无产阶级革命这些规范性概念在其逻辑链条中起到揭示历史规律判断的作用。但即使这一规律判断带有"科学"的性质，佩弗仍然认为它不是与道德判断无涉的。他说："社会或政治革命，如果对于适当的社会变革来说是必要的（并且是充分的），可以在道德上得到初始的辩护。"③ "马克思的思想中包含道德判断（至少隐含着）和道德原则这一点非常明确。"④

不过，"两个必然"的历史规律判断还是有条件的，它能否实现关键在于条件是否成熟。历史条件判断最经典的表述当然是"两个决不会"。马克思说过："无论哪一个社会形态，在它们所能容纳的全部生产力发挥出来以前，是决不会灭亡的；而更高的生产关系，在它存在的物质条件在旧社会的胎胞里成熟以前，是决不会出现的。所以人类始终只提出自己能够解决的任务，因为只有仔细考察就可以发现，任务本身，只有在解决它的物质条件已经存在或者至少在形成过程中的时候，才会产生。"⑤ 这就是马克思的历史条件判断。具体则表现为资本主义经济危机的激化和阶级斗争的加剧。卡尔·波普尔曾认为，马克思混淆了规律与趋势的区别，规律是无条件的，而趋势依赖于条件。波普尔是科学哲学方面的专家，他对科学规律的严密界定可能有一定道理。对此，佩弗认为，马克思所说的规律或趋势并不是绝对意义上的因果性或法理性规律，但事实上"马克思的历史唯物主义理论能够（且必须）根据他所称之为'规律'的趋势或倾向及某些先决条件来加以考虑"⑥。因为马克思确实是强调条件的，佩弗不但赞同马克思的历史条件判断，还赞同列宁等革命家所阐述的

① 中共中央马克思恩格斯列宁斯大林著作编译局：《马克思恩格斯文集》（第2卷），北京：人民出版社，2009年，第591—592页。
② 同①，第43页。
③ ［美］R. G. 佩弗：《马克思主义、道德与社会正义》，吕梁山，等译，北京：高等教育出版社，2010年，第2页。
④ 同③，第227页。
⑤ 同③，第592页。
⑥ 同③，第235页。

条件包括客观与主观两方面——"只有在同时满足资本主义危机的'客观'条件、在大部分被压迫阶级中发展出共产主义意识的'主观'条件,并且发生真正的革命运动的情况下,社会主义革命才会成功"①。

最后是道德义务判断,也就是说,当资本主义已经失去自己存在的历史依据、社会主义革命的条件已经形成时,道德价值判断就召唤我们负起道德义务,投身于革命运动之中。众所周知,马克思、恩格斯都坚决主张无产阶级只有解放全人类,才能最后解放自己。这有力地反驳了斯基论等人认为马克思反对道德而主张理性自利的观点。佩弗也认为所谓无产阶级维护自我利益的动机并不能单独满足参加革命的需要。他指出马克思、恩格斯、列宁、卢森堡等革命家皆不是工人出身,可见自身利益说不能充分说明问题,对资本主义的道德义愤和对革命运动的道德必要性的认识可能更重要。对此,他引用布坎南提出"免费搭便车"说来说明理性自利说不成立,其意是说:我虽然是无产阶级的一员,但革命是有风险的,即使我不参加,革命成功后我照样可以享受胜利果实;如果我参加革命而革命不成功,那么结果对我必定是不利的②。但布坎南认为,如果大家都这样想,都按照自身利益行事,净想免费搭车,那么革命就一定不会成功。事实证明,还是有许多革命者义无反顾地献身无产阶级革命事业。所以,只有在历史规律判断和历史条件判断的基础上,出于道德义务判断投身于有风险且未必符合自身眼前利益的革命事业,才会迎来社会主义事业的胜利。

总之,在这个链条中,唯物史观的科学性与道德观的价值性是完全相容并紧密联系在一起的。在马克思的思想脉络中,我们没必要硬性区分到底是道德优先还是历史优先,也不存在二者谁是谁非的问题,这四个环节在马克思的思想历程中是一个一脉相承又不断深化的过程。马克思说过:"哲学家们只是在用不同的方式解释世界,而问题在于改变世界。"③ 尽管"改变世界"是重心所在,但改变世界的实践却是以"解释世界"的认识为基础的,因此,"解释世界"有赖于历史规律的揭示,而"改变世界"则需要道德义务的担当!历史规律的揭示使它在学术上更有科学性;而道德价值判断又使它在舆论上更有

① [美] R. G. 佩弗:《马克思主义、道德与社会正义》,吕梁山,等译,北京:高等教育出版社,2010 年,第 240 页。

② 同①,第 222 页。

③ 中共中央马克思恩格斯列宁斯大林著作编译局:《马克思恩格斯文集》(第 1 卷),北京:人民出版社,2009 年,第 506 页。

动员力！正如阿罗诺维奇所指出的，资本主义往往通过自身的道德规范来声称自己的正当性，因此有必要"通过揭示马克思的自我实现道德，来动摇资本主义的正当性"①。

三、时代的沉思：马克思主义与道德相容性对中国的现实意义

作为一个拥护马克思主义的学者，佩弗著书既有他的学术追求，也有自己的政治诉求。在学术追求上，他试图"提供一套道德原则或标准来评价社会安排"，以便"判定哪些社会安排才是政治的、具有历史可能性的，以及——在这些具有可能性的安排中——哪个才是最符合这种充分的道德理论所提出的道德原则或标准的"②。他清醒地看到，争论马克思主义与道德是否相容决不是一个孤立的道德问题，而是牵涉社会理论和社会结构的问题。所以要关注社会的基本结构，因为正是这些结构决定着人们的生活前景。而他的结论是，资本主义的社会安排不符合马克思主义的道德理论或标准。

在政治诉求上，他又以马克思主义道德观和社会理论为依据，明确提出："如果我们忠于人们有权得到平等的关心和尊重这一观念的话，那就意味着这种权利可以扩展到对社会基本制度的设计之上，进而扩展到对政府政策和计划的设计之上。"他甚至还推出自己的社会建设方案——"民主的自我管理的社会主义"。他还说："我坚信，实行我所提出的在民主的自我管理的社会主义社会背景下的社会正义原则，几乎完全能够消灭或改善这些不平等的压迫形式。"③ 为此，他坚决主张："必须致力于阻止资本主义的复兴……发展民主的、自我管理的社会主义社会的国际联盟是所有马克思主义这所忠诚的事业，而反革命活动只会导致这项具有世界历史意义的事业的倒退。"④ 他还公开表示："社会主义——或者说民主的、自我管理的社会主义——在道德上优越于任何形式的资本主义，以及任何在当前历史时期下可能存在的社会形式。"⑤

---

① Hilliard Aronovich, *Marxian Morality*, Canadian Journal of Philosophy, Vol. 10, No. 3, September, 1980.
② ［美］R. G. 佩弗：《马克思主义、道德与社会正义》，吕梁山，等译，北京：高等教育出版社，2010 年，第 1 页。
③ 同②，第 15-16 页。
④ 同②，第 12 页。
⑤ 同②，第 29 页。

尽管他所推崇的民主的、自我管理的社会主义以古巴为范本是否合适仍可以商榷①，但他肯定社会主义、拒斥资本主义的政治立场却是无可怀疑的。就在福山1988年提出的"历史终结论"甚嚣尘上之际，在1989年苏东社会主义阵营遇到重大危机之时，他于1990年出版了这部批判资本主义和捍卫马克思主义的著作，坚持他的社会主义追寻，这一点还是难能可贵的。我们认为，中国作为当今世界社会主义的中流砥柱，如何在复杂的国际政治环境中坚持自己的理论自信和道路自信，佩弗的理论仍有值得我们借鉴之处。

佩弗对中国的社会主义改革事业非常关心，他指出："中国自1978年以来就开始了经济改革，它既包括对资本主义的分析（对资本主义的批判）的维度，传统马克思主义有这个维度，这个维度基本上是对的。"② 他虽然推崇共产主义，但还是清醒地看到："至少在不久的将来，只有社会主义——相对完全成熟的共产主义——才具有现实的历史可能性。所以只有社会主义——而不是共产主义——才是马克思主义者最需要为其论证的。"③ 可见，他注意到了理想与现实的关系。从这一点出发，对他所主张的马克思主义与道德具有相容性的问题，我们也应以现实的视角加以审视；但对我们来说，该问题的语境已从马克思时代转换到当代的社会主义的中国，故重心也应转到对今天的现实关怀上。从理论上看，在共产主义实现之前，道德还是国家上层建筑的组成部分。如果说马克思主义与道德不相容，那么像中国这样的社会主义国家的上层建筑难道应该拒斥道德？这显然是不可能的，因为它将丧失社会主义国家上层建筑的部分功能。社会主义只是共产主义的第一阶段，从实践上看，社会主义阶段需要有与它相适应的道德，因为中国现在还是一个适度匮乏的社会，佩弗在访问中国时也指出，中国人尤其是中国年轻人的物质主义非常严重。中央也高度重视道德滑坡的问题，习总书记曾经指出："真正的危机，不是金融危机，而是道德与信仰的危机。"在"十九大"报告中又指出："要深入实施公民道德建设工程，推进社会公德、职业道德、家庭美德、个人品德建设。"

佩弗虽然认为自由、人类共同体和自我实现是马克思道德观的基础和共产

---

① 他说："古巴的社会正义甚至比美国做得还好。""我的社会主义理论不是在美国也不是在其他资本主义国家而是在古巴得到了很好的实践。所以我坚信，社会主义会比资本主义更好地体现社会正义。"参见李达理：《社会主义的实践与前景——美国圣大亚哥大学罗德尼·佩弗教授对话录》，《经济研究导刊》，2010年第30期。

② 林育川：《分析马克思主义与社会正义——罗尼·佩弗访谈录》，《岭南学刊》，2015年第1期。

③ ［美］R. G. 佩弗：《马克思主义、道德与社会正义》，吕梁山，等译，北京：高等教育出版社，2010年，第13页。

主义的本质特征，但是我们应看到，三者对共产主义来说是作为"结果"存在的，而对社会主义中国来说，经过时代性与民族性转化却可以作为追求的"过程"存在。首先，"自由""平等"已成为我们今天正在践行的社会主义核心价值观，但对于像中国这样因社会变革而矛盾多发的国家，促进国家发展和维护社会稳定二者都非常重要。因此佩弗认为，既要做到"把基本权利原则（基本生存权的保障）视为优先于自由平等原则的第一原则"，又要做到"实现自由和民主权利应以不导致社会陷入严重的混乱以至危及民众的基本生存权为限度"①。其次，尽管"人类命运共同体"还是比较遥远的未来，但中国已提出切近当下现实的新形式，在 2017 年新年贺词中，习总书记向世界庄严宣布："中国人历来主张'世界大同，天下一家'，中国人不仅希望自己过得好，也希望各国人民过得好"，"我真诚希望，国际社会携起手来，秉持人类命运共同体的理念，把我们这个星球建设得更加和平、更加繁荣"。所谓"世界大同，天下一家"，在中国通常被看作共产主义社会民族化的表达形式；而"人类命运共同体"则是我们对当前世界责任的现实表达形式。最后，"自我实现"的价值诉求与我们的"中国梦"也有一定程度的契合，因为我们的"中国梦"不但是民族复兴梦，更是人民幸福梦。习总书记指出，"中国梦归根到底是人民的梦"，"生活在我们伟大祖国和伟大时代的中国人民，共同享有人生出彩的机会，共同享有梦想成真的机会，共同享有同祖国和时代一起成长与进步的机会，有梦想，有机会，有奋斗一切美好的东西都能够创造出来"②。这正是对马克思关于"自我实现"的人类理想的时代诠释和民族诠释。佩弗说过："我对中国的未来充满信心。"③ 而我们比他更有信心！

基金项目：2016 国家社科基金项目【16BKS085】；2017 华侨大学高层次人才启动项目【SKBS306】

（作者单位：华侨大学马克思主义学院）

---

① 林育川：《分析马克思主义与社会正义——罗尼·佩弗访谈录》，《岭南学刊》，2015 年第 1 期。
② 2013 年 3 月 17 日，习近平在第十二届全国人民代表大会第一次会议上的讲话。
③ 李达理：《社会主义的实践与前景——美国圣大亚哥大学罗德尼·佩弗教授对话录》，《经济研究导刊》，2010 年第 30 期。

后现代文论对主体性的解构与反思

罗伟文

对文学主体性的解构是 20 世纪 90 年代后中国学界发生的重要学术转向，它标志着文学研究范式由现代向后现代的转型。这一动向颠覆了新时期确立的主体性文论，也带来了文学理论建设的困境。因此，深入研究文学主体性理论的解构史，对于推动当下文学理论的建设具有重大的意义。

一

文学主体性理论的最早理论阐释者是刘再复，1985 年，他在《文学评论》发表了长文《论文学的主体性》，该文以近代主体性哲学为根基，对文学主体性进行了富有激情和想象的阐述。刘再复从受动性和能动性两个方面对主体做了概念界定，认为受动性是人和动物共有的属性，能动性指主体所具有的创造性。他将主体性原则运用到对文学活动的阐发中，揭示了文学的主体性。他认为，文学主体性包含两层内涵：人的实践主体性，即"把人看作目的"；人的精神主体性，即人的"能动性、自主性和创造性"①。以此为理据，刘再复阐述了他的文学主体性理论的三个构成：创造主体、对象主体和接受主体。创造主体是指"作家的意志、能力、创造性的全面实现"；对象主体是指人物形象享有"独立活动的内在自由的权利"；接受主体是指读者"发挥审美创造的能动性"②。可以说，主体性理论构成了刘再复理论运思的阿基米德点，通过这一基点的奠基，刘再复确立了人在文学实践中的核心地位，从理论上回应了"文学是人学"的时代主题。

---

① 红旗杂志编辑部文艺组编：《文学主体性论争集》，北京：红旗出版社，1986 年，第 4 页。
② 同①，第 24—35 页。

刘再复关于文学主体性的论述，引发了当时学界激烈的学术论争。以陈涌为代表的一方对刘的文学主体性持批判和否定态度，甚至认为该主张背离了马克思主义；而赞成一方则肯定该文的合理性和学术意义。杨春时发表了《论文艺的充分主体性和超越性——兼评文艺学方法论问题》一文，回击陈涌，为刘文辩护。杨春时的这篇文章写得严谨而富有学理，从马克思主义实践论的角度论争了文学的主体性，从而成为阐发和丰富文学主体论的重要文献。杨春时指出，文学主体性的哲学依据是马克思主义的实践哲学，因为实践正是人有目的地改造世界，发展人的本质力量并使世界人化的主体性活动。而文艺作为人的"自由的精神生产"活动，必然对象化着人的本质力量，从而打上主体性的印记。另外，杨春时还敏锐地发现了文学的超越性品格，并将它作为文学主体性的一种本质规定。人类凭借主体的超越性"才能够不断改造历史条件和自身，把历史推向前进，也提高着主体性"[1]。

文学主体性的倡导者的核心观点是：文学是一种体现人的本质力量的对象化活动，发挥和实现着主体的创造性。这些论者建构其理论的哲学资源是近代的主体性哲学。主体性乃是现代性的根基。如哈贝马斯所言，在现代，西方社会的诸多方面都"体现了主体性原则"[2]。笛卡尔是主体性原则的第一个哲学阐释者，他以"能思的我"确立了人在认识活动中的主体地位。康德强调先验自我在认识中的主动建构性，他以"人为自然立法"的思想高扬了人在认识中的能动性和自由性。黑格尔将绝对精神视为永恒存在的实体，实体通过正、反、合的辩证运动将主体性呈现出来。青年马克思以实践规定人的本质，认为实践中"人化自然"的过程确证了自己的本质。可以说，他们的哲学都属于主体性哲学，主体性哲学催生的美学同样重视人的主体性。康德、黑格尔、青年马克思都将审美看成人的自由本质的体现，这些思想是近代启蒙理性孕育的结晶。而20世纪80年代的中国思想界，其主导的时代精神正是启蒙理性，李泽厚就是以启蒙理性为指引建构他的主体性实践哲学的。李泽厚主体性思想的两个重要来源是康德的先验论和马克思的实践观。对于这一点，刘再复有敏锐的洞察，他说，李泽厚对"马克思的实践哲学和康德主体性哲学"做了一次重大的嫁接尝试。遵循马克思《1844经济学—哲学手稿》的思路，李泽厚也以实践论证美的本质，认为美的本质可看成人的本质的最完满展现。马

---

① 红旗杂志编辑部文艺组编：《文学主体性论争集》，北京：红旗出版社，1986年，第209页。
② 哈贝马斯：《现代性的哲学话语》，南京：译林出版社，2004年，第22页。

克思的手稿中的美学诗学以及其阐释者李泽厚建构的主体性美学，是文学主体性论者依据的主要理论根据。他对人的主体性的热情张扬，对主体在实践活动中能动性和创造性的积极肯定，都在文学主体性论争中得到了回响。刘再复坦言，我是借用了李泽厚的主体性实践哲学来理解文学本质的。

文学主体性理论是顺应新时期的启蒙需要而提出的，它本质上隶属于启蒙主义的文论体系。这套文论体系从根本上颠覆了机械反映论文论，推动了文学观念的变革，在中国文学理论史上具有划时代的意义。反映论文论是由苏联传入的理论体系，它以反映论作为文学思考的哲学基点，认为文学是对现实的客观反映，强调文学对意识形态的附属地位，而忽视了文学创作中人的主体地位。杨春时对这套体系做过精辟的论析，他说，反映论文论是一个二元论的体系，既讲反映论又讲意识形态论。两者的一个共同点就是"抹杀文学的个体主体性，反映论排除了主体，人成为反映现实的工具；意识形态论排除了个体主体，因为意识形态是集体的价值规范，个体要受到它的支配，所以前苏联文学理论是非主体性的"①。反映论文论的缺陷阻碍了文学的现代发展，主体性文论正是要破除这个障碍。因此，在文学主体性论争之后，主体性文论事实上获得了主流地位，从而推动了中国文论的发展。

但是，随着时代的发展，文学主体性理论隐含的局限日益明显，它表现在这样几个方面：首先，主体性文论预设了一个绝对主体作为终极根据。文学主体论者将人塑造为自由的主体，是世界和文学的"立法者"。作为文学活动，主体通过对象化的创造，把自己的意志对象化为文学形象，作者成了文学活动的终极根据。实际上，从本体论上说，主体不是独立的存在，更不是终极根据，主体只是存在的一方，他不能排除对象世界的存在。其次，主体性哲学隐含的主客对立的思维方式。主体性文论以主客对立的方式来对待审美这一精神现象，认为主体可把握客体、创造客体，进而获得自由。从根本上说，主体与世界的关系不是主客对立的关系，更不是主体征服客体的关系，主体性不能获得真正的自由。在本体论上，主体与世界是一种共在，它们只能通过彼此沟通、交流而获得同一性，进而获得自由。审美活动不是主体性活动，而是一种主体间性活动，客体通过提升为主体的方式实现了与主体的合一，并且进入自由境界。正是由于文学主体性理论的这些局限，在20世纪90年代，它遭到了后现代主义的质疑和解构，从主流位置上滑落下来。

---

① 杨春时：《关于文学的主体间性的对话》，《南方文坛》，2002年第6期，第14-23页。

二

我国当代文论对文学主体性的解构，其哲学建基于后现代主义。后现代主义是 20 世纪 60 年代西方形成的一种哲学、文化思潮，伴随着整个社会工业化的快速发展，现代化进程中产生了诸多的负面效应，理性的权威动摇，现代主义让位于后现代主义。后现代主义批判现代性，以身体性解构理性，以他者性解构主体性。受此影响形成的后现代主义文论对主体性文学理论进行了全面的反思，从而颠覆了现代美学和文学理论。20 世纪 80 年代，由于市场经济和全球化的出现，后现代主义被引进中国，随即成为当代中国文论理论变革的重要推动力。于是，当代文论开始消解主体性，走向后主体性文论。后现代主义批判主体性哲学的一个重要策略是消解主体，它宣称：主体不是个自足的实体，而是一个幻象。福柯论证说，人这个知识概念只是"近代的发明"，他将如海边沙滩的脸庞被抹去①。福柯认为，主体是权力话语规训的产物，是在奴役与支配中被建构起来的。詹姆逊也指出，主体的瓦解和灭亡将成为后现代这个社会的文化病症。由于主体观念的嬗变，文学理论中对文学活动主体的言说也发生了改变。罗兰·巴特在《作者之死中》直接喊出了作者之死，他说，"是语言而不是作者在说话"。巴特断言了作者作为文本意义垄断者地位的终结，认为写作是没有主体的一种拨弄语言的表演。福柯在《什么是作者》一文中说，作者不是文本的主宰和独立创造者，而只是一种"功能体"。福柯消解了作者的上帝式权威，只认同他的话语操作功能。"必须剥夺主体（及类似主体）的创造作用"，把它作为讲述的功能体来分析②。西方后现代主义文论对作者的探讨，一个突出特征就是对作者主体性的消解。随着作者权威的丧失，它的话语生产功能得以突显。我国的当代文论，借用了后现代主义的思想资源质疑和解构文学的主体性，并且形成了主流思潮。南帆是参与和推动这一转变的代表者，他对作者的定位不是置于理性权威，而是置于语言中心。南帆认同后现代主义对主体的理解，认为是符号决定了主体、构成了主体。因此，言说主体不具有超越的抽象属性，他不可能避开关系网络的限制。南帆说："言说主体存活的关系网络是整个社会关系的组成部分，这表明意识形态以及各种权力、利

---

① 福柯：《词与物》，上海：上海三联书店，2001 年，第 506 页。
② 赵毅衡：《符号学文学论文集》，天津：百花文艺出版社，2004 年，第 523 页。

益必将强有力地介入主体的形成。"① 不存在抽象的绝对主体，主体存在于某种关系网络之中，我的思想倾向、知识兴趣甚至对"客观性"的理解都受制于这个网络。当代文论中出现的作者退隐，话语功能凸显的研究策略，都是文学研究中作者主体性消解的必然产物。它意味着，作者的主体性承担的不再是"立法者"，而是话语的生产者。王岳川则认为，"非主体性"是 90 年代中国时代精神的典型征候，世界中的"人"已抽空了他的主体内容，徒剩有限的形式。

后现代主义批判主体性哲学的另一个策略是颠覆主客对立的二元论思维模式，它认为，二元对立的概念预设是形而上学的虚构。主客二分模式是主体性哲学的产物，它起始于笛卡尔的"我思故我在"这个命题。思和思的对象被形而上学地区分为两个相互独立的实体，导致了主客体的二元对立。后现代主义从不同的角度对主客二分的思维模式进行了剖析。福柯指责笛卡尔的"第一原理"必然造成主客、心物的二分，对理性主体的强调导致了非理性癫狂的遗忘。德里达反对近现代哲学主客关系下的二元对立模式，指出我们面对的一系列二元对立项"不是面对面的和平共处"，而是在价值论上、在逻辑上有着森严的等级②，必须用颠覆的手段，在适度的时机解构这些二元对立。后现代主义将二元论看成西方思想走入迷途的根源，这一运思方式给中国当代理论家造成强烈的心灵冲击，他们将它作为突破主体性文论信守的二元对立模式的利器。一些学者批判道，二元论通过设立与自我对立的孤立世界，然后通过主体的各种能力去控制和征服它，表现在美学（文论）上则是将艺术看作人的对象化产物，并以此来解释审美的内在特征。从主客对立的认识论出发，审美被等同于知识问题。文学的使命被规定为认识外在的世界，从根本上抹杀了审美和认识的本质区别。在后现代主义的启悟下，一些理论家试图以存在论的一元论拒斥认识论的二元论，促使主体性文论发生了革命性的变革。朱立元认为，人与世界的源初关系不是彼此对立的，而是主客不分的生成构成关系。他批判主体性美学（文论）将美看成一个有待认识的现成对象，说这是二元对立思维下必然产生的观念。相反，他认为美产生于人的审美实践活动中，只有通过审美的活动，"美才能存在，才能现实地生成"，因为美是"人生在世"

---

① 南帆：《关系与结构》，长春：吉林出版集团，2009 年，第 18 页。
② ［法］德里达：《多重立场》，余碧平译，北京：生活·读书·新知三联书店，2004 年，第 48 页。

的一种状态①。张弘则指责实践美学（主体性美学）的运思根据是主客二分模式，这一模式导致了人与世界的硬行割裂，使美学深陷困境。张弘主张美学应实现认识论向存在论的超越，在他看来，"存在意味着人与世界的同一"，它能有效克服因主客二分而生成的世界图像。审美"是人在世界中的体验，是存在于世的一种方式"②。当代文论家对二元论思维模式的颠覆，标志着对审美自身特征阐释的深入。

后现代主义还以差异性原则瓦解主体性哲学信奉的同一性原则，它宣称，要用对世界的差异理解代替对它的同一把握。由同一性原则催生的本质主义坚信实体是决定万事万物的本质，具有超历史的永恒性。表现在知识学上，则是设置一元本质论，确信世界的绝对真理。后现代主义批判根源于启蒙理性的同一性原则，极力倡导差异的世界概念。德里达创造性地使用了延异这个概念来取消普遍有效的本原形而上学，破除人们对世界拥有终极认识的幻想。他说，延异是诸差异的本原，因此，"本原之名对它不再适合了"③。延异永远地推迟了本原在场的可能性，使对本质的追寻成为不可能的奢望。福柯以话语分析理论坚定地破除了人们对本质主义的迷信，认为那些看似"求真"的普遍真理，实际上只是依照规则运作的话语实践。追问本质必然会导致凸显某些话语而同时压抑另一些话语。后现代主义对超历史的永恒本质的批判，为中国当代理论家反思美及文学的本质提供了新的视野。他们坚决解构本质主义将美或文学确立为普遍、固定的实体，认为这是脱离语境抽象地研究文学理论问题。正如杨春时所说，当代文论解构了主体性文论对文学本质的理解，因为它认为文学"不是普遍，永恒人性的表现，而是意识形态或话语权力的构造"④。一些思想前卫的学者同样解构主体性文论对文学的论说，他们指出，与反映论一样，主体性文论也是本质主义的，因为它主张文学体现着人的本质，是人性或人的本质的表现。陶东风批评说，20世纪80年代中期的文学主体性和自主性的诉求被看成了"本质化、普遍化、无条件的真理"，其实，这种普遍真理并不存在，它是与当时的整个历史境域密切相关的。他借助福柯的事件化理论，认为任何普遍真理都可以还原为一个特殊事件。因为任何真理"都是特定的人在

---

① 朱立元：《走向实践存在论美学》，《湖南师范大学学报》，2004年第4期，第41-47页。
② 张弘：《存在论美学：走向后实践美学的新视界》，《学术月刊》，1995年第8期，第85-92页。
③ ［法］德里达：《延异》，朱立元主编《二十世纪西方美学经典文本》（第3卷），上海：复旦大学出版社，2001年，第499页。
④ 杨春时：《后现代主义与文学本质言说之可能》，《文艺理论研究》，2007年第1期，第11-16页。

特定的时期出于特定的需要与目的从事的一个事件"①。南帆认为，自己编写《文学理论》就是要拒绝本质主义，而围绕文学的诸多问题考察它的具体历史关系。当代文论对主体性文论关于文学本质言说的废止，拓展了人们的理论视野，在文艺学领域激起了一场旷日持久的"本质主义和反本质主义的论争"。

当代文论紧跟后现代主义对主体性哲学的反思脚步，对主体性文论导致的作者权威、主客对立及本质迷信进行了质疑和解构，有其合理性。主体性文论毕竟是启蒙理性催生的文论范式，具有前现代性的特征。奠基于其上的主体性哲学，既无法克服自身理论上的矛盾，又无法摆脱现实上的困境。当代文论以解构为武器，消解了主体性文论存在的根本问题，在一些重要问题上获得了深刻的洞见：作者不是凌驾一切之上的绝对权威；二元对立的认识论无法解释文学活动的特征；文学的单一本质观遮蔽了文学的丰富性。这些洞见打破了中国文学研究中主体性文论一枝独秀的封闭局面，推动了文论研究同现代西方的衔接和对话，促进了文学理论的创新发展，具有重要的学术意义。

三

当代文论在解构主体性文论的弊端方面具有深刻的意义，值得肯定。但它同时也引发了一些不能回避的重要问题：是否随着主体概念的终结，作者之死会成为必然；是否意味着二元对立的认识论模式的消解，文学的意义言说就不可能；是否随着本质问题的解构，文学本质必然变成一种历史叙述。当代文论在解构中存在的虚无主义倾向，引起了学界有识之士的忧虑。有学者就此提出，文学研究中的解构应该有它的限度，有些重大问题是不可解构的，因为它是一门学科存在的根基。当然，如果一切都成为虚无，那么解构也将丧失它的深层旨趣。在这股反思潮流中，杨春时建构的主体间性文论具有特别的建设性和启发性。

有感于当代文论运用后现代主义资源存在的缺失，杨春时十多年来一直进行着深度的反思，其思想执着和学术韧劲在学风浮躁的当下尤其显得珍贵。他说："如何合理地接受后现代主义，并且在当代条件下进行文学理论建设，成为一个需要认真研究的重要的、现实的问题。"他先后发表和出版了一系列的反思文章和专著，综观这些研究成果，一个鲜明的学术原则贯彻始终，那就是

---

① 陶东风：《大学文艺学的学科反思》，《文学评论》，2001 年第 5 期，第 97-105 页。

"后现代主义能够和已经解构了什么，不能和没有解构什么"①。杨春时将他的致思视野置于整个西方哲学发展的历程中，为我们梳理出了实体性—主体性—主体间性的发展脉络，显示了宽阔的运思视野和学术自信。他认为，应从现代哲学而不是后现代主义那里寻找反思主体性的哲学基点，提炼出了"主体间性"这个核心概念作为建构新理论的基石，提出以"主体间性"超越"主体性"的创新命题。杨春时的理论反思，在哲学基点的重建、运思策略的改变和人文科学方法的变革三个方面具有重要的价值。

哲学基点的重建：以主体间性代替主体性。产生于启蒙时代的主体性哲学，已无力回应现代社会多元分化造成的困境。杨春时明确指出，主体性哲学肯定启蒙理性，推动了历史的进步，但它本身有三大缺陷：一是将自我预设为根据，这个绝对主体是构造、征服世界的"法官"；二是拘囿于认识论，将人与世界、人与人的关系还原为主客体的关系，忽视主体与主体间的关系；三是从认识论角度理解精神现象，不能解决认识如何可能的问题。建基于其上的文学理论形成了相应的三个鲜明特征：文学是自我的确证、文学是关于客观世界的知识、文学是对客体的把握。那么，如何解决后主体性文论带来的理论问题呢？杨春时认为，主体间性哲学"可以成为中国现代文学理论建设的基点"，它比主体性理论拥有更多的合理性，因而，实现主体性向主体间性转型具有必然性。理由有二：首先，从西方现代哲学的发展来看，狄尔泰提出的精神科学方法论和胡塞尔的主体间性概念，已经表明西方哲学"完成了由主体性向主体间性的转化"。其次，从生存本身的特点来看，自由的生存"是主体间的共在，是自我主体与对象主体间的交往、对话"②。由主体性向主体间性的哲学转向，意味着主体性不再是存在的本质规定，而是主体间性成为存在的本质规定，因为主体间性是存在的同一性的体现。在杨春时看来，主体间性是哲学本体论的规定，因为"存在不是主体与客体的对立，而是主客不分、物我一体的生活世界"，这就是说，存在是自我主体与世界主体的共在。这样，主体间性理论有效地克服了主体性理论的缺陷，"解决了认识何以可能、自由何以可能，以及审美何以可能的问题"。建基于其上的美学、文学理论也就拥有了理解文学的新哲学范式，使文学的性质富有了新的含义："文学是本真的（自由

---

① 杨春时：《后现代主义与文学本质言说之可能》，《文艺理论研究》，2007年第1期，第11-16页。
② 杨春时：《文学理论：从主体性到主体间性》，《厦门大学学报》，2002年第1期，第17-24页。

的）生产方式""文学是自由个性的创造""文学达到对生存意义的领悟"①。这三个含义更符合文学作为一种精神现象的固有特征，更能揭示文学的审美本质。因此，文学研究基点的主体间性转向，是文学理论自身现代发展和走向成熟的历史必然。

运思策略的改变：从解构到建构。主体论哲学持守实体论本质，坚信有超越历史语境的绝对真理。后现代主义取消了实体本质，认为任何关于实体、本质、绝对真理的言说都是没有意义的。表现在文学理论上，后现代主义文论彻底推翻了主体性文论宣称的文学本质观，认为将文学看成人的本质的体现实际上是把主体设想为脱离历史语境的独立存在，而这样的主体是不存在的。但后现代主义否定一切确定真理的虚无主义倾向引起了学界的警醒。杨春时对此做了辩证的论析，他既肯定了后现代主义对实体性本质的否定，认为解构文学的实体性本质是它的历史贡献；同时又指出后现代主义的本质不可言说的虚无主义缺陷。他认为，后现代主义取消了关于世界的本质可以言说的可能，走向绝对历史主义的谬误，也否定文学的超越性本质。杨春时充分吸纳了西方现代主义的发展成果，提醒人们注意西方思想中出现的建构主义走向。他肯定以大卫·格里芬为代表的"建设性的后现代主义"在大力解构形而上学的同时，又以建构的方式寻求超越现代性的道路，致力于新的理论体系的重建。这就启示我们，虽然解构了形而上学的实体本体论，但并没有取消它提出的问题，这个问题可以在现代哲学的基础上重新给予解答。杨春时对反本质主义的限度及新的本质言说的可能性做了创造性的阐释。他指出，后现代主义批判实体性本质，但并不意味着本质的取消。因为仍"存在超越性的本质。这个本质不再与现实世界具有同一性，不再决定和阐释现实事物的性质，而是对现实存在的超越，是对现实存在的反思、批判。这就是说，反对实体论的本质主义，主张存在论的本质主义，这才是对反本质主义的正确理解"②。由于实体论转化为存在论，虽然"作为形而上学的实体论的文学本质被解构了，但是，作为存在方式的文学本质却没有被取消"。正是在存在论的基础上，文学的本质有了新的内涵。文学作为一种自由的生存方式，其本质"是超越性的审美本质"。这种运思策略的改变，使文学本质具有了重新言说的空间。

人文科学方法的变革：从认识到理解。主体性哲学基于认识论，将主

---

① 杨春时：《文学理论：从主体性到主体间性》，《厦门大学学报》，2002年第1期，第17—24页。
② 杨春时：《后现代主义与文学本质言说之可能》，《文艺理论研究》，2007年第1期，第11—16页。

体——客体的认知模式视为人文科学的方法论，这样，世界就成了主体认识、征服的对象。后现代主义从语言的角度解构了人们能认知世界的自信，它认为语言不是人们认识的工具，而是能指的无休止的游戏。体现在文学理论上，主体性文论遵循主客认知模式将文学活动理解为主体对世界的认识、征服，在学科形态上，它与科学一样都以主体支配客体的结构模式建构自己的知识体系。后现代主义却解构了这种认知模式，认为它只是能指的游戏，永远不会有确定的内容。后现代主义在破除主体性文论的知识和语言有效性方面有其贡献，主体构造客体的认识论已难以解释文学活动。但它同时也有自身的理论局限，文学成了无根、无意义的活动。这就需要对其局限进行反思，并以主体间性的模式重塑人文科学的方法论，使人文科学形成适合自己的独特方法论。在这点上，杨春时有着清醒的学理自觉。他综合了狄尔泰、伽达默尔、巴赫金等人在精神科学领域中的创新性成果，消解了以自然科学为范型的认知模式，努力探索人文科学方法论。杨春时把主体间性理论运用于建构人文科学方法论，他指出，精神现象有区别于物质现象的独特性，它不是认知，而是理解。他说，"只有把文学看作精神现象，归属于人文学科，用人文科学的方法研究，才能真正确证文学的审美本质"①。采用科学认知的方法只能把握物，却不能理解人。理解人只能通过同情的体验，以互为主体的方式看待自己和他人才能达成。这就意味着，精神现象的目标是理解，关注的是主体与主体之间的关系，强调在"我"与"你"的同一中实现感同身受的理解和沟通。因而，文学与科学认识不同，"它不是面对客观世界，而是面对主体世界；不是对物的把握，而是对人的理解；不是关于客观世界的知识，而是对人的精神世界的体验"。人文科学的使命不是认识世界，而是诠释世界。以此视阈重新审视文学活动，文学则呈现出是其所是的应有面貌。文学"通过与对象主体（文学形象）的沟通来达到对他人和自我的认同，从而对人生有了深刻的体验"②。正是以主体间的相互理解作为人文科学的新模式，"文学是人学"才具有了新的意义。

（作者单位：集美大学文学院）

---

① 杨春时：《文学理论：从主体性到主体间性》，《厦门大学学报》，2002 年第 1 期，第 17-24 页。
② 同①。

后现代美学批判与审美形而上学的重建

——兼论《作为第一哲学的美学》的美学体系

管雪莲

西方哲学、美学具有形而上学的传统。形而上学的形态包括古典形而上学、近代形而上学、现代形而上学等，它们体现了不同历史时期的哲人对终极真理的思考。黑格尔说："一个有文化的民族竟然没有形而上学——这就像一座庙，其他各方面都装饰得富丽堂皇，却没有至圣的神那样。"① 但是，后现代主义全面反形而上学，后现代美学走上了一条"形而下"之路，美学的超越性丧失。面对这样的情况，超越后现代主义，重建审美形而上学变得非常必要。

一、西方美学的形而上学传统

我们首先来看古典时期的形而上学。形而上学的原文是"metaphusika"，意为"物理学之后"，也叫"第一哲学"。按照亚里士多德的界定，这个物理学之后的第一哲学，其任务和使命就是研究"存在"本身，或说研究"实是"本身。亚里士多德认为："有一门学术，它研究'实是之所以为实是'，以及'实是由于本性所应有的禀赋'。这与任何所谓专门学术不同；那些专门学术没有一门普遍地研究实是之所以为实是。它们把实是切下一段来，研究这一段的质性；例如数学就在这样做。现在因为我们是在寻取最高原因的基本原理……所以我们必须认清，第一原因也应当求之于实是之所以为实是。"② 正因为这个原因，亚里士多德明确地把第一哲学列为最高的学术，高于专门的理

---

① ［德］黑格尔：《逻辑学》（上），杨一之译，北京：商务印书馆，1981年，第2页。
② ［古希腊］亚里士多德：《形而上学》，吴寿彭译，北京：商务印书馆，1995年，第56页。

论学问物理学、数学、神学，更高于那些具体而专门的生产技术学问。

亚里士多德对作为第一哲学的"形而上学"性质的界定，以及逻辑方法的演绎，在西方文化思想史上都具有重大意义。但形而上学体系的最初建立者却并非是亚里士多德，而是柏拉图。海德格尔甚至说："一切形而上学（包括它的反对者实证主义）都说着柏拉图的语言。"① 柏拉图的形而上学体系继承的是巴门尼德对"存在"与"非存在"的二分法，只是他的提法是"本体"和"现象"，"本体"是"存在"，现象是"非存在"。本体，这个最高之实是，在柏拉图哲学中称之为理念（eidos），是一种抽象的实体。这个抽象实体是一切事物的最高原因和本原，也是具体的美的事物的本原。根据这种本体论概念，柏拉图区分了美的事物（beautiful things）和美本身（beauty in itself）。他认为，在许许多多具体事物变化着的美之外，必定存在着一个绝对的大美，"本质的大美的范式，是绝对的大美，它不是供眼睛去看，而是'只被心灵'在概念上把握（《斐多篇》65，75d）"②。柏拉图反对模仿的艺术，因为那些艺术本末倒置，它们所模仿的是具体的事物和对象，而不是直接通过心灵去直观和领悟到真理与大美。这种真理与大美实际上也是理性的极致比例和完善的形式秩序，所以美闪耀着理性的光芒，绝对的大美就闪耀着绝对的理性的光芒，是充分澄明的。

中世纪的形而上学用"上帝"这个实体改造了柏拉图主义的"理念"，上帝成为本体，上帝也意味着永恒和完善。奥古斯丁和托马斯·阿奎那都认为，完整和完善是美，反之则是丑。奥古斯丁认为："美源自于整一、比例、秩序……因此，它们以不同的程度存在着，直到宇宙作为一个整体的美以及神之美。"③ 托马斯·阿奎那也基本继承了奥古斯丁的思想，他同样认为"美"源自整一、源自"在"，具体的万事万物的美是不同程度的存在了整一、比例、秩序，构成了形式上的整体感与和谐，并让人愉悦。

从古希腊到中世纪，对终极神秘的客体世界的探讨哲学的主题，形成了实体本体论哲学。实体本体论哲学有两个根本性的缺陷：第一是客体性，实体性的存在排除了主体，主体在存在之外，这显然不合理；第二是独断论，实体不

---

① ［德］马丁·海德格尔：《面向思的事情》，陈小文、孙周兴译，北京：商务印书馆，1999年，第81页。

② ［美］门罗·C. 比厄斯利：《西方美学简史》，高建平译，北京：北京大学出版社，2006年，第17页。

③ 同②，第71页。

可见，它之被确定只是一种臆断，并没有可靠的方法。所以近代以后，实体本体论被主体论所取代，古代形而上学被近代形而上学所取代。近代哲学从怀疑实体本体论开始，要考察主体的认识能力和界限，从而建立了主体性哲学。笛卡尔把"我思"作为哲学的出发点。在《谈谈方法》一书中他说："我发现，'我想，所以我是'这条真理是十分确定、十分可靠的，怀疑派的任何一条最狂妄的假定都不能使它发生动摇，所以我毫不犹豫地予以采纳，作为我所寻求的那种哲学的第一条原理。"① 这样，理性主体取代了传统形而上学的实体。康德、黑格尔等延续了这一路线，他们仍然设定了一个与现象界相对的本体界，只不过这个本体界不是客体性的，而是主体性的超验的世界。

在近代主体性哲学的基础上，建立起主体性美学体系。鲍姆加登将美学命名为感性学，认为美是感性认识的完善，它低于理性。而康德是"第一位使审美理论变成一个哲学体系整体的组成部分的现代哲学家"②，他承认先验本体的存在，认为："形而上学知识这一概念本身就说明它不能是经验的。形而上学知识的原理（不仅包括公理，也包括基本概念）因而一定不是来自经验的，因为它必须不是形而下的（物理学的）知识，而是形而上学的知识，也就是经验以外的知识。这样一来，它就既不能根据作为真正物理学的源泉的外在经验，也不能根据作为经验心理学的基础的内在经验。所以它是先天的知识，或者说是出于纯粹理智和纯粹理性的知识。"③ 他把美看作从现象通往本体的中介，从经验世界通往先验世界的桥梁；审美判断是主观的、经验的，但它却能够达到一种普遍有效性。康德在批判了传统形而上学的独断论后并没有放弃形而上学，而是试图从主体性角度重建形而上学。正如海德格尔所说："作为主体性形而上学，现代形而上学……不假思索地认为，真理的本质和存在解释是由作为真正主体的人来规定的。"④ 黑格尔沿着康德的思路，继续强调真实的东西不仅应该被理解并表述为实体，而且应该被理解并表述为主体。所以他说的"美是理念的感性显现"，理念既有着在主体的历史中经验地展开的部分，也有着向抽象实体的绝对精神永恒轮回的部分。总之，近代形而上学

① ［法］笛卡尔：《谈谈方法》，王太庆译，北京：商务印书馆，2011 年，第 27 页。
② ［美］门罗·C. 比厄斯利：《西方美学简史》，高建平译，北京：北京大学出版社，2006 年，第 185 页。
③ ［德］伊曼努尔·康德：《未来形而上学导论》，庞景仁译，北京：商务印书馆，1982 年，第 17-18 页。
④ ［德］马丁·海德格尔：《尼采》（下），孙周兴译，北京：商务印书馆，2002 年，第 824 页。

把客体性的实体转化为主体性的实体，从而延续了形而上学传统。

近代主体性形而上学哲学和美学建构了启蒙理性（现代性）大厦的基础部分，但也显露出了其缺陷：第一，是主体论。把客观世界作为主体的构造物，这显然有问题。在美学领域，无视人与世界的和谐关系，仅仅强调审美的主体性，美成为自由意志的产物，这也明显不合理。第二，是理性主义。不仅主体被理性化，而且主体与世界的关系也被理性化。这不仅夸大了理性的能力，掩盖了其弊端，而且抹杀了非理性，使人成为理性的支配物。在美学领域，理性主义导致对审美的贬低，审美成为低于理性的感性活动（鲍姆加登），或感性到理性的中介（康德），或理性的初级形式（黑格尔）。显然，这个结论是有问题的，它抹杀了审美的超越性。这就预示着近代哲学和美学必将被否定，让位于现代哲学和美学。

黑格尔之后，叔本华、尼采等颠覆了近代形而上学，继而产生了以存在主义和现象学为代表的现代哲学。存在主义哲学克服了近代哲学从自我出发构建世界的弊端，批判了理性，也抛弃了实体观念，不管是客体性的还是主体性的实体观念。它以"实存"为本体，实存是生存的本质，是主体（此在）在世界中的超越性存在。存在主义认为，生存是异化的存在，而实存则回归了存在。由于实存是主体的选择，因此存在哲学并没有彻底摒弃主体性，而是主体性哲学的另外一种表现形式。另一方面，胡塞尔开创了现象学，通过理性直观而把握本质。海德格尔、萨特等把它改造为哲学方法论，通过生存体验来领会存在的意义。这样，现象学与存在论就重建了现代形而上学体系。

在现代形而上学的基础上构建了审美形而上学体系，主要有海德格尔、萨特代表的存在主义美学，以及因加登、杜夫海纳等代表的现象学美学。他们认为审美体现了自由的生存，它超越现实，具有本真性，可以领会存在的意义，从而形成了审美主义哲学。现代美学虽然重建了审美形而上学，但是，由于实存哲学没有克服主体性的弊端，也由于把存在看作"是"（being），没有与传统形而上学彻底割裂，导致实存缺乏本体论的根据，而成为自我的任意选择。而现代审美形而上学也缺乏本体论的根据，无法摆脱主体性的痼疾，最后被后现代主义所摧折。

二、后现代美学对形而上美学的否定

后现代主义哲学和美学举起了反形而上学的旗帜，首先是取消本体论。后现代主义认为，柏拉图肇始的逻各斯中心主义，划定了本质（实体）与现象（属性）的二元对立，成为形而上学的基础。针对这种形而上学，德里达建立了解构主义，反对本质主义，以能指的游戏否定了所指的实在性，以意义的延异否定了意义的确定性。福柯从话语权力的角度取消了真理，认为知识即权力，一切事实都是话语权力的建构。应该指出，后现代主义对形而上学的反拨具有一定的道理。它瓦解了实体性的绝对本质，揭示了现实意义的相对性。但是，后现代主义的致命缺陷在于，它以反对形而上学的名义取消了本体论，使意义的规定失去了根据，从而走向了相对主义和虚无主义。在解构主义的大旗下，一切都可以解构，一切本体论都烟消云散，一切关于本质的言说都被取消。于是，哈贝马斯谈到了"同一性消解"，汉娜·阿伦特谈到了"公共性缺失"，利奥塔谈到了"元叙事衰亡"。这些概念都说明，后现代把终极、永恒的本体解构之后，意义被相对主义和虚无主义拆解而导致了迷茫、混乱。

后现代主义反对本质主义带有两面性，一方面实体论的本质主义应该否定，但另一方面，存在论的本质主义不能否定。存在是生存的根据，也规定了现实事物的本质，尽管具有相对性。如果否定存在，那么一切生存活动都失去了依据和规定性，从而就陷入了相对主义和虚无主义。对此，汉娜·阿伦特评述说："当人们不再相信事物按它们本来所是的样子显现时，真理作为显露（revelation）的概念变得可疑了，随之而来的是怀疑从前坚信的启示的上帝（a revealed God）。'理论'这个概念也改变了意义。理论不再意味着一个以可理解的方式连贯起来的真理体系，其真理本身不是被制造出来的，而是被给予理性和感性的。理论在相当程度上演变成了现代科学理论，一种有效的假言命题系统，它随着产生的结果而变化，其有效性不取决于它'显露'了什么，而在于它是否'起作用'。在同样的过程中，柏拉图的理念也丧失了他们照亮世界与宇宙的自明力量。"[①] 汉娜·阿伦特在这里所描述的情况，揭示出了形而上学破产后，后现代社会及其知识体系分崩离析的状态，而缺乏终极意义的整合。她认为，在理论生产方面，还是应该重新继承自柏拉图以来至海德格尔的形而上学传统。

后现代主义美学包括解构美学、生活美学、身体美学等流派，它们都强调不存在形而上的美的本质，把审美形而下化，归结为身体欲望活动或者消费性

---

① ［美］汉娜·阿伦特：《过去与未来之间》，王寅丽、张立立译，南京：译林出版社，2015年，第34页。

的日常生活。秉承德里达的解构主义和福柯的权力哲学，后现代美学提出反本质主义，认为艺术无所谓本质，本质是形而上学的概念；关于艺术本质的观念不过是一种地方性、历史性的知识，而知识只是权力的形式。它认为，没有普遍的艺术本质，每一个时代都有特定的艺术本质观，这不过是一种意识形态的构造，绝非真理。反本质主义否定了事物具有绝对的本质，这在现实领域是合理的，但在超越现实的本体领域就不合理了。但是，审美属于超越现实的自由领域，审美的本质就是自由，这是绝对的。而后现代主义否定本体论，也就否定了审美的自由本质。

生活美学秉承新实用主义和文化研究理论，反对审美超越论，认为审美不过是一种消费性的日常生活。它们批判康德的审美非功利性，以及审美自律性的思想，主张审美的功利性、他律性，取消审美的边界。新实用主义代表罗蒂认为，真、善、美是由某些人群的信念和行为决定的，都没有确定的本质，因此，应该用"我们对美能够了解什么"代替"美的本质是什么"的问题。这是因为，审美判断并不是根据抽象的原则即所谓美的本质，而是根据其效用。他还认为，审美"提供的是娱乐而不是真理"[1]。所以，要以"文化政治学""取代本体论"[2]。生活美学在中国影响最大的是"日常生活审美化"（The aestheticization of everyday life）的理论，关于这个问题还展开了一场讨论。"日常生活审美化"这个命题，是英国学者迈克·费瑟斯通提出来的，后来在中国形成了一股潮流，成为主张消除艺术与生活边界的后现代美学之一种。生活美学否定审美的特殊本质，把审美等同于日常生活，实际上是一种审美取消论。审美固然与社会生活密切相关，而且日益渗透到日常生活中去，但是，审美绝没有被日常生活同化，日常生活也没有被审美同化，二者的差异是本质性的。日常生活属于现实领域，具有异化的性质，而审美属于自由的领域，具有反异化的性质。因此，不是日常生活审美化，而是日常生活异化，审美超越日常生活、反思和批判日常生活，揭示生存的真正意义。

身体美学秉承福柯的身体性理论，福柯主张通过审美进行"自我呵护"，以排除理性对身体的压迫。新实用主义的舒斯特曼更提出了身体美学的命名。身体美学把审美建筑在身体性上，它否定意识与身体的二分法，认为身体与意识是同一的。这实际上在强调意识与身体的同一性的同时，否认了意识与身体

---

① ［美］理查德·罗蒂：《后哲学文化》，黄勇译，上海：上海译文出版社，2004年，第74页。

② ［美］理查德·罗蒂：《后形而上学希望》，张国清译，上海：上海译文出版社，2003年，第197页。

的差异性，是把意识降格为身体，从而取消审美的精神性。它把审美定位于感官享乐，是身体欲望的满足，虽然为消费性的大众文化提供了根据，但也取消了审美的精神性、超越性和自由性。审美体验固然离不开身体欲望，但绝不等于身体欲望的满足。审美作为自由的活动，具有精神性，并且把身体性提升到精神的高度，从而实现了身体性与精神性的同一。

由此可以看出，后现代主义美学实际上取消了美学，因为审美的精神性、超越性、自由性是其本质属性，取消了它们也就取消了美学本身。这样的话，美学就失去了对庸俗、低级社会文化现象的批判能力。因此，反思后现代美学，重建具有责任感的现代美学，成了当代学者亟须应对的问题。而其中的关键，就是重建美学本体论，也就是重建审美形而上学。这是对美学的拯救，使美学获得新生。埃克伯特·法阿斯在《美学谱系学》中论道："如果美学通过反面，即通过过度强调它对于身体、性欲、生物学、遗传学和进化论，试图取代在传统上对它的过度知性化的话，那么任何未来的美学就不会取得成功。"[①]笔者同意法阿斯的这个判断。当代美学建构固然要反思批判自柏拉图以来的传统形而上学，但形而上学本身不能取消，只能在现代条件下重建。未来的美学显然不是后现代主义所谓的无本质的、身体性的、消费性的形而下美学，而是新的具有形而上性质的现代美学。

三、重建审美形而上学

在今日美学界，虽然后现代主义风头正劲，但其相对主义和虚无主义弊端已经显露，美学面临的形而上缺失问题已无法回避。值得注意的是，在反形而上学的众声喧哗之中，杨春时先生坚定主张要批判地继承形而上学的遗产，重建审美形而上学。他认为："重建现代美学的一个重要问题，是如何看待形而上学的遗产。"[②] 他的新作《作为第一哲学的美学——存在、现象与审美》就是一部逻辑缜密、体系庞大的系统之作，创造性地建构了一个审美形而上学体系。杨春时先生的理论可以作为重建审美形而上学的重要思想资源和理论依据。在他看来，美学应该守住审美主义理想，以自身的形而上学属性发挥救赎功能，解决现代人的精神困顿问题。他明确提出自己的思路是：

---

① ［加］埃克伯特·法阿斯：《美学谱系学》，阎嘉译，北京：商务印书馆，2011 年，第 549 页。
② 杨春时：《作为第一哲学的美学——存在、现象与审美》，北京：人民出版社，2015 年，第 3 页。

应该克服破坏性的后现代主义的弊端，否定实体论的本质主义；也否定非本质主义，建立超越性的本质观，确立存在论的本质主义。应该否定实体观念，建立存在本体论，即存在不是实体，而是我与世界的共在；存在不是有限的、现实的、在场的，而是绝对的、超越的、不在场的。存在论的本质主义，就是肯定存在的本真性、同一性。从美学角度说，就是否定审美的实体性本质，肯定审美的超越本质、自由本质。所谓美不是实体或实体的属性，不是经验对象，而是一种超越性的意义，是存在的现象显现。审美是存在意义的显现，这个意义就是自由。后现代主义以反本质主义为由，否定审美的超越性、自由性，这是其根本弊端。①

如何重建审美形而上学呢？杨春时先生在《作为第一哲学的美学》一书的封底上写着："审美是自由的生存方式，因此美学是确定的存在论。审美领会了存在的意义，因此美学是充实的现象学。美学不是哲学的附庸，而是第一哲学。"② 这段简洁明了的美学宣言，提出了在后现代之后的新美学纲领。它在系统地批判继承西方审美形而上学传统的基础上，重建了审美形而上学。

按照杨春时先生的思路，重建审美形而上学的关键在于重建和打通"存在论"和"现象学"。存在论经历过实体本体论、主体本体论、实存本体论，但都没有正确地规定存在，这是一个根本问题。他认为，存在就是我与世界的共在，是生存的根据，而这一根本规定突破了有史以来的存在论，"具有哥白尼革命的性质"。他认为，存在具有本真性与同一性。所谓本真性是指存在是生存的根据，生存是有限的存在，存在是超越的生存，当生存实现了超越性时，存在就在场了。存在的第二个规定是同一性。同一性是指我与世界的共在，它体现为生存的主体间性，而充分的主体间性关系只有在审美活动中才得到实现。在这点上，他吸收和改造了胡塞尔的主体间性概念，把认识论的主体间性改造为本体论的主体间性。他说，主体间性哲学"不再把世界看作实体、客体，而是把世界看作另一个主体，并从主体与主体间的关系来考察存在。……存在成为主体之间的交往、对话、体验，从而达到相互之间的理解与

---

① 杨春时：《作为第一哲学的美学——存在、现象与审美》，北京：人民出版社，2015年，第11页。
② 同①，封底。

和谐"①。

如何从现实生存进入存在呢？杨春时认为，途径只有一个，那就是审美。他认为，审美不是感性活动，不属于现实生存，审美是自由的生存方式和超越的体验方式，它能够通过审美超越而进入本真的存在；它能够通过主体间性而实现存在的同一性。如此，审美就把现实生存提升到自由的生存，也就是进入了存在。

杨春时认为，生存同时也是体验自身，因此审美不仅是自由的生存，还是超越的体验方式；它超越现实体验，也超越现实意义，而领会存在的意义。他论证说，审美意义就是存在的意义，这个意义就是自由。审美体验不能仅仅看作一种心理现象，而是真正的现象学。要重建现象学，并且打通存在论和现象学，就要从审美体验入手。在《作为第一哲学的美学》中，现象学被改造成了把握存在的哲学方法论，其途径就是进入本真的生存。他说："存在的意义要通过本真的生存领会，而生存又要被存在所规定。"② 他区分了两种现象学：一种是"缺席现象学"，根据存在缺席的生存体验，领会存在的意义，从而建立"推定存在论"；另一种是审美现象学，审美体验是真正的本质直观，它可以通过审美意象（现象）把握存在的意义，因此是"充实的现象学"和"确定的存在论"。

海德格尔说，现象学是把握存在的哲学，他认为"存在论与现象学不是两门不同的哲学学科，并列于其他属于哲学的学科。这两个名称从对象与处理方式两个方面描述哲学本身。哲学是普遍的现象学存在论；它从此在的诠释学出发，而此在的诠释学作为生存的分析工作则把一切哲学发问的主导线索的端点固定在这种发问所从之出且向之归的地方上去了"③。也就是说，现象学是面向存在、把握存在的哲学，在诠释此在的时候是以存在为其发问所从之出且向之归的。但杨春时先生认为海德格尔的现象学并不能真正通达对存在的领悟，因为此在对自身的领会并没有超越自身（现实），仅仅获致现实意义，而非存在的意义，即使面对死亡也是如此。只有审美体验才真正实现了"本质直观"，从而"使审美成为真正的现象学'还原'，使审美意象成为存在的显

---

① 杨春时：《作为第一哲学的美学——存在、现象与审美》，北京：人民出版社，2015 年，第 75 页。

② 同①，第 81 页。

③ ［德］马丁·海德格尔：《存在与时间》，陈嘉映，等译，北京：生活·读书·新知三联书店，2000 年，第 31 页。

现——现象，并且最终使美学成为现象学"①。

现代美学中蕴藏着审美现象学的思想资源，杨春时的美学汲取了哲学思想资源，并且进行了根本性的创造。盖格尔说："只有在直接的审美体验中，在审美直观中，在快乐和享乐中，研究这种个别的、独一无二的侧面的方法才是既定的。"② 杜夫海纳也认为："审美经验在它是纯粹的那一瞬间，完成了现象学还原。"③ 正是在这些思想的启发下，《作为第一哲学的美学》才改造了现象学和现象学美学。值得提出的是，杨春时区分了现象学美学和审美现象学。他认为，现象学美学是运用现象学方法来获取美的本质，其代表是因加登；而审美现象学则是以审美体验来进行现象学还原，领会存在的意义，其代表是后期的海德格尔和杜夫海纳。后期的海德格尔抛弃了从此在出发的生存论，而从"本有"出发，通过诗性的语言，构建了一个"诗意地安居"的审美形而上学。杜夫海纳从现象学美学走向审美现象学，以审美体验来把握存在。杨春时创造性地继承了这些精神遗产，系统地重建了审美现象学。具体来说，"就是改造现代美学，由实存论美学转向存在论美学，由先验现象学美学转向审美（超越）现象学，由本质主义哲学转向审美主义哲学，由主体性美学转向主体间性美学，由意识美学转向体验美学"④。这样，审美现象学就打通了存在论，从而重建了审美形而上学，并且使美学成为第一哲学。

（作者单位：集美大学文学院）

---

① 杨春时：《作为第一哲学的美学——存在、现象与审美》，北京：人民出版社，2015年，第31页。
② ［德］盖格尔：《艺术的意味》，艾彦译，北京：华夏出版社，1999年，第38页。
③ ［法］杜夫海纳：《美学与哲学》，孙非译，北京：中国社会科学出版社，1985年，第54页。
④ 同①，第3页。

美学探讨
与话语建构

刘小新
杨健民
郑海婷
主编

·下册·

Aesthetics

江苏大学出版社
JIANGSU UNIVERSITY PRESS
镇江

目　录

第三辑

中国当代奇幻文学的"三重回旋结构"

赵臻

20世纪以来，人类世界发生了天翻地覆的巨变，不仅仅体现为经济上全球一体化进程的加速，更体现为文化上后现代主义文化的出现和深化。受此思潮影响，对人类自启蒙以来的理性、对人的主体性地位进行的彻底的质疑和反思，导致了西方文化中一直"潜形"或"遮蔽"的奇幻文学"显形"，形成了声势浩大、深入社会生活方方面面的奇幻文学思潮（Fantasy）。它是一种尚未定型的新的文学类型，在托多罗夫的《奇幻文学导论》中它处于两种文学的分界线上①。值得注意的是，奇幻文学与好莱坞影视文化工业的结合，凭借着好莱坞文化工业的卓越影响力和塑造力，将奇幻文学影响扩展到了全球范围，在好莱坞《指环王》系列、《哈利·波特》系列等巨制的影响下，形成了世界范围内的"奇幻文学"热潮。

中国当代奇幻文学受此影响，产生了特殊的中国当代奇幻文学类型。中国当代奇幻文学影视是受好莱坞奇幻文学影视的"催生"。《指环王》（第一部）成为国内引进的第一部好莱坞奇幻文学巨制，它无形中为中国当代奇幻文学划定了时间的起点。本文所言的中国当代奇幻文学是指自2001年至今，在内地上映的以超自然力量或世界为描绘对象，具有现代性自我意识的影视文学作品。现代社会早已进入"图像时代"，影视文学的传播成为"图像时代"最具代表性的文学形式。因此，本文论及的中国当代奇幻文学主要涵盖了如下17部作品，即9部电影：《情癫大圣》（2005年）、《画皮》（2008年）、《功夫之王》（2008年）、《白蛇传说》（2011年）、《新倩女幽魂》（2011年）、《画壁》（2011年）、《画皮Ⅱ》（2012年）、《西游·降魔篇》（2013年）、《悟空传》

---

① Tzvetan Todorov. *The Fantastic：A Structural Approach to a Literary Genre*. translated by Richard Howard，Robert Scholes. New York：Cornell University Press，1975，p41.

（2017 年）。8 部电视连续剧：《仙剑奇侠传》（2004 年）、《宝莲灯》（2005 年）、《欢天喜地七仙女》（2005 年）、《巴啦啦小魔仙》（2008）、《仙剑奇侠传 3》（2009 年）、《花千骨》（2015 年）、《青云志》（2016 年）、《三生三世十里桃花》（2017 年）。本文拟以这些为样本，探讨中国当代奇幻文学所呈现出来的两个维度和"三重回旋结构"。

一、中国当代奇幻文学的两个维度

笔者认为，中国当代奇幻文学就其自身维度而言具有儿童文学维度与青春文学维度，这两个维度的产生直接被其接受来源所决定。换而言之，中国当代奇幻文学从接受来源来分大致分为儿童文学维度与青春文学维度，前者以日本文学为代表，后者以欧美文学为代表。

儿童文学维度　就中国当代奇幻文学的接受来源而言，这一维度的奇幻文学主要来源于日本。就日语中对"Fantasy"（译为奇幻或幻想）一词的演变而言："幻想一词在日本是明治到大正年间（即 1868—1926 年）作为英语 Fantasy 一词的译语出现的。而现在，由'幻想'而衍生出来的幻想文学这个词汇在日本无疑是最具争议性的一个名词。一方面，它成为众矢之的，被冠以'一个暧昧而陈腐混沌的概念'而遭到围剿。60 年代初以石井桃子为首的一群深谙欧美文学的年轻人愤怒地亮出了'泛达袭'这面旗帜……幻想文学这个词汇只是在日本的成人文学的书刊上苟延残喘。它是彻底地从儿童文学中销声匿迹了，取代它的是泛达袭。"① 日本幻想文学研究者肋明子指出："有这样一种倾向，即以成人为对象的被称之为幻想文学，而属于儿童文学领域的则一概被冠之以泛达袭的名义。"②

国内较早从事此方面研究的主要代表为朱自强和彭懿，二者都受到日本文学的深刻影响，朱自强在《小说童话：一种新的文学体裁》一文中将之称为"小说童话"③，后来又将它译为"幻想小说"，对此朱自强自叙道："自 1992 年发表论文《小说童话：一种新的文学体裁》以来，我一直将 Fantasy 作为幻想型儿童文学的一种文体来理解和把握。我认为，世界儿童文学表现幻想的文

---

① 彭懿：《西方现代幻想文学论》，上海：少年儿童出版社，1997 年，第 4-5 页。
② 同①，第 5 页。
③ 朱自强：《小说童话：一种新的文学体裁》，《东北师范大学报》（哲学社会科学版），1992 年第 4 期。

体的发展史，经历了从民间童话（Fairy tale）到创作童话或曰文学童话（Literdrary fairy tale）再到 Fantasy（我曾将其译为'小说童话'，现在译为'幻想小说'）这样三个阶段。在 Fantasy 的发源地的欧美，它就是被作为一种文学体裁来确立的。"[①]

此后，彭懿 1995 年在《儿童文学研究》第 1 期上发表了"泛达袭的方法"[②] 译文，建议直接使用"泛达袭"的音译。之后，其在《西方现代幻想文学论》与《世界幻想儿童文学导读》中使用了"幻想文学"的译法[③]。此外，有学者提出以好莱坞迪士尼为典范，将儿童幻想文学文化产业化的倡议和提法[④]。此维度注重了奇幻文学的儿童文学维度，这一维度下对中国当代奇幻文学的研究成果不多，研究上有后继乏力之感。这方面影视文学作品也不是很多，具有代表性的作品主要有电视连续剧《巴啦啦小魔仙》等。

青春文学维度 中国当代奇幻文学在具有儿童文学维度的同时，也有青春文学的维度，这一维度的产生主要来源是欧美。好莱坞大片《指环王》系列、《哈利·波特》系列在中国的热播，使得 2005 年成为中国"奇幻文学元年"，催生了不少中国当代奇幻文学影视作品，如《画皮》《画皮Ⅱ》《白蛇传说》《情癫大圣》《新倩女幽魂》《画壁》《西游·降魔篇》《悟空传》《仙剑奇侠传》《宝莲灯》《欢天喜地七仙女》《仙剑奇侠传3》《花千骨》《青云志》《三生三世十里桃花》等。可以说，中国当代奇幻文学的青春文学维度是中国当代奇幻文学的主流，它主要由网络文学、网络游戏和影视作品构成，三者之间的界限不是固定的，而是互相转化的，比如《仙剑奇侠传》就是根据网络游戏改编而成的电视剧，《青云志》《悟空传》就是根据网络文学《诛仙》《悟空传》改编的影视作品。

值得注意的是，国内对中国当代奇幻文学的研究缺乏本质性把握，缺乏中国当代奇幻文学的儿童文学维度和青春文学维度的把握，偶有旁涉也是将其视为互不牵涉、互不相关的存在，更遑论将其作为一个有机整体的来研究和讨论。本文认为，中国当代奇幻文学出现上述两个维度并非偶然，它是现代性所锻造的"自我意识"的"三重回旋结构"的一部分，只有把握了中国当代奇

---

① 朱自强：《中国儿童文学史论》，南昌：二十一世纪出版社，2015 年，第 289 页。
② 方卫平：《中国儿童文学大系·理论（四）》，太原：希望出版社，2009 年，第 120 页。
③ 彭懿：《西方现代幻想文学论》，上海：少年儿童出版社，1997 年，第 4-5 页；彭懿：《世界幻想儿童文学导读》，南昌：二十一世纪出版社，1998 年，第 12-13 页。
④ 王泉根：《中国幻想儿童文学与文化产业研究》，大连：大连出版社，2014 年。

幻文学的"三重回旋结构"，才能有效地解释和理解中国当代奇幻文学的这两个维度，以及呈现出的奇幻文学类型。

二、中国当代奇幻文学的"三重回旋结构"

中国当代奇幻文学呈现出儿童文学、青春文学两个维度，是现代性以来所锻造的主体自我意识自我运动、展开的必然结果。换而言之，自我以特殊的方式体现、实现着自我意识的展开，这种自我意识的特殊性在于，自我一方面是物理时间和空间里的生物，另一方面是在自我意识中可以"超越"时间、空间的限制，以独特的方式经历着自我的时间和空间。

对此，美国著名神学家、社会思想家尼布尔指出："自我是处于时间和空间里的不同客体中的一个客体。在某些特定的时间中，在某些特定的空间里，自我也有特定的存在。时间和空间、年龄和环境这些条件，很大程度上规定了自我的特征。但自我也确实地超出所在的时间和空间。正如霍金所主张的，自我处在时间之中，同时在自身之内也包含着时间。通过记忆和预见，人超越给定的时间，因此在存在的一个向度上超越了当下的时刻。在某一向度上，它同时也是没有空间的。自我的自我意识，在一个特定的有机体里发展。但自我在某个向度里是非空间的。它的想象自由翱翔在它所处的时间和空间的边界上。但更为重要的是，更要注意到，从根本上讲，自我意识是非空间的。"①

自我意识对时空的超越能力，体现在文学中便表现为对时间、空间等的"重新叙述"和"塑形"。这在中国当代奇幻文学中表现得尤为明显，中国当代奇幻文学的实质是现代性所锻造的自我在"意识"中重新塑造"自我"、深化"自我"，为自我"证明"的叙事行为，它往往通过对以往超自然世界的重新理解和叙事，来建立自我历史根基，力图从"历史"中"推陈出新"，使得历史与自我之间达成一致，世界与自我之间达成一致，这种一致是以"古为今用、洋为中用"为原则的。

如果我们将中国当代奇幻文学视为一种特殊的"意象"，这种意象的出现则并非偶然，正如萨特指出，"意象是一种意识类型"②，这种"意象"是以

---

① ［美］莱茵霍尔德·尼布尔：《自我与历史的戏剧》，方永译，上海：上海三联书店，2018 年，第 19 页。

② Jean-Paul Sartre. The Imaginary: *A Phenomenological Psychology of the Imagination*. New York: Routledge, 2010, p5.

特定的方式出现的，就中国当代奇幻文学而言，笔者认为，中国当代奇幻文学是现代性意识，或者更确切地说是舍勒所言的"死"意识的体现，舍勒认为："死乃是一种经验之前的，一种对关于任何现实生命程序的变化不居的内容的一切观察和归纳经验而言经验之前的连续生命程序和有关这一程序的内在意识的每个任意的（逐步的）阶段的结构，包含着在此阶段中可以发现的那个内容的三个独特的延展向度。这三个延展向度就是：某物的直接的目前、过去和将来，即 X、Y、Z（内容可变）。并且在其中有三种相应性质不同的行为方式（X、Y、Z 三个向度即在其中被给予）：直接直觉、直接回忆和直接期望。我们拥有过去，我们拥有将来——这不是推论出来的，后者仅仅根据原初的包含于'目前'中所谓的'期望形象'或'回忆形象'的象征功能而做的单纯判断……无论是直接回忆的内容还是直接期望的内容，都是作为对我们目前的体验起作用的东西（而非作为先行的概念）而被给予的。"①

舍勒还进一步指出，由于客观时间决定了"死亡意识"，其"总内容"G②是固定的，它分布在每一个不可分的时间点上，"在每一个不可分的时间点上，都有一个如此分布的总内容，即 G（总内容）= V+G+Z。但每一个内容成分都有一个范围（V 有 U，G 有 U1，Z 有 U2）。在这些'范围'中，分布着在客观时间的每个时刻被体验到的东西的当下总范围 G。这个'总范围'随着人的发展而增长。在每一个瞬间，纯粹直观的目光都涵摄了这一增长着的总范围 G 及其变化着的内容。不过，这一总范围是随着生命程序的客观伸展而在一个独特方向上重新分布的。这个独特方向又是一种特殊的体验材料。在过去（V）这个向度上的内容的范围和这一过去内容的被体验的、直接的后继作用是不断地增长的，同时，在直接的将来（Z）这个向度上的内容范围和这一内容的先行作用，则是不断消减的。这两个范围之间的目前之范围，可以说越来越强烈地受到了'挤压'。也就是说，与那种在每一个瞬间被体验而给予的生命及其后继作用的量一道，体验能力的量也减少了，一如它在直接的生命期望中出现的那样。在那里，独一无二的目前存在之范围，从一个客观时间点到另外一个时间点，变得越来越小，尽管总内容增长了。这一点在特别显著的阶段区分中是十分清楚的：对儿童来说，目前乃是极其缤纷多彩的存在的一块广

① 马克思·舍勒：《爱的秩序》，孙周兴，等译，北京：北京师范大学出版社，2014 年，第 13-14 页。
② 舍勒认为"死亡意识"的总的内容公式为 G＝V+G+Z，其中 V 指过去，G 指当前，Z 指将来，参见马克思·舍勒《爱的秩序》，孙周兴，等译，北京：北京师范大学出版社，2014 年，第 15 页。

阔而明亮的场地。但随着生命程序的每一个伸展，这块场地日益缩小。它在后继作用和先行作用之间，变得越来越狭小、越来越局促。对少年和青年来说，他所体验的将来犹如一条宽广明亮、前程无量的灿烂大道，一个具有'体验能力'这种体验形式的巨大的活动空间，它由愿望、渴望和幻想描绘出丰富多彩的形态。但随着每一个生命区段，随着已经历的东西、并且作为已经历的东西而在其直接的后继作用中被给予的每一个生命区段，尚可体验的生命的这种活动空间明显地变得狭小了。他的生命能力的活动空间日益失去其丰富多彩的特性，直接的后继作用压力变得越来越大。"①

　　换而言之，这种"死亡意识"是自我意识对"终有一死"的感觉和把握，通过对"死亡"的确定，反身实现自我对自我意识的感知与把握，这种意识本身具有过去、现在与未来三个向度，其总的内容是过去、现在和未来三者之和。然而，在生命的不同阶段，它所采取的方式是不同的，其所呈现出的对过去的向度与将要拥有的未来的向度也是不同的。

　　这其实是一种自我成长和觉醒的自我意识，正如柏格森在《时间与自由意志》中所指出的，人所感受到的时间，本身是意识的绵延，在意识的绵延中，过去、现在和未来三者叠加在一起，"意识所觉到的内在绵延不是旁的，只是意识状态的互相融化以及自我的逐渐成长"②。由于我们先天的习惯会将其内在的绵延在客观时间和空间中转化为前后相继的阶段，同时，由于意识本身的绵延，以及意识本身有对"终有一死"的把握，使得其以内在的方式把握和体验着"将来"，这必然带来这种意识如舍勒所言的在过去、现在和未来三个向度上产生不同的区别。

　　这种区别与生命的自我生长是互相适应的，也正是基于此，中国当代奇幻文学的本质为现代性所产生的自我意识或"死亡意识"在过去、现在和未来三个维度上呈现，它必然表现为自我回旋着的三重意识结构，即死亡意识 G（总内容）= V+G+Z，重心分别在过去、现在和未来的自我意识。由此带来了中国当代奇幻文学的三种"类型"，即童真（儿童）类型、青春类型和"移情"（成年）类型。值得注意的是，前两种文学类型是中国当代奇幻文学的主要形式，第三种文学类型是"隐含"的文学形式。三者都是现代性锻造的"死亡意识"的"分形"，共同构成了中国当代奇幻文学的"三重

① 马克思·舍勒：《爱的秩序》，孙周兴，等译，北京：北京师范大学出版社，2014 年，第 15-16 页。
② 柏格森：《时间与自由意志》，吴士栋译，北京：商务印书馆，2009 年，第 72 页。

回旋结构"。

就童真（儿童）文学类型而言，它是以未来占主导，即在 G（总内容）=
V+G+Z 中，过去、现在占了生命中的一小部分，其面前有着极为灿烂的、缤
纷多彩的世界。同时，这一时期的自我意识成长经历着人类自我成长的过程，
它带有原始思维或神话思维的特点，其最为重要的是将自我与万物视为一体，
以某种方式（如魔法的方式）实现自我世界的整一。童真文学类型主要体现
的是现代性初萌之时自我意识与万物尚未完全分化的状态，该种文学类型主要
通过对人（主要为儿童）与世界之间的超自然实践，实现着自我与世界的
"原始"的同一。

就青春文学类型而言，这种文学类型以现在占主导，在 G（总内容）=
V+G+Z 中，过去虽然消逝，但是未来仍有较大空间，它面前的世界虽没有儿
童文学类型那般灿烂，但是前景仍是光明的。更为重要的是，作为日益成长的
自我意识，它不再满足于自我对超自然力量、超自然世界的服从，而是力图通
过自我的努力，对原有的超自然力量进行控制，并在某种程度上对其进行修
改，以自我融入的方式将其作为自我意志的表现。这种现象突出地表现在中国
当代奇幻文学影视作品中对传统文化"禁忌"即"人神之分""人妖殊途"的
文化设定的颠覆与重新书写，它主要体现在电视剧《宝莲灯》中对"旧天条"
的反抗和颠覆，将禁止神人相恋的"旧天条"，置换为允许神人相恋的"新天
条"。《画皮》《画皮Ⅱ》《白蛇传说》中对"人妖殊途""人妖之恋"为"不
伦之恋"的重新书写，将对其的否定叙事演变为肯定叙事。这种青春文学类
型是一种对以往旧的历史文化传统的重新叙述，通过这种自我重叙行为，获得
自我的合法性和自我的意志的凸显行为。

作为"移情"（成年）型的文学类型，不同于前两种文学类型，如果说
前两种类型的中国当代奇幻文学是将自我意识融入其中，成年文学则是一种
自我"移情"的文学。它本身也是包含在 G（总内容）= V+G+Z 中，但其
是以过去占主导，由于其生命历程中的过去占了多数，未来已经无多大可
能。同时，由于现代性的不断推进，使得个体的自我不断原子化，人与世
界、人与他人之间的断裂逐渐加深，人失去了自我以外可以依凭的东西，包
括未来，未来不再与进步相互联系，未来失去了其应有的价值，正如鲍曼指
出的："正是'未来'因不可信、不可控而遭到谴责、嘲笑成为失信者的时
候，也正是'过去'成为可信者的时候。'过去'成了（真正的或公认的）

值得信任的对象。"①

值得注意的是，这种情况的出现有着极其重要的现实原因，这一点正如鲍曼指出的，随着现代性的深入，许多工作岗位被电脑、机器人所取代，"生存之路道阻且长。据我所知，很多研究结果都认为，作为'千禧一代'的年轻人，现在已经进入劳动力市场，却面临成人后的自力更生的挑战，更面临着寻找体面的、满意的、令人满足的和被认可的社会地位的挑战……绝大多数'千禧一代'认为，他们未来的生活条件会不断恶化，而不是进一步改善和提升，而这种改善和提升正是他们父母生活故事的标志，也是父母教育他们要期待并为之奋斗的东西。总之，'无休止的进步'的看法和愿景，预示着的却是失去的危险，而不是实现在世界中向上的流动，进步现在更多的是与社会恶化相关联，而不是与改善和提升相关联"②。

在这种情况下，未来随着成人所面临的日益增强的压力而不断变得日益狭窄，不再与无限进步的前景相联系。"移情"类型的文学就自我意识而言，它是现代性深化后人的异化状态，它产生了正如弗洛姆所言的"多愁善感"的爱情形式："这种爱情的本质就是它只能存在于想象之中，而不是存在于同另一个人实实在在的结合之中。这类爱情最广泛的形式是用代用品使自己满足，那就是消费爱情电影、爱情小说和爱情歌曲。通过消费这些东西可以使一切没有实现的对爱情、人与人结合和亲近的向往得到满足。那些无力拆除自己与伴侣之间那堵高墙的男女，当他们在银幕上看到悲欢离合的情侣时，会身临其境，感动得热泪盈眶。对许多夫妇来说，银幕是他们体验爱情的唯一可能性——不仅自己是这样，而且两个人会一起成为他人爱恋故事的观众。只要爱情是一个白日梦，他们就能加入进来，但如果爱情成为两个真实的人之间的一种现实关系——他们就僵化了。多愁善感的爱情的另一种表现是把现时推移到过去。一对夫妇可以通过回忆过去的爱情而受到深深的感动，虽然他们当时根本就没有感受到爱。这种情况和幻想未来的爱情完全一样。不知有多少订过婚的男女或新婚夫妇仍在憧憬未来爱情的幸福，尽管他们现在已经开始感觉到对方的无聊。这种倾向符合作为现代人标志的一般态度。现在人不是生活在过去就是生活在未来，但不是现时。他们满怀感伤地回忆童年和母亲——或者为未

---

① ［英］齐格蒙特·鲍曼：《怀旧的乌托邦》，姚伟，等译，北京：中国人民大学出版社，2018 年，第 4—5 页。

② 同①，第 83 页。

来制定伟大的计划。不管是通过参与别人的非真正的爱情经历来体验爱情，还是通过把现时推移到过去和未来的方法来躲避爱情的现实，这些抽象的和异化的爱情形式其作用就和鸦片一样，都是为了减轻现实、人的孤独和与世隔绝所带来的痛苦"①。

"移情"的成年文学类型是弗洛姆所言的虚假的爱情，是一种存在于想象中的爱情方式。它由个体"死亡意识"的过去占主导，现在与未来都已经变得黯淡无光，自我意识必须在由艺术品所提供的虚假爱情中，在想象中"重新"占有过去和现在，将接近生命终点的"自我"在"想象"中回旋到儿童文学类型与青春文学类型中。作为旁观者的成人，在自我意识中作为"虚假"的"移情"介入，使得自我在文学的"想象"重新获得过去和现在。

中国当代奇幻文学三种"类型"即儿童文学类型、青春文学类型与作为"移情"的成年文学类型，其核心是现代性所锻造的自我"死亡意识"在时间、空间中的展开，它主要以儿童文学类型、青春文学类型为主导，具有"自我意识"的成长特性，展示着自我力图对超自然世界的把握和理解，是自我通过此形式对现实世界的超越。它是一种成长着的"自我意识"，因为现代性的体验和深化与文化工业整合到了一起，成为一种人的现代性的存在样式。应该看到，中国当代奇幻文学是中国现代性的产物，现代性的产生决定了其在根本上奠定了"人类学立场"即"现代性有一个基础性的前提：所有的事物都是以人类为中心——建立更美好的人类社会，发展服务人类的技术，利用自然为人类牟利"②。简言之，人类是世界的中心，世界为人类服务，人就是世界的尺度，现代性的核心就是人的"我思"，"我思"的本身在现代性的自我展开之中，将自我作为"在世神"来论证，这使得现代性的发展和深化必然演变为自我的无所限制和要求在一切领域的自我满足，这正如贝尔发现的后工业社会中自我要求在文化领域上满足"没有限制的自我"③。

由于现代性的推进，使得个体与个体、个体与世界陷入断裂中，所有的意义都已经消失，自我在冰冷的现代性世界生存，必须获得自我的意义和世界的

---

① ［美］艾里希·弗洛姆：《爱的艺术》，李健鸣译，上海：上海译文出版社，2011年，第122-123页。

② ［德］沃尔夫冈·韦尔施：《美学与对世界的当代思考》，熊腾，等译，北京：商务印书馆，2018年，第23页。

③ ［美］丹尼尔·贝尔：《资本主义文化矛盾·1978年再版前言》，严蓓雯译，南京：江苏人民出版社，2012年，第15页。

意义，这就使得自我在理性的指导下解构了世界的意义，又在文化工业的帮助下进行了"重构"，这种"重构"所回应的不是其他，而是"爱"。这一点正如法国哲学家阿苏利所言——"它是一位想象出来的人造的情人，它所回应的不是需求，而是爱"①，后现代文化工业所做的就是满足现代性锻造的自我的无限制的要求，这突出地体现在文学上。可以说，由于人是由"不朽的灵魂"和"速朽的身体"组成的生物，这就决定了"灵魂"或说"我思"具有永恒的神性，其必须在现实中"拒绝"自我"终有一死"的事实。这种傲慢的拒绝最好的方式莫过于在文学艺术中实现自我欲望的满足，它正如阿多诺所言："巫术变成了一种单纯的活动，一种手段，换而言之，变成了工业。理性的形式化过程也仅仅是机械化生产方式的智力表达。手段变成了拜物教，并且融入了快乐。"② 自我在文化工业产品中，可以实现自我的无限制的欲望，它同时也会成功地将所有现代性所带来的痛苦通过沉溺于中国当代奇幻文学作品中的方式获得解除，在此，它成功地"消除"了灵与肉的二元对立，以及自我与世界的对立，使得世界服从于自我的意志与愿望。

应该注意的是，作为中国当代奇幻文学本质的现代性锻造的"死亡意识"，在自我成长时必然会呈现为儿童文学类型和青春文学类型，这两种文学类型本身是"死亡意识"自我成长的必然要求，其不同之处在于儿童文学类型是现代性"死亡意识"的初萌，惊奇于超自然力量，充满了天真的好奇和神话思维似的理解与把握。青春文学类型则是自觉不自觉地对支配现实世界的超现实世界进行反叛，以及力图将其按照自我意志进行改变。这两种类型都具有自我成长的特点，"移情"的成年文学类型则是在面对现实的无力和死亡的迫近时，重新将自我"移入"前两种文学类型中，以此重新获得自我的无限可能性并通过对超自然世界的"重新进入"来获得不一样的"现实"。

因此，中国当代奇幻文学的本质即现代性所锻造的"死亡意识"完成了"自我"的重新回旋——从移情的成年文学类型重新回旋到儿童文学类型和青春文学类型，实现"死亡意识"内容从过去、现在和未来三个方向上的重新循环，共同构成了中国当代奇幻文学的三重回旋结构。应该看到，这是一种现代性深化后带来的"怀旧意识"，即当"死亡意识"深化后发现未来的狭窄与

---

① ［法］奥利维耶·阿苏利：《审美资本主义：品味的工业化》，黄琰译，上海：华东师范大学出版社，2013 年，第 71 页。

② ［德］马克斯·霍克海默、西奥多·阿道尔诺：《启蒙辩证法——哲学断片》，渠敬东、曹卫东译，上海：上海人民出版社，2006 年，第 91 页。

无意义，从而产生反向运动，以"回归自我""回归母胎"的方式获得自我的意义和救赎。其背后是对现代性深度展开后个体的压力日益增大，现在变得极不确定，对未来充满着恐惧，过去相对显得是固定的、是一种对现实逃避的乐园，在这里，自我不再被现实所迫，自我可以实现无限制的欲望，通过"死亡意识"的"回旋"使得自我可以无限次地回到"起始"，创造出多彩丰富的现在，获得希冀的未来，这是一种以"背对"未来的方式"回到"未来。

综上所述，中国当代奇幻文学的本质是现代性锻造的"死亡意识"在过去、现在和未来三个维度上的"回旋"与"循环"，因其重心的不同"分形"为儿童文学类型、青春文学类型与"移情"成年文学类型，它们都是现代性锻造的自我"死亡意识"的"三重回旋结构"的产物。明白此，我们就可以有效地克服中国当代奇幻文学儿童文学维度与青春文学维度带来的分裂，使得中国当代奇幻文学本质得以有效地凸显。

基金项目：遵义师范学院博士科研基金"中国当代奇幻文学研究"（项目编号：BS［2018］20号）阶段性成果

（作者单位：遵义师范学院教师教育学院）

中西身体叙事传统中的身体形象比较论

廖述务

传统叙事学更乐意处理文本内部的形式结构问题，而对很多时候被简单曲解为叙事内容的"身体"却了无兴致。其实，"身体"在传统叙事学中亦事关重大，是叙事事件最为常见的构成要素之一。一次纯粹的身体行动甚至可以构成功能性事件，成为叙事基本的组成部分。这类身体叙事在中国传统叙事语境中并不鲜见，如《山海经·海外北经》载："钟山之神，名曰烛阴，视为昼，瞑为夜，吹为冬，呼为夏，不饮，不食，不息。"这些身体行动均可视为功能性事件。当然，还有更多有关"身体"的叙事（如外貌描写、身体变形、怪诞风格、身体观念等）溢出叙事学范畴，成为形式理论尚难触及的盲点，而这些恰恰是"身体叙事"最意味深长的地方。"身体叙事"与叙事学相关，但更是文化研究勃兴的产物，这意味着它往往带有一定的复合性与悖论性，是形式与意识形态的混合体并隐含两者间复杂的互动。作为身体叙事最基本维面的身体形象自然也具有类似属性。若要有效研究身体形象问题，就有必要跳脱出传统叙事学或文化研究的单一框架。

一

话语分析可成为介入身体形象问题的有效手段。在巴赫金、福柯等人那里，话语分析之目的在于考察话语是如何组织和建构起来的，并考察这些形式与手段所产生的意识形态效果。有关身体形象的叙事话语也是如此，生产这些叙事文本的文化观念就刻写在叙述结构、句子样式或叙述角度的运用等修辞手段里。在此意义上，要比较中西叙事传统中的身体形象之异同，就需兼及修辞手段与文化观念两个层面，进而深入探究两者间的互动与影响。中西身体叙事传统中身体形象之差异是显见的。结合中西志怪志人的身体形象书写传统，可将这一差异区分为常态性与非常态性两种形态。

我们先探讨中西常态性身体形象及其隐含的文化观念的异同。中西叙事传统在这方面表现出鲜明的差异性。同样写女性的美，中西叙事有很大不同。《诗经·卫风·硕人》写美人："手如柔荑，肤如凝脂，领如蝤蛴，齿如瓠犀，螓首蛾眉，巧笑倩兮，美目盼兮。"在这里，形体的形象都是通过譬喻的方式间接委婉道来，而且要着重烘托出美人"巧笑倩兮，美目盼兮"的神态。宋玉《登徒子好色赋》与《诗经》写美人有明显的近似性，亦好用譬喻（喻体略有不同，宋文更强调"比德"传统），且注重拟态传神。当中有关长、短、白、赤的描述是含混的，既无确数，也无定性分析。看完这段描述，美人具体形象若何，依旧是未知的。《荷马史诗》写美人时还相当简明。关于海伦，我们只能看到"女人中闪光的佼佼者""长裙飘舞的""美发的"等修饰语。西方第一部长篇小说《金驴记》在女性形象描写方面开始凸显出写实风格，甚至与西方近现代身体书写已无太大差异。鲁巧眼中的福娣黛美丽且充满肉欲气息："她穿着一件麻布紧身衣，十分合身，一条鲜红色的腰带以挑逗的方式将胸部束得很紧。她用胖乎乎的手搅拌着锅中的食物，时而将锅子摇晃几下，自己的躯体也随着扭动起来，呈现出一种软绵绵而且肉感的姿态，屁股也在微微颤动着；她还故意摆动腰肢，动作挺美。"① 意味深长的是，部分中国传统叙事在言及男性形象时在用词上与描绘女性并无明显不同。《世说新语》多有这类人物品藻："时人目夏侯，太初朗朗，如日月之入怀。李安国颓唐如玉山之将崩。"（《容止》）"嵇康身长七尺八寸，风姿特秀。见者叹曰：'萧萧肃肃，爽朗清举。'"（《容止》）"斐令公有俊容仪。脱冠冕，粗服乱头，皆好。时人以为玉人。见者曰：'见斐叔则如玉山上行，光映照人。'"（《容止》）"有人叹王恭形茂者云：'濯濯如春月柳。'"（《容止》）到古典小说时，性别之区分方渐趋明朗。《三国演义》写刘备，"生得身长七尺五寸，两耳垂肩，双手过膝，目能自顾其耳，面如冠玉，唇若涂脂"②。关云长，"身长九尺，髯长二尺；面如重枣，唇若涂脂；丹凤眼，卧蚕眉，相貌堂堂，威风凛凛"③。孔明，"身长八尺，面如冠玉，头戴纶巾，身披鹤氅，飘飘然有神仙之概"④。

以上例子表明，中国叙事传统中的常态性身体形象表现出"形"淡"神"

① ［古罗马］阿普列乌斯：《金驴记》，刘黎亭译，上海：上海译文出版社，1988年，第32页。
② 罗贯中：《三国演义》，长沙：岳麓书社，2003年，第2页。
③ 同②，第3页。
④ 同②，第200页。

浓、拟态以传神的特点。此处的"形"并非物质肉体形式本身，而是程式化的，是对肉体形式的一重抽象。宗白华先生关于中西人物画形式的讨论虽然不是针对身体叙事问题展开的，但对我们阐释这一问题依旧具有启发性；呈现身体形式的艺术领域不同，但其背后隐含的身体文化观念是共通的。宗白华就商周钟鼎彝器上的花纹图案发表的看法别有意味："在这些花纹中人物、禽兽、虫鱼、龙凤等飞动的形象，跳跃宛转，活泼异常。但它们完全溶化浑合于全幅图案的流动花纹线条里面。物象融于花纹，花纹亦即原本于物象形线的蜕化、僵化。每一个动物形象是一组飞动线纹之节奏的交织，而融合在全幅花纹的交响曲中。它们个个生动，而个个抽象化，不雕刻凹凸立体的形似，而注重飞动姿态之节奏和韵律的表现。这内部的运动，用线纹表达出来，就是物的'骨气'（张彦远《历代名画记》云：古之画或遗其形似而尚其骨气）。"[1]"花纹"是物象形线的蜕化，灵动的线纹构成了物的"骨气"。这"线纹"正是对物之真实外形的一重抽象。东晋顾恺之的绘画就是以线纹流动之美组织人物衣褶，构成全幅生动的画面。绘画是借由"线纹"来完成对真实外形的抽象的。那么，在身体叙事中，外形的抽象（即具有绘画中类似"线纹"的功能）是借由什么来完成的呢？综合来看，其抽象手段大概有两种：一是通过"比德"式譬喻，这也是最常见的手段。如前文之"日月""玉山""玉山上行""春月柳""冠玉"，均是以自然物的某些特性比附于人的德性，从而使自然属性人格化。《周易》《诗经》多有"比德"，如《周易·乾卦·象传》："地势坤，君子以厚德载物。"《诗经·秦风·小戎》："言念君子，温其如玉。"类似例子还有很多。至于《离骚》，几乎通篇"比德"。在这样的修辞传统下，"比德"渗入身体形象描写再自然不过。借由譬喻，"比德"也就成为形体抽象的一个重要中介。二是通过辞藻华美且类型化的辞赋体修辞来达成形体抽象。如"手如柔荑""肤如凝脂""面如冠玉""唇若涂脂"之类皆是如此。上述两类抽象手段往往结合在一起，"比德"式譬喻在修辞层面大多是程式化、类型化的。这种类型化的譬喻手段往往铺排成篇，围绕一个身体形象形成静态的、不及物的外围性能指链条。这与宗白华强调的"流动""飞动""跳跃宛转"有质的差别。因此可以说，中国叙事传统中的常态性身体形象经过了一重"形"的抽象，强调传神写照，具有重"比德"、类型化、静态性等特点。

西方叙事传统中的常态性身体形象往往没有一重对"形"的抽象。前面

---

[1] 宗白华：《美学散步》，上海：上海人民出版社，2013年，第122页。

提及的福娣黛就是女性形象描绘方面的一个代表性例证，作家对其手、腰、胸、躯体乃至屁股都有具体而微的描述。这部西方长篇的发端之作也有多处涉及男性形貌的描绘。鲁巧途中偶遇远房姨妈。文本透过他姨妈的视角全方位叙述鲁巧形貌："身材高大但并不过分，体态轻盈却一身肌肉，面色微带红润，一头金发天生就带着鬈儿，淡蓝色的眼睛炯炯有神，目光犹如鹰眼一样敏锐，脸蛋儿漂亮得像一朵花儿，一举一动都讨人喜欢，毫无矫揉造作。"① 作品如是描绘一个土匪："他除了拥有那个大个儿外，还长着一个无与伦比的大脑袋，两颊连着初生的络腮胡子。不过他身穿一件破褂子，上面满布形形色色、歪歪扭扭的补丁，与其说躯体将能被其遮住，倒不如说从上面随处可见胸脯和腹部的壮实肌肉。"② 一个悍匪的形貌非常逼真地呈现在我们面前。人们对巴尔扎克笔下的葛朗台形象耳熟能详："至于体格，他身高五尺，臃肿，横阔，腿肚子的圆周有一尺，多节的膝盖骨，宽大的肩膀；脸是圆的，乌油油的，有痘瘢；下巴笔直，嘴唇没有一点儿曲线，牙齿雪白；冷静的眼睛好像要吃人，是一般所谓的蛇眼；脑门布满皱襴，一块块隆起的肉颇有些奥妙。"③ 热衷写人之病态与生理性的左拉也擅长书写身体形象："他身材矮小，长着金黄色头发，额宽脸窄，小鼻子尖下巴，一对讨人喜欢的灰眼睛，有时发出呆滞的光芒。"④ 在常态身体形象书写方面，西方叙事力求客观逼真，不轻易漏掉身体的每一个有特征的细节，注重呈现与其性格相关的个性化身体形象。在修辞层面，西方叙事没有一个类型化、程式化的传统，每个作家都有体现自身创作特点的身体修辞方式。中西有一点类似，即都在一个凝固的时空中描写身体，叙事情节于此处戛然而止。也就是说，两者都是一种偏于静态化的身体描写。

二

显然，形体抽象之有无对中西身体叙事形态影响甚大。中国叙事传统中的形体抽象，形同绘画中的"线纹"，其目的在营造人物的骨气，在传达形上之精神。因此，其叙事往往是不及物的。西方身体叙事无一重"形"的抽象，

① ［古罗马］阿普列乌斯：《金驴记》，刘黎亭译，上海：上海译文出版社，1988 年，第 27 页。
② 同①，第 171 页。
③ ［法］巴尔扎克：《欧也妮·葛朗台》，《高老头》，傅雷译，北京：人民文学出版社，1983 年，第 10 页。
④ ［法］左拉：《崩溃》，华素译，北京：人民文学出版社，1959 年，第 7 页。

直面物质形体，因而具有写实性、及物性。宗白华就说，在中国艺术传统中，"气韵生动"乃终极目的，"骨法用笔"为其手段。而"应物象形""随类赋彩"之模仿自然，"经营位置"之和谐秩序，都只有三四等之地位。在西方，这三四等的却是最中心的①。

中西常态身体形象叙事差异的根源首先在于身体哲学观念的不同。在中国传统思想看来，心、形皆由气生。心、形对于生命整体而言异形而同质。杨儒宾就认为，早期汉语思想构造了独特的"形-气-心"一体的身心结构："儒家身体观的特征是四种体的综摄体，它综摄了意识的主体、形气的主体、自然的主体与文化的主体，这四体绵密地编织于身体主体之上。儒家理解的身体主体只要一展现，它即含有意识的、形气的、自然的与文化的向度。这四体互摄互入，形成一有机的共同体。"② 这显然不局限于儒家，是中国传统身体哲学的总体性特征。这样，中国就以神、形对应西方之灵、肉。中国传统之"形"是对肉的抽象与节制，进而与"神"（包括心、气）构成生命共同体关系。西方之身体哲学与中国有很大不同。在西方哲人那里，灵魂与肉身构成一种复杂的二元对应关系。在柏拉图看来，肉身与灵魂严重对立，身体体验和感官所得的知识是不可靠的，而且肉身是灵魂进行思考时最大的障碍物。尼采是柏拉图主义坚定的反叛者。他将理性主义有关灵魂与肉身的关系完全颠倒过来：肉身才是本体性的，才是意识的真正本源。柏拉图与尼采都强调灵魂与肉身的二元对立，而黑格尔则强调两者的辩证统一：生命就是一个灵魂与肉身、主观与客观统一的概念。总而言之，在西方哲学传统中，灵魂与肉身之间并无一个过渡的中介，两者构成一种对立或辩证统一的关系。另外，中西人伦观念的不同也强化了中西写态摹形上的分殊。相对而言，中国文化重群体，西方重个体。梁漱溟在《中国文化要义》中就指出："在中国没有个人观念；一个中国人似不为其自己而存在，然在西洋，则正好相反了。……于是在中国弥天漫地是义务观念者，在西洋世界上却活跃着权利观念了。在中国几乎看不见有自己，在西洋恰是自己本位，或自我中心。"③ "看不见自己"，当然包括看不见自己的身躯。中国叙事传统中塑造的夏禹形象，为民劳身焦思，居外十三年，三过家门而不入。要凸显他的为民忘"我"，叙事文本中当然就唯剩"腓无胈，胫无

---

① 宗白华：《美学散步》，上海：上海人民出版社，2013年，第124-125页。
② 杨儒宾：《儒家身体观》，台湾"中央研究院"中国文哲研究所筹备处，1996年，第7页。
③ 梁漱溟：《中国文化要义》，上海：上海人民出版社，2005年，第82页。

毛"（《庄子·天下》）之类能传达忧思劳苦观念的身体符号。阿基琉斯之"踵"同样是一个膝盖下的部位，但它是显在的，是个人英雄主义的身体徽章。它同时彰显与预示着这是一个有死的肉身之躯。

两片树叶决然有异，毋论人之身体。身体形象是人物形象的生理前提。有关人物形象的个性化、典型化理论其实很大部分建基于身体的生理差异上。因此，身体形象描写方式必然会影响个性化、典型化人物的塑造。西方叙事有很自觉的身体形象区分意识。福楼拜的观念具有代表性，他如是教导莫泊桑："当你走过一个坐在自己店门前的杂货商面前时，走过一个吸着烟斗的守门人面前，走过一个马车站面前时，请你给我描绘一下这个杂货商和这个看门人，他们的姿态，他们整个的身体外貌，要用画家的手腕传达出他们全部的精神实质，使我不至于把他们和任何别的杂货商人、任何别的守门人混同起来。还请你用一句话让我知道马车站有一匹马和它前后五十来匹是不一样的。"① 比之于西方传统身体叙事，中国传统之"形"的抽象总体上不利于个性化人物形象的生成。程式化、类型化的辞赋体修辞甚至使得男女之性别都显得含混不清。《诗经》、楚辞、乐府诗里的女性形象大多面目模糊。直至"有意为小说"的唐传奇，这一状况也无多大改观。《莺莺传》之莺莺，"常服睟容，不加新饰。垂鬟接黛，双脸销红而已，颜色艳异，光辉动人"。《霍小玉传》之霍小玉，"但觉一室之中，若琼林玉树，互相照曜，转盼精彩射人"。《长恨歌传》之杨贵妃，"鬓发腻理，纤秾中度，举止闲冶，如汉武帝李夫人。……光彩焕发，转动照人"。唐传奇明显延续了先秦两汉以来的文人辞赋传统，语言华丽，在人物描写上更喜铺排叙述。即便崇尚秉笔直书的历史叙事在当时也多有这一弊病，"其立言也，或虚加炼饰，轻事雕彩；或体兼赋颂，词类俳优"（《史通·叙事》）。华丽铺陈的文人辞赋传统推波助澜，使得"形"之抽象程度愈演愈烈。即便随着叙事形式的成熟，明清小说在事件叙述层面已分外圆熟，但依旧热衷于辞赋体的形貌描写。《红楼梦》对黛玉、王熙凤身体形象的塑造堪称典范。但在写其他人物时也留有些许遗憾。第三回写黛玉初见迎春、探春等，那迎春"肌肤微丰，身材合中，腮凝新荔，鼻腻鹅脂"，又写初遇宝玉，见他"面若中秋之月，色如春晓之花，鬓若刀裁，眉如墨画，鼻如悬胆，睛若秋波"。显然，这类写法都还留存唐传奇程式化摹形写态的遗痕。可以说，常态身体形象书写的程式化在中国叙事传统中是一以贯之的。

---

① 段宝林：《西方古典作家谈文艺创作》，沈阳：春风文艺出版社，1980 年，第 396 页。

修辞程式化与"形"之抽象都为传达形上之精神，常态性身体形象描绘之不足，归根结底在于"神"为"形"之宰，"形"为"神"所累。值得注意的是，建基于中国文化精神的传神写照算是身体叙事的大传统。同时，我们也不应忽视还并存有一个"形"不为"神"所完全宰制的小传统。是否需要以及能否传"神"很大程度上取决于叙事对象的属性。前面提及，为达致"形"之抽象，往往借助"比德"式譬喻。若对象无德性可言，此类譬喻也就无从谈起。非正常人、边缘人或妖魔鬼怪自然与德性无缘，而他（它）们恰恰是中国身体叙事传统中最栩栩如生的一个族类。

这一小传统又分两种情形：一种情形依旧以常态性身体形象为主要书写对象。这一类显然为数不多。摹形写态的对象往往是叙事作品中的主角，但中国传统叙事作品之主角以帝王将相、才子佳人（多为传神写照的对象）居多，较少以非正常人、普通人为主角。这也是"五四"时期启蒙主义者缘何大力倡导"平民文学"的历史根由。这类作品中，《儒林外史》是最引人注目者，吴敬梓站在更高的位置来俯瞰文本中那些可悲、可叹复可怜的儒林人物，这帮人物自然无德性可言。即便偶涉王冕等正面人物，《儒林外史》也较少程式化书写，甚至有意识规避辞赋体身体修辞。故吴敬梓之身体形象书写已颇具现代形式意识。鲁迅称赞道："敬梓多所见闻，又工于表现，故凡所有叙述，皆能在纸上见其声态；而写儒者之奇形怪状，为独多而独详。"[1] 第二回以动态化叙述寥寥几笔就写活了夏总甲，"正说着，外边走进一个人来，两只红眼边，一副锅铁脸，几根黄胡子，歪戴着瓦楞帽，身上青布衣服就如油篓一般，手里拿着一根赶驴的鞭子，走进门来，和众人拱一拱手，一屁股就坐在上席"。《水浒传》也值得我们留意，它以洪太尉放走的一百单八个妖魔为主角。这帮落草为寇、打家劫舍的绿林好汉，与其说他们有"忠""义"的德性，倒不如说有着更多与生俱来的野性、魔性。施耐庵将这一百单八人塑造得栩栩如生，全方位呈现了他们的魔性与匪气。金圣叹赞曰："天下之格物君子，无有出施耐庵先生右者。……《水浒》所叙，叙一百八人，人有其性情，人有其气质，人有其形状，人有其声口。"[2] 施耐庵之出色，更多表现在写"性情""气质"与"声口"方面。单就"形状"而言，《水浒传》受制于传统较多，依旧有程

---

[1] 鲁迅：《中国小说的历史变迁》，《鲁迅全集》（第9卷），北京：人民文学出版社，2005年，第345页。

[2] 陈曦钟，等：《水浒传会评本》，北京：北京大学出版社，1981年，第9页。

式化、脸谱化的特点，如"燕颔虎须""八尺长短身材""眼如丹凤""眉似卧蚕""皓齿朱唇""目炯双瞳"等语尽属此类。但当中也有一两个人物，其身体形象令人过目难忘。第二回写鲁达形貌"生得面圆耳大，鼻直口方，腮边一部络腮胡须。身长八尺，腰阔十围"，这还算寻常笔法。随后写剃度，"净发人先把一週遭都剃了，却待剃髭须，鲁达道：'留下这些儿还洒家也好。'众僧忍笑不住"。再写他的顽劣，"智深见没人说他，每到晚便放翻身体，横罗十字，倒在禅床上睡；夜间鼻如雷响，要起来净手，大惊小怪，只在佛殿后撒尿撒屎，遍地都是"。第三十八回写李逵："黑熊般一身粗肉，铁牛似遍体顽皮。交加一字赤黄眉，双眼赤丝乱系。怒发浑如铁刷，狰狞好似獠猊。"凡读《水浒传》者，看到这一莽汉形貌，估计都会与宋江一样"吃了一惊"。与一百八人魔性相匹配的还有系列动物化诨名（如"豹子头""两头蛇""锦毛虎""通臂猿""九尾龟"等），它们与各好汉的身体形象构成一重生动诙谐的隐喻关系。

三

这个小传统中另一情形值得关注，它以非常态性身体形象为主要书写对象，其源流蔚为大观，大量神话传说、志怪小说、神魔小说都与此相关。非常态性身体形象主要表现为人身的幻化与变形。它是对人常态身体形象的超越或否定，具体包括鬼、怪之躯（实为人之躯体的妖魔化），体量、外形上超常态异变的人身（巨人、小人、一首三身、一臂三目等）等，且大多具有拟人化的外部特征。王充就谈到鬼的形变特点："夫物之老者，其精为人；亦有未老，性能变化，象人之形。"（《论衡·订鬼》）写怪往往意在写人。以上诸种非常态身体类型在中国传统叙事作品均或多或少出现过。西方涉及非常态身体形象的叙事作品数量不多，而且人身幻化与变形的类型较为单一。也就是说，较之西方，这一小传统亦颇能见出中国摹形写态的优长与独特性。

巨人书写在中西神话身体叙事中均具代表性。中国神话中有个具有强烈反抗性格的巨人形象谱系。这些巨人形象具有类似妖魔的外形（如一身九头、铜头铁额、人首蛇身等），可算是巨人与妖怪的结合体。这对后来的志怪乃至神魔叙事传统均有一定影响。《山海经·大荒北经》云："大荒之中，有山名曰成都载天。有人珥两黄蛇，把两黄蛇，名曰夸父。"比夸父更具危险性的是巨人刑天、相繇与蚩尤。"刑天与帝至此争神，帝断其首，葬之常羊之山，乃以乳为目，以脐为口，操干戚以舞。"（《山海经·海外西经》）相繇外形甚是可怖，"九首蛇身，自环，食于九土。其所歍所尼，即为源泽，不辛乃苦，百兽莫能处。"（《山海经·大荒北经》）《山海经》两次将夸父与蚩尤并置，后者很可能亦出自巨人部落。蚩尤之外部形象与相繇一样凶蛮："黄帝摄政，有蚩尤兄弟八十一人，并兽身人语，铜头铁额，食沙，造五兵，威震天下。"（《龙鱼河图》）这些巨人身体形象大多凶残可怖，但又各具特点。正因此，夸父、蚩尤形象远比黄帝、夏禹生动鲜活。西方也有一个巨人形象谱系。希腊神话中的巨人族在整个神话体系中举足轻重。十二提坦是古希腊神话世界白银时代统治世界的主要神祇。该亚还生了三个外形怪异的独眼巨人，"由于他们都仅有一只圆眼长在额头上，故又都号称库克洛佩斯。他们强壮有力、手艺精巧"。还有就是科托斯、布里阿瑞俄斯和古埃斯，"他们肩膀上长出一百只无法战胜的臂膀，每人的肩上和强壮的肢体上都还长有五十个脑袋。他们身材魁伟、力大无穷、不可征服"①。就巨人身体形象生动鲜活程度而言，夸父、蚩尤一点也不逊色于古希腊提坦巨人。

相比西方神话，中国神话大多篇幅简短、只陈梗概且未加修饰，关于巨人及其他妖怪的书写都欠充分。不过，它开创了一个动态化写态摹形的传统，如"珥两黄蛇，把两黄蛇""九首蛇身，自环""铜头铁额，食沙"等皆是如此。在这里，体貌摹写语汇已动词化，它既有形貌修饰功能，又充当了独立的功能性叙事单位。情节推进与形貌书写互促互进、相得益彰。显然，这既不同于重静态刻摹的西方叙事传统，也不同于后来重譬喻的中国常态身体形象书写传统。

至唐传奇，中国叙事传统中的非常态性身体形象书写有了进一步发展。叙述详尽，身体细节毕现。《宣室志·陈越石》中的夜叉"赤发篷然，两目如电，四牙若锋刃之状，甚可惧，以手击张氏"。《宣室志·河东街吏》中，街吏见一漆桶变的妖怪"挽而坐，交臂拥膝，身尽黑，居然不动。吏惧，因叱之，其人挽而不顾。叱且久，即扑其首。忽举视，其面貌极异，长数尺，色白而瘦，状甚可惧"。唐传奇写鬼之身体形象远比写人个性鲜明。后来的神魔小说在非常态性身体形象书写方面臻于极致。《西游记》对孙悟空之摹形，最出彩处当是"第十四回"写他压在五行山下的情形："尖嘴缩腮，金睛火眼。头上堆苔藓，耳中生薜萝。鬓边少发多青草，颔下无须有绿莎。眉间土，鼻凹

---

① ［古希腊］赫西俄德：《工作与时日　神谱》，北京：商务印书馆，1996年，第30—31页。

泥，十分狼狈；指头粗，手掌厚，尘垢余多。还喜得眼睛转动，喉舌声和。语言虽利便，身体莫能那。"八戒的身体形象甚是立体鲜活。作品借助视角的多次转换来为猪八戒摹形绘态。在丈人高老眼中，八戒是这样的："初来时，是一条黑胖汉，后来就变做一个长嘴大耳朵的呆子，脑后又有一溜鬃毛，身体粗糙怕人，头脸就象个猪的模样。"（第十八回）悟空变作翠兰，见到的是这样的八戒："只见半空来了一个妖精，果然生得丑陋：黑脸短毛，长喙大耳。"（第十八回）在唐僧眼中："我那大徒弟姓猪，法名悟能八戒。他生得长嘴獠牙，刚鬃扇耳，身粗肚大，行路生风。"（第二十九回）描绘非常态性身体形象堪与《西游记》媲美的唯有《聊斋志异》。《聊斋志异》写恶鬼形象，无与伦比："急视之，一大鬼鞠躬塞入，突立榻前，殆与梁齐。面似老鸭皮色；目光睒闪，绕室四顾；张巨口如盆，齿疏疏长三寸许；舌动喉鸣，呵喇之声，响连四壁。"（《山魈》）"见一巨鬼，高与檐齐；昏月中，见其面黑如煤，眼闪烁有黄光；上无衣，下无履，手弓而腰矢。"（《妖术》）"蹑足而窗窥之，见一狞鬼，面翠色，齿巉巉如锯，铺人皮于榻上，执彩笔而绘之；已而掷笔，举皮，如振衣状，披于身，遂化为女子。"（《画皮》）

显然，《西游记》《聊斋志异》等作品在身体形象书写方面与传统常态身体书写多有不同。首先，它不追求传神写照，以形写神。因无一重"形"的抽象，这些作品笔下的鬼怪身体形象生动逼真，富有个性特征，甚至展现出西方式的写实风格。其次，它讲求语词的及物性与准确性，不虚加炼饰，轻事雕彩。这就有限度地突破了常态性身体书写中习见的类型化辞赋体修辞传统。这种类型化书写，辞藻华美，其实都是不及物的能指游移。其三，它继承并发扬了中国神话叙事传统中动态化写态摹形的传统。其书写的对象鲜活生动，宛在目前。在这里，身体成为主语与施动者，成为充满活力的主体。中西常态身体形象书写大多是一种静态性描写，随着文辞的展开，周遭的一切好像都静止了。而《聊斋志异》等作品成功地将静态摹写转化为动态叙述，且描写中有叙述，叙述中亦有描写，整个文本充满生机与活力。

西方之非常态身体形象书写则与其常态书写并无太大差异，它依旧着力于塑造静态、立体而逼真的人物形象。但丁《神曲》这样描绘地狱统治者琉西斐："啊，我看到他头上竟有三张脸，这对我来说是多么大的奇观！一张脸在前面，而且是鲜红一片；另有两张脸与这张脸相连，生在每个肩膀中央的上边，然后又延伸到长有冠毛的地方；右脸似乎又白又黄；左脸看来与来自尼罗河的水浪泻下之处的那些人的肤色一样。每张脸之下伸出两张大翅膀，其大小与同样体积的飞鸟恰好相当：我从未见过像那翅膀这样大的海船船帆。"①《德拉库拉》中描绘的吸血鬼形象很具代表性，"这是一张棱角分明的脸，鼻子又尖又挺，呈鹰钩状，长有特别的拱形鼻孔；额头非常饱满，额角处的头发稀疏，其他地方则很浓密；眉毛粗重浓密，有些卷曲，眉心处几乎纠结在一起；透过浓密的胡子，我所能看见的是一张紧闭的冷峻的嘴，特别锋利的白色的牙齿露出了唇外，而嘴则有着与他的年龄不相符的活力及红润色泽。……令人称奇的是，他的掌心还长着毛；指甲修长，顶端部分修剪得很尖利"②。显然，比之于西方神话，《神曲》等作品在魔怪形象的塑造方面并无多少推进。

由此可见，在常态身体形象塑造方面，西方尚实，人物个性较鲜明；中国除《儒林外史》等作品，大多重传神写照，易程式化、脸谱化，进而影响人物的个性化呈现。而在非常态性身体形象塑造方面，则存在另一种情形，西方拘于写实，形式略显单一；因无传神写照之牵绊，中国之身体叙事动静相宜，形式变幻多样，展现出丰沛的想象力。

（作者单位：湖南师范大学文学院）

---

① ［意大利］但丁：《神曲》，黄文捷译，南京：译林出版社，2005年，第305页。
② ［爱尔兰］布拉姆·斯托克：《德拉库拉》，冷杉、姜莉莉译，南京：译林出版社，2007年，第18页。

审美事件论的构想及可能性

卫垒垒

我们处在一个生活泛审美化和艺术反审美化并行的时代，生活与艺术的界限已荡然无存。在现代美学的建构中，应该由艺术负责审美，生活无关审美，但是消费社会和传媒技术，以及艺术自身的发展，使得现代美学的建构从来没有真正落到现实中，而仅变成艺术对于自身的追求目标。审美现实带来的结果是审美领域的肆意扩张和审美价值的失落，现代美学的范式被解构了，与此同时，它也在呼唤美学的重建。当然，这一重建决不是回到康德和黑格尔的现代美学，而是能够应对和解释当下审美现实的美学，不仅如此，它还必须回应哲学和科学的发展对人和世界的重新发现和定位。康德和黑格尔的美学当然仍有借鉴意义，但是他们的先验论和理念论已经不再具有说服力，美学必须建立在新的哲学范式中，重新审视美学内部和外部的各种问题。相对论和量子力学的提出，以及怀特海的过程论、海德格尔的存在论、伽达默尔的诠释学、巴迪欧的事件论等，已经改变了我们对人与世界的重新认识。美学只有从此出发，才能开创出新的天地。如果美学仍然固守原来的理论，只会让自身不断边缘化，直至被完全弃置。如果我们还在他们的哲学框架中解决他们的问题，也必然会遭遇到失败，问题不在于他们没有寻找到合适的解决方案，而是他们的哲学范式本身就内含了那些问题，换言之，这是体系本身的问题，只有打破范式，才能解决问题。

一、实在论美学的困境

现代美学的范式是认识论，不过预设的或者潜藏的前提是实在论，这并不意味着现代美学的诸多理论必然是认识论的，而是说无论这些美学理论是否以认识为旨归，都在借用认识论的模式，或者以认识论模式为基础，因而也就无法摆脱实在论。按照海德格尔的分析，西方哲学史是一个遗忘存在的哲学史，一直关注的是存在者，而不是存在本身，"按照流行的见解，'在的问题'就是对在者本身的追问（形而上学）。但是，从《存在与时间》的想法来说，'在的问题'就是对在本身的追问"①。换言之，实在论笼罩着整个西方哲学史。在实在论中，现象与本质是一对基本的范畴，本质是静态的、不变的、永恒的、实在的；现象是动态的、变化的、易逝的、虚幻的，所有的思考以这一对范畴为基础，实在论的意义在于通过现象把握本质，无论对于现象或者对于本质的描述有何不同，这一结构始终是不变的。因而，实在论也是认知论的，不过如何认知的问题被忽略了。至近代，哲学思考的中心转移，物质的实在被悬置，如何认识实在成为主要问题，即所谓认识论。对于认识论而言，其基本范畴是意识与物质，认知是作为主体的意识对于作为客体的物质的认知，在物质领域仍是现象与本质的二分，在认知领域则是感官与意识的区分。

我们可以现代美学的建构者康德和黑格尔为例，对实在论和认识论结合的美学稍做分析。康德所要面对并试图解决的问题是认识如何可能，换言之，即认识的先天条件是什么。康德不再试图描述实在是什么或者他认为实在不可描述，他更关心的是人们如何能够认识实在。在康德的哲学框架里，实在不是知性或者概念能够抵达的，只有实践理性才能接近，认知只能把握现象。而审美被设定在认知和实践之间、感性和理性之间，没有认知价值也没有实践价值，不属于感性也不属于理性，但却具有认知的属性，审美可以传达表象的状态；也具有实践的属性，美是表象的合目的性形式，因而形成了一系列的悖论。康德的美学是一个在认识论框架中构造却没有认知功能的美学，但也正是这一悖论释放出了美学发展的另一种范式。康德的特殊性正在于他以严格的认识论框架构建哲学，并在这一哲学基座中思考美学，然而他的美学却不以认知为追求，"鉴赏是通过不带利害的愉悦或不悦而对一个对象或一个表象方式做评判的能力。一个这样的愉悦的对象就叫做美"②。换言之，审美是一种体验。

黑格尔的思路与此不同。康德的哲学是先验论，关注的是认知的先天条件，黑格尔的哲学是辩证法，关注的是认知的辩证过程；康德认为本质是不可描述、不可实现的，黑格尔则直截了当地描述了本质，即绝对理念；康德认为认知的主体是人，客体是物质，因而是二元论的，黑格尔认为认知的主体是理

① ［德］海德格尔：《形而上学导论》，熊伟、王庆节译，北京：商务印书馆，1996 年，第 20 页。
② ［德］康德：《判断力批判》，邓晓芒译，杨祖陶校，北京：人民出版社，2002 年，第 45 页。

念，所谓认知的过程，就是理念自我实现和自我认知的过程，人不过是其中的一个环节，因而是一元论的。在黑格尔的哲学中，认知不是作为主体的人类对于作为客体的物质的认知，而是作为理念的主体对于自身的认知，在这一过程中，人类对于理念的认知，不过是理念自我认知的具体表现，艺术、宗教、哲学隶属于理念自我认知的不同阶段。在黑格尔的哲学中，认知论与实在论其实是同一的，美学属于认知论，也属于实在论，所以"美是理念的感性显现"①，而审美自然就是对于美的理念的认知。黑格尔的美学虽然保存着认知论的结构，在某种意义上，却取消了作为主体的人的独立意义，因为理念统一了主体和客体，成为唯一的实在。在康德的美学中，实在论从属于认知论；在黑格尔的美学中，认知论从属于实在论。

康德的美学暗示了走出实在论的可能性，但是康德本人并未质疑过实在论，康德的体验论开启了审美之路，然而审美只是人体固有能力的愉悦，即知性与想象力的自由游戏，后天的现实不过是催化剂而已，审美的发生没有创生出任何新事物。黑格尔在实在一元论中构建包罗万象的哲学大厦，但是大厦的根基已经决定了大厦的一砖一瓦，作为实在的绝对理念推演出了整个大千世界，当然，构筑这一切的是黑格尔本人。实在论美学的困境之一在于，实在的本质是给定的，后天经验的一切或者是先验条件的现实化，如康德；或者是本质实在的外在表现，如黑格尔。换言之，后天经验经历的一切都以先验的或者超验的实在为根基，在某种意义上，是没有价值的。与认知论结合之后，实在论的问题和思路被接受下来，不过思考的角度不再直接追寻实在，而是从认知接近实在。但是只要从认知出发，就要把认知的条件和认知的目的纳入认知论的范围，甚至作为主要问题来思考。无论认知的先天条件是什么，认知的最终目的是什么，物质的本质都成为认知无法回避的问题，因而美或审美的本质或许多种多样，美和审美总有一个本质，而且这个本质总是认知的终极意义，审美的目的就是为了捕捉美的本质，只要把握到美，审美就完成了。

实在论美学的困境之二，是主客对立。常识实在论的第一个特征，是"很大程度上，世界独立于有限的心灵而存在，独立于我们假定可生成的对世界的表象。即使不存在任何如人类这般的生物，大致说来世界仍以本来面目存在"②。实在论无论产生多少变体，这一模式一直没有动摇。在美学中的表现

---

① ［德］黑格尔：《美学》（第一卷），朱光潜译，北京：商务印书馆，1997 年，第 142 页。
② ［法］罗杰·布伊维：《美学实在论》，何红梅译，北京：中国社会科学出版社，2017 年，第 9 页。

就是静观论，即主体与客体只有保持一定的心理距离，才能审美，事实上，心理距离建立在一定的物理距离之上，博物馆、美术馆、展览厅的修建和设置，正是为了隔开主体与客体的直接关联，营造心理距离，消除两者的利害关系①。如果主体与客体融合在一起，不是主体征服了客体，就是客体消融了主体。虽然实在论美学也试图破除这一困境，似乎都没有成功，康德高举了主体性的旗帜，一定程度上使客体附属于主体，所谓人为自然立法；黑格尔克服了主客对立，不过是以牺牲了主体性为代价的。

实在论美学的困境之三，是感性感官处于被排挤的位置。正如德里达批判逻各斯中心主义时所分析的，西方形而上学的二元论总是潜藏着一个等级结构，其中一元位于中心，另外一元处于边缘。实在论的等级是，在客体方面，作为本质的实在位于中心；在主体方面，作为心灵的意识位于中心，两者相互对应，因而身体与感官处于边缘地位，负责提供材料，而意识和心灵负责认知。在实在论美学中，世界的本质是静止的，美的本质也是永恒的，变化的一切只是永恒本质的无常表现，而易变的感性身体只能接触具体易变的审美物体，不但不能把握本质，还会阻碍本质的显现，因为一旦感官与实在发生关联，就会产生利害关系，变成一种私人性的关系，但审美是普遍性和必然性的，因而只有公正无私的意识才能接近美的本质。美学中对变化的捕捉和审视，要等到波德莱尔对现代性的分析，在波德莱尔看来，正是在瞬间的变化中，美才显现。

二、审美事件论的构想

实在论的困境在实在论的范式中是无法解决的，认识论虽然开启了另一种范式，却并没有质疑或者推翻实在论，而是仍以实在论为前提。然而，如果把实在论的问题置于过程论、存在论、事件论的视域，其问题就已经不是问题了。这不是说实在论的困境被全部解除了，而是说那些问题本身已经没有意义了。在过程论看来，"现实世界是一个过程，过程就是现实实有的生成。因此，现实实有是创造物；它们也叫做'现实机缘'"②。因而需要追问的就不

---

① ［英］爱德华·布洛：《作为艺术因素与审美原则的"心理距离说"》，《美学译文》（2），北京：中国社会科学出版社，1982年，第92—107页。
② ［英］怀特海：《过程与实在》，李步楼译，北京：商务印书馆，2011年，第38页。

是世界的静态本质，而是这一过程，"一个现实实有如何生成便构成该现实实有本身。……它的生成构成它的存在，这就是过程原则"①。在存在论的建构中，追问存在者的本质即实在的本质，不过是误入歧途，哲学真正的问题是存在的本质，西方哲学的失误就在于误把存在者作为存在来思考。而从事件论的角度而言，世界上形形色色的物体是作为事件的条件而存在的，事件是根本的；而不是相反，诸多事件的发生不过是为了物体本质的显现，实在是根本的。当然，三者的哲学建构存在一定的差异，不过就其把世界看成一个动态的过程而言，三者是一致的，三者都把对于实在的关心转为对于过程的关心，把对存在者的关心转为对于存在本身的关心，把事物的关心转为对于事件的关心。

如果我们能够摆脱实在论美学的羁绊，从审美的角度思考，而又不被康德的体验论局限，将重心放在审美事件的发生之上，或许能够看到美学的另一种可能。换言之，如果新的美学立足于过程论、存在论、事件论，将完整的审美过程纳入视野，不仅是一种综合，更是一种创新。传统哲学不把事件作为思考的核心，一则因为事件作为动态易变的过程难以把握，二则因为传统哲学中事件被认为现象的一部分，不会影响本质和追索本质的结果。不过，自从怀特海提出过程论、海德格尔思考存在论、巴迪欧倡议事件论之后，传统的实在论思想已经被遗弃了，新的思想渗透到各个领域，但是在美学界似乎还没有引起应有的关注。

所谓审美事件，即审美主体与审美客体在某一具体场景相遇交会并产生审美体验的事件。在事件发生之前，并不存在一个审美主体和一个审美客体，等待某一具体机缘的相遇。一个具备康德所言的审美先天条件的普通个体，并不意味着就是审美主体；一个具备康德所言的合目的性形式的普通物体，并不意味着就是审美客体。只有在审美事件发生时，审美主体和审美客体才得以诞生。在此之前，人仍然是普通的人，客体只是普通的客体；在此之后，人依然是普通的人，客体仍是普遍的客体。不存在永恒的审美主体，也不存在永恒的审美客体。在审美事件论中，最重要的不是审美主体，也不是审美客体，而是审美事件的发生。过去的美学集中于审美主体，就忽略了客体，如以康德为代表的美学；集中审美客体，就忽略了主体，如以黑格尔为代表的美学；或者无论是关注主体还是客体，两者都无视审美本身乃是一个过程，一个事件。如果

---

① ［英］怀特海：《过程与实在》，李步楼译，北京：商务印书馆，2011年，第39页。

从审美事件出发，审美主体和审美客体自然被统一，因为所谓事件就是审美主体和审美客体的相遇和交会，只要审美事件发生了，主体和客体就一定存在，且相互作用。

问题在于，什么样的事件才是一个审美事件？如何判断一个审美事件的发生？也许我们可以从描述一些审美事件开始思考这一问题。我们知道，购买艺术不是审美事件，创造艺术和欣赏艺术才是审美事件；征服自然不是审美事件，欣赏自然才是审美事件；一件物品作为一个有用的物品被使用时不是审美事件，作为一个物品的形象被欣赏时才是审美事件。在原则上，任何对象都可以成为审美客体，但不是任何对象都是审美客体；任何个体都可以是审美主体，但不是任何个体都是审美主体；任何时候任何地方都可能发生审美事件，但不是任何时候任何地方都会发生审美事件。关键在于，在某时某地，当主体遭遇客体时，客体可以激发主体产生审美体验，审美体验和其他体验的不同之处，就是它的无功利性，换言之，审美体验是一种无功利的体验，只要一个事件产生了审美体验，这一事件就是审美事件。然而，不是所有无功利的体验都是审美体验，哲学思考和科学发现也是无功利的，审美体验的特殊性在于，除了体验之外，再也没有其他意义，换言之，它以自身而自足。

审美是短暂的，即使可以持续一段时间，也不会一直持续下去，因而当审美事件中断后，便被其他事件所替代。在审美事件之前与之后，可能都是其他事件，换言之，审美事件可能被包围在其他事件中。即便如此，当审美事件发生时，其他事件不会发生，当其他事件发生时，审美事件也不会发生。如在购买艺术品时，审美事件可以发生于购买之前或者之后，并影响购买事件，但是购买事件并不是审美事件。然而，由于事件的连续性，许多学者经常将审美事件与其他事件混合在一起，似乎审美事件同时也是其他事件，许多美学问题由此而发生，现代美学的解构很大一部分正是围绕这一问题展开的，康德的定位被质疑，审美被认为是功利性的、他律的，或者是介入的，其实审美一直是无功利性的，只是学者混淆了审美事件与其他事件。康德已经说过："用来宣布某物为美的判断必须不把任何兴趣作为规定根据，……但从中却并不推论出，在这判断被作为纯粹审美判断给出之后，也不能有任何兴趣与它结合在一起。"[1]

那么，什么样的主体和客体，在什么样的场景，才会产生审美事件？既然

---

[1] ［德］康德：《判断力批判》，邓晓芒译，杨祖陶校，北京：人民出版社，2002年，第138页。

审美是一件在现实发生的事件，就一定带有偶然性，不是一个主体预想审美，也不是一个客体具有美的属性，审美事件就一定发生，审美也存在机缘性。因而，这个问题严格来说应该是，什么样的主体和客体，在什么样的场景，有利于产生审美事件？在主体方面，具有更多和不同审美经验的主体更容易产生审美体验。审美事件的发生可以培养和积累审美经验，反过来，审美经验的增加，也更容易促使审美事件发生。高雅的审美经验是由高雅的事物培养出来的；低俗的审美经验是由低俗的事物培养出来的。审美具有普遍性，因为任何人都需要并且可能审美，但审美经验具有地方性、累积性、文化性，不同种族、不同时代、不同阶层的人，因为不同的背景、修养、际遇，对于不同的事物具有不同的敏感性，因此形成不同的审美经验。一个人可能产生审美体验的对象，与另一个人相遇则未必；一个人的身体和精神情况也会影响审美的发生，在此时遇到某物会发生审美事件，彼时遇到发生的则可能只是其他事件。

在客体方面，艺术占据优势，但艺术不是唯一的也不是必然的，不过自从文艺复兴之后，艺术在现代性文化中几乎独占了审美客体的位置。然而，自然景观和社会景观，尤其是技术时代的人为景观，在现在的美学中也被视为审美对象，如环境美学、生活美学、技术美学，但是这也不意味着所有的客体都可以无差别地成为审美客体，并且具有同等机会。有两个原因，一个是文化原因，与主体一样，哪些客体被作为审美客体，也受到文化、时代、种族及个体背景的影响。作为分析美学家的古德曼认为，"真正的问题不是什么对象是（永恒的）艺术作品，而是一个对象何时才是艺术作品"①，正是这个意义。另一个是物体本身的因素，与审美相关的自然是处于具体场景中的具体物体，但却不是物体的全部，物体以自身的全部与主体交会，但是审美发生时，主体关注的只是物体的形象或形式，物体的实体、质料和背景视域，扮演着场景的角色，当物体被剥离了实用之后，人类就会采用另一种视角看待这一物体，但不是每样物体都可以相同程度地远离实用的目的。

在场景方面，博物馆、美术馆、公园、风景名胜，以及其他被划定出来的特定领域，被认为是审美事件最易发生的场景，这些场景与现实的实用场地分离开来，作为审美的专用领地，它们存在的目的就是展览和欣赏。这是康德美学发展的必然结果。康德美学划定专属领地的目的是为了隔绝物体的背景，让

---

① ［美］纳尔逊·古德曼：《构造世界的多种方式》，姬志闯译，伯泉校，上海：上海译文出版社，2008 年，第 70 页。

物体的形象或形式孤立在因为进入这一场景而同样消除了背景的主体面前，接受鉴赏，所以这是一种审美区分论。这一点我们与康德美学不同，我们认为，主体和客体所在的处境对于刺激审美事件的发生具有一定的辅助或者阻碍作用，专属领地的圈定不是为了隔绝背景，让形象或形式更容易显现，而是为了营造一种整体的审美氛围。在这一氛围中，主体与客体不再以功利性的相互对立、相互征服的方式相遇并碰撞，而是以无功利性的相互愉悦、相互融合的方式相遇并交会，主体暂时从功利性的实务中解脱出来，客体暂时放弃了功利性的目的。因而在康德美学中被排挤的场景，在审美事件论，具有重要的作用，任何事件都是具体场景中的事件。

然而，无论什么样的主体、客体、场景，都不能保证审美事件的发生，一定的审美干预甚至会引起反效果，过多审美经验的积累，容易引起审美麻木；艺术的不断重复或者过于猎奇会扼杀审美体验的发生；同时，审美场景的大量修建，审美氛围的刻意营造，可能会让审美事件变成一种类似审美行为的表演。康德美学的问题就在于预设了审美主体的特定领域和审美客体的特定形式，审美不过两个预先存在条件的交会，如完成任务，具有必然性和普遍性。当然，康德美学的思考仍是具有意义的，只要我们思考审美事件的发生，就必然要思考审美的可能性，即审美事件如何可能发生，只是我们思考的思路已经不同于康德，康德的思路是先验论，我们的思路是事件论，这不是说康德美学必须被抛弃，而是意味着康德设定的审美条件已经内含于审美事件论之中，不过我们不再关注康德美学的问题，我们要关注的是康德放弃或者认为没有思考价值的部分，即审美主体和审美客体在现实领域相遇之后的事件。在这个泛审美化的时代，生活中的时时处处都布满着可以审美的物品，充斥着各种各样的有利于审美的氛围，主体也被形形色色的审美指南所装备，然而我们并没有因此获得更多的审美体验，也许恰恰相反，我们的审美体验在如此这般的包围和轰炸中，反而被消耗殆尽了。生活的过度审美化不过是在消灭审美的欲望，我们试图逃避审美，于是在艺术的反审美化中寻求安慰，因此无论泛审美化，还是反审美化，反而让我们远离审美。

但是我们需要审美体验，需要促使审美事件的发生。从事件哲学来说，"事实与事件的区分建立在自然性或中性情势（它们的标准是整全的）和历史性情势（其位的实存的标准是具现的）的区分之上"①。在自然界中，只有事

---

① ［法］阿兰·巴迪欧：《存在与事件》，蓝江译，南京：南京大学出版社，2018年，第222—223页。

实，没有事件，唯有历史社会中，才有事件；事实是常态的、自然而然的，事件发生于事件场所，具有偶然性、不确定性。审美事件是一个真正的事件，一种创生，一种新奇，一种震撼。并不是发生于现实中的所有事情都能称之为一个事件，一个独特的事件才是，一个无数次重复的事情只是一个事件，我们经常说的十年如一日，就是对非事件的最好说明。任何一个审美事件都是真正的事件，在这一事件中，我们得到与其他事件不同的体验，与其他审美事件不同的体验。以往的美学为了提升美学的地位，总是为美学设定各种先验的或者超验的价值。也许可以反过来思考，不是审美具有价值，我们才需要审美；而是我们需要审美，审美才有价值。需要是人的本能，而审美本身是生存的一个维度。换言之，我们需要无功利性的生存体验，不过并不是在叔本华意义所说的逃避欲望的折磨以获得暂时的平静，也不是人类学意义所说的通过审美获得更好的生存条件，而是康德意义上的，实践领域内的事件摆脱不了功利性和目的性，认知领域内的事件摆脱不了规律性和必然性，只有审美领域的事件才可以是无功利性、无目的性、无规律性、无必然性的，这就是我们所谓的自由，当然，这一自由不是实践领域的为所欲为，而是一种自由的体验，如同庄子的逍遥游。无功利的生存不一定具有多大价值，因为无功利性本身可以多重解读，既可以是现代美学的救赎价值，也可以是后现代美学的娱乐价值。重要的只是我们需要这一体验，如同审美事件被混淆进其他事件之中，其他价值也往往被混入审美体验的价值之中，其实，审美事件的发生就是审美体验的价值，或者说审美事件的价值就是审美体验的发生。

至于此时审美体验的内容是什么？审美主体的先天条件或心理能力是什么，审美客体或美的本质是什么，并不是审美事件论需要关注的问题，一则这些问题在审美事件论处于次要的位置，二则在之前的美学中，这些问题已经被讨论了很多，这些讨论可以被包容在审美事件论中，无须重新阐释。在这个意义上，过去的美学不是被审美事件论抛弃了，而是自然进入了审美事件论的视域中，因为之前的美学关注的只是审美事件论的一个横截面，无论是事件的起源（如审美先验论和审美实在论），还是结果（如审美目的论和审美价值论）。问题是它们把这一横截面作为审美或美的本质，或者陷入形而上学的泥潭中，或者在机械论或决定论的困境中挣扎。事件论试图返回审美的发生现场，关注这一过程，在吸收过去美学的成果时，需要阐释的是其他问题，是审美体验论和审美本质论无法包容的新的问题，比如审美的维度论，这也是审美事件论的意义之一。

任何事件都发生于一定的领域，这些领域可以分为三个部分，与康德的三个领域名称相同，不过与康德不同的是，我们认为，实践领域、认知领域、审美领域不是人的三种心灵能力的单独表现，也不是人性的某一区域，而是人类生存的三个维度，无论任何一个领域都需要作为身心合一、各种能力合一的完整的人的完整投入。康德将三个领域划归于三种不同的先天能力，我们将三个领域归属于生存的三个维度，前者是先验论，后者是存在论。从存在论而言，我们存在于世界中，并在与世界的接触中，发生各种事件，产生各种体验。需要说明的是，人以具身化的精神或者说精神化的肉身面对世界、接触世界，并与世界交往，而不是单凭哪一能力区域来与世界的某一个局部相对应。三个维度皆然，其区别在于，人类从事的领域不同，所要采取的思想、情感和行为方式不同。审美维度要求将要或者正在审美的主体与处于特定场景中的客体在相互无所需求、无所目的的情景中相遇。审美不是某个区域的审美，不是孤绝的某个能力的愉悦，无论身体还是心灵，抑或内感官或者超感官，而是以身体首先与客体直接相遇。当然，这一身体内含有心灵和精神，但是心灵和精神通过身体才能接触世界，不过仅仅是此时此地的身心合一仍然不够，身心合一还涵括了主体所在的世界，客体也不是孤立的客体自身，而是携带着客体所在的世界，因而审美事件乃是主体与客体之间两个场域的融合，类似于伽达默尔的视域融合。不过诠释学关注是融合的结果，即新的视域，而审美事件论关注的是这一事件的发生，即一个新的事件，一个新的体验。

三、审美事件论的可能性

审美事件论的建构具有必然性，量子力学和相对论等物理科学的发现，人体生物学的最新研究，场域理论在各个学科的渗透，是建构审美事件论的前提；怀特海的过程论、海德格尔的存在论、巴迪欧的事件论是我们构建审美事件论的基石，而20世纪中期之后的各种美学思潮也在各个方面暗示或者采纳了审美事件论的一些方法，只是没有明确点明审美事件论而已。当然，本文不足以展示审美事件论的各个部分，但作为一个理论，必须先考虑其是否具有可行性，因此我们需要从三个方面考察，一是理论能否自洽，换言之，能否言之成理，具有逻辑上的合理性；二是理论是否具有解释效力，即理论能否应对当下审美现实的问题，重新解读过去美学的问题，如果只有第一个方面，只是一个无用的理论；三是理论对于现实或问题的解释能否获得新的知识，如果理论能够自洽，也具有解释效力，但得出的解释不过重复之前的观点，仍是没有价值的。在第二部分审美事件论的构想中，我们系统讨论了审美事件论的逻辑自洽性，审美事件论能够自成一个体系，在这一体系中，审美主体、审美客体、审美场景、审美体验统一于审美事件中，前三者是审美事件的发生条件，后者是审美事件的标准。因此，在这一部分，我们主要从后面两个方面检验审美事件论的可行性。

解释效力方面。在这个泛审美化的时代，审美已经遍布各个领域乃至各个角落，仍然把审美封闭在艺术领域已不可能。如今，艺术已经边缘化，被移出审美领域的中心，审美的主要领域恰恰在艺术之外，在技术和消费支配的生活空间，在科学发现拓展的生态空间，而生活领域和生态领域的审美，却是现代美学的理论所无能为力的。后现代美学的理论虽然具有一定的解释力，却消解了审美应有的价值，我们需要美学具有解释力，同样需要美学具有规范性。同时，后现代美学认可利奥塔的微观叙事，一般只关注某一领域的审美问题，无法解释其他领域的审美问题，如技术美学关注技术领域的审美问题，生活美学反思生活领域中的审美问题，环境美学思考环境领域中的审美问题，身体美学解读身体领域中的审美问题，消费美学是考察消费领域中的审美问题。换言之，它们的出发点不同，无法挖掘出这些审美问题的共性。然而，如果从事件出发，那么以上这些美学问题其实不过是发生在各自领域中的审美事件，领域不同，但是作为事件却是相同的，即使现代美学，也可以被视为发生在艺术领域中的审美事件。当我们把审美作为一个事件时，我们就形成了一个共同的视角，许多互不相通、甚至互相矛盾的美学问题似乎就迎刃而解了。然而，与此同时，也会激发一些新的问题，但是这些问题才是现在的美学必须而且应该面对的。

技术美学、消费美学、生态美学、生活美学等扩展了审美领域，不是增加了更多的审美事件，而是更多的审美事件被我们发现了，这些审美事件原本也一直存在，但是却被过去的美学视而不见，或者美学并不认为在这些领域也可以发生审美事件，这是审美事件论的解释力之一。其二在于，当我们从事件论角度思考审美时，或许会发现一些被之前美学忽略或遮蔽的问题，美学关注的问题已不再是好像万古不变的各种本质问题，而应该是新的审美现实提出的新的问题，如在技术领域里，审美事件的发生条件是什么，主体需要装备什么，客体需要具备哪些属性，技术在哪些方面诱发了新的审美事件，又在哪些方面扼制了审美事件的发生，与艺术领域中的审美事件有何不同，审美事件的发生对于技术领域的其他事件有何影响，消费领域、生态领域、生活领域的审美同样如此。其三，审美事件论可以与原有的技术美学、消费美学、生态美学、生活美学并行不悖，后面几种美学流派是以审美领域定位的，而审美事件论则是以方法论定位的，两者互不矛盾，前面的美学可以借助审美事件论的方法，审美事件论也可以在借鉴前面美学的成果，思考这些领域中的审美事件。

从新的解释方面看。审美事件论比起认知论或者实在论美学，自然是一种新的解释，但是与审美活动论相比呢，国内教材中经常单设一章讨论审美活动，两者把审美作为一个动态的过程，都把艺术之外的领域作为审美领域，都提倡身心合一的审美，那么审美事件论是否具有区别于审美活动论的新解释？抑或审美事件论不过是审美活动论的翻版？两者的根本不同在于哲学基础或范式不同，由此形成了三方面的不同。

首先，审美活动论的基础是实践美学，实践美学认为，美是人的本质力量的对象化，因而在美学范式上，仍属于基础论的区域，在基础论的哲学中，从基础上展示或者表现出来的一切，都已经内含于基础之中，对于审美来说，审美活动不过是审美本质的自然表现，正如在康德美学，审美不过是先天条件的现实化，在黑格尔美学中，审美不过是理念自我理解的辩证过程。审美事件论的基础是事件论，已经跳出本质主义的范畴，在哲学范式上，属于生成论，生成论并不预设、也不证成主体、客体或者审美的基础，它要反思的问题是生成的条件和生成的结果，条件具有必要性，却不具有充分性，结果是不可预料的，不可重复的，是由各种条件在机缘和合之下生成的；审美事件不是任何本质或者基础的呈现，审美事件的要义就在于审美事件的发生，这一事件以及这一事件中的体验是独特的，仅仅属于这一审美事件的，因而也是空前绝后的，在此之前，没有，在此之后，也没有。

其次，审美活动论是一种主体论美学，主体是意义的根源，因而在根本上说，审美活动论仍是一种实在论美学，这是从人的本质开始构思的美学，美附属于审美，美的本质附属于审美的本质，而审美活动只是本质现实化的一个可有可无的过程，审美实现了人的本质，如同黑格尔哲学中理念的自我实现，在这一过程中，所有主体的审美都只趋于一个本质，在某种意义上，主体论虽然张扬了人的创造性，却忽略了作为个体的人的特殊性。而在审美事件论中，主体与客体只是事件发生的条件，事件才是根本的，无论人的本质是什么，审美或美有无本质，或者本质是什么，最终并不能决定审美事件的发生，也不能决定审美事件的结果。审美事件论充分地兼顾了个体的人、特定的客体，以及两者所处的偶然的场景，并在三者不可预期的化合中，开辟出审美主体的新的可能性。

再者，在审美活动论中，审美活动是一种社会活动，一种特殊的创造性的社会活动，在不同的论述中，它或者可以超越意识形态，表现出人的超越性的本质，或者本身就是一种意识形态活动，因而只是意识形态的一种表现，无论前者还是后者，审美的独立性都失去了。其实质仍然是由以本质和本质的表现为基础的实在论。在审美事件论中，活动组成事件，但并不是所有的活动都是一个单独的事件或者独特的事件。一个审美事件与一个意识形态事件也许会交叉，乃至重合，但是却属于不同的维度。当它是一个真正的审美事件时，它以获得某种审美体验为标准；当它是一个意识形态事件时，它以传达意识形态为旨归。总之，审美活动论虽然将审美视为一个过程，却没有赋予其独立的意义，这个过程如同黑格尔的辩证逻辑过程，从属于审美的基础论或者本质论。在这个意义上，审美事件论不同于审美活动论，而且试图扭转这一局面，审美无论有无基础或者本质，都是审美事件的条件，而审美事件论才是真正的过程论。

本文勾勒的审美事件论并不完善，也不系统，或许只是一些粗浅之见，漏洞百出，我们也不认为审美事件论能够解读一切美学问题，或者就是最好的美学方案，我们希望并试图抛砖引玉，换一种角度来解读并应对当下的审美现实，同时也希望学界对于审美事件论的解释力和包容性具有更清醒的认识。审美事件论不是凭空虚造的，只要稍微了解当下科学发展的现况就会发现，实在论已经被过程论代替，但是在人文学科中，也许我们已经接受了过程论，不过实在论的思维却并没有根除，总是在不经意间就暴露出来，于是过程论和实在论的思想混合在一起。另外，中国传统美学中也蕴含着丰富的事件论资源，无论是道家之道还是儒家之道，都不是静止的实体，而是生生不息的变化之道，中国传统思想从不把事物作为一个实体思考，而是更关注事物的变化过程，表现在美学中，就是感兴论、体道论、文气论，不过这并不意味着，传统思想就已是现在的事件论，两者的前提不同，面对的问题也不同，我们需要挖掘各方面的资源建构出更成熟、更完备、更有解释力的审美事件论，也不能忽视甄别辨析不同的思想资源，同时，也需要通过审美事件论，解读虚拟电子、传媒技术、消费、生态带来的各种美学问题。

（作者单位：福建师范大学文学院）

接受的复调：布尔迪厄在中国

吕东旭

皮埃尔·布尔迪厄写了大量的文章和专著系统深刻地阐释文艺问题，建构起以"文学场""文化资本""惯习""实践"等关键概念为核心的话语系统，形成了别具一格的文艺研究格局。他对于文艺生产的条件与机制、文化资本与审美区分、文学场与权力场等关系的辩证性思考，在西方文学理论界引起了广泛而强烈的反响。那么，布尔迪厄理论如何在中国语境下得以接受？其文艺思想为本土问题的解决获得了怎样的启示？面向国内文学理论的建设、发展的前景，又提供了哪些可能的方法与路径？这些亟待解答的问题不断勾勒出"布尔迪厄在中国"独特的理论图景。

一、翻译与阐释：布尔迪厄在中国的多副面孔

在不同的历史时期，布尔迪厄的思想在各领域内经历了由浅入深的翻译与阐释，使其具备了多样的身份特质。虽然无法划定具体明晰的时间界限，但布尔迪厄思想在中国的接受呈现出阶段性、层次性、丰富性等特征。需要指出的是，这种阶段性的划分并非泾渭分明，其无法划下具体的时间表，这种身份的界定必然存在着混杂性。之所以如此安排，是为了更加鲜明地展示其思想被接受的社会历史背景及具体历程。

20 世纪 70 年代末 80 年代初，中国社会开启了一个新的历史发展时期。思想界在经历了"实践是检验真理的唯一标准"的讨论之后，进入了颇为活跃的阶段，掀起了探寻"方法论"的热潮，不同学科也以开放包容的姿态广为吸收西方的思想成果。于是，布尔迪厄社会学思想作为研究资源的一部分被引介进入国内。学界第一篇有关布尔迪厄思想的介绍是 1979 年夏孝川先生翻

译的美国学者戴维·斯沃茨的《皮埃尔·布尔迪厄：社会不平等的文化传授》① 一文，开头按语即点出"皮埃尔·布尔迪厄是社会学家"，主要探讨了教育和社会阶层之间建立的结构层面的联系，叙述布尔迪厄对高等教育机构的研究，以及在教育社会学方面做出的卓越贡献。1987 年，《读书》第 8 期"海外书讯"一栏刊载了《皮埃尔·布尔迪厄：〈社会学问题〉》一文，江小平对布尔迪厄《社会学问题》一书中研究的社会问题进行了概括和归纳，认为"把《社会学问题》一书中的二十一个问题连接在一起的主要论题是：领域，斗争，资本和习惯"②。这些翻译与评介让国内对布尔迪厄社会学的研究对象、方法有了初步的认识。

进入到 20 世纪 90 年代，国内城市化、现代化进程加速发展，商品经济引发了重大变革，使大众文化在全社会范围内掀起热潮，进而深化了人们以往对于传统文化的认知。在社会转型的重要时期，布尔迪厄在文化领域内的独到见解逐渐引起了国内学者的注意。他的一些有关文化社会学的文章或著作开始零零散散地被译介过来。这一时期，学界对于布尔迪厄理论最初的想象大多是来自学术期刊上对西方理论家研究布尔迪厄成果的译介③。在某种意义上，这些国外研究者也承担着布尔迪厄在中国的传播者角色。不久，随着对布尔迪厄理论研究的深入，学界开始对他的相关著作展开翻译工作④。布尔迪厄这些中文著作的出现，有助于人们对其思想进行全面的把握与认知。在这一阶段，《读书》期刊提供了探究布尔迪厄思想的重要平台。学者们围绕着布尔迪厄理论中的一些关键概念，剖解社会学研究的对象、方法，彰显了布尔迪厄开阔的研

---

① ［美］戴维·斯沃茨：《皮埃尔·布尔迪厄：社会不平等的文化传授》，夏孝川译，《外国教育资料》，1993 年第 3 期，第 61-69 页。

② 江小平：《皮埃尔·布尔迪厄：社会学问题》，《读书》，1987 年第 8 期，第 144-146 页。

③ 如《现代外国哲学社会科学文摘》（1991 年第 4 期）刊登了选自美国学者奈勒的《阶级、文化和教育结构》一文，着重对皮埃尔·布尔迪厄与英国社会学家巴兹尔·伯恩斯坦的教育理论进行阐述与比较，认为他们的理论使人们重新思考文化、社会与教育之间的复杂多重关系，其中也涉及了布尔迪厄的一些文化层面的思想，如"文化资本""惯习"等。1996 年，美国学者 D. C. 霍伊的文章《批判的抵抗：福柯和布尔迪厄》发表在《国外社会科学》（第 1 期）上，他以比较的视角论述了福柯与布尔迪厄在主体性与历史构建上的差异，认为社会研究是布尔迪厄对强迫社会化进行的有意识的、批判性的抵抗。

④ 1996 年，布尔迪厄第一本中文版的著作《自由交流》由生活·读书·新知三联书店正式翻译进国内。随后连续几年国内出现了布尔迪厄有关文化与社会学的中译本著作，分别是《文化资本与社会炼金术：布尔迪厄访谈录》（上海人民出版社，1997 年）、《实践与反思：反思社会学导引》（中央编译出版社，1998 年）。这几本著作的引介使得对布尔迪厄思想的研究变得热闹起来。

究视野与问题意识①。同时，文艺理论界开始探讨布尔迪厄的文化社会学思想，以专篇论文或读书笔记的形式进行分析②，从中也可窥见其文艺思想的基本形态与大致概貌。值得注意的是，国内学者在专著中以专章专节的笔幅展开了对布尔迪厄思想系统性的探究③，这无疑深化了对其理论的认知。但需要清醒地认识到，自20世纪70年代末至90年代后期的近20年时间，国内学界对布尔迪厄著作的译介、阐释的工作处于相对滞缓的状态：一方面，他们对布尔迪厄理论关注的视域比较有限，主要聚焦于社会学领域；另一方面，在布尔迪厄文艺思想的研究多停留在零散的译介、粗略的阐释性工作上，对其专著的翻译寥寥可数、对其理论的实践更是少之甚少。虽然有部分专家如陶东风、王岳川、蒋孔阳、朱立元等积极地对布尔迪厄思想展开了细致深入的阐释，但是研究界对布尔迪厄的了解程度仍相当有限。此时，布尔迪厄在学界主要是以"陌生的社会学家"的形象而存在。

进入21世纪，机械复制时代、读图时代的发展迅猛，网络信息化迎来了辉煌的阶段，电影、电视和互联网等大众传媒为文化的传播提供了前所未有的便捷路径。从《艺术的法则》到《关于电视》，从《摄影：一种中等品味的艺术》到《艺术之恋：欧洲艺术博物馆及其观众》，布尔迪厄这些论著涉及当代消费社会中的纷繁复杂的文化现象，使其成为国内文艺界、新闻界、教育界等众多领域的新宠。由是，布尔迪厄的形象由陌生的社会学家不断转变为声名远播的文化批评家。同时，他的溘然辞世也在国内引起了巨大的轰动，许多学者

---

① 陈燕谷：《文化资本》（《读书》，1995年第6期）、王铭铭：《思考的实践》（《读书》，1997年第7期）、顾良：《布尔迪厄一席谈》（《读书》，1997年第10期）等。

② 如包亚明：《布尔迪厄文化社会学初探》（《社会科学》，1997年第4期）、王岳川：《布尔迪厄的文化理论透视》（《教学与研究》，1998年第2、3期）、周宪：《文化工业/公共领域/收视率：从阿多诺到布尔迪厄的媒体批判理论》（《新闻与传播研究》，1998年第4期）、陶东风：《知识分子与文化资本：读布尔迪厄〈反思与实践——反思社会学引论〉》（《博览群书》，1998年第12期）、《社会科学的反思性：读布尔迪厄的〈反思社会学引论〉》（《开放时代》，1999年第4期）等。

③ 如杨善华的《当代西方社会学理论》（北京大学出版社，1999年）中收录了李猛的"布尔迪厄"一章，从社会学理论的视角探讨了布尔迪厄的学术生涯与思想渊源、关系论的思维与反思社会学、实践理论等重要问题；王岳川的《二十世纪西方哲性诗学》（北京大学出版社，1999年）采用专章专节对布尔迪厄的"场域理论""文化惯习""文化资本""反思性"等重要的思想理论进行了理论性的论述，并对中国的文化建设提出了积极的思考。之后，蒋孔阳与朱立元主编的《西方美学通史》（上海文艺出版社，1999年）中的《布尔迪厄的美学和文化理论》一文对布尔迪厄的文化资本理论、惯习等概念加以分析，更重要的是对布尔迪厄关于摄影与博物馆的艺术趣味、区分问题，以及对电视的压迫性等观念进行了梳理，初次显露趣味问题已成为布尔迪厄分析文化场的关键，展现出其对大众文化的兴趣所在。

以文章的形式寄托哀思①。在新世纪初期的近 10 年间，学术界对布尔迪厄文化社会学思想的研究蔚然成风，出现了大量的理论性著作和文章。国内大批青年学者踊跃投入到布尔迪厄文化思想的研究行列。一方面，他们在积极进行着布尔迪厄著作的中文版翻译工作，如刘晖、李猛、李康等②；另一方面，他们大多受过专业化的学术训练，能够直接阅读英文或法文原著而走近布尔迪厄理论内核深处，更加准确地把握其思想内涵，为其在中国的接受做出了瞩目的贡献，如高宣扬、朱国华、张意等③。通过学者们的辛勤努力，布尔迪厄作为文化批评家的身份得到研究界的普遍认同，其关键概念、核心思想，以及研究方法逐渐成为文艺理论批评中的阐释策略和表达术语，丰富了中国话语的理论资源。

布尔迪厄文艺思想的研究成为博、硕士研究生们毕业论文的重要灵感来源，有关研究布尔迪厄文学艺术场域的毕业论文不断涌现④。这些研究成果也在某种程度上扩展了布尔迪厄文艺思想的研究视角，从侧面反映出布尔迪厄文艺思想在国内的受欢迎程度。同时，布尔迪厄著作单行本的大量译介使其文化

---

① 朱国华：《布尔迪厄：一个清醒的文化角斗士》（《社会科学报》，2002 年 2 月 28 日），杨雪冬：《纪念布尔迪厄》（《国外理论动态》，2002 年第 4 期），［美］卡尔洪、华康德：《社会科学和社会良知》（《国外社会科学》，2003 年第 3 期），由陶东风、金元浦等主编的《文化研究》（第 4 辑）（中央编译出版社，2003 年）在"专题：纪念皮埃尔·布尔迪厄（1930—2002）逝世一周年"的框架下，刊载了几篇重要的关于阐释布尔迪厄社会学概念、文学思想的文章，分别为：克雷格·卡尔豪恩、罗克·华康德《"一切都是社会的"：缅怀皮埃尔·布尔迪厄》、罗克·华康德《解读皮埃尔·布尔迪厄的"资本"——〈国家精英〉英译本引言》、徐贲《布尔迪厄的科学知识分子和知识政治》、张意《文化与区分》、朱国华《文学场的逻辑：布尔迪厄的文学观》等。

② 李猛、李康翻译的有：《实践与反思：反思社会学导引》（中央编译出版社，1998 年）、《布尔迪厄社会学面面观》（台北麦田出版社，2009 年）、《反思社会学导引》（商务印书馆，2015 年）；刘晖翻译的有：《艺术的法则：文学场的生成与结构》（中央编译出版社，2001 年）、《言语意味着什么》（褚思真、刘晖译，商务印书馆，2005 年）、《帕斯卡尔式的沉思》（生活·读书·新知三联书店，2009 年）、《男性统治》（中国人民大学出版社，2011 年）、《自我分析纲要》（中国人民大学出版社，2012 年）、《区分：判断力的社会批判》（商务印书馆，2015 年）等。

③ 高宣扬：《布尔迪厄》（台北扬智出版社，2002 年）、《布尔迪厄的社会理论》（同济大学出版社，2004 年）；朱国华：《文学与权力：文学合法性的批判性考察》（华东师范大学出版社，2006 年）、《权力的文化逻辑：布尔迪厄社会学诗学》（上海三联出版社，2004 年）；张意：《文化与符号权力：布尔迪厄的文化社会学导论》（中国社会科学出版社，2005 年）等。此外，他们还写作了大量的论文对布尔迪厄的文化社会学进行了全面地阐释、借鉴与反思，这些努力都极大地丰富了学界对布尔迪厄文艺思想层面的研究。

④ 姜春：《布尔迪厄"文学场"理论研究》，广西师范大学硕士学位论文，2006 年；张倩：《皮埃尔·布尔迪厄及其〈艺术的法则：文学场的生成和结构〉研究》，西北师范大学硕士学位论文，2010 年；刘藏：《论布尔迪厄"文学场"》，湖南师范大学硕士学位论文，2011 年；李占伟：《布尔迪厄文艺思想研究》，山东师范大学博士学位论文，2011 年。

思想受到了前所未有的重视。他的一些经典著作也被选入官方教育机构的教材①。布尔迪厄的文化社会学思想进入了学术编制之中，成为中国文学理论学科中"西方文论"领域内不可或缺的一部分。从传播的角度而言，高校教材传播范围、影响程度是最为深广的，这在某种程度上意味着布尔迪厄在中国思想大师的地位得以进一步确立。

近十年来，国内一直延续着的后现代主义多元化的思潮，使人们必须解释所面临的新的状况，如消费主义、视觉文化等。同时，研究界热切的需求使布尔迪厄文艺思想也得到了大量翻译的机遇。在对布尔迪厄社会学的概念、研究路径，以及文艺思想概貌具备了较为全面系统的认知基础上，他的身份界限逐渐摆脱了单一的标签，呈现出多元化、复杂化的研究趋向。布尔迪厄异常活跃的思想及其在多学科上的思想建树，令国内学者赞叹不已："翻阅《实践与反思》书后的布尔迪厄著作年表，那里罗列了他从 1961 至 1991 年的著作，竟多达 15 页！他是一位百科全书式的学者，不拘泥于学科的界限，常常做出跨学科的解释。"② 学界在这一阶段对布尔迪厄丰硕思想成果的引介，使之成为名声大噪的"百科全书式"学者。中国学界对这位享誉世界的法国思想家显露出前所未有的探索热情，大江南北的出版社以几乎每年两部的速度译介布尔迪厄的各种著作③。这些著作全面地展现出了布尔迪厄在社会学、美学、教育

---

① 如朱立元、李钧主编的《二十世纪西方文论选》（高等教育出版社，2002 年）中，布尔迪厄的《文化资本与社会资本》被纳入"后现代主义"的框架下；王岳川的《当代西方最新文论教程》（复旦大学出版社，2008 年）将布尔迪厄的文化社会学思想收录到文化研究中；方维规主编的《文学社会学新编》（北京师范大学出版社，2011 年）以专章讨论了布尔迪厄的文学趣味社会学思想；朱立元主编的《当代西方文艺理论（第三版）》（华东师范大学出版社，2014 年）成为教育部面向 21 世纪的课程教材。与前两版相比，"布尔迪厄美学与文化理论研究"作为重要的一节被增添进新的版本之中。

② 刘稚亚：《实践与反思——读布尔迪厄著作有感》，《经济》，2016 年第 Z1 期，第 128 页。

③ 主要有：《实践理性：关于行为理论》（生活·读书·新知三联书店，2007 年）、《遏制野火》（广西师范大学出版社，2007 年）、《单身者舞会》（上海译文出版社，2009 年）、《帕斯卡尔式的沉思》（生活·读书·新知三联书店，2009 年）、《海德格尔的政治存在论》（学林出版社，2009 年）、《艺术的法则》（中央编译出版社，2001 年）、《男性统治》（中国人民大学出版社，2011 年）、《关于电视》（南京大学出版社，2011 年）、《自我分析纲要》（中国人民大学出版社，2012 年）、《实践感》（译林出版社，2012 年）、《社会学家与历史学家》（北京大学出版社，2012 年）、《区分：判断力的社会批判》（商务印书馆，2015 年）、《反思社会学导引》（商务印书馆，2015 年）。中国人民大学出版社在 2017 年出版了"布尔迪厄作品丛书"——《世界的苦难》《实践理论大纲》《自我分析纲要》《男性统治》等。这些著作全面地概括了布尔迪厄在社会学、美学、教育学、历史学、文学、艺术学等研究上的丰富思想内涵，使人们看到了一个更加完整的布尔迪厄思想学术体系。

学、历史学、文学、艺术学等丰富的思想内涵和理论旨趣，构建起一个令人叹为观止的思想大厦。

总而言之，以上对布尔迪厄在中国的著作译介和理论阐释的过程进行了回溯，意在展示出布尔迪厄在中国多副面孔的轮廓：陌生社会学家、文化批评家、"百科全书式"学者等。这既是布尔迪厄思想博大深邃的彰显，同样也是一位西方文论家形象被建构、想象的过程，从中可以窥见国内学界在引进西方思想家时的独特模式与路径。

二、实践与探索：布尔迪厄文艺思想的本土化进程

中国文论界从发展本土文学理论的视角出发，将布尔迪厄文艺思想引入批评的实践。值得注意的是，这种接受并非出于盲目追捧新思想，而是中国文艺理论建设内在的迫切需要，带有强烈的"西为中用"的实用主义观念，正如马克思所说："理论在一个国家实现的程度，取决于理论满足这个国家需要的程度。"[①] 引介一位西方理论家的思想，到底有何价值？是否能够适用于中国经验的回答？这些问题实质上是理论旅行与本土化之间的转换关系。在布尔迪厄文艺思想本土化的实践中，与国内原有的文论进行碰撞、妥协、交流、融合，从而能够促进其在异域的土壤上生根、发芽、茁壮成长，实现布尔迪厄文艺思想的本土化。

文学场理论作为布尔迪厄文艺思想的核心观点，在分析 19 世纪法国文学场的生成与结构上起到了重要的作用，这使很多学者看到运用这一方法论来分析本土问题的可能性，"不仅中国可能会从场域理论所生成的洞察视野中获益，我们也可能会很快增添关于场域理论的认识，因为它可能会在中国运用的过程中被细化和扩展。对布尔迪厄来说，理论从来都不是僵化的教条，或者是被锁在展示橱窗厚厚玻璃之后的东西。理论是解决问题的工具，是被使用而不是用来炫耀的概念"[②]。这正是布尔迪厄实践思想的有力彰显。于是，面向国内错综复杂的文学场问题，国内学者借助布尔迪厄文艺思想进行了一些积极有益的探索性实践。

---

① ［德］马克思：《黑格尔法哲学批判导言》，曹典顺译，北京：中国社会科学出版社，2009 年，第 10 页。

② ［美］罗德尼·本森、［法］艾瑞克·内维尔：《布尔迪厄与新闻场域》，张斌译，杭州：浙江大学出版社，2007 年，第 11 页。

历史条件无法进行移植，但布尔迪厄分析、解读文学场的方法和路径，无疑为中国学者看待问题提供了方法论的参考与借鉴。邵燕君的《倾斜的文学场——当代文学生产机制的市场化转型》（江苏人民出版社，2003年）一书，借助布尔迪厄的文学场和文化资本的理论，通过扎实的文学史材料和详细的案例研究，从文学期刊、出版、评奖、批评、作家等组成文学生产机制入手，分析了中国当代文学生产机制的运行方式，阐释了市场和商品逻辑在文学生产中扮演的重要角色。姜涛的《"新诗集"与中国新诗的发生》（北京大学出版社，2005年）则考察布尔迪厄的文学场方法在探讨中国现代性新诗发生层面起到的理论性的指导意义，"这一现代性建构本身就包含着对新诗自足性的诉求，而在与既有诗歌惯习与诗坛格局的碰撞中，在自身的生长和纷争中，新诗在客观上也形成了一种'关系空间'"①。新诗集的传播空间、出版、读者的分类及阅读状态，都与新诗坛场域的分化、诗歌观念的转变具有密切的联系。此外，布尔迪厄的文学研究方法、思维方式也得到学者们的学习与继承。陶东风新编的《文学理论基本问题》的思路，很大程度上就得益于布尔迪厄文艺思想的影响："就文学艺术的研究而言，布尔迪厄对我的最大启示，就是跳出了文学艺术自主自律的那个框框。布尔迪厄把自己的理论称为关于实践的一般理论，这个实践包括文化实践，主要就是指文学艺术。"② 即布尔迪厄的思想使人们摆脱了狭隘的文艺观，对文艺自律性、文化实践等问题有了更为深刻的理解。

当消费主义、视觉文化在中国风靡之时，布尔迪厄的著作《艺术的法则：文学场的生成与结构》《关于电视》《摄影：中等品味的艺术》《区分：判断力的社会批判》《艺术之恋：欧洲博物馆及其观众》等有关文化批评的理论引起了国内学者的广泛关注，为色彩斑斓的大众文化的解读提供了新的研究视域。朱国华首先对布尔迪厄《摄影：中等品味的艺术》中有关摄影的功能及其与社会阶层关系的文艺思想进行了解读，认为"可以通过阐明摄影的社会用途和使用方式，来批判性反思摄影与合法文化的等级关系，以及社会结构的权力关系"③。这很好地说明了布尔迪厄透过对各种摄影艺术发挥的世俗功能的分析，完成了对社会各个阶层的文化层面考察。周宪在《文化表征与文化研究》

---

① 姜涛：《"新诗集"与中国新诗的发生》，北京：北京大学出版社，2005年，第9页。
② 陶东风、刘张杨：《从文学研究到文化研究——陶东风教授访谈》，《学术月刊》，2007年第7期，第158页。
③ 朱国华：《皮埃尔·布尔迪厄：〈摄影：中等品位的艺术〉》，《中国学术》，2004年，第347-348页。

中则从布尔迪厄有关文化的趣味概念出发，指出中国当前文化中的趣味问题复杂的原因在于社会分层的不明晰，并且在政治、经济和文化的频繁互动上，进一步提出了分析中国文化中趣味问题的方法："要系统地、结构地分析中国文化中的趣味问题，我们不得不采用理想类型的方法，既在现存的趣味结构中区分出不同类型的趣味，同时又要注意到这种类型区分的条件和局限性，亦即关注这些趣味区分类型的相对性和彼此联系。"① 通过对文化生产主体、文化接受主体的行为的分析，他透视出中国当代审美文化、趣味与中国社会变迁之间的互动关系等重要问题。这些思考都使得布尔迪厄的文化思想涂染上中国本土的色彩，带有生动灵活的理论特质。

进入日新月异的新世纪，在大众媒介的大潮席卷而来的情境下，理论阐释的有限性稍显力不从心。同时，本民族的话语遭受着西方文论的强烈冲击，使学者们深感忧虑。于是，国内学者遵循布尔迪厄的反思性原则，将思考的焦点集中在对当前文学理论学科建设的层面上。陶东风长期处于高校文艺学教学研究的一线，在实践中深知文艺学学科内部存在的一些问题。在他看来，大学的文艺学教材亟须进行深刻的改造，需要凸显出文艺学知识的历史性与地方性的特征②。面对当前文艺学的学科危机，朱立元结合当前文学理论的发展现状，一针见血地指出要害在于理论缺乏前瞻性，以及走向实践的能力。尤其在日新月异的文学实践面前，文学理论往往跟不上现实的要求③。由此可见，文艺学的研究中具有与时俱进的精神和开放包容的心态，积极促进理论与实践的融合。

至今，文学本质、文学制度、文学功能、文化研究、后现代主义思潮，以及文学经典化等重要问题，都是在文学理论界长期以来争论不休的话题。一代代学者们对文学理论的基本问题、独特性及未来发展前景等方面进行着孜孜不倦的探求。由是，在这一过程中，反思性也成为文学理论研究的重要思维方式。2009年，由李春青和赵勇主编的21世纪高等学校研究生教材《反思文艺学》运用布尔迪厄的反思性思维对中国古代文论、文学基本问题、当代西方文论若干问题，以及中国当代批评文论若干问题等进行了回顾与反思，为文艺学学科的发展提出了颇有助益的思考。谈及此教材的写作，李春青认为自己受

① 周宪：《文化表征与文化研究》，北京：北京大学出版社，2007年，第181页。
② 陶东风：《大学文艺学的学科反思》，《文学评论》，2001年第5期，第104页。
③ 朱立元：《关于当前文艺学学科反思和建设的几点思考》，《文学评论》，2006年第3期，第14页。

到了布尔迪厄的《实践与反思》一书的启发，并私下将自己所教学的课称为"反思文艺学"①。邢建昌则着眼于中国文学理论的反思性研究层面，认为中国文学理论的研究具有自己的独特性，反思有利于增进文学理论与其他学科的对话，使文学理论的研究进入到富于学理的时期②。同时，他对于文学经典、文化研究、中国文论的"失语"现象和古代文论现代转换等具体问题都给出了解答。这些主张显示出中国学者在遵照布尔迪厄反思性思维的基础上，面向本土文学理论问题，尝试地提出具体化的解决方案。

理论在跨文化、跨语境的接受中，不可避免地出现误读、变异等现象，这在布尔迪厄思想本土化过程中也有鲜明的体现。以布尔迪厄思想在西方世界的传播为例，华康德认为，布尔迪厄理论中被挑选出来的概念已经被特定的经验研究和理论领域工作的美国社会科学家所广泛使用，但是布尔迪厄的著述作为一个整体仍在被广泛地误解，"布尔迪厄理论从欧洲大陆向英语世界的传播过程乃是对他的理论作零敲碎打的运用和断章取义的理解的过程"③。类似地，布尔迪厄文艺思想在中国化的进程中也存在着类似的问题，如一些国内研究者将布尔迪厄的"文学场"等同于文学的制度性研究，并相信布尔迪厄赞赏文学的制度化。在张意看来，这种思考其实是属于断章取义式的误读④。当然，这些创造性误读及其客观的原因也是值得深刻反思的：一方面，任何一种理论都有其产生的具体历史环境及运用的客观现实条件，一旦面向中国的具体问题，这种条件是无法一一匹配的，很容易被着上了本土化的色彩；另一方面，这与布尔迪厄别具一格的表达策略和语言风格有关，他大量的著作存在着语言晦涩、长句堆叠的现象，为读者的理解带来了巨大的挑战。因而，这种误读的产生及出现是可以理解的。

布尔迪厄文艺思想的方法和观念旅行到中国，与本土研究者的惯习相遇时，自然地发生交流、碰撞，从而推动后者产生了极大的创新力量。同时，积极地对布尔迪厄文艺思想进行批判性解读，反思中西方文化客观存在的文化差异，也是中国文论界建构自己的知识话语体系、思维模式及价值系统的有益尝

---

① 李春青：《在审美与意识形态之间：中国当代文学理论研究反思》，北京：北京大学出版社，2006年，第341页。

② 邢建昌：《理论是什么——文学理论反思研究》，北京：人民出版社，2011年，第19页。

③ ［法］皮埃尔·布尔迪厄、［美］华康德：《实践与反思：反思社会学导引》，李猛、李康译，北京：中央编译出版社，1998年，第4页。

④ 张意：《文学场：文学及其周边》，《中外文化与文论》，2011年第2期，第286页。

试。总之，通过对布尔迪厄文艺思想的接受，重新审视当代文学研究的发展，为新的文学阐释和研究提供了创新的可能性，有助于实现具有建设性意义的本土化实践。

三、理论资源：面向中国当代文学理论建设的启示

在当今全球化的语境下，多元共生、众声喧哗成了世界文化发展不可抗拒的趋势。"各种观念和理论也在人与人、境域与境域，以及时代与时代之间旅行。文化和智识生活通常就是由观念的这种流通所滋养，往往也是由此得到维系的。"① 跨文化交流是永葆生命力的重要源泉，以开放的心态去积极借鉴、吸收西方理论家的思想，才有可能使本土的传统文论焕发生机，这也是中国当代文论与时俱进、兼收并蓄的迫切需要。布尔迪厄的文艺思想对理解文艺在整个社会中的位置和功能具有重要的意义，进而为剖解文学现象提供了新的可能性。

跨学科的研究范式是西方文化研究取得的重要成果，被布尔迪厄吸纳并在文艺研究中尽情挥舞。他对统计学、社会学进行了整合，着眼于福楼拜的《情感教育》文本，归纳出小说中弗雷德里克的周围形形色色的社会关系②。布尔迪厄借助统计学方法，整理出决定了弗雷德里克命运的经济、政治资本形式，从而归纳出弗雷德里克命运悲剧的根本缘由。他将美学概念——"趣味"放置于文学和艺术的分析框架之下，"布尔迪厄继承了涂尔干规划：发展一种关于知识与社会知觉的社会学理论，以探索'思想框架、知觉框架、欣赏趣味框架以及行为框架的起源'"③，在探讨文化领域最具代表性的著作《区分：判断力的社会批判》中，布尔迪厄使用了大量统计学的知识，并以交互分类表、图示等形式，以及大量的照片、对话等定性研究资料的方式对理论进行分析，从而将法国社会的阶级、生活方式，以及迥然的文化消费倾向联系起来，实现对各种世俗趣味与高雅美学性情的区分的阐释。布尔迪厄打破了学科之间

---

① ［美］爱德华·W. 萨义德：《世界·文本·批评家》，李自修译，北京：生活·读书·新知三联书店，2009 年，第 400 页。
② ［法］皮埃尔·布尔迪厄：《艺术的法则：文学场的生成与结构（序言）》，刘晖译，北京：中央编译出版社，2011 年，第 18-31 页。
③ ［美］戴维·斯沃茨：《文化与权力：布尔迪厄的社会学》，陶东风译，上海：上海译文出版社，2006 年，第 55 页。

的壁垒，积极汲取各种研究方法，将社会学、美学、语言学等知识运用于文艺问题的研究上，这些思想对囿于单一学科的研究具有方法论上的借鉴意义。

文学理论的发展与创新，离不开从相关的人文学科或其他学科中汲取丰富的涵养。哲学、社会学、美学等学科研究领域里的新变，都在极大地刺激着文学理论知识生产的更新，在一定意义上推进着文艺学学科建设的发展与完善。当前互联网快速发展的信息时代，催生了许多前所未有的文艺新类型。文学逐渐与电视、电影、网络等大众媒介紧密结合，悄然构建了新的文艺格局，这也迫切需要文论与时俱进地应对新问题、新变化。南帆认为，话语分析的提出使得文学理论没有多少兴趣回答"文学是什么"的问题，文学就如同是社会的神经，广泛地分布在社会历史的深处①。文学与社会之间始终存在着的错综联系正体现了文学的价值所在，是建构世界的审美方式。因此，亟须摒弃固定不变的文学边界的传统观念，打通当代文学与网络文学、影视文学间的重重壁垒，将文学研究的视野投入到更加广阔的范围中，"中国经验的文学显形隐含了各种生气勃勃的可能形式。这个意义上，文学理论必须做出积极的回应。这种回应的内部包含了如下两个方面的张力——开阔的理论视野与聚焦于'中国经验'的轴心。在我看来，这即是现今中国文学理论的民族性"②。尤其是在当前全球化的语境之下，以跨学科的理论方法为手段，借鉴多学科的研究思路来阐释现代性大潮下的文学问题，才能使中国文论的发展前景更加广阔。

在文艺问题的研究中，布尔迪厄注重使用多元的研究方法，既从横向上看待文学与社会结构之间的关联，又从历史纵向上考察文艺作品的生成环境，从而能够全面客观地看待文学场内的生产、接受与消费等现象，为文学研究提供了丰富的方法与路径。事物之间各种错综复杂的联系构成了布尔迪厄的"场域"概念，即由不同位置之间形成的网络。布尔迪厄认为"从场的角度思考就是从关系的角度思考。从场的角度思考，就意味着要对有关社会世界的整个日常见解进行转换"③。文学场是社会世界不断分化所形成的众多场域中的一种，具有不同文化资本的行动者在这一空间内占据着不同的位置，通过一系列的斗争而形成了占位。在著作《文化生产场：关于艺术与文学的论文》的开篇，布尔迪厄对待关系性思维的评价切中肯綮："在文学或艺术的生产领域

---

① 南帆：《文学理论：新读本》，杭州：浙江文艺出版社，2002 年，第 11 页。
② 南帆：《文学理论：全球化时代的民族性》，《文艺理论研究》，2013 年第 3 期，第 15 页。
③ ［法］皮埃尔·布尔迪厄：《文化资本与社会炼金术：布尔迪厄访谈录》，包亚明译，上海：上海人民出版社，1997 年，第 141 页。

中，关系性思维非常具有启示的意义。"① 关系主义是研究文艺生产机制的重要方法，在这一思维模式之下，人们能够对文学场的内部斗争或外部社会的关系、文学场和权力场之间的关系、文学生产与市场机制关系等产生明晰的逻辑认知。

布尔迪厄关系性的思维摆脱了传统二元对立的思维模式，从而打通了理解文学经典的生成与确立的重要入口。何为文学经典？经典又是怎样确立的？在伊格尔顿看来，所谓文学经典，不过是特定人群出于特定理由在某一时代建构起来的事物②。但"特定人群"究竟指的是谁？建构经典的过程是怎样的？这些都是值得深思的问题。"经典的认定无疑是至关重要的权力……经典最终确认是一个文学制度共同运作的结果。这即是说，经典不仅来自某些个人超凡的阅读趣味，同时，文学的生产、传播和接受均属制造经典的一系列环节。"③在文学研究过程中，关系性思维能够将各个要素纳入思考范围，以更加科学的角度来分析文学作品的生产、传播与接受的现实条件。文学经典是处于特定社会历史环境下的产物，与文学史叙述话语中所承载的意识形态具有颇为密切的关系。通过对经典的合法性、形成机制、维护体制等层面进行深入的考察，我们注意到，要对文学史的话语叙述保持一种警惕意识，并以科学独立的视角来审视文学的研究。

20 世纪末，中国学者在对布尔迪厄的文化理论进行深入解读后，就已经在思考：如何张扬健康的文化，如何保持文化批判的合法性，以及对社会文化特权的颠覆等问题④。如今，将近 20 年的时间，中国经济取得了举世瞩目的成就，以其强大的影响力在逐渐向其他场域发生扩散。文学场自主空间在不断受到挤压的情境中，当时的学术前沿话语在今天依旧是值得去深刻反思的命题：文学的生产该如何保持相对的独立性、自主性？文艺又该如何重获生命力？

布尔迪厄的反思性思维成为人们通向科学理性的重要工具，为人们客观地认识文学场的运行规则提供了新颖的观照视角。按照马克思主义的观点，文艺

---

① Pierre Bourdieu. *The Field of Cultural Production：Essays on Art and Literature*. Randal Johnson. New York：Columbia University Press，1993：29.

② ［英］特雷·伊格尔顿：《二十世纪西方文学理论》，伍晓明译，西安：陕西师范大学出版社，1987年，第 13 页。

③ 南帆：《文学史与经典》，《文艺理论研究》，1998 年第 5 期，第 11 页。

④ 王岳川：《布尔迪厄的文化理论透视》，《教学与研究》，1998 年第 3 期，第 51 页。

的发展受到其内在客观规律的影响，因此，需要人们去尊重文学场的运行规律。有学者指出，"文艺学所涵盖的知识应该反映丰富的不断发展的文学现象，还须深化文学规律的认识，必须回答文学发展中所面临的迫切的问题，以引导和促进文学的健康繁荣"①。文学的批判性面向社会的重要武器，在反思性思维的引导下，能够更明确地找到问题症候所在。尤其在制定相关的文艺政策、制度的时候，更需要考虑文学场自身的特殊性、复杂性。虽然在布尔迪厄思想中，文学的生产受到各种社会条件的制约，但是文艺作品承载着文艺底蕴、思想导向等价值，并不能完全等同于市场上的商品。因此，"就文学艺术的制度而言，我们也应该注意文学艺术场的自主性、自身特殊规律性"②。这就更应结合中国经验，制定出符合文艺发展的政策，积极地调动文艺创作者的热情。

在中国社会整体快速发展的大背景之下，文艺现象和相关活动也变得前所未有的复杂，面对涌现的文艺领域新问题，需要理论的与时俱进。文艺创新是当前中国文艺发展的前提，"发扬学术民主、艺术民主，提升文艺原创力，推动文艺创新"③。这就要求知识分子保持自主性，在全球语境中保持中国文论的独特地位，不断创新求异，从而创造出属于自身的独特的文化资本，这也是布尔迪厄所强调的"颠倒的经济逻辑"。因此，在世界多元文化的潮流中，知识分子要遵循继承与创新相结合的原则，促进中国古代文论焕发出新的生机。中国有着丰富的传统文化资源，它的历史性、独特性、多样性等特征，为文化资源转化为文化资本提供了前提与基础。"中国文化的真正活力并不是刻意维护某种古老的礼仪，而是进入当今社会，力争发现问题并且解决问题。……理论家的工作并非仅仅复述古人的辞句，而是阐述中国文化的特征如何与当前的现实紧密互动。"④ 中国当代文学理论的发展更应该面向现实问题的解决，在借鉴、吸收中西方文论思想的同时，不断地实现创新、超越，从而建构起中国文学理论独特的话语体系。

---

① 张炯：《对当前文艺学学科建设之我见》，《学术研究》，2004 年第 2 期，第 121-122 页。
② 张玉能：《文学场论文论与当代中国文论建设：文学场论文论与文学社会学》，《江西社会科学》，2009 年第 12 期，第 80 页。
③ 习近平：《决胜全面建成小康社会 夺取新时代中国特色社会主义伟大胜利》，《人民日报》，2017 年 10 月 28 日，第 01 版。
④ 南帆：《中国文化的活力》，《人民日报》，2016 年 10 月 13 日，第 24 版。

四、结语

面对文学场的概念与逻辑、文艺的生产与消费等文艺理论中的基本问题，布尔迪厄为文学的研究呈现出独特的理论图式，彰显出社会学大师的思想洞见。一方面，他在竭力构建起"作品科学"，以场域的思维将文艺研究与社会、历史结合，使人们尽可能走出本质主义的藩篱。另一方面，他主张激活文学的实践品格，希望通过理论研究、文艺创作等文学活动介入社会现实，尤其注重对文化资本、审美区分的考察。布尔迪厄对于科学的态度是无比崇尚的，因此他以这样的话来结束《实践与反思：反思社会学导引》一书："只有当我们尽可能彻底地将这种利益转化为科学研究的对象，并且在研究中悬搁这种利益及其所维持的那些表象，参与性对象化——它大概是社会学艺术中最高级的形式——才能最终实现。"① 因此，他以科学的名义对文学研究进行剖析，努力将文学生产者与文学作品、文学作品与读者、历史与社会纳入科学阐释范式之中，并对纷繁复杂的文学现象保持反思性的思考，这对于中国当代文学研究具有极其重要的现实价值。

布尔迪厄被引介进国内已有长达 40 年的时间，其理论在中国接受史也呈现出中国文学理论发展的一个侧面。他的文艺思想经历了从译介、理论阐释、吸收到最终的运用实践等由表及里的深入过程，为国内的文学问题提供了独特的理论视域和话语资源。"理论的作用一直就在于扩大文学作品可以回答的问题的范畴"②，理论的功能往往被用来解决现实生活的问题。理论与实践的张力，恰恰就在于不同文化语境的适用性上。因此，我们既需要从实践应用的视角去看待布尔迪厄对文学相关问题的回答，也需要保持清醒的头脑，认真审视中国经验的特殊性，从而增强其理论的生命力与活力。

我们尝试借助布尔迪厄的文艺思想来阐释、反思当下纷繁复杂的文艺现象，这必将是一个长期的实践过程。《艺术的法则：文学场的生成与结构》是布尔迪厄反思性与实践的集合，揭示出文学场域中存在的生成结构与运行法则，实现了对文学场各种误识的解蔽。面向变幻无穷、气象万千的社会现实，想要不断地还原社会的真正面目，这是相当困难的事情。但是凭借着敏锐的洞

---

① ［法］皮埃尔·布尔迪厄、［美］华康德：《实践与反思：反思社会学导引》，李猛、李康译，北京：中央编译出版社，1998 年，第 388-389 页。
② ［美］乔纳森·卡勒：《文学理论入门》，李平译，南京：译林出版社，2008 年，第 50 页。

察、理性的视角，以及独具特色的研究方法，布尔迪厄在文学艺术领域的思考不断焕发出新的闪光点。布尔迪厄颇具气魄的哲思性话语给予了人们不断前行的动力："伽利略发现了自由落体定律，但是并没有消除人类飞行的梦想！事实上，我们只有真正弄清了强加在我们身上的束缚，我们才能找到解放的可能。"① 这是布尔迪厄付诸毕生在执着追求的事业，也是后来者竭尽所能要去实现的目标。

（作者单位：福建师范大学文学院）

---

① 成伯清：《布尔迪厄的用途》，皮埃尔·布尔迪厄《科学的社会用途：写给科学场的临床社会学》，刘成富、张艳译，南京：南京大学出版社，2005 年，第 21 页。

论德勒兹生成文学思想

郑恂

一、感知物与创造性虚构

在德勒兹看来，艺术具有惊人的保存力，是世界上"唯一能够做到经久不衰的东西"[1]。其中，博物馆艺术颇为典型。博物馆之所以能够成为漂浮的城市文化元素与沉淀的历史符号的大本营，正是因为它的牢固和持久，永葆青春的血液。对于一幅绘画藏品来说，只要保存得当，即画布未损、颜料未褪，具有一定艺术素养的游客便能穿越时空，与作者对话。时至今日，我们仍然为《呐喊》中扭曲的线条感到震撼，为《包法利夫人》中艾玛的命运喟然长叹，为比萨斜塔的独特设计连连称奇：艺术作品操纵着时间的吊诡游戏，模糊了绘画、文学作品、建筑的年代边界。那么，是什么赋予了艺术作品"经久不衰"的魅力？是博物馆优越的贮藏条件吗？现如今巴黎圣母院内被火灾波及的祭坛、回廊、门窗等绘画、雕刻艺术是否不再是法兰西的荣耀？或者，艺术作品"经久不衰"的要津在于画布、颜料、木头、纸张等贮存材料吗？当工业上的加工原料受到自然与人为的侵害之时，譬如当画布不再完整、颜料逐渐褪去、木头被雨水侵蚀、纸张因年代久远而恢复无望之时，这些绘画、建筑、文学作品是否就只能退居艺术的边缘地带，或陆续退出历史的舞台？

在德勒兹这里，材料和感觉并不是能够完全分离讨论的两个概念。他提醒道，当我们在讨论绘画、雕塑和写作时，我们都无法绕开"感觉"。一种说法认为，艺术作品之所以"经久不衰"，是因为材料将感觉妥善保存，反之，当

---

[1] ［法］吉尔·德勒兹、菲力克斯·加塔利：《什么是哲学》，张祖建译，长沙：湖南文艺出版社，2007年，第433页。

材料灰飞烟灭，感觉将居无定所①。这种观点认为，感觉是材料的感知物，如果材料不够持久，感觉是无法保存的。这种观点显然有其合理性，但似乎存在将感觉与材料的关系趋向于一种从属关系的嫌疑。德勒兹坚持认为，材料与感觉并不能混为一谈，将问题简化为谁是谁的产物或附庸，显然不够全面。事实上，材料于何时终结，感觉于何时开始，都是难以把握的。是否存在不依附于材料的感觉，或者是否存在不具备感觉的材料？不能否认材料的完整性、持久性对其感知物的保存意义重大，然而更值得注意的原则是，材料"只是一个事实的条件"，存在和自我保存的权力来源于感觉本身②。即使材料被自然或人为的手段破坏，曾经的短暂的绵延也出于感觉的自愿。诚然，材料的稳定可以确保感觉在这一时间内触摸永恒，但前提是材料中必须存在感觉，"如果材料没有完全进入感觉，……感觉就不会在材料当中实现"③。在这种情况下，不是材料保存了感觉，而是材料进入了感觉；感觉不是材料的产物或附庸，但不能否认，感觉是否能走向永恒得益于材料是否完整无缺。

这一点在文学作品中似乎更容易理解。以小说为例，印刷业的快速发展对于小说的兴起如虎添翼，同样，宗教改革后对个人主义的推崇，以及蒸汽时代将妇女从机器中解放出来获得清闲的时间都极大地推动了小说的取材范围和传播状况。《包法利夫人》之所以成为世界性的文学经典，各个国家的出版社必然做出了巨大的贡献，从翻译到编辑、装订成册到宣传、售卖，任何一个环节都需要注入大量的人力、物力，需要动用大量的资金。那么，出版社为什么要启动这笔资金，去翻译、编辑、装订、售卖《包法利夫人》而不是其他法国现代小说？福楼拜的影响力自然不容忽视，更不容忽视的是福楼拜的作品为什么能够成为"畅销"的保证——大批量的读者愿意为其作品买单。事实上，人生各个阶段对《包法利夫人》的阅读感受截然不同，少年时期站在道德的立场读出了过度虚荣是慢性的毒药，青年时期害怕收获无疾而终的爱情，成年后读出了社会的不公与悲凉，随着年龄的增长发现美化爱玛的形象是福楼拜故意为之……福楼拜的作品吸引着各个年龄层次的读者，少年通过拼音版读通词句，青年借助插画想象爱玛的神态，成年人在纯文字中反复品读爱玛的煎熬。这些感觉并不由拼音、连环画、文学的排版主导，它们自为地存在，同各个阶

---

① ［法］吉尔·德勒兹、菲力克斯·加塔利：《什么是哲学》，张祖建译，长沙：湖南文艺出版社，2007 年，第 438 页。
② 同①，第 438-439 页。
③ 同①，第 439 页。

段的人生体验、情感状态、思维定式密切关联。

值得思考的是，读者对作品的感知与人生的体验相关，那么作家是否可以就自己的知觉、情感和定见从事写作？这样的写作方式产出的作品是否能够"经久不衰"？德勒兹对此给予了否定的回复。他指出，小说艺术容易引起误解，因为"许多人认为，只要有知觉和情感，记忆或档案，远足和奇想，有了子女或父母，偶然邂逅的有趣的人物……再加上一些能够把这一切串联起来的定见，就能写小说了"①。事实上，这种做法只在极少数的自传作品或注重教化的传统现实主义小说中出现，现代小说不是无限放大的记忆，也绝非定见的修罗场。德勒兹认为，作者首先需要寻找感知物，它可以从知觉中提取，但不能等同于知觉。相较于必须涉及某一个具体客体的知觉，感知物先于人而自为地存在，甚至是在人不在场时同样存在。譬如作为感知物的普鲁斯特笔下的贡布雷实际上只是一处文学地理，无论过去、现在和未来都不会被人体验，但并不妨碍那个失眠的夜晚、那段世界大战之前的美好时光，还有阁楼上无法进入的成人世界的生成。因此，感知物不是某个作家笔下对于某处风景的知觉，而是不受人类控制的，"在自身当中把某日某时或者某一瞬间的热度保存下来的感觉生存物"②。小说家创作的重要目的之一在于运用词语、句法等材料从对客体的各种知觉中和主体的各种状态中提取感知物，让感知物和感受结为组合，自行站立。

因此，记忆在面对这些感知物时是束手无策的。依德勒兹所言，只有在融入景物的状态下，作家才能创造人物。但作家在风景中已然不再是历史的生存物，他们对风景没有记忆，甚至并不知道自己身处风景之中③。此外，记忆只能唤起过去的知觉，对现实生活和当下的感知物一筹莫展。文学不是考古学，文学与此在、此刻密切相关，当下是文学创作的重要条件。即使是在叙述回忆的作品中，回忆也不是创作的唯一手段，普鲁斯特创作《追忆似水年华》显然也不为凭借着童年的记忆勾勒出 Illiers④ 的自然风光。德勒兹认为，对童年生活的描述是"不断在时间当中移动的方法和规范"，通过一种奇怪的矫饰手

---

① ［法］吉尔·德勒兹、菲力克斯·加塔利：《什么是哲学》，张祖建译，长沙：湖南文艺出版社，2007 年，第 445 页。
② 同①，第 442 页。
③ 同①，第 443 页。
④ 法国的一个乡村小镇，是《追忆似水年华》中 Combray（贡布雷）的原型，也是普鲁斯特的故乡。

法，即"给成年人注入假定的儿童因素，或者给真实的儿童注入假定的成年因素"①，从而拉近童年与现实两个相距遥远的片断之间的距离。无论是让成人返回童年的时光，还是让儿童提前接触成人的世界，虚构是完成成人—儿童角色转变的开关。虚构是文学天然的特权，文学作品必然经过作者创造性的虚构而产生，才能使记忆中的感觉符号、爱的符号、社交符号上升为艺术的符号。

那么，文学作品究竟如何才能"经久不衰""永葆青春"？伍尔芙认为，最为重要的是确保每一个原子饱和、富有生命力；德勒兹将这一建议解释为感前人之未感、创前人之未创，即鼓励作家去感知那些已知的体验无法触及的生命力。这是由于，定见并不能了解人的情感状态，只能做出精神分析学式的生硬的分离或组合情感，使人物的情感状态趋于扁平。显然，虚构生成了另一番景象。在写作的过程中，虚构为感知物戴上了显微镜，促使人物和景物无限地延伸、扩展，体验过的知觉和记忆被分裂、冲散，再重新聚合成为新的感觉的组合。其中，那些被放大了的人物成为巨人，尽管他们看起来颇为平庸，却是"平庸的巨人"。必须承认爱玛·包法利是道德的矮子，也不能否认她是幻想的巨人；不能否认偷情妇人服毒自杀的故事并不新奇，也必须要承认爱玛的形象是饱满的、富有生命力的。此外，人物形象的饱满不仅是"显微镜"作用的结果，小说家是否能将感觉传递、将故事延伸至截然不同的领域，同样是人物获得生命力的关键。幻想的巨人，这是《包法利夫人》之所以经久不衰的原因之一。同样值得注意的是，作者在虚构的海洋中抨击社会的不公、放大社会的扭曲，为爱玛之死揪出了幕后元凶，将这一事件纳入社会问题而非道德问题中讨论，同样促成了人物形象不断趋于饱和。

如果说爱玛是幻想的巨人，那么福楼拜未完成的遗作《布瓦尔和佩居谢》中两位主人公则是当仁不让的行动的巨人。如果说作者在塑造爱玛的过程中竭尽全力挤压体验过的知觉的生存空间，到了布瓦尔和他的伙伴佩居谢这里，作为感知物的幻想随着实验的进行逐渐扩张、膨胀、爆发，最终成为来不及谱写结局的妄想。两位穿梭于农学、化学、医学、天文学、地质学、考古学、文学、哲学、神学、骨相学、教育学和社会学等学科领域的堂吉诃德，将精力悉数投入到了无意义的探索行为和探索对象身上。与其说这部未完成的作品体现

① ［法］吉尔·德勒兹、菲力克斯·加塔利：《什么是哲学》，张祖建译，长沙：湖南文艺出版社，2007年，第176页。

了福楼拜的书写风格由现实主义转向自然主义甚至是现代主义，不如说是福楼拜对消解宏大叙事结构、瓦解传统叙事意义的又一次深入的实验。在《包法利夫人》中，爱玛在理想与现实的落差中凭借幻想之点透视了平淡无奇的日常生活，这是作者对传统现实主义小说的第一重超越，即对体验过的知觉的超越；作者以爱玛婚后平凡的生活细节的洪流溶解了传统小说中跌宕起伏的情节演绎，这是对传统现实主义小说的第二重超越，即对定见的超越。到了《布瓦尔和佩居谢》中，作者对定见的超越达到了新的顶峰，两位迈入"科学生涯"的前抄写员将满腔热情投入徒劳无益的化学实验，试图凭借歇斯底里式的妄想之点动摇不容置疑的科学权威和传统小说的书写规范。因此，对日常生活的记录并非无意义之举，相反，它拥有动摇权威的力量，这便是最重要的意义。从幻想到妄想，感觉的幅度逐渐上升，强度带来的"即时即刻感受到的量"不断增强。这些活跃着的感觉之点一触即发，在稳定的叙事结构之中跳跃；点与点的连接生成了感觉的渐变之线，迫使即将被纳入宏大主题的细节的路径发生偏移。

二、感性渐变与文学机器的生成

德勒兹指出，感知物可以让那些"满布世界的、影响着我们的、导致我们发生渐变的不敏感的力量变得敏感起来"[1]。如何理解"渐变"这一概念？对于作者而言，在文学的创作过程中，他们从知觉中提取了感知物，通过创造性虚构揭示着不属于自己的力量的渐变活动、得到了生命力的源泉，成了渐变者；对于读者而言，他们在阅读过程中跟随作者的预设，在停滞的时空中捕捉到作者的视觉，接受作者的感受，同样成了渐变者。这种促使我们发生渐变的力量，就是感受。值得思考的是，小说家能够将人物置于动物之变、植物之变中，这是否说明小说家和动物、植物在感受上存在一种相似性？在德勒兹看来，这种相似性恰恰是一种小说家营造出来的相似性，其目的正是为了使读者的渐变的活动更具有说服力。他解释道，渐变只会发生在"两个不相似的感觉的彼此相拥之时"，即发生在"一道折光将两者一并罩住的光线里"，渐变

---

① ［法］吉尔·德勒兹、菲力克斯·加塔利：《什么是哲学》，张祖建译，长沙：湖南文艺出版社，2007 年，第 466 页。

是一种"极度的毗邻性"①。此外，我们的情感变化可以和感受的渐变画上等号吗？德勒兹同样对此表示否定。他认为，从一方面来说，感受并不是情感，感受不是从一种情感的体验状态向另一种状态的改变。相反，感受超越情感，指向了一种"非人类的渐变"；从另一方面来说，渐变并不是质的改变，渐变的目的不是让 A 变成 B，让人变成动物，而是让艺术深入这样一个模糊不清的地带：在这里，兽类、人类超越了他们天然的差异，变现为无穷的点。艺术家需要深入这个地带（即情态，非情感），捕捉作为感知物的感觉之点和感受的聚块。文学的渐变不同于生物的演变和概念的演绎，是一种展示情态的表现，一种感性的渐变。

既然这个地带如此模糊不清，是否存在一种反向运动的可能，即发生渐变后情态却返回了本源？德勒兹指出，虽然人物身上的人性、动物性、植物性不再泾渭分明，但完全不需要担心是否会返回本源，因为小说家的事业就是寻找能够表达这一模糊地带的手法，让材料进入感觉。生成的终极命题并不是"生成了什么"，而是生成的"过程是怎么样的"。也许语言是达到这一目的的突破口之一。德勒兹认为，作家最擅长的表达方式就是通过词语创造进入感觉的句法，让日常使用的语言"口吃""发抖、喊叫，甚至歌唱"，从而"拧绞、震动、抱紧和劈裂语言"，达到"从知觉里提取感知物，从情感里提取情态，从定见里提取感觉"② 的目的。需要提前声明的是，并不是所有拧绞、劈裂语言的"笔调"都会产生感觉的渐变。也就是说，并不是所有咬文嚼字的文学活动都会成为生成的文学活动，譬如为我们所熟悉的"梨花体"诗歌就显然不属于生成文学的讨论范畴。值得思考的是，被拧绞、劈裂、震动的语言是否能表达完整的内容？这一问题的预设前提是语言的终极目标是为了传递内容。或许，表达完整的内容从一开始就不是此类"笔调"和风格的目的。语言是一种行动的模式，是一种用词语进行做事的方式，是一种表达的途径。打散语言固有的模式实际上是为了建立一套新的文学制度，让谵妄症、精神分裂症、歇斯底里症、失语症，以及那些被边缘化的、无法发声的群体拥有自己的语言，获得表达的机会。

德勒兹认为，卡夫卡的小说是这类作品的代表。他试图通过不同的表达方

---

① [法] 吉尔·德勒兹、菲力克斯·加塔利：《什么是哲学》，张祖建译，长沙：湖南文艺出版社，2007 年，第 451-452 页。

② 同①，第 456-457 页。

式，让作品成为转动的机器，向传统现实主义小说的写作秩序发起进攻。这台文学机器应该如何运转？德勒兹假设存在一种观念上的"流"，这种"流"将会被机器切割，但这并不意味着机器能够彻底地"切断""流"。相反，切割这一行为保证了"流"的持续性，因为干扰本就是持续性的"流"的特征：被干扰的"流"能够在切割的机器之上通过，在不同机器上再次生成新的"流"①。所谓的"干扰"实际上就是表达与内容的脱节。在表达与内容的拉锯战中，德勒兹存在明显的取舍。他认为，在文学机器中"表达才是超前或先行的东西，表达先于内容"②。因此，所谓的"干扰"更像是文学机器故意为之。在卡夫卡的作品中，"干扰"的目的是逃出俄狄浦斯式乱伦的桎梏。《判决》是卡夫卡通过书信进行干扰的一次尝试，他试图让话语主体承担由表述主体从事的真实的运动③，以此达到宣布表述主体清白无罪的目的：负罪感正是在家庭或夫妻生活方面的一种俄狄浦斯式的体现。一旦表述主体宣布无罪，就能逃出俄狄浦斯的框架。然而邪恶的清白所带来的却是圈套，父亲与俄国朋友的通信证明了儿子的背叛，父亲因愤去世将儿子的负罪感点燃，也堵住了儿子逃离的出口。除了书信之外，卡夫卡同样尝试通过形变的实验再次对俄狄浦斯的主题发起挑战。为我们耳熟能详的《变形记》正是此类表达手段的代表作。德勒兹强调，形变不是比喻，而是一场实实在在的脱离领土的运动：它具有指示性，指明了逃逸的出口。为了逃避上司与家庭带来的双重俄狄浦斯式的打压，格里高尔一觉醒来变成了昆虫。然而，短篇小说也没有脱离家庭事务的范围，《变形记》的结局同样让出逃的愿望落空。

无论是书信还是形变，都无法让人物从俄狄浦斯式的乱伦中获得救赎。在德勒兹看来，单枪匹马的表达方式并不够充分，只有以组合形式出现的精神分裂式乱伦才能给俄狄浦斯式乱伦沉痛的一击。那么，这种以表达的组合形式出现的精神分裂式乱伦究竟包含了哪些表达的手段？德勒兹认为，一些弱小人物身上的一些次要品质能够成为这种颠覆性的力量的组成部分④。当卡夫卡作品中的姐妹对自由的向往、佣人对话语的渴望，以及娼妓对欲望的排斥同时出现

---

① Desert Island and Other Texts（1953—1974）. The MIT Press, 2002：252-253.
② ［法］吉尔·德勒兹、菲力克斯·加塔利：《什么是哲学》，张祖建译，长沙：湖南文艺出版社，2007 年，第 187 页。
③ 卡夫卡认为，由于书信本身的体裁所致，它保持着兼具两个主体的双重性：一个是表述行为的主体，这是表达的形式，即写信者本人；另一个是话语的主体，这是内容的形式，即信中所说的那个人（即使说的是我自己）。
④ 同②，第 143 页。

在同一个人物身上，就成了卡夫卡梦寐以求的那种"奇怪的组合物"。这种组合对瓦解俄狄浦斯式乱伦怀有最大的期待：姐妹期待从家庭机器中解放，佣人期待从官僚机器中解放，娼妓则期待从家庭机器、官僚机器、夫妻机器的交叉点上外逃。这种以组合形式出现的精神分裂式乱伦如何出逃？相较于俄狄浦斯式乱伦总是在家庭-夫妻阶段之内反复上演，精神分裂式乱伦的格局更为开阔，它能够形成一条逃逸线，冲破家庭事务的束缚。它是一种进步，而非违法乱纪①。德勒兹指出，俄狄浦斯式乱伦沉迷于照片、肖像与童年回忆，并切断了它一切的关联，看似抓住了欲望实际却只能在表象的陷阱里逗留。相反，借助于女佣和娼妓这两种特殊的职业在社会系列里所占据的位置，精神分裂式乱伦拥有最大数目的关联与多义的外延，迫使家庭向社会和政治领域敞开②。

　　不难发现，福楼拜和卡夫卡都致力于扩大小说的格局，将小说向社会领域敞开。当然，这种书写的意图并不是现代小说的首创。事实上，传统现实主义小说中也有不少对社会景观的描写，甚至通篇围绕着对社会风俗史的梳理。那么，二者的区别究竟在哪里？或者说，在传统小说与现代小说中，社会的功能分别是什么？不难发现，在传统小说中，社会多数充当着情节推进的背景，或是人物批评的对象。社会依附于情节的走向，受到主题推进情况的制约，社会景观是作为知觉依存的客体纳入作品之中的。人物无法融入社会，便无法产生感受的渐变，社会始终浮于作品的表面。相反，现代小说对社会的开放，体现在其不仅将社会景观作为感知物，还热衷于记录社会环境让人物的感受产生渐变的过程。在这里，社会是欲望生成的永动机，同时欲望不断地在机器内部制造机器③。由于生成是一种联盟，是共生的领域，是传播性的、传染性的，因此，在打破中心的同时，那些边缘的力量也参与到了生成活动中。作为"对抗意指符号"的系统，边缘的游牧符号系统摆脱了严格的符号限制，将思想带入一个"平滑"空间，逃离出意义等级制的王国。换言之，传统小说书写社会，现代小说让社会书写。后者生成的力量用一种对差异的结构化取代了相似性的系列，用一种深层的断裂取代了自然-文化之间的宏观的连续性④。这

---

① ［法］吉尔·德勒兹、菲力克斯·加塔利：《什么是哲学》，张祖建译，长沙：湖南文艺出版社，2007 年，第 188 页。

② 同①，第 147-149 页。

③ Gilles Delueze, *Anti-Oedipus*. University of Minnesota Press, 1983:26.

④ ［法］吉尔·德勒兹、菲力克斯·加塔利：《资本主义与精神分裂》（卷 2），千高原、姜宇辉译，上海：上海书店出版社，2010 年，第 332-335 页。

种力量恰恰来自感知物与情态的聚块。

三、感觉的生存物与无限的重建

感觉的生存物承载于何处？或者说，如何把握生成活动的场所？德勒兹指出，肉体能够从被体验的物体、被知觉的世界，以及依赖经验的相互中游离出来，将感觉的生存物交给我们①。那么，肉体是否拥有能力承载感觉的生存物？肉体是否也参与了感觉的生存物的建构？或者，肉体是否能够在感受的渐变中进入生命的其他能量之中？在德勒兹看来，肉体虽然能够将感觉的生存物从知觉、情感之中提取出来，但仍然承载着原初的定见，无法成为感觉，继而无法产生动物之变、植物之变，"只是测量渐变的温度计"②。德勒兹认为，存在一种"无器官身体"，让生成之流从其上通过。德勒兹笔下的"身体"是一个颇为费解的概念。在斯宾诺莎的身体伦理学的影响下，德勒兹将无器官身体指向一种介于两种状态间的差异经验绵延，即一个点到另一个点的动态变化过程。身体不是某一种状态，而是由一个状态到另一个状态的动态变化过程中增加或减少的强度；不是稳固不变的存在，而是强度与威力增减的过程③。事实上，我们在表达上通常存在一个误区，即感觉是可以被体现出来的。在定见中，一定少不了作者通过文字表现自己的情感，或是读者通过文字进入作者的世界诸如此类的表达方法。这些看法有些理想化的色彩。作者要进入大千世界的某处景观、读者要从繁忙的社会事务进入作品，必然伴随着渐变的过程。这种渐变并不是单根的逃逸之线，作者与感知物之间、读者与作品之间、作者与读者之间，每一次的接触、提取、融合都是情态的渐变，都会产生强度变化的量，生成逃逸之线。线与线碰撞、交叉、连接，便生成了板块、平面。

既然肉体无法承载感觉的生存物，我们应该从何处把握它？德勒兹认为，房屋或架构是感觉生存物的外表。这里的架构并不是结构主义意义上的架构，房屋不是肉体的骨架。架构不是一个平面、一个板块，就像房屋不可能是一扇门、一扇窗，房屋是门、窗的连接。在德勒兹看来，作为感觉的房屋具备了渐

---

① ［法］吉尔·德勒兹、菲力克斯·加塔利：《什么是哲学》，张祖建译，长沙：湖南文艺出版社，2007年，第460页。

② 同①，第461页。

③ 杨凯麟：《分裂分析德勒兹》，郑州：河南大学出版社，2017年，第103-107页。

变的特征，是"事物的无机的生命"①。没有生命力，艺术之花便会枯萎。因此，德勒兹进一步阐释道，艺术不是从肉体而是从房屋或架构开始的。房屋不仅制造平面与板块，更倾向于创造连接平面与平面、板块与板块的连接方式。无论是建筑、绘画、电影还是文学，连接的方式是产生感受时最直观的因素。但这种连接终究是有限的，是"有色"平面的有限连接。房屋与肉体的骨架的区别在于前者并不试图封闭，而致力于开放；不急于统摄，而着力于展示。当房屋敞开门窗，与房屋外的景物产生沟通，房屋便向一个世界开放。当房屋未敞开时，肉体在房屋内发育；一旦房屋敞开，肉体便不再是某一处房屋的住户，"而是承载着房屋（渐变）的某一世界的住户"②。如果说房屋重视有色平面的连接，那么世界则是一个大平面、一个有色的空白，这种空白成了一种召唤的力度，将有限的平面延伸向无限的平面，将封闭的房屋面向浩瀚的宇宙。

建筑自然成为肉体—房屋—宇宙的构建范式中最为典型的艺术作品。那么，文学作品中是否存在这样从有限到无限的生成？在德勒兹眼中，文学的情形别无二样，从生成平面到洞穿平面，再到宇宙中平面的组合体，文学让知觉、情感和定见彻底地进入感知物和感受当中，让人物被提高到这样的感知和感受里③。这便形成了现代小说的"审美几何"。所谓"肉体"阶段即作者能够将感知物与感受提取出来，能够生成承载感觉生存物的平面，但平面的数量是唯一的。无法生成多个平面、连接多个平面的原因在于小说仅依赖情节发展，情节之网将平面固定。巴尔扎克的《人间喜剧》便是这类小说的代表。所谓"人间喜剧"，即巴尔扎克对 19 世纪法国社会风俗史的描绘。在这部巨作中，作者试图通过一个大标题把各自独立的小说糅合到一起，并使用人物再现的方法，达到作品内容上的一致性和整体性。这些原本独立的作品，无论是《高老头》《贝姨》还是《邦斯舅舅》《幻灭》，无一不以人物沉浮的一生推动故事的发展。而《人间喜剧》这一标题则让这些形形色色的人物成为这部风俗史中的主要人物，各部作品只是他们表演的不同舞台。到了乔治·佩雷克的《人生拼图版》中，平面的数量迅速扩张。虽然整部小说的场景都在同一栋公寓，但小说的推进并不依靠情节的发展，小说的形态也从由中心向四周分散的

---

① ［法］吉尔·德勒兹、菲力克斯·加塔利：《什么是哲学》，张祖建译，长沙：湖南文艺出版社，2007 年，第 462–463 页。

② 同①，第 464 页。

③ 同①，第 477 页。

树状式呈现升级为块茎式的展开。整部小说没有中心人物，没有故事线索，三四十户人家互不往来，整栋公寓俨然一个空气都无法流通的封闭体。小说从未出现沙龙、舞台、剧院、派对这些典型的社交场所，房客们基本没有会面，也无须会面，三四十户人家就像三四十个板块一样，以一种固定的、不容置疑的方式（楼层的选择与财富状况直接相关）连接在这个"无事发生"的封闭体中。

到了普鲁斯特的《追忆似水年华》中，封闭的房屋逐渐打开了门窗，迎接世界和宇宙。德勒兹指出，在普鲁斯特的作品中"不管为生命还是为死亡，组合的平面从作者建立在时光流逝中的感觉的组合体当中逐渐显露，直至出现在寻回的时光里，此时纯时间所具有的那种或各自力量已经变得感性了"[①]。在普鲁斯特的作品中，回忆并不是记忆，而是感受的起点，是感觉的生存物。通过对时间的处理，他让每一个有限的事物都成为感觉的生存物，在每一个生存的平面上"溜之乎也"。因此，平面与平面之间的连接方式也不再固定。普鲁斯特是如何处理时间将时间解放的呢？这里需要借助德勒兹在影像论中提出的"时间晶体"的概念。《追忆似水年华》虽然不属于影像作品，但同样拥有让读者的眼睛无法看到的时间的力度。德勒兹认为，影像是在时间中"生成－分子"的活化过程，是现实与潜在的双重生成。现实影像及潜在影像围绕着不可辨识点构成了最小的内在循环：当潜在影像变为现实影像之时，它是清晰的，"如镜子般清楚"，"如水晶般结实"，人们在这可见的晶体中所见的就是"时间本身"；当现实影像变为潜在影像时，它又变成了不可见的、不透明的，但潜在影像（纯回忆）仍然"存在于时间之中"[②]。

时间的晶体保证了《追忆似水年华》中时间的持久性和生成的无限性。所谓时间的持久性，即无论是失去的时间、逝去的时间、重新发现的时间还是重现的时间，都会对当下的感知产生影响，产生感知的力度。也就是说，我们不是站在当下进行回溯，也不是用当下去重构过去，而是在循环的瞬间"顿时被置于过去的自身之中"[③]，捕捉着那些难以名状的气味、温度和转瞬即逝

[①] ［法］吉尔·德勒兹、菲力克斯·加塔利：《什么是哲学》，张祖建译，长沙：湖南文艺出版社，2007年，第478页。

[②] ［法］吉尔·德勒兹：《电影2：时间－影像》，谢强、蔡若明、马月译，长沙：湖南美术出版社，2004年，第110、125、128页。

[③] ［法］吉尔·德勒兹：《普鲁斯特与符号》，姜宇辉译，上海：上海译文出版社，2008年，第62页。

的想法，让过去时刻之中的差异成为现实之中的重复①。没有自然时间那一套固有的秩序，也没有生与死的隔阂，在这里，现实与潜在交替，记忆与感知交织，自然之平面释放出无名物质之粒子，它们穿越了形式和主体，维系着"飘逸的情状"，让自然之平面通过回忆感知其自身的同时"也使我们感知那些难以感知者"②。当普鲁斯特每一次追忆过去的瞬间，便生成了贡布雷—玛德莱娜糕、少女们—钟楼，以及威尼斯—石子路；而玛德莱娜糕、钟楼和石子路不再单纯是感觉的符号，这些感知交错在一起，成为纪念碑、星云团，形成了天体星系。它们成为艺术的符号，从而走向永恒。

也许到了提及"艺术的真谛"这一命题的最好时机。艺术的真谛是什么，这是一个太过于宏大又缥缈的问题。也许这是一个连巴尔扎克、福楼拜和普鲁斯特都无法正面回答的问题。但至少我们可以讨论，通过怎样的手段可以让我们接近艺术的真谛。在德勒兹看来，艺术试图在有限之中重建无限，其运动路径则表现为脱离领土—确立领土—更高层次地脱离领土。具体而言，感觉的生存物从知觉、情感和定见的组合体系中逃离，通过感受渐变之线的延伸，在组合的平面上建立了自己的房屋。然而房屋并不足以承载感觉的生存物，搭建房屋的板块向世界和宇宙开放，其有限的连接方式随之被打散、被瓦解，感觉的生存物便在此基础上再次发起了脱离领土的运动。而文学作品遵循着同样的运动路径，从日常生活中获得喘息之机，从社会中汲取力量，最后向世界开放舞台，于逝去的时光中永存。

（作者单位：福建师范大学文学院）

---

① 德勒兹认为，"重复"是"自为之重复"，即在我们静观它的心灵中产生了一种变化：差异是心灵之中的某种崭新之物。当 A 出现之时，我们便在一种与所有被缩的 AB 的质的印象相应力量的伴随下预期 B 的出现，它形成了一种时间综合，让前后相继的诸时刻彼此缩到一起。然而，过去不再是持留的直接的过去，相反，过去是表象（再现）的反思的过去，是被反思与再造的特殊性，这是一种被动综合之自为。参见吉尔·德勒兹：《重复与差异》，安靖、张子岳译，上海：华东师范大学出版社，2019 年，第 129–133 页。

② ［法］吉尔·德勒兹、菲力克斯·加塔利：《资本主义与精神分裂》（卷 2），千高原、姜宇辉译，上海：上海书店出版社，2010 年，第 377 页。

社会生态女性观

——从性别与身体向制度的进军

吕陈

前言

生态女性主义内部各流派分支交错杂糅，它们从各种不同的角度对生态女性主义运动给予支持，批评父权制压迫框架对女性和自然的压迫，并对此进行反抗，逐渐发展成各色理论齐头并进的发散性格局。其中，活跃的主要有文化生态女性主义、社会生态女性主义、自由生态女性主义、激进生态女性主义、批判生态女性主义、台湾地区少数民族生态女性主义、第三世界生态女性主义等①。如果再对以上分支流派加以归纳和概括，女性主义大致可以被划分为三类：

第一类是绿色生态女性主义，强调保护自然、关爱地球及物种平等，主张站在自然的角度，通过"移情"的手法将女性的视野灌注其中来述说这个世界；

第二类是社会生态女性主义，主要践行马克思主义的社会实践理论，批判资本对资源的掌控，以及由性别、出身等各种身份和经济发展、社会环境恶化等社会问题给女性带来的不良生存体验；

第三类是精神生态女性主义，这一流派以女性的生理角色为起点，主要发展女性的关怀伦理，强调自然与女性受到压迫的精神根源，主张恢复基于大地母亲的古老宗教及女神崇拜信仰。

需要注意的是，这种划分并不十分严密，因为甚至有些具有神学背景的生态女性主义者也会采用社会主义的政治策略。但是不管她们的政治背景与理论

---

① 李银河：《女性主义》，济南：山东人民出版社，2005年，第88-89页。

派系有多么不同，所有列队在生态女性主义阵营中的研究者与评论家都坚定地认为，这是一场女性维系自身、家庭及其群体的斗争，同时也是一场专注于社会变革的实践运动。所以说，"变革"可以取代"运动"被看作为生态女性主义所普遍接收并认可的术语，他们将女性看作发动这场变革以使得自然重新恢复可持续发展状态的中坚力量，此处的"女性"则是依靠性别分类且具有生态意识与女性自主意识的女性本身。也许对于这场变革所应采用的机制还存有保留意见无可厚非，但无一例外的，他们都认为结束对妇女与自然的压迫是变革取得成功的首要前提。

不难看出，社会生态女性主义更偏向马克思主义的观点，强调社会、经济及政治基础，在讨论社会生态女性主义的时候，时常会让人联想到社会主义女性主义思想与马克思主义女性主义思想，后二者之间存在着细微的差异，但这远远比不上二者之间的共同信念所占的比重。按照罗斯玛丽·帕特南·童的说法："这两个思想流派的差异更多的是在重点不同，而不是在内容实质的不一样。"① 二者皆认为，妇女受压迫的实质原因并不在于个人行动，而是将个人生活包含于其中的社会、经济与政治共同作用的结果。另外，罗斯玛丽·帕特南·童同样认为，社会主义女性主义是马克思主义女性主义者不满足于马克思主义思想而另起炉灶的结果。对此，沃伦表示，马克思女性主义者实际上是将女人和男人放置于同一个阵营共同进行征服与超越自然的举动，将女人与男人一齐置于自然的对立面，女性处于反对自然的位置，在生态女性主义看来，这无异于是在反对女性自身。也就是说马克思主义女性主义并未认识到女性与自然之间的亲近关系。沃伦强调，相比较于马克思主义女性主义，社会主义女性主义在这一点上与社会生态女性主义更加贴近，但理论表现仍然心有余而力不足。沃伦为此创造一个新的名词——"改革的女性主义"来建构一个可供思考、融会贯通多元女性主义见解的空间。而社会生态女性主义者玛利亚·米斯和范德娜·希瓦将社会主义的生态女性主义与改革的生态女性主义融合起来，从妇女保护自然二者可获取共同的利益出发，鼓励妇女反对资本主义父权制，以及由它产生的各种具备破坏性质的主义。

虽说社会生态女性主义认为只有将女性与自然之间的某种特殊联系（例如关怀、慈悲等有关妇女"天生"具有的女性特征，与自然孕育万物的"母

---

① ［美］罗斯玛丽·帕特南·童：《女性主义思潮导论》，艾晓明，等译，武汉：华中师范大学出版社，2002 年，第 141 页。

亲"品征之间的相似性）降到最低，才能解决对女性和自然的同时压迫。但在某些批评者看来，不强调女性与自然同有的孕育生命的能力，"在一定程度上削弱了生态女性主义者最初的激情，她们的初衷是要在有机体的意义上——尤其是在提倡妇女的生物学特征时——重申自然"①。绿色生态女性主义关注自然与女性之间独特的联系，认为二者被同一群体压迫的遭遇有着某种趋同性，同样因此导致女性与自然之间的关系较之男性更为亲近。这是社会生态女性主义与绿色生态女性主义的分歧产生点，然本文只撷取了女性被社会化而造成的独特本性，以及女性与自然所受压迫的社会经济根源来进行写作，相对避开了两种流派的分歧点。

一、女性性别概念建构

性别要义的研究讨论在当今社会中举足轻重，它"在全球政治、经济、哲学、社会、历史、教育等诸多领域内有所映照，性别作为一种意识形态反应堆的存在，已然牵一发而动全身"②。不同于弗洛伊德性学理论代表的观点认为性别是在生物学上被定义的，作为人的内在本质无法被改变。人所处的社会地位，以及于社会中扮演的角色也因此被决定，波伏娃则强调生理性别是人生来所固有，而社会性别则是在后天被构建出来，前者不是后者产生的原因，后者也不是前者的表达或反应，生理性别固然不可改变，社会性别则在社会文化中逐渐成形。在此基础上，朱迪斯·巴特勒提出了生理性别与社会性别均可变并均由社会文化所建构的观点，也就是说，生理性别与社会性别具有同一性。将波伏娃与巴特勒的观点综合来看，性别与自然一样，既被生物学所创造，又在社会实践指导下发展。

发展到如今，各类女性主义对性别的研究逐渐从关注生物性别转向对社会性别的考察。如此，社会生态女性主义否认女性天生具有关怀的本性，认为这是社会化的产物之一，对此也无可厚非，这与社会性别理论的发展前提（即反驳男女生理差异决定两性气质差异及性别认同的观点）相符合。美国精神分析学教授罗伯特·斯托勒在 1968 年出版的著作《生物性别与社会性别：男

---

① ［美］罗斯玛丽·帕特南·童：《女性主义思潮导论》，艾晓明，等译，武汉：华中师范大学出版社，2002 年，第 400 页。
② 万莲子：《性别：一种可能的审美维度——全球化视域里的中国性别诗学研究导论（1985—2005 大陆）》（下），《湘潭大学学报》（哲学社会科学版），2006 年第 1 期，第 91 页。

子气概与女性气质的发展》一书中阐述了我们所认为的心理异常并不是天生存在的而是由出生后的社会环境造成的观点①，也正是这一著作，奠定了社会性别建构论的理论基础，被生态女性主义者认为是研究社会化领域的突破性进展。在生态女性主义视域下，父权制的压迫不再是造成男女不平等或是种族与阶级歧视的根源，反而是社会化进程的脚步将被建构为鲜明对立的两方，即两性性别中建立起等级分明的二元对立制度，从社会生态女性主义的观点来看，只有消除这种二元对立思想，才能终止所有的压迫与歧视。

1. "女性的奥秘"

贝蒂·弗里丹将社会普遍认为的女性的理想形象，即家庭主妇或是母亲的角色称为"女性的奥秘"，女性不幸的产生也是来源于对"女性的奥秘"的认同和适应，"这种形象不允许她们达到自己所能达到的生活目标。它是妇女们日益增长的绝望的根源，她们已经丧失了自己的存在……"② 社会性别理论家们普遍更关注社会环境因素对女性性别的塑造，进而强调在社会进程中女性这一性别所遭遇的排斥。英国维多利亚时期，大部分女性在社会上没有一份正式的工作，为补贴家用，很多女性承接针线缝补的活计，在昏暗的小房间中伴着油腻、嘈杂独自进行着，与此同时还要承担照顾子女、丈夫日常生活的任务。这种由社会所赋予女性的感性、柔弱及顺从的女性气质并不是强加给女性的，而是诱导女性主动去接受，女性接受这种社会安排其角色的过程也正是"女性的奥秘"形成的过程。

乔·斯科特将社会性别在社会关系上的表现区分了四个方面，第一点便是文化象征的多样性表现，即女性形象在各类文化中表现出来的象征含义。围绕这四种区分，女性研究也取得了相应的四种成果，与文化象征的多样性表现相对应的便是象征形象分析③。上述分析的女针线工的形象便是当时英国伦敦，或者说世界上其他很多地方的女性被社会文化所塑造出来的形象，而她们的丈夫则是站在对立面的一个主导者形象，决定是否出去工作，做什么工作，以及工作的去留，对立的局面构成一种主导与被驯服的结构，时时规范女性对于自

---

① 张成华：《论社会性别理论视域下的女性研究及其争论》，《文艺理论研究》，2017 年第 2 期，第 142 页。

② ［美］贝蒂·弗里丹：《女性的奥秘》，巫漪云，等译，南京：江苏人民出版社，1988 年，第 324 页。

③ Joan W. Scott. *Gender：A Useful Category of Historical Analysis*. Feminism and History. Ed. Joan Scott. London and New York：Oxford University Press，1996. 152-80. 转引自张成华：《论社会性别理论视域下的女性研究及其争论》，《文艺理论研究》，2017 年第 2 期，第 144 页。

身在社会中所处角色的认知。而对于这种社会性别所赋予的角色、气质或是地位等意识形态观念只有在被社会中的人，尤其女性自身认同之后才能真正发挥作用在社会中运转。文本中分析到的女针线工在安然地认同社会文化所赋予的这一角色之后，在认同男尊女卑这一价值体系之后，便等同于默认了男女不平等的观点，同时接受了自身被排斥、被歧视和被压迫的命运。

2. 非批判性的性别逆反

笔者上述的分析指向一个方向，即男性与女性在社会中扮演的角色直接决定了社会中的性别歧视，这种体系在社会文化中被建构，却要获得男性与女性主观上的认同，在心理领域内判定其是正确的并接受其再生产。而"一个社会关于女性的认知、观念、期望最集中显示于这个社会历史、文化中塑造的女性形象身上，这些女性形象既是社会构想的女性范型，也凝聚了这个社会围绕女性建构的道德、规矩、价值预设"①。上述分析中提到的女针线工便是如此的一个象征形象，而在其之前有无数个类似的象征形象作为社会中女性评判与规范自身及他人的蓝本，类似妇女合作公会或某些妇女联盟的组织中的成员大多也是曾经或是仍然遭受此种社会性别价值预设规范的女性。

公会、联盟等组织机构的产生正是对社会文化所建构的顺从等女性气质的驳斥，其所采取的对抗策略也是一种缺乏批判性的平等观，这种策略"要求妇女被允许平等地进入那些由男性精英把持的领域，以及进入主流的社会建制中去。对这些社会建制的批判则仅止于它们排斥了女性的参与（尤其是精英女性）"②。与之相对应的是男性由于理性对情感的压抑或支配等极具赞赏的因素得以进入这些领域，而这种功能也展示出对自然的超越、控制和支配。而未曾被推翻的女性气质仍存在于社会女性身上，使其仍然被认为是自然的一部分。她们更类似于主张非批判性性别逆反的女性主义者，认同性别差异却未能看到其形成的路径，对这种关系的质疑也仅仅停留在了它对女性的贬低这一层面上。

采取非批判性的性别逆反是因为无法直接通过拒绝和瓦解性别身份来解决女性被歧视的问题，若是拒绝或回避一切形式的身份与性别认同，某些女性的身份形式就无法拥有合法化的基础，例如《轻舔丝绒》中在舞台上表演的

---

① 张成华：《论社会性别理论视域下的女性研究及其争论》，《文艺理论研究》，2017 年第 2 期，第 144 页。

② ［澳］薇尔·普鲁姆德：《女性主义与对自然的主宰》，马天杰、李丽丽译，重庆：重庆出版社，2007 年，第 12 页。

"男装丽人"的形象角色，这种扮装并未有意识地想要扩散性别意识来颠覆主流的性属规范，在朱迪斯·巴特勒看来，它们"充其量是某种两难的场域，反映了被卷入构成了主体的权利机制，并从而被卷入主体所反对的权利机制的更一般的情形"①。所以说，非批判性的性别逆反是一种暂时性的应对之法，它无法从根本上解决女性被压迫、被歧视的状态，未看清性别差异的形成路径，单纯强调其对妇女的贬低，只会重蹈覆辙。那么，女性何种性别状态才是真正需求建构的呢？

3. 女性性别建构的最终诉求

柯勒律治曾说过："睿智的头脑是雌雄同体的。"② 伍尔夫在探讨写作要义时也曾提出过"头脑的和谐"状态，人的头脑中存在着与肉体中相对应的两种性别，两种性别在经历自然的分裂之后仍然可以通过自然的交融再次聚合到一起，也就是所谓的两性和睦相处的状态，两性应当结束二元对立的状态合而为一，"任何纯粹的、单一的男性或女性，都是致命的；你必须成为男性化的女人或女性化的男人"③。也就是研究者所称的"双性同体"，社会中的男女两性亦是如此，任何具有创造性的行为都必须有男性与女性心灵之间的某种协同，混合男性与女性两种意识。

然而，社会性别理论所刺激的生态女性主义理论的思想与行动的结果仍然未能逃脱父权制的桎梏，"到目前为止，这种刺激的结果仍然只是父权制的恐慌，只是将女性控制于男性的经济与知识领域；却未能由两性共同努力，发展出能够充分说明两性的行动模式、思想和语言"④。如此，生态女性主义理论便陷入了理论的沼泽中无法前行，而反观伊丽莎白·格罗兹的观点，她将性别差异理解为一种建构性的差异，这种差异不是由以往观念承袭而来，它的存在先于由其所生的实体，在现实中其实从未出现，这一概念与伍尔夫提出的"头脑的两面性"的观点在本质上不谋而合。如今的现实情况是性别呈现二元对立的状态，也就是按照一种性别特定模式来定义两性，倘若性别差异或是头脑中两性的融合得以实现，便可以促进这种二元对立的状态发生改变，使其不

---

① ［美］朱迪斯·巴特勒：《身体之重：论"性别"的话语界限》，李均鹏译，上海：上海三联书店，2011年，第113页。

② ［英］弗吉尼亚·伍尔夫：《一间自己的房间》，贾辉丰译，北京：商务印书馆，2012年，第211页。

③ 同②，第225页。

④ ［美］伊丽莎白·格罗兹：《时间的旅行——女性主义，自然，权力》，胡继华、何磊译，郑州：河南大学出版社，2012年，第207-208页。

再偏袒一方而否定另一方，这恰恰是社会生态女性主义认为可以消除各类压迫与歧视的根源所在。按照伊利格瑞的说法，虽然性别差异一直未能真正发挥效用，但其带来的对于思想本身进行重新思考，对于秩序进行重新商讨和梳理的概念仍然值得我们期待与研究。想当初，女性穿长裤的概念甫现于世时也引得众人质疑，反观现今如何？毕竟，小说中已经有"睿智的头脑"的出现，性别差异的概念于现实生活中的实现亦可拭目以待。

二、女性身体概念建构

简·斯迈利在所著的生态女性主义小说《一千英亩》的开篇曾经借用了梅里德尔·勒叙厄尔的题词："身体与自然毫无二致。它们源于彼此，创造彼此。"① 这也正是生态女性主义者长期关注"身体"的原因。"身体"概念在生态女性主义领域是一个微妙的话题，不似纯粹的女性主义学家们自 20 世纪60 年代便开始引经据典讨论研究"身体"概念，生态女性主义学者由于生态与女性双重规约所限，对其剖析常常点到即止，用理查德·特怀恩的话说："身体从生态女性主义早期开始就出现，但是对其的评论还不尽如人意。"② 1985 年，唐娜·哈拉维在其文章《赛博格宣言：20 世纪晚期的科学、技术和社会主义的女性主义》中提出了享誉世界的"赛博格"思想，随着科技的发展，越来越多的生物体借助与无机体机器的结合来优化自身的身体，这些身体模糊了机器与有机体、人类与非人类、物质和非物质的界限，此之谓"赛博格"。这一理论将代表自然生物的有机体与代表社会文化的机器联系起来，成功解构了自然与文化的二元对立。实际上，作为生态女性主义立场理论的基础，身体一直被认为是解构文化与自然二元性的重要因素，甚至在某种程度上，女性主义运动和女性主义理论也被认为是在质疑女性身体的生理决定论的过程中发展起来的。

---

① ［美］德博拉·斯利塞：《生态女性主义立场论：以身体为本》，［美］格蕾塔·戈德、帕特里克·D. 墨菲：《生态女性主义文学批评：理论、阐释和教学法》，蒋林译，北京：中国社会科学出版社，2013 年，第 80 页。

② Richard T. Twine. *Ma（r）king Essence—Ecofeminism and Embodiment*. Ethics & Environment. 6. 2 (2001)：31-58. 转引自唐建南：《重构生态女性主义视阈中的"身体"》，《理论月刊》，2012 年第 3 期，第 146 页。

1. 身体的物质性

在生态女性主义发展的轨迹中，本质主义似乎已经成为其继续前行的最大阻碍，这主要体现在生理方面，认为女性与自然同样拥有孕育生命的女性气质，以及呵护、关怀的特质使得女性与自然更为接近，在环境保护方面更有义不容辞的责任。这种观点将女性与自然的联系变为普遍的本质特征，将女性与自然被压迫的缘由归结到无法被改变的生理因素上，这一认知忽略并否认了其他的社会因素，如阶级、种族等在某些时候对人的主体意识会产生更大的影响。而将身体作为物质化的起点却可以利用身体自身的多重变化使生态女性主义者了解物质化的自然，以探求其他物质化的可能，从而打破生态女性主义理论发展的僵局，也就是所谓的去本质化和去自然化，强调社会文化在身体建构中发挥的巨大作用。直至朱迪斯·巴特勒提出有关性别与身体物质性概念，所谓的物质并不是一个中性词，它是跟意义和价值联系在一起的。在巴特勒看来，身体是社会高压下的原始场域，她"主张重返物质概念本身，不将其看作一个场域或是表层，而视其为一个物质化的过程，其最终的稳定产生了我们称之为物质的边界、固定性与表层"①。巧合的是，在希腊语中，描述"身体"的词汇与"界限（边界）"相关，不仅仅是身体，还表现了一个独立的个体与另一个个体之间的区分状态，标示着个体之间的不同，这在某种程度上调动了身体特殊性与主观能动性。基于此，生态女性主义有关"物质"的女性化的观点，以及"女性化"在物质上的本质化观点开始得到助益性研究。将身体作为被动的物质是边缘群体受到压迫，以及自然受到人类控制的主要根源之一，所以用变化的眼光去看待身体，将其理解为主动且能动的物质，如此有利于解除置于边缘群体及自然身上的这种压迫。身体作为能动主体具有意向性，"代表着一种立场，或者说身体是种种立场。当这种凝视以类似方式掌控着女性身体以及在文化上女性化了的其他身体或物质，我们从该立场出发能够认识这种凝视，同时对其作出评定"②。从这种女性身体的物质性出发来挑战传统的规范化范例。

按照生态女性主义学家斯普瑞特奈克的说法：身体是某种不同于生物机器

① ［美］朱迪斯·巴特勒：《身体之重：论"性别"的话语界限》，李均鹏译，上海：上海三联书店，2011年，第10页。
② ［美］德博拉·斯利塞：《生态女性主义立场论：以身体为本》，［美］格蕾塔·戈德、帕特里克·D. 墨菲：《生态女性主义文学批评：理论、阐释和教学法》，蒋林译，北京：中国社会科学出版社，2013年，第88页。

的东西，身心的统一是生命这一动态系统得以运转的根本因素。她将身体称为"身心"，因为身体确实在于认知，"对于自己内部和周围的微妙力量十分敏感，从中自行理解、选择和自行组织信息。它赋予这些信息以意义——它自己的意义"①。

2. 身体的话语性

女性作家在进行文本创作时又将身体引入语言系统，在西方，从柏拉图开始，身体便被视为灵魂的对立面在此二元结构中遭到贬斥，女性也在现实世界中经历同样的遭遇，女性与身体一起被男性剥夺了话语的权利，在语言的边境徘徊不前，二者的联合是想要进入社会权利话语系统的一次合谋行动。这一手法在一些描写同性的作品中屡见不鲜。在社会文化与自然的二元结构中，女性本身就是劣势的一方，女同性恋不仅仅是被忽视与被压迫的女性群体，更是被同性所不屑的边缘群体。

在巴特勒的述行理论中（所谓述行，是巴特勒以奥斯汀的"言谈行动论"为基础，认为社会规范为语言行动力或者是表演性提供依据，而语言在此基础上得以行事，将语言的这种行事功能称为述行），身体作为主体与性别的物质基础与述行中介，是权利话语述行的主要场域，而述行本身也不是一种单向性的简单行动，而是将一种或者一系列规范从单纯的语言复现到以身体为载体的行为，巴特勒在此处援引了福柯的理论，将权力看作话语。对女同性恋女性主义来讲，异性恋机制比男权带来更大的压迫，这也是很多同性恋作品中会采取的手法，利用身体的话语性将社会异性恋机制对同性恋爱的压制隐秘地表现出来，从社会文化的角度肯定了语言及社会规范建制在行为上对身体展现出的约束力和塑造力。这样在某种程度上展现出社会文化对整个女同性恋群体的压抑，即使是向社会文化规约俯首称臣，隐藏自己的本性与异性相结合，女性在社会中的地位不会因此得到改变，遵从某一点之后，处于压迫结构另一端的群体便会要求女性屈服更多。此时便需要女性的身体表现自身的创造力与主动性来争取更多的力量。很多文本中利用一个男性化的女性角色来处理这一问题，严歌苓《白蛇》中剪了短发扮成少将军的姗姗，《轻舔丝绒》中为感情、为生计扮装为男性，却真正接受了自己对男性的模仿的南茜，这种模仿不是迎合异性恋霸权的表现，而是对异性恋的自然性和初始性产生怀疑的行为，是潜意识中对抗社会无形中对女性产生的压迫。这种利用写作将身体引入语言系统，利

---

① 王明丽：《生态女性主义与现代中国文学女性形象》，北京：中国书籍出版社，2014年，第93页。

用语言这一巨大的象征系统来言说言说者，即"语言塑造主体"，此处主体亦可作身体解，为女性与身体塑造新的意义。

三、社会主义制度的探寻

作为社会生态女性主义的著名代表人物，卡洛琳·麦茜特认为，社会生态女性主义将环境问题看作源于资本主义父权制的出现，并且运用日益进步的科学技术对地球和自然进行开发整合使人类进步的观念加剧了这一问题的恶性发展。麦茜特强调，这一问题的源头是性别的劳动分工，"因为人类企图通过生产体系与自然分离，男性支配了商品生产领域，而女性则从事无报酬的家务劳动"①。以盈利为主要目的的商品生产污染了环境，导致了生产过程本身与环境的疏远，而商品生产与家务劳动之间的间隔同样导致了两性之间的疏远。虽然强调女性本质上与自然有着密切联系并不在生态女性主义的倡导范围之内，但女性可以将这种联系作为一种有意识的政治选择，即"意识到虽然自然／文化对立是一种文化产物，然而我们可以有意识地选择加入男性文化之中而仍然保留女性与自然的联系"②。将这种选择带入生活与工作中，由长期所扮演的社会角色及社会文化意识形态将此种联系再度强化，如此一来，自然环境便顺其自然地被纳入社会生产的范畴，它既是自然的又是社会建构的，和人类一样属于积极的能动者，一方面为人类提供科技进步与社会发展的物质能源基础，一方面又致力于在去中心化社会中的可持续性。

1. 资本社会中自然损伤

地球上生命的生存繁衍无不依赖于生态系统，社会性的人与其所生活的环境之共同构成的生态系统被称为社会生态系统。整体来说，人类赖以生存的社会生态系统由以下八个方面的主导要素构成，它们分别是：

（1）自然界为人类提供的基本自然环境，如大气、水、土壤等；

（2）地球于宇宙进化过程中自身储备的物质与能量资源；

（3）依靠自然环境生存且与人类相关的人类以外的生物；

---

① 吴琳：《美国生态女性主义批评理论与实践研究》，北京：人民出版社，2011 年，第 51 页。

② Ynestra King. *The Ecology of Feminism and the Feminism of Ecology*, in Judith Plant. ed. Healing the Wounds：The Promise of Ecofeminism. New Society Publishers, Santa Cruz,1989,p. 23.

（4）以人类掌控为主的人工生态系统，如牧场、渔场等；

（5）人类为便利自身生活而创造出的人工设施，如楼房、医院、公路等；

（6）社会生态系统的主体：人口及人种，即人类种群；

（7）人类在社会生产中运用的技术方式及其专业化程度，包括自然科学技术和社会生产的管理；

（8）社会中的经济制度、社会制度、政治体制与意识形态。

以上八个方面构成三个各有大小的同心圆球，（1）（2）（3）属于最外层的自然生态环境，（4）（5）属于人工制造的生活环境，（6）（7）（8）构成这一同心圆的核心，即人类自身及所从事的社会活动①。人是这一社会生态同心圆中独一无二的主体，同心圆以人类的欲望和意志为核心向外发散，"使得凡经人的目光触及的自然全都染上人工的色彩，凡经人的意志干预过的地方全都刻下人的印痕"②。自进入工业社会之后，人类的需求欲望急剧膨胀，为满足人类需求而产生的人工制造的生活环境覆盖率越来越高，相应的自然生态环境在人工环境的挤压下生存空间越来越小。资源短缺、水土流失等环境问题都使得地球生态危机一步步扩大，在地球生态危机的背后，资本主义作为一个强大的社会生态系统正张开双手尽情支配。在生态女性主义看来，这是一种父权制的经济制度，在这一经济制度中，人类压迫自然与男性压迫女性二者相互强化，这一现象促成了社会与自然之间的间隔和发展的不可持续。

显然，自然发展的可持续性需求被人类对商品生产的渴求蒙蔽了，如同女性的需求也在社会中被男性所忽视一样。很多生态女性主义者同时都是动物保护支持者，因为动物作为自然中无理性的非人类被人类所奴役和压迫，卡罗尔·J. 亚当斯认为，"在某种程度上'动物的买卖'通过运用本体论将动物归于'肉'这个'集合名词'的范畴来实现，这种做法通过否认动物的独特性与个体性来使食用动物变得合理化"③。动物作为与人类同属的自然界的生灵，与自然、人类之间的关系本就不一般，而人类对动物的买卖，以及各类动物肉

---

① 鲁枢元：《生态文艺学》，西安：陕西人民教育出版社，2000 年，第 104 页。

② 同①。

③ ［美］斯泰西·阿莱莫：《〈皮肤幻想〉：菲尔丁·伯克、奥克塔维娅·巴特勒与琳达·霍根的身体越界》，［美］格蕾塔·戈德、帕特里克·D. 墨菲：《生态女性主义文学批评：理论、阐释和教学法》，蒋林译，北京：中国社会科学出版社，2013 年，第 167 页。

类的贩售则完全是自然生态中一种生命对另一种生命倾轧的表现，是人类背弃自然的表现。如今这类现象在国家的各项保护野生动物的明文规定下有所好转，这正是在资本主义发展过程中自身的矛盾冲突，父权制社会中人类与自然形成对立，并对其过度开发利用自然生态的损伤来发展自身的危害深刻认识到的结果。

2. 工业进程中"女性的劳动"

在人类文明进程中，女性被压迫地位的生成是从人类对自然的奴役所开始的，而女性遭遇全面彻底的奴役则是在工业化时代的资本主义社会中拉开序幕的。因此，妇女解放与生态保护才有机会结合为生态女性主义，而二者的结合则是社会生态女性主义的理论中心。早期一些激进的女性主义曾经倡导的"男女平等"在工业社会的有意鼓励下涌现出一批男性化的女性，就是通过对女性意识加以错误引导，认为只有女人男性化之后，才能在工业社会中分得一杯羹，这实际上加固了男性社会的强权统治，而工业进程的环境则成为其助力。维多利亚时期英国的工业革命正盛，工业社会经济蒸蒸日上，男性在社会发展中扮演了各种各样重要的角色，而女性就没那么乐观。她们依附家庭及其中的男性成员，作为家庭代工者争取微薄收入，但待遇悲惨，收入惨淡，因为女性没有为较短的工时和最基本的工资而抗争的意识，男人意志的恶性膨胀使得女人天性加剧流失，这是一直以来她们所习以为常的生活状态；或者，她们可以依靠遗产或是其他非劳动收入，过着纸醉金迷的资产阶级上流社会的腐化生活。此两种女性不是物质缺失就是精神彷徨，均无法在工业社会中自如自主地独立生活。

针对第一种，马克思主义女性主义者曾经提出过家务劳动的社会化的论点，即将照顾儿童、清洁房屋等曾经被认为是家务劳动的转变为社会化的工作，随之而来的便是家务计酬的论点，因为家务劳动社会化并未能将妇女从此类工作中解放，只能通过此种宣扬使人们认识到家务劳动的社会必要性，而家务计酬则肯定妇女家务劳动的生产性质，能够将女性定义为与男性一同属于社会制度下的生产者，属于马克思所说的"创造剩余价值"的范畴。生态女性主义沿袭其观点，更加看重"妇女的劳动"，关注境遇化的地方性，使之能够将更多的女性容纳其中，极力调控两性于社会内部，以及社会资源分配与掌控内的不平等局面。男性已然掌握着更多的资源，所以调控可以从重视女性与自然之间传统合作的关系来入手，"一方面，妇女承受着自然的恩赐，将其转变为人们的生存所需以及人们从事任何活动之所需，使自然转化为社会；另一方面，'女性的劳动'包括护佑她们的家庭、所在社区及大自然，因为自然给予她们生存的场所和生命的福祉"①。女性孕育的天性使其在孩子幼年期间必然过着困囿于家庭，至少是以家庭为主的生活，但可以选择成立工会和妇女联盟来获取更优越的待遇，与男人的联盟一样，为自己的利益进行抗争，但这种抗争仍然需要一个复杂坎坷的过程，想要彻底改变女性的意识需要一定时间的积累与缓冲，而女性与自然待遇的改变则是在这些缓冲之后，认识到资本主义对工人阶级的压迫，上流社会对社会资源的把持，以及女性在社会中所受到不公平待遇等，在所有的这一切都被意识到并开始重视采取应对措施之后，社会的政治、经济才有改革的可能，女性的劳动才可以迈入社会经济的范畴，可以支撑其自力更生以克服阶级之间的不平等。

值得注意的是，生态女性主义本身致力于成为一种不只是思潮，更是作为一种生活模式或者意识模式。生态女性主义者非常重视生产与再生产，认为自然生态的破坏是源于资本主义父权社会的恶性发展，所谓恶性发展指的是一种缺乏女性气质和管理，以及生态原则的发展，相对应的解决方法，或者说生态女性主义的目标之一就是追求女性的看护，以互惠、养护为基础与自然进行综合，"女性的看护"或者是"女性气质"并不是指生理上的女性性别，而是以孕育、创造为主的一种带有保护性质、杜绝侵略性的气质与意识，将其称为女性是因为大多数女性具备这种以内涵、敛聚为特征的气质。生态女性主义中的"女性"应不是依据性别划定范畴，即要争取自然与女性的解放无法只依靠女性自身的努力，依然需要男性的支持，因为男性压迫的不只是对立面的女性，许多男性自身也深受其害。只有在意识到并接受了性别差异的基础上争取两性共同的解放，才能达到生态女性主义强调的社会真正的可持续发展，以及生活于社会中的人的真正的自由。

3. 社会制度探索过程中柳暗花明

科技进步是社会进步的基础，而科技发展又不得不依靠现行的政治经济制度。在社会生态女性主义看来，女性与自然受到压迫的经济制度与政治根源显然更为重要，因此，社会生态女性主义者将社会政治经济制度的改变作为实现女性与自然得到双重解放的根本法则。经济独立之于女性来讲是决定其在社会生活中所处地位为何的一项重要指标，也决定了其在公共或是私人领域内能够获得的个性及自由程度。起初，父亲作为唯一的男性是家庭资源的供给者，女

---

① 王明丽：《生态女性主义与现代中国文学女性形象》，北京：中国书籍出版社，2014年，第35页。

性依附其而生存，"权力关系和依赖关系产生的根源是供给者垄断性地占有了依附者的生活必需品，即使女性有一定的经济来源，对于供给者来说，其依附者地位是可以被替代的"①，此种生活方式是社会初期大部分家庭或者说大部分女性的生活方式，女性虽然充当了不折不扣的依附者，但某种程度上过着相对顺遂的生活。资本主义社会的弊端在此种阶段之后开始逐渐显示。离开家庭之后，女性一人寸步难行，社会规约不允许其成为事业上的女强人，除非是选择出卖女性身体特质换取温饱及容身之地，否则就只有零星微薄的工资报酬，过着困顿艰难的生活。这些都是资本主义社会制度给女性带来的无法避免的弊病，也正说明了向社会主义制度方向探索转型的必要苛求。

社会生态女性主义者将父权制的意识形态及资本主义制度看作双头兽，而女性在其中的处境取决于与资本的关系，取决于自身是否存在于生产性的劳动力之中。许多欧洲国家都存在工业化、父权制甚至是白人优先的特点，包括他们所支配的社会机构也因此或多或少地存在着竞争的特点，这种特点使得在资本主义制度中贵族的平均死亡年龄几乎高达工人阶级的两倍，尽管在这种制度下，英国的财富积累达到顶峰，可这些财富的分配与使用依然存在于贵族而非平民百姓手中。这种情形转而表达了对另一种社会制度的渴望，这种全新的社会制度"不该靠慈善团体和微不足道的改革来改善弱势阶级的情况——不是靠税金、不是靠选出另一个资本主义政府取而代之，甚至不是靠废除议院！——我们应该靠将土地和工业转移给为其工作的人们。因为社会主义是公平社会的唯一制度，一个禁止由世上不做事的人分享，由工人共享世上所有美好之物的社会"②。萨拉·沃特斯在《轻舔丝绒》中明确表达的这种渴望几乎等同于一个以合作关系为基础的社会生态女性主义社会的概念，这种社会的基础是合作、共享，以及对每一个个体从价值上给予认可，并能够"促进沟通和相互尊重，追求生活的可持续发展而不是破坏生活的各种技术，强调相互关系而不是等级制度、注重联系而不是等级"③，在这一制度中，女性更加注重水源、空气、食物与人类之间的关系，更加注重对提供这些因素的自然的重视与保护。

（作者单位：福建师范大学文学院）

---

① 王明丽：《生态女性主义与现代中国文学女性形象》，北京：中国书籍出版社，2014年，第39页。

② ［英］萨拉·沃特斯：《轻舔丝绒》，林玉葳译，南昌：百花洲文艺出版社，2010年，第459页。

③ ［美］德博拉·詹森：《寻找共同点：克里斯塔·沃尔夫作品的生态女性主义探究》，［美］格蕾塔·戈德、帕特里克·D. 墨菲：《生态女性主义文学批评：理论、阐释和教学法》，蒋林译，北京：中国社会科学出版社，2013年，第227页。

真实与虚构问题探析

陈璋斌

一

　　理论中关于真实和虚构的概念总是围绕在文学左右，不可摆脱。虚构一度被认为是文学艺术的特征，甚至是本质。韦勒克和沃伦在《文学理论》中谈到，所有虚构性的作品，不论其艺术造诣高低，都可以纳入文学的范围内。他们指出，文学的核心性质就是虚构性①。而追求真实则显然是文学更加久远的命题，似乎所谓的"真实"本就存在其确定且固有的美学特征。西方世界可称为文学滥觞的希腊时期，亚里士多德就对悲剧及史诗作品的现实严肃性给予了肯定，而柏拉图则意图将他认为漠视理式真实、只通模仿的低劣画家和诗人逐出理想国。从此开始，对于真实或多或少的追求贯穿了整个文学的演进史。当下，所谓的非虚构文学也在文学场内获得了其一席之地。真实和虚构是否是文学天平上制衡的两个砝码？对于真实和虚构，是否存在着一种秘密编码，使它们必然能够生产出一种"好的文学"？

二

　　我们需要回顾对于真实的评判标准，其建构可以被视为一项共时性命题。雷蒙·威廉斯在其《关键词》中提到 real 和 imaginary 与 apparent 的纠缠含义，"因此 real 的词义几乎在不断摆荡、游移不定"②。有趣的是，在关注 real 的同

---

① ［美］勒内·韦勒克、奥斯汀·沃伦：《文学理论》，刘象愚、邢培明、陈圣生、李哲明译，杭州：浙江人民出版社，2017年，第14页。
② ［英］雷蒙·威廉斯：《关键词》，刘建基译，北京：生活·读书·新知三联书店，2005年，第392页。

时，也应当观察到作为其对比词的 apparent 的双重含义，一重是"表面的、表象的"，另一重则是"显然的"。两种含义间有着微妙的差别，相较于第一重，第二重隐含了真实的意味。通过这两种词义的对比，我们可以发现语言学上一个关于真实的探讨，即能指—所指关系存在着深层断裂。表面、表象的符号的确引导着人们的认识活动，而能否把这些"显然可见"的东西当作"真实"，这点是值得怀疑的。

结构主义认为，作为符号的语言，当它成为人们的感知所谓"真实"的手段，语言这个桥梁就无法拆除。因为语言的本质超出了言语（言说）的象征意义，从而具有自己的现实。在这一点上，拉康给出了更加否定性的陈述。他认为相对于心理世界的现实世界为象征占据，真实只存在于前者；真实与象征相对立而不可到达，真实是一种不可能，它超出了主体能承受的范围，是主体无法面对的领域①；真实是原初性的，是先于存在的前符号化的现实，象征就是以它为基础建构而成的②。在它看来，真实本身就是象征秩序的一部分；没有象征秩序就没有真实。所以，在描述真实的时候，我们并不能跨越现有的系统象征符号编码。齐泽克则在拉康的理论上进一步阐发，在他看来，真实超越和克服象征的存在，是对抗符号化的硬核（hardcore）③。拉康对真实的判断是，对所谓真实的把握必须受到象征符号拘束，世界存在真实，但是需要通过必不可少的中介来探察。这种中介自成体系，在此打个比方，如同染有颜色的放大镜——当你使用中介时，必然会进入中介的语境中而脱离原初的真实，抹去中介则完全不可观察。齐泽克这层来自真实对于象征符号的对抗性是拉康所没有的，这种对抗性认定真实是肯定的、可到达的真实，而并非拉康的否定的、不可到达的真实。但是，齐泽克最常运用的精神分析概念依然是拉康所谓的真实。齐泽克在稍晚的《视差之见》中举出闭目观指的例子，运用"视差空隙"（parallax gap）的"视差真实"置换了"真实"概念，强调通过不同视域的转换、考察和实践来确定"空隙"中的"真实"。对"真实"的把握依然困难，但是把真实提升到本体的高度，再加上齐泽克个人对政治经济场域的理论介入，这样就赋予真实某种历史的和唯物主义的"实体"特征。

---

① Lacan, Jacques. *The Seminar of Jacques Lacan*, *XI*: *The Four Fundamental Concepts of Psychoanalysis*. Ed. Jacques-Alain Miller. Trans. Alan Sheridan. London: Vintage, 1998.

② 金莉、李铁：《西方文论关键词》（第二卷），北京：外语教学与研究出版社，2017 年，第 867 页。

③ Böhm, Steffen, and Christian De Cock. "Everything You Wanted to Know About Organization Theory…But Were Afraid to Ask Slavoj Žižek." *Sociological Review* 53. S1 (2005), p. 288.

语言学角度上的真实混合了文学真实和哲学真实的部分含义。作为一个历史悠久的话题，在《文学术语词典》中《虚构小说与真实》词条中，艾布拉姆斯直截了当地说明了文学批评家与哲学家都长期关注虚构文本的逻辑分析和真实性问题，"是否能或以何种方法接受真实性或虚构性标准的检验（whether, or in just what way, they are subject to the criterion of truth or falsity）"①。实际上，文学真实和哲学真实存在于不同的维度，后者采用类"理式"的方式，承诺的是客体真实；前者采用的是包括虚构在内的文学手法，承诺的是主体真实感——与其说是真实，不如说是"仿真"，且这种观点再次强调了它与客体真实的差异。从俄国形式主义陌生化理论，到布莱希特的"间离效果"仿佛都在暗示，文学追求"似"而非"是"。文学真实，或者说"真实感"，显然并不是哲学意义上的理式真理或是语言学意义上的前符号真实。既然是"仿真"，也就说明两点：一，"仿"有其参照物；二，"真"有其建构的过程。接受这种"真"需要接受暗含参照物的训练，有的来自类似左拉"普通感官"式的生活经验，有的来自学科教育和规训；而建构则意味着某种手段或编码。这种"仿真"似乎可以成为文学艺术独立性所标榜的自身特征，但是之后我们会发现，如同著名的文学性命题一样，它给不出准确的概念及边界。随着后结构主义理论之后的学科发展，"仿真"作为文学艺术的独立美学特征这一观点也开始愈发站不住脚。

三

上文所提到的"仿真"似乎提供了研究真实的另一个视角。既然所谓的文学真实乃至其凭据的现实真实都不容易把握，那么也许可以换个角度，从虚构的角度去切入真实。所以围绕文学虚构展开讨论也是顺理成章的。是什么样的虚构能不偏出边界，提供适当的真实感又不会遭到针对其过度虚无化的批评？

艾布拉姆斯曾谈到虚构小说的定义："只要是虚构的而非描述事实上发生过的事件的任何叙事文学作品。"② 他还引用了 I. A. 理查兹在《科学与诗》中

---

① ［美］M. H. 艾布拉姆斯、杰弗里·高尔特·哈珀姆：《文学术语词典》，北京：北京大学出版社，2014 年，第 256-257 页。
② 同①，第 257 页。

对虚构小说的见解，理查兹认为虚构小说是传情语言（emotive language）的一种形式，由模拟陈述（pseudostatements，pseudo statements）构成；"'用所指性语言表达陈述'是'能被证实的，即与所指事实……相吻合'；而模拟陈述则'完全依靠其宣泄和组织我们态度时造成的效果来证实其真实性。'[I. A. 理查兹《科学与诗》（1926）]"① 实际上，这种表述明确了虚构可以与通过已接受训练的对话反馈某种真实性的观点。但是也有部分言语行为理论者认定，文本叙述者进行的任何指称和描述的言语行为本身就是一种虚构表述，例如格拉夫，他亦是从语言学领域对语言非虚构的命题展开攻击，称"在表述这些事件［指文学中虚构的事件］时所传达出的'意旨'或'对世界的看法'也被当作虚构……文学意义也是虚构，因为一切意义都是虚构，甚至非文学性语言，包括批评语言表达的意义也不例外。这一批评的观点发展到极致，则断言'生活'与'现实'本身都是虚构。"② 从语言学角度出发，转译具有虚构性，语言即存在虚构性。如果运用语言来表达意义就无法摆脱虚构，那么反过来说，文学的多义性正是由虚构所提供的，语言符号是作为美学研究对象的文学的显著特征，文学虚构就存在它的合法性。但是这也造成了任何对现实的书写都不可能离开虚构，真实与虚构不再那么泾渭分明。

西方现代文论的规制化给定了每类体裁和文体大致允许的虚构限度，从历史传记到现实主义作品，再到浪漫主义作品甚至科幻作品，从非文学、非虚构文本到散文、诗歌再到小说，这其中似乎贯穿了一条隐性的准绳。需要考虑的是，创作作品大致并不会由作者圈定确定的体裁之后才开始创作，他们对题材和文类并不怀有太大顾忌，甚至洋洒恣意、自由散漫，也能成就一番经典，因此给一个作品明确的"某某主义"的定义从而判断它的虚构特征的做法是值得怀疑的。塞尔在奥斯汀的基础上拓展出了建立在主体意向性的虚构理论，将作者召回，认为作者意图决定言语虚构与否，意图是唯一的标准。格拉夫则有不同的看法，他明确指出："文学必须虚构，因为所有的语言都是虚构的——尽管只有文学才让人注意到其虚构性本质。"③ 格拉夫的话或许可以使人们想起读者反应理论。由此，伊瑟尔倾向否认文本认识客体的能动性，但认为对虚

---

① ［美］M. H. 艾布拉姆斯、杰弗里·高尔特·哈珀姆：《文学术语词典》，北京：北京大学出版社，2014 年，第 257 页。
② ［美］格拉夫：《自我作对的文学》，陈慧，等译，石家庄：河北人民出版社，2004 年，第 181 页。
③ ［美］格拉夫：《文化，批评与非现实》，周宪，等编《当代西方艺术文化学》，北京：北京大学出版社，1988 年。

构及其价值的判定必须取决于读者的意向性，这是属于读者的创造性行为。人们（因反讽等特征）自觉意识到自己处理的文本是文学文本，虚构才会引起相应的注意，这种自觉意识来源于前文所提到的各类训练和经验；相反，如果读者主观并不认为，或是没有意识到文本的虚构，那么就无法做出任何此类判断。

关注到以上理论，我们可以说，当人们意图确认文学虚构作为一种文学行为时，由于确认虚构的目标被置于前景，因此遮蔽了对真实感的追求，但是它实际上并没有消失。这是虚构存在的一种对话关系。文学文本认同倾向被放在理解真实和虚构的第一步，由此来切入文本。在这种对话性质生效的范围内，即是虚构合理游移的程度所在。

四

当我们把文学真实与文学虚构放在这样的语境下观察，虚构似乎依然是文学成立及其艺术性的主要特征。但是 19 世纪后，虚构在社会科学乃至非社会科学类的科学活动中得到更加广泛的运用。相对论和量子力学的假说的地位被承认后，虚构作为文学艺术特权的地位遭到了动摇。虚构逐渐泛化，在诸多学科中获得了合法地位，仅在社会科学范畴内，虚构这一概念就掀起了巨大波澜。汤因比以《伊利亚特》为例，表明历史书写与历史不可切割的关系；伊瑟尔的《虚构与想象》副标题是"文学人类学疆界"，其书探讨的是虚构与想象如何从文学的封闭场域跨越而出，如何评价虚构关涉人类的日常生活及其他研究活动；哲学上则更为复杂，罗蒂意图将哲学的真理呈现方式"文学化"，而后现代主义哲学家劳森将真理看作故事，称"虽然真理可能是一种虚构，但它是我们所具有的最有力的虚构"[1]。政治模型和理式曾一度被视为真实的"必然率"，但是后来规律本身也被意识到已成为虚构觊觎的对象。在文化研究的背景下，虚构这一命题显然较前时期进入了一个新的阶段。虚构的阐释及其阐释暗含的权力关系，包含了关于政治经济学的话语类型与意识形态，"政治必须拥有'真实'的命名权和解释权"[2]，"作为利益联盟的社会关系和权

---

[1] Lawson，H.，and L. Appignanesi，eds. Dismantling *Truth*：*Reality in the Post-modern World.* New York：St. Martin's，1989，p. 130.

[2] 南帆：《文学理论十讲》，福州：福建教育出版社，2018 年，第 107 页。

力体系的运作——无不深刻地烙印在文学之中"①。"真实"的另一面是带有强制性的建构这一事实逐渐浮出水面，也使得真实和虚构的边界变得更加含混。

我们有必要在谱系学意义上区分文学的虚构与非文学的虚构的异同。什么虚构能使文字成为有趣的笑话，而什么虚构只能让文字成为一堆虚假无聊的"笑话"？我们可以看到，文学活动长期依赖虚构，虚构作为叙事文学的技巧和取向。在文学中，虚构的合法性作为叙述技巧或手段得以存续。非虚构写作趁势大行其道，可当文学的叙事技巧一次又一次回到虚构时，文学的活力也能得以生长。关于文学虚构，其中仍有一些理论问题没有得到完全的解决，比如宗教宣扬的鬼神并没有确凿的证据或是有人亲眼看见，而它却也提供了令一部分人无法拒绝的真实感，其生产能否被视为文学虚构的生产？再如，若不采用语言学对于虚构的理解，那么如何判定文学语言中抒情文字等难以判别类型文字的虚构性，"真""真实"和中国古典文论中"真诚"的关系似乎并没有获得关注；且，反之是否必须采用语言学的维度去理解文学的虚构？但可以明确一点，文学虚构仍是生产审美维度的场域。无论是文学真实还是文学虚构，它们也都提供了道德情感等介入"现实"世界的可行方式。

五

即使我们认同了文学虚构的必要性、合法性和特殊性，问题也还远远没有结束。虚构提供的"真实感"和"现场感"能否作为评判文学好坏的标准？如果能，它在多长的历史时期里能保持其有效性？我们可以说，现实主义、典型理论乃至前文所提到的诗意真实，都将"真实"拉回到历史结构中，强调历史的规律。这种文学上"历史的真实"否定了西方哲学强调"在场的真实"的观点，对单纯的仿真论也进行了事实上的批判理解。文本脱离在场也能提供某种维度的真实，即达到所谓"言在此而意在彼"的效果。这种真实与虚幻的相融是西方形而上学哲学一直以来试图解答的问题，而魔幻现实主义的出现使这对关系更加波谲云诡。

诚如南帆所言："文学无法也没有必要全面地复制世界。"② 另，"文学的

---

① 南帆：《文学理论十讲》，福州：福建教育出版社，2018 年，第 106 页。
② 同①，第 95 页。

野心显然是人类不懈地探索世界的组成部分"①，如科幻作品书写富有表征而又超出已知领域的部分的文字，它的真实感是由某种特殊的心理机制提供的，这种真实感指向了虚构的确定性部分，一部分仅把文学虚构完全归结于"诗意真实"规律从而达到审美需求的理论恐有失偏颇，而南帆回到语言，所提出的"语言现实主义"有其独到的理论洞见，所谓的"诗意真实"尚无办法脱离语言的控制力、语法结构的成规和象征符号的设计。

在解构主义语境下，传统的真实与虚构命题再次受到质疑。德里达在其艰深晦涩的著作中，"在场"的意义被重新考量。文本之外空无一物，而在场可以指代，成为自我证实或自主自足的基础或根据，这种所指在我们的意识之中，成为语言系统结构的"中心"。这为真实与虚构的界限又抹上了一层阴影。德里达还强调，我们所说的必定总是比我们原来想说的更多，而且会产生出其他含义，并由此创造了"延异"（différance）这一术语。语言意义的游戏不确定，导致言语和语言中并不存在固有的在场意义，这样引发的阐释缺乏确定性，这种理论便颠覆了真理与谬误的二元对立关系。文本不存在确定的真实意义，那么又有什么能区分正读和误读呢？但误读也被一些理论反对者视为陋见，他们坚持解读的范围。但是不可否认，解构主义所宣扬的误读之讨论，在这个意义上兼具创造性和破坏性的魔力。当作者已死的理论被重新审视并打上问号，如何在有限的布局里释放无限但是合理的解读，成了文学创作必须注意到的问题。

六

"理念比实物更真实吗？"南帆在《文学理论十讲》中的第五节"真实的虚构与虚构的真实"中抛出了这个问题。对于这个问题，似乎没有比现今更令人的不置可否的历史时期。未来，往往对于技术革新，人文社会学科学者却比其他类别的学者显得更加忧虑。总体上说，技术入侵令文学艺术的独立性受到动摇，信息科学将使得真实与虚构更加难以判断。

这个时代的技术发展不得不将我们拉回一个年代久远的思想游戏，那就是"缸中之脑"（brain in a vat，BIAV）。笛卡尔曾提出的"邪恶魔鬼"（evil demon）假想常被视为"缸中之脑"的原型，而"缸中之脑"几乎准确地预言

---

① 南帆：《文学理论十讲》，福州：福建教育出版社，2018年，第96页。

了后人类时代、不远的未来甚至目前人类要面对的关于真实与虚构的难题。

乐观地说，视觉小说在年轻人中的流行、电子游戏的世代更替对于传统文学地位的威胁似乎还未被察觉。Ubisoft 公司在其系列故事游戏《刺客信条：大革命》（Assassins of Creed：Unity）中还原了巴黎圣母院的 1：1 建模，以至于前段时间在圣母院意外失火后，《大革命》的销量跃至多个平台销量榜单的前列。我们有理由去想象，到达某个后技术时期，传统文学——尤其是小说的阅读完全有可能被类似上述程序的高级版本所取代。同样是体验真实与虚构，人们可以进入一个仪器，加载一项复杂的沉浸式体验程序而不再使用纸质小说；人们可以选择自己在程序中扮演的角色，主角、配角、无名人或是上帝，从而从不同的视域感知事实上的同一情节或场景。或者进一步，更悲观地说，当上述的机器实现的时候，人类可能已经成为《黑客帝国》的矩阵中的一员，或是 Bethesda 公司出品的电子游戏《辐射》（Fallout）112 号避难所的难民。他们成为真正的"缸中之脑"，仅仅通过电子元件维系生命和意识。在那种情况下，文学也失去了存在的必要性和必然性。

计算机技术逐渐有能力制造出"缸中之脑"思想游戏里设想的图像、声音、味觉等信息、意识和元刺激，眼下日趋成熟的虚拟现实和加强现实技术，甚至美颜相机也都给人们提供了或多或少的真实感。但是，我们曾经分化出且坚信考察哲学上的"客体真实"与文学上的"主体真实"区别、物质空间和意义空间上的区别也将因此被技术缝合起来。相较于南帆对于文学"真实与虚构"命题的乐观探讨或搁置，笔者在技术发展的层面反持一种悲观的态度。文学如果被程序击败，也许意味着人类主体性丧失的开端，人们目前对于真实和虚构的所有理解有可能完全崩塌甚至根本无法谈论。在这一点上，人们的恐惧可以令他们明显意识到再确认"真实"与"虚构"的必要性。

（作者单位：福建师范大学文学院）

"有机体"与朱光潜前期的思想"变迁"

周红兵

前言

"有机体"是朱光潜前期著述中经常出现的概念，从 1927 年的《谈中学生与社会运动》到 1944 年的《知识的有机化》，在前后约 20 年的时间里，朱光潜大量提到"有机体"及与此相关的"有机整体""有机观"等概念，对这些概念的使用也明显地烙下了朱光潜的治学观、人生观、艺术观及至世界观、宇宙观的印迹，朱光潜研究对这概念也早有涉足，如阎国君、钱念孙、劳承万、王攸欣、宛小平等，但这些研究几乎都是从一个较为狭窄的视角即从朱光潜治学"博学守约"的角度指出朱光潜先生非常重视知识与人生的有机联系及精深与广博之间关系的处理，这固然是朱光潜研究的一个重要视角，但是仅仅从知识积累和学问方法的角度并不足以反映出"有机体"概念在朱光潜前期甚至是整个学术生涯中的重要性。本文试图通过对"有机体"概念在朱光潜前期著述中的考释，恢复"有机体"概念在朱光潜前期学术思想中应有的地位，希望可以通过对这个概念的初步研究，为朱光潜前期研究做一个基本定位，为朱光潜研究开启另一种视角。

一

"有机"本是自然科学中经常使用的名词，《现代汉语词典》中对"有机"及"有机体"两个词语的解释也基于此，《现代汉语词典》中对"有机"这一词语的解释有两个义项："（1）原来指跟生物体有关的或从生物体来的（化合物），现在指除碳酸盐和碳的氧化物等简单的含碳化合物之外，含碳原子的（化合物）；（2）指事物构成的各部分互相关联协调，而具有不可分的统一性，就像一个生物体那样。"对"有机体"的解释是："具有生命的个体的统称，包括植物和动物，如最低等最原始的单细胞生物体、最高等最复杂的人体。也叫机体。"① 将"有机"或者"有机体"这两个本来是自然科学中的概念移用到人文学科与社会学科中，当然是取其引申义，即首先将事物类比成一个有着鲜活生命、不断生长的个体，其次，这个个体由若干个部分组成，更为关键的是，组成这个个体的若干个部分之间、部分与整体之间，有着不可分割的关系，也因此，"有机整体性"通常成为与"有机体"可以互相通用的词汇，这就如同人体四肢与人体的关系一般，四肢生长在身体之上是身体的一个部分，如果将四肢从身体上切割下来，就不能称之为四肢了，因为此时四肢对于整个身体来说已经丧失了其功能与意义，而且即便四肢完好无损地安放在人类身体之上，但是四肢的任何动作也不是其自身能够完成的，它们需要身体其他部位的协调配合才能够完成。以"有机"或"有机体"隐喻社会和人文对象，为人熟悉的如"生命之树常青"等。

维特根斯坦曾经说过，"想象一种语言就叫作想象一种生活方式"，一种新的语言的发现，"其实是发现了一种新的说话方式，一个新的比喻，甚至可以说，一种新感觉"②，"有机体"概念从自然科学进入人文社会学科，不仅是一个新的喻词的使用，不仅是修辞学意义上人们用以描述这个世界的词汇发生了变化，而且同时也意味着人们观察和理解世界的眼光、方式发生了变化，同样，当我们发现朱光潜以"有机体"这个在他之前著述中从来没有出现过，而此后著作中反复出现的词汇时，我们同样也可以说，朱光潜其实是在以一种新的说话方式、一个新的比喻以至是一种新感觉来观察、理解和描述世界。

二

朱光潜以"有机体"及"有机整体"观观察社会、人生始于1927年，在作于此年的《谈中学生与社会运动》一文中，朱光潜就提及："我从前想，要改造中国，应由下而上，由地方而中央，由人民而政府，由部分而全体，近来觉得这种见解不甚精当，国家是一种有机体，全体与部分都息息相关，所以整

---

① 中国社会科学院语言研究所词典编辑室：《现代汉语词典》，北京：商务印书馆，2016年，第600、1589页。
② ［英］维特根斯坦：《哲学研究》，陈嘉映译，上海：上海人民出版社，2005年，第142页。

顿中国，由中央而地方的改革，和由地方而中央的改革须得同时并进。"① 这表明：朱光潜写作此文前后思想有过一些变化，从前认为"要改造中国，应由下而上，由地方而中央，由人民而政府，由部分而全体"，近来思想的变化即是"这种见解不甚精当"，国家并非是由一个个纯粹的个体组织起来的混合物，而是"有机体"，在国家这种有机体当中，部分与全体的关系，并非是"由……而……"的递进层次关系，而是"全体与部分都息息相关"的有机关系，这是朱光潜首度采用"有机体"这一概念来陈述自己的思想，然而引文中更值得重视的是"我从前想"与"近来觉得"两语。朱光潜一生学术思想多有变化，通常以新中国成立前后分为前期、后期，即朱光潜从新中国成立前的一位资产阶级唯心主义美学家转变成为新中国成立后的一位马克思主义美学研究者。相对于新中国成立前期、后期的划分而言，对他前期思想转变的研究较为薄弱，特别是此处 1927 年朱光潜所说的"我从前想"到"近来觉得"的变化普遍被研究者忽略了。而在笔者看来，1927 年朱光潜所说的这个由"从前"到"近来"的变化相当关键，对于理解朱光潜前期学术思想而言，这个关键的关键之处，就是"有机体"这一概念开始进入朱光潜的视野，成为朱光潜思考国家、社会、人生、艺术与宇宙的重要标准，这表明，朱光潜开始由一位信奉原子式的个人主义者开始转为信奉"有机整体"的一位"有机主义者"。

　　1927 年是朱光潜整个学术生涯中非常值得关注的一年，除了《谈中学生与社会运动》一文之外，这个年度朱光潜还有另外一项非常重要的学术活动，正是这项活动，使他得到西方学术主流话语的认可，从而正式开始了自己中西合璧的学术生涯。是年，他在爱丁堡大学心理学研究小组讨论会上宣读了论文《论悲剧的快感》，论文得到了心理学系主任詹姆斯·竺来佛博士的认可，并且在他的建议下，朱光潜一度想把这篇论文扩展成一部论著。为此，他投入了一年（1927—1928）的时间进行研究，虽然后来朱光潜放弃了这个打算，但是事实上，从 1928 年至 1933 年，"最近五年来，我学习的各门课程都与悲剧有关"②，而且以悲剧研究为基础完成了博士论文《悲剧心理学》，"《悲剧心理学》堪称朱光潜早年最为严谨的学术著作"③。1933 年，《悲剧心理学》通

① 朱光潜：《谈中学生与社会运动》，《朱光潜全集（新编增订本）》（第 1 卷），北京：中华书局，2012 年，第 22 页。
② 朱光潜：《朱光潜全集（新编增订本）》（第 4 卷），北京：中华书局，2012 年，第 5-6 页。
③ 王攸欣：《朱光潜传》，北京：人民出版社，2011 年，第 117 页。

过博士学位答辩后，由斯特拉堡大学正式出版，这是朱光潜留学欧洲数年的一个学术成果，是朱光潜唯一的一部英文著作，"这也是朱光潜以纯正的西方学术话语方式发出的声音，因此也是最为西方学术界认可的著作"①。

《悲剧心理学》的主题"可以用一句话来概括：我们为什么会喜欢悲剧？"实际上，《悲剧心理学》研究的是悲剧研究中一个更小的即"悲剧快感"问题，诚如《悲剧心理学》的副标题"各种悲剧快感理论的批判研究"所示，朱光潜批判性地检查了西方理论史上各种著名的悲剧快感理论。他由方法论——萨利"原因的多样性"——入手，指出，西方理论史上悲剧快感研究的一个失误是，不管是哲学家、文学批评家还是美学家，当他们提出一种对于悲剧快感进行解释的理论时，总是试图为悲剧产生的审美快感找到一个统一的或者说是单一的原因，对其他原因往往视而不见，为此，他从"原因的多样性"这个方法入手，提倡"批判的和综合的，说坏一点，就是'折中'的"方法。然而，方法毕竟只是手段，方法背后隐藏的是对悲剧快感、悲剧及世界的看法，在批评柏拉图、休谟、叔本华、尼采等人"固执地"不承认"原因的多样性"时，朱光潜同时也提出了自己对于世界"有机整体"的看法："但不幸的是，在像我们这样的世界里，任何一件事情都错综复杂地和无数件别的事情相关联，整体总决定着局部，既没有彼此孤立的原因，也没有彼此孤立的结果。如果说物质世界的情形如此，精神世界的情形就更是如此了。孤立的原因和孤立的结果都是形式逻辑和原子论心理学虚构出来的幻影，在实际的精神生活中绝非不存在。"② 无论是柏拉图、霍布斯、康德、叔本华、柏格森还是弗洛伊德，都犯了同样的错误，他们忽略了"原因的多样性"和世界是错综复杂、相互关联的有机整体的特性。

如果说，这里还没有明确提到"有机体"概念的话，那么，在《悲剧心理学》的第二章，"有机体"概念就跃然纸上了。在《悲剧心理学》第二章"审美态度和应用于悲剧的'心理距离'说"的第二小节中，朱光潜检讨了康德-克罗齐"形式主义"学派的贡献和弱点："这种关于审美经验的形式主义观点永远不可能说服一个普通人。它尽管在逻辑上十分严密，却有一个内在的弱点。"朱光潜给出这个"内在的弱点"的原因所在是："它在抽象的形式中处理审美经验，把它从生活的整体联系中割裂出来，并通过严格的逻辑分析把

① 王攸欣：《朱光潜传》，北京：人民出版社，2011年，第125页。
② 朱光潜：《朱光潜全集（新编增订本）》（第4卷），北京：中华书局，2012年，第14-15页。

它归并为最简单的要素。问题在于把审美经验这样简化之后，就几乎不可能把它再放进生活的联系中去。""生活是一个有机整体，其中的整个部分纵横交错，分离出任何一部分都不可能不伤害其余的部分。"① 我们现在无法确认《悲剧心理学》每一个章节的写作时间，但可以肯定的是，从 1927 年《论悲剧的快感》开始，到 1933 年《悲剧心理学》的出版，从《谈中学生与社会运动》到《悲剧心理学》的部分章节，朱光潜已经开始形成了世界是有机整体、生活是有机整体、生活与艺术是有机体的观念，并且开始运用这一观念检查、批评各种学说、理论和观念的得失，进而进行自我理论体系的建构了。

三

20 世纪 30 年代，除了英文版的《悲剧心理学》之外，朱光潜还出版了另外几本著作，其中以《文艺心理学》和《谈美》最为著名，可以说，正是《文艺心理学》与《谈美》奠定了朱光潜中国现代美学家"美学的双峰"之一的地位。《文艺心理学》与《谈美》是姊妹篇，两者观点相近，内容相近，只是在具体的写作时间和写作方式上有差别。通过考察《文艺心理学》和《谈美》，我们同样可以发现 20 世纪 30 年代"有机体"这一概念在朱光潜学术思想中的重要性。

除了 1927 年《谈中学生与社会运动》一文中朱光潜阐述过"从前想……近来觉得……"思想的变迁之外，前期朱光潜至少还在另外一处主动谈到过自己思想的变化，这即是为人熟知的《文艺心理学》。在《文艺心理学》的"作者自白"中，朱光潜交代了自己在《文艺心理学》写作初稿与最终定稿之间的一个思想变迁："我对于美学的意见和四年前写初稿时的相比，经过一个很重要的变迁。"这个变迁的内容即是："从前，我受从康德到克罗齐一线相传的形式派美学的束缚，以为美感经验纯粹地是形象的直觉，在聚精会神中我们观赏一个孤立绝缘的意象，不旁迁他涉，所以抽象的思考、联想、道德观念等等都是美感范围以外的事。现在，我觉察人生是有机体；科学的、伦理的和美感的种种活动在理论上虽可分辨，在事实上却不可分割开来，使彼此互相绝缘。因此，我根本反对克罗齐派形式美学所根据的机械观，和所用的抽象的分

---

① 朱光潜：《朱光潜全集（新编增订本）》（第 4 卷），北京：中华书局，2012 年，第 26、27 页。

析法。"① 这段话经常被研究者所引，以用来说明朱光潜前期思想从对康德-克罗齐的服膺到批评、反省的变化。《文艺心理学》初稿于 1932 年即已写好，并请 1932 年在伦敦的朱自清先生写好了序言，但是直到 1936 年才交由出版社出版，是因为"自己觉得有些地方还待修改"，因此一下子就延期了四年，从作者的自白可以看出，《文艺心理学》与《悲剧心理学》差不多同时完成，但不同的是，《悲剧心理学》于 1933 年就已经出版，而《文艺心理学》直到1936 年才出版，并且与初稿相比，增加了"第六、七、八、十、十一"五章将近三分之一的篇幅。当然，这只是出版时间、书稿内容与篇幅的变化，具体到内容，除了"作者自白"这段内容外，我们还可以发现一些与《悲剧心理学》中差不多的表述：

> "从此可知艺术作品中些微部分都与全体息息相通，都受全体的限制。全体有一个生命一气贯注，内容尽管复杂，都被这一气贯注的生命化成单整。这就是艺术上的'寓杂多于整一'（variety in unity）这条基本原理，也就是批评学家和心理学家所常争论的'想象'（imagination）和'幻想'（fancy）的分别。"
>
> ——《文艺心理学》第六章"美感与联想"
>
> "人在生理和心理两方面都是完整的有机体，其中部分与部分，以及部分与全体都息息相关，相依为命。我们固然可以指出某一器官与某另一器官的分别，但是不能把任何器官从全体宰割下来，而仍保存它的原有的功能。我们不能把割碎的四肢五官堆砌在一块成为一个活人，生命不是机械，部分之和不一定等于全体，因为此外还有全体所特有的属性。"
>
> ——《文艺心理学》第八章"文艺与道德（二）：理论的建设"
>
> "近代美学家可以粗略地分为'克罗齐派'与'非克罗齐派'。我们相信克罗齐派在大体上接近于真理，不过我们也很明白他们的缺点。在我们看，克罗齐美学有三个大毛病，第一是他的机械观，第二是他的关于'传达'的解释，第三是他的价值论。"
>
> ——《文艺心理学》第十一章"克罗齐派美学的批评"

---

① 朱光潜：《文艺心理学》，《朱光潜全集（新编增订本）》（第 3 卷），北京：中华书局，2012 年，第 111 页。

"十九世纪和二十世纪的哲学和科学思潮有一个重要的分别，就是十九世纪的学者都偏重机械观，二十世纪的学者都偏重有机观。……现代学者所采取的是有机观，着重事物的有机性或完整性，所研究的对象不是单纯的元素，而是综合诸元素成为整体的关系。"

——《文艺心理学》第十一章"克罗齐派美学的批评"

"我们可以概括地说，现代学者多数都承认无论在物理方面或心理方面，有机观都较近于真理。形式派美学的弱点就在信任过去的机械观和分析法。"

——《文艺心理学》第十一章"克罗齐派美学的批评"

这里所引的几段，从内容上分析，表述的意思与上文所引《悲剧心理学》的那几段几无二致，当然，《文艺心理学》在内容的阐述上更为详尽，在具体的批评上更为细致，而且与《悲剧心理学》中对"有机体"的理解相比，《文艺心理学》不仅是以一种自我观点的陈述，而且还力图将自己的发现贯彻进对西方学术思想史 19、20 世纪的演进当中去加以验证，这是朱光潜在为自己"有机体""完整性"的观点寻求学理上支撑的努力，这当然是一个前进。

如果以 1933 年《悲剧心理学》的出版和 1932 年《文艺心理学》的初稿完成做一个时间上的联系的话，那么，我们可以知道，至少从 1933 年起，朱光潜就已经试图以"有机体"及"有机整体"为基点，重新定位自己曾经深受影响的康德-克罗齐学派了。他一方面认识到这个他称之为"形式主义"的学派甚至是从柏拉图到康德之间的西方理论，在方法上有固执、陷于一端的弊病；另一方面，也开始尝试用"有机体"这一概念将这一弊病纠正过来。因此，他注意梳理西方哲学、科学思潮 19 世纪到 20 世纪从"机械观"到"有机观"的变化，以及附着于观点之上方法论从"分析法"到"综合法"的变化，并且予有机观/综合法以"二十世纪"和"现代"的肯定。由此，我们可以说，从 1932 年到 1936 年，朱光潜在思想上是日益赞成"人生是有机体"的观点，并且力图将"有机体"作为史论的一条主线来建立起美学批评与研究体系的。因此，从 1927 年首次提到"有机体"，到 1933 年《悲剧心理学》的完稿与出版，再到 1932 年和 1936 年《文艺心理学》的初稿与定稿，实在是朱光潜确立与巩固自己"有机体"思想的时期。

四

《文艺心理学》从初稿到定稿经历了一个长约四年的时间（1932—1936年），从 1927 年朱光潜首度提起自己思想变化，到 1936 年朱光潜再次提到思想的变迁，凡此两处，"有机体"都成为他解释自己思想变化的重要原因。因此，1927 年至 1936 年这长达约十年的时间可以看成是朱光潜确立"人生是有机体"和"生活是一个有机整体"观点并运用此种观点重新考察社会、人生和艺术的时期。从 1927 年的《谈中学生与社会运动》到 1933 年的《悲剧心理学》和 1936 年的《文艺心理学》，朱光潜"有机体"概念在反复使用的同时也发生了转移，从《谈中学生与社会运动》一文中指向社会、国家与政治，转移到指向一个更为广阔的空间：生活、人生、宇宙、世界，"有机体"这一概念也因此被延伸到生活观、人生观和艺术观上面来，从而拥有了更为开阔的外延。

如果说《文艺心理学》是一部案头之作的话，那么《谈美》则是一部迷人的小书。因考虑到读者受众的区别，《谈美》在写法上有别于《文艺心理学》，但是主要内容却是相当的，可以将《谈美》看成是《文艺心理学》初稿的精简版。除了《文艺心理学》初稿中的后三章（第十五章"刚性美与柔性美"、第十六章"悲剧的喜感"、第十七章"笑与喜剧"）和《谈美》的最后一章"'慢慢走，欣赏啊！'——人生的艺术化"之外，《谈美》第一至第十四章几乎都是《文艺心理学》初稿的简写。当然，《谈美》最为人注意的也就是最后一章"'慢慢走，欣赏啊！'——人生的艺术化"，正是在这一章中，朱光潜提出了"人生艺术化"的美学主张，这一主张是"孟实先生自己最重要的理论"①，"是其学说体系中最闪光的一维"②。"人生的艺术化"实际上就是朱光潜在历史地批评康德-克罗齐"形式主义"学派观点的基础上，运用批判—综合或者说"折中"的方法，从"人生是有机体"出发，将"有机体"运用到艺术与人生关系的分析上来，从而得出烙有朱光潜印迹的关于艺术与人生的观点，这也是朱光潜建构自己艺术理论与美学体系的努力，"人生艺术化"从此成为朱光潜的一个标签。

---

① 朱自清：《谈美（序）》，见朱光潜《朱光潜全集（新编增订本）》（第3卷），北京：中华书局，2012年，第5页。

② 劳承万：《朱光潜美学论纲》，合肥：安徽教育出版社，1998年，第143页。

　　"人生艺术化"的主张认为：人生有狭义的"实际人生"和广义的"整个人生"两种区别，艺术虽与实际人生有距离，但是与整个人生却没有隔阂，"离开人生便无所谓艺术，因为艺术是情趣的表现，而情趣的根源就在人生；反之，离开艺术也便无所谓人生，因为凡是创造和欣赏都是艺术的活动，无创造、无欣赏的人生是一个自相矛盾的名词"，不仅艺术离不开人生，同时，"人生本来就是一种较广义的艺术。每个人的生命史就是他自己的作品。……知道生活的人就是艺术家，他的生活就是艺术作品"。读《谈美》第十五章，不难发现，这正是"有机体"观念的进一步发挥："人生是多方面而却互相和谐的整体，把它分析开来看，我们说某部分是实用的活动，某部分是科学的活动，某部分是美感的活动，为正名析理起见，原应有此分别；但是我们不要忘记，完满的人生见于这三种活动的平均发展，它们虽是可分别的而却不是互相冲突的。'实际人生'比整个人生的意义较为狭窄"，"我们把实际生活看作整个人生之中的一片断，所以在肯定艺术与实际人生的距离时，并非肯定艺术与整个人生的隔阂"，"一篇好文章一定是一个完整的有机体，其中全体与部分都息息相关，不能稍有移动或增减"，"艺术家估定事物的价值，全以它能否纳入和谐的整体为标准"，"不但善与美是一体，真与美也没有隔阂"。① 历来对"人生艺术化"观点批评诸多，最典型的莫过于"朱光潜的美学主张割断文学与现实人生的联系，提倡一种超然的无利害的静观态度"②。这固然是看到朱光潜将人生分为"实际人生"与"整个人生"的"割断"，但同时也忽略了朱光潜这个"割断"背后蕴涵的双重努力。一方面，他要努力克服康德-克罗齐形式派将艺术与人生隔绝、将美感经验视为纯粹是形象的直觉的弊端；另一方面，他也不满意中国文学"文以载道"的传统和柏拉图、卢梭、托尔斯泰将文艺寓于道德的训诫。"有机体"观念中既重视构成整体的局部的存在权利，又注重局部构成整体的必要联系，以及部分与整体之间既有区别又双向互动的思想，在此刻就成为他这双重努力所倚重的一道理论光芒。

　　无论是将人生分为"实际人生""整个人生"，还是将艺术视为人生化，人生视为艺术化，都是朱光潜运用"有机体"观念重新观察、思考社会、艺术、人生与世界的结果，从"有机体"出发，我们就很容易理解，他自1927

① 朱光潜：《朱光潜全集（新编增订本）》（第3卷），北京：中华书局，2012年，第92页。
② 旷新年：《中国20世纪文艺学学术史》（第二部·下卷），上海：上海文艺出版社，2001年，第200页。

年、1936 年提出的两次思想转变，就能够理解朱光潜为什么要反思与批评康德-克罗齐学派，为什么要提倡"人生艺术化"等观点了。因为他用"有机体"这样一种新的说话方式、一个新的比喻以至一种新感觉来观察、理解和描述世界。虽然事实上，"有机体"这一概念既无法在理论上为其提供坚强有力的支撑，也无法在实际上将"为人生"和"为艺术"的两种观点进行实际有效的整合，但是，这是另外一个层面的问题，不能因此而否定了朱光潜曾经进行过的探索与努力。

五

朱光潜前期至此只是到了 1936 年，因此，即便《给青年的十二封信》《悲剧心理学》《文艺心理学》《谈美》是朱光潜前期的重要著述，也并不足以完全反映朱光潜在前期以"有机体"为基点观察、理解社会、人生、世界方式形成、确立的全过程，不足以完全反映朱光潜前期以"有机体"为基点重新思考康德-克罗齐派学术观点的思想变化，不足以完全反映出朱光潜在思想变迁之后，用"有机体"构建以"人生艺术化"为核心内容的、独具特色的朱氏艺术、美学观的全貌。事实上，除了上述几本著述外，朱光潜在其前期的其他著述中，同样留下了以"有机体"为基点思索人生与艺术的烙印。

在落款是"民国三十一年冬在嘉定脱稿"的《谈修养·自序》中，朱光潜讲道："我的先天的资禀与后天的陶冶所组成的人格是一个完整的有机体，我的每篇文章都是这有机体所放射的花花絮絮。我的个性就是这些文章的中心。"[1] 这里用有机体来形容人格，说明自己的文章都是有机体结出的果实，其实，在收入《谈修养》的文章中，朱光潜不仅从文章-人格统一的角度将"有机体"理解成沟通文学与人格的通道，而且在《一番语重心长的话》一文中，也提到："我们必须痛改前非，把一切自私的动机痛痛快快地斩除干净，好好地在国家民族的大前提上做工夫。我们须知道，我们事事不如人，归根究竟，还是我们的人不如人。现在要抬高国家民族的地位，我们每个人必须培养健全的身体、优良的品格、高深的学术和熟练的技能，把自己造成社会中一个

---

① 朱光潜：《谈修养·自序》，《朱光潜全集（新编增订本）》（第 1 卷），北京：中华书局，2012
年，第 91 页。

有力的分子。"① 这里虽然没有明确提到"有机体"概念，但是"有机整体"的观念依然清晰可辨。历史似乎惊人的相似，早期朱光潜在其《谈中学生与社会运动》一文中，提及"有机体"即是从个人与国家、民族这一政治学角度来理解"有机体"这一概念的，而在将近朱光潜前期学术的末期，朱光潜仍旧秉持了视个人与国家为有机统一的"有机整体观"。

《谈文学》收录的几篇文章中也经常出现"有机体"或"有机整体"的说法。在《资禀与修养》中提到"人是有机体，直觉与意志，艺术的活动与道德的活动恐怕都不能像克罗齐分得那样清楚"②，将人本身视为不可分割的有机生物体；而在《文学上的低级趣味（上）：关于作品内容》一节中，朱光潜认为，"本来文学之所以为文学，在内容与形式构成不可分拆的和谐的有机整体"，内容与形式不可偏废，"如果有人专从内容着眼或专从形式着眼去研究文学作品，他对于文学就不免是外行"③；同样，在《选择与安排》一节中，朱光潜讲到，作文在选择之外还要安排，就是摆阵势，它的特点是"击首则尾应，击尾则首应，击腹则首尾俱应"，并且引用亚里士多德对"完整"的强调，援引自己对艺术作品必须是有机整体的看法："一个艺术品必须为完整的有机体，必须是一件有生命的东西。有生命的东西第一须有头有尾有中段，第二是头尾和中段各在必然的地位，第三是有一股生气贯注于全体，某一部分受影响，其余各部分不能麻木不仁。一个好的阵形应如此，一篇好的文章布局也应如此。"④

在新中国成立前的朱光潜的著述中，最后一次出现"有机体"字面的是1944年的《知识的有机化》一文。这篇文章中，朱光潜提出"我们应该把自己的知识加以有机化，也就是说，要使它像一棵花、一只鸟或是一个人，成为一种活的东西"。朱光潜详细地分析了有机体的三大特征，并且认为，这三大特征实际上也是学问的特征，因此，"学问的生长是有机体的生长"，做学问如果"只强调记片断的事实，不能加以系统化或有机化，这种人，在学问上

---

① 朱光潜：《谈修养·一番语重心长的话》，《朱光潜全集（新编增订本）》（第1卷），北京：中华书局，2012年，第97页。
② 朱光潜：《谈文学·资禀与修养》，《朱光潜全集（新编增订本）》（第6卷），北京：中华书局，2012年，第168页。
③ 朱光潜：《谈文学·文学上的低级趣味（上）：关于作品内容》，《朱光潜全集（新编增订本）》（第6卷），北京：中华书局，2012年，第179页。
④ 朱光潜：《谈文学·选择与安排》，《朱光潜全集（新编增订本）》（第6卷），北京：中华书局，2012年，第210-211页。

永不会成功"。既然学问有如有机体，所以"做学问第一要事就是把知识系统化、有机化、个性化"，"我们说'知识的有机化'，其实也就是'知识的问题化'"①。

可见，1936 年之后，在各类不同的著述中，"有机体"概念广泛涉及文章做法、知识养成和人格修养等各个方面，这可看成是朱光潜已经能够纯熟运用"有机体"这一概念，深入细致地描述自己的思想、表述自己的主张了。

"知识的有机化"这一提法被朱光潜研究者广泛注意到了。钱念孙在其《朱光潜与中西文化》中就曾结合此文与《文艺心理学·作者自白》考察了朱光潜的有机知识观和"批判综合"的方法论②，劳承万在其《朱光潜美学论纲》中也曾就此文谈到朱光潜"知识结构的塔状本体（博与约）和有机化（生命化）"的关联，并且将之上升为朱光潜"方法论系统与思维方式的变革"这一角度予以肯定。但是，无论是钱念孙还是劳承万，都只是从方法论的角度提及"有机体"这一观念，而忽略了"有机体"自 1927 年起就在朱光潜前期思想中开始占有的重要位置，他们的提及，某种程度上甚至可以说是降低了"有机体"这一概念在朱光潜前期学术思想中应有的分量。

余论

朱光潜以"有机体"概念为核心，努力构建起人生和艺术有机整体的"人生艺术化"美学观，从而弥补他曾经服膺的康德-克罗齐学派形式主义的缺陷，意欲在"为艺术"与"为人生"两种极端之间搭建起一道桥梁，这是他一贯坚持的批判综合方法的体现，也是他这种方法论的理论基础，甚至是他人生哲学的核心。

历来论朱光潜思想影响的时候，大都集中在谁才是朱光潜最重要的影响者这一点上，包括朱光潜自己在内，或者认为是叔本华，或者认为是尼采，或者认为是康德，或者认为是克罗齐，这固然是问题的一方面。但是更不可忽略的是，自 1932 年之后，终其一生，朱光潜都在努力克服康德-克罗齐学派学术思想的弊端。朱光潜有着严格的自我批判精神，也有着非常严谨的学术态度，他

① 朱光潜：《知识的有机化》，《朱光潜全集（新编增订本）》（第 10 卷），北京：中华书局，2012年，第 113–119 页。
② 钱念孙：《朱光潜与中西文化》，合肥：安徽教育出版社，1995 年，第 153–155 页。

的克服是建立在自己对康德-克罗齐学派的学理性的再认识之上的，机械论与分析法就是他概括的康德-克罗齐学派的两个最大的弊端，实际上这个弊端也是西方两千多年天人二分的体现。如何弥补、如何克服，后期的朱光潜固然在学习、接受了马克思主义之后走出了一条主客观统一与实践的道路。但是，这个弥补与克服的起点却必须追认到早期，追认到 1932 年甚至是 1927 年，而前期朱光潜对"有机体"的强调，即是他努力的开端，并且"有机体"也成为他努力的思想资源和理论基础，忽略了前期朱光潜对"有机体"概念的不断强调，其实就是忽略了他终其一生都要弥补与克服康德-克罗齐学派弊端的努力。

早年学过教育学，做过生物实验，终生对心理学感兴趣，并且熟悉达尔文，熟悉英国浪漫主义，推崇华兹华斯，研究过柯勒律治，深入系统研究过西方哲学史、美学史的朱光潜，以"有机体"概念检讨自己的学术与思想，在词语的使用上自然没有问题。但是，在思想资源上我们还存在着一些疑问，朱光潜到底是注重借鉴西方自亚里士多德至浪漫主义就有的"有机"观念，还是侧重中国传统中知行合一、天人合一的观念，"有机体"的直接出处在哪里，朱光潜并没有在自己的著述中明确交代。"有机体"作为自然学科中的一个概念，是如何从自然科学进入到人文与社会学科当中并且影响和改变了人文与社会学科观察、理解世界的方式，"有机体"这一概念及围绕其建立起来的观念，在进入到人文与社会学科之后，是否经历了挑战，这种观念在人类学术思想史上的地位如何，现在的命运如何等问题，朱光潜自然也没有深入追究，这也为朱光潜研究留下了一片开阔的地带，当然，这又是另外一些层面的问题，非本文所力所能逮的了。

（作者单位：安庆师范大学文学院）

朱光潜批评文体的论说艺术

郑丽霞

朱光潜是京派学者型理论批评家的翘楚，被誉为 20 世纪 30 年代中国"美学大师"① 的代表，邓晓芒赞其是"中国现代第一个在纯粹美学理论上有自己独特建树的美学家"②。他在 20 世纪 30 年代写作《文艺心理学》《诗论》等理论专著的同时，也写了不少单篇的谈文论艺的论说文章，结集为《谈美》《孟实文钞》《谈文学》等，把文艺论文写得深入浅出、雅俗共赏。这类文章的美学思想、文艺观点和理论贡献已为学界所关注和熟知。当今学术界，学者一般将朱光潜的批评方法观认定为"创造的批评"，即主张批评一部作品就是重新再造一部作品，强调批评家的批评本质就是一种重新创造。对于其批评标准，学界也有较为统一的论断，一般将其批评标准或批评主体修养观界定为"纯正的趣味"，代表性著作有钟名诚的《20 世纪"另类"批评话语——朱光潜研究新视阈》③ 与江守义、刘欣的《"纯正的趣味"：朱光潜的批评标准》④。学者钟名诚对朱光潜的批评语言十分关注，在其著作《20 世纪中国唯美批评理论探析——朱光潜的语言批评观》中，他提出"修辞立其诚"是朱光潜批评的语用观⑤，而后在《20 世纪"另类"批评话语——朱光潜研究新视阈》中又将其升华为"言意同一"的语言批评观。以上学者较多地探析朱光潜的批评方法、批评标准及其批评语言，真正从文体视角研究朱光潜批评的研究者较少，仅有以下诸位。早在 20 世纪 90 年代，学者尉天骄在《别具风格的批评

---

① 朱辉军：《当代中国美学往何处去》，《福建论坛》，1991 年第 1 期。
② 邓晓芒：《20 世纪中国美学之回顾与反省》，《福建论坛》，1999 年第 4 期。
③ 钟名诚：《20 世纪"另类"批评话语——朱光潜研究新视阈》，北京：中国文联出版社，2004 年。
④ 江守义、刘欣：《"纯正的趣味"：朱光潜的批评标准》，《安徽师范大学学报》（人文社会科学版），2011 年第 4 期。
⑤ 钟名诚：《20 世纪中国唯美批评理论探析——朱光潜的语言批评观》，《云梦学刊》，2003 年第 6 期。

文体——简析朱光潜的"谈"理文章》①对朱光潜的说理文探幽析微，将其概括为以下两种模式：一种是"引经据典、条分缕析的'论'，显示出森严的逻辑体系"的"讲学式"说理文；另一种是朱光潜更为推崇的"深入浅出、亲切有趣"的"清谈式"说理文。在"内容"上，他认为朱光潜的"论"比"谈"更为学理深刻，"谈"比"论"更为直观、感性；从"谈"的文体性质而言，"谈"在文体上体现出某种"杂交"的特征，以说理文为底色，"嫁接"叙事文、抒情文的一些东西；在"精髓"上，朱光潜突破古代文章追求"风神摇曳"的文体特点，文章内里始终保持逻辑的清晰脉络；在"体例"上，朱光潜突破传统的"枯燥、呆板、冷冰冰""析薪破理"规范典型的说理文，写成近于自由、洒脱的现代散文、小品文，达到其说理文体的解放；在"句式"上，受中国传统文学影响，呈大致的排比（两两对照）；在"气息"上，"谈"有诗的气质。邓晓芒则注意到朱光潜美学文体的特殊性，说它是"中国传统博大深厚的审美感受"与"西方锐利轻灵的哲学思辨"的结合，但他亦指出其"理论性和思辨性仍嫌不足"，学问功夫还是"中国传统的方式"，尤其是"对美学范畴的本体论分析"②。除此之外，黄科安先生在谈及朱光潜散文中的日记、书信等文体的特性时，以"家常亲切"③作为其判断标准和审美取向。上述学者尝试剖析朱光潜的批评文体，其主要贡献是揭示朱光潜的批评对传统批评文体的突破，但对其文体内容、思维特点、情感特征，以及语体风格等未做出深入研究，而这些都是研究者亟待回答的问题。因此，本文意在探究朱光潜的论说文体的肌理与内在，挖掘其论说文体的表象与内在特点。笔者认为，从文体视角来看，朱光潜文艺论文的论说方式和话语特点，可说是既博识又精鉴，既抽象又具体，既说理又抒情，絮语漫谈而又条理畅达，富于理趣和谈话风，对现代批评文体建设具有普遍而深远的影响。

一、既博识又精鉴

朱光潜是美学大家，学养深厚，见多识广，写起文艺论文，大多广采博

---

① 尉天骄：《别具风格的批评文体——简析朱光潜的"谈"理文章》，《淮北煤碳师范学院学报》（哲学社会科学版），1992 年第 1 期。

② 邓晓芒：《20 世纪中国美学之回顾与反省》，《福建论坛》，1999 年第 4 期。

③ 黄科安：《朱光潜：中西文化视野与现代散文理论的构建》，《文艺争鸣》，2012 年第 3 期。

取，"弥纶群言，而研精一理"①，显示其博识精鉴的学者本色。

以《谈趣味》为例，朱光潜围绕趣味一题展开论述，在近三千字中引用中外文学知识三十余处，把"谈到趣味无争辩"与"天下之口有同嗜"这两句名言所代表的两种不同看法及其正反例证都网罗筛选过，征引为自己立论辨析的依据。他引用"文章千古事，得失寸心知""明人尊唐，清人尊宋，好高古者祖汉魏，喜妍艳者推重六朝和西昆"和英法文学风尚也代有变迁等实例，印证趣味的个人性、主观性和多变性，并引述有些批评家主张耐久性和普遍性、阿诺德拿古典名著当作"试金石"等事例说明趣味也有相对的共通性、客观性和包容性，又辨析诸多"例外"来解构趣味的"同嗜"和"时尚"，论证趣味的不断更新和丰富，从而"弥纶群言"而自成一说："趣味无可争辩，但是可以修养。文艺批评不可漠视主观的私人的趣味，但是始终拘执一家之言者的趣味不足为凭。文艺自有是非标准，但是这种标准不是古典，不是'耐久'和'普及'，而是从极偏走到极不偏，能凭高俯视一切门户派别者的趣味；换句话说，文艺标准是修养出来的纯正的趣味。"② 他的论述相当辩证，在引经据典中既辨析各自的理由和得失，又汲取各自的合理因素来申述自己的看法，把"涉猎愈广博，偏见愈减少，趣味亦愈纯正"的主旨说得头头是道，令人信服。

朱光潜学贯中西、博学多识，总是把论题置于中外古今文化的宏阔背景中，引证丰富多样的文史知识加以比较、鉴别和具体分析，从正反合各层面深入论证自己的见识。他在引证中，不仅思路开阔、左右逢源，还示例典范、辨析入微。例如《文学的趣味》中，例举冯正中、王荆公、苏东坡和王静安诸名家对李璟、秦少游名句的不同点赞，谢安、谢玄叔侄对《诗经》佳句的不同选择，都是典型例证，都有精到鉴别，很能说明文中所言的道理："文学上趣味的分别是极微妙的，差之毫厘往往谬之千里。极深厚的修养常在毫厘之差上见出，极艰苦的磨炼也常在毫厘之差上做功夫。"③ 因此，他论说文中的广征博引，没有掉书袋炫博之嫌，而有博识精鉴、集思广益之美，不仅将相关知识转化为思维材料，还将引证材料的是非得失辨析得一清二楚，有助于思辨论说的具体化和精密化。

---

① 刘勰：《文心雕龙·论说》，范文澜注，北京：人民文学出版社，1958 年，第 327 页。
② 朱光潜：《谈趣味》，《朱光潜全集》（第三卷），合肥：安徽教育出版社，1987 年，第 348 页。
③ 朱光潜：《文学的趣味》，《艺文杂谈》，合肥：安徽人民出版社，1981 年，第 1 页。

他的博识精鉴也常在毫厘之差上见功夫。在《咬文嚼字》一文中，他举司马迁、韩愈、贾岛、苏东坡、郭沫若等实例讲"炼字"的道理。不仅对郭沫若关于"你是什么"和"你这什么"句法的运用和解释之得失锱铢必较，较出这两个句式的微妙差别和适用范围；还对韩愈劝贾岛把"僧推月下门"之"推"字改成"敲"字的千古美谈，鉴别出更精微的差异："古今人也都赞赏'敲'字比'推'字下得好。其实这不仅是文字上的分别，同时也是意境上的分别。'推'固然显得鲁莽一点，但是它表示孤僧步月归寺，门原来是他自己掩的，于今他'推'。他须自掩自推，足见寺里只有他孤零零的一个和尚。在这冷寂的场合，他有兴致出来步月，兴尽而返，独往独来，自在无碍，他也自有一副胸襟气度。'敲'就显得他拘礼些，也就显得寺里有人应门。他仿佛是乘月夜访友，他自己不甘寂寞，那寺里假如不是热闹场合，至少也有一些温暖的人情。比较起来，'敲'的空气没有'推'的那么冷寂。就上句'鸟宿池边树'看来，'推'似乎比'敲'要调和些。'推'可以无声，'敲'就不免剥啄有声，惊起了宿鸟，打破了岑寂，也似乎平添了搅扰。所以我很怀疑韩愈的修改是否真如古今所称赏的那么妥当。"① 这里，朱光潜的鉴别深入到诗中境界，把一字之差的两种情境氛围都辨析得一目了然，描述得惟妙惟肖，显然比韩愈想当然的修改更切合贾岛正在斟酌的意境。用这典型事例来说明"在文字上推敲，骨子里实在是在思想感情上'推敲'"② 的道理，不仅分析透彻，令人信服，还引人触类旁通，会通语言艺术的奥秘。

二、既抽象又具体

刘勰认为，"原夫论之为体，所以辨正然否，穷于有数，追于无形，钻坚求通，钩深取极"③，即所谓论说文要达到"辨正然否"的目的，就要从具体到抽象做深入细致的分析，以达到"钻坚求通"，获得最正确的结论。朱光潜论述文艺问题，善于借助形象化手法来说理，化抽象为具体，化艰深为平易，把文艺道理说得深入浅出、条分缕析、生动有趣、通俗易懂，显示其融会贯通、举重若轻的大家风度。黑格尔认为"抽象"要通过"直接的东西"显现，

① 朱光潜：《咬文嚼字》，《艺文杂谈》，合肥：安徽人民出版社，1981年，第35页。
② 同①，第36页。
③ 刘勰：《文心雕龙·论说》，范文澜注，北京：人民文学出版社，1958年，第328页。

"因为只有当本质的概念达到它的简单的纯粹性时，它才既是绝对抽象（这绝对抽象是纯粹思维，因而亦自我的纯粹个别性），并且由于它的简单性，又是直接的东西或存在"①，此处的"直接的东西或存在"在朱光潜的论说文中就体现为具体的、形象化的事物。

朱光潜写过《具体与抽象》谈论二者的关系。其中说："我们接受事物的形象用感官，领会事物的关系条理用理智。感官所得的是具体意象，理智所运用的是抽象概念"，"抽象概念须从具体意象得来，所以感官是到理智的必由之路"，"因此，要人明了'理'最好的方法是让他先认识'象'，古人所以有'象教'的主张"。他认为，"理本寓于象"，但在文学所用的事、物、情、理四类材料之中，"理最为抽象。它无形无声无臭亦无味触，不能由感官直接感触，只能用理智领悟。纯文学必为具体的有个性的表现，所以想把说理文抬举到纯文学的地位，颇不容易"，有些说理文"也极力求其和文学作品一样具体"，通常采用两种方法，"一是多举例证，拿具体的个别事物说明抽象的普遍原理，有如律师辩护，博引有关事实，使听者觉其证据确凿可凭，为之动听。一是多用譬喻，理有非直说可明者，即用类似的具体事物来打比。'人相忘乎道术'颇不易懂，'鱼相忘乎江湖'却是众人皆知的"②。此处的"象"即为中国古典文论中的"象"。《周易·系辞》言："圣人立象以尽意"③，"意"可解释为道理，"象"则囊括具体物象、人物形象、意象甚至意境。刘勰在《文心雕龙·比兴》篇中提出"拟容取心"④，意指描绘形象来把握事物的本质。唐代，用"象喻"说诗是当时"文学批评最为常用的话语方式"⑤。可见，中国古代文论家"较多地采用直觉思维、形象思维的方式"⑥，开创以象尽意、以象明道——具象说理的言说方式和文体传统，用感悟式的断语、形象化的比喻的诗性思维，"将复杂抽象的义理和微妙丰富的审美感受化为具体直观的形象"⑦。朱光潜的论说文接续中国传统批评的言说方式，主张在西方批评中严谨、规范言语界定的抽象概念和术语的基础上，运用中国传统的

---

① ［德］黑格尔：《精神现象学》（下卷），贺麟、王玖兴译，北京：商务印书馆，1979年，第268页。
② 朱光潜：《具体与抽象》，《朱光潜美学文集》（第二卷），上海：上海文艺出版社，1982年，第344-348页。
③ 《周易》，张善文注译，广州：花城出版社，2001年，第286页。
④ 刘勰：《文心雕龙·比兴》，范文澜注，北京：人民文学出版社，1958年，第603页。
⑤ 李建中、李小兰：《批评文体论纲》，武汉：武汉大学出版社，2013年，第119页。
⑥ 吴作奎：《冲突与融合——中国现代批评文体论》，武汉：武汉大学出版社，2010年，第47页。
⑦ 同⑤，第280页。

"取象于理"的"象教"的形象思维方式，不仅博引例证，精于鉴别，还善用比喻，把抽象道理说得具体可感，力求把说理文写成文学作品。

朱光潜常用比喻手法调动读者的直觉感受，将抽象概念化成具体形象，直观呈现在读者眼前。陈望道在《修辞学发凡》中对"比喻"进行概念界定："思想的对象同另外的事物有了类似点，说话和写文章时就用那另外的事物来比拟这思想的对象的，名叫譬喻。现在一般称为比喻。"① 德国美学家鲍姆嘉通在《美学》中说道："比拟就是以一个较高的概念把相类似的东西结合起来……因此，随着所呈现的映象一起而呈现的比拟的东西，是极富诗意的。"② 比喻在论说文中有其显著优点，它的理论效果正如《文心雕龙·论说》所言："喻巧而理至"③，一个形象的比喻很好地表达一个难以言说的道理。张毅在《文学文体概说》中还提到，比喻的使用能使得一部作品的某个语境获得"独特的韵味或文化含义"④，增加作品的美感。例如上段引文中的"律师辩护"和"鱼相忘乎江湖"，取譬平常而贴切，把具象说理的两种方法说得通俗易懂。又如《诗的主观与客观》中一段："一般人的情绪好比雨后行潦，夹杂污泥朽木奔泻，来势浩荡，去无踪影。诗人的情绪好比冬潭积水，渣滓沉淀净尽，清莹澄澈，天光云影，灿然耀目。这种水是渗沥过来的，'沉静中的回味'便是它的渗沥手续，灵心妙悟便是渗沥器。"⑤ 这里的比喻，有形象鲜明的明喻，如把常人和诗人的情绪分别比作"雨后行潦"和"冬潭积水"，又在其中套用隐喻，如"夹杂污泥朽木奔泻"，喻指常人情绪杂乱直露，"渣滓沉淀净尽"则暗喻诗化情绪醇厚含蕴，连同"渗沥器"等比喻，整段还构成博喻、对照和排比气势，就不仅状难写之情绪于眼前，还写出两种情境的差异，很形象地说明了两种情绪的本质区别。丰富具体的"象"让抽象之"理"有了落脚之处，使得论者表达更为生动。由此可见，朱光潜善用多种修辞手法，把数种极不相容的异质事物置于同一格局中，将抽象的概念、深奥的道理用通俗易懂的方式表达出来，使读者在获得明晰、准确的抽象概念的同时，又发挥比喻体的语词张力，调动读者的想象思维进行丰富的

---

① 陈望道：《修辞学发凡》，上海：上海人民出版社，1976 年，第 69 页。
② ［德］鲍姆嘉通：《美学》，王旭晓译，北京：文化艺术出版社，1987 年，第 141 页。
③ 刘勰：《文心雕龙·比兴》，范文澜注，北京：人民文学出版社，1958 年，第 329 页。
④ 张毅：《文学文体概说》，北京：中国人民大学出版社，1993 年，第 114 页。
⑤ 朱光潜：《诗的主观与客观》，《朱光潜全集》（第三卷），合肥：安徽教育出版社，1987 年，第 365-366 页。

联想，为读者进入论说对象提供路径，以达到对事物既抽象又具体的准确认知。"说理而深于取象"的传统批评方式，不仅使得朱光潜的论说形象生动，呈现其思想的深邃性，而且在语体上也展示其优美，增强了论说文的文学性、说服力和感染力。

朱光潜用形象说理，不只是一种修辞手段，还是一种思维方式，把形象思维与逻辑思维有机结合起来。他在《谈美》第一篇《我们对于一棵古松的三种态度——实用的、科学的、美感的》中所谈的美学问题，虽然很抽象，却巧设古松形象把抽象论题具体化，借形象探求抽象道理。面对同一棵古松，"木商由古松而想到架屋、制器、赚钱等等。植物学家由古松而想到根茎花叶、日光水分等等，他们的意识都不能停止在古松本身上面。不过把古松当作一块踏脚石，由它跳到和它有关系的种种事物上面去。所以在实用的态度中和科学的态度中，所得到的事物的意象都不是独立的、绝缘的，观者的注意力都不是专注在所观事物本身上面的。注意力的集中，意象的孤立绝缘，便是美感的态度的最大特点。比如我们的画画的朋友看古松，他把全副精神都注在古松的本身上面，古松对于他便成了一个独立自足的世界。他忘记他的妻子在家里等柴烧饭，他忘记松树在植物教科书里叫做显花植物，总而言之，古松完全占领住他的意识，古松以外的世界他都视而不见、听而不闻了。他只把古松摆在心眼面前当作一幅画去玩味。他不计较实用，所以心中没有意志和欲念；他不推求关系、条理、因果等等，所以不用抽象的思考。这种脱净了意志和抽象思考的心理活动叫做'直觉'，直觉所见到的孤立绝缘的意象叫做'形象'。美感经验就是形象的直觉，美就是事物呈现形象于直觉时的特质"①。这个案例很典型，不仅突出了三类人对于古松的三种不同态度，形象说明实用、科学和审美三者的本质区别，而且在比较分析中深入到各自的心理活动和经验感受，把三种观感写得活灵活现，增强了思辨的感性直观和生动活泼。《谈美》各篇大多如此，把玄妙的美学问题还原为日常的经验感受，从感性经验的辨析中具体探讨美学原理，使美学理论之树变得青翠葱茏，引人潜心鉴赏，堪称现代美育中"象教"的经典作品。

---

① 朱光潜：《谈美·我们对于一棵古松的三种态度——实用的、科学的、美感的》，《朱光潜全集》（第二卷），合肥：安徽教育出版社，1987年，第10-11页。

三、既说理又抒情

西方的论说文注重严谨而富有逻辑性的理性思考，而刘勰谈到"为情而造文"①，"夫情动而言形，理发而文见"②，中国古典批评则更强调"兴到而言，无所拘束"③，古典批评家采取的是一种开放无拘的言说姿态。朱光潜在论说文中采取古典批评家诗性的充满情感的言说方式，以达到感性与理性并存，情感体验与理性的言说并重的言说效果，自我表达的热情丝毫不弱于对艺术规律的阐释。他拥有强烈的主体意识，认知情感在论说文中有重要作用，用严肃的态度对待说理散文，致力于把论说文转换成艺术的文学，用情感调和理智，在谈美论艺中融入自我的情感体验和艺术直觉，在感同身受的妙悟中解疑释惑，在夹叙夹议的行文中带有抒情成分，把说理文章写成情理交融的美文，体现了美学家和文学家合一的才情风采。

他在《谈美》开场话中宣称："我坚信情感比理智重要，要洗刷人心，并非几句道德家言所可了事，一定要从'怡情养性'做起，一定要于饱食暖衣、高官厚禄等等之外，别有较高尚、较纯洁的企求。要求人心净化，先要求人生美化。"④ 又在《孟实文钞》序文中承认"虽是一些散漫的理论文，篇篇都有我在里面"，"这些杂文多少流露一些做正经工作时的情趣和感想"⑤。在《"超以象外，得其环中"——创造与情感》中他认为："文艺作品都必具有完整性。它是旧经验的新综合，它的精彩就全在这综合上面见出。在未综合之前，意象是散漫零乱的；在既综合之后，意象是谐和整一的。这种综合的原动力就是情感。"⑥ 情感使意象整一成种种道理，因为情感的综合，原本似散漫的意象变得不散漫，原本似散漫的说理变得有理有节。这句话也可以用来作为

① 刘勰：《文心雕龙·情采》，范文澜注，北京：人民文学出版社，1958 年，第 538 页。
② 刘勰：《文心雕龙·体性》，范文澜注，北京：人民文学出版社，1958 年，第 505 页。
③ 方孝岳：《中国文学批评》，北京：生活·读书·新知三联书店，1986 年，第 2 页。
④ 朱光潜：《谈美》，《朱光潜全集》（第二卷），合肥：安徽教育出版社，1987 年，第 6 页。朱光潜始终重视说理文中的情感因素，在 1962 年发表的《漫谈说理文》中直接反对"零度情感"，认为："说话或作文都免不掉两种情感上的联系，首先是说话人对所说的话不应该毫无情感，其次是说话人对听众不能没有某种情感上的联系，爱或是恨。"见朱光潜：《艺文杂谈》，合肥：安徽人民出版社，1981 年，第 197 页。
⑤ 朱光潜：《〈孟实文钞〉序》，《朱光潜全集》（第三卷），合肥：安徽教育出版社，1987 年，第 451-452 页。
⑥ 朱光潜：《谈美·"超以象外，得其环中"——创造与情感》，《朱光潜全集》（第二卷），合肥：安徽教育出版社，1987 年，第 68 页。

《谈美》和《孟实文钞》等论集的注脚：作者用情感将知识和哲理融为一体，创造出情理相生的论说文体。

朱光潜论说中的情理交融主要有三种方式。其一是现身说法。如《我与文学》自述学文经验，深知"文学并不是一条直路通天边，由你埋头一直向前走就可以走到极境的。'研究文学'也要绕许多弯路，也要做许多枯燥辛苦的工作"，"文艺像历史、哲学两种学问一样，有如金字塔，要铺下一个很宽广笨重的基础，才可以逐渐砌成一个尖顶出来。如果入手就想造成一个尖顶，结果只有倒塌。"① 这种经验之谈，出自切身体验，有感而发，自抒心怀，自然是情理相生、引人入胜的。其二是艺术直觉。《从生理学观点谈诗的"气势"与"神韵"》中，他读诗如临其境，感同身受，连生理反应也随心理知觉一道变化：读李白的"西风残照，汉家陵阙"，"觉得气象伟大，似乎要抬起头，耸起肩膀，张开胸膛，暂时停止呼吸去领略它"，"须有豪士气概，须放高长而沉着的声音去朗诵，微吟不得"；读贺铸的"一川烟草，满城风絮，梅子黄时雨"，"觉得情景凄迷，似乎要眯着眼睛用手撑着下腮，打一点寒颤去领略它"，"须有名士风流的情致，须用不高不低的声音去慢吟"；读林逋的"疏影横斜水清浅，暗香浮动月黄昏"，则"觉得情韵清幽，似乎要轻步徘徊，仰视俯瞩，处处都觉得很闲适"，"须有隐逸闺秀的风度，须若有意若无意地用似听得见似听不见的声音去微吟，高歌不得"②。中国传统批评认为，文学作品的言外之意与韵外之致，无法靠理论完全阐述清楚，靠直觉体悟则可以抵达。亦正如清代叶燮所言："诗之至处，妙在含蓄无垠，思致微渺，其寄托在可言不可言之间，其指归在可解不可解之会，言在此而意在彼，泯端倪而离形象，绝议论而穷思维，引人入冥漠恍惚之境，所以为至也。"③ 因此，朱光潜以中国古典批评的直觉体悟——"神会""意会"作为认知文学对象的思维之途，以"同情"的心理方式与想象的读者获得相通的艺术感觉，读者在此种艺术感觉中，得到的不是明晰的观念，而是确切深刻而又丰富的感受。这种艺术感觉特别敏锐真切，把诗的"气势"与"神韵"体味出来，比理论演绎更有感染力和说服力。其三是说理含情。在《谈美》结尾的一篇以阿尔卑斯山

---

① 朱光潜：《我与文学及其他·我与文学》，《朱光潜全集》（第三卷），合肥：安徽教育出版社，1987年，第338-339页。
② 朱光潜：《我与文学及其他·从生理学观点谈诗的"气势"与"神韵"》，《朱光潜全集》（第三卷），合肥：安徽教育出版社，1987年，第372-373页。
③ 叶燮：《原诗·一瓢诗化·说诗晬语》，北京：人民文学出版社，1979年，第30页。

路上一句标语为标题——"'慢慢走，欣赏啊！'"，来论说"人生的艺术化"问题，也有情理交融、引人神往的风采。他旁征博引，精细鉴别人生与艺术的复杂关系，饱含感情地推崇陶渊明、苏格拉底的人格与文品，贬斥俗人和伪君子为生命上的"苟且者"，"只能做喜剧中的角色"，认定"艺术是情趣的活动，艺术的生活也就是情趣丰富的生活。人可以分为两种，一种是情趣丰富的，对于许多事物都觉得有趣味，而且到处寻求享受这种趣味。一种是情趣干枯的，对于许多事物都觉得没有趣味，也不去寻求趣味，只终日拼命和蝇蛆在一块争温饱。后者是俗人，前者就是艺术家。情趣愈丰富，生活也愈美满，所谓人生的艺术化就是人生的情趣化"①。这样的说理饱含感情色彩，不仅爱憎分明，而且情理相生，把人生艺术化的理路说得入情入理，引人景从。

朱光潜深知"情感和思想常互相影响，互相融会"②，"说理文如果要写好，也还是要动一点情感，要用一点形象思维"，"说理文的目的在于说服，如果能做到感动，那就会更有效地达到说服的目的"③。他对文艺美学既有真知灼见，又有真情实感，谈论的都有自己的体会见识，都经过自己的理性思考和情感体验的融会，把自我的感受与共鸣都贯注在论说过程中，能融情入理，说理动情，不仅把说理抒情化，还把学理情趣化，取得既说服人又感动人的效果，体现了朱光潜论说艺术的突出特色。

四、絮语漫谈而又条理畅达

加拿大诺斯罗普·弗莱是 20 世纪北美著名的文学批评家，他在著作《批评的解剖》中主张："只要'推理'（ratio）是用言语的，那么推理的性质和条件就都包含在'言谈'（oratio）中"④，即推理与言语是相生相成的，言语推动着论者的观点前进，言语生则推理成。黑格尔认为"理念是作为进行思维地把捉的那种运动而出现的"⑤，朱光潜的论说文正是在言语的运动中形成论说观点（理念），他在谈话中用弗莱所谓的"谈话的或'表现友谊的'文

① 朱光潜：《谈美·"慢慢走，欣赏啊！"——人生的艺术化》，《朱光潜全集》（第二卷），合肥：安徽教育出版社，1987 年，第 96 页。
② 朱光潜：《情与辞》，《朱光潜美学文集》（第二卷），上海：上海文艺出版社，1982 年，第 351 页。
③ 朱光潜：《漫谈说理文》，《艺文杂谈》，合肥：安徽人民出版社，1981 年，第 197 页。
④ ［加］诺思罗普·弗莱：《批评的解剖》，陈慧，等译，天津：百花文艺出版社，2006 年，第 502 页。
⑤ ［德］黑格尔：《精神现象学》（上卷），贺麟、王玖兴译，北京：商务印书馆，1979 年，第 46 页。

体"阐释深奥抽象的文艺哲理，"使谈话带有诱导真理的优点"①。因此，朱光潜的论说文不仅融会知识之美，富于思辨理趣，还把论说转化为谈话，具有娓娓漫谈、循循善诱、条理畅达、亲切有趣的话语风格，更为具体地表现了自己平易近人、和蔼可亲的人格魅力。

朱光潜早年写过《给青年的十二封信》，以书信形式与青年读者交谈人生修养话题。他把读者视为朋友，把写信作文当作跟友人谈心，形成诚恳亲切的谈话风格，获得广大读者的欢迎。《谈美》和《孟实文钞》延续这一作风，用于谈美论艺。作者将《谈美》视为《给青年的十二封信》的接续，在《开场话》中就向青年朋友坦言："在写这封信之前，我曾经费过一年的光阴写了一部《文艺心理学》。这里所说的话大半在那里已经说过，我何必又多此一举呢？在那部书里我向专门研究美学的人说话，免不了引经据典，带有几分掉书囊的气味；在这里我只是向一位亲密的朋友随便谈谈，竭力求明白晓畅。"②这里就自觉区分专著与文章的不同写法，有意识地采用书信方式与读者交谈。《孟实文钞》虽说少用书信体，却仍采用谈话体，保持与读者朋友亲切交谈的风味，诚如叶圣陶为该书增订本《我与文学及其他》作序所说："我们读这个集子，宛如跟孟实先生促膝而坐，听他娓娓清谈；他谈他怎样跟文学打过交道，一些甘苦，一些心得，一些愉悦，都无拘无束的倾吐出来。"③

朱光潜对文体颇有研究，且有独到见识和自觉选择。收入《孟实文钞》中的《论小品文》，是他写给《天地人》编辑徐訏的一封公开信，开头一段中说："我常觉得文章只有三种，最上乘的是自言自语，其次是向一个人说话，再其次是向许多人说话。第一种包含诗和大部分文学，它自然也有听众，但是作者用意第一是要发泄自己心中所不能发泄的，这就是劳伦斯所说的'为我自己而艺术'。这一类的文章永远是真诚朴素的。第二种包含书信和对话，这是向知心的朋友说的话，你知道我，我知道你，用不着客气，也用不着装腔作势，像法文中一个成语所说的'在咱们俩中间'（entre nous）。这一类的文章的好处是家常而亲切。第三种包含一切公文讲义宣言以至于《治安策》《贾谊论》之类，作者的用意第一是劝服别人，甚至于在别人面前卖弄自己。他原

---

① ［法］杰弗里·哈特曼：《荒野中的批评——关于当代文学的研究》，张德兴译，天津：天津人民出版社，2008 年，第 158 页。
② 朱光潜：《谈美·开场话》，《朱光潜全集》（第二卷），合肥：安徽教育出版社，1987 年，第 7 页。
③ 叶圣陶：《〈我与文学及其他〉序》，《我与文学及其他/谈文学》，北京：中华书局，2012 年，第 4 页。

来要向一切人说话，结果是向虚空说话，没有一个听者觉得话是向他自己说的。这一类的文章有时虽然也有它的实用，但是很难使人得到心灵默契的乐趣。这三种文章之中，第一种我爱读而不能写，第三种我因为要编讲义，几乎每天都在写，但是我心里实在是厌恶它，第二种是唯一使我感觉到写作乐趣的文章。我最得意的文章是情书，其次就是写给朋友说心里话的家常信。在这些书信里面，我心里怎样想，手里便怎样写，吐肚子直书，不怕第三人听见，不计较收信人说我写得好，或是骂我写得坏，因为我知道他，他知道我，这对于我是最痛快的事。"① 这段话不仅明确表达了自己的观点和爱好，对三类文章的评论可谓鞭辟入里，对谈话体文章的特长更是冷暖自知；而且在论说方式上也是娓娓道来而又条理畅达的。深受西方科学思维影响的朱光潜，一反中国古代文论不重视形式逻辑、不严密、不准确的特点，倾向理论思维、抽象思维，在论说文中重视事实和演绎，强调理性分析和逻辑实证，使得分析过程与结构更为严谨和缜密。你听他是怎样跟你谈三类文章的：先谈自己的感觉和总的看法，说得言简意赅，吸引你想听听他的理由；接着分述三个要点，解说得明白晓畅、入情入理，尤其是引述的名言成语很贴切，采用的日常口语很亲切，把你的感觉都包含在内，也引发出来了，你会觉得他把三类文章的好坏都说得很中肯透彻、入耳动听；再来就谈自己的读写体会，既印证又引申前述说法，还把自己爱写书信的秘诀和心情都告诉你了，真把你视为"在咱们俩中间"的知心朋友了。这样设定和面对读者朋友，当然不说客套话，也不用装腔作势，而尽可畅谈心里话，"吐肚子直书"。他的漫谈直书都是如此，总是观点鲜明、见识高超、条理明晰、流利畅达，又总带有举重若轻、深入浅出、含笑说理、亲切风趣的智者风范。他研究过日记、书牍、对话体、说理文、随感录等散文体裁，喜爱家常谈话体文章，在理论批评实践中也爱用书信、对话等谈话体，与读者朋友谈文论艺，善于把理论语言转化为自己的谈话语言，把博识、理趣和情调都融化于随笔漫谈之中，把深奥学理说得明白晓畅而又亲切动听，将文艺论文真正写成了絮语散文，真正做到"使批评成为正式的谈话也就是使文学成为正式的谈话，成为'纯文学'"②。这是朱光潜论说艺术的独到之处和魅力所在，是京派批评中最富有谈话风的一种代表文体，在现代批评文体建设

① 朱光潜：《论小品文》，《朱光潜全集》（第三卷），合肥：安徽教育出版社，1987 年，第 425-426 页。
② ［法］杰弗里·哈特曼：《荒野中的批评——关于当代文学的研究》，张德兴译，天津：天津人民出版社，2008 年，第 159 页。

中也独树一帜。

总之，朱光潜谈美论艺的说理文融汇中西批评文体，结构上采用西方论说文的思维方式，表现上则借鉴中国传统批评的直觉化与形象化，以文学形式表达言说内容，具有博识精鉴、具象明理、说理含情、絮语谈玄的文体特色，既具有中国传统批评艺术形象思维的形象化，又有西方批评理论抽象思维的逻辑性、概念的准确性，为现代批评文体的论说艺术和文体成熟，以及文艺美学的普及与提高做出了突出贡献。他的文体与他的理论一样卓有成就、行之久远，堪称"论精微而朗畅"① 的新范式，很值得人们尤其是论学作者研习借鉴，传承发展。

（作者单位：泉州师范学院文学与传播学院）

---

① 陆机：《文赋》，见郭绍虞主编《中国历代文论选》（第一册），北京：中华书局，1979 年，第171 页。

论陈仲义的新诗形式论美学

任毅　杨彝萍

陈仲义，北京大学中国诗歌研究院首届研究员，现延聘于厦门城市学院人文与艺术系教授，从事诗歌写作、批评、研究长达 40 多年，出版现代诗学专著 11 部，发表与出版现代诗学论文与批评文章近 300 篇计 500 多万字。特别是其《现代诗：接受响应论》《蛙泳教练在前妻的面前似醉非醉——现代诗形式论美学》《关在黑匣子里的八音鸟走不走调——现代诗形式论美学（续）》，以及《中国前沿诗歌聚焦》和《现代诗：语言张力论》这五部作品成就尤为突出。其诗学理论也主要囊括其中。陈仲义所提出的形式论美学研究思想、体系和对语言张力论的讨论也极具创新价值。面对现代诗的接受响应论问题，他运用中西接受比较的视角和方法，对现代诗接受响应中的特异性、主体性和"有界"性等问题做了独特研究，是中国现代诗接受研究领域的一项值得重视的理论成果。

现代诗研究入径（包括新批评与改进）、形式论美学、语言张力论、读者中心，以及接受响应论的中国化和与中国前沿诗歌有关的诗歌标准及尺度的讨论，构成了陈仲义独特的诗学理论体系，值得诗学界深入研读、学习和推广。

一

中国诗歌历史由来已久，从我国第一部诗歌总集《诗经》的出现，再到楚辞、汉乐府民歌，以及唐诗、宋词、元曲，等等，无不体现着中华民族的智慧和人文光辉。近代诗歌之初，主要还是效仿旧制，无太多出彩之处。新文化运动之后，现代新诗兴起，除新月派外又以自由诗居多。故新中国建立以后，诗歌创作一度处于停滞状态。1977 年后，朦胧诗开始盛行，为现代诗的繁荣兴盛翻开新的篇章。现代诗根据时间顺序可分为"五四"时期诗歌，30 年代现代诗，40 年代七月诗派和九叶诗派，50—70 年代政治抒情诗，80 年代朦胧诗，第三代，中间代，70 后诗歌，80 后诗歌，90 后诗歌等。而从特性种类又可分为先锋诗歌、网络诗歌和新锐诗歌，等等。

目前，诗歌界所普遍存在的研究入径有：从诗篇中词语用法及意义上研究、从诗篇中句子用法及结构上研究、从诗篇中节奏和韵律上研究，等等。此外，从内容侧重点上，又可分为诗歌史研究、思想史研究、诗人及流派研究、文本鉴赏及细读研究等。

1978 年以前，诗歌受政治影响较多，人民长期处于政治高压状态，受意识形态管控较深，故而形成了一种以政治为主导型的诗歌研究。对诗歌注重于形式上、思想上的揣摩。由此，陈仲义便有意识地进入诗歌内部研究，尝试切入更深层次的本体内，对各个内部要素进行有章法地探究。同时，更注重文本的细读工作。对于一首诗的研究，首先从细读开始，暂时抛开作者的主观思想、时代的基本态势。对语言、结构、修辞、韵律和节奏做重点把握，可以从语境与语义开始分析，或者从语法和特殊词语用法处入手皆可。在《关在黑匣里的八音鸟走不走调——现代诗形式论美学（续）》中，陈仲义举例《红灯亮了》中的"红灯亮了/远方的小丽/红灯亮了之后/又熄了/红灯熄了之后又重新亮了"[1]，这首诗如果从作者出发，从时代背景出发，便不能了解到"红灯"的象征意义。反而要从语意出发，从整个文本细读着手，思念一个人的时候，就是灯亮了想要告诉她，灯熄了也想要告诉她，世间的万事万物都想要告诉她。而作者杨黎更是提出"诗从语言开始"，也主张抛弃外在的文化、历史、思想，而是回归到诗歌语言这个最基础的层次。

而陈仲义对诗歌内部的研究则选择了新批评作为其手段，并对新批评加以完善和修改。

新批评一开始是指 1920—1950 年在英国和美国的批评界兴起的影响较大的一支批评流派，起名源于美国作家约·兰塞姆的论文集《新批评》。新批评主要提倡作品本体论，去除传统的阅读历史或传记的方法，转而向文本内部寻求，对文本进行细读。20 世纪初，英国作家休姆和美国作家庞德都提出要"强调准确的意象和语言艺术"，这便是新批评派理论的开端。20 年代，学者艾略特和理查兹又分别以象征主义的诗歌主张和文字分析的批评方法奠定了新批评派的基本理论。

---

① 陈仲义：《关在黑匣里的八音鸟走不走调》，福州：福建人民出版社，2015 年，第 161–162 页。

陈仲义在选择现代诗研究入径时选择的新批评，具有其自我特色。他认为，新批评一定要谨防变成形式主义。他给"新批评"的定义是："内部循环的容器"——在一个相对封闭的范围做"循环"，只需抓住文本的内容。例如，若把文本比作容器，则新批评就是在这个容器里反复"搅动""折腾"，但不管是肌理或是架构，再或是意象、节奏和韵律，等等，都含有一种系统性的"流动"。

同时，若只按照新批评的生硬模式进行研究和分析，很可能变成形式主义。陈仲义主张"形式论美学"的一个重点就是既避开内容的绝对主宰，也避开形式主义。

新批评既然作为一种研究入径，其关注"文本内部"这一点就与"形式论美学"关系匪浅。新批评中，"架构—肌质"说，使"肌质"充当主导的形式要素，而许多新批评中的核心术语，如张力、含混、隐喻、悖论等，又是形式论美学的组成部分。陈仲义提出的"形式论美学"就是要打开文本的空间，文本空间与外部有很直观的联系，但和内部的各个层级、要素更有直接的联系。这是一个大的诗歌研究框架，在这个框架下，诗歌研究就可以沿着形式论美学走下去。

二

"形式论美学"与形式主义美学既有联系又存在不同。形式主义美学的定义为：一种强调美在线条、形体、色彩、声音、文字等组合关系中或艺术作品结构中的美学观。与美学中强调在于模仿或逼真再现自然物体之形态的自然主义相对立①。但需注意的是，"形式论美学"是要警惕变成形式主义的，变成只研究文本意思之外的节奏、排列组合、音韵美感等外部纯形式因素。

郭沫若曾说："文艺是发明的事业，批评是发现的事业。文艺是在无之中创造，批评是在砂中寻出金。"② 形式论美学便是新批评理论中一个重要的组成部分。它侧重于对文本内部进行分析和解读，以探讨其结构上的美学意义。

陈仲义提出，现代的形式论美学，首先应摈弃观念论。不以已经存在的观念主导研究方式，也不以诗歌界既定的思维模式、中心思想去研读诗歌。现代

---

① 形式主义美学，百度百科词条。
② 陈仲义：《蛙泳教练在前妻的面前似醉非醉》，北京：作家出版社，2013年，第2页。

的形式论美学是可以直接向读者的内心的美去探寻和摸索的。传统诗学提倡"内容决定论"，即内容大于形式、内容还可引领形式的二元论。而陈仲义则认为，目前要努力的一个方向，就是要把内容纳入总体的形式当中，内容小于形式，内容是有多个平等的形式要素组成的。尤其是潜入文本深层面，在形式的内部展开语言与历史的关系讨论，更代表着一种新的形式论美学。

在新诗改革以前，由于当时的政治原因和特殊的时代背景，对于意境而言，新诗多是追求战士们浴血奋战、血洒战场这种令人心情澎湃、热血沸腾的斗争场面。整个意境变得单一、结构化、模式化。在这样的情况下，诗人的感情变得愈来愈空泛，诗歌表现往往流于形式，内容甚至都出现千篇一律的现象。

新诗改革后，意境则主要有两方面的创新——意象群的改变和思辨色彩的程度加深。传统的意象较为单一，比如柳树，代表与友人的高尚情谊，又比如玫瑰，象征对爱人热情似火的爱。而改革后的意象群则充满了更多内涵，不需要任何依托，显得更加充满哲理趣味，凸显出厚重、浓郁之感。韩东的《明月降临》："你降临在我的屋顶上/背着手/把翅膀藏在身后"，"但是你不飞/不掉下来/你静静地注视我/仿佛雪花/开头把我灼伤"。这里的"月亮"，不仅仅是说故乡的月亮，更不直言思乡之情。而是把"月亮"拟人化，慢慢诉说诗人的怅惘、无奈，在和月亮的"交流"中，流出对故乡的思愁和情感。整个意境营造更加饱满，韵味十足。

思辨色彩的浓郁则体现在诗篇中哲理部分比重增大。之前追求的情、景交融，已经变为了情、景、理的交融。

> 我是电流，我不满江河的浪费，
> 我是高炉，我不满地球的吝啬。
> 我是政策，我不满踌躇的伯乐，
> 我是创造，我不满夜郎自大。
> ——摘自《蛙泳教练在前妻的面前似醉非醉》

传统诗歌认为，形象应该是直观的、简要的。一个出现在诗篇中的形象，就应该能准确地使读者理解其语义。然而，在新诗变革之后，形象发生了改变。第一，形象的零碎组合出现。"面朝大海、春暖花开"，大海、春暖、花开，本是零碎的形象，但却被巧妙地组合在了一起。这就比从前的"枯藤"

"老树""昏鸦"，这些一看就明显联系的形象要高明得多。思维的跳跃性，使得形象的描述也极具特点。第二，形象的变形。任何一个形象所代表的意义，既然成为大众的共识，那它必然和其代表的意义是有所联系的。新诗改革中形象的变形，就需要诗人发挥想象空间，在客观实在和主观感受中建立一个也被他人认可的联系。比如，不能毫无逻辑和理由，就把啤酒的泡沫用来形容路人，这没有理由，也就不能为读者理解。然而，诗人北岛则把溢出来的啤酒泡沫说成是街上的一盏盏路灯。读完便能想象出一个画面，夜深却不归家的人，坐在街边的小酒馆里，要来一扎啤酒，泡沫溢得到处都是，像极了街上那一排排路灯。第三，形象的不定性和音乐性。正如前文所说，形象具有变形性，已不再是单一的、固定的内容。这里的形象就似音乐，不同的鉴赏者，有不同的感情，对诗歌和音乐有不同的认识。其形象也如音乐一样，具有流动性和不确定性。

对于中国传统诗歌而言，结构无疑是整篇诗歌评价的基础和大纲。古诗讲究一个铺陈直叙后的思想升华，简要可概括为"起承转合"，继而这个模式便有了固定性、传承性。然而，新诗改革后陈仲义指出，在结构上其实有了三个突破：跨跳性、密度和多层次①。跨跳性主要表现在出现了没有分节的诗歌，更好地表现了诗人思想的活跃、情绪的波动。而密度则是指诗篇中诗句越来越简练、凝缩。多层次好比张力分为内张力、外张力，有内涵和外延两种含义。密度是用来形容文本内部，而跨跳性则在表示文本外部扩张。

此外还有手法和语言上的不同，具体阐述可见陈仲义的《新诗潮变革了哪些传统审美因素》。

陈仲义曾在《蛙泳教练在前妻的面前似醉非醉》一书中详细介绍了《今天》刊物，高度赞扬和总结了"今天派"的理论成果。《今天》刊物由北岛、芒克主编，舒婷、顾城、江河等数位杰出诗人参与其中，它的宗旨是：向官方文学发起挑战，追求不仅在内容上，更在形式上突破限制。作为新美学的一个奠基之作，"今天派"的诗人们提出了很多极具研究价值的观点。诸如现实主义、自我表现、如何鉴别与欣赏、如何凸显诗人的主体意识等。同时，"反思"浪潮在"今天派"诗人中席卷而来，使得他们对人性、道德、正义有了深层次的沟通和内化。就如《今天》的宗旨一般，这套刊物确实在"诗的感

---

① 陈仲义：《蛙泳教练在前妻的面前似醉非醉》，北京：作家出版社，2013年，第12-13页。

受、传达方式上进行一系列蜕变，刺激了人们多元化的审美需要"①。冲破了传统写作规范后，《今天》形成了自己的一套独有模式，提倡通过感觉、想象、主观情绪等来传达人生体验，重视诗的音乐性，主张"无序"结构来代替单线平面结构等。其理论价值不可谓不高。

前文写陈仲义的诗歌研究入径时提到，钻研诗歌要进入内部，关注其内在要素。回归诗的本体，诗是"来自灵魂又照耀灵魂"②。诗人应该比常人更细心地倾听自己的内心，尝试与自己的灵魂沟通。体验生活的每一种情绪和状态，喜怒哀乐、悲欢离合，再由这些生发出无限的诗意。再次，回归本体之后出现的一个原则：个我化原则。陈仲义认为，诗人首先应该从个我出发，通过一系列升华后，出现了尽可能多的"他我"。这个时候，单纯的个人思绪，就上升到了人类的精神高度。

同时，"个我"也要把握好尺度，过度"个我"，将使诗歌陌生化、生涩化。毕竟，一个人总是不能脱离社会背景、历史人情而单独存在的。

台湾诗人杜国清在20世纪80年代初期，曾提出了将意象与象征进行合并的大胆构想。从诗的本质出发，得出了"意象征"这一新名词，这一点深得陈仲义会心。他总结并整理出了意象的四个特点，说它是"一种充满旺盛活力的局部语言图景"，是"一种富于张力的对应性结构'网结'"……③由此，又提出"意象征"的各个优点来。"意象征"因为是意境加上象征的组合，并非是1+1＝2，而是1+1>2的组合，所以它将诗歌中普通的界面提升到了精神的高度，在形式论的框架下，可以说达到了美的最高度。空旷效应、艺术质即是其美学特质的表现。

"形式"在陈仲义的诗学理论里占比很大，比内容或修饰都更普遍、更意味深长。而在形式里，又尤其以"内形式"为主，讨论文本内部的美学要素、特征、意蕴及其互相之间的联系等，由此他提出了"诗写的个人化与相对主义"④。在新诗改革以前，诗歌写作充满了极强的政治色彩和时代背景。直至1978年改革开放之后，诗歌写作终于凸显出了个人化倾向，诗人为自己而写，从自我而写。如此展现了更高层次的人性描写和哲学探究，它标志着写作变成了全方位的立体展开，意味着个体受到了更多的重视，每个小人物的情感都能

---

① 陈仲义：《蛙泳教练在前妻的面前似醉非醉》，北京：作家出版社，2013年，第24页。
② 同①，第81页。
③ 同①，第136-138页。
④ 陈仲义：《关在黑匣里的八音鸟走不走调》，福州：福建人民出版社，2015年，第14页。

决定着时代的共情感。这样的自我表现，放弃了篇幅宏伟的叙事方法，抛弃了普遍性话语，使诗语更具特色和差异性。诗歌终于不再是千篇一律、生搬硬套了。

然而，就如过度"个我"会造成语义的晦涩一样，过度的"个人化"，会使诗歌的接受响应度大大减少，诗篇变成了俱乐部的圈内话题，永远不可能上升为群体欣赏。差异性的极端强调，催生了诗作私密化。于是，相对主义应运而生。

相对主义代表着否定那些绝对的、唯一的尺度标准，它代表着新批评、新形式论美学的前进风帆。相对主义并不简单等于多元化，多元代表着兼容和互补，而相对主义在某种程度上包含着多元。

在多元化的基础之下，陈仲义曾在十多年前，就概括出了"今天派"的美学特质："以个我与群类为出发与归宿的人本主义价值观；以深度神话思维为把握世界的观照方式；以崇高为主导美学内涵的悲剧性风格；以'隐喻——象征'为建构中心的话语系统；以'泛现代'迅速跨越'后浪漫'的创作手段。"① 这一些特质，可以成为多元诗歌写作流向的一个开端，更是形式论美学内的重要组成部分。

由新批评展开的形式论美学是一个大的框架，诗歌研究就可以沿着形式论美学走下去。它包括鉴赏细读论、修辞技艺论、接受响应论等，但这是一个很大的领域，需要找到一个"把柄"或"抓手"——语言张力论。张力这个概念无处不在，只要涉及双方甚至多方关系，都有"张力"牵涉其中，谈论到形式，就不得不提到"张力"。

三

"张力"一词，1533 年最早收录于《牛津词典》。最初属于物理学的一个专有名词，具体含义为表面张力。表面张力有两种形式：第一种是指不同的物态，如液态、气态之间的界面拉力；第二种是指同一物态内部，比如液态内部任一承载面之间的相互牵引力，也指物态内部分子与分子间的牵引力。

1937 年，艾伦·退特首先将"张力"这个概念引入诗学。在退特之前，学者布鲁克斯其实就已经有"诗的结构是各种张力作用的结果"这一理论，

---

① 陈仲义：《关在黑匣里的八音鸟走不走调》，福州：福建人民出版社，2015 年，第 25 页。

但却是由退特首先将其整理成完整理论并公开发表。而当"张力"从诗学理论扩展到了艺术领域之时，阿恩海姆更把"张力"上升为一种力的结构。随着时间推移，张力论逐渐成为新批评中最难把握但也是最重要的理论之一。

艾伦·退特在 1937 年发表的《论诗的张力》一文中用了逻辑学领域的内涵、外延两个概念来解释"张力"，他认为很多好诗之所以成为好诗，都因为它们具有一个共同的特性——文本内充满了语言张力。退特从语义学的角度延伸，"内涵"，就指代词的意义及色彩等，"外延"指词的字面意思，一首诗的诞生，就是由内涵和外延共同组成的，外延与内涵构成好诗的有机整体，二者互相滋养、相伴相生。

国内，目前较为突出的研究成果有王剑的《诗歌语言的张力结构》（把外延与内涵引申为语义、意蕴、形象、情感四个层面），以及学者王鸣九从实际角度考虑提倡的主体性张力。二者认为内心张力在写作中占比颇重，来自诗人对现实生活的感想，以及与其内心深处的碰撞产生的矛盾。此外还有宋宁提出的诗的强烈冲击性来源于其张力的急剧增强，而要做到这一点，在遣词造句和谋篇布局上就要勇于突破常规和界限。

国外，H. A. Bouraou 使用了"形式张力"来描述现代诗歌，从诗篇的结构、分节分段等描述张力的运用。Timothy J. Rogers 等学者则主要研究亚里士多德的"戏剧张力"。剧本和诗歌不同，它力求在最少的篇幅、最小的空间层次里将矛盾最大化，因而，戏剧张力便有了很广阔的使用舞台，简单来说，剧本张力越充足，其内在吸引价值便越高。

前文所述，艾伦·退特用内涵和外延解释"张力"，这固然可行。然而，陈仲义则提出，若是按照退特之说，将外延理解为简单的指称意义，能指与所指就会使人混淆。他认为，"内涵是指'质的规定性'和属性的总和，而外延则是内涵的具体化和范围"[1]，既然"张力"就存在于内涵和外延这两个层面之间，那么张力就是一种关系结构。构成张力的，诸如对立、互斥、互否、互补等因素，也侧面证明了张力是一种紧张关系结构。诗歌的本质是张力，从这一角度出发，张力便被提升到了一个更高的位置：矛盾因素的对立统一，矛盾越深，张力越强。当然，这也并非是简单的二元有机论，它并非是矛盾的对立和延续，而是在结构关系中各种因子的相互作用，这就回归到了物理学界的最初理论。同一物态内部，分子与分子间存在相互牵引力，在诗歌中便可把含

---

[1]　陈仲义：《现代诗：语言张力论》，武汉：长江文艺出版社，2012 年，第 69 页。

混、隐喻这些内在要素当作物态中的分子来理解。也可以这么说，一首诗就是一个张力场，一首诗的结构就是一种张力结构。

其次，退特把含混、反讽、悖论、象征、暗示、隐喻、张力、戏剧性并列在一起。而陈仲义则大胆地把"张力"抽取出来，作为整个诗学的"龙头"，统率其他下面的东西。他认为"张力"的涵盖面其实比含混、反讽、悖论、象征等要素的范围更大，且能包含它们，甚至还高于它们。"张力"可以解释"戏剧性"，解释"含混"，解释隐喻、反讽、悖论，甚至分行、韵脚都可以通过张力来解释。例如含混。"含混的意涵指向，一是数意并存产生歧解，而歧解带来的模糊和非确定，是现代诗的主要特征之一；二是含混间的'累赘'与'矛盾'，触发了后来退特对张力美学的追索与发展。"① 由于含混带来了歧义，从而导致了文本含义的难解性，但从另一方面看，正是由于含混与张力的互补，才显示出了诗歌的巨大魅力所在。杨炼的组诗《大海停止之处》中：海总是更高的/当你的厌倦选中了/海/当一个人以眺望迫使海/倍加荒凉；再到后一节，当蓝色终于被认出/被伤害/大海/用一万支蜡烛夺目地停止。在这首诗中，大海和蓝色为一组互补关系，有着同样的象征特点，但又蕴涵不同，充满不确定性的美学特征。再如反讽，由文本语境下的压力互相作用。陈仲义形容反讽是张力的"嫡系"，足以见其重要性。通俗意义下，反讽就是利用文字的暗含义，利用各种反语、倒辞等方式，对某事某物某人进行批评和嘲讽。当下，反讽突然承载了许多现实话语，以排解诗人的苦闷无出路。

陈仲义在退特的理论上进行了修改，他提出在关系主义的逻辑下讨论张力。故而，既然冲突、互否、互质、对立等因素构成了张力，那么不难得出，张力更是对立因素、异质因素等构成的关系结构。有学者将张力的四个层面归纳为语义层、形象层、情感层、意蕴层。陈仲义在此基础上进行了总结提炼——这四个层面"是表层结构与深层结构的诗性投射与转换"②，即在诗歌中的这四个层面相互融合、相互渗透。语义层包含的歧义、多义、误义与张力中的含混联系甚多，而形象层面的意象、语象则是张力的具体外化表现。

对于张力的使用，陈仲义将其分为对立性张力、互否性张力、互补性张力与临界性张力。第一是对立性张力。对立性张力又有远—近、内—外之分。

---

① 陈仲义：《现代诗：语言张力论》，武汉：长江文艺出版社，2012 年，第 165 页。
② 同①，第 73–74 页。

"埃菲尔的外孙买了尊小铁塔/噫/再疲赖，离十九世纪近/别处更远更薄幸"①。埃菲尔本是巴黎地标建筑的名称，在这里竟变成了人名，更有趣的是，他的外孙还买了尊小铁塔，不正是变成了"埃菲尔买了埃菲尔"。内—外转换间展示了语言的活力与艺术。陈仲义指出，掌握对立性张力的法则就是在最短的时间内造成远景、近景，大物件或是小物件的迅速碰撞接触。第二是互否性张力。互否即互相否定、彼此排斥，是最具哲学思辨思想的张力获取通道。《甘蔗》一诗就是最好的引例：

> 被腰斩的，说是最挺拔的
> 被剥削的，说是最甜美的
> 被压榨的，说是最多汁的
> 解剖学原本是
> 建立在理性而精准的刀法上
> 呸，呸，呸
> 吸近精血，吐出渣滓
> 幸好
> 痛，越啃越短
> 再也没有什么可伤害的了
> 当手中只剩下
> 一颗须眉不全的
> 粗鄙的头
>
> ——《甘蔗》

本诗共有四组互否张力，为什么挺拔的反而被砍，被剥削的是最甜美的？看似很难理解，但只要和甘蔗联想起来，一定会让读者莞尔一笑，作者的文字功底与想象力表露无余。这都要依靠张力来实现并将矛盾进行大肆渲染。第三是互补性张力。其中最明显的代表就是时间—空间、因—果的互补。这两组概念从某种程度上说是互相排斥的，一个前件，一个后件，甚至可以说无因便无果，一个概念表示了时间，就必然无法表示空间。但是必须指出的是，在文本创作过程中，时间—空间、因—果的关系变得和谐友好，二者可以相互补充，互相

---

① 木心：《还值一个弥撒吗》。

依存。"她冥想望着日历/手指一翻/日子就跳到了秋天",秋天是时间,日历则是空间上的概念,经由张力实现了和谐的共存。第四是临界性张力。诗句在意思表述上言有尽而意无穷,给人以戛然而止之感,如《井边物语》中所写,"井的暧昧身世/绣花鞋说了一半/青苔说了另一半"。

陈仲义在开通了张力的四个通道之后,又对张力进行了层级的划分,将其按结构大小分为词张力、句张力、篇张力等,这即是说,在词、句、篇中,结构有大小之分,应用张力的方式也不尽相同。例如,一般对于天空中的云彩,我们总用一个"看"字,看云。而词张力则会指引我们,想出"听云"这样的词汇。怎么听到云呢?你听风声,想象风吹过的场景,云被吹散了一大片,"看云"也就变成了"听云"。而张力的强弱,以词张力最甚,句张力次之,篇张力最弱。

陈仲义对内外张力都做了详细的工作,在探究文本内部因素的同时,关注词张力、句张力和篇张力,以及含混、反讽、互否等内张力的问题,同时也对外张力做了一定的论述。他提出,"外张力"就是诗人主体心灵世界与外部世界构成的紧张关系——"古老的敌意"关系。为什么自古以来参与战争的人有千千万万,写得好的战争诗却与其数量上相距悬殊,既然都是亲历者,为什么诸如李广将军文采飞扬的人却屈指可数?这是因为每个人对内外张力的转换能力不同。那些优秀的作家和诗人就算没有那么强大的现实冲突,但是其转化能力的强大,使他们稍稍一点儿触动或掌握一点儿材料,马上就可以建立文本世界。王安忆整天关在房间里,就有能力把一点碎片的外部世界转化为文本的大千世界。

但需注意的是,张力是一种诗意的实现形式,是"通向诗意的驱动力"。张力的强弱,决定了诗意的强弱。然而,太过陌生化,就会变成晦涩。会使文本变成只有少数人才懂的篇目,很不利于诗歌的传播和推广。可见,提倡使用张力,但要注意界限,追求陌生化而不晦涩化,才是提升写作能力的关键。

四

在"读者中心"论出现以前,学界经历了由作者中心再到文本中心的演变。罗兰·巴特最早开始否认"作者是作品意义的决定论",从而为文学批评界的改革拉开了序幕。1960—1969 年的近十年时间,德国最先刮起了这阵变革之风,这也是文学批评的第三次重心转移。作为接受美学的忠实捍卫者,姚斯提出"读者应该参与到文本变更活动中来"，即在整个文本研究过程中，读者应占主要位置。这也就是强调了读者的本体论地位。伊瑟尔则认为，读者与作者之间应该保持长久、全面的交流，以及二者的互动，这是接受论中的重点。费什也在不遗余力地推行"读者反应"说。继而读者中心理论逐渐成为学界的共识，在国内外引起了众多学者讨论研究。但最初的读者中心理论是有缺陷的。过度追求读者的重要性，容易演变成为个人主观情绪极度化。若文本赏析完完全全抛弃作者与实在文本，仅凭读者自我的思考与想象，那一千个人心里有一千个哈姆莱特，任何一篇文章都不可能使人达成共识了。

陈仲义在此基础上对"读者中心"及其接受响应论做了适当的补充与适应中国化的改编。仔细研读陈仲义的《百年新诗　百种解读》可以看出，他非常重视文本细读，而在接受响应论方面则是消化西方接收美学与读者反应理论的某些合理内核，针对现代诗的接受困境、难度进行了问题清理。例如，西方是通过"理解"，而中国更偏向于"悟解"。陈仲义提出，接受响应论应该具备以下三性："特异性""开放性""有界性"[①]。其中，特异性是基础，不同的文本有不同的含义，不同的读者也对文本有不同的理解，故而具有特异性，是谈一切接受理论的基础。开放性是结果，接受响应之后的最终结局就是文本赏析的开放性理解。而有界性则是西方学者并未提出的新概念，陈仲义认为，如果接受理论没有边界，也就是说阅读文本时，完全抛弃作者、文本等实际客观存在，那么读者的想象将是没有边际、无所依凭的。故而，有界性是接受响应论的限制。

读者中心的理论已经有了，如何使其"中国化"，如何结合自身实际的应用，是陈仲义为现代诗接受美学做的一个突出贡献。"接受的高级阶段就是阐释"[②]，阐释是在理解文本后所生发出的、系统的理解并形成了有体系、有结构的内容。陈仲义提出，对任一文本进行理解和阐释时，都要符合有界性，要以尊重作者和文本为前提。简单来说，在讨论中国新能源汽车时，就要有一个共同的主体，这个车是中国的、新能源类型的，不能把话题扯到美国的火车、英国的汽车。这样的例子看似令人啼笑皆非，认为不可能发生，但在诗歌阐释上，就解释了为什么同一首诗解读起来却是南辕北辙、大相径庭。

由此引出，"阐释共同体"是接受响应论的前提。阐释的集体性更要求我

---

① 陈仲义：《现代诗：接受响应论》，北京：中国社会科学出版社，2018 年，第 9 页。
② 同①，第 163 页。

们不能主观、漫无边际地想象，而应该遵循那些众人皆能获得的意识。但这并不是说其文本解读被限制，接受上变得单一化。其实只要是合乎逻辑的、被大多数人理解并认同的阐释，就是合理的阐释。

在接受过程中，陈仲义还做了另一个工作。最开始的诗歌接受，主要是以心理学上的"感动"为依据的。但是越到现代，"感动"越不够用了。"感动"可以"管理"情感世界，但如果涉及潜意识，可能有点不知所措，甚至一点儿小小的臆想、意念，都有可能突破情感范围。假如告诉某个人他成功被北京大学录取了，他的激动心情就不能归结为"感动"。再如海子那首著名的《面朝大海，春暖花开》，用词的巧妙，意境的营造，给人的感受也不能单单用"感动"来简单概括。如此一来，心理响应的感动就显得狭隘了，所以陈仲义就提出了接受过程中的"四动"。心动是基础，但是可以把它加以细化：思想上的撼动、思维上的挑动、语言上的惊动。在接受尺度上，是扩大了感动的范围。人越到现代越复杂，已不再那么单纯。在接受的尺度和范围上，都应该扩大并加以细化。同时，好诗是需要一个基本尺度来衡量的，它包括了终极意义和过程意义。

陈仲义提出的接受"四动"便是：感动、撼动、挑动、惊动[1]。感动是一首好诗的前提，因为好诗首先是从情感上征服读者。它代表了读者心灵上的触动和情感上的共鸣。撼动则是指精神层面的触动，它源于文本给读者带来的思考，具有哲学意义上的思辨。挑动是指思维层面的触动，也包括感觉和想象。一首好诗，其逻辑和思维上必然是令人信服的，它可以激发读者在阅读文本后，引起一系列的思索，刺激我们论证常规的世界。最后是语言层面上的惊动。它通过语言的审美功能，使读者产生惊异感。如果某首好诗的用词造句使读者眼前一亮，制造出了词的陌生化效果。那么它就造成了我们感官上的惊动。那些陌生化、独特化的描写给读者展现出了别开生面的诗歌境界。

法国文论家让·博得理亚就给诗歌的标准划出一条分级线，在形式上，给诗歌的好坏做了分辨。陈仲义则建立了更为浅显易懂的接受相应坐标轴。

纵坐标轴是文本的形式化结构，横坐标轴是接受响应度。纵向的是诗歌文本结构，或者叫文本的生成性，相对比较客观，这两个概念，基本上是一致的。文本的形式化由三部分构成：一个是诗质，一个是诗语，一个是诗形。诗质是质地，主要指向现代经验和现代体验；诗语很简单，诗化的语言，作为现

---

[1]　陈仲义：《中国前沿诗歌聚焦》，北京：中国社会科学出版社，2009年，第32-33页。

代经验和体验的外化形式；诗形分两块：大外形式——整体上的体式、诗体；小外形式——具体的诗歌排列（分行、跨行、韵式）。

因为文本不带主观评价，这个文本的形式化结构就具有相对的客观性，具有相对的客观价值。因为作者主体参与建造文本结构，作者本身的文本意图就一直存留在里边，也便有了一定程度的框限范围。这样一来，文本客观性与接受主观性就被有机地结合起来，经由诗歌响应度的"四动"（反动、无动、心动、大动）来体现。

接受响应度也可以理解为诗歌的品级梯度。陈仲义以钢琴键盘为例，钢琴有黑白键盘，其中间点俗称中央C，这是音乐的术语。中央C为标准音高，即音叉每秒震动261.6赫兹，它起一个"定音"作用，他就借此作为"诗的分界"——由此展开诗的序列级差：假定中央C为较好的诗（有特点、有亮点的），越往右走，越是优秀的诗（有"发现""发明"的），再往右过去，是经典的诗（恒久常新的）——它们对应音高的增升走向；反之，中央C往左，是平庸的诗（一般化、无特点的），再来是无底线的劣诗非诗——它们对应音高的减降走向。而如果用"张力"来统摄，也可以解释这个接受响应论，"张力"控制着两条线。第一条线，"张力"把守诗与非诗的底线，这是最低门槛。首先你要用张力衡量是与非、真与伪。第二条线，也还是要用张力来识别它的成色，即用张力来区别好诗当中的级差。

五

中国现代诗发展至今，产生了无数的流派和文体，甚至不同的时代都有其不同的写作特征。先锋派、新锐派、网络诗写、随笔诗写，等等，诗的范围已经严重扩大，同时也愈发个人化，充斥着相对主义的思想。陈仲义对赵丽华诗歌事件、裸体读诗事件等深恶痛绝，他提出，现在诗歌生态恶化已是事实，若不悬崖勒马，新诗只会让越来越多的人敬而远之。故此，诗歌的文本尺度与诗性标准必须引起重视。对于诗歌写作，纵使外界诱惑繁多，诗人也应保守住内心的纯净。诗歌对内心的拷问、与灵魂的交流、对现实的关切，才是诗歌赢得社会尊重的法则，诗人也才能捍卫自己的荣耀。

2008年，互联网逐渐成为人们日常生活的重要组成部分后，网络诗歌写作就以一个全新的姿态登入诗歌物态。它以"诗歌速成"为特点，鼓励大众人人皆可为诗人。不可否认的是，网络诗歌写作以第一手资料的集中、"快捷运作"、"新鲜出炉"等优势,帮助诗歌大范围地进入了大众视野。

然而,凡事皆有利弊。网络诗歌写作的优点恰恰也成了它的缺点。因为缺少监管,伦理缺失,导致网络诗歌常常"失控"。下流与污秽并存,废话与谬误共生。诗歌所追求的诗性思维缺失其实也反映出那些诗歌的作者道德良心、人文关怀的缺失。例如下半身和垃圾派的论证,赵丽华"梨花体"的突然走红,都预示诗歌很容易被过度商业化和营利化。通过炒作来吸引眼球,早就使人们忘了诗歌本来纯净的面目。如果继续对网络诗歌写作放任自由,会使读者审美水平下降。而语言的随意,缺少有深度的思想,更会使诗歌界"劣币驱逐良币"现象丛生。

诚然,网络诗歌既是新时代的产物,也是一块未曾好好开垦的处女地。我们不能因为它的缺点,就因噎废食,对它弃之不顾,而是应该重拾诗歌写作标准和评价尺度,努力去写那些"有难度"、有思想的诗歌。

综上所述,本文从现代诗研究入径与新批评入手,介绍了当前诗歌研究的几种入径方式,着重讲述了陈仲义的研究入径及其对新批评的内部探索和关注。继而讨论新批评中重要的组成部分——形式论美学。形式论美学与形式主义美学虽只文字之差,但实际内容却有出入。陈仲义重视对文本形式的解读,尤以"内形式"为主,讨论文本内部的美学要素、特征、意蕴及其互相之间的联系等,提出了"诗写的个人化与相对主义"。而研究形式论美学所需的突破口就是"张力"。陈仲义的《现代诗:语言张力论》则是把"张力"放在关系主义框架下讨论。从张力的基本特征、属性等对这种神秘的能力进行研究。作者能力的展现,从某种程度上来说就是内、外张力转化能力的体现。而接受响应论则是陈仲义对接受美学理论做出的重要贡献,从读者中心的具体阐释,再到通过扩展"四动",建立坐标轴来实现接受理论的中国化,归纳整理当前读者阅读现代诗时的困境难点,有针对性地提出解决办法。最后是陈仲义对网络诗歌的关注,及其深感诗歌写作生态环境的恶化,呼吁诗歌界应重拾诗歌写作与评价的标准尺度。

(作者单位:闽南师范大学文学院)

2018—2019生活美学观察

张丹

当代中国美学最新思潮无疑是"生活美学"，它是时代发展的选择，并已潜移默化地影响了中国美学的发展。党的十九大报告中频繁提及"人民美好生活"这一话语，而人民对美好生活的追求也促成了生活美学在当代中国的兴起。近年来，关于生活美学的研究不只局限于时间维度和空间维度，更不断向广度和深度延伸。国内学者的问题意识和思辨能力日益增强，注重追踪当今西方生活美学理论的最新动向，同时立足本土，寻求西方生活美学和东方生活美学这两种理论之间的契合点；深度挖掘生活美学本土资源，重点关注宋朝和明清时期，并加深"东方生活美学"的概念；探讨生活美学的实际应用，关注其在日常生活、设计行业、城镇乡村、审美教育和文化产业等领域中的应用。生活美学研究的现实性和重要性已不言而喻。

一、理论的生活美学

在中国的现实背景下，学者们就生活美学产生的文化渊源进行了深入探讨，从多维度分析生活美学与亲缘学科之间的关系，回顾其兴起和发展，对如何把握生活美学研究的时代新契机各抒己见。

当前，中国一些美学工作者对"美是生活"命题进行了大幅度地改造，一方面，抛弃了费尔巴哈思想的"自然性"倾向，另一方面，显现了其与马克思主义的"社会性"思想的关联，其根本目标是为了建设"中国化"的马克思主义美学体系，从而形成了三种对于"美是生活"的中国化阐释。刘悦笛从车尔尼雪夫斯基的"美是生活"的主流命题谈起。他认为，必须认识到车尔尼雪夫斯基的生活美学具有某种不彻底性，其虽在本质观上存有回到现实生活的趋向，在具体问题上却仍未走出传统，这样就既没有也不可能一以贯之地解决美和生活的关系的美学难题，这与 21 世纪初叶方兴的"生活美学本体论"是迥然不同的。可以说，进入 21 世纪之后，当代中国"美学本体论"的发展正实现着一场创新。当前中国学界的新兴学者们，试图要超出实践美学及其各种后学的思维范式，再次回归现实的"生活世界"来重构美学，并将之视作中国美学未来发展的一条可行之路①。刘悦笛认为，好的生活，是构成美的生活的现实基础，而美的生活则是好的生活的理想升华。"生活美学"对于中国人具有重要的作用，就在于美是令人幸福的，生活美学指向了我们的幸福生活或生活幸福②。

有学者分析生活美学与环境美学、新实践美学等亲缘学科之间的关系。陈国雄、刘佳颖认为，环境美学从美学内部革新的层面促成了自然作为审美对象的复归，这奠定了环境成为审美对象的重要基础。环境作为审美对象的生成，经历了一个自然风景审美——自然环境审美——人类环境审美的过程。环境美学将传统的自然风景审美延展为自然环境审美，在这种视野下，自然审美不仅仅关注自然环境中的"风景"，而且也关注普通的自然环境。随着环境美学对日常生活与美学结合的推动力日趋明显，其研究对象由自然环境转为人类环境，从而推动了作为整体的人类环境审美的生成③。廖建荣则认为，环境美学是美学超越艺术哲学、关注环境问题的重大突破。与此同时，新世纪的环境美学也拓展至生活美学，研究生活的器具美、关系美和行为美。卡尔松从环境的功能美发展为建筑和生活用品的功能美，柏林特从参与的环境美发展为社会生活美，斋藤百合子从自然美发展为生活审美经验和生活用品的道德—审美判断。以上三位学者探讨了生活美的应用性、情境性、连续性和道德性，涉及生活美的审美判断标准、审美模式和审美价值，推动了环境美学走向生活美学。环境美学应将生态观和环境保护意识渗透进生活美，最终达成环境美与生活美的圆融，在美学的指引下建设优美环境和美好生活④。张弓、张玉能提出，就关于生活的美学而言，在后现代主义和消费主义的影响下，在生活水平普遍提高的形势下，中国当代美学应该注意研究现实生活的一切方面，发展生活美

① 刘悦笛：《从"美是生活"到"生活美学"：当代中国美学发展的一条主流线索》，《广州大学学报》（社会科学版），2019 年第 5 期。
② 刘悦笛：《美好生活：比"好生活"更好的"美生活"》，《当代贵州》，2018 年第 2 期。
③ 陈国雄、刘佳颖：《自然美的复归与环境审美的生成》，《郑州大学学报》（哲学社会科学版），2018 年第 3 期。
④ 廖建荣：《生活美学：环境美学的新拓展》，《广东社会科学》，2019 年第 6 期。

学。新实践美学的进一步发展就应该朝着这个方向努力，在物质生产、话语生产、精神生产等的实践中，充分研究人民的现实生活。就本体论美学而言，新实践美学认为生活的本质就是实践，应该在实践观点的基础上来研究生活和生活美学，脱离了社会实践，就无法谈清楚生活和生活美学。人类的生活之所以能够成为审美的存在，人之所以能够审美地生活，就是因为生活是一种生命的实践活动。从这样的角度来看，生活美学应该是新实践美学的一个美学分支①。

　　田军分析认为，21世纪以来国内生活美学研究的问题意识主要表现在本土资源的挖掘、西方理论的阐发和实际应用的探讨等方面。基于当前国内生活美学研究的不足，他建议，今后的研究应走向中国生活美学通史的书写，进而阐扬生活美学的中国智慧，走向中西方生活美学的深入对话与交流，走向生活美学体系的建构，从而不断强化问题意识，推进生活美学的建设与发展②。宋宁对生活美学进行了一番理论反思，认为"生活美学"作为一种新型的美学形态，其理论的提出彰显了中西方美学理论发展的"生活化"转向。结合国内的研究现状来看，生活美学的"本土化"理论建构已经取得了丰硕的成果，但同时也面临着一些问题和困境。他提出，只有将生活美学纳入马克思主义实践理论的指导下，即只有真正立足于马克思主义的实践观，才能对生活美学的存在给予合理性的解答③。

　　都晓晓、吴聪认为，生活美学具有基于中国传统的思想渊源和社会渊源，古今人物在日常生活中构筑了独特的审美生活方式和经验。由此可以进一步探讨生活美学在现代美学语境下的立场，探索现代生活中生活美学的表现形式，发掘生活美学的深层意涵④。张静、赵伯飞则分析生活美学的价值取向及其现实意义，他们认为，生活美学作为一种新的美学形态应运而生，表明了中国美学正不断走向成熟。生活美学倡导环境审美模式，强调淡化艺术与"非艺术"的边界，注重精英文化与大众文化的相互融合，其兴起和发展标志着在新的历史条件下的艺术新生。生活美学的理论意义在于新的历史条件下的美学重构；

① 张弓、张玉能：《新实践美学与生活美学》，《陕西师范大学学报》（哲学社会科学版），2018年第5期。

② 田军：《新世纪以来国内生活美学研究的问题意识与未来走向》，《湖北民族学院学报》（哲学社会科学版），2018年第2期。

③ 宋宁：《生活美学的理论反思——立足于马克思主义实践观的思考》，《山西师大学报》（社会科学版），2018年第2期。

④ 都晓晓、吴聪：《现代美学视域下的生活美学思想浅析》，《美育学刊》，2019年第6期。

社会意义在于有利于"和谐"意识的传达；是人们追求美好生活的助推器，最大限度地满足了人们对幸福理想的追求。生活美学倡导人们以积极和奋斗的心态实现人自身和社会环境的美化，这不仅符合社会发展的需要，也是人们使"幸福生活"变为现实的途径①。

黎麒麟探析生活美学视域下的日常审美，随着人们将审美视野更多地投射于日常生活审美中，审美意识和审美观念的变化、发展和流动速度不断加快，审美活动在快速消费文化下更显复杂。他认为，大众文化的"日常生活审美化"和当代艺术的"审美日常生活化"成为"生活美学"背景下的双重困境。只有打破艺术与生活的界限，实现主体与客体的感应互通，才能构建出一个本真自然的美的"生活"世界②。多年来，当代美学、文艺学围绕"日常生活审美化""艺术与社会生活""艺术与大众文化""艺术的终结""生活美学"等议题展开了持续而广泛的讨论。宋音希认为，这些探讨不仅以其鲜明的当代性立场有力地挑战了形而上学美学的传统范式，同时还扩展到大众文化、传媒文化、时尚文化，以及当代社会文化生活的各个领域，展示了面对新问题、解决新问题的可能性。人们在深入探讨的过程中认识到，虽然"日常生活审美化"等相关问题的提出意在摆脱传统美学理论范式，但这并不意味着放弃理论反思，而是仍需要相关思想资源的理论支撑。因此，"面向生活世界"的现象学哲学反思，就成为破解"日常生活审美化"等当代美学、文艺学及文化研究问题的重要理论资源③。

涂武生提出了"美学的'＋'"时代这一概念，他认为，美学的"＋"时代，是多种学科互补、互动、互促、互进，创新、变革、升级、发展的新时代。以人的生命运动的发展过程为例，生命美学与生殖美学、生育美学、生存美学、生活美学、生产美学、生态美学、生死美学等亲缘学科相"＋"、深度融合，就足以看出新世纪美学发展的多样性、包容性和广阔性④。

二、古代的生活美学

由古至今，中国人皆善于从生活的各个层级当中发现"生活之美"，享受

①　张静、赵伯飞：《生活美学的价值取向及其现实意义析论》，《理论导刊》，2018 年第 5 期。
②　黎麒麟：《生活美学视域下的日常审美探析》，《南昌教育学院学报》，2019 年第 2 期。
③　宋音希：《作为哲学问题的日常生活与艺术审美》，《学术研究》，2018 年第 8 期。
④　涂武生：《生命美学迎来新的"＋"时代》（下），《美与时代》（下），2018 年第 4 期。

"生活之乐"。中国人的生活智慧，就在于将"过生活"过成了"享受生活"。中国文化传统之所以延续至今，是由于生活自身的传统从未中断，而"生活美学"就是这未断裂传统中的精髓所在①。

固原地处黄土高原西北部，是农耕文化与游牧文化的交汇地带。固原原州区彭堡、杨郎、西吉县陈阳川等地出土的数量众多的春秋战国时期北方草原系青铜器，青铜带扣是其中重要的组成部分。付丽、朱小平从生活美学的视角分析，认为青铜带扣其独特的形制反映了西戎民族的文化面貌及审美情趣②。

魏晋伊始，园林大量地进入中国文人的生活领域。魏晋名士出则渔弋山水，入则言咏属文，在园林中展开了游山玩水、把酒咏文、艺术雅集、谈玄论道等诸多活动，构筑了一个以园林为载体的身心栖止之乡和生活美学世界。余开亮研究魏晋名士的园林生活美学时，认为魏晋名士率先以园林的艺术形式组合了山水，也以园林的生活方式彰显了自身的生命情意。在魏晋名士眼中，当下会心的园林山水、林木、鸟兽禽鱼不但给人亲和、亲近之美感，而且直接让人领会生命的适性逍遥。正因如此，魏晋名士都喜欢置身园林美景当中，既游目骋怀于山水美景，又感受着生命的悠闲自在③。

张玉能研读刘显波、熊隽的《唐代家具研究》，认为它不仅填补了目前国内外唐代家具研究的空白，为建构一部中国古代家具通史准备了充实而详细的材料，而且为开拓中国古代和当代的家具生活美学的崭新领域做出了创新性的探索，从唐代家具的具体方面入手，给中国当代生活美学和美学理论发展带来了可贵的启示④。

宋朝对今人有着巨大的吸引力，"宋式生活美学"备受推崇，由此引发"宋朝热"。杜浩认为，"宋式生活美学"之所以受欢迎，是因为"宋式生活美学"符合许多人所倡导的优雅、时髦、有趣的人生文化理念，而且当今活跃在生活美学界的一些人士表现出了对宋代的尊崇与向往，带给了他们文化和精神的灵感，宋朝的文化代表了古代中国文化的高峰⑤。吴海伦提出，北宋文人

---

① 刘悦笛：《"生活"：整个东方美学内核》，《北京日报》，2019 年 8 月 26 日，第 16 版。
② 付丽、朱小平：《从生活美学看固原出土的春秋战国时期青铜带扣》，《文物天地》，2018 年第 7 期。
③ 余开亮：《魏晋名士的园林生活美学》，《决策探索》（上），2019 年第 9 期。
④ 张玉能：《转型时期家具生活美学的经典——读刘显波、熊隽〈唐代家具研究〉》，《长江文艺评论》，2019 年第 5 期。
⑤ 杜浩：《"宋式生活美学"受欢迎》，《山西日报》，2018 年 12 月 14 日，第 9 版。

之所以能实现其生命的本真也是由其审美特质所决定的，与其他朝代的文人相比，北宋文人形成了一个独特的社会群体，北宋文人的美学相较于其他朝代更多地趋向于生活化、精神化，具有倡导自然、追求风雅、注重心性的审美特质①。沈金浩分析宋人廉俭知足的生活美学及其与文学的关系，认为宋代文人的生活美学兼具民族特色和时代特色，其中一部分文人相当有代表性，他们追求尚清廉、重节俭、以知足求常乐的生活美学。他们推崇马少游，对男儿的理解，也从唐人的追求功名富贵，转为"富贵不淫贫贱乐"。宋代文人的生活美学与文学有非常密切的关系，它们常常左右、影响作家的人生选择，进而影响其文学观念、文学题材、创作风格、文学审美标准；同时，文学也常常是这种生活美学的艺术表达②。宋代文人对于墨喜爱到了极致，制墨、品墨、藏墨成为他们生活中的重要部分。藏墨为文人增添了生活乐趣，丰富了他们的精神生活。米文佐、周斌以苏轼为例，探析中国古代文人的藏墨现象，揭示了以苏轼为代表的中国古代文人藏墨的缘由及其背后蕴含的生活美学③。

明清时期亦是生活美学研究者们的关注重点之一。中国古人围绕着"物"建构起来的生活空间、方式和观念体系，具有不可替代的重要价值。刘悦笛提出，"物"之维度，是梳理中国古典生活美学的重要层面，特别是对明清美学而言，乃是"物的美学"极大发展的阶段，形成了一种围绕"物"的美学体系和独特的"长物"美学传统；"情"的复苏与"物"的丰富，构成了此种"物之体系"（the system of objects）的一体两面，是"物"与"心"的内在勾连之所在，这就为当下的"生活美学"超越实践（生产）美学敞开了方便之门④。乔迅、刘芝华、方慧在阐释明清时期的器物及其美学观念时，格外强调人与物的互动，尤其是器物凭借其"魅惑的表面"，同人之间所建立起的"器物—身体"的互动互惠关系；在这一关系中，"装饰"首先意味着感官的吸引和愉悦，进而引起学者和玩家的移情与同思，借此调动身心的整体自觉⑤。赵强认为，"物"，尤其是"长物"，业已成为明清时期衡量生活质量、审美品位

① 吴海伦：《重返生命的本真：北宋文人生活审美特质论》，《湖北大学学报》（哲学社会科学版），2019 年第 5 期。
② 沈金浩：《知足有乐俭助廉——宋人廉俭知足的生活美学及其与文学的关系》，《学术研究》，2019 年第 5 期。
③ 米文佐、周斌：《中国古代文人藏墨现象探析——以苏轼为例》，《中国书法》，2018 年第 18 期。
④ 刘悦笛：《中国"生活美学"的物体系——明清趣味与赏物之美》，《江苏行政学院学报》，2018 年第 4 期。
⑤ 乔迅、刘芝华、方慧：《器物与我们同思》，《江苏行政学院学报》，2018 年第 4 期。

和人生境界的重要尺度；也正因此，围绕着"物"的尺度，不同阶层人士之间展开了生活、观念和话语方面的角逐①。解雅欣、庄一兵分析明代文震亨所著《长物志》中的生活美学和审美情调，以及其中的设计思想对现代设计的影响。《长物志》将美学与生活的距离拉近，为我们现代的生活方式提供了一个美好的样板②。

明清时期的戏剧家李渔，用当今的眼光看他，还是个生活美学家、生活艺术家，其人、其作品、其生活一直是生活美学领域的研究热点。肖伊谷通过李渔《闲情偶寄》中体现的美学思想，结合当代文化艺术传播的研究，对生活美学的商业化、艺术产业化、消费社会中的艺术功力化提出深层的思考③。赵洪涛研究李渔的烹饪之道，认为其烹饪具有丰富的美学色彩，食材选择、烹饪等过程均显现着他的审美眼光与才能。口腹之欲中还包含着李渔的审美情怀，它既是一种人道主义情感，又是基于食物升华的情感寄托。从李渔生活美学的个案可以发现江南文人的特点，即他们注重个体的生活意义，这与官方提倡的思想有所不同，其表现是雅俗趋合④。饮茶、喝酒这样日常生活中人们习以为常的事物，在李渔笔下也不同流俗，充满审美的艺术气息。在对饮茶、喝酒的审美现象进行描摹之后，赵洪涛挖掘出李渔生活美学的本体，即追求生活中的闲适之趣，"闲适"是李渔生活美学的本体论，正因为重视生活中的"闲适"，李渔才可以心无旁骛，有心情与时间去打量和营造生活之美⑤。

随着晚明社会消费文化的兴起，晚明士人通过"身—物"相互作用而形成的新审美感觉型塑着晚明社会艺术化生活之风。妥建清探寻其间的中国唯美文化，无论是晚明士人的饮食生活，还是服饰生活，抑或是家居生活，又或是以其身体愉悦感为基础所形成的趣味时尚，皆是其精致的唯美文化的表征。士为风俗先的表率作用，导致此种唯美文化不断播散，进而掀起晚明社会艺术化生活之风，其正可以与晚近西方社会日常生活审美化之潮相互对话⑥。曾婷婷研究晚明时期文人生活美学的"尚奇"风格，认为晚明之"奇"具有典型的

① 赵强：《作为尺度的"物"：明清文人生活美学的内在逻辑》，《江苏行政学院学报》，2018 年第 4 期。

② 解雅欣、庄一兵：《明代〈长物志〉中生活美学对现代设计的影响》，《大众文艺》，2018 年第 2 期。

③ 肖伊谷：《李渔〈闲情偶寄〉美学的当代启示》，《文化遗产》，2019 年第 4 期。

④ 赵洪涛：《李渔的家居生活美学——以烹饪为例》，《美与时代》（下），2019 年第 4 期。

⑤ 赵洪涛：《美学视域下李渔的家居生活：以茶、酒为研究对象》，《美育学刊》，2019 年第 1 期。

⑥ 妥建清：《生活即审美：晚明社会生活美学探蠡》，《哲学动态》，2018 年第 8 期。

民间性特征。一方面，"奇"孕育于开放、热闹的民俗风情中，民间逸乐、追求性情之真的审美风气迎合了文人的个性解放思潮，晚明文人生活美学"尚奇"既具有世俗性，又具有超俗性。另一方面，晚明文人与民间"尚奇"趣味的互动，创造了晚明"尚奇"风格的独特性。文人是社会时尚的引领者，但又不断标榜个性，在俗中求雅，与民间之"奇"拉开距离。晚明之"尚奇"，实质上是压抑已久的个体感性生命力的爆发与释放，是时代精神的集中体现①。

三、近代的生活美学

在生活美学发展史中，19 世纪中叶这个时期是从古代生活美学向当代生活美学过渡的桥梁，是承上启下的中间体。

20 世纪初美学的引进是对西方美学的一种转化，美学在中国转化的发展历史反映出中国文化的特质。马建高列举了王国维、蔡元培、宗白华、方东美等几位关键人物在 20 世纪初美学的引进及中国化历程中做出的重要贡献。他提出，生命美学、文化美学、生活美学正是中国美学的核心部分，与中国人对自然美、艺术美的探求相贯通，未来中国美学的研究，在西方美学体系之外，仍应遵循 20 世纪初美学研究路向并开拓发展②。

袁方明从文字学的角度深入挖掘"在""存"两字体现出的生活美学思想，他认为，充满生机的生命状态，对生命的仁爱精神，对生命的无限珍惜和长久追求，这三者都是一种美，都是生活本身的一种显现；同时结合存在主义，简要分析海德格尔美学思想对车尔尼雪夫斯基"生活美学"的扬弃③。

张宝贵研究马克思重要的美学文献《1844 年经济学哲学手稿》，认为它具有很强的思想张力，研究者从不同角度做过多种解读。这些解读大多以实践为基础，在美的艺术范围内搭建马克思美学。但从马克思的表述来看，物质生产实践只是生活决定性力量中的一个层面，美的艺术也只是马克思美学视野下的一种。他认为，将生活作为美学思考的出发点，将美的属性赋予各种生活方式而不唯独限于美的艺术，应该是马克思《1844 年经济学哲学手稿》的美学主

---

① 曾婷婷：《论晚明生活美学"尚奇"观念的民间性》，《名作欣赏》，2018 年第 11 期。
② 马建高：《民初美学的引进及中国化历程》，《社会科学辑刊》，2019 年第 5 期。
③ 袁方明：《试论存在主义视域中的生活美学——一种基于文字学的美学解读》，《乐山师范学院学报》，2019 年第 6 期。

题，是一种本体论生活美学的表达，这也令马克思美学走出传统理论美学的视域，在活着和如何活的生活层面切入到人的生存问题当中①。

四、当代的生活美学

近年来，生活美学研究取得了丰硕的成果，新的研究对象不一而足，文学、艺术和影视方面的研究尤其令人瞩目，出现了大量相关成果。

作为最具"本土特色"的美学家、艺术理论家和"土生土长"的艺术批评家王朝闻先生在美学基本理论上主张"审美关系"论。刘悦笛认为，王朝闻先生曾用俗语"事实胜于雄辩"，其说明较之"审美关系"，更为根本的乃是"美的事实"的生活本身，这就使其美学具有了活生生的"生活美学"取向；他独特的美学批评及其使用的"土方法"让其美学成了"流动的美学"，并由此认定"独见与共识之对立统一，构成美术批评之常新感与科学性"②。李钧研究阿城小说，认为阿城为文学寻根，疏离宏大叙事，回归世俗精神和生活美学，塑造的人物具有原型意义；阿城进行语体试验和跨文体写作，创作出了具有文章之美的诗化小说和新笔记小说；以阿城为"文化起义发动者"的寻根文学疏离了批判现实主义传统而走向了文化保守主义，标志着80年代"新启蒙"运动的终结③。迟子建的小说创作备受瞩目，人们反而较少关注她的散文，其散文涉笔成趣，数量颇丰，向读者呈现了一幅幅曼妙动人的心灵图画。刘广利认为，无论是描绘大自然、描写日常生活，还是赞颂人与人之间的美好情感，迟子建散文始终洋溢着浓郁的"生活美学"气息④。

台湾现实主义诗潮于1970年代再次兴起，柴高洁认为，现实主义诗潮于台湾现代诗而言并不如现代主义诗潮那般"风起云涌"，但作为一种潮流，却与现代主义一起成为战后台湾现代诗发展的两个重要线索与路向，且在互相对抗与学习中绞合出台湾现代诗的诗美盛宴。站在百年新诗发展的结点回望战后台湾现实主义诗潮的群体构成，追索与日据时期新诗的历史渊源，挖掘梳理其

---

① 张宝贵：《〈1844年经济学哲学手稿〉中的本体论生活美学思想初探》，《中国人民大学学报》，2018年第2期。
② 刘悦笛：《作为"生活美学家"的王朝闻先生》，《美术观察》，2019年第6期。
③ 李钧：《世俗精神与生活美学——论阿城的小说学兼及寻根文学的"歧路"》，《齐鲁学刊》，2019年第2期。
④ 刘广利：《迟子建散文中的"生活美学"》，《文艺争鸣》，2019年第8期。

诗学维度、审美视域，以及在 1980 年代的变化等，或有助于窥探台湾现代诗在历史、政治、民族、文化等影响下生长变动的轨迹①。文玲、李巧伟、杨琳对瑶族史诗《盘王大歌》的日常生活美学进行研究，认为《盘王大歌》包罗万象、篇目繁多，主要有神话、传说、古事、生产、生活及恋情，涉及瑶族人的宗教观、生命观、价值观及爱情观。体现了瑶族人对真善美的追求，蕴含着瑶族人特有的诗性智慧②。

简圣宇研究新中国成立初期的妇女题材宣传画和幼教类宣传画。在 1949 年到 1963 年之间，妇女题材宣传画经历了数次嬗变。简圣宇认为，由早期的劳动者形象建构，到随后性别特征的显现，再到上海月份牌画风格在 60 年代初的短暂回潮，宣传画塑造了新型的妇女形象，演绎了以"新气象"为关键词的审美风尚；这些作品突破了过去文人画和上海月份牌画那种狭窄的选题，将自己关注的范围拓展到了日常生活的方方面面，实现了一种初级阶段的"日常生活审美化"，也实现了公共意志与民众意愿的有机融合③。1952 年的《儿童心理教育图》是新中国成立初期具有一定代表性的幼教类宣传画，该宣传画希望在新时代里帮助父母理解儿童心理教育的重要性。简圣宇以此为例，研究宣传画里的生活美学气息。这一套宣传画就儿童成长过程中父母应当注意的事项进行了提纲挈领的阐述，展现了一种生活美学的审美风尚④。

于雪则探寻纪录片《第三极》中的生活美学，认为该纪录片以史诗的视角为大众奉献出一场记录青藏高原的视觉盛宴，是一把认知高原生活的钥匙；在这场视觉盛宴背后，有着更深层的生活美学、生活哲学；从人与自然、人与文化、人与自我三个递进层次，探讨高原生活美学之所在，使这部纪录片产生了深远的影响⑤。

① 柴高洁：《现实的诗化展开：战后台湾现代诗的生活美学》，《北方论丛》，2018 年第 1 期。

② 文玲、李巧伟、杨琳：《瑶族史诗〈盘王大歌〉的日常生活美学研究》，《阿坝师范学院学报》，2018 年第 4 期。

③ 简圣宇：《日常生活美学中的身体意象建构——1950—1960 年代宣传画中的妇女形象》，《美与时代》（下），2019 年第 9 期。

④ 简圣宇：《宣传画里的生活美学气息——以 1952 年幼教类宣传画〈儿童心理教育图〉为例》，《广西职业技术学院学报》，2018 年第 4 期。

⑤ 于雪：《记录之外的记录——纪录片〈第三极〉中的生活美学探讨》，《江南大学学报》（人文社会科学版），2018 年第 6 期。

五、东方的生活美学

东方"生活美学"关注审美与生活之间所具有的"不即不离"的亲密关系，注重在日常生活当中体味生活本身的"美感"。刘悦笛认为，真正连纵起整个东方美学内核的乃为"生活"，它是一种倡导生活化的"生活美学"。中国的"美学"，就不仅是西学的"感"学，而且更是本土的"觉"学。找回"中国人"自己的生活美学，恰恰是由于我们要为中国生活立"心"——立"美之心"。中国古典美学自本生根地就是一种"活生生"的生活美学，我们的"美学传统"就是生活的，我们的"生活传统"也是审美的。刘悦笛提出，我们当代的"生活美学"建构不能脱离传统而空创，而要形成一种古与今之间的"视界融合"①。

关于中国人居住的"生活美学"，刘悦笛认为，《孔子闲居》所探讨的乃是君子如何"与天地参"的问题，这为"居之美"奠定了儒学的大基础。从动态的兰亭之会到静态的兰亭诗与兰亭序，有个历史的转变过程，应该说，《兰亭序》就是修禊活动的审美"副产品"，因为整个中国"生活美学"都拥有"巫史传统"的历史积淀。兰亭并不是一场雅集，但在后世，兰亭却与雅集勾连起来，由此形成了雅集的悠久文化传统。雅集作为一种生活美学的典型形态，乃是"审美共同体"的交感与交流的过程及其结果，它并不是纯粹的艺术过程而是"艺术生活化"的过程②。在中国传统文化中，书房本身就是一个具备艺术体验、阅读写作与图书收藏等多元功能的空间。韩晗认为，不同的书房代表了不同的中式生活美学，作为传统中国社会最重要的生活空间之一，书房不但为历代中国知识分子提供了一个修身养性、读书抚琴的处所，还助力他们实现修身、齐家、治国、平天下的理想③。

随着社会物质生活水平和民众精神文明需求的不断提高，茶艺已经走进普通民众的生活，愈来愈多的民众关注茶艺、关注茶艺的审美性。龙华、张宇通过对基于中式生活美学下的表演型茶艺创编进行深入探究，分析中式生活美学、表演型茶艺及其创编方式，以促进表演型茶艺创编水平的提高，并为今后

---

① 刘悦笛：《"生活"：整个东方美学内核》，《北京日报》，2019年8月26日，第16版。
② 刘悦笛：《从"孔子闲居"到"兰亭之会"——论中国人居住的"生活美学"》，《湖北大学学报》（哲学社会科学版），2019年第5期。
③ 韩晗：《书房与中式生活美学》，《决策探索》（上），2019年第6期。

茶艺创编教学提供参考建议①。周滨研究中国茶生活美学的现状与未来，茶作为本体，而茶的美学艺术作为附着体，两者相辅相成、相互促进。他认为，过去的茶生活，呈现在传统的茶店茶馆中，仅限于传统表演和场景，以及修身养性上，主要消费者群体大多以中老年、商务人士为主。而如今，茶生活却从茶艺转变升级到茶艺术美学，打开了消费的外延，拓展了茶艺术的想象力。从市场看，它已经从传统饮品进入了新时代②。

六、生活美学之于日常设计

随着社会的不断发展，"生活美学"这一概念被人们不断拓展、延伸，被广泛应用于各领域、各行业之中。人们的认知水平逐步提升，对生活美学的内涵不断地扩充和完善，对生活美学的探索逐步深入。

最显而易见的，生活美学的概念频繁应用于日常生活用品的设计中。周美艳、杨佳颖、章婷探究日用陶瓷器皿中所蕴含的生活美学价值，通过概述生活美学与日用陶瓷器皿，列举日用陶瓷器皿的设计作品来进一步探究日用器皿中蕴含的四种美学价值，丰富日用陶瓷器皿的生活美学价值③。中国竹家具发展历史悠久，刘广大以福建竹艺家具产业振兴为出发点，一方面分析竹制家具发展现状，一方面结合竹文化和现代生活美学，提出了当代竹制家具产品的设计创新思路④。梁秋华、邹岚、杨丽萍、彭梅深入探索传统扎染的应用，并以家居服设计为载体进行应用实践，将传统扎染与现代家居服设计结合，探讨居家慢生活美学视角下传统扎染在现代家居服中的应用⑤。何萌、张荣红、方修探讨如何利用湖北竹山绿松石的产区资源优势，从文化与设计、设计与生活、人与物等方面将现代生活美学思维融入绿松石首饰设计创作中，将传统文化与现代生活相结合，并进一步从绿松石的美学特征出发，从有色之美、有形之美和有意之美探讨绿松石的创作实践，旨在向大众展现更丰富的松石之美和文化底

① 龙华、张宇：《浅析传统中式生活美学下的茶艺创编教学研究》，《课程教育研究》，2019 年第 5 期。
② 周滨：《中国茶生活美学的现状与未来》，《茶世界》，2018 年第 11 期。
③ 周美艳、杨佳颖、章婷：《浅析日用陶瓷器皿中蕴含的生活美学价值》，《大众文艺》，2019 年第 13 期。
④ 刘广大：《竹制家具创新设计研究》，《大众文艺》，2018 年第 6 期。
⑤ 梁秋华、邹岚、杨丽萍，等：《居家慢生活美学视角下传统扎染在现代家居服中的应用》，《大众文艺》，2019 年第 15 期。

蕴，从而提升绿松石首饰的文化价值、艺术价值和情感价值①。

在繁忙的工作之余，人们渴望能寻求休闲娱乐的场所，休闲游景区应运而生。娜日高娃、蒋琳对休闲景区的规划设计进行了深入探究，提出生活美学视角下的休闲游景区规划设计应尊重自然，拒绝人为地改造自然，同时还要感悟自然、人文的新奇美；景区规划设计者要融入自身对休闲游景区规划设计的认知，从我国现代化发展角度，真正使美学回归于生活，设计出人们所能接受的规划设计②。

信息化环境下，信息共享超越时间和空间的限制，工业化社会转变为信息化社会，在"多元价值观"和互利互通连接下，信息技术对工业设计产生了巨大的影响，对文化、艺术、经济和技术也带来了改变。人们的审美观念和价值取向在大环境的变迁中也必然将影响到设计语言和设计思潮的创新。从现状看，工业产品更多地扮演着功能性工具的角色，其背后的美学价值并未得到凸显。尤跃对当下工业产品设计展开分析，探讨工业产品对于"生活美学"的积极应用，推进工业设计的创新发展③。

七、生活美学之于城镇乡村

党的十九大报告明确提出，把"坚持人与自然和谐共生"纳入新时代坚持和发展中国特色社会主义的基本方略。在这样的背景下，生活美学的主题发生了重要转折，人与城市、乡村、小镇的关系得到重新审视。

当代城市美学建构的主题从"城市美化"转向"恋地情结"，人与城市之间的关系得到重新审视，"人的尺度"得到更加全面的体现，城市真正成为以人为本的生活空间。王强提出，城市美学的重构，旨在生成一种"生活的美学"，它反对那种肤浅的、流于形式的"城市美化运动"，更加注重人在城市审美中的参与性，以及人对城市的情感反应。城市应当成为审美与人情交汇的空间，这有利于城市共同体的构建，在此基础上，市民对城市的认同感和归属感才得以产生④。李云霞探寻现代城市中的生活美学，提出现代城市是社会生

① 何萌、张荣红、方修：《基于现代生活美学的绿松石首饰设计——以湖北竹山绿松石为例》，《宝石和宝石学杂志》，2019 年第 3 期。
② 娜日高娃、蒋琳：《基于生活美学的休闲游景区规划设计研究》，《现代交际》，2019 年第 2 期。
③ 尤跃：《工业产品中的生活美学》，《科技资讯》，2019 年第 3 期。
④ 王强：《城市美学的重构：从"城市美化"到"生活美学"》，《东吴学术》，2017 年第 4 期。

态系统，是社会、经济和自然三个子系统构成的复合系统；现代城市中有众多标志性建筑，这些建筑传承着历史文化和民族精神；人们生活在现代城市，好的建筑带来美感，能给生活增添温暖和色彩；建筑是凝固的艺术，是石头的史诗，更是建筑者精工技艺和艺术审美的完美表达和呈现。现代化城市的建筑，既要遵守规则，也要考虑人自身情感的因素。人们在审美中，美感差异具有普遍性、绝对性和永恒性。正确对待美感的差异，树立正确审美观，具有重要意义①。

乡村民宿不仅是乡村旅游中重要的物质空间，同时也是地域文化传播的精神空间，其实质是传承我国传统人居生活中居住与游憩的本真之美。熊清华通过对我国乡村民宿生活美学的探析，从具有生态意识的美学视角出发为乡村发展、"美好生活"的营造提供依据与指导思想②。

区别于城市与乡村，小镇往往是兼顾二者特点的一个空间单元。特色小镇作为当前新型城镇化的重要产物，如何在发展的过程中寻求到生活之美，从而将小镇生活美学的营造与体现作为摆脱千镇一面的重要抓手成了重要的命题。李林、洪灝源、黄晓春以中国首批特色小镇之一的四川宜宾李庄镇为例，以外来游客和当地居民这两类群体为研究对象，探讨在特定的场域下，特色小镇生活美学如何在外来游客与本地居民的彼此互动中被建构。李林等认为，被建构出的具有"他者性"的李庄生活美学并非一个极其精巧的文化符号，而是在"异质景观"与"日常生活"的不断互动中的产物。总而言之，特色小镇的生活美学的"他者性"建构并非一个静态的环节，而是需要深入日常生活之中进行动态化的把握，不能在对某一特色小镇进行生活美学建构时忽视其所处的社会环境与诉求③。

八、生活美学之于审美教育

中国传统文化是我国教育之本，新形势下，我们要用新的角度审视传统文化，要立足现在，面向未来。未来社会是"生活美学"的社会，将"生活美学"的理论知识应用于教育实践中，对全面提升教育教学水平和学生综合素

---

① 李云霞：《现代城市的生活美学》，《今传媒》，2019 年第 5 期。
② 熊清华：《乡村振兴视域中的乡村民宿生活美学探析》，《美术大观》，2019 年第 6 期。
③ 李林、洪灝源、黄晓春：《场域视角下李庄生活美学的"他者性"建构》，《天府新论》，2018 年第 2 期。

质，具有积极的推动作用。

艺术教育方面，李阳就古琴学习过程中对生活美学的培养进行阐述，他首先从整体上阐述了古琴学习与生活之美的关系，进一步由古琴本身所含纳的古琴指法、古琴琴曲意韵和古琴琴曲意境对生活之美的观照深入阐述古琴学习对生活之美的培养，进而从美学角度探讨生活美学在人生中所起到的重要作用，并且为了实现拥有审美的人生，古琴作为传统文化的代表性乐器和文化的载体所起到的重要作用进行全面阐释①。美术课程以视觉形象的感知、理解和创造为特征，是学校进行美育的主要途径，其教学评价更是构建高效美术课堂的基石。李彬彬认为，生活美学作为美学发展的新思潮，对美术课程内在的审美意义与美育价值有新的解读与意义诠释，创新了美术课程教学评价的新路径，为建构美术课程教学评价的新体系提供了新理路②。

潘广容讨论生活美学对大学生心理健康建设的积极意义，他认为，处处发现美好是测试心理健康的尺度，可以在日常生活的吃穿住行和人本身的审美中提高美感力。为此他提出，要发现美，展示美，创造美，提升美感力，建设好大学生的心理健康③。美育实践对高职院校培养具有审美修养的高素质、创新型、技能型人才起着重要作用，但王奥认为，目前高职美育实践中存在着课程边缘化、对话单向度、内容碎片化、创造简单化等问题，忽视了学生对美的精神成长需要，忽视了审美的超越性和发展性；以个性化教育反思高职院校美育实践，构建生活美学为基础的体验活动、地域文化和行业精神为载体的审美溯源与展示、打造个性化的特色文艺实践基地、美育实践的课程化管理和分层化融合是高职院校美育实践的必要趋势和有效途径④。

九、生活美学之于文化产业

文化产业发展的方式是推进有中国特色与中国风格的文化产业实践，从而丰富我国文化产业体系。作为我国社会主义文化建设与经济建设不可或缺

① 李阳：《论古琴学习中对生活美学的培养》，《北方音乐》，2019 年第 12 期。
② 李彬彬：《美术课程教学评价的生活美学转向》，《教育研究》，2018 年第 5 期。
③ 潘广容：《生活美学对大学生心理健康建设的积极意义》，《当代教育实践与教学研究》，2019 年第 13 期。
④ 王奥：《基于个性化教育的高职院校美育实践体系探究》，《江西电力职业技术学院学报》，2018 年第 4 期。

的组成，文化产业发展不同于其他产业体系，它需要有与之相配的哲学基础与审美追求，包括具体理论、哲学观念与实践方式等一整套系统的生活美学，与文化产业发展中对经济效益与社会效益的追求具有一致性。追根溯源，"生活美学"这一概念虽然来自于欧美哲学界，但却在中国大地上绽放了新的花朵，我国文化产业在其中应有不赏之功。刘悦笛认为，生活美学是追问"美好生活"的幸福之学，而"美好"的生活起码应包括两个维度，一个是"好的生活"，另一个则是"美的生活"。韩晗认为，美好生活既离不开国家的安定与富强，也离不开社会主义先进文化的大发展与大繁荣，我国文化产业无疑应有积极承担，而生活美学在当中的积极意义，当然值得重视①。

生活美学与文化产业结合的例子很多，例如，浙江省博物馆先后在台湾台东铁道艺术村、台北景文科技大学艺文中心、韩国首尔中国文化中心和俄罗斯莫斯科中国文化中心等开展原创展览"江南生活美学展"，以"琴棋书画、诗酒花茶"为主题，展品还搭配情境设置，结合文学体验，使活动的文化体验更具深度，让当地市民在"家门口"就能亲近感受浙江丰富的文化底蕴和江南的风雅生活。在南京，作为我国大陆第二张地铁报的东方卫报，与南京地铁联合搭建了地铁文创平台，于南京地铁 2 号线设立 METRO BOX 生活美学馆，以"创意美好生活"为主题，主打景德镇陶瓷文创精品，将文化创意与美学欣赏及居家生活融会于陶瓷艺术，实现艺术的生活化。在影视方面，福建省广播影视集团电视综合频道推出的《舌尖之福》，是一档追求生活美学的美食节目，陆续策划制作了"福城福味""闽味传奇""漫享台湾"等系列片，让观众感受到"美食+人文+历史+旅游"的文化体验。

结语

回顾当代中国"生活美学"的发展历程，所谓的"生活论转向"，是立足于"审美活动"与"生活世界"的结合，亦可将美学回归生活的一种学术转向，视为中国美学回归生活的学术转向和哲学新构。在经历了"实践论转向"和"生存论转向"之后，"生活美学"逐步发展建构起来的"生活本体论"，

---

① 韩晗：《文化产业发展要重视生活美学》，《中国艺术报》，2019 年 6 月 28 日，第 3 版。

实现了中国美学在当代的本体论转向，也使得"生活美学"更加良好地蕴含了华夏民族传统生命意识、生活观念，以及人生追求的形成、演化与传承。因此，当今中国的美学研究者在积极地参与国际美学界的最新交流的同时，更要回到本土去挖掘中国古典"生活美学"的资源①。

（作者单位：福建社会科学院人事处）

①　刘悦笛：《当代中国"生活美学"的发展历程——论当代中国美学的"生活论转向"》，《辽宁大学学报》（哲学社会科学版），2018年第5期。

第四辑

老子生态美学观在生态批评中的意义

戴冠青

生态批评是在人类精神领域进行一场"绿化思维"的观念革命，用审美的、生态的眼光来看待我们的生存环境，以及对这一生存现状的独特书写。不论是中国几千年前老子的生态美学观还是欧洲19世纪梭罗的生活观，都十分关注人与自然的关系，都强调人要尊重自然，与自然和谐。老子生态美学观的现代价值就在于，它启示人们树立正确的生态价值观，让人们以生态思维方式来书写和处理自然与社会的关系，让心灵与自然对话，在生态环境中寻找诗意心灵与自然视野的默然相契，从而改变当前生态恶化的严峻现状。可以说，其独特的生态视野对今天的生态审美批评是具有深远意义的。

一、老子的生态美学观

老子生态思想主要体现为自然方面的"常道"说、心灵方面的"常心"说，以及"常道"和"常心"交汇点所传达的生态理想。而这个交汇点正好体现出老子的生态美学观。老子的"常道"和"常心"交汇后，不仅为我们寻找到自然和心灵的交汇点，而且为我们传达理想的审美境界，揭示这一"点"对保护自然生态和净化心灵具有独特意义。

（一）常心：具有生态意义的人生态度

首先是少私寡欲和简朴的生活观。老子在《道德经》第十二章中结合养生学的原理，以个体生命为价值标准，阐明了节欲从简的必要性，将少私寡欲、崇简抑奢的道德与人们希望健康长寿的生理需求密切结合起来，将做人之道与养生之道结合起来。老子说："五色令人目盲，五音令人耳聋，五味令人口爽，驰骋田猎令人心发狂。"① 他认为沉溺于声色犬马等感官享乐中会大大损害身体。有些人长寿，但有些人短命，就是因为"其生生之厚"，即放纵嗜欲的结果。因此，老子主张"见素抱朴，少私寡欲"。《清静经》称："常能遣欲而心自静，澄其心而神自清"，道家以"清净无欲"作为修道者的基本要求。"清净无欲"在现代社会具有重大意义。梭罗也曾经描述了现代人在欲望驱使下心灵扭曲的现状，这不得不让我们思考，人类是在创造物质文明，还是成为物质的奴隶？房子永远不够大，家具永远不够奢华，生活用品永远不够多……其实用一句话概括：那是人的心灵永不知满足。贪婪无度，只会陷入自己设的陷阱里。正如梭罗所说，"我们不是住进房子，而是房子占有了我们"。

老子认为："天下有道，却走马以粪；天下无道，戎马生于郊。罪莫大于可欲，祸莫大于不知足，咎莫大于欲得。故知足之足，常足矣。"最大的灾祸就是不知足，无休止的贪婪追求，想让天下所有的财富都归于自己的府库。最大的殃咎是什么都想得到，名利地位无所不想占为己有。其实什么事情都知道满足，那就会常常感到幸福，正所谓知足常乐。那些不知足的人为了过上越来越奢侈的生活，推着重负前行，喘息着爬行在生活道路上，他们被生活的忧虑和不必要的劳作所控制，而不能采摘生活的美果。为了无休止的欲望，他们成了工作的机器。"持而盈之，不如其已；揣而锐之，不可长保。金玉满堂，莫之能守；富贵而骄，自一其咎；功成名永身退，天之道。"少私寡欲、知足常乐，即养生之道，亦修身之道。老子的节欲养生、知足常乐，其实是让人们保持一颗清净的心。让我们的心灵在实用上和自然保持一定的距离，不要让实用动机压倒美感。要多获得一些直觉体验，不要总是算计利益得失，为迈向赤子心境做准备。老子的"少私寡欲"正是教人们去掉私欲，用清净之心对待自然生态。

其次是赤子之心。老子认为，学会少私寡欲，是达到赤子之心的关键。赤子之心就是真心、诚挚无伪之心、坦荡无碍之心；又是"纯心"，纯正质朴之心、未经世事污染之心；是一种不会算计、不会争夺之心。赤子之心属于性情的天地，它简单、纯洁。现代社会高度"数字化"，这里"数字化"不是指科技，而是指人的价值观念、人的良心、人的道德等都需要用数字来衡量，世俗的熏陶使人变得功利，人们往往关注价值，而忽略更为重要的……老子在《道德经》中讲，"常德不离，复归婴儿"，又说，"沌沌兮，如婴儿之未孩"

---

① 老子：《道德经》，北京：中国社会出版社，2003 年。

"专气攻柔，能婴儿呼"？梭罗也提倡以"赤子之心"观照，他认为天真嬉戏的孩童有更好的鉴赏敏锐，就像原始初民一般，他们简单生活却创造了神话思维。梭罗还认为，自然界的一切都堪称经典，自然万物各个生命自由、自得地在静默里吐露光辉，一草一木、一山一水在"静照"①中获得了审美的愉悦。这也与老子提出的以"清净之心"静照万物才能从自然中获得审美体验的思想契合。正如德国古典哲学家康德所说的，美感始终是单纯的快感，所以观赏者的心灵处于平静安息状态。现代人若能以婴儿之心静照自然，那么我们的精神生态会更绿化。

（二）常道：和谐平等的自然生态观

老子"常道"的自然生态观，认为自然与人是互相包容的整体，其关系是和谐平等的，所以要互相爱护，互相维持。他首先强调天人合一的生态整体观。他认为，人与自然有一个共同的本源，就是"道"。《道德经》四十二章说："道生一，一生二，二生三，三生万物。"万物皆以"道"为源泉和存在依据，都奉献了同一个"道"。既然万物都在道中，那么万物自然会背负地阴怀抱天阳，从而把阴阳二气抟揉在一起成为和气，天阳地阴而万物和谐。因为人或万物的特性就是一个"和"字，所以合乎和气的就能顺其自然而与道同体。道家从"天人合一"的整体观念出发，十分重视人对自然的依赖关系。梭罗也十分重视与自然和谐相处，他在《瓦尔登湖》里这样描述："他活在大自然里感觉到奇特的自由，仿佛就是自然的一部分"，"整个身体成了一个感官，每个毛孔都吸取着快乐"②。他将自己融入自然，感受自然的快乐。被誉为"生态主义的形而上学家"的德国现代美学家海德格尔也认为，人类的拯救离不开他所谓整体性的"四重存在"，拯救地球靠的不是征服和统治它，只需从无度的掠夺和破坏向后退一步，进而迈向最根本的"四位一体"——大地与天空、神性和道德结合成一体。艾特玛托夫《死刑台》中的牧民保斯顿以血的代价换来一个真理的认识："这个世界曾经是天，是地，是山，是母狼阿克巴拉，是一切有生之物的伟大母亲，是他最后的骨肉——他亲手枪杀的小宝贝肯杰什。"③可见，人类和自然是处于统一体中，任何一个环节遭到破坏，都会危害到人自身。这种生态整体主义正是生态文学的核心思想。

---

① ［美］亨利·戴维·梭罗：《瓦尔登湖》，戴欢译，北京：当代世界出版社，2003年，第20-35页。
② 同①。
③ ［苏］艾特玛托夫：《死刑台》，张永全译，长沙：湖南人民出版社，1987年，第51页。

老子还强调无为和任物自然的生活态度。他认为，人和自然应该和谐相处，自觉将自然整体利益和自身利益相联系，以自然规律为准则来生活处事。《道德经》第二十五章指出："人法地，地法天，天法道，道法自然。"法，是效法的意思，人学地，地学天，天学道，而道又学自然。这里的"学"并非有意去学，而是自然而然地仿效，因为自然"既是一个宇宙的实体，又是一种方法和规律"，天地中的一切都必须遵循这一自然规律，才能顺利运行。"道法自然"被称为东方古典形态中具有浓厚生态意识的存在命定论，深刻阐释了宇宙万物生成发展的根源与趋势。"道"不仅是根源，也是人类的根本"存在"，即所谓"道可道，非常道"。古希腊学者阿那克西曼德认为："世界上每一种元素都企图扩大自己的领土，然而又一种必然性活着的自然规律永远在校正着这种平衡，自然规律就是一种终极正义。无论是人还是神都必须服从这种正义。"① "一切有形，皆含道性，以道观之，物无贵贱"②，万物都按照道赋予它的规律自然发展，人类不应随意破坏这一规律，否则就会遭到自然的惩罚。

既然"一切有形，皆含道性"是自然事物的本身状态，因此，老子在《道德经》第三章倡导"无为，则无不治"的顺应自然观。"无为"并非消极的不行动，而是依自然而为，"天道无为，任物自然"。为了贯彻这个原则，道家主张"以道观物"，从宇宙整体去审视万物，这样就能清楚地看到不同物种在生态系统中所处的序列、所起的作用，从生态系统的完整、稳定、完美出发，采取符合生态规律的行动。我们曾经努力去征服自然，结果导致了自然生态的严重恶化，这是人类背离自然规律的严重后果，征服的代价就是埋葬自己。所以道家极力反对把贵贱观念用于自然界，反对人类妄自尊大，以自己为中心的愚蠢行为，主张遵循自然规律来维持生态平衡。

（三）诗意和谐：心灵与自然融洽的生态理想

老子还将"常心"和"常道"交汇起来，并赋予其"诗"的意蕴，即心灵与自然的和谐。老子认为，这一交汇的途径就是回归自然，建立心灵与自然和谐的理想国度。《道德经》第八十章揭示了老子的理想国度就是"小国寡民"，百姓"甘其食，美其服，安其居，乐其俗"。老子"小国寡民"的思想并不是前人所说的倒退，或者有些人认为的反文明行为，而是一种走向乡野山

---

① 王诺：《欧美生态文学》，北京：北京大学出版社，2003年，第50页。
② 潘显一、李裴、蔡华：《道教美学笔谈录》，《世界宗教研究》，2003年第2期。

林，追求心灵的和平安宁，与自然和谐相处的诗意生活。如果人们用一颗平和的心去对待自然，那么人类和自然就会相处融洽，人们就会感到快乐，美和诗意就产生了。"永嘉时贵黄老"，魏晋"玄学"就是在老子思想的影响下兴起的，人们寄情山水，大自然的一草一木都成为诗人情感的象征物，如嵇康《四言赠兄秀才入军诗 其一》："鸳鸯于飞。肃肃其羽。朝游高原。夕宿兰渚。邕邕和鸣。顾眄俦侣。俛仰慷慨。优游容与。"其心境和自然相互契合，任情率性，诗意盎然。老庄的天人合一说，就认为人体各部分与天地相符相应，人的精气与天地相通相感，因为人类诞生、成长于天地之间，其生理和精神皆与自然息息相关。人赋有自然之气，自然也被赋予喜怒哀乐之情。正像先秦的元气论认为的，"人与物类，节禀一元之气而得生成"，人与天地不仅同源，而且同构同律，因而有"人身一小天地，天地一大人身"① 的说法。这种人与自然和合的诗意关系，在当今生态环境重建中具有重要的审美意义。

二、老子生态美学观对审美批评的启示

老子生态观所展示的审美理想，也是生态文学所追求的。生态文学要求作家不仅要以社会的、文化的尺度，也要以自然的尺度去追求文学的真善美。老子以自然生态的角度去审视自然万物的生态思想，对生态文学的审美批评同样具有启示意义。

（一）审美创造：书写自然和自然书写

老子在"常道"中强调"自然无为"，即顺其自然，追求原生态的自然美，这种思想对创作内容和创作主体产生了不同的影响。从外在来说，它要求书写自然；从内在而言，它要求自然书写。内在自然和外在自然是和谐统一的关系。

书写自然，让我们的创作视角更多地转向关注自然。"自然美"是道家美学中最有意味、最具代表性的内容。"人法地，地法天，天法道，道法自然。"道家所谓的"道"是自然生态规律和自然本源之物，自然之所以美，是因为符合自然生态的规律，凡符合生态规律，符合自然之和谐就是生态之大美。中国古人欣赏自然美，用山水画和田园诗来传达这种美感，都蕴含着道家的观念。他们把作为支配对象的自然转为书写对象、情感对象，以此表现喜怒哀

---

① 潘显一、李裴、蔡华：《道教美学笔谈录》，《世界宗教研究》，2003 年第 2 期。

乐。《诗经·小雅·采薇》中"昔我往矣，杨柳依依；今我来思，雨雪霏霏"，诗人将抒情融化于景物描写之中，将征夫久役归来又喜又悲的情感表现得既生动又真切，意境之美卓然彰显。因此，表现自然，阅读自然，进而欣赏自然，保护自然，这是老子生态思想对当今生态文学思维的一个启发。

自然书写，不去追求功利目的，遵循自然规律的生态书写。这是一种去掉功利心的"无为而无不为"的审美创造行为，"无为"即不要按照自己的意志强行改变自然规律，不要去追求功利目的；"无不为"即我和自然规律相互协调，从自然中感受它的生命、自在、自由，获得心理美感，达到物我交融、相通相谐的境界。总之，审美创造就是不去表现自己却自己把自己表现出来，实际上老子所昭示的是一种任情率性、顺应自然的生态美学观，与康德"无目的的合目的"审美原则是相通的。由此可见，这种自然书写的审美创造是一种对现实功利的超越，是主体心灵高度自由的表现。

（二）审美过程：异质同构与二重对话

老子生态整体观中"道生一，一生二，二生三，三生万物"的观点，强调的是天地万物都体现"道"的本质，因此体道之美和审道之美才成为可能。文学接受成为可能并产生共鸣，也是因为读者和作家的情感是相通的。莎士比亚的作品之所以成为世界经典，就在于他用独特的形式为我们传达了人类共同的情感——亲情、友情、爱情……人类的情感是互通的，所以创造主体和接受主体可以进行情感交流和对话。既然万物都奉行一个"道"，那么不仅人与人可以对话，人与自然同样也可以对话。现代文艺学家阿恩海姆把格式塔心理学引入审美和艺术，提出了"异质同构"[1] 说，在人与自然的网络中，物质的物理活动机制与人体的生理活动机制、人的大脑心理活动存在"同一性"关系。比如"波涛汹涌"的自然景色和刚健雄浑的"歌声"，与激扬澎湃的心绪具有同一性。这种异质的东西，在"力的结构图式"[2] 上可以具有一致的倾向，不论是在我们心灵中还是在自然现象中，推动我们情感活动起来的力和用于整个宇宙的普遍性的力，实际上是同一种力。引申开来，人的心理情感也是一种力的表现形态，它与自然所蕴含的力的结构有着紧密的联系，这在某种意义上与老子的天地万物同源于"道"所以"天人感应"的美学观是相通的。因此，艺术创造就是从自然中提取与自己心理相谐的景物，作为表现情感的特定媒

[1] ［美］阿恩海姆：《艺术与视知觉》，朱疆源译，成都：四川人民出版社，1998 年，第 67 页。
[2] 同[1]，第 68 页。

介，让读者观景知情。如柳宗元的《江雪》："千山鸟飞绝，万径人踪灭。孤舟蓑笠翁，独钓寒江雪。"这首诗描绘了一幅寒江独钓图：寥廓静寂的江面上，一叶孤舟，一个渔翁，独自在寒雪中垂钓。但我们分明读出了诗人试图摆脱世俗、超然物外、清高孤傲的灵魂。在诗中，自然景物、诗人心境和读者情感形成了某种同构性，因而产生了情感的共鸣。

由此可见，有成效的生态文学阅读其实是一种"二重对话"的形态。首先我们要与作品中的自然景物对话，去把握景物背后所蕴藉的情感，由此产生"同情"作用；然后再隔空与作者对话，交流探讨彼此的体悟和发现。例如阅读梭罗的《瓦尔登湖》，我们可以先同其笔下的草木鸟鱼对话，去把握它们的自在自得带给我们的那种宁静和谐的情感体验；再去探索作家蕴藉其中的意蕴，体悟作者厌弃奢华物事、向往简单生活的生命追求。因为我们分享了同一个"道"，所以才能对作者所传达的热爱自然生活之情感同身受，并且怦然心动。读马致远的《天净沙·秋思》也是这样："枯藤老树昏鸦，小桥流水人家。古道西风瘦马，夕阳西下，断肠人在天涯。"整首小令几乎都在描绘自然之景，看起来只是物象的堆叠，却传达了浓重的情感。第一重对话是我们与自然物象的对话，这些萧索景物中所蕴含的苍凉之感和落寞之情，让我们感同身受；第二重对话是与作者的对话，作者为什么这么落寞和愁苦，为什么"断肠人在天涯"？在这种追问中达到了接受者与作者的情感交流，由此获得了丰富的审美回味。

（三）审美心境：深沉体验与静照内心

老子在"常心"中强调"少私寡欲"和"赤子之心"，希望摒弃功利，进入"心斋""坐忘"之境，从而获得生命的高度自由，"能乘天地之正，御六气之辨，以游无穷"。审美心境也是如此。首先是"少私寡欲"无功利性的，诚如康德所言，"美是无一切利害关系的愉快对象"，"对于美的欣赏的愉快是唯一无利害关系的和自由的愉快"。对于生态文学更是如此，不论作家创作还是读者接受，都没有直接的功利诉求，否则就得不到美的享受，也体验不到自然的生态美和生命的自由美。其次是要用"赤子之心"涤荡杂念，心如明镜，这样才能映照大道，这就是审美中的"静照"。宗白华说："静照的起点在于空诸一切，心无挂碍，和世务暂时绝缘。这时一点觉心，静观万象，万象如在镜中，光明莹洁，而各得其所，呈现它们各自的充实、内在的、自由的生命，所谓万物静观皆自得。这自得的、自由的各个生命在静默里吐露光辉。苏东坡诗云：静故了群动，空故纳万境。"①"静照"内心，是一种内审美体验，是物我为一的静心观照。它让你忘掉自己，融入自然，此时的物已不是原来之物，而是饱含情感的"象"，观物取象，也是艺术创造的原则。如王维的《辛夷坞》一诗："木末芙蓉花，山中发红萼。涧户寂无人，纷纷开且落。"寥寥数笔，只见一幅寂寥的山间图景：芙蓉花寂寞开落，无人赏其芳容。寂寞开落的"芙蓉花"，寂无人的"涧户"，构成了寥落的意象，当我们静照内心，体悟到这种"寥落"时，惆怅和感伤就扑面而来了。

由此可见，美本来就存在于人和自然的关系里，当我们进行审美体验时，天人合一，物我两忘，和谐共鸣，美就产生了。可以说，老子的生态美学观，启发我们通过生态文学作品去感受生态自然和生态精神的独特魅力，去倾听自然和心灵对话的和谐乐章，从而达到净化心灵、绿化思维、维护生态平衡的积极目的。可以说，这就是老子的生态美学观在生态文学审美批评中的独特意义。

（作者单位：泉州师范学院文学与传播学院）

---

① 宗白华：《美学散步》，上海：上海人民出版社，1981 年，第 4 页。

魏晋名士文化浸润下的状物文学

林朝霞

状物文学，顾名思义，即以外在自然物象、气象、器物为主要对象的文学作品。从汉末到魏晋南北朝，状物文学繁盛了数百年，从兴起到繁盛，促成了文学的一个既关注外在世界又指向内心哲思的特殊时代。而这个时代的到来，名士文化居功至伟。

一、状物文学的特点

自诗经时代开始，中国文学已十分擅长有选择地描绘客观物象，如"关关雎鸠，在河之洲""桃之夭夭，灼灼其华""蒹葭苍苍，白露为霜""瞻彼淇奥，绿竹猗猗"，等等，但并未形成真正意义上的状物文学。原因是，诗歌描写客观物象的目的在于起兴，借此展开人物活动的空间氛围，起到烘云托月、渲染情境的作用；或者通过象征隐喻手法来比拟人物的内心，达到抒发情感的目的。因此，此类作品关注的焦点是人，而不是物，属于抒情文学，而非状物文学，正如叶嘉莹所言："三百篇所写者仍毕竟是以情志为主体，而并不以物为主体，所以'三百篇'虽然亦有鸟兽草木之名，但却不能目之为咏物之诗篇。"① 屈原《橘颂》是较早的状物名篇，以橘为重点，刻画了它生于南国、守土不迁、色泽鲜润、终岁常青、苏世独立的形象，赋予了它鲜明的人格特征。《四库全书总目·咏物诗提要》指出："昔屈原作《橘颂》，荀况作《蚕赋》，咏物之作萌芽于是。"②

从汉魏至南北朝是状物文学的繁荣和鼎盛时期，作品数量、写作水平、艺

---

① 叶嘉莹：《〈灵溪词说〉续十七》，《四川大学学报》，1986 年第 4 期。
② 《四库全书总目·咏物诗提要》，北京：中华书局，1965 年。

术审美均有了长足发展。明代胡应麟指出，"咏物起自六朝，唐人沿袭"①；王夫之亦指出，咏物作品"齐梁始多有之"②；清代俞琰指出，"咏物一体，《三百》导其源，六朝备其制，唐人擅其美，两宋、元、明沿其传"③。

（一）状物技巧日趋丰富

状物文学不是用零星的笔墨来描绘物象，以达到起兴的目的；而是花大篇幅、大笔墨来细腻刻画出物象的形态、特征、变化、环境，以达到状物的目的。汉魏以后，状物文学尤其是状物赋快速发展。作家们写作技巧趋于成熟，能够对物象进行时空、动静、局部与整体相结合的全方位摹写，创作出了大量优秀作品。

以谢庄《月赋》为例，全文描绘了从白露之夜月光微露到明月当空的变化过程，"白露暧空，素月流天""气霁地表，云敛天末，洞庭始波，木叶微脱。菊散芳于山椒，雁流哀于江濑。升清质之悠悠，降澄辉之蔼蔼。列宿掩缛，长河韬映，柔祇雪凝，圆灵水镜。连观霜缟，周除冰净"，烘托出清辉之夜洞庭湖畔木叶纷飞、菊椒飘香、飞雁哀鸣的静中有动、唯美而又凄清的环境氛围。文中虚拟性地刻画了曹植和王粲两个人物，但他们只是作为月亮的观察者、咏叹者存在，并非作品表现的重点。全文对仗工整、文笔华美、烘托到位，显现了极高的艺术水平。

（二）写作范围大为拓展

汉魏以后，状物文学不仅数量激增，而且写作范围有了较大拓展，可分为自然类（风、雪、月等）、植物类（柳、橘、槐、迷迭等）、动物类（鹦鹉、鸮、鹰等）、器物类（琴、洞箫、扇、围棋、镜等）、饮食类（酒）等。

据杨集熠统计，从汉至南北朝时期的状物赋经历了由盛及衰的过程，其中汉代有状物赋20篇；汉末建安有53篇，大幅上涨；两晋有143篇，盛况空前；南朝有41篇，北朝基本没有，具体分布情况见图1④。于志鹏通过数量统计来证明南朝皇族对状物赋的钟爱。梁武帝存赋4篇，其中咏物赋1篇，占比25%；梁简文帝存赋23篇，其中咏物赋10篇，占比43%；梁元帝存赋8篇，其中咏物赋3篇，占比37%；竟陵王萧子良有赋1篇存世，即咏物赋《梧桐赋》；昭明太子萧统有赋6篇，其中咏物赋5篇，占比83%；萧子晖有赋2篇——《冬

---

① 胡应麟：《内编》，《诗薮》（卷4），上海：上海古籍出版社，1979年。
② 王夫之：《姜斋诗话》（卷下），《清诗话》，上海：上海古籍出版社，1978年。
③ 俞琰：《咏物诗选》（自序），清雍正二年（1724年）宁俭堂刻本卷首。
④ 杨集熠：《汉唐同题咏物赋研究》，湖南师范大学硕士学位论文，2018年。

草赋》《反舌赋》，全为咏物赋；萧和存赋 1 篇，即咏物赋《萤火赋》①。

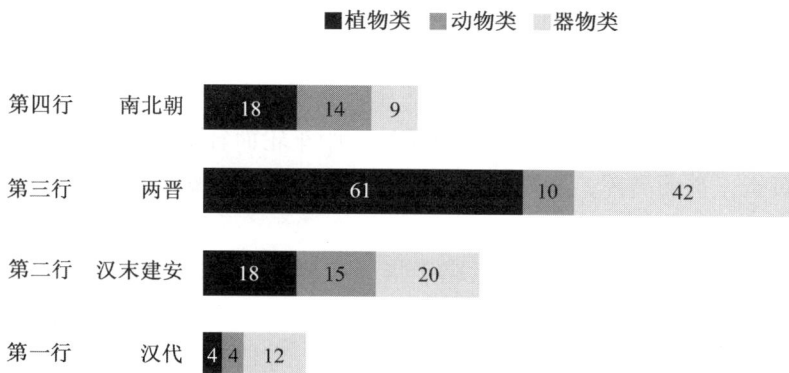

图 1　从汉到南北朝状物赋的分布情况图

（三）审美范式被打破

魏晋以后的状物文学开启了审丑先河，如将鸮（猫头鹰）、蜘蛛、乌鸦、螳螂、鸱鸮、虾蟆、蝉、萤火虫、蜉蝣、蚍蜉等常被视为卑微、低贱、丑陋或不吉利的事物作为表现对象，加以聚焦描摹，甚至打破原有的思维和审美范式，将其作为礼赞对象，揭示其身上蕴含的高贵品质、深邃内涵和批判价值。名士的状物书写为中华美学的发展另辟蹊径，比西方审丑观念的出现早了千余年。西方直至罗丹雕塑作品《欧米埃尔》的诞生，方才正式拉开了审丑艺术的帷幕，1853 年罗森克兰兹《丑的美学》才将审丑作为美学范畴加以理性研究。

晋成公绥有俊才，尤擅辞赋，能别出心裁、得心应手地将至高至伟之象与至卑至微之物都作为书写的对象，显示出高超的"铺采摛文，体物写志"（《文心雕龙·诠赋》）之能耐。他的《天地赋》纳万象于笔端，抚天地于一瞬，诸如日月代序、星宿列张、河汉委蛇、风驰电掣、云霓氤氲、望舒弥节、义和正辔、山岳磊落、沧海沉溶、万国罗列、九州并立、连城比邑、康衢交路……意象绵密、色彩绚丽、场面恢宏、气势磅礴，给予世人排山倒海、惊心动魄的审美冲击力。如果说《天地赋》是流光溢彩的美文，那么《蜘蛛赋》《螳螂赋》《乌赋》则是审丑的典范之作。这些作品有的已经散佚，有的收录在其他类书中，仅剩残章断篇，但仍是妙语连珠，妙趣横生。

---

① 于志鹏：《贵族化与唯美化——南朝咏物赋略论》，《许昌学院学报》，2019 年第 1 期。

《螳螂赋》生动描绘了"螳螂捕蝉，黄雀在后"的场面，既刻画了螳螂捕飞蝉、蟪蛄时的奋勇、迅猛，又写出了螳螂被黄雀伺机吞服疗饥的无奈、可怜，揭示主宰他人命运者可能会被更高的存在所主宰的道理。"寻乔木而上缀，从蔓草而下垂。戢翼鹰峙，延颈鹄望。推翳徐翘，举斧高抗。鸟伏蛇腾，鹰击隼放。俯飞蝉而奋猛，临蟪蛄而逞壮，距车轮而轩鬐，固齐侯之所尚。乃有翩翩黄雀，举翮高挥，连翔枝干，或鸣或飞。睹兹螳螂，将以疗饥，厉嘴胁翼，其往如归。"①

《蜘蛛赋》写出了蜘蛛设网盘踞于华屋广厦之中、以逸待劳、君临天下的气势。"独高悬以浮处，遂设网于四隅。南连大庑，北接华堂。左凭广厦，右依高廊。吐丝属绪，目引结纲。纤罗络漠，绮错交张。云举雾缀，以待无方。"②

《乌赋》反对祯祥妖孽征兆之说，反其意而行之，赋予乌鸦吉鸟、孝鸟之美称，比之君子。"惟玄乌之令乌兮，性自然之有识，应炎阳之纯精兮，体乾刚之至色。望仁里之回翔兮，翩群鸣以拊翼。嗟自托于君子兮，心虽迩而不逼。"③

（四）同题赋大量涌现

状物文学的创作者众多且经常出现同一题材被一个时代或者不同时代的人反复创作的情况，使得同一题材不断涌现新意。

杨集熠在《汉唐同题咏物赋研究》④ 中对同题咏物赋做了详细统计，以琴赋为例，两汉时期已涌现了刘向的《雅琴赋》、马融的《琴赋》、傅毅的《雅琴赋》和蔡邕的《弹琴赋》，到了魏晋时期又有了嵇康和闵鸿的《琴赋》，"诗无达诂"，每个创作者从不同的立意和情感出发，给予琴不同的意义阐释。酒赋也是常咏常新的题材，邹阳、杨雄、王粲、曹植、嵇康等人均有佳作问世。曹植说，酒能使"质者或文，刚者或仁。卑者忘贱，窭者忘贫。和睚眦之宿憾，虽怨仇其必亲"。

（五）借题发挥成新意

屈原《橘颂》奠定了状物文学的兴寄传统。贾谊《鵩鸟赋》以鵩鸟（猫头鹰）之言来劝慰自己乐天知命、随遇而安，将哲理阐述融入状物文体之中，

---

① 欧阳询，等：《艺文类聚》卷97，李昉，等：《太平御览》卷946。

② 李昉，等：《太平御览》卷948，，孙雍长、熊毓兰校点，河北教育出版社，1994年，第604页。

③ 徐谦益：《初学记》卷30《鸟部》。

④ 杨集熠：《汉唐同题咏物赋研究》，湖南师范大学硕士学位论文，2018年。

"且夫天地为炉兮，造化为工。阴阳为炭兮，万物为铜。合散消息兮，安有常则"①，以求自适，被闻一多誉为"哲学之诗"。魏晋南北朝时期，这种兴寄传统得到了进一步发扬光大，名士们常常借助咏物文学来咏怀、言志，讽喻现实或阐发哲理。

祢衡《鹦鹉赋》以光艳靓丽、机警聪慧、能言善辩的鹦鹉比喻志行高洁、个性桀骜、芳名远播的才子处士，并以鹦鹉被网罗、豢养甚至宰杀的命运，来喻指处士们身逢乱世不得自由、不能主宰自己命运的悲凉境遇。作者借鹦鹉传达心声，为无数生不逢时、明珠暗投的英才们掬一抔同情的眼泪，"闻之者悲伤，见之者陨泪。放臣为之屡叹，弃妻为之献欷"。

二、状物文学兴盛的时代原因

魏晋南北朝状物文学的兴盛，与名士这个独特创作群体的涌现有关。名士历代都有，但于魏晋南北朝时期方才作为特殊的文化群体登上历史舞台集体亮相，他们的思想意识、价值追求、主体情感渗入状物文学的创作中，促成了状物文学独特的时代特征。

（一）从人世到自然的思想转变

从人世到自然、由内在向外在的思想转变，推动了状物文学的发展。名士除了关注人的世界和现实社会之外，还积极探寻更广阔的自然世界、宇宙万物，推动了状物文学的兴盛。名士在儒家思想体系外思索世界的本源、人与自然的关系，既推动了道家显学化、玄学潮流化，又促成了状物文学的书写热潮。

先秦时期，《诗经》《楚辞》中已出现了大量香草花木、珍禽鸟兽的意象，但以起兴、象征为主要功能，重点放在抒情和言志上，文学关注的核心是人（社会）而非物（自然）。以《离骚》为例，全文出现了江离、辟芷、秋兰、申椒、菌桂、薜荔、宿莽、留夷、揭车、杜衡、芳芷、蔓茅、茹蕙、木兰、秋菊、芰荷、芙蓉、荃、琼枝等香草花卉之名，数量极多，却没有被细致描摹、刻画，具有强烈的象征意味，寄予了屈原的道德理想。因此，这种"香草美人"的书写传统并不属于真正的状物文学。到了汉代，汉赋中已有不少状物作品，《文心雕龙》评它"铺采摛文，体物写志"。但是，这类状物作品主要

---

① 贾谊：《鵩鸟赋》，《文选》（第二册），上海：上海古籍出版社，1986年，第607页。

表现皇家宫殿之宏伟壮丽、天家畋场之广袤丰饶、大国上都之繁华富庶，突出社会之景象，而非自然之物象，旨在歌颂皇家气派、天子威严、国家强盛，带有宏大叙事的鲜明特点。贾谊《鹏鸟赋》是状物类抒情小赋的开篇之作，细致刻画鹏鸟形象，"止于坐隅兮，貌甚闲暇"，同时将其人格化，以阐发祸福相倚的哲学观点。汉末以后，国家离乱、社会动荡、儒家意识形态中心地位动摇，离经叛道的名士大量涌现，掀起了反传统、反世俗、反群体的思想浪潮，将目光从人间移向自然、万物、宇宙，写花草树木、虫鸟禽兽，写日月星辰、山川河流，写雨雪风霜、四季变化，也写琴棋书画、蔬果茶酒，扩大了文学的表现题材，突出哲思、意趣和审美，为山水田园诗、花鸟和山水画的出现做了铺垫。名士对人世之外世界的钟情，让中国山水画、田园诗、花鸟图的繁荣比西方早了千余年。"晋人向外发现了自然，向内发现了自己的深情。"

据统计，六朝时期植物赋有 188 篇，包括树木（梧桐、槐、柳、松柏、桑、竹）、瓜果（葡萄、安石榴、木瓜、樱桃、枣、栗）、花卉（芙蓉、菊花、迷迭）、草（蓍、艾）、粮食（麦、荞、黍）等。植物赋中不乏礼赞生命短促而脆弱的作品，如日出而盛、日落而殒的朝菌（又称木槿、舜华、朝华），卢谌、傅玄、傅咸、嵇含、夏侯湛、成公绥、潘岳、潘尼均为其作赋，为朝生暮落者唱一曲生命的挽歌；如随波逐流、随遇而安的浮萍，夏侯湛观浮萍澹淡顺流、雍容随风、无根无蒂、倏往忽来之情态，联想到孤臣矢志奉国但不得不受排挤而摇荡，又借浮萍出水立枯的结局表达士子失据身枉的感慨；又如芜阶翠地、绕壁点墙的青苔，江淹《青苔赋》对崖壁、春塘、青郊、芜阶、断墙处的青苔进行了细致白描，感其幽闭、卑下、阴湿之处境，有玉玦深埋、英雄无用之叹。

（二）从实用主义向审美主义的价值转变

从实用主义向审美主义的价值转变，推动了状物文学的繁荣。儒家注重实用理性，强调文学的实用价值、社会意义和国家意识形态功能。曹丕提出"文章经国之大业，不朽之盛事"的观点，倾向于泛文学化的主张，对"为艺术而艺术"的纯文学重视不够。而名士崇尚无用、无为，兴之所至，或放声长啸，或击节高歌，或偶为游戏之作，其所作状物作品大多偏重自然和生活意趣，轻视社会教化功用，实则带动文学向审美本质的回归。以生活器物为例，儒家注重物尽其用，反对"玩物丧志"，即"以器物为戏弄则丧其志"，而名士则把美食、美器、美物作为审美对象，不仅不回避，而且乐此不疲。

首先，名士能写自然物象之美和晨昏四时变幻之妙，如郭璞在《江赋》

描绘道"呼吸万里，吐纳灵潮。自然往复，或夕或朝。激逸势以前驱，乃鼓怒而作涛"①，渲染了大江排山倒海之势和雷霆万钧之力，歌颂浩荡雄奇之美；又如萧和《萤火赋》刻画出一幅唯美的良宵草萤图，"乍依栏而回亮，或傍牖而舒光，或翔飞而暂隐。时凌空而更扬，竹依窗而度影，兰因风而送香……入元夜而光净，出明灯而色幽。时临池而泛影，与列宿而俱浮"，烘托出微萤夜翔，或明或暗、或亮或灭之间，给披书夜读者带来的无限逸趣。

其次，名士能写生活器物之美和赏玩博雅之乐。据统计，汉魏六朝时期器物赋共计186篇②，囊括屏风、几案、熏笼、灯烛、席簟、羽扇、乐器、文具、棋具、梳枇、雀钗、樗蒲、漏刻、镜台等，充满了对日常生活的关注和雅趣。如马融在《围棋赋》中将围棋这一日常游戏描摹得分外生动："略观围棋兮，法于用兵。三尺之局兮，为战斗场"，展现围棋博弈中攻伐退避、调兵遣将的乐趣；又如嵇康在《琴赋》中描绘琴的选材、调制、弹奏等，凸显琴与自然、人心、情境的内在关联，"含天地之醇和兮，吸日月之休光"，表现琴在三春之初、华宴之上、太山之巅、清流之畔等不同情境下，在忠臣、孝子、淑女、雅士、贞人、高士等不同人的演绎下所展现的无穷表现力。

最后，名士亦能写异域器物之美和风土人情之异，如玛瑙勒子和砗磲碗为西域传入中原的奇珍异宝，曹丕、王粲、陈琳、应玚都曾作《玛瑙勒赋》《砗磲碗赋》，怀有好奇之心赞叹西域玛瑙勒子和砗磲碗的瑰丽色泽和纹理。潘尼作《玻璃碗赋》《玳瑁碗赋》，亦将时兴新奇之物纳于笔端。

（三）从关注外物到物我融通的情感转变

从关注外物到物我融通的情感转变，推动了状物文学的升华。名士因其包容的思想、开阔的视野和多样化的审美，将文学书写对象扩展为目之所及、心之所感的万事万物，带来了状物文学的繁荣。同时，他们也不拘泥于外在物色、景象的客观描绘，而是将自己的政治理想、批判意识、价值判断、情感经验融入状物作品中，情感上完成了从我到物再到物我融通的螺旋式上升过程。刘勰《文心雕龙》对此类作品的评价是"应物斯感，感物吟志"。

从内在看，名士的状物文学具有无目的的合目的性。名士摒除了文学的道德教化、国家叙事、意识形态规训等社会功能，回归审美，凸显了超然脱俗的

①　郭璞：《江赋》，《文选》（第二册），上海：上海古籍出版社，1986年，第559页。
②　黄雅京：《汉魏六朝器物赋研究》，湖南师范大学硕士学位论文，2012年。据其统计，西汉15篇，东汉21篇，魏23篇，吴8篇，西晋64篇，东晋19篇，宋1篇，梁20篇，陈9篇，后周6篇。

文学精神。这种超然绝不等同于无知、无识、无情，而仅仅是疏远了群体性经验，唤醒了个体化情感，从而也造就了自由挥洒、独抒性灵的状物文学。因此，状物文学没有政治目的性，但却符合个体审美和自由意志的目的性。庾信《枯树赋》是六朝状物赋的典范之作，通过昔时婆娑、依依汉南的佳木到如今凄怆摇落、生意已绝的变化，表达了年华易逝、人生易老、枯荣有时、羁旅行驿、乡关难再的个体生命愁思。但因为该作品摒除了时代政治诉求，从而通过个体感怀抵达有关人类死亡和离别的永恒命题，因而引起最普遍的情感共鸣。

从外部看，状物文学也是社会高压环境下名士自我意识和个体情感的曲折表达。从汉末到南北朝，中国延续了三百余年南北割据、华夷纷争、战争连绵、政权林立、秩序瓦解、道德失范的混乱局面。西晋灭蜀吴，开创了大一统的短暂局面，但缺乏政权合法性，强拉过伪道学的遮羞布来欺世盗名，或制造政治高压来钳制世人之口，亦无法重新确立儒家礼乐秩序。真假、善恶、美丑一切全都颠倒错乱的世界，触动了名士们的批判热情，但他们又缺乏安定社会、清明政治的基本保障，褒贬立场往往要付出个体乃至族群生命的代价。因此，不愿意噤若寒蝉的名士们选择了借状物文学曲折表达心意的做法，将体物、言志、说理、抒情融为一体，在物我交融中为作品注入更加饱满丰富的内涵。

据程章灿在《魏晋南北朝赋史》中的统计，汉魏六朝时期动物赋有 160 余篇。众多动物赋的涌现，是这个时期值得关注的文学现象。从情感态度上分，动物赋可分为两类。一类是褒扬和同情的对象，如孙楚笔下"据长条而悲鸣"的寒蝉，左芬笔下"应晨风以悲鸣"的孔雀，曹操笔下"期于必死"的鹖鸡，曹植笔下"挂微躯之轻翼，忽颓落而离群"的孤雁，祢衡笔下"音声悽以激扬，容貌惨以憔悴"的鹦鹉，张华笔下"委命顺理，与物无患"的鹪鹩，鲍照笔下"钟浮旷之藻质，抱清迥之明心"的白鹤，王粲笔下向隅敛翼、向往自由的笼中之莺，均是名士品格、志向、节操、生命境遇的真实写照，或表达他们怀才不遇、难觅知音、飘摇失侣的现实悲怀，或抒发他们对形单影只、下场悲凉之无辜者的深切同情，或寄托他们渴望自由、恬淡无为、遗世独立的美好梦想。另一类是鄙夷和鞭挞的对象，带有强烈的讽喻色彩，如阮籍笔下个性褊狭、巧言令色、惺惺作态、人面兽心的猕猴形象（《猕猴赋》），罗宗强认为此赋嘲讽了"干进的邪佞之徒"①；如元顺《蝇赋》描绘"寡爱芳

① 罗宗强：《玄学与魏晋士人心态》，天津：天津教育出版社，2005 年，第 119 页。

兰，偏贪秽食"的苍蝇，针砭祸国殃民的谗贼；又如曹植《蝙蝠赋》刻画"形殊性诡，每变常式。行不由足，飞不假翼""不容毛群，斥逐羽族。下不蹈陆，上不凭木"的蝙蝠，鞭挞政治场上诡诈多变、见风使舵、行无常则的骑墙派、墙头草。总之，动物赋大多采用了托物言志或讽喻的手法，贯穿起主客观世界。

三、状物文学的演化

魏晋南北朝是中国状物文学的奠定和繁盛时期，向上承接诗、骚的香草美人书写传统，向下则一脉发展成着重描绘宫廷器物和生活场景的宫体诗，另一脉则分化出描摹更为广阔的生活和游历图景的山水诗、田园诗、边塞诗等。

（一）从赋到诗

从表现形式上看，状物文学呈现出从骚到赋、再到诗和文之迭代更替的过程。"凡一代有一代之文学：楚之骚，汉之赋，六代之骈语，唐之诗，宋之词，元之曲，皆所谓一代之文学。"魏晋南北朝处于汉唐之间，正是赋极盛到诗兴起的时代，所以这个时期的状物文学以赋和诗为主要表现形式，并逐步由赋过渡到诗，"南朝诗风胜于赋风，直接造成了这两种文体在表现领域的变化，即题材内容的互为消长"①。

从咏物赋来看，它初兴于汉，发展于魏，极盛于晋，南北朝之后渐趋衰微。咏物赋至南朝逐渐骈文化、精致化，以四六言为主，对仗工整、音韵调和、意象绵密、用词整丽、描绘细腻，很能体现当时的审美理念。谢庄《月赋》在遣词造句、对仗押韵、意象选择上十分讲究，具有极高的艺术性。名士咏物，大多首选赋体。魏收曾言："会须作赋，始成大名士。"② 从唐宋到明清甚至20世纪初期，状物赋虽不再形成大规模的写作热潮，但仍不绝如缕。清初李光地作《眼镜赋》、纳兰性德作《自鸣钟赋》、章桂馨作《电报赋》，满怀热情书写西洋新器，应该说，正是延续了这种状物传统。

从咏物诗来看，它兴起于汉魏，发展于两晋南北朝，成熟于齐梁，从乐府古诗到拟乐府诗，从四言诗到五言诗再到七言诗，追求清新自然的文风，逐步取代咏物赋的地位。

---

① 王琳：《六朝辞赋史》，哈尔滨：黑龙江教育出版社，1998年，第23页。
② 浦铣：《历代赋话校正》，何新文、路成文校正，上海：上海古籍出版社，2007年，第61页。

首先，魏晋名士拟诗经、乐府创作四言咏物诗，如曹操《观沧海》"秋风萧瑟，洪波涌起。日月之行，若出其中"，嵇康《四言诗》"朝翔素濑，夕栖灵洲。摇荡清波，与之沉浮"，陶渊明《归鸟诗》"翼翼归鸟，晨去于林。远之八表，近憩云岑"，摹物生动，古风盎然。

其次，五言咏物诗受过汉乐府的浸润，经过魏晋的发展（被刘勰称为"五言腾踊"），至南朝尤其是齐梁时期蔚为大观，书写对象遍及自然物象和生活器物，如乐府诗《枯鱼过河泣》"枯鱼过河泣，何时悔复及"、班婕妤《团扇歌》"裁作合欢扇，团圆似明月。出入君怀袖，动摇微风发"、刘桢《斗鸡诗》"丹鸡被华采，双距如锋芒"、陶渊明《拟古九首之四》"暮作归云宅，朝为飞鸟堂"、王粲《诗》"鸷鸟化为鸠，远窜江汉边"、司马彪《诗》"秋蓬独何辜，飘飘随风转"、张华《荷诗》"荷生绿泉中，碧叶齐如规"、陆机《园葵诗》"种葵北园中，葵生郁萋萋"、鲍照《咏双燕诗》"可怜云中燕，旦去暮来归"、吴均《咏宝剑诗》"照人如照水，切玉如切泥"、梁武帝《团扇歌》"手中白团扇，净如秋团月"。

最后，七言咏物诗脱胎于汉赋，经齐梁时期的形式探索，至唐宋臻于成熟。班固《竹扇赋》"青青之竹形兆直，妙华长秆纷实翼"、马融《长笛赋》"近世双笛从羌起，羌人伐竹未及已"已具七言雏形；曹丕《燕歌行》堪称七言鼻祖，为齐梁七言咏物诗的发展奠定基础。

据周淑萍统计，刘宋一朝，咏物赋 40 首，咏物诗 34 首，两者旗鼓相当；齐，咏物诗 39 首，其中五言诗 38 首；梁，咏物诗 335 首，七言诗得以发展；陈，咏物诗 108 首，以五言为主。[1] 据申东城统计，齐梁咏物诗 385 首，初唐咏物诗 432 首，再臻繁荣。[2]

从咏物散文来看，它经历唐宋时期的探索和积淀，至明代蓬勃发展，逐步取代渐趋规整化、格律化的咏物诗，成为咏物文学的主要表现形式，代表作有张岱的《白洋潮》、归有光的《项脊轩志》等，其优点是细节更为生动，情境更加自然。

（二）从誉到讽

从情感取向上看，咏物文学兴起之初以赞誉为主，随后则嬉笑怒骂皆可成文。

---

① 周淑萍：《论魏晋南北朝咏物诗》，山东大学硕士学位论文，2006 年。
② 申东城：《齐梁初唐咏物诗比较论》，安徽大学硕士学位论文，2005 年。

咏物文学首兴于汉。纵观汉朝一代,咏物文学承继诗、骚起兴传统,熔铸儒家天人合一思想,以物喻人,以物性比德,旨在托喻,隐含价值评价和道德赞誉,立意比较单一。汉代咏物文学开创了自然景物、动植生物、生活器物等多个书写种类,借"咏物之酒杯"浇"以物喻德"之块垒,歌颂帝王、君子的美德,肯定儒家积极入世的价值取向,起到"劝百讽一"的作用。公孙诡在《文鹿赋》中写文鹿从山林到梁园,借文鹿之口吻"叹丘山之比岁,逢梁王于一时",感怀梁孝王知遇之恩。刘安《屏风赋》描绘孤陋之木变成华屋屏风的过程,自诩"不逢仁人,永为枯木",表达英才逢良主而用的思想。杨雄《酒赋》中对比瓶和鸱夷(酒囊),赞誉鸱夷"出入两宫,经营公家",有国器之用。班固《竹扇赋》写扇美且固,比喻士子效忠君王,又象征君王寿考无疆。还有《柳赋》"内荫我宗,外及有生"、《几赋》"君王凭之,圣德日跻"、《灯赋》"以夜继昼,烈者所依"均宣扬积极入世、为圣主所用的思想。

到了汉末魏晋,儒家文化式微,咏物文学承载的价值引导和道德教谕功能减弱。同时,名士随着自由意识的觉醒开始离经叛道,加剧了对黑暗社会的反思和不满,更多地赋予咏物文学以批判性的功能,"愤世嫉邪意,寄在草木虫"(梅尧臣语),从而使得咏物文学更加地异彩纷呈。汉末以后,越来越多的名士借咏物文学抒发愤懑之意、不平之声。曹植《蝙蝠赋》《鹞雀赋》、徐干《玄猿赋》、阮籍《狝猴赋》、王延寿《王孙赋》、元顺《蝇赋》、卢元明《剧鼠赋》等借咏物之机,极尽讽喻之能事,讽时政、嘲权贵、刺奸佞,形成了咏物文学中的"寓言体"。

后世,这种咏物寓言体得到发扬光大,诸如欧阳修《憎苍蝇赋》《骂尸虫文》《宥蝮蛇文》《黔之驴》、李商隐《虱赋》《蝎赋》、刘克庄《诘猫赋》、洪咨夔《烘虱赋》、苏轼《黠鼠赋》、杨慎《蚊赋》,不胜枚举。

(三)从物到境

咏物文学诞生之初,篇幅普遍较短,以摹物为主,详细刻画所咏之物产生、发展及变化过程,达到揭示物性或托物言志的目的。随着咏物文学的成熟,它的篇幅逐步增长,从"物的描摹"转向"境的刻画",即以摹写单一物品为主转向以刻画物品所处情境为主,增强了写实性、生动性。

以西汉公孙乘和南朝谢庄的同名《月赋》为例,前者重点写"月",表现月亮从升起到高照、由缺变圆的过程,中间插入议论"君有礼乐,我有衣裳""文林辩囿,小臣不佞",以皎洁月光来比喻君子之德;后者重点写"月夜",刻画白露之夜月亮变化所引起的情境变化,"白露暧空,素月流天""气霁地表，云敛天末，洞庭始波，木叶微脱。菊散芳于山椒，雁流哀于江濑。升清质之悠悠，降澄辉之蔼蔼。列宿掩缛，长河韬映。柔祇雪凝，圆灵水镜。连观霜缟，周除冰净"，烘托出清辉之夜洞庭湖畔木叶纷飞、菊椒飘香、飞雁哀鸣的静中有动、唯美而又凄清的环境氛围。谢庄的《月赋》文中虚拟性地刻画了曹植和王粲两个人物，但他们只是作为月亮的观察者、咏叹者存在，全文对仗工整、文笔华美、烘托到位，显现了极高的艺术水平。

> 月出皦兮，君子之光。鹍鸡舞于兰渚，蟋蟀鸣于西堂。君有礼乐，我有衣裳。猗嗟明月，当心而出。隐员岩而似钩。蔽修堞而分镜。既少进以增辉，遂临庭而高映。炎日匪明，皓璧非净。躔度运行，阴阳以正。文林辩囿，小臣不佞。
>
> ——公孙乘《月赋》
>
> 擅扶光于东沼，嗣若英于西冥。引玄兔于帝台，集素娥于后庭。朒朓警阙，朏魄示冲。顺辰通烛，从星泽风。增华台室，扬采轩宫。委照而吴业昌，沦精而汉道融。
>
> 若夫气霁地表，云敛天末，洞庭始波，木叶微脱。菊散芳于山椒，雁流哀于江濑。升清质之悠悠，降澄辉之蔼蔼。列宿掩缛，长河韬映。柔祇雪凝，圆灵水镜。连观霜缟，周除冰净。
>
> ——谢庄《月赋》

又如谢惠连《雪赋》用白描手法描绘了雪簌簌而下、纷纷扬扬时的不同情景，如雪花缤纷而下，铺天盖地，遇方为圭、遇圆成璧，万顷同缟、千岩俱白，瑶阶琼树、白鸟失色，美不胜收；也刻画了白日照耀下和夜月辉映中的不同雪景，如日光下冰天雪地熠熠生辉，犹如明珠出蚌、玉耀昆山。

> 若乃玄律穷，严气升。焦溪涸，汤谷凝。火井灭，温泉冰。沸潭无涌，炎风不兴。北户墐扉，裸壤垂缯。于是河海生云，朔漠飞沙。连氛累霭，掩日韬霞。霰淅沥而先集，雪纷糅而遂多。
>
> 其为状也，散漫交错，氛氲萧索。蔼蔼浮浮，瀌瀌奕奕。联翩飞洒，徘徊委积。始缘甍而冒栋，终开帘而入隙。初便娟于墀庑，末萦盈于帷席。既因方而为圭，亦遇圆而成璧。眄隰则万顷同缟，瞻山则千岩俱白。于是台如重璧，逵似连璐。庭列瑶阶，林挺琼树。皓鹤夺

鲜，白鹇失素。纨袖惭冶，玉颜掩婍。

若乃积素未亏，白日朝鲜，烂兮若烛龙衔耀照昆山。尔其流滴垂冰，缘霤承隅，粲兮若冯夷，剖蚌列明珠。至夫缤纷繁骛之貌，皓旰皦洁之仪。回散萦积之势，飞聚凝曜之奇。固展转而无穷，嗟难得而备知。

若乃申娱玩之无已，夜幽静而多怀。风触楹而转响，月承幌而通晖。酌湘吴之醇酎，御狐貉之兼衣。对庭鸥之双舞，瞻云雁之孤飞。践霜雪之交积，怜枝叶之相违。驰遥思于千里，愿接手而同归。

——谢惠连《雪赋》

再如庾信《镜赋》以女子口吻娓娓道来，首段无一"镜"字，但通过牵衫、着钏、宿鬟、残妆等意象，把镜妆场面写得十分生动。第二段描写镜子的外形、花纹、刻字及光华，"临水则池中月出，照日则壁上菱生"，通过临水照日刻画出镜子的菱花外形和闪耀光芒。

天河渐没，日轮将起。燕噪吴王，乌惊御史。玉花簟上，金莲帐里。始折屏风，新开户扇。朝光晃眼，早风吹面。临桁下而牵衫，就箱边而著钏。宿鬟尚卷，残妆已薄。无复唇珠，才余眉萼。厣上星稀，黄中月落。

镜台银带，本出魏宫。能横却月，巧挂回风。龙垂匣外，凤倚花中。镜乃照胆照心，难逢难值。镂五色之盘龙，刻千年之古字。山鸡看而独舞，海鸟见而孤鸣。临水则池中月出，照日则壁上菱生。

——庾信《镜赋》

从摹物到写境的转变，意味着咏物文学对氛围、意境的重视程度逐步加深。当多物交融的自然意境、物我统一的生活情境成为咏物文学的书写重点时，它逐渐转向了山水、田园、宫体文学。例如，六朝时期，名士追求生活审美化、玩物——席、幔、帘、美人衣物，推动咏物诗向宫体诗的转化，因此"咏物诗是源，宫体诗是流，宫体诗是咏物诗的延伸"。

（作者单位：厦门理工学院文化产业与旅游学院）

再论庄子的气论及其美学意义

张伯宇

一、前言

在"范围天地之化而不过，曲成万物而不遗"的宽泛意义上，现代学界将老庄道家的道论视为近同于西方"形上学""存在论"或"本体论"的范畴，而推展了道家"形上学"的探究；近十几年来，学界更进一步发挥了道家的气论，将"气"与"道"并列为道家"形上学"的主要观念，一起担负起说明一切存在物之所以存在之责、对万事万物的生灭变化做出一个统贯的解释与掌握。

尤有甚者，在"庄子之道为最高艺术精神"①（徐复观）、"庄子哲学就是美学"（李泽厚）② 的判断上，庄子的"气论"也进入了中国美学或文艺理论的研究之中，在"心""物"皆"一气之化"的框架下，联系了举如"气质""气味""气韵""气象""风气"等古典文艺观念，也进而导出"心物合一""情景交融"等阐明审美心境的意义。

本文将从庄子气论诠释的省察入手，尝试以前人研究为基础，调适、修整出一个新诠释，并提示庄子气论在传统文艺理论上的启发性。

二、庄子气论诠释的省察与重启

（一）客观实在的自然元气义

关于庄子气论的研究成果，主要有两个层面：第一个层面是以"气"作

---

① 徐复观：《中国艺术精神》，台北：台湾学生书局，1955 年。
② 李泽厚：《中国古代思想史论》，台北：三民书局，1996 年。

为构成一切存在物的"元气"即某种基本形质，并表现出不断创发、持续的动态，是推进天地万物之生生不息的动力，展开宇宙生成的面向；顺此，第二个层面，是从天行下贯于人、从宇宙全体聚焦于人身的思考，以气化作用解释人从精神到身体等所有活动，去说"听之以气""万物一体"的精神境界、艺术境界，甚至是"相形相禅"的身体修炼工夫。这第二层聚焦于"人"的思考，实由第一层"元气"义推演而来。

考察前辈学者们对庄子"元气"义的文献依据，主要集中于以下这一段话：

> 人之生，气之聚也。聚则为生，散则为死。若死、生为徒，吾又何患？故万物一也。是其所美者为神奇，其所恶者为臭腐。臭腐复化为神奇，神奇复化为臭腐。故曰：通天下一气耳。①

这一段话出自《庄子·外篇·知北游》，内容主要是以"气"之聚散，去说人生命的存活与死亡，在气化的作用下贯通死生存亡为一体。尤有进者，学者们从"万物一也""通天下一气"等话语的提示，直接将此处的气理解为客观自然的"元气"，并以此"一气之化"去说明天下万事万物即一切存在物的生灭变化，皆出自于此浑然一气的聚散作用：聚则存，散则亡。

以下的讨论，将以陈德礼先生《气论与中国传统美学精神》一文作为主要省察、讨论的凭借。陈德礼先生此文条理分明、言语精确，同时也吸收、概括了学界对元气义的研究成果。在这篇论文中，首先援引了张岱年先生的见解，统贯说明中国传统哲学（包括上述《庄子·知北游》引文内容）的元气义：

> 中国古代的"气"概念最早是一个物质概念，它的原型是大气和其他一些气态物质。许慎《说文》云："气，云气也。"段玉裁注："气本云气，引申为凡气之称。"可见，气字在早期是指一种客观存在的物质，后来哲学范畴的气，正是由此引申而出。张岱年先生在《中国哲学大纲》中指出："气之观念，实即由一般所谓气体之气而衍出。气体无一定的形象，可大可小，若有若无，一切固体液体都能

---

① 郭庆藩：《庄子集释》，北京：中华书局，2004 年，第 730 页。

化为气体，气体又可结为液体固体。以万物为一气变化的见解，当即由此事实而导出。"①

在此处，我们可以先掌握一个元气义的关键定位：这个"元气"之"气"，虽未必就是物理学上的气态、气体，但都有着灵动不居而通达其他的特性，同时也都是客观既存的某种物质或实在的某物，不为尧存，不为桀亡，是客观自然的存在物。陈德礼先生更近一步将此客观自然的元气义，展示出三层内涵：

第一，从宇宙大生命的角度来看"自然元气"论，它的精义有三：一是气分为阴阳二气，二气相交，生生不息，其运动和聚散形成自然万物，自然万物是阴阳二气互相激荡而和谐统一的产物。也就是说，气具有生成天地万物、化成宇宙生命的功能。在这个意义上说，气就是道②。《老子》四十二章说："道生一，一生二，二生三，三生万物。万物负阴而抱阳，冲气以为和。"③ 庄子说："人之生，气之聚也。聚则为生，散则为死。若死生为徒，吾又何患？故万物一也。是其所美者为神奇，其所恶者为臭腐，臭腐复化为神奇，神奇复化为臭腐。故曰：通天下一气耳。"④

第二，将"气"与人的精神现象直接联系起来，指人的精神力量和主观心理状态，即所谓人体生命之气，它既是构成人的生命的最基本的物质，同时又是人的生命活动的产物。它的运动形式表现为人的心理活动、精神活动，这就由客观物质之气演变为主观的精神之气，这是气得以成为审美范畴的重要前提⑤。

第三，把气作为沟通天与人的中介，构成了自然感应说的理论前提。既然人与万物皆由气化所生成，故而人体生命之气与自然万物生命之气是相通相应、相感相交的，万物与人处于一个相互类同、相互感应的关系中，故庄子曰："天地与我并生，而万物与我为一。"⑥ 以气的观点看宇宙，人的自然生命、思想感情和存在方式被置于宇宙的大生命之中，八极六合融融一气，天地

---

① 陈德礼：《气论与中国传统美学精神》，《北京大学学报》（哲学社会科学版），1997 年第 6 期，第 56 页。
② 同①，第 57 页。
③ 王弼：《老子注》，台北：艺文印书馆，1996 年，第 89 页。
④ 郭庆藩：《庄子集释》，北京：中华书局，2004 年，第 730 页。
⑤ 同①，第 57 页。
⑥ 同④，第 85 页。

万物和然无对，人与自然融合为一，反映了古人对宇宙生命的认识，从哲学本体论向文化功能论的演变。生命力的审美显现在于精神的纯粹，在于保守自然本性之气，这就将气与人的精神现象联系起来，对人的生命表现的最高形式——审美精神，给予了充分肯定。庄子还将气与审美心态联系起来。"听之以气"就是消除主客物我的差异，去掉是非得失的计较，以一种静澈澄明的心态去体悟大道，与道为一。也就是以人的自然之气去应和天地万物的自然之气，"原天地之美而达万物之理"①（《知北游》），去感受宇宙生命的和谐律动和天地之大美。②

综合以上引文，有几点可以归结并推而申论：

第一，此处庄子气论的元气义，是从物质的气态得到启发的思考，以近乎某种物质存在的、一气之化的元气，统贯说明一切天地万事万物的各种生灭变化，皆由元气之阴阳聚散所生，而得出元气即一切存在物可交流、统一的基础。

第二，一切存在物既无非此一气之化，则人生具体生命，包括精神、情感、身体活动，无不归于此一气的活动变化；则元气义同时也为人生具体生命之所以能相互通达、相互感动于外物提供了理论的说明。

第三，庄子哲学作为一种"生命的学问"或"实践智慧"，从元气义上去说明人生所当追求、守护的工夫修养，也就是打开自我局限，接引来自八极六合的气化流通，实现"万物一体"的境界，也就是一种领略天地大美的美学境界。

陈德礼先生此处对元气义的展示深刻而有条理，以客观自然的元气，为最基础的第一义，推演出其在人生论方面的意义。然而，这个诠释与推理，仍然存在着部分可以再省思的地方：

第一，从物质之气态所启发，此元气义用以解释万物殊别的现象背后得以统一概括的基础；这种思考方式非常近似西方古典哲学中，为了理解存在物的同一性、说明该物何以如此存在，所向后分解出的核心基础即"本质"的思辨推理。然而，对庄子而言，真的有如西方古典哲学家那样，自居于超然物外的"客观"立场，抱持"拯救现象"的问题感，对天地万物的现象有所怀疑、

---

① 郭庆藩：《庄子集释》，北京：中华书局，2004年，第732页。
② 陈德礼：《气论与中国传统美学精神》，《北京大学学报》（哲学社会科学版），1997年第6期，第57—58页。

为了满足好奇不安的求知欲，去推导出的近乎"本质"的"元气"吗？这种自居于超然客观的观察者，将天地一切存在物视作对象，而加以观察、思辨、分解，这其实与庄子所守护的"天地并生、万物为一"之境，那种始终萦绕于天地万物、倾身于时间之流、与各种生命存在相忘而相生的亲切领纳，并不能根本地融会贯通。

第二，尤有甚者，此一观察、思辨、分解出的元气义，具有客观实在的地位，天地宇宙的一切存在物无能出其范围，则人生自然不可能自绝于此"一气之化"之外；这样一来，人生注定永远在此一气流行之中，从而不需要也不可能去做任何接引天地之气的工夫，则陈先生所倡论的"以人的自然之气去应和天地万物的自然之气"的实践工夫义必须被取消，而导致了此一诠释系统内部的分歧或缝隙。

基于以上两点理由，可知将庄子气论理解为"客观自然元气"的诠释观点，仍然存在着值得正视的内部分歧或缝隙。

其实，陈德礼先生在论及中国气论（包括庄子气论）对人生精神、价值、美学的意义时，曾提出一个有别于上述客观实在的元气义的重要思考，其言曰：

> 英国著名科学史家李约瑟在《中国科学与文明》一书中认为，在古代和中世纪，中国人认为物质世界是一个连续的整体……李约瑟的观点无疑是正确的，因为无论从哲学形态还是价值的、历史的形态上看，中国气论都有别于西方注重结构性、思辨性的机械原子论。中国哲学是重化生的生命哲学，其气论是超越二元对立的"相互感应""天人合一"的浑融境界，它是以阴阳为基本内核，以重生为价值标准的一切物质、精神与生命现象的总和。①

陈先生借由李约瑟的判断，指出：中国古代观念对整个存在物的把握，并不是如西方般从客观思辨去分解现象背后的构成基础。（然而，从前述物质三态的气态所启发、推导出的元气义，却恰恰是西方传统这种"重结构性、思辨性的机械原子论"。）

---

① 陈德礼：《气论与中国传统美学精神》，《北京大学学报》（哲学社会科学版），1997年第6期，第56页。

引文中又指出："中国哲学是重化生的生命哲学。"我们可以从这点进而申论：所谓重视"化生"，也就是重视"造化"；而造化永远只表现在一切存在物生命现象的变化中，并带有对"生生之德"的爱恋、崇敬、追随的意向。如果我们可以肯定包括庄子在内的中国古代哲学有所谓"气论"的探究，那么此气论问题的提问者，在"重化生"的规格下，理当始终与存在万象相守在一起，以"参与者"而非"旁观者"的立场，去展开气论的说明，在这个意义上，截然别异于那种自居"旁观者"所客观思辨出的元气义。同时，气论提问者的问题方向，决非是要以元气或某种基本物质、基本结构去说明万事万物的存在；而是从自我生命"在世界中"浑然与物无对的体验处，去开显"一气流通""一气之化"的境界。

尤有进者，可推申陈先生所说的古代气论"是超越二元对立的""以重生为价值标准的一切物质、精神与生命现象的总和"，气论提问者与物为对的存在体验，所开显的境界，既是内心之境，同时又呼应外物世界；从根本上说，即心即物、精神即物质，更当说是先于主客二分、心物二分、精神物质二分之前的、人与所在的其他存有物早已开展进行中的那种原始浑然的默识交通。其实陈先生此处所表述的见解，已经足以作为我们进一步调整"气论"诠释的起点。

（二）存在进路的形上学方法

在以上讨论中，我们对具有形上学意涵的中国古代气论有两种不同的方法进路：

一是以客观元气义为代表的，提问者超然地观察天地万物的现象变化，而径行超越分解的"思辨观解"进路。

第二种，则是强调"重生化""超越二元对立""浑融境界"，提问者始终与天地万物共在，并以此前二元对立的共在之境去开显气论内涵的进路；本文借牟宗三先生的提示，归之为"存在的进路"①。

---

① 本文所谓"存在的进路"，参自牟宗三先生的用法，意指从人生的存在体验或生命境界中，去透显、达到某种形上学领悟的方法与过程，亦可称为"实践的进路"；牟宗三先生曾在《人文讲习录》第廿九篇"'存在的进路'与'非存在的进路'"中使用过这个措词，举如："此在于其进路之不同。一为存在的，一为非存在的。存在的进路与中国讲学之路同，即从践履工夫之受用上讲道德宗教，使道德宗教之本质义理在工夫实践中透露呈现"（牟宗三：《人文讲习录》，台北：台湾学生书局，1997 年，第 145 页）。形上学之于人生（形上问题的提问者、致思者）的意义就是一套"知变安变"之学。从学问方法来看，形上学可分为"思辨观解的进路"与"实践存在的进路"（存在进路）等两种形态。思辨观解进路的形上学，提问者将自身从存在界中抽离，自居旁观者的立场，对存在物进行理解与说明；而存在进路的形上学，提问者始终笃于在世情境，在与存在物遇合时的万物一体感中领会存在。

气论问题属于形上学讨论范围，对于气论问题的提问者而言，除了超然的"旁观者"与交融其中的"参与者"，没有第三种地位。从旁观者思辨分解进路所获致的，是"实有形态"的形上学；而参与者存在进路所开显的，是先于主客二元对立的、"境界形态"的形上学。中国哲学是生命的学问，是一种身心之学。思辨分解进路的气论诠释，既然有尚可调整之处，我们理当尝试更能表现实践智慧的存在进路。

三、庄子气论再诠释

以下将以提问者的存在体验为起点，重启庄子气论的诠释。

（一）从"体万物为一"说"一气之化"

我们先回到《知北游》那一段重要的文献依据："人之生，气之聚也。聚则为生，散则为死。若死、生为徒，吾又何患？故万物一也。是其所美者为神奇，其所恶者为臭腐。臭腐复化为神奇，神奇复化为臭腐。故曰：通天下一气耳。"[1] 如果调整思考，从其中的提问者"人"的存在体验去看，其实这一段话的问题感，是出自于个人生命悦生恶死的忧惧不安，而不是客观地对天地万物进行思辨、分析其存在问题的好奇心。这里的一气之化，视死亡与生存一样的自然而贵重，从而安顿恐惧死亡所带来的问题。必须讲明的，如果这里的一气之化，是得之于思辨观解所得，再以此客观实在之论，去规范、消解人生对死亡的恐惧感，就变成了是用一个现成的、外在的绝对框架，去抑制个人内心的不安，而不是真正打内心深处所发、诚实地去接受终将到来的死亡，也就不能透彻地安顿对害怕死亡的问题。那么，从人生体验来说，又是如何开出"一气之化"的深义的呢？我们可以再回到《庄子》内七篇的部分去寻找线索。

以下先看一则与上引《知北游》文献大义很相近的《大宗师》中的叙述：

> 俄而子来有病，喘喘然将死，其妻子环而泣之。犁往问之，曰："叱！避！无怛化！"倚其户与之语曰："伟哉造化！又将奚以汝为？将奚以汝适？以汝为鼠肝乎？以汝为虫臂乎？"子来曰："父母于子，东西南北，唯命之从。阴阳于人，不翅于父母。彼近吾死，而我不

---

[1] 郭庆藩：《庄子集释》，北京：中华书局，2004年，第730页。

听，我则悍矣，彼何罪焉？夫大块载我以形，劳我以生，佚我以老，息我以死。故善吾生者，乃所以善吾死也。今大冶铸金，金踊跃曰：'我且必为镆铘！'大冶必以为不祥之金。今一犯人之形，而曰：'人耳人耳。'夫造化者必以为不祥之人。今一以天地为大炉，以造化为大，恶乎往而不可哉！"成然寐，蘧然觉。①

这段文句的上文提到，子来与子犁，以及子祀、子舆等四人是莫逆之交，四人均是"知死生存亡之一体者"。所以这段文句与前引《知北游》那一段文献一样，都是在说明"死生为徒""死生为一"的道理。故事中的子来，正经历一个严肃的过程，是他一生中从未经历而必须经历的过程——濒临死亡。子来生命力极速衰歇，无法再维持原有的形貌，身体机能逐步溃解、离散，也即将与曾经拥有或可能拥有的各种有形无形之人情物事分别；当然，身心都正承受着极强的疼痛、沮丧的苦楚。没有人会以痛苦为甘美，大概不免都有疑惧、焦灼的情绪，子来应该也不例外。与子来莫逆于心的子犁，说出了一个特别有分量的描述："化"。化就是变化，身而为人的子来，个别生命即将走向终点而消亡不见，但隐然可能在更大的格局或层面上，倾身于整个天地世界的生命流动之中。此整体的生命流动，就是子犁所称颂的"造化"。造化就是存在界所有生命现象的发展与变化，正如庄子在"天籁"义的提示："夫吹万不同，而使其自己也，咸其自取，怒者其谁"②，造化力的推动者，就是在这个世界上彼此共在的万事万物本身，而没有一个高高在上的超绝存在者作为主宰③。

从子犁"伟哉造化"的赞叹之中，我们可以进一步抉发其中对造化的情意态度——造化是令人充实、喜悦而带来崇高又温馨的情调，如谛听胎儿轻巧而坚固稳定的心跳；如显像仪闪动的光点，微小渺远，却足以照亮整个黑夜；又如枯木抽芽、日月代兴，存在界种种自然生命的律动变化，无一不充满着可亲可美、可爱可敬的况味。"成然寐，蘧然觉"，子来个别小我的生命将不复维持，但这个具有丰富大美、活泼灵动的生命世界还在；"化作春泥更护花"，迎往对整个生命世界的无尽关爱，敞开自我、倾身萦绕，子来对死亡的忧惧，便可能消化在对天地大美的赞叹与热爱中，而完成了所谓的"超越"。此处

① 郭庆藩：《庄子集释》，北京：中华书局，2004年，第263-267页。
② 同①，第55页。
③ 此处引文中的"大冶""造化者"是庄子寓言故事中所用的比喻，不适合理解为超绝的造物主宰，此一如老子标举能生万物之"道"，却是"强为之名而字之"的方便说。

"天地大炉"的比喻、"恶乎往而不可"的无限胸怀，在在表示了子来与共在的其他生命万化间交融一体、并生为一的关系；如果说，在这段寓言中内涵着某种"一气之化"，那么这个气论的实义，却是从提问者万物一体的体验中所开显的意义①。换言之，不是先思辨观解出一个"一气之化"的看法，再以此看法去交融天地万物；而是在交融天地万物的一体感之中，对此一体流通所做的形容或说明。从感通说气化，不是从气化说感通。这就是存在进路下开显的庄子气论内涵。

（二）"游乎天地一气"的"道境"

1. 道与气——造化的秩序与动力

接续上述，庄子的"天地一气"，从提问者的万物一体感出发，以表示人对天地万物的信任、肯定与领纳，宣示了人与外物相生共在的理想关系；也因为具有形上学的高度，可与庄子的"道"并列讨论。《庄子》内七篇的"道"，多散见于各个对话或寓言情境当中，而缺少直接地叙述或界说，只有在《大宗师》里有一段较为独立、集中的叙述。其言曰：

> 又况万物之所系，而一化之所待乎？夫道，有情有信，无为无形，可传而不可受，可得而不可见；自本自根，未有天地，自古以固存；神鬼神帝，生天生地；在太极之先而不为高，在六极之下而不为深，先天地生而不为久，长于上古而不为老。狶韦氏得之，以挈天地；伏戏氏得之，以袭气母；维斗得之，终古不忒；日月得之，终古不息；……傅说得之，以相武丁，奄有天下，乘东维，骑箕尾，而比

---

① 这段《大宗师》的文献，与前引《知北游》文献相较来看，内含义理完全一致，只差没有用"气"这个措词去表达而已。如果一定要从措词、用语上考究，还可以从《大宗师》中找到直接证据。引文中有一句"阴阳于人，不翅父母"，以"阴阳"说明此大一体、大造化。而在这一大段文句的上文中，便有"阴阳之气有沴"一语。综观之，"阴阳"既有造化的高度，则将"阴阳之气"理解为"一气之阴阳变化"应当是合理的诠释。尤有甚者，《大宗师》在以子祀、子舆、子犁、子来等四友为喻，说明"死生一体"之后，又以子桑户、孟子反、子琴张等三友，说明"相忘以生，无所终穷"（郭庆藩：《庄子集释》，北京：中华书局，2004 年，第 269 页）即"死生一体"之义。在那段叙述中，有孔丘对此三友的评论，其言曰："彼方且与造物者为人，而游乎天地之一气。彼以生为附赘县疣，以死为决肒溃痈，夫若然者，又恶知死生先后之所在！假于异物，托于同体。忘其肝胆，遗其耳目。反复终始，不知端倪。芒然彷徨乎尘垢之外，逍遥乎无为之业。彼又恶能愦愦然为世俗之礼，以观众人之耳目哉！"（郭庆藩：《庄子集释》，北京：中华书局，2004 年，第 273 页）在本文前述的基础下，这里的"游乎天地之一气"就已经是直接的证明。

于列星。①

　　其中"夫道"云云以下，是对"万物之所系""一化之所待"的说明。这里的"一化"与"万物"并举，当具备范围万物的高度，宜乎理解为"一气之化"的意思。但"万物"跟"一化"，同样都"有待"于"道"的守护。这里的"道"无形无相，却能成就真实的功效，在品位上高于天地，有某种超越、普照的意义，却又不离于万物所在；同时又是各种存在物包括人生，得以实现自我价值、完成个殊性命的依据。此万物之万化又可说是"一化"，可说"道"就是造化的保证。

　　"道"既然"无为无形"，那"道"又是如何"创生"万物，或作为万物存在的保证呢？在此不妨参照老子的见解，"有物混成，先天地生。寂兮寥兮，独立而不改，周行而不殆，可以为天地母。吾不知其名，字之曰道，强为之名曰大；大曰逝，逝曰远，远曰反"②。老子在这里的措辞用语特别谨慎小心，他要谈一个"可以为天下母"的、作为万事万物存在保证的"道"，但又以一种随机随扫的方式去说，避免读者将"道"拘执唯一定性之物。甚至，"道"最多只是衍生出的"字"，而不是直接指陈的"名"。道是寂寥浑然不可见、不可清晰辨识、不可以被捕捉的踪影，就是"大""逝""远""反"等随时变动不居的某种风格，而无法借由区别于他物得到清楚的界说，故"不知其名"只能"强为之名"。这在在说明，道固有生化一切存在物的实能实效，但并非一可定性地被理解的实物，可形可名者，就是散殊分别的万事万物。因此，道作为一切存在物的"天下母"，创生或保证存在物存在的姿态，是一种"不生之生"，王弼在《老子》第十章批注"生而不有，为而不恃，长而不宰"时曾有以下见解：

　　　　不塞其源，则物自生，何功之有？不禁其性，则物自济，何为之恃？物自长足，不吾宰成，有德无主，非玄如何？凡言玄德，皆有德而不知其主，出乎幽冥。③

---

① 郭庆藩：《庄子集释》，北京：中华书局，2004 年，第 249-252 页。
② 王弼：《老子注》，台北：艺文印书馆，1996 年，第 49-51 页。
③ 同②，第 21 页。

"物自长足，不吾宰成"，有德无主，道虽保证存在界造化之实，却不是一个高高在上的造物主；一切创生的动力，皆内在于殊别之万事万物自身，其自身不被障碍或干预，便能自生自长，这便是不以任何内容为内容的、不生之生的无为之道。以此诠释，再解读一段关涉老庄道家气论的重要文字：

> 道生一，一生二，二生三，三生万物；万物负阴而抱阳，冲气以为和。①

许多学者以宇宙生成论的观点解释这一段文字，其实这也是一种"思辨观解"的进路，视"道"为客观实在之物，创生"元气"，"元气"分阴阳，然后交互作用，而衍生万事万物。然而，将"道"理解为客观实在之物，将无法安顿人生之能"离道"而后"求道"的人生价值意义，也无法忠于老庄之道那种始终变动不居、虚灵不测，拒绝被定性化说明的特色。如果从"存在进路"去看，万物之能负阴抱阳，通达造化，关键在维持一个冲虚开放的状态，在人而言就是"致虚守静"的工夫境界。"冲气以为和"，当人能够随时敞开自我、迎向天地，便可能在此实现一分"和"的秩序。俗称"家和万事兴"，家庭成员间一旦守住那份和谐的秩序，便自然而然能展开许多美善、具有真实意义的家庭生活内容。道就是一种人与他人、他物之间的一个秩序，守护住这份秩序，便自然产生无尽丰富的积极动力。秩序自己不创生，却自然地让存在物展现自长自足的动力。从这个意思去看"道生一"即"道"与"一气之化"的关系，就是秩序与动力的关系；而此秩序、此动力，都是人从造化的领纳、参与所开显出来的。人生开显造化，但人生不就是造化，造化超乎人生而既已固存，在生生之德的充实喜悦中人生所在世界被一齐照亮。

2. 游心于淡，合气于漠

承上所述，庄子气论乃至于整个哲学体系的核心，实在是从提问者对"造化"的领纳所发，"道"是保证造化得以和顺开展的秩序，而"气"则是造化生生不息的动力、作用。但是，人生要如何持续在各种情境之中，让"道"在此显现，而接引"一气之化"，得到生命的安顿与幸福呢？这里面就有工夫论的讲究。"游心于淡，合气于漠"②，也就是"体道"的工夫。

---

① 王弼：《老子注》，台北：艺文印书馆，1996 年，第 89 页。
② 郭庆藩：《庄子集释》，北京：中华书局，2004 年，第 301 页。

虽如此，在庄子哲学中，对人生在世的具体情境与限制，特别有所省思，"游心于淡，合气于漠"或著名的"心斋""坐忘"等体道工夫论，还只是在比较泛论的层面上说的。《庄子》内七篇里对更具体的情境限制——语言、身体、他者，有确切而深刻的考虑。受限于篇幅，本文在此只就泛论层面作说明。以下请看著名的"心斋"论：

> 仲尼曰："若一志，无听之以耳而听之以心，无听之以心而听之以气。听止于耳，心止于符。气也者，虚而待物者也。惟道集虚。虚者，心斋也。"颜回曰："回之未始得使，实自回也；得使之也，未始有回也，可谓虚乎？"夫子曰："尽矣……闻以有知知者矣，未闻以无知知者也。瞻彼阙者，虚室生白，吉祥止止。夫且不止，是之谓坐驰。夫徇耳目内通而外于心知，鬼神将来舍，而况人乎！是万物之化也，禹舜之所纽也，伏戏几蘧之所行终，而况散焉者乎！"①

"心斋"论出自《内篇·人间世》，由孔子与颜回的对话来展开。在这个虚拟的寓言故事里面，颜回想要改变暴虐自专的卫君，使其改过迁善，而孔子所提示的"心斋"工夫，便是与这样的暴君相处、沟通的要领。寓意可说是我们在面对最格格不入的对象时，所可能展开的最积极的方法同智慧。

卫君的言行，对颜回来说也许非常暴虐而不可理喻，但今天颜回是打算改变他而不是教训他、制裁他，即便教训、制裁卫君可以理直而气壮，但卫君的地位并不是颜回所能动摇的，要救卫国百姓于水火，同时也要保护、珍重自己的身心安全，最积极的办法仍然是尝试与卫君展开真正的沟通。面对一向独断自专、位高多疑的国君，如何让他卸下敌意与防备，让他愿意尝试与颜回对话，这就是必须极为讲究的部分。

对处于被动劣势的颜回来说，要与卫君展开真正的对话，第一步就是要先能够"聆听"，能够试着开始了解对方的状态。而"心斋"，就是从"聆听"去说的。"若一志"，面对这样棘手的情境，首先要让自己沉静下来，秉持专注而淡定的态度。"无听之以耳"，是不要执着在对方外显的形象；"无听之以心"，是要放下对对方的臆测与成见，同时也放下自己想要加诸自我意见到对方身上的企图心。能够"无听之以耳"且"无听之以心"，就直接是"听之以气"。

---

① 郭庆藩：《庄子集释》，北京：中华书局，2004年，第152-155页。

借助于当代哲学家海德格"在世存在"的思考：早在我们将自我孤悬为一主体而对于客体或对象之前，我们早已栖居在这个天地世界之中，与周围有所交流互通了，从而对存在有所体会、领纳。因为是在前自觉、前主客二分的交流互通，可称之为"默识交通"。进一地说，只要我们在生活中时有认真、安定的体验，而愿意继续维持、经营，并预期未来的生活，就表示我们早已在默识交通中对人生与世界有所肯定，而具备某种性善论或存在论的内涵；用中国古典的话语来说，就是在原始的一气流通之中，早已倾身、安乐、享受于天地之生生造化了。从这个意思去看，庄子所说的"听之以气"，即如"未始有回"般敞开自我，去迎向世界，凝听来自于四面八方、或隐或显的消息。必须说明的是，自我的敞开，并不是一劳永逸的动作，而是需要不断化除成见的工夫：正因为我们不可能没有主观的成见，所以必须永远要对此有所警醒、有所开放，才有可能与极端差异的对方，展开真正的对话①。"听之以气"不是什么高高在上的特别通道，而是不被意念所框架、所遮蔽就与生俱来的直接感应。这个直接感应并不神秘，而在不经"意"的觉察中被显现。不经"意"就是不学不虑、自觉之前的自然之知，在孟子进一步地自觉省察中，因其好善恶恶的方向感而称为"良知"；但在庄子的自觉省察并不着意于当下好恶的方向感，而是"视为止、行为迟"②，在接续的静守淡泊中，开显为一种凝神聆听的通感。

自我的敞开，放下意念的预设立场，即是"游心于淡"；而"游心于淡"的同时，便是"合气于漠"，接引原始的一气通感，张开一个没有任何预设或计较的、超功利的、柔软宽和的身心状态，即是所谓的"漠"，也就是庄子在《逍遥游》中提到的"无何有之乡，广莫之野"，让生命进入一个审美、艺术的情境；当然，"耳"等身体感官知觉无法取消，"心"思虑意念的能力作用也不可能真的丢弃，"听之以气"固然要透过人的身心，但此时人的身心是向世界开放的。"虚室生白，吉祥止止""是万物之化也"，完整的开放，意味全幅的信任；在这个高度上，左右逢源，接引天光，对造化有所领纳与参赞，而

---

① 剔除寓言故事的血肉，《人间世》的卫君，就象征着与我们自己极端差异，完全格格不入的对象；在这个意义上，超乎卫君暴虐罪恶的评价问题，难以沟通的至亲父母、时有歧见的丈夫或妻子、不知从何教育起的子女、约束不了的宠物猫狗……这些在生活中的寻常人物，在遇到相处的障碍时，其"冲突""拒绝"的态势，都可能是一种让我们非常棘手又无所逃避的暴君，而我们自己在对方眼里一定也是如此。

② 郭庆藩：《庄子集释》，北京：中华书局，2004年，第125页。

开显天地之大美。

四、庄子气论在文学形上理论的意义

在中国古代思想史上，庄子并不是气论的首位开创者，但作为一个深刻高明的发扬者，光芒卒不可掩。庄子气论的几个重要特点，也在后世的文学艺术理论中不难发现，尤其是文学或艺术的"形上理论"①；这种文学或艺术的形上理论，主要是"以文学为宇宙原理之显示，这种概念为基础的各种理论"②。

庄子气论在文艺形上理论上的意义：在作品内容主题上，是以作品去开显造化的生生之德，在一体交融的情调下，时常展示为对自然景物、比兴物色的相感相赏。尤有甚者，是在文艺家创作、表演甚至欣赏文学艺术时，相应有工夫修养的要求："游心于淡，合气于漠"，"以深为根，以约为纪"，要之则是敞开自我、放下各种自我对外物的积极企图心或占有欲。"无欲故静"，这种对自我膨胀之"欲"的放下或解消，让身心回归于原始的虚灵交通、游乎一气，以开显物色之美。

庄子气论所呈现的美学态度，未必要提供创作或表演的动力，但同时也不会妨碍、阻止创作或表演的动力，不断要求放开任何成见的庄子，不可能会反对文学、艺术作品的制作、展演与欣赏。庄子美学，提供的是一个艺术的生活态度，在艺术感的身心活动中，从言语声气、举手投足，都自然会表现出一种和谐韵律的方向感。这种方向感聚焦在言辞、行动乃至于对物质的互动、操作，并有所经营、延伸，就可能形成所谓的文学或艺术品。在"游心于淡，合气于漠"的风格上，庄子气论美学，更倾向于透过作品去赞美这个世界，而不是以作品将自我膨胀去占有这个世界。打开高处的窗口，接引天光，将世界既存之美照亮；同时在"不知"的体道修养上，对尚未显示的、未曾照亮的未知域，永远保持一个期待的愿望，永远有未曾穷究的、诗意与性灵的召唤。《乐记》所说的"遗音""遗味"，传统水墨书画的留白，与庄子"无何

---

① 关于文学或艺术的所谓"形上理论"的界说，参考自刘若愚：《中国文学理论》（台北：联经出版社，1981 年），此书将中国古代文学理论的内容区分、归结为：形上论、决定论、表现论、技巧论、审美论、实用论等六类。同时运用："宇宙""作家""作品""读者"等四个文学活动流程的要素，为论述、区辨的框架。（参考自刘若愚：《中国文学理论　第一章导论》）。

② 刘若愚：《中国文学理论》第二章"形上理论"，台北：联经出版社，1981 年，第 27 页。作者原意在特指"文学理论"，本文在此将其放大至"文学或艺术理论"的范围。

有之乡"，有十分近同的况味。

　　总之，庄子气论美学开启了中国美学的客观精神，不是自居于绝对高度的客观，而是敞开自我，用稳重却开放的态度去观照、欣赏天地物色之美，通感生意盎然的喜悦，在平静淡雅的风格之中，对越着崇高而充满性灵的天地宇宙。

（作者单位：闽南师范大学文学院）

文学中的中医书写与海外中国文化传播

——兼谈美国华裔文学中的中医文化表征

王小燕

一、美国华裔文学的"中国性"特点

文学不但具有"审美"和"教化"功能，还是文化知识传播的桥梁。一国、一民族、一地域的文化要传播到其他语境，除了通过民间和官方机构的合作和交流以外，以其他方式特别是文学作品的途径传播，往往能起到不可估量的作用。这种传播不是以大张旗鼓喧闹的、正面的、正式的、官方的、企图心张扬的形式进行，而更多是以读者的自由选择为前提，以非正式的、用美学包装的、润物细无声的形式走进读者的视线。对很多读者而言，文学作品给予他者文化在文学语境中的较高合理性、阐释性、接受度，相较其他传播途径，他者文化所遭遇的抵制也是最微小的。

这里讨论的传播不局限于二元对立的积极正面的或消极负面的人为传播，而是基于一种客观现实的文学存在而讨论。欧美白人作家常常有意无意放置一些中国的陶瓷、茶叶、丝绸等富有东方情调的物品在文学作品里，也常常几笔勾勒出一些中国人，让其行走于自己的文学作品中。不得不说，他们的文学作品让中国文化"深入人眼"，进而"深入人心"，客观上来说，对中国文化的对外传播起着促进的作用。这些具有中国特色的人、事、物，在欧美作家的笔下充当的大都是背景、道具、陪衬的角色，但这些元素在华裔文学作品里却是截然不同的待遇。

虽然作家的经历和认知的有限性决定了其文学作品的局限性，而且这种局限性决定了美国华裔作家写作素材的单一性，但就是这种单一性最终成就了美国华裔文学，使其成为展现中国文化魅力的窗口，成为事实上的传播中国文化的有效渠道。

不得不承认，美国文学就是"美国性"，具有自身统一性和排他性的文化身份，但是美国华裔文学除了具有"美国性"的本质，还有另外一个重要特点，就是"中国性"。这里的中国性是一个非常宽泛的概念，作家血统的中国性、故事主题的中国性、故事背景的中国性、故事人物的中国性、故事建构特点的中国性等。似乎美国华裔文学作品大都无法逃脱这些"中国性"特点，有的占其一，有的占其二，有的明显，有的隐晦。一般而言，剔除了"中国性"的美国华裔文学与美国主流文学就没有了很大的差别。纵观美华文学作品，可以发现，华裔文学"中国性"的特点是阐释华裔文学时不可不考虑的一个重要因素。所谓华裔文学表现出的中国性，不仅仅是因为作家本身具有华裔血统，还指华裔文学作品中的人、事、物等因素都具备中国气质。翻开一本一本的华裔文学作品，满眼都是"中国的婚丧嫁娶习俗""中国农村的异域景象""中国家庭的父子关系、母女关系""中国神话""中国迷信""中国的鬼故事""唐人街的生活""淘金热时期的中国劳工""华人在美国的辛酸历史"，等等。华裔文学作家擅长、喜欢描述这些具有"中国性"特点的场景，大抵是因为只有依仗华裔文学的中国性，华裔文学才有言说的筹码和进军美国文学界的资格。如果说文学来源于生活又高于生活，那么华裔作家的生活本身就裹挟于父辈留下的关于中国的故事、记忆和神话，无法逃脱。故事的中国性不仅使华裔文学与白人的主流文学、黑人的非裔文学之间有很高的区分度，而且与亚裔文学的其他少数族裔文学，如日裔文学、越南裔文学和阿富汗裔文学等一样，都形成了在文学风格和主题上独树一帜的局面。可以说，华裔文学的中国性造成了其文化经验的"差异"，而华裔文学的属性和范畴恰恰是文化间"差异"所规范的。想象一下，剔除了文化的差异性，华裔文学就跟主流文学和其他少数族裔文学毫无差别了。

剥离了中国性的美华文学，就不能被称为美华文学。有中国人和中国故事的地方就有中国文化，而谈起中国文化就会让人想到茶、丝绸、瓷器、诗词歌赋、中医药等，但是这些东西都是被赋予了"文化意义"的符号。而且作者在塑造人物时，往往会考虑到人物建构的真实性和正当性，根据创作需求进行有选择性的文化表征：中国的诗词歌赋属于断文识字的人；瓷器，价格不菲，有钱人才能享用；丝绸更具阶级性，布衣才是百姓日常穿着，不然我们怎么会用"布衣"借指平民？说到喝茶，似乎是中国老百姓生活里不能少的，要不我们怎么会说"柴米油盐酱醋茶"？作家会根据小说建构的需要，把这一个个中国文化元素放置到恰到好处的位置，成为搭建中国故事或者"美国故事"的基本原料。另外，中国人不管贫穷、富贵，生病了都要看中医、吃中药。中医是中国人民智慧的结晶，是中华民族宝贵的财富。习近平总书记就曾经说过，"中医是中国文化的名片"。在中国文化"走出去"的大背景下，中医药文化也要走向世界，服务更多的人。向国际社会传播中医药文化是提升中国国家话语权的重要途径之一，有助于建立属于中国自己的文化话语体系。可能大家忽略了一个现实，就是中医传播的一个重要途径是通过文学作品走向世界。读者通过文学作品的描述有了对中医药文化第一次的接触。文学作品里的中医药文化表征的客观存在把关于中国人的哲学思想、人生观、价值观、为人之道、家庭关系和情感以把脉、汤药、针灸、气功等具象化的符号形式传达、阐释并赋予文化意义。很多华裔作家的作品里对于中医药文化都有着表征实践，比如林路德的《千金》、黎锦扬的《花鼓歌》，以及朱路易的《喝碗茶》。最擅长运用这一文化符号的当属谭恩美，她的小说《喜福会》《百感神秘》《接骨师的女儿》《灶神之前》，还有其新作《神奇谷》都娴熟地运用了这一文化符号表征。

华裔文学中的中医药文化表征，已经成为一种文化符号、一种文化能指。这里的符号并不是机械地反映着物理世界的人、物、事，而是被赋予了能动的、鲜活的文化阐释性。在美国白人主流文本书写的世界中，中医药文化表征成为与主导符码共同存在的"调和符码"和"对立符码"。美国华裔文学作家利用这个符码生产文本，揭示其"所代表的价值观念和权力关系"①。

德国哲学家卡西尔在其《人论》一书中讲道，"一个符号并不是作为物理世界一部分的那种现实存在，而是具有一个'意义'"，这个"意义"不是"单一的、固定的、不可改变的意义"②，这个意义是在强调文化实践中产生的。中医药文化表征是写作内容也是写作策略，"人生病了要吃药"是内容，"而吃什么药，西医还是中药"就是策略了。在文化空间里，意义的产生不仅仅靠内容，也要靠策略。文学作品中的"中医药"作为一种文化符号，在中国社会和文化语境中的解读往往充满了积极正面的意味。因为读者和作者常常处于共享的文化空间里，所以"意义"在传递的时候遇到了更少的阻碍。那

① 郝永华：《Representation：从再现到表征——论斯图尔特·霍尔的文化表征理论》，《江西师范大学学报》（哲学社会科学版），2008 年第 6 期。
② ［德］恩斯特·卡西尔：《人论》，甘阳译，上海：上海译文出版社，1985 年，第 3 页。

么中医药文化符号在文学的世界里、在华裔作家的笔下、在面对西方社会和文化时，又被赋予了怎样的"意义"呢？

二、华裔文学作品的中医药文化表征实践

（一）淘金热浪潮背景下的中医书写

林路德小说《千金》中的女主人公波利，原名拉露，出生在 19 世纪末的中国，那时候中国灾难重重、民不聊生、盗匪横行。拉露生长在一个困苦的、挣扎在死亡线上的农民家庭。波利被父亲卖给了土匪，后被转卖给妓院，又被卖到美国西部沃伦斯，成为美国淘金热浪潮下自然形成的一个居住区酒馆的陪酒女郎、一个奴隶、一个"玩物"。后来，波利遇到了爱人查理，在丈夫查理的庇佑下度过余生。小说多次提到了中医中药。李迪克是居住区里的中医，在查理中枪后生命悬于一线，就连西医也无计可施的时候，他帮助波利用中草药膏、中药药粉、中药汤药给查理的枪伤止血、消炎，后来查理竟然奇迹般康复。之后的很多年里，波利都长期用中药给查理调理身体。后来查理遭遇大火，身体每况愈下，波利坚持让查理喝中药，想挽救他一命。波利还在自己峡谷的园子里种植草药，以备不时之需。

波利自己也精通中医术，给白人麦克圭尼先生治疗风湿病的中药使麦克圭尼先生本人感觉年轻了 20 岁；她经常熬中药给周围生病的孩子喝……"波利打开盖子，一股刺鼻的蒸汽从药壶里飘出，她娴熟地闻了一下。之后，她放下盖子，拿来了过滤筐，下面还垫着草包和厚厚报纸，在她狭小的厨房里忙碌着……"[1]这个场景是那个时期的中国家庭中常有的一个画面。家里有人生病的时候，总是要熬中药治疗。而波利把这个熟悉的画面迁移到了美国，另一个物理和文化空间里。与美国语境似乎格格不入，于主人公波利却又自然而然，于当时的历史现实也是合情合理。

白人玛丽·道森在女儿凯蒂高烧不退、无计可施的情况下找到波利，波利煮了一碗中药给她，并告诉她："我已经很多次用这个药了，她总能把烧退下来。"[2] 果然，凯蒂的高烧退下来了。给白人和白人的孩子看病，这些中药治

---

[1] Ruthanne Lum McCunn. *Thousand Pieces of Gold*. San Francisco：Design Enterprises of San Francisco. 1992，p. 180.

[2] 同[1]，p. 182。

愈的是身体的疾病，也是思想上的偏见。波利的名字 Polly，通常是鹦鹉的名字，而鹦鹉是鸟，只会学舌，没有思想。她的主人洪金（Hong King）给她命名 Polly，并告诉她"一个奴隶不能选择自己的名字"①。波利在居住区里的首次亮相就是"中国瓷娃娃"的形象，她被一群白人捉弄、调戏，被嘲笑"没有一把笤帚高"②。她被几个大男人抬着放到舞台的中间，他们下令让她跳舞。当她说话的时候，这群人甚至惊讶道："中国瓷娃娃会说话。"对中国人的鄙视、偏见，也出现在一些主流文学的诗歌和作品里，成为一个喻指。Henry Lawson 在他的小说 While the Billy Boils 中曾经说："他比采矿区的中国人更卑鄙，比阴沟里的老鼠更狡猾。"③ 我相信这些中医、中药的描写是有着深刻政治意义的，一方面，颠覆了许久以来中国女人刻板类型化或者刻板形象；另一方面重新树立了新的中国女性形象。刻板形象在文化批评领域通常是指："以高度简单化和概括化的符号对特殊群体与人群所做的社会分类，或隐或显地体现着一系列关乎其行为、个性及历史的价值、判断与假定。"④ 掌握着主流话语权的文本总是把弱势、边缘、他者群体进行刻板化处理，塑造一种"负面""顺从""奇怪"的形象，并且把这些形象定型，使他们成为一种自然的东西，目的是关闭"更改""变化"的大门，从而身份之间的差异被固定，某种文化身份的特征本质化，并永远不变。

在荒蛮的西部世界，做着一朝暴富"美国梦"的各个族群的人——白人、黑人、华人聚集在此，却等级森严不可逾越。"白人挖富含金子的矿藏。中国人挖已经被挖过的、剩下的矿藏。"⑤ 释奴法案通过十年之后，一个黑人告诉波利这个消息。当波利去找爱人查理求证这个消息的时候，查理告诉她"内战是为了解放黑人"⑥，而不是中国人。可气的是，法案的通过解放了黑人，却抬高了华人奴隶的价格。大部分勇敢走向法庭寻求自由的中国奴隶，都被遣返回了中国。淘金热时期的美国为了吸引更多人来西部开发这个荒蛮之地，提

① Ruthanne Lum McCunn. *Thousand Pieces of Gold*. San Francisco：Design Enterprises of San Francisco. 1992，p. 117.

② 同①，p. 116。

③ Henry Lawson. *While the Billy Boils*. Sydney：Sydney University Press，2012：242.

④ ［美］约翰·费克斯，等：《关键概念：传播与文化研究词典》，北京：中国社会科学出版社，2000年，第 273 页。

⑤ 同①，p. 129。

⑥ 同①，p. 139。

出"世界各地的人都一样，不管富有还是贫穷，可以一样拥有美国的土地"①，但是，中国人除外。臭名昭著的排华法案（The Exclusion Act 1882）规定："中国人不能拥有土地。"② 白人优先，其次是华裔之外的其他族裔的人。在这样的境遇里，华人能否找白人医生看病，白人医生愿不愿意给华人看病，以及华人能否付得起高昂的诊费和医药费是值得思考的。小说反映了当时华人淘金者的真实情况。Chinese American Journal 评价《千金》是"迄今为止关于中国人最好的历史书"③。作为有关于华裔历史的小说，所反映的历史现实值得我们去探究一下。伴随着大量中国劳工涌入美国，随之而去的是中医中药，中医中药大量传入美国是在 19 世纪时期，特别是 19 世纪中叶。大概是因为华人在中国生病时，习惯看中医、吃中药，即使到了异国他乡，也相信中医能够治愈他们的疾病。一方面读者会把作品里的中医药文化解读为华人在当下的无奈之举；另一方面可以解读为华人即使在异国对故国文化依然有着深深的眷恋，这种眷恋挥之不去，深入血液。中医药是中国文化符号，与华人如影相随，华人有血有肉丰满的故事让中医药文化活了过来。因为病人的需求，淘金热时期大量的中医在华人社区出现，服务华人的同时，也偶尔会给其他种族的人治病。

研究小说文本所描写的社会历史现实，就不得不考虑文本的历史性。林路德的小说被认为是"伟大美利坚历史里一个令人信服的故事"④。带领读者走进历史现实，去看一看中医在美国淘金热时期的状况。1887 年来到美国的丁喜大夫（中文名为伍于念），因为他医好了当地一个牧场主儿子所得的血中毒——一种流行于矿区、磨坊、牧场，往往会致人丧命的疾病，从此声名大噪，被白人所接受。当时差不多整个白人社区都来找他治病，有的人甚至从很远的地方写信给他，让他治病。另外一位成功的中草药医师叫卓亚方，1889 年来到爱荷华州，1901 年取得在美行医执照，不久后又获得"合格药师"证书。1979 年出版的《约翰·戴维市的中国医生》对他有专门的介绍。可以说，华人给白人治病、吃中药，吃的是华人的价值、言说和证明。

据记载，1876 年美国有 151000 名华人，而因为淘金热，加州就有 116000

---

① Ruthanne Lum McCunn. *Thousand Pieces of Gold*. San Francisco：Design Enterprises of San Francisco. 1992, p. 162.
② 同①。
③ 同①，p. 309。
④ 同①，p. 309。

名华人。这么多的华人，生病了怎么办？① 根据 Bob Laperrirer 的统计，6%的移民死在去加州的路上，20%的移民由于疾病和营养不良，在到达矿区的 6 个月内死亡。据史料记载，当时的矿工如果要去看白人医生，一次的诊费是 2.5 美元，如果让医生到家诊病要花费 3 美元，夜诊的花费是 5 到 10 美元不等②。很多人看不起病，更不要说收入微薄的华人了。林路德的另一部小说《木鱼歌》里讲到了当时华工的收入状况：一家人举全家之力借债，送四弟去美国淘金，很久之后，四弟寄回了一封信随附 2.5 美元。2.5 美元是一个华工积攒不少时日的积蓄，怎能舍得拿去看病。所以当时的华工都会选择去看中医。

（二）重拾华裔男性力量的中医书写

朱路易的小说《喝一碗茶》发表于 1961 年。故事围绕着"单身汉的世界"展开，由于臭名昭著的排华法案，因而老一辈华人男子无法与远在中国的妻子团聚。主人公炳来回到中国娶了一位中国新娘。可是在"传宗接代，延续香火"的巨大压力之下，他竟然患上了性无能。新娘玫爱被阿松勾引竟然怀孕了。炳来去看了心理医生，也吃了西医的药，但都没有效果。最后去看了中医，医生先是安静地聆听他的病情，并让炳来把手放到脉枕上，"接着继续给他把脉，医生先把一个手腕再把另外一个手腕"。最后医生说"喝一碗茶（tea）我会让你恢复健康的"，"你可以三个小时后来取吗？因为煮那个茶需要那么长时间"③。这里的"tea"并非传统意义上的"tea"，而是指像茶一样黄褐色的中药。作家虽然在小说里多次提到了喝茶，但治疗炳来不育症的"茶"非彼茶。Jeffery Chan 在 1979 年版的 *Eat a Bowl of Tea* 的开始部分写了一篇题为"Introduction To The 1979 Edition"的文章里面就讲道："喝一碗茶是好的中药。如果炳来想重获男子力量，如果移民前辈们想在美国站稳脚跟并且所作的牺牲不被白白浪费掉，就必须咽下充满恶意的社会分配给他们的苦药。"④ 中药是苦的，象征着一代一代华人所承受的苦难。中药是中国文化的符号，有着文化身份"意义"的，指示着方向，让还处在文化身份尴尬境地的华人找到自我。

---

① Henry K. Norton. *The Story of California From the Earliest Days to the Present*. 7th ed. Chicago，A. C. McClurg & Co.，1924：283-296.

② Dr. Bob LaPerriere. "19 Century Medicine：ABC's of Early Medicine". https：//www. mtdemocrat. com/news/gold-rush-doctoring-takes-real-guts. 2019. 4. 8.

③ Louis Chu. *Eat a Bowl of Tea*. New York：Carol Publishing Group，1995，p. 244.

④ 同③，p. 5。

　　炳来在看这位中医之前还看过一位中医。那是他在看完了白人医生后，心情沮丧，就走到了一位中医诊所。"中药师三个手指放到了他朝上的手腕上，把手腕移到了小脉枕上，把脉。过了会儿，他又把了另外一个手上的脉搏。"① 最后医生把手从脉搏上拿开，意味深长地说："肾虚。"中医给他开了药方，"你必须先吃一段时间 vigorating tea，也许吃几次药之后，就可以吃一些人参，但是在此之前，你的身体太寒不能吃人参"②。但是炳来并没有去中药房开药。他认为："如果美国的现代科学都不能解决他的婚姻问题，又怎能指望中医师能制造奇迹？"③ 面对"信中医"还是"信西医"这个问题，炳来的首要选择是西医。因为他在美国长期生活，因此美国的先进科技对他的冲击已经超越了远在故国的中医在他生活中的影响。可是在他内心对中医药还是有点相信的，他认为："另一方面的确存在着在中医知识领域里被证明了可以治愈很多疾病的良方。"④ 最后两者对比之下，他还是把中医开的药方整齐地叠好，放到了上衣口袋里。他去西医药房买了西药。他愿意试试龙医生开的西药片。朱路易这段描述，以中医药文化表征为手段，让一个华人做出"文化站队"和"身份站队"的决定。"信中医还是信西医？""选中医还是选西医？"是作家抛给炳来的问题，也是抛给读者的思考题。因为很多时候"故事的创造者制造出'世界创造的蓝图'，故事的消费者则在他们建立故事的思想精神上的模型时，努力追随这些蓝图"⑤，作为故事消费者的读者们与小说人物一样面临着这样一个问题，在内心也会做出属于自己文化属性的选择。作者巧妙地让故事人物面对两种选择，而每一个选择都折射出一定的文化认同取向。

　　中医药表征此处不仅仅是一个病人生病后的治疗手段，而是被赋予了浓厚的"文化意义"，中医药治愈的不仅仅是生理疾病——性无能的医疗手段，也是心理疾病的解决方案。表面上看，性无能是因为主人公面对美国高楼大厦、熙熙攘攘、快节奏的生活的无所适从的结果。他的婚姻生活在中国是美满的，到美国后这个问题就严重了。从中国到美国不仅仅是物理空间的转移，也是文化空间的跨越，还是炳来对自我身份认知的迷茫和焦虑的表现，他自 17 岁就

① Louis Chu. *Eat a Bowl of Tea*. New York：Carol Publishing Group,1995,p. 89.

② 同①。

③ 同①。

④ 同①。

⑤ ［美］戴维·赫而曼、詹姆斯·费伦，等：《叙事理论——核心概念与批评性辨析》，谭君强，等译，北京：北京师范大学出版社，2016 年，第 188 页。

离开了中国，在美国生活了很多年，故乡已成记忆、新土还未成家园的现实让他处于浮萍的无根状态。虽然他成家了，但是家还远未成为他心灵的栖息地。

卢卡奇在《小说理论》中讲到"有一种心灵渴望，即对家乡在何处的渴望如此强烈，以致心灵不得不在盲目的狂热中踏上似乎回家的第一条小路；而这种热情是如此之大，以致他能够一路走到尽头；对于这种心灵来说，每一条路都通向本质，回到家园。因为对于这种心灵来说，它的自我性就是家园"①。炳来的自我性迷失，导致他建立精神家园之路无望，而现实的家园也遥遥无望。

炳来从工作到婚姻安排，一切听从父亲的指示。父亲的事事包办"阉割"了儿子的男子气概，以及作为一个独立主体的思考能力和担当。如果要重振男子雄风，就必须先找到自我，回答"我是谁"，即重塑自我性。"社会或文化身份总是作为一种分类、分层形式和规范力量影响着人类的社会生活和个体的生命体验"②。人们总是需要身份认同来赋予生活某种价值和意义，指导自己的社会行为。所以在经历了搬家、换工作、妻子外遇、西医也没有治愈他的性无能等一些事件之后，他从父亲的庇护下走了出来，学会了独立地面对生活的考验。这个时候，他选择了去相信中医，这是作家恰到时机的合理安排。他吃了中药，最终痊愈。作家一方面在描述一个"人"的成长，这个人具备了所用人类都共同面对的成长困境；另一方面在讲述一个"华人"的成长，华人只有勇敢地面对自己血液里的中国性，才能在美国自信立足。因为中医药来自中国，是中国文化的代表，所以吃中药可以治愈唐人街华人的焦虑。中药虽苦，但的确可治"病"，不得不说让人深思。

（三）寻找中国文化根性的中医书写

谭恩美是美华文学作家中最为多产的作家之一，她的小说《喜福会》（The Joy Luck Club）、《灶神之妻》（The Kitchen God's Wife）、《百感神秘》（The Hundred Secret Senses）、《接骨师的女儿》（The Bonesetter's Daughter）等有着十分鲜明的谭氏笔法和谭氏主题，给读者留下了深刻的印象。一方面，谭擅长以母女关系为线索展开故事的讲述；另一方面，她笔下的人、事、物都极具中国风情。Los Angeles Times Book Review 就曾经评价"《灶神之妻》中最吸引人

---

① ［匈］卢卡奇：《小说理论》，燕宏远、李怀涛译，北京：商务印书馆，2016 年，第 79 页。

② 郝永华：《Representation：从再现到表征——论斯图尔特·霍尔的文化表征理论》，《江西师范大学学报》（哲学社会科学版），2008 年第 6 期。

的不仅在于环环相扣的故事情节，而在于关于中国的生活和传统的细节描写；不仅在于人们如何生活，而在于人物感性如何明显地通过语言表现出来"①。"关于中国的生活和细节描写"得到了赞扬，但也被很多学者诟病。有学者批评谭恩美笔下的中国神话、中国风俗、中国传说、中国景象是"刻意迎合西方人普遍想象中的中国"② 而刻意为之的结果。无论如何，谭恩美喜欢写"中国故事"和"中国人的故事"，并且擅长于此。所以，鉴于中医药文化在中国文化中的重要地位，读者不难在她的小说中发现大量的中医药文化的书写。

《灶神之妻》是谭恩美以自己母亲的人生经历为故事原型撰写的第二部小说。主人公温妮原名江薇丽，从小就被灌输了封建礼教思想，父亲、姨婆、婆婆、丈夫都告诉她女人要顺从，要"三从四德"。她没有反驳，没有反抗，照单全收，也照单全做。可是命运之神并没有青睐她，她被无赖、自私、贪婪的丈夫文福虐待，接连失去了三个孩子。在一连串的打击下她觉醒了，决定离开丈夫，之后爱上了美国人吉米，改名温妮，在经历了很多波折之后，来到美国。她把自己包裹得严严实实，并且把一件件中国往事变成了一个个秘密。女儿珍珠，是打开秘密的人，两人在误解连连、冲撞不断之后，最终互相妥协、理解，达成共识。与其说是母女二人的和解，不如说是两种文化的互相接受。

故事的结尾部分，海伦阿姨和母亲温妮决定回中国一趟。海伦阿姨回中国的理由是要回去看中医，治疗自己的脑瘤。她告诉珍珠"我们要去买一些中药"，"在这里买不到的珍贵的东西"。她继续说道："中医可以治愈任何疾病"，"我认识一个女的，她得了妇科癌症。她去看这里的医生，没有任何效果。她去教堂祈祷，也没用。她回到了中国，每天吃中药……她的癌症没了。后来她得了肺癌，她又吃了中药，同样治愈"③。中医被描述为可以包治百病的神奇医学，不得不说这里有夸张的成分。海伦阿姨夸张的描述中，医药包治百病，一方面是自己对中国文化的自信和对中国文化的眷恋；另一方面是因为珍珠一直以来对中国的东西都嗤之以鼻，她试图以夸张的方式告诉在美国出生、在美国长大的珍珠，中国文化的神奇之处。中医可以治愈连西医和耶稣都束手无策的疾病。对中医这种振聋发聩的夸张描述，是为了引起珍珠对中国文化的兴趣和注意。所以中医是药引子，可以愈合温妮和珍珠母女伤痕累累的关

---

① Amy Tan. *The Kitchen God's Wife*. New York：Ivy Books, 1991, Back cover.

② E. D. Huntley. *Maxine Hong Kingston：A Critical Companion*. Westport：Greenwood Press, 2001：58.

③ 同①，p. 522。

系，也是中西方文化激烈碰撞时的缓冲器。

后来海伦阿姨承认回中国不是为了治疗自己的脑瘤，自己并没有脑瘤。因为作家谭恩美的父亲和哥哥都是因为脑瘤相继去世的，所以作者把这个疾病放到小说里是很合乎情理的。虽然海伦阿姨没有脑瘤，但是"回中国"的确是为了治病，是治珍珠的"病"。母亲温妮回国是为了给珍珠找药。"她认为她把病带给了你。这个病来自于她体质的不平衡。她认为这个不平衡来自中国。"① 那么珍珠的"病"是什么？显然不是身体上的疾病，而是心理上的病痛。她对中国母亲的不解、怨恨和冲突大部分来自于东西方文化之间的差异和冲突。这里"中医药"具有深远的文化象征意义——既治身体之病痛，又治心理之疾病。拨开一个个秘密，珍珠认识到她曾经所憎恨的谎言和秘密是她们（母亲和海伦阿姨）认为的忠诚，是任何语言都无法表达的，也是她需要理解的。母女之间不再有秘密，达到和解。Ballantine 出版社 1991 年出版的《灶神之妻》共 532 页，作者在第 531 页，也就是小说的结尾部分，有一段这样的描述：母亲把珍珠带到自己的房间，并且告诉她："珍珠啊，这有一些中药你把这些药膏放到胳膊和腿上，草药会渗透进入你的皮肤。每天要喝三到四次热水。你的体质太寒了，只能喝热水，不要喝茶和咖啡。你在听吗？"② 小说的结尾部分往往具有总结性和象征性，是很多问题的答案所在。"20 世纪很多小说的结尾都发生在具有象征意义的场景，预示着未来进一步的发展，但是具有典型特点的现代小说都会选择一个无关紧要的时刻结束故事。"③ 所以作者在小说的结尾部分有大段关于中医药的描述。这个看似随意的安排，放到了小说十分重要的结尾部分，其实是作者精心的设计。无独有偶，1995 年 Carol Publishing Group 出版的《喝一碗茶》全书共 250 页，从 242 页到 246 页，也就是小说结尾的部分，作者一直在大篇幅地描述炳来看中医吃中药治疗自己的病，最后终于治愈。当读者翻开小说的第一页，带着问题一路读来，他们要在小说结尾寻找答案。作者这样的设计让读者不禁发问：难道中医中药就是他们要寻找的谜底？答案是显而易见的。

"中医是中国文化的名片"，所以这里中医药的描述已经远远超越了其本身的字面含义。中医、中药以具象的表征形式表达了抽象的中国文化内涵——

---

① Amy Tan. *The Kitchen God's Wife*. New York: Ivy Books, 1991, p. 523.

② 同①，p. 531。

③ Marta Edelson. On the Function of the Ending in the English Novels. Zeszyty Naukowe Iyyzszed Szkoly Pedagogicznej W Bydgoszczy. Studio Filologiczne: Filologia Angielska 1982, p. 25.

"阴阳平衡"，体质寒，就只能喝热水，以求达到阴阳平衡。身体健康最基本的要求就是要阴阳平衡，就是要达到身体的"中庸"状态——"非大寒，或大热"。而文化之间的相处之道似乎也是如此，两者之间不是你存我亡的关系，也不是消极的妥协与调和，作者似乎暗示我们两种文化应该走出二元对立的局面，建构新的话语方式，以达到"文化间的和谐共处"。小说的结局，不管喜悲，往往折射出了作者的价值取向。因为"结局的重要不仅仅因为它是结束叙事的一个手段，更是因为它反映了作者对人和现实的态度"①。所以说，通过作者的语言描述和中医所代表的文化符号含义，以及其产生的中国文化意义和价值观念的阐释和联想，中医药表征作为整体，"参与了整个文化意义与价值系统的生产、增殖、交流与流通"②，进入了美国主流文化的流通系统，稀释了美国文化强势和霸权地位。

谭恩美另一部小说《百感神秘》围绕一对同父异母的姐妹的前生今世展开，故事充满了迷幻神秘色彩，令人无限遐想。妹妹欧丽薇雅是土生土长的美国人，而姐姐邝来自中国。姐姐不懂英语，行为异常，爱讲鬼故事，常常喃喃自语地说着中国话，还经常提醒妹妹拥有一半中国血统，但是她对妹妹全心全意地付出，最后甚至为了救妹妹牺牲了自己的生命。她们今生在美国的故事是以妹妹的视角和口吻展开的，而她始终以西方凝视者的姿态看待这个中国姐姐。在妹妹的眼里，邝是不正常的，"不管是从中国标准还是洛杉矶标准来看，她是诡异的"③。奥利维亚认为，邝也许在中国是正常的。"也许在另一个国家邝被认为是正常的，也许是在中国的某些地方、香港、台湾她是受尊敬的。也许在世界上的一个地方每个人都有个姐姐拥有阴眼。"④ 奥利维亚"以高度简单化和概括化的符号"对邝和她的族群（中国人）进行社会分类，进行着关于其"行为、个性"及"历史的价值、判断与假定"⑤。

邝在药店工作了 20 多年，拥有一些奇怪的能力。

"最为诡异的能力是她可以诊断一些小病。即使第一次和一个陌生人握

---

① Marta Edelson. On the Function of the Ending in the English Novels. Zeszyty Naukowe Iyyzszed Szkoly Peda-gogicznej W Bydgoszczy. Studio Filologiczne：Filologia Angielska，1982，p. 30.

② 郝永华：《Representation：从再现到表征——论斯图尔特·霍尔的文化表征理论》，《江西师范大学学报》（哲学社会科学版），2008 年第 6 期。

③ Amy Tan. *The Hundred Secret Senses*. New York：Ivy Books，1995，p. 20.

④ 同③，p. 21。

⑤ ［美］约翰·费克斯，等：《关键概念：传播与文化研究词典》，北京：中国社会科学出版社，2000 年，第 273 页。

手，她可以看出那个人是否遭遇过骨折，尽管这个骨折已经痊愈多年。她即刻便知这个人是否患有风湿病、肌腱炎、滑囊炎、坐骨神经痛——她真的很擅长这些肌肉与骨骼的事情——这些疾病被她称作'燃烧的骨头'，'发烧的臂膀'，'酸关节'，'蛇腿'。所有这些疾病都是因为吃了热性和寒性的食物、扳着手指数着失望、太多次的后悔的摇头、或者把担心都储藏到了下巴和拳头里。"①

邝诡异之处不仅仅在于可以诊断疾病，还在于可以治愈这些疾病。许多人说她有"治愈性的触摸"，"当她把手放到你伤痛的地方，你可以感觉到刺痛感，感觉有一千个小精灵上下舞蹈，接着一股暖流滚动通过你的血管"②。谭恩美的这段表述是以中医阴阳五行学说、情志学为基础进行诊断的，再施以气功治疗，给中医诊治蒙上了一层神秘的面纱。华裔小说多次提到了"阴阳"。中医的阴阳学说不但复杂，还渗透于中医的各个方面，很多东西都可以用阴阳来诠释。《黄帝内经·阴阳应象大论篇》说到："人生有形，不离阴阳"，"阴阳者，天地之道也，万物之纲纪，变化之父母，生杀之本始，神明之府也，治病必求于本"③。人体内的"阳气"和"阴精"保持人正常的生理活动。如果阴阳失调，发生阴阳偏盛偏衰的现象，人就会生病。所以阴阳之说是中医学说之核心内容。邝给病人的诊断还涉及中医的情志学说，即人患有疾病常常是由七种情绪（喜、怒、忧、思、悲、惊、恐）导致。

谭恩美的另外一部小说《接骨师的女儿》，书名本身就洋溢着浓郁的中医药文化气息，或者说书名本来就通过中医里的接骨师这个职业向读者介绍着中医药文化。书里也有很多关于"龙骨"入药等描述。谭恩美的新作《神奇谷》里也有大量的中医药的描述：妓院妓女喝中药避孕；人们喝中药治疗西班牙流感；用温水草药消肿；中医用气功、针灸、食疗来治疗癌症。据笔者统计小说有十几次提到了中医或者中药。

三、文学作品与中医药文化传播

其他华裔文学作品，如黎锦扬的畅销小说《花鼓歌》（1957）：主人公王

---

① Amy Tan. *The Hundred Secret Senses*. New York：Ivy Books, 1995, p. 20.
② 同①。
③ 《黄帝内经》，姚春鹏译注，北京：中华书局，2016 年，第 49 页。

戚扬，唐人街里的土豪，他很富有，完全可以搬出唐人街那样恶劣的生活环境，但是他不愿意。而且他的活动范围仅限唐人街那短短的几百米。他不愿意穿西服，不愿意儿子交外国女朋友。虽然大儿子学的是西医，但是他生病了不看西医，而选择去看中医，是因为他对中国文化和故乡有着深深的依恋和不舍。

无独有偶，远在澳大利亚的 Kylie Tennant 在她的小说 Foveaux（1939）中对中医药也有着积极正面的描写"我打喷嚏全好了"，弗拉瑞回应道："我去找了一个中医，他给了我一些药，我的感冒就好了。这些中国人好棒啊！"① 在小说 Poor Man's Orange 里，Dolour Darcy 访问一位名叫 Sam Gooey 的中医师以治疗自己的痤疮。Park 在小说里对中医诊所有着十分详尽的描述。Sam 的店铺窗户上放满了各种各样的罐子，罐子里放着千奇百怪的虫子，大小不一，"很多小陶瓷托盘里放着磨成粉状的草药"。"每次经过山姆的店门口，都有一股刺鼻的热气冲出来，气味中充满着山姆的正在熬制的调和物的味道。"② 中医师就住在充满异域味道的封闭房间里，房间里放了一百多个罐子，上面"刻有红色或黑色持剑的人物"。尽管住在这些令人不安的环境，Sam 还是被当地人赞颂可以治疗消化不良、风湿病和癌症。医生给了 Dolour "一罐柔软的黑色的药膏"③，祛除了她的粉刺。相信如果愿意，我们会发现在更多的文学作品里不分国别和文学种类，都有着关于中医药文化的描述。

文学与医学是两个独立的学科，但两者都是人学。看似没有紧密的联系，实则在我们的生活中经常把两者放到一起。作家写作时根据剧情、人物建构的需要，常常会描写人在面对病痛、死亡、衰老时的煎熬、无助、坚强、选择等超越了健康时候心理的巨大波动或蜕变，有人由此走向毁灭，而有人却由此走向新生。文学来源于生活，所以生活里的生老病死和由此引发的人情冷暖也会在文学作品里得到体现。2018 年在北京举行的"第二届北大医学人文国际会议"，会议主旨里就提到了"本会议旨在从批评、伦理、美学等角度出发，探索不同文化表征下的'生命、衰老和死亡'，促进医疗健康服务、卫生经济学和社会政策等领域的发展"。会议宗旨明确提出了探索不同文化表征下的生命、衰老和死亡。学术会议还专门设置了医学与文学分会场。学者们把文学作

---

① Kylie，Tennant. *Foweaux*. Sydney：Sirius Pub-lishing Co. ，1946：63.
② Ruth Park. *Poor Man's Orange*. Sydney：Angus & Robertson，1949，p. 74.
③ 同②，p. 81。

品与老龄化问题、衰老与记忆、死亡之思、死亡态度的多模态建构、临终病例等议题相结合，发表了自己的论述。

作家常常采用中医药文化表征的建构为写作策略，以达到写作时对人物刻画"生动、深刻、合理"，对事件描述"顺畅、充满逻辑"的目的。某种层面上，使读者对其进行文化批评的同时，也关注到了华裔文学作品的文学美学功能。中医药文化"走出国门""服务全人类"，是项伟大的事业，但绝非易事。单靠翻译和官方推介是不够的。北京语言大学陆薇教授就认为"把一个文化背景下的思想与经历传达给另一个根本不存在这些思想与经历的文化，这其中的难度可想而知，绝不是一个'忠实的译者'所能做到的"①。华裔文学被很多人解读成中国文化的一种延伸。以这种延伸为载体，中医药文化被赋予了鲜活的生命力，成为一个活跃的文化"调和符号"以应对主流文化符号。一方面服务了作家的文学写作的美学要求；另一方面走进了读者的眼底，起到了文化传播的作用。华裔文学作品里的中医药文化神奇地"使无法理解变为能够理解，不可言说变为可以言说"。我们努力寻求中医药文化与华裔文学作品里所包含的其他中国文化一起建构中国文化的整体性，慢慢接近读者，走向世界。

基金项目：福建省 2018 年度社科规划项目"美国华裔文学作品中的中医药文化表征及中医药文化在美国传播研究"【FJ2018B124】

（作者单位：福建中医药大学人文与管理学院）

---

① 陆薇：《超越二元对立的话语：读美籍华裔女作家伍明慧的小说〈骨〉》，《外国文学研究》，2002年第 2 期。

缅怀、追忆与彰扬
——《南侨日报》与中国新文学作家

陈建宁

　　《南侨日报》是由爱国华侨领袖陈嘉庚和华侨的民主派、爱国者，在中国解放战争的胜利前夜——1946 年 11 月 21 日于新加坡创办的。它的创办主要是为了对抗国民党右翼言论，同时也借由对中国作家的纪念、缅怀和追忆，曲折而艺术地表达其艺术上的追求。《南侨日报》上的"南风"等副刊，以大量篇幅介绍祖国左翼、进步的新文学，以及鲁迅、郁达夫、陶行知、闻一多等中国现代文化贤哲，显示了新马华文文学与中国新文学的密切渊源关系。这种情况是历史形成的，同时又有着当时时势的投影。一方面，新马华文文学从一开始就是在中国"五四"新文学的影响下产生的，大量由中国南来的新文学作家曾是新马华文文学创作的主力，这种情况必然有其历史的延续性，在短时间内不可能有根本的改变；另一方面，当时的中国正处在两种命运、两种前途决战的历史关头，而中国的前途和命运与海外华侨息息相关，"祖国"必然成为海外华侨魂牵梦系的注目所在。《南侨日报》大量刊载、介绍中国新文学作家和作品，正符合了广大侨胞关注祖国、了解祖国形势发展的迫切需要。

一、学习鲁迅的战斗精神

　　作为中国新文化运动的主将，鲁迅以其毫不妥协的战斗性、革命性成了《南侨日报》追怀中国现代文化贤哲、向广大侨胞介绍祖国新文化的首选。如1947 年 10 月 18 日，由"星华文协"主编，在《南侨日报》上刊出了《人民文豪鲁迅逝世十一周年纪念特刊》。纪念鲁迅的文章大体上分为两类，第一类是赞扬和学习鲁迅的战斗精神。这一类最多，杨嘉的《继续向封建残余进军》

是这类文章的代表。作者认为，鲁迅在文化战斗上的坚定、勇迈之精神，感动和号召了广大人民，而在鲁迅逝世后，他的精神也成了后来战友的指南针；在今天的南洋，封建残余势力还是不小的，要团结所有的力量，向顽固旧思想进攻。要完成这个任务，首先需要巩固自己的阵营，在思想上要健全完善，在工作上要认真负责，在生活上要热诚勇敢，只有这样才能迎接和平民主胜利的来临，才能完成新文化思想的建设①。金丁的《从纪念鲁迅联想起来》表达了同样的观点，他也认为最好的纪念是行动。他还特意检讨了马华文坛一年来的进展，介绍了发扬鲁迅文风的陈如旧、梅秀、郁达夫和王任叔等人的情况。最后，作者认为，要贯彻鲁迅所制定的对付旧社会和旧势力的斗争策略，首先是坚持不断；其次是停止新文学伙伴间的斗争，壮大自己的力量；再次要提拔大量的新战士②。杜边的《鲁迅先生与人民》一文，给予鲁迅很高的评价，认为他是一位民族的文化战士，一位民主的战士，同时也是位人民的艺术家③。光明所作的《纪念鲁迅先生》则引用了鲁迅《两地书》里的一段话："使奴才主持家政，那是会有好样子。最初的革命是排满，容易做到的。其次的改革是要国民改革自己的劣根性，于是就不肯了。"以此讽刺国民党当局不会轻易改变媚外的奴才性格。作者同鲁迅一样，文章充满了战斗性，对中国的黑暗现实表达了强烈的不满，以为"中国倘不彻底的改革，命运总还是日本长久"，但是，在文章的最后，他还是认为中国会有希望，因为今天的中国人民已成为真正"筋骨和脊梁"④。正如纪念特刊的编者在《刊首》中所说的：不用任何笔墨的颂扬，鲁迅先生的名字早已响遍了世界，出此特刊，"那是为了我们自己，为了我们的工作和事业。我们要通过纪念他，去学习他，要通过纪念他，去坚强自己，因为现实告诉我们，他追求的理想，还没有实现，他'横眉冷对'的敌人，还没有倒下去，而且，正在加倍地疯狂。这便是发刊的意义和动机"⑤。

第二类是回忆和赞扬鲁迅优秀人格、品德的文章，其中包括对于青年的爱护和关怀。山彦的《鲁迅先生与青年》，就称赞了鲁迅的这种风格。他在文中称，鲁迅在《新青年》上最早发表的《狂人日记》一文，发出"救救孩子"

① 杨嘉：《继续向封建残余进军》，《南侨日报》，1947 年 10 月 18 日。
② 金丁：《从纪念鲁迅联想起来》，《南侨日报》，1947 年 10 月 18 日。
③ 杜边：《鲁迅先生与人民》，《南侨日报》，1947 年 10 月 18 日。
④ 光明：《纪念鲁迅先生》，《南侨日报》，1947 年 10 月 18 日。
⑤ 编者（星华文协）：《刊首》，《南侨日报》，1947 年 10 月 18 日。

的呼吁，表达了对后一代的无限希望。而他虽然对青年们很关怀，但不以导师自居，表现了广阔的胸襟①。巴人（王任叔）的《鲁迅作风》则赞扬鲁迅是个实在实为的人。所谓实在就是敢于面对黑暗或现实，而实为就是敢于背着黑暗的闸门，让青年奔放到更远大的处所去。鲁迅就是这样指引、帮助青年们向着光明大道前进的②。沙陀的《向鲁迅学习》也表达了同样的观点，这篇文章针对青年缺少对当前残酷现实环境的战斗的决心，指出鲁迅提醒青年"应该敢笑，敢骂，敢哭，敢打"，从而掀掉吃人的宴席。鲁迅一生充满着韧性的战斗精神，这是鲁迅存留下来的全部文学思想的"遗产"③。丁玲的《开会之于鲁迅》则是个例外，它是以开会这样的身边小事来反衬鲁迅的高尚人格。丁玲说鲁迅开会从不迟到，而且在开会的时候态度很平和，精神很集中，对于反对他的意见也并无不耐烦或不快，让她深深的感动④。

苏联作家法捷耶夫也写了一篇文章《论鲁迅》，对鲁迅进行了追悼。法捷耶夫的这篇文章从思想性和艺术性两个方面对鲁迅进行了评价，他把鲁迅和柴霍夫（指契诃夫，笔者注）、高尔基相提并论，认为他们都是属于人类天才的思想家和作家。然而，他又认为鲁迅有和柴霍夫、高尔基两人不同的地方，他具有中国特色，是真正的中国作家，他的语言完全是民间形式的，而他的讽刺和幽默也带有不可模仿的民族特点。在写作手法上，法捷耶夫认为，鲁迅善于用简短、明了、朴素的方式把思想形象化，以插曲表现大的事件，以个别的人描写典型⑤。

二、彰扬郁达夫的爱国气节

郁达夫也是《南侨日报》所大力追怀的一位现代作家，这跟他在南洋的经历不无关系——郁达夫曾担任过星洲文化界抗日联合会主席，并主持过《星洲日报》的"繁星""晨星""文艺周刊"和《星槟日报》的"文艺半月刊"等副刊，为新马文学的发展做出过很大的贡献。在避难苏门答腊期间，更以在日本宪兵部当翻译做幌子，救助了不少当地华侨和印尼同胞。但是在他

① 山彦：《鲁迅先生与青年》，《南侨日报》，1947 年 10 月 18 日。
② 巴人（王任叔）：《鲁迅作风》，《南侨日报·南风》，1947 年 10 月 29 日。
③ 沙陀：《向鲁迅学习》，《南侨日报·青年》，1947 年 10 月 21 日。
④ 丁玲：《开会之于鲁迅》，《南侨日报·南风》，1949 年 11 月 14 日。
⑤ ［苏］法捷耶夫：《论鲁迅》，《南侨日报·南风》，1949 年 11 月 17 日。

遇害以后，新加坡的一群附敌记者、落水文人，还要向他揶揄一番，不是骂他"有文无行"，就是笑他"家破人亡"。在这一些人中间，有些曾经和郁达夫喝酒作诗、附庸风雅的，现在居然讥笑郁达夫生活浪漫，甘心事敌①。为了澄清事实，反击右翼文人的恶毒攻击，同时也为了表达南洋华侨的敬爱之情，"南风"副刊刊载了许多文章对郁达夫进行缅怀。

首先发表文章对郁达夫进行追悼的是吴柳丝。吴柳丝曾与郁达夫共同逃难，长期工作、生活在一起，他对郁达夫的为人和心地有很深的了解。他的这篇文章为《纪念郁达夫先生》，发表于 1947 年 8 月 12 日的"南风"副刊，文章首先深切地回忆了郁达夫在避难印尼期间所做的救助印尼华人的动人事迹，指出：在郁达夫这一时期的诗中，充满了痛恨日寇、希求祖国抗战胜利、热爱祖国的感情。作者还认为，郁达夫是一位有修养的作家，他虽然喜欢喝酒，喜欢打牌，但没有乱搞女人，并非像某些别有用心的人说的那样龌龊不堪。通过对这些细节的描写，吴柳丝有力地反击了右派分子对郁达夫的诽谤。

1947 年 8 月 29 日的"南风"副刊上刊出了"郁达夫先生殉难二周年纪念专号"，较为引人注目的是胡愈之所作的《关于纪念郁达夫》一文。胡愈之同吴柳丝一样，和郁达夫相识已久，早在 1933 年便一同在中国民权保障同盟工作，后来在抗战期间又在军委会政治部共过事。新加坡沦陷前夕，他们一同出走，过着流亡生活，相濡以沫，感情自然非比常人。在郁达夫遇难后，胡愈之曾写过《郁达夫的流亡和失踪》，广为传颂。在《关于纪念郁达夫》这篇文章里，胡愈之称赞道："达夫不是什么伟人，更不是一个革命家，但他可算得上近代中国少有的一个天才诗人。"紧接着，话锋一转，作者对南洋黑暗的现实进行了抨击："在这里，文化比椰粕和香蕉皮更不值钱。一个投降出卖的可以被称为民族英雄，而一个诗人的被害，却不会引起人们的同情……死了一个郁达夫是小事，在海外的中国人的同情心都死了，才是真的可以悲痛的。"可以看出，作者对于南洋当地文化界这种乌烟瘴气的乱象是殊为痛心的。但作者又指出，我们不应为此悲观，"因为时代是在不断转换的，而我们已在光明到来的前夜。假如南洋依然是一片寂寞的荒丘，我们还可以从北方大陆，看出民族新的生机"。作者最后发出呼吁，"让卑怯的、冷酷的、麻木不仁的滚开去，我们抖擞起精神来向光明走去罢"。

此外还有一篇文章，也讲到了郁达夫士可杀不可辱的民族气节，即明伦所

---

① 胡愈之：《郁达夫的流亡和失踪·后记》，《回忆郁达夫》，长沙：湖南文艺出版社，1986 年。

作的《郁先生的气节》。作者在开篇指出，气节是中国文人的一种优良传统，而郁达夫是有气节的，他虽然以赵廉的名义跟敌人敷衍，但却不是附敌，而是利用自己的身份保护自己，更是掩护别人，营救受敌人迫害的不幸者。正因如此，"一切的诬陷是没有用的"。而同期所刊登的李西浪所作的诗歌《达夫二年祭》也表达了同样的意思，诗中有"桀犬吠尧未足论"一句，痛骂了那些对郁达夫进行谩骂的人，不禁让人拍手称快。在这期专号上，还有思井所作的回忆郁达夫生活点滴的《郁达夫先生和书》，其中提到了一处细节——郁达夫在逃难的时候还在翻译林语堂的《瞬息京华》，甚是感人。另外，李铁民所作的《西行之始——纪念亡友郁达夫死难两周年之作》，收录了郁达夫的一些散佚的诗歌，也很有史料价值。

在1947年10月17日第八版的"文化娱乐"上，有洪如的《伤念郁达夫先生》，作者给予郁达夫极高的评价，认为郁达夫是"我们新文艺运动中的一个伟大作家，是一个天才诗人，一个人文主义者，同时他也是一个真正爱国主义者"。接着作者列举了郁达夫的事迹：在给日本宪兵充当翻译的时候曾解救了不少印尼人，不仅如此，他还要当地华侨团结起来，一致对敌。但作者没有对郁达夫文过饰非，他指出郁达夫一生潦倒，情场失意，跟自身的人格缺陷有很大关系。

三、追悼民主斗士闻一多

"南风"所大力追悼的中国现代作家中，闻一多先生赫然在列。闻一多早年是著名的新月派诗人，后来又埋首学术研究，对《庄子》《楚辞》研究的学术贡献尤大。但在政治倾向上，他与许多知识分子一样，一开始虽对国民政府有种种不满，但在基本立场上还是支持国民党的。在"九一八"事变和"西安事变"的时候，他都站在国民党一边，对"闹事"的学生和"叛变"的张学良进行了强烈的谴责。但是抗日战争的爆发使闻一多的思想发生了根本性变化。社会下层的悲惨境遇、本人生活水平的急剧下降，使他观察问题的角度发生了极为重要的变化。1943年春，蒋介石公开宣扬专制主义的《中国之命运》一书在昆明的发售促成了闻一多思想的转向。在对国民党失望以后，他开始亲近原先一直认为"只懂破坏、不懂建设"的共产党，并于1944年夏在罗隆基、吴晗的介绍下秘密加入共产党的政治盟友——民盟，表示"将来一定请求加入共产党"。从此，他在共产党的秘密领导下全身心投入反对国民党政权独裁统治、争取人民民主的斗争洪流中去。1946 年 7 月 11 日，闻一多的好友李公朴被暗杀，闻一多极为愤慨，在 7 月 15 日云南大学举行的李公朴追悼大会上，他发表慷慨激昂的《最后一次演讲》，猛烈抨击国民党的卑劣行径，惹恼了国民党政府，当晚即被国民党特务暗杀于昆明街头。闻一多是在反抗国民党的黑暗统治、争取自由和民主的斗争中牺牲的，他的大无畏的革命精神深受广大爱国华侨的赞许和称道。因此，《南侨日报》刊登了许多文章对这位民主斗士进行追念。

《南侨日报》上最早对闻一多进行悼念的文章是 1947 年 1 月 7 日的"南风"上常任侠所作的诗歌《擂鼓者——纪念闻一多先生》。在诗中，作者把闻一多比作肃穆的哲人、温情的传道者，还称颂闻一多在艺术上是贵族，然而在生活中却是人民的战士、魔鬼的死敌，给予了闻一多很高的评价。稍后，1947 年 8 月 18—20 日的"南风"上连载了王一所作的《闻一多与吴晗》一文。吴晗是闻一多的学生兼同事，其出色的学术才华深受闻一多的赏识。而且正是在吴晗多次动员下，闻一多最终加入了民盟，两个人的关系非同一般。这篇文章将两个人比作"两个战士，一个是鼓手，一个是炮手。一只愤怒的狮子和一只凶猛的老虎"，详细地描写了闻、吴二人由陌生到熟悉、由相识到相知的全过程，对这两个性格迥异但都很杰出的人物表达了仰慕之情。

1948 年 11 月 12 日的"南风"上有周新民的《向闻一多先生学习》，详细地叙述了闻一多思想的转变过程——由不问政治到积极参加民主运动，乃至遭到暗杀。不唯如此，作者还向人们展现了闻一多的另一面：为人和蔼可亲，诚恳坦白，劝善规过，办事周到认真，使我们看到了闻一多的伟大之处。

四、纪念人民教育家陶行知

陶行知是另一位被《南侨日报》出特刊加以纪念的人。陶行知是中国著名的人民教育家、思想家、爱国民主人士，他提出了生活即教育的理念，把生活教育和民族民主斗争结合起来，并创办了晓庄师范学院和山海工学团。他坚决反对国民党政府的法西斯独裁统治，为争取和平、民主而奔走呼号，最终在国民党反动派的残酷迫害下，积劳成疾，于 1946 年 7 月 25 日在上海病逝，年仅 55 岁。对于这样一位革命战士，《南侨日报》的同仁们怀有深深的敬意。为了表达他们对陶行知的怀念之情，同时也为了控诉国民党的残暴罪行，1947 年 7 月 25 日，在陶行知先生逝世一周年的时候，《南侨日报》刊登了《纪念陶行知先生逝世周年纪念特刊》对其进行悼念。纪念文章首推胡愈之所作的《陶行知活在马来亚》，在文章的开头作者便称赞陶行知就像鲁迅、邹韬奋一样，是为人民工作的，是真正的人民战士。接下来，他细数知行与行知的区别，即由瞧不起人民的士大夫变成了人民的教育工作者。作者最后认为，在马来亚知和行要联系起来。叶帆风所作的《学习陶先生的韧性》，通过陶行知创办晓庄学校、山海工学团、育才学校等事迹赞扬陶行知坚强不屈，反抗黑暗势力，不妥协、不投降的战斗精神。还有一篇余之介的文章《认识陶行知的思想与奋斗》，指出陶行知的革命教育思想——生活即教育实际上是脱胎于杜威的"教育即生活"理论。这是鲜有的一篇介绍陶行知教育思想的文章，其他的文章大都侧重于陶行知的人民性、战斗性。《陶行知传略》介绍了陶行知的生平。此外，1947年1月9日的"南风"上有常任侠所作的《追念陶行知先生》，称颂陶行知先生是现代之圣人，他为民主而生，为民主而死，是人民的战士。

结语

从以上可以看出，对这些作家的悼念，更多的是对他们的精神的彰扬，或者爱国，或者对黑暗统治的反抗，从而激励南洋华侨发扬这些作家的战斗精神，继续同黑暗的社会进行抗争，而对这些作家的文学成就则很少提及。如在纪念郁达夫的文章中，鲜有提及郁达夫的成名作《沉沦》；在纪念闻一多的文章中，亦无人谈到《死水》《红烛》等作品。之所以出现这样的情况，在笔者看来，有两个原因，一是作家的作品广为大家所熟悉而没有介绍的必要，像鲁迅就是如此；二是人们认为作家的文学成就与他们的精神并不相配，甚至是辱没了他们的精神，如闻一多参加"新月派"，写新格律诗，而且一度沉迷于书斋，对政治不闻不问；而郁达夫所作的自传体小说又有颇多"淫秽"之辞，这在当时人们看来是不能接受的。正因如此，这些悼念文章才没有论及这些作家的文学成就。这也鲜明地体现了《南侨日报》的政治性和战斗性。

（作者单位：福建社会科学院福建论坛杂志社）

"赞成一切的业余主义"

——论林语堂文学思想中的游戏精神

余娜　谢江灿

　　文化人格的独立意味着个体获得自由的空间，能够拥有精神自由。在这个前提下，林语堂认为文学创作和批评才会摆脱社会功利性的束缚，进入审美的自由状态。于是游戏精神成为林语堂文学批评思想的另一个重要观念，与独立的文化人格构成了林语堂的个人自由主义文学批评的不可分割的两个部分。

　　中国现代文学史上的 20 世纪 30 年代是一个独特的年代，简单地用启蒙延续或政治化都无法概括，它包含了多种因素和可能性。许多批评家都重视文学的时代性、现实性，偏重于文学的社会功利性，其中社会—历史批评影响尤为广泛，最具代表性的批评家当属茅盾。他吸收马克思主义文论的营养，在文学批评中运用阶级分析方法，评判文学作品在特定历史条件下所起到的社会作用。他的文学批评显示出作为严肃的批评家所具有的敏锐的感悟力和犀利的评判眼光，但由于过于关注阶级的分析，机械化、教条化的弊病明显。林语堂坚持文学的自由立场，并不认同这种执着于得出明确的社会功利性结论的文学批评。

　　面对纷纭复杂的文坛，林语堂文学追求和批评思想日益清晰明朗。他针对文学功利化色彩浓厚的状况，明确提出文学艺术的游戏精神，主张文学艺术具有超越性，是人的精神的一种自由释放。林语堂追寻的游戏精神，强调了文学艺术的自由性和审美性。这种批评思想在社会—历史批评引领的潮流中，是一种有效的弥补。

一、以闲适为起点的散文主张

　　近代的王国维曾经用游戏来说明文学创作的动力。他说："文学者，游戏的事业也。人之势力用于生存竞争而有余，于是发而为游戏。……而成人以后，又不能以小儿之游戏为满足，于是对其自己之感情及观察之事物而摹写之，咏叹之，以发泄所储蓄之势力。"① 在这段文字里，王国维指出，文学具有超功利性，不能成为生存的服务手段。但这种文学无关乎社会政治、人生现实的看法，在中国近现代早已被强烈的社会革新愿望给掩盖，梁启超的"小说新民论"形成的文学工具理性，主导了中国现代文学的思维惯性。20世纪30年代大革命时代的到来，各方的争论使文学的功利性愈加显露。鲁迅指出"大家忙着革命，没有闲空谈文学了"②，他清醒地意识到文学毕竟是"生命力余裕"的产物③，不可过于工具化，但蓬勃发展的革命文学终究未能使鲁迅超然度外。与功利性的时代主潮构成补充、制衡关系的，是周作人、林语堂等人背负着脱离大众的指责，坚持文学是"生命力的余裕"④ 产物，寻求文学的趣味。

相比周作人的幽闭清冷，对于文学的建设，林语堂显得更为主动热情。林语堂在20世纪30年代这个轰轰烈烈的时代，提倡"幽默"，创办刊物《论语》《宇宙风》《人间世》，创作大量的小品文，倡导"以自我为中心，以闲适为格调"的现代散文，强调对人性的重视、对文学超越社会功利性的追求。文学的闲适趣味，是林语堂创作小品文、批评作家作品时特别注重的，体现出文学乃余裕产物的思想。

林语堂在创建现代散文理论上，贡献突出。他主张小品文是一种谈话艺术，充满闲适意味，"小品文即在人生途上小憩谈天，意本闲适，故亦容易谈出人生味道来"，而闲适指的是"亲切和漫不经心的格调"。如此毫无目的、信手拈来的"谈话的艺术"，林语堂认为，"只有在一个浸染着悠闲的精神的社会中才能存在"，"一国最精练的散文是在谈话成为高尚艺术的时候才产生出来的"⑤。林语堂说，理想散文是"如在风雨之夕围炉谈天……读其文如闻其声，听其语如见其人"⑥，只有在悠闲的心境下，作家才能毫不掩饰地敞开心扉，富有个性情感的作品自然就完成了。闲适精神和个性主义，在林语堂看

---

① 王国维：《文学小言》，《王国维文集》，北京：北京燕山出版社，1997年，第230-236页。
② 鲁迅：《革命时代的文学》，《鲁迅全集》（第3卷），北京：人民文学出版社，1981年，第421页。
③ 同②。
④ ［日］厨川白村：《游戏论》，鲁迅译，《鲁迅著译编年全集》，北京：人民出版社，2009年，第481页。
⑤ 林语堂：《论谈话》，《林语堂名著全集》（第18卷），长春：东北师范大学出版社，1994年，第1页。
⑥ 同⑤，第3页。

来，二者相依相生。在现代散文的理论建设中，闲适和性灵个性缺一不可；在评论文学时，发自内心的作品同样具有闲适格调，那些受到林语堂推崇的作家，几乎在生活中或作品里都流露出闲适之味。虽然闲适一词被认为源于中国古代文学理论，但在林语堂的笔下，它被赋予了现代意义，闲适的精神状态是在现代文明社会中对工具理性、功利趣味的有效补充。

二、"以艺术为人类精神的一种游戏"

如果说，闲适趣味的追寻体现了林语堂对文学的超功利特质的尊崇，那么，提出艺术是人类精神的游戏则表明了他超越性文学思想的确立。

周作人较林语堂更早提出了文学无功利作用的观点。他说："文学是无用的东西。因为我们所说的文学，只是以达出作者的思想感情为满足的，此外更无目的之可言。里面，没有多大鼓动的力量，也没有教训，只能令人聊以快意。不过，即这使人聊以快意一点，也可以算作一种用处的：它能使作者胸怀中的不平因写出而得以平息。"① 这种文学无用的认识，从文学功用的角度确证了闲适自由是文学的审美特质。周作人文学无用论的提出，也让他再次被强化为个人主义和趣味文学的典型作家。林语堂颇为赞同周作人的文学观念，从文学是无用的享乐和优游出发，大力倡导闲适自由文学，到了写作《生活的艺术》时，他提出了文学艺术是人类精神的一种游戏。这个观点是在王国维的游戏是文学创作动力、周作人的文学无功利作用的基础上，探讨文学的内在本质，从美学层面确立文学艺术的游戏精神。这无疑是一次理论的升华。

林语堂明确地指出，"以艺术为人类精神的一种游戏"②，文学不论是创作的动力还是所谓功用等方面，本质上都是游戏。他表示："我相信只有在许多一般的人民都喜欢以艺术为消遣，而不一定希望有不朽的成就时，真正艺术精神方能成为普遍而弥漫于社会之中。……换句话说：我赞成一切的业余主义。"③ 真正的文学艺术只有超越功利目的，以游戏精神进行时才出现。"真正艺术精神只有在自动中方有的。这也就是我重视中国画为高士的一种消遣，而不限是一个职业艺术家的作品的理由。只有在游戏精神能够维持时，艺术方不

---

① 周作人：《中国新文学的源流》，石家庄：河北教育出版社，2002 年，第 14-15 页。
② 林语堂：《生活的艺术》，越裔汉译，西安：陕西师范大学出版社，2008 年，第 344 页。
③ 同②。

至于成为商业化。"① 在林语堂看来，游戏消遣才是文学艺术真正存在的本质。

一旦进入游戏状态，就没有明确的目的性。林语堂说明游戏是无理由的存在，"游戏的特性，在于游戏都是出于无理由的，而且也绝不能有理由。游戏本身就是理由"，他举例指出审美即超越功利，从大自然的物种进化中发现"美丽是一种生存竞争说所无从解释的东西"②，比如鹿角的发育就是一种无用的美丽方式。他深为反感艺术被商业或政治利用，艺术的商业化有损于艺术创作的精神，而艺术的政治化更加阻碍艺术的创作，强调"艺术的灵魂是自由的"③。林语堂指出，"一切艺术必须有它的个性"④，创作者的性情思想能够在作品中自然流露。艺术作品是艺术家灵魂的自然表现，它最重要的部分是个性。文学艺术的游戏精神是一种纯粹的审美自由，它能使作家、艺术家个性自由地挥洒，实现精神上的解放和健全人格的形成。

关于游戏说的美学内涵，德国古典美学家席勒阐述得比较深入。林语堂是否直接受到康德、席勒等古典美学家的影响，从目前所查阅的资料里，不得而知。林语堂把游戏视为文学艺术的本质，这和席勒的学说有很大的相通性。所以，我们可以通过席勒的相关阐释来认识林语堂所提出的文学游戏精神。

席勒将人类的所有活动分为感性冲动、形式冲动和游戏冲动，分别解释为：感性冲动的对象是生活，能够为感官所发现的物质存在。形式冲动的对象"包括事物的一切形式特性以及事物对思维力的一切关系"⑤。游戏冲动的对象指向了美。"游戏"与美有关，"游戏"就与自由活动等同了。所以，游戏活动消除强迫，使人获得自由。席勒说道："在人的一切状态中，正是游戏而且只有游戏才使人成为完全的人，使人的双重天性一下子发挥出来。"⑥ 从这个意义上说，达到"游戏"境界时，从事美的活动，也就实现了人格的健全、心灵的自由。

"游戏"的前提条件是"盈余"，也就是过剩精力。康德把游戏看成与劳动对立的概念，席勒在此基础上加入了过剩精力的观点。他认为美的自由欣赏是一种物质上盈余的欣赏，以狮子为例来说明：当狮子不再为了生存，与其他

---

① 林语堂：《生活的艺术》，越裔汉译，西安：陕西师范大学出版社，2008 年，第 345 页。

② 同①，第 351 页。

③ 同①，第 351 页。

④ 同①，第 351 页。

⑤ ［德］席勒：《审美教育书简·第十五封信》，冯至、范大灿译，《审美教育书简》，北京：北京大学出版社，1985 年，第 76-77 页。

⑥ 同⑤，第 76-79 页。

野兽争夺食物时，响彻沙漠的狮吼就是狮子余暇精力的显示，这是无目的的行为。席勒总结为"动物如果以缺乏（需要）为它的活动的主要推动力，它就是在工作（劳动）；如果以精力的充沛为它的活动的主要推动力，如果是绰有余裕的生命力在刺激它活动，它就是在游戏"①。过剩精力说明了游戏产生的条件，也说明了文学是生命力余裕的产物。

尽管都说到了游戏，但席勒的游戏冲动说放置在人类整体活动的高度，直接的对象就是美，而林语堂所指的游戏是日常生活的形式，近似于消遣。席勒的游戏说关涉美学的理论发展，林语堂的"游戏"观点重视的是脱离功利目的、自由闲适的精神，二者表面上似乎都在探讨"游戏"，但涉及的层面不同，林语堂缺乏席勒的美学高度，把游戏精神停留在文学无功利审美和个性自由表达上。这样，文学游戏精神主要还是在林语堂的文学思想范畴之内，强调的是自由个性、健全人格。推而广之，更加形而上的思考，林语堂则掠过未谈，与系统的思想理论擦肩而过，当然体系化和理论化的思想并不是他所热衷的。

三、游戏精神的两个特性：幽默与浪漫

林语堂文学思想中的游戏精神，不仅仅在现代散文理论建设和生活审美观念倡导上表露出来，还在他的标志性概念"幽默"，以及其积极呼唤的浪漫主义思想中，都是核心理念。

首先，游戏精神中的"幽默"显示出林语堂对人生态度的透彻。1924 年，林语堂在《征译散文并提倡幽默》一文里提出用"幽默"二字作为英语Humor 的中文翻译。他这样说明："凡善于幽默的人，大有不可与外人道之滋味，与粗鄙显露的笑话不同。幽默愈幽愈默而愈妙。故译为幽默，以意义言，勉强似乎说得过去。"② 到了 20 世纪 30 年代，林语堂提倡"幽默"，风生水起，被冠以"幽默大师"的名号。他所提倡的"幽默"不是一般意义的讽刺、滑稽，而是一种人生态度和观念，是明了社会人生后的通达和彻悟。林语堂解释为："幽默本是人生之一部分，所以一国的文化到了相当的程度，必有幽默

---

① ［德］席勒：《审美教育书简·第十五封信》，冯至、范大灿译，《审美教育书简》，北京：北京大学出版社，1985 年，第 149 页。

② 林语堂：《幽默杂话》，沈永宝编《林语堂批评文集》，珠海：珠海出版社，1998 年，第 9 页。

文学出现，人之智慧已启，对付各种问题之外，尚有余力，从容出之，遂有幽默——或者一旦聪明起来，对人之智慧本身发生疑惑，处处发现人类的愚笨、矛盾、偏执、自大，幽默也就跟着出现……因为幽默只是一种从容不迫的达观态度。"① 摆脱了世俗羁绊，摒弃了庸人自扰，幽默是智者余裕的自如应对，属于智者的游戏，一种自由状态。

林语堂以幽默观人生，智慧通达。同样的，他以幽默评文学，慧眼独到。他发现，中国古代文学中存在着为数不多的幽默。《论语》将孔子的喜怒哀乐种种性情悉数道来，林语堂赞赏孔子是"最上乘之幽默，毫无寒酸之气，笑得他人，亦笑得自己"②，肯定了《论语》以平淡文字生动塑造了孔子及其门生的神态心思。在梳理出的现代散文源流中，林语堂指出张岱、金圣叹、郑板桥、袁枚等人的散文作品里都含有幽默意味，原因在于创作的自由，"有求其在我的思想，自然有不袭陈见的文章"③。他评价中国古代散文时，认为好的作品必须具有个性的闲谈意味，屠隆的《冥寥子游》、语录体文章、白话小说的片断等都是他所认定的优秀之作，其中的标准就是有闲谈风味的自由之作。幽默源于西方，用它来观照外国文学时，林语堂还是坚持自己的理解。从他的幽默观和游戏精神出发，林语堂对世界幽默大师萧伯纳的评价，仅限于幽默语言，不提作品的内在思想，因为他不赞同萧伯纳的文学是斗争武器的思想。林语堂对莎士比亚的作品不吝赞美之词，将之纳入幽默文学之列。他赞赏的不是莎翁世人公认的戏剧成就，而是他在作品里以自由灵动的文字书写和谐人性，寄寓了对死亡的彻悟。林语堂推崇西方现代小品文，在他看来，这些作品不论风格有多大的差异，都含有幽默意味，文字平淡格调闲适，是自然个性的表达。

将幽默熔铸进文学思想，林语堂的文学批评突破既定认识，形成独特的评判，对所提倡的现代散文是一种有效的补充，也为中国现代文学批评提供了另一个思维角度。

游戏精神还表现在林语堂积极主张的文学的浪漫思想上。他在文学上提倡的浪漫思想讲究瞬间直觉，重视情感的真实流露，注重主体个性的张扬，追求

---

① 林语堂：《论幽默》，《林语堂名著全集（第14卷）》，长春：东北师范大学出版社，1994年，第4页。

② 同①，第7页。

③ 林语堂：《新旧文学》，《林语堂名著全集（第14卷）》，长春：东北师范大学出版社，1994年，第180页。

自由，体现真、爱、美的精神，和梁实秋的《中国文学之浪漫趋势》所批评的颓废放浪的病态浪漫主义不同。这种浪漫思想的核心是自由真实，体现了文学的游戏本质。俞兆平先生将林语堂的浪漫美学思想作为克罗齐的心理学浪漫主义的代表，使之成为中国现代文学中浪漫主义的四种形态之一①。林语堂贯穿了游戏精神的浪漫思想有其独到之处。

的确，在评论文学中，林语堂依据自己对浪漫主义的认识，解读出全新的文学序列。他认为孔子的儒家本色思想和卢梭的浪漫派接近，是自然的人生观，只是被后代的腐儒误读为压抑人性的礼制。他将魏晋思想看成是中国的第一次浪漫运动，在他看来，"古典主义与浪漫主义乃人性之正反两面，为自然现象，不限于之于任何民族"②。因此，魏晋时期道家思想盛行，不论是纵情山水、归隐田园，还是放浪形骸、固守清白，这些选择都是合乎自然人性的，皆具浪漫主义特质。顺乎自然深恶礼教的道家思想自是中国的浪漫思想。"阮籍等之猖狂放任，唾弃名教，即浪漫派深恶古典派之本色。"③ 林语堂还指出宋代苏轼、黄庭坚"诋谑理学，亦即浪漫思想"，发现"明后有浪漫思想出现，自袁中郎、屠赤水、王思任以至有清之李笠翁、袁子才皆崇拜自然真挚，反抗矫揉伪饰之儒者"④。将袁枚的《祭妹文》和归有光《先妣事略》相比，林语堂赞赏袁枚的文章能放声大哭，认为归有光过于压制，从中他指出这两篇作品体现了"古典派与浪漫派之不同"⑤。从孔子到袁枚，林语堂追本溯源，列出了中国文学的浪漫流脉。这一序列的文学基本上和性灵文学重合，都崇尚自然，释放人性，不受礼制和世俗牵制，充分显示出文学的游戏精神内核。

林语堂的浪漫思想不但重新书写了文学历史，而且具有显著的现代性意义。在评劳伦斯的《查泰莱夫人的情人》时，林语堂大胆地肯定了劳伦斯的突破社会禁忌的写作，准确地解读了作家在作品中寄托的思想：追求人性的健康和谐，批判现代工业社会使人异化。过分理性化，失去本真，正是林语堂所

---

① 俞兆平在《论林语堂浪漫美学思想》一文中，将中国现代文学中的浪漫主义归纳为四种形态：一是以鲁迅为代表的尼采的哲学浪漫主义，二是以沈从文为代表的卢梭的美学浪漫主义，三是1930年之后以郭沫若为代表的高尔基的政治学浪漫主义，四是以林语堂为代表的克罗齐的心理学浪漫主义。

② 林语堂：《说浪漫》，《林语堂名著全集》（第18卷），长春：东北师范大学出版社，1994年，第31页。

③ 同②。

④ 林语堂：《论小品文笔调》，《林语堂名著全集》（第18卷），长春：东北师范大学出版社，1994年，第21页。

⑤ 同④。

不能容忍的。站在所主张的浪漫思想立场上，林语堂的评论充分肯定了自由人性，批判了现代工业文明的异化，显示出对现代性的反思。相对于批判，林语堂给予沈复的《浮生六记》极高的赞美。他认为，作品里的女主人公陈芸是世界上最美的女人，她外表并不完美，但活得率性自在，敢于反抗礼教制度，是性情中人。作品所记的夫妻二人，情意深笃，携手同游，无所顾忌，相爱相知，堪称世间夫妻典范。林语堂在《浮生六记》里发现了主体的个性张扬和人性的自由，读出了真、爱、美。这些都是现代社会强烈呼唤的精神。肯定《浮生六记》，即肯定了对自由、真、爱、美的追求。

文学中的幽默和浪漫思想都表明文学应该具有自然状态，无理由不造作，个体的表达纯粹是一种自由个性的表现。在这种游戏精神中，文学实现了审美无功利化，林语堂的文学理想也得以实现。

综上所述，林语堂提出文学艺术是人类精神的一种游戏，确立了他的文学思想中的游戏精神。他将游戏精神作为文学艺术的本质，代表了闲适自由的追求，主张文学审美的超功利性，坚持文学的独立自由。在同时代文学工具理性为许多作家追捧，政治化、商业化的色彩在文坛日渐浓厚的环境下，林语堂的文学游戏精神犹如赏玩的小品不合时宜，但为当时的文坛和整个中国现代文学的发展保留了一条追寻审美自由的支流。

基金项目：福建省教育厅 A 类课题"闽地文化与中国现代文学关联研究"【JAS170249】，集美大学社会科学预研基金项目"20 世纪 30 年代林语堂的文学批评研究"

（作者单位：集美大学文学院）

美学视域下《人间词话》创作主体观索解

郑少茹

王国维的《人间词话》在 20 世纪初新旧激变之际行载于世，他本着自觉的现代学术意识，融合了中国传统文艺思想的精神，又适当吸收西学，形成了以"境界说"为核心的美学思想，从审美规范、审美意识及创作主体要求等方面对中国传统美学思想的发展做出了卓越的贡献。本文拟从《人间词话》"境界说"入手，梳理王氏的创作主体观。

《人间词话》将"境界"作为评价诗词的最高标准。要了解王国维对创作主体的认识，首先要探讨创作主体在创造"境界"中的作用。《人间词话》前九则是"境界说"的主要理论纲要。第一则开宗明义："词以境界为最上。有境界则自成高格，自有名句。"① 王氏标举评词的基准是"境界"，有无"境界"是衡量词优劣的准则，有境界的词自然就高于其他作品。第六则："境非独谓景物也。喜怒哀乐，亦人心中之一境界。故能写真景物、真感情者，谓之有境界。否则谓之无境界。"又进一步阐述"境界"的含义，从内容上来说，"境界"包括景和情两方面，"喜怒哀乐"归于"情"，王氏强调"亦人心中之一境界"。而仅仅写了景、情，并不等于有境界，而必须是"真景物""真感情"方谓之有境界，"真"是衡量作品有无境界的核心要素。可见，王国维在《人间词话》中所标举的"境界"是指作者能把自己所感知之"境界"，在作品中作鲜明真切的表现，使读者也可以得到同样鲜明真切之感受，如此才是"有境界"的作品。而在《人间词话》的第十则到第五十二则，王氏结合历代名家作品进行批评，列举了许多"语语都在目前"的例证来说明其"境界说"的美学主旨。

王国维认为，作品要达到"真"、有境界，创作主体应具备如下要求：首

---

① 王国维撰，黄霖等导读：《人间词话》，上海：上海古籍出版社，1998 年，第 2 页。

先，在审美心理和感知方式方面，感知对象要真，要"直观"；其次，从审美生成到创作方法上，要"入乎其内，出乎其外"，既要有内在的审美洞察，又要有理性的超越、统摄，要具备开放性和整体性把握之能力；再次，在创作过程（审美价值输出过程）中，表达要"真""语语都在目前"，臻于"不隔"。即创作主体对其所写之景物及感情需有真切之感受，而对于此种感受又需具有予以真切表达之能力。最后，从创作主体的生命实践来看，需具备性情之"真"，表达"人类共通之情感"。

一、创作主体的审美心理状态——"直观"作为一种感知方式

（一）文学之"境界"产生于"直观"

王国维在《古雅在美学上的位置》中谈道："美术之知识，全为直观之知识……美术上所表者……故在直观中得之，如建筑、雕刻、图画、音乐等，皆呈于人之耳目者，惟诗歌（并戏剧小说言之）一道，虽藉概念之助以唤起吾人之直观，然其价值全在于能直观与否。"① 这里的"美术"是美的艺术的总称，包括建筑、雕刻、图画、音乐等。王氏认为这些都是"直观"之知识，而"诗歌"虽借助概念唤起人的直观，"然其价值全在于能直观与否"，这表明王国维认为文学之要义在于"直观"。

王氏是以"境界"来评说文学作品之高下的，他同样认为"境界"之有无取决于"直观"。署名"樊志厚"的《人间词乙稿序》曰："文学之事，其内足以摅己而外足以感人者，意与境二者而已，上焉意与境浑，其次或以境深，苟缺其一，不足以言文学。原夫文学之所以有意境者，以其能观也。"这里的"观"指的是直观，"意境"即境界。王氏认为文学之所以"内足以摅己而外足以感人者"就在于"意"与"境"，而"文学之所以有意境"正在于"直观"。（"意"与"境"指的是王氏所讲的"真感情""真景物"。）"直观"既能"观我"又能"观物"，与境界包含"真景物""真感情"相联系的话，"真景物"应由"观物"而至，而"真感情"便由"观我"而至了。

---

① 王国维：《古雅在美学上的位置》，吴无忌编《王国维文集》，北京：北京燕山出版社，1997年，246页。

（二）王氏阐发的"直观"之含义

生于晚清时代的王国维在西方文化刺激下，深感我中国"有文学而无文法"①，尝试为中国文学批评开拓新途径。他受叔本华思想影响极大，《静庵文集自序》云："读叔本华文集而大好之……所尤惬心者，则在叔本华《知识论》。"在《叔本华之哲学与教育学说》中，他又明确指出："叔氏之出发点在直观（即知觉）。"②

而王国维谈到文学的要义、"境界"的有无时，始终强调"直观"的作用。这与他接受的叔本华的思想有关，王国维《人间词话》所引的"直观"（perceptual intuition）一词，按其不同含义分别译为"直观"或"知觉"，是指通过对客观事物的直接接触而获得的感性认识，是一种体任自然的感知方式，具有感性、直接之意。"直观"更具体地说是指主体在面对客体的时候，不是让"抽象的思维、理性的概念盘踞着意识"③，而是"沉浸于直观，并使全部意识为宁静地观审，恰为眼前的自然对象所充满"，"人自失于对象之中"，"人整个意识单一的为直观景象所充满，占据"④。

《人间词话》中，"池塘生春草""空梁落燕泥""明月照积雪""大江流日夜""中天悬明月""长河落日圆"等都是被王氏称道为有境界的例子。不难看出，这些诗句即目即景，当创作主体直面感性之世界时，"其主体意识全部为直观景象所充满，直观者（其人）几乎和直观（本身）合一"，诗人眼中所见的宇宙间之"空梁落燕泥""明月照积雪""大江流日夜""中天悬明月""长河落日圆"诸多景象直达内心，心物契合，无蔽之状态全然呈现，创作主体直达"真"之境界。

（三）"直观"作为一种感知方式的要求

其一，"直观"要求创作主体必须具备超脱的态度，即超功利的审美静观。对于"直观"，叔本华也用"卓越的静观能力"来形容，即审美静观或审美观照。何为"卓越"？创作主体须超过自我的局限，注重艺术的独立性和纯粹的审美价值，超然于利害之外，达到"言真景、写真情"，便是卓越。王国维说："原夫文学之所以有意境者，以其能观也。""能观"，是审美主体创造

---

① 王国维：《王国维先生全集初编》（第 5 册），台北：台湾大通书局，1976 年，第 1742 页。

② 王国维：《叔本华之哲学与教育学说中》，吴无忌编《王国维文集》，北京：北京燕山出版社，1997 年，第 291 页。

③ ［德］叔本华：《作为意志和表象的世界》，北京：商务印书馆，1997 年，第 249-250 页。

④ 同③。

意境的最重要的心理条件。谢灵运的"池塘生春草"一句在《登池上楼》全诗中超拔腾起，成为点睛之笔，也是因为诗人于此处做到了超然"无闷"，暂时排除了该出仕还是归隐的矛盾心念。（"薄宵愧云浮，栖川怍渊沉"——自己很惭愧，很想靠近出仕，却又不能像云一样高高浮出；想栖居川谷归隐，却又不能深深沉入渊底。）诗人敞开内心，投入自然，即目即景，遵从审美直觉，做到审美静观。于是，眼中所见，心中所想，无往而不是诗的境界、艺术的境界。王国维在《文学小言》中提到的屈、陶之所以伟大，在于"感自己之所感，言自己之所言"，即超越功利之外抒情言志，对自然、人生有纯真深邃的审美把握。

其二，"直观"者，"见之者真，知之者深"，创作主体要具备真切的体验，深挚的感情。

《人间词话》上卷第五十六则云："大家之作，其言情也必沁人心脾，其写景也必豁人耳目。其辞脱口而出，无矫揉妆束之态。以其所见者真，所知者深也。诗词皆然。持此以衡古今之作者，可无大误矣。"王氏认为"大家之作"妙在自然，"其辞脱口而出，无矫揉妆束之态"，盖因"所见者真，所知者深"。这里的"所见者真"指的是"观物"，"所知者深"应是指"观我"，都是指审美直观。可见，王氏对作家"直观"能力之看重几将于置于核心。"观"的能力是文学大家必备之素养。对所写之景体察犹真，对所写之情所感犹深，这是创作主体"观"之能力、素养。

王氏在《人间词话》中对陶渊明诗"平畴交远风，良苗亦怀新""有风自南，翼彼新苗""日暮天无云，春风扇微和"等一系列描写田园景物之美的诗句推举有加。他认为，诗句之所以美，原因在诗人善"观"，"所见者真"。陶渊明对土地的接近使他发现田园景物之美，发自内心歌之咏之，"少小适俗韵，性本爱丘山""目厌山河地，心念山野居"；而对田园的躬耕生活有着深切之体验，又使陶氏超越一般的田园诗，他深知"人生归有道，衣食固其端。孰是都不营，而以求自安？""田家岂不苦，弗获辞此难。四体诚乃疲，庶无诣患干"。农家的劳作不易，一旦"微雨从中来，好风与之俱""有风自南，翼彼新苗"，自然对款款南风下、若羽翼舞动的新苗难抑欣喜之情。文学作品"言情"与"写景"的妙处在于"所见者真，所知者深"，正因为陶对田园生活有着深入的体验和发自内心的热爱，所以触物感性，兴发无迹，读之恍在目前，真切动人，是真正"大家之作"。

而与之相反的便是"游词""缋薄语"，此二者缺乏真诚情感的投入，境界不高。"游"是一种戏谑的态度，不深入"观物"，所知不深，形诸文字便是"游词"。《人间词话》上卷第四十四则：词人之忠实，不独对人事宜然，即对一草一木亦须有忠实之意，否则谓之游词也。"缲薄语"指"观我"时，游于情，未能深入感知，形诸文字便是"缲薄语"。王国维评词主"真"。《人间词话》下卷第四十四则云："艳词可作，唯不可作缲薄语。龚定庵诗云：'偶赋凌云偶倦飞，偶然间慕遂初衣。偶逢锦瑟佳人问，便说寻春为汝归。'其人之凉薄无行，跃然纸墨间。"由此可见，主情作品中，若无真切之情感，如龚定庵轻佻缲薄之语，非但不能动人，"其凉薄无情"反令人生厌。无论是"游词"还是"缲薄语"，都因"见之不真，感之不深"，也就离"有境界"越来越远。

其三，"直观"重"直觉"把握。

王国维把"直观"的概念引入中国文学批评是自觉的。晚清末世，历数千年未有之变局，王国维力图兼采西学以补偏救弊。就文学创作而言，他要求创作主体"整个意识完全为一个单一的直观景象所充满，所占据"，直面感性世界①。即"直观"提倡的是一种超脱个人心志、超功利的创作态度，感性、直接，事物之本然无所遮蔽，自然呈现，澄明无碍，也即"不隔"。

在中国传统诗学中，与"直观"相近的还有钟嵘《诗品序》中提到的"直寻"，以及王夫之提出的"现量"等词。钟嵘《诗品序》："气之动物，物之感人……凡斯种种，感荡心灵，非陈诗何以展其义，非长歌何以骋其情？……至乎吟咏情性，亦何贵于用事？'思君如流水'，即事即目；'高台多悲风'，亦唯所见；'清晨登陇首'，羌无故实；'明月照积雪'，讵出经史？观古今胜语，多非补假，皆由直寻。"钟嵘认为，诗歌的创作来源于"物"的感召与"情"的激发，好作品不在于用典，而重在"直寻"。他举了四个诗例来说明，强调用简明自然的语言表达真情实意。钟嵘所提倡的"直寻"具有即景即目，重感性直觉的特点。

"现量"是佛教文化中的相宗术语，王夫之拈出"现量"二字将其引入了诗歌理论。在《祖宗络索》中进一步解释道："现者有观在义，有现成义，有显现真实义。现在不缘过去作影，现在一触即觉，不假思量计较；显现真实，彼之体性本自如此，显现无疑，不参虚妄。""现量说"之"现在一触即觉，不假思量计较"，强调创作主体的当下性和自发性，突出非理性、非逻辑，接

---

① ［德］叔本华：《作为意志和表象的世界》，北京：商务印书馆，1997年，第249-250页。

近于体验性"妙悟"。王夫之的诗歌批评基本也参照该原则，且看《姜斋诗话》卷二《夕堂永日绪论》内编："池塘生春草""蝴蝶飞南园""明月照积雪"，"皆心中目中与相融浃，一出语时，即得珠圆玉润，要亦各视其所怀来而与景者相迎者也。"又如："僧敲月下门"只是妄想揣摩，如说他人梦，纵令形容酷似，何尝毫发关心？知然者，以其沉吟"推""敲"二字，就他作想也。若即景会心，则或推或敲，必居其一，因景因情，自然灵妙，何劳拟议哉？"长河落日圆"，初无定量；"隔水问樵夫"，初非想得；则禅家所谓现量也①。

《人间词话》第五十一则，"池塘生春草"被王国维推崇为"不隔"之佳句，"明月照积雪"被标举为"此种境界，可谓千古奇观"也。王氏所谓之"不隔"即"真"，而"真"正是直观所把握到的内容（前已论及）。"池塘生春草"一句，因创作主体直观把握到了对象之"真"，故有"不隔"之境。"直观"重直觉把握，这与"现量"说之"即景会心""因景因情，自然灵妙"十分契合。"直观"排斥理性、逻辑，"现量"同样也不主张推敲、拟议。由此可见，"直观""直寻""现量"三者有共通处——都强调感性直觉，排斥理性、逻辑。

三者之不同在于："直寻"只是要求直感，至于所描写的景象是否真能与情感契合无间，以及创作者本人是否能够具备超脱的心态，以摒除自己之悲喜好恶的前提去把握住事物之真，则未涉及。"现量"除了包含"直寻"之意外，主张"即景会心""心中目中与相融浃"即可，不要求一定得把握对象之真，更多的是强调审美心理的直觉性——"现成一触即觉，不假思量计较"。因此，"直观"是最具自然性的，体任自然的真，方能达王国维所言之"境界"，而"直寻"与"现量"则在纯粹性的层面上境界要差了不少。另外，"直观"一词也更便于新旧交替之际人们的理解，具备较强的"现代性"（或者说"近代性"）色彩。

二、创作主体的审美超越——"入乎其内，出乎其外"的开放性和整体性

"直观"是文学创作中的重要一环。王国维认为，仅仅通过"直观"的方

---

① 林继中：《直寻、现量与诗性直觉》，《激活传统——寻求中国古代文论的生长点》，上海：上海古籍出版社，2007年，第117-129页。

式把握事象之具体的内在还不够，还须"入乎其内，出乎其外"，把握住其整体性的关涉。

《人间词话》上卷第六十则云："诗人对宇宙人生，须入乎其内，又须出乎其外。入乎其内，故能写之。出乎其外，故能观之。入乎其内，故有生气。出乎其外，故有高致。"既要"入乎其内"，以审美直观洞察事象之本然，"使之有生气"，又要"出乎其外"，将审美对象（具体之一事一物一景一情）放在人类宏观之意义上加以观照，才能够把握住其整体性关涉，也才能更进一步贴近"真"。《人间词话》第六十一则云："诗人必有轻视外物之意，故能以奴仆命风月。又必有重视外物之意，故能与花草共忧乐。"

"入"与"出"、"轻视"与"重视"、"命风月"与"共忧乐"的辩证统一，是王国维从其"境界说"理论主张和文艺批评思路出发而做出的对比性概括。"入乎其内"就是创作主体全身心投入实际生活，将全部情感外射到客体之上，从而达到物我两忘、浑然不觉。这时，"我"与对象世界融为一体，不分彼此，"我"和对象一道成为被观照的对象。"出乎其外"就是主体跳出对象世界，同时摆脱"小我"的局限，以悲天悯人的情怀，对业已经验过的事象和一己之感受进行审美静观，把个体的审美体验升华为人类的普遍体验①。

《人间词话》中谈到"红杏枝头春意闹"时说，着一闹字而境界全出，"闹"字便超越了红杏一体之局限，而把握到了红杏与整个春意盎然的春天之整体性的关涉。这便是能入乎红杏之中、出乎红杏之外的表现，以一而知天下，达到了叔本华所说的"把握到不单是个体，而且是理念"，这便是更进一步的"真"。就写情的作品来说，"入乎其内，出乎其外"也是"直观"之上更高的要求。王国维认为，李后主较宋道君境界更胜一等，也在于他不局限于一己身世之戚，而"担荷了人类罪恶之意"，表达了全人类共通之情感。这就是说，创作主体全身心投入实际生活，又要注意审美超越，保持"入乎其内，出乎其外"的开放性和整体性，把握住其整体性的关涉，方能得其高致。

---

① 晏杰雄、罗玉红：《〈人间词话〉的美学开拓》，《湘潭师范学院学报》（社会科学版），2005 年第 5 期。

三、创作主体审美价值的输出——表达要真，能达"诗人之境界"

（一）"诗人"与"常人"

王国维认为，诗人和常人最大的不同即在于审美价值的输出。《人间词话》附录云："若夫悲欢离合，羁旅行役之感，常人皆能感之，而惟诗人能写之。"只能"感之"而不能"写之"，那是常人之境界，既能"感之"又能"写之"才称得上是真正的"诗人"。诗人超越常人的地方正在于："一切境界，无不为诗人设。世无诗人，即无此种境界。夫境界之呈于吾心而见于外物者，皆须臾之物。惟诗人能以此须臾之物，镌诸不朽之文字，使读者自得之。遂觉诗人之言，字字为我心中所欲言，而又非我之能自言，此大诗人之秘妙也。"常人只觉得"字字为我心中所欲言，而又非我之能自言"，而诗人则将"须臾"化为"不朽之文字"，并使读者"觉诗人之言，字字为我心中所欲言，而又非我之能自言"。这便是"诗人之境界"与"常人之境界"的不同，"诗人之境界，惟诗人能感之而能写之，故读其诗者，亦高举远慕，有遗世之意"。

"诗人之秘妙"在哪里寻得？其实王氏已给出了答案："大家之作，其言情也必沁人心脾，其写景也必豁人耳目。其辞脱口而出，无矫揉妆束之态。以其所见者真，所知者深也。诗词皆然。持此以衡古今之作者，可无大误矣"，"言情也必沁人心脾，其写景也必豁人耳目"，"其辞脱口而出，无矫揉妆束之态"。也就是说，言情写景务求真切自然、不事雕琢，达到无蔽之状态、自然呈现之。这就对创作主体的素养提出了更高的要求。

（二）真切之表达的具体要求

然而，真切之表达却不是轻易能做到的，王氏从第十则开始便结合唐以后的具体作品做了分析，分别从用语、替代字、用典几方面提出了具体的要求：

第一，语出自然，不事雕琢。他标举的大家之词，"其辞脱口而出，无矫揉妆束之态"。他推崇"纳兰容若以自然之眼观物，以自然之舌言情。此由初入中原，未染汉人风气，故能真切如此。北宋以来，一人而已"。

第二，他反对用替代字。《人间词话》第三十四则云："词忌用替代字。美成《解语花》之'桂华流瓦'，境界极妙。惜以'桂华'二字代'月'耳。梦窗以下，则用代字更多。其所以然者，非意不足，则语不妙也。盖意足则不暇代，语妙则不必代。"他批评沈伯时，"说桃不可直说破桃，须用'红雨''刘郎'等字。咏柳不可直说破柳，须用'章台''霸岸'等字。惟恐人不用代字者"。他认为，词用替代字，要么意不足，要么语不妙，意足则不需要代，语妙也不必用替代字。用代字往往有损事象之真切，有隔雾看花之恨。

第三，不使隶事之句，他认为典故的过分堆砌有碍真切之表达。《人间词话》上卷第五十八则曰："以《长恨歌》之壮采，而所隶之事，只'小玉双成'四字，才有余也。梅村歌行，则非隶事不办。白、吴优劣，即于此见。不独作诗为然，填词家亦不可不知也。"不管是替代还是用典，他们对作品的影响也正在于是否形成对所写之事象本真之状态的一种遮蔽，也即"隔"与"不隔"。《人间词话》第四十则云："问'隔'与'不隔'之别，曰：陶、谢之诗不隔，延年则稍隔矣；东坡之诗不隔，山谷则稍隔矣。'池塘生春草''空梁落燕泥'等二句，妙处唯在不隔。词亦如是。即以一人一词论，如欧阳公《少年游·咏春草》上半阕云：'阑干十二独凭春，晴碧远连云。二月三月，千里万里，行色苦愁人。'语语都在目前，便是不隔。至云'谢家池上，江淹浦畔'，则隔矣。白石《翠楼吟》：'此地。宜有词仙，拥素云黄鹤，与君游戏。玉梯凝望久，叹芳草、萋萋千里。'便是不隔。至'酒祓清愁，花消英气'，则隔矣。"所谓"隔"，是指与"真"之隔，与事象无蔽之状态的隔。"不隔"即真理的自行置入，事象之本然的自然呈现。从以上例子可知，王氏提出的"隔"与"不隔"之辩，主要在于对景物的刻画描写是否真切生动、鲜明可感。"池塘生春草""空梁落燕泥"妙处唯在不隔，因其不事雕琢，景物之真自然呈现，无所遮蔽。而"谢家池上，江淹浦畔"，典故的使用妨碍了表达的真切感，无法表达出对景物的直观感受，则隔矣。

四、创作主体的生命实现——性情要真，能表达人类共通之情感

前面所述三个部分，都着眼于文学实现，分析了王国维"境界说"对创作主体审美心理状态、审美超越、审美价值输出等方面的认识。但从更高层次的生命论来看，王国维认为，最高的文学乃是以生命来书写的，创作主体"性情要真"，要能表达人类共同之情感。这不仅仅是文学技巧，而且包含了创作主体的生命实现（忧生忧世乃至某种政治伦理化的道德实现）。

《人间词话》第十八则云："尼采谓一切文学，余最爱以血书者。后主之词，真所谓以血书者也。"受尼采以生命为文学观点的影响，王国维高度评价李后主的作品。《人间词话》上卷第十五则云："词至李后主而眼界始大，感慨遂深，遂变伶工之词而为士大夫之词。"《人间词话》上卷第十六则云："词人者，不失其赤子之心者也。故生于深宫之中，长于妇人之手，是后主为人君

所短处，亦即为词人所长处。"所谓"赤子之心"，指的是童心，纯净至真之心。王氏认为，后主"生于深宫之中，长于妇人之手"，未受到世俗繁杂世界之熏染，对自然、人生保持真诚之热情，至情至性。

第十八则中："尼采谓：'一切文学，余爱以血书者。'后主之词，真所谓以血书者也。宋道君皇帝《燕山亭》词亦略似之。然道君不过自道身世之戚，后主则俨有释迦、基督担荷人类罪恶之意，其大小固不同矣。""血书者"指那些真情贯注之作。王氏推崇后主，认为他有"赤子之心"，是一个"血书者"。宋道君之作虽属真情之作，然不过自道其身世之戚。后主之作，不满足于描写一己之悲欢，而是超越了个人身世之局限，抒写人类共通之感情，具有普世之意义。如"别是一般滋味在心头"的难状之滋味，"恰似一江春水向东流"之愁，这些对比宋道君《燕山亭》（"凭寄离恨重重，这双燕何曾，会人言语。天遥地远，万水千山，知他故宫何处？怎不思量？除梦里有时曾去。无据。和梦也，新来不做。"）汲汲于一己之安乐忧患之词，则后主词其境界之较宋道君词阔大。虽同是真性情的流露，但后主之词超越一己之悲欢，不仅关注、感叹着个体的命运遭际，也思考着人类的命运，探寻着人生的真谛，表达的是人类共通之感情。这是王氏认为的最高的文学境界。

《人间词话》虽沿用了中国传统的词话体式，但又借助西方文论，赋予"境界"以新的含义。本人试从王氏对创作主体的要求，阐释其创作主体观。归结起来，王氏"境界说"重"真"，他认为，创作主体应具备如下要求：保持"直观"之感知方式、具备"入乎其内，出乎其外"之审美超越能力、掌握"真切表达之能力"、贯之真挚性情的生命实现，如此方能实现真正"诗人之境界"。

（作者单位：闽南师范大学文学院闽南文化研究院）

离散生命的图写与孤独情性的自证

——国画家沈耀初的艺术人生

王毅霖

一、西溪之水

1907 年的某一天，在清王朝处于摇摇欲坠的年月之中，位于福建省最南部诏安县城边郊的西溪之畔，在仕渡村某个用土结块垒起的屋瓦房里，一个日后将闻名海峡两岸的国画家沈耀初出生了。关于他的出生并没有过多传奇之处，与许多农村农家的孩子一样，哇的一声来到了地球某一个偏僻的角落，迎接他的并非仕宦之家，也非书香门第，他的父亲和母亲是老实本分的农民，贫穷和困苦镌刻在他们的脸上，即便是儿子的出生也没有带来任何欢乐。

诏安素有"书画之乡"的称誉，有清以来，谢琯樵、沈瑶池、许禹涯、吴天章、沈镜湖、马兆麟等人均以画作名于世。文化与艺术在这个东南的边陲之地得到了十分令人意外的敬重。在这里，即便普通民众的生活，也都那么富有诗情画意，吃茶煮酒谈书画成为每家每户闲暇之余的要务，逢年过节贺寿送礼更是以书画为佳。市场需求造就的是部分有书画天资与兴趣的人有了衣食之源，以个人才情领取一份不菲的酬劳和乐趣，并怡养一方地域的文化特色。尽管毗邻的广东正以激烈的革命热情地干预着垂垂暮态的国度，但激情并没有延烧到这个安静的地方，舞文弄墨还是被当作一种比较高雅的享受。

仕渡村背靠南山，村前横跨西溪之水，这种背山临水、耕读人生的生活实为农业文明的经典浓缩。

尽管社会的动荡、朝代的更迭、革命的汹涌对这个边陲小村落产生的震荡不大，但整体国计民生的困苦还是为沈家所分担了。沈耀初原名沈仲裕，沈耀初为其学名，兄弟四人，排行老三，父亲和长兄因家贫漂泊南洋。有幸的是，由于沈耀初幼年对书画的挚爱和表现出的天资使其在贫寒的家庭之中仍然获得了读书的机会，而获得沈镜湖老先生的钟爱和言传身教更注定了他这一生从此与书画脱不了干系。沈镜湖为清末闽南著名画家，生于1858年，擅画花鸟，初学沈瑶池、黄慎，后吸收任伯年的风格技法，画作多为兼工写。在沈耀初登门拜师学艺之时，沈镜湖已经年过半百。老先生一生对画品和人品的双重修炼对沈耀初的影响是刻骨铭心的。然而曲高者和寡，品格的高塑通常要与世俗产生碰撞，放牧才情和个性可能收获到为世所不喜好的棱角与尖刺，自幼沉默寡言的沈耀初因此更加的"执拗"与"孤傲"而难以入俗。中学毕业后，沈耀初因无力承担上海艺专的巨额学费而选择了汕头艺术师范，由于不满落后的教学，他先后辗转于厦门美专和龙溪师范艺术班，最终放弃艺术考入汕头时中文科，这种选择可以看作对时下教育和社会一种温和的反抗。毕业后，他到云霄中学任教，因拒绝入俗而得罪校长，后调到诏安四都大浦村小学，最终因仕渡村梅溪小学校长的聘请回到梅溪小学任教。青年时期的这一次"圆周运动"为沈耀初的绘画奠定了基调，种种的挫折更坚定了其沉默又执拗的性格。在清贫、悠游的环境中，明澈的西溪之水荡涤着画家清瘦的身影与孤高的性情，正是这样的山水滋养着画家的艺术人性，使其艺术技艺日渐精熟。

这样的故事对于那个年代的人来说似乎是很平常而不足为奇的，但凡生于那个时代的文人大多有相差无几的经历。在小说家的眼里这些故事都是一些不堪一提的陈年旧事。然而，情节急转而下，造化弄人不需要预先通知，历史与沈耀初开了一个天大的玩笑，一向与政治似乎沾不上边的沈耀初因到台湾置办农具最终被扣留台湾。事情的缘起并不十分复杂，1948年年底，朋友提议合办小农场，因台湾农具较齐全又便宜，沈耀初便渡海到台湾置办，一场戏剧性的故事拉开了序幕。日本投降之后，国共两党的关系开始出现破裂，内战的结果以国民党的大撤退为结局，两岸对峙从此开始。

两耳不闻窗外事对于画家而言并非坏事，不巧的是，这一次，源于对政治与形势的无知，沈耀初被困在了混乱的孤岛中。对于画家而言，这种离散是如此不堪重负，一种全新的环境和生活戏剧般地开始了。

二、离散情怀

民族的要义与国家的动荡似乎很难与一个僻壤的小文化知识分子如此紧密相关，这一次却出现了意外，历史的大转盘一经停下，竟然没有任何征兆地把指针对准了这个本无相关的人。

离散的重负从此压在这个刚过不惑之年的画家身上，断线的风筝从此在孤岛上漂泊，无法支配自己的身心成为焦虑的来源。家中的妻儿从此远隔海峡，孤独的情怀也注定深入画家的骨髓。此外，国民党退守台湾初期对共产党的歪曲描述，以及对大陆刻意的报道无时无刻不在轰击着沈耀初。不难想象，画家此时的心境是如何的焦虑与煎熬。寄情书画是无奈之中的选择，远离亲朋好友、四处混乱的孤岛、失业、两岸紧张的关系引发的风声鹤唳，凡此种种交织成一种挥之不去的意象，逼迫画家不得不重新面对生活。然而，一帆风顺在沈耀初的字典里从没出现过，这一时期，他甚至连遁入空门的想法都有过，怎奈佛门亦难遂人愿，佛并没有因为怜悯这个漂泊离难的人而收留他，辗转之下，他回归教书育人的老行当。缘于教历和学历证明的丢失无法成为固定教师，工作单位的不断更换更增加了其漂泊感。生活如此的困苦不堪，在命运巨手之下生命又是如此的卑微，难得的是画家还可以以画怡情。多少年来，通过笔墨的抒写获得短暂忘却对家乡家人的思念之痛，笔墨给予的不仅仅是微薄的信念，更近乎是一种麻醉剂，正是依靠这种麻醉，沈耀初在漂泊之中度过了几十年。

遭遇历史的交汇，也需要缘分。如果不是要开办农场，如果不是因为台湾的农具比诏安齐全又便宜，如果不是遇上国民党退守台湾，如果早点来或晚点来，如果……一切就不会发生。其实没有那么多的假设，历史学家断言，历史缘于偶然，这一切的转变说到底也就是一个偶然。这种偶然的转变却造就了沈耀初，国家不幸画家幸，画家不幸画坛幸！若干年后的蓦然回首，历史把沈耀初逼上的那块孤地竟然是艺术的制高点，人生的转变打造出了离散的情怀，离散又开辟出了一片艺术的新境。

三、孤独中的自证

如果说绘画只是一种麻醉品，这对画家的评价似乎有些不公，对于生命孤独的图写使画家的心灵完成了一种自证，近乎朝圣般的自证。一二白菜、三两蘑菇亦可以表达其对孤独的排遣和对生活的希望。许多时候，中国画的图式往往只是一种表面的形象，题诗落款更可能深刻地切入作品的主题，"冷淡生涯"的题字更是把孤独生命的胸怀、品格、包容与对生命本身咀嚼的味道道尽。也许对画家自身而言，根本没有如此这般冠冕堂皇的说法。如何安身立命，"教书之余唯有翰事"，最终成为一种生活的惯性和习惯。都说"书为心迹"，画亦然，历史的转折以画家个体生命的磨难为见证，生命的磨难淬就了笔墨的沧桑情怀，是此悲亦图写、喜亦图写，画作又见证了画家离难的心路。

《归雁》所图写的是三只南飞的大雁，墨色浓淡相间，用笔大起大落，抽象概括地写出其神采，甚至全然不顾及物象的完整性，"岁晚江湖同是客，莫辞伴我向南飞"，道出画家内心所寄托的深沉渴望。归心似箭是一种夜以继日的煎熬，台湾媒体对大陆到处家破人亡、凄惨不堪的报道更是一种催发剂，处于破巢的感觉是一种无时无刻的存在状态。《破巢雏鸡图》画一破筐，几许枯草，两只小鸡在筐外觅食，图中大面积的留白用于题款，"故国悲沦落，旧巢风雨侵。大难求净土，破屋话酸辛。一年将近夜，万里未归人。对汝长叹息，漂泊两关情。癸巳除夕，见邻舍敝筐一具，中有无母鸡雏，三两哀啼其间，悬殊萧索苍凉。缅怀桑梓老弱妇孺，其流离道途，颠转沟壑者，厥状尚较此雏更惨，故作破巢雏鸡图，以资志概云耳。土渡人画于台岛"。邻家的破筐和无母鸡雏勾起画家悠悠的乡愁，想起远在大陆的孤苦的妻儿，那土结垒起的泥墙在雨天是否会渗水，从海峡而起的台风是否掀翻了屋瓦，儿子的书读得怎样，灶台是否因没柴烧而冷清，家中的柴米油盐是否得以维系，如此等等。一个失去丈夫撑持的家庭，一个没有父亲关爱的家庭，其生活的困苦和凄凉可以想见，这《破巢雏鸡图》所画的即是画家自己的家庭、自身的写照。

除了对家乡家园的想念之外，沈耀初自己一直体弱多病，过着孤苦贫困的生活。1965年的那场大病使画家下决心提前退休，于是云霄县南投雾峰山区的某一个地方成了画家的世外桃源，画家为之取名万丁园。生活依旧清静孤寂，养菜种地，伴着些许家禽，以此安以晚年是画家最初对余生的构想。万丁园的清静和闲适使画家极为孱弱的身体慢慢恢复。《篱落双鸭》《秋荷》《全家福》《枯树栖鸦》《鸡竹》《蕉园所见》《街头所见》《钟馗》等都是这一时期的得意产品。1973年，台湾教育机构姚梦谷先生的造访可谓激起千层浪，这次的造访使得沈耀初的画作得以在台湾历史博物馆展出，并轰动台湾，同时也改写了画家的身份与地位。从这个意义上讲，沈耀初还算是一个幸运儿，历史并没有全然把他淹没，在历尽沧桑困苦磨难之后又对他伸出了橄榄枝。"命运是公平的"，通常是一些经历过苦难最终获得成功的人对一些不是很成功或还未成功的人的安慰。我们一再煞费苦心地教育下一代，有努力一定会有回报。但事实是，收获一定要付出，付出并不一定会收获，这还必须依靠适宜的机会。偌大的一个中国，可能藏有比沈耀初更有才情、更加苦难的艺术家，然而他们并没有被发觉。倘若没有姚梦谷的这一敲，沈耀初也可能在台湾某个山脚下的小屋里孤独贫苦一生而不为世所知。当然，这种论调可能遭到沈耀初爱戴者们的不满，或许还会被扣上机会主义者之类的大帽，为此过多论争只会徒增烦恼。对于绘画本身，沈耀初并非把他当作一种成名立万的敲门砖，这是画家用心血和生命凝成的一种爱好。

随后，名誉与各种收获接踵而至。1974年，沈耀初获"台湾画学会"最高荣誉——金爵奖。1975年，作品在荷兰、比利时、奥地利、德国、西班牙、瑞典、意大利等国展出，之后，频繁的展览、采访不期而来，画家的平静生活已然被打破。作为代价，身体亦回到病与愈交替的境况，直到1980年，在友人的相助下，沈耀初在台北新店五峰山下购买了一套三房一厅的公寓，30多年来在台湾漂泊无定的生活似乎暂告一个段落。尽管如此，一个人的世界组不成一个家庭，"破巢"没有因住处的安定而宣告结束。

四、根的召唤

自古以来，思念家园产生了颇多著名篇章，在游子的心目中，家是一个由慈母和佳人等意象交织而成的一个名词。对于沈耀初，慈母早已过世，妻子于他算不上佳人，况且台湾的语言与闽南是完全相通的，环境对于沈耀初而言并不太陌生，但旅客的感觉没能因时日的增长而消除。亲情是一种强酸，无时无刻不销蚀着画家的心神。基于情商不算太高的缘故，儿女情长并非画家的长项，一向的沉默寡言，然亲情与故土的思念却是无法挥断的情丝，这种思念伴随着时间的推移而日月堆积。文学家这种情绪定下了一个名词——乡愁，台湾著名诗人余光中更是把这种感觉描绘得淋漓尽致："小时候，乡愁是一枚小小的邮票，我在这头，母亲在那头。长大后，乡愁是一张窄窄的船票，我在这头，新娘在那头。后来啊，乡愁是一方矮矮的坟墓，我在外头，母亲在里头。而现在，乡愁是一湾浅浅的海峡，我在这头，大陆在那头。"这首诗唱的是许多同代人的心声。

因为生活，许多人不得不选择或被选择漂泊，然叶落归根无疑是所有游子共同的期盼。

落叶归根的情结怕是比弗洛伊德的恋父与恋母情结要来得复杂，晚年的沈耀初的画作更多地体现了对归的渴望。《晚霞归雁图》题诗云："目送飞鸿去，旅次客心惊。羡渠腾健翼，愧我仍零丁。画中有真意，身外薄浮名。仕渡关塞远，何日作归耕。"西溪之水在梦中流淌，南山脚下归耕的欲望日复一日地滋长。身处台湾孤岛终是客，回家是一个游子用毕生书写的一种渴望，随着年龄的渐增，随着家乡通讯的恢复和日渐频繁，更加增长了这种渴望。1982年，沈耀初曲折地在香港同儿子儿媳相聚，并得以回大陆小住十来天，多年由漂泊与孤独筑起的坚冰在亲情面前瞬时融化。阔别几十年，对大陆"民不聊生"的种种想象与眼前相比竟是如此的不同，亲情如潮水般填满了多年来被思念所噬的千百个洞。曾经儿孙满堂的幻想不期而至，温馨到连感慨的时间都没有。这一刻，时空置换了几十年前那一别的情景，妻子已然成为慈祥的老婆婆，儿子已步入中年，孙子们也已经长大成人，一切都那么的陌生而亲切！几十年孤苦的等待终于得到满意的答复。十几天的时间无法道尽离别的酸楚，却足以暂时慰藉孤苦的心灵。两岸当时的局面使沈耀初在与故人小聚之后必须悄悄地回到台湾。身在台湾，心在故园。回到台湾后，盘算起返回大陆居住的种种是沈耀初作画之外最为重要的任务。

1988年，两岸关系出现了缓和，因探亲和投资回大陆者络绎不绝，沈耀初第二次返乡探亲。近半年的家乡生活是几十年的补偿，享受天伦之乐，与朋友故人畅叙，优游于家乡的山水，到上海等地参观旅游，一切都如此的尽心如意。

1990年，画家告别客居四十余年的台湾实现归根的夙愿，回到福建漳州诏安县，同年10月，一代国画大师因病告别人世。复归尘土是人类不可抗拒的终极归宿，画家以离散生命的轨迹在画坛划出了一道亮光，以某种境界从终点回到初点。

五、生命的图写

过多地关注画家曲折的经历和困苦不堪的生活，可能导致对其艺术来源、脉络及其艺术成就的忽略。此时把注意力返回到画家的作品之上，可以收获到更为全面的信息。

沈耀初先生幼从沈瑶池弟子沈镜湖老先生学画花鸟，芥子园画谱是他小时候的日课，黄慎、任伯年更是他早年心慕手追的对象，诏安画派兼工带写的风格从此进入早期沈耀初的笔墨之中。初中毕业后他先后到汕头艺术师范、龙溪职业中学艺术科等地学习，接受正规的美术训练，素描、水彩等一些现代绘画相关的教学也进入沈耀初的视野。因不满教学质量而放弃这些学校，沈耀初终以弃艺从文告终。然而沈耀初对绘画的追求并没有放弃，回到家乡教书时仍对绘画孜孜以求，因画鸡而小有名气，"沈鸡"也是这段时间落下的名号。这时八大山人、石涛、吴昌硕、齐白石的绘画深刻地感染了他，在古典和创新的较量及浸染之下，造就了其具有个人独特风格的艺术面貌。

我与沈耀初同为漳州人，对那片土地与人情世故可谓了然于心。2000年开始，我因求学来到福州，后长期居住福州，与沈耀初画作第一次谋面是在2001年福州画院举办的"沈耀初书画展"上。对于一个在台湾地区成名的画家，我开始并没有关注，待到参观其作品之后才意识到这个在台湾被评为"十大画家"之一的艺术家具有多大的魅力。与许多观赏者或收藏家关注点不同，对于画作的令人咋舌的价格我并不十分关心，更关注的是画家本身，这个福建诏安偏僻角落的小学教师，这个因意外滞留台湾的人为何享有如此的盛誉？在那个纷扰离乱的年代，沉默而不善于交往的沈耀初为什么能够获得如此的殊荣？与此相比，同样获得台湾"十大画家"盛誉的张大千，一生风流倜傥。对于生活在完全不同的环境和本持完全相异生活态度的张大千而言，经营与才情同样重要，甚至更为重要。张大千一生充满神奇的色彩，拥有多房妻妾，更有无数的红尘知己，少年时从日本留学回国后以模仿古画和造假获得业内的另一种认可，有过一段的出家经历，在获得社会广泛关注之后又曾数度到敦煌临摹壁画，新中国成立之后又在我国台湾地区，以及美国游移。总之，永远处于人群的焦点是张大千的制胜法宝，这种生活与现代的明星极为类似。与此君相比，沈耀初血液的沸点很高，沉默寡言、清贫、孤单、不善交际、不善争取，与张大千完全相反的行事风格和人生态度却得到同样赞誉，这不得不让人费解。

当然，20世纪70年代的台湾已经与之前的二三十年大不相同了，国民党当局意识到"反攻大陆"不过是蚂蚁对扳倒大象的一种幻想，两岸暂时也不可能发生大的冲突，回到经济与文化的建设才是唯一的正确道路，一种更加宽容和多元的社会正在形成。恰巧姚梦谷的那次敲门敲出了一位隐于山野的大师，台湾的画坛从此横空多出一道风景线。画家以漂泊的人生图写出离散的情怀，生命与图式交织成许许多多归根的意象。有幸的是，历史的大转盘在不经意之间转到了某一个角度，在这个角度，我们得以有机缘解读大师的艺术生命，幸甚至哉！

（作者单位：福建社会科学院海峡文化研究中心）

翁闹小说《可怜的阿蕊婆》简论

隋欣卉

引言

翁闹是台湾文学史上的重要作家，其创作生命虽然不长、数量也有限，但其作品在整个台湾文学史上却具有较为特殊的重要意义。陈芳明曾给以较高的评价，他认为："翁闹在台湾文学史上受到的议论，毫不稍让于富有抵抗精神的赖和、杨逵或吕赫若。有关他的研究，永远不会过时。他所生产的文学作品，纵然极其有限，却容许后人拥有一个无穷想象的空间。他的美学内涵足以道尽现代性的迷人与恼人，也足以显现殖民地作家的追求与挫折，以及内心的理想与幻灭。真正的艺术，永远禁得起反复的挖掘与咀嚼。"①

翁闹的创作，包括诗歌、小说、评论等。关于其小说作品的题材问题，张恒豪在《幻影之人——翁闹集序》中指出："就题材而言，其作品可分为两类：一是对于农村小人物的关怀，如《憨伯仔》《罗汉脚》《可怜的阿蕊婆》，另一是对于现代男女复杂感情心理的剖析。在观点及表现上，翁闹对于人类内心世界探索的兴味远甚于外在现实世界的观察，小说充满了现代主义的敏锐感觉、心理分析和象征手法。"② 许俊雅也认为："翁氏的文学创作，以小说为主，短篇凡六，中篇仅一，由于改为日文刊行之后的台湾新民报迄今仍不得见，故《有港口的街市》该作内容不详。六篇短篇小说，如依题材的不同，大致可分成两类：一为对爱情的渴望、异性的思慕为主题的《音乐钟》《残雪》《天亮前的恋爱故事》；二为以台湾农村生活、农村小人物为描绘对象的

---

① 陈芳明：《日新又新的新感觉——翁闹的文化意义》，翁闹著，黄毓婷译《破晓集——翁闹作品全集》，台北：大雁出版基地，2013年，第37页。
② 翁闹、巫永福、王昶雄：《翁闹、巫永福、王昶雄合集》，张恒豪编，台北：前卫出版社，1990年，第13-14页。

《憨伯仔》《罗汉脚》《可怜的阿蕊婆》。这两组刚好各占三篇。"① 细读文本，我们可以发现张恒豪与许俊雅的上述划分并不妥当，因为《可怜的阿蕊婆》中的阿蕊婆其实是城镇中人，而非农村人。

女性命运的刻画

小说主要刻画了阿蕊婆晚年生活的贫困与寂寥。值得注意的是，阿蕊婆的生活并非一直如此拮据、孤寂、落魄。她家曾是当地的大地主，从前这一带的房子莫不归阿蕊婆所有，后来一栋接着一栋地变卖，到老了的时候，就只剩下祭祀的房间、厨房和卧室这三间狭窄的屋子。

阿蕊婆的晚年生活是极其孤独的，对于这种寂寞的描写，作者分别运用了多个比喻。对于她的子女，作者将其比喻为燕子。阿蕊婆有四五个儿子，但是在其衰老之后，他们都像长大的燕子一样各自飞走了。而阿蕊婆在家的时间，就躺在卧室的竹床上，像一条冬眠的蛇一样动也不动地睡着。一日之计始于晨，这句话在阿蕊婆身上是不适用的，因为阿蕊婆不知道天是否亮了，早晨的阳光好像也不打算让阿蕊婆知道似的，从不会来到阿蕊婆的枕边。作者进而将人生比喻为爬山，他形容阿蕊婆根本不想把眼睛睁开，譬如爬山，登高之后总要下坡，最后毕竟会来到和出发时一般高的地方；人生也是一样，有上坡也有下坡，到老时又回到像孩子般的状态。

之后，作者又对阿蕊婆的寂寞进行了拟人化的描写。孤单的阿蕊婆有两个朋友，分别是风与月光。阿蕊婆在夜里从来不关门，可是即便如此，也没有什么人来看她，夜里来造访她的，只有风声和月光而已。于是，阿蕊婆会对她的这两位朋友说话："月娘啊！你从我幼时就和我要好，和我要好的只有你一个啊！只有你不会丢下我一个人吧！"当阿蕊婆想念儿孙时，会对她另一位朋友说："你是凉凉的风吧？把我儿子和孙子带走的就是你吧。看不见你虽然很遗憾，可是看不到儿孙就死，我更不甘心呐！"

由阿蕊婆的孤独，作者进而触及人的生死与所在世界的关系。阿蕊婆生命中另外一件比较重要的工作，就是到城隍爷的庙里。城隍爷的庙前有一对不大的狮子并列左右，阿蕊婆的日课就是撑着拐杖坐在石狮子的基台上，除了短暂的冬季或刮风下雨的日子，总能在那里见到阿蕊婆憔悴的身影，日复一日，动

---

① 许俊雅：《日据时期台湾小说研究》，台北：文史哲出版社，1999 年，第 250 页。

也不动，仿佛生了根似的坐在那里。她的脸上没有半点表情，仿佛已经看透人间世，也思虑过一切可思虑的模样。换言之，阿蕊婆是离活人越来越远，更接近一个自然物的状态。作者据此进行设想，假令阿蕊婆到了夜里没有离去，就这么蹲在台石上睡着了，恐怕也不会有人觉得奇怪吧！假令阿蕊婆就这么不再呼吸、不再动弹，恐怕也不会惊动任何人吧！阿蕊婆的生命，如同一粒尘埃，在这个世界不会激起任何波澜，她的生与死也不会引起任何人的注意，犹如一朵野花，静静地绽放，无声地凋落。冬去春来，年复一年，无数的女性生命都如此这般。

作者通过今昔对比，总结阿蕊婆的人生："过去的日子里，阿蕊婆也和别人一样祈求人世间的幸福，想把孩子拉拔长大，并看到他们出人头地，为此，在最艰苦的风暴中她竭力地搏斗，可如今换来了什么？从阿蕊婆身上切割出来的几个年轻生命早就各奔东西，到最后甚至忘了她，以至于阿蕊婆现在必需自己把这些骨肉忘掉才行。"

小说亦描写了一些命运更为凄惨的女性人物，比如那些误入了私娼窟的少女。如果有不经世事的纯洁女孩进了私娼窟，富裕人家的公子哥就随之出现，不幸就会接二连三地压倒这些女孩，使一个纯洁的女人开始了被素行不端的男子蹂躏在脚下的凄惨生活。作者进一步解释她们的命运——与其说不幸，还不如说绝望。作者感慨，有谁会可怜她陷入绝望呢？阿蕊婆见过无数个如此悲哀的生命，然而就像如今没有人会怜惜阿蕊婆的生命一样，阿蕊婆自己也已经不对别人的生命感到哀怜了。

乡村与都市的变迁

许多评论家将翁闹定位为新感觉作家，强调翁闹对于都市的向往与推崇。而在《可怜的阿蕊婆》一作中，我们看到的是作者对于乡村大自然的赞美，与混乱都市之间的隔阂。张恒豪认为："日据时代的台湾小说，可说到了翁闹的手上，才有独树一帜的表现，才开启了另一文学艺术的崭新领域，以三〇年代中期而言，他所走的纯文学新感觉派的路线，与杨逵所走的无产阶级的普罗文学路线，正是两个极端。"[1] 相比之下，这种判断其实比较武断，而朱惠足

---

① 　翁闹、巫永福、王昶雄：《翁闹、巫永福、王昶雄合集》，张恒豪编，台北：前卫出版社，1990年，第14页。

的定位则较为合理："高圆寺一带具混杂性的'浪人风情'，孕育出翁闹结合现代主义与马克思主义的创作风格：精英式个人主义与社会主义意识、高级艺术形式与社会底层阴暗面、西方外来艺术手法与在地传统文化等，彼此看似互相矛盾对立的因素，不可划分地交错在一起的混合体。"①

具体而言，在小说开头，《可怜的阿蕊婆》即由空间地理位置着手，指出"她的家在中部一个人口有两万的古老城镇的中心，虽道是中心，从公共汽车呼啸来去的大马路得穿过好几条巷弄才找得到，倒更有边鄙的感觉"。对于城市的样貌，小说运用了许多对比手法来加以描绘。譬如，阿蕊婆从前住的大宅子的正屋，现如今已变成这种小都会的暗巷里常有的私娼窟。而这个所在，白天清幽得仿佛是修道院，像某种神秘的灵魂的道场，又像是隔绝了此世一切俗念与常规的祭坛，在这里灵魂的休憩所等同于肉体的休憩所。

比较起来，静谧的乡间才是阿蕊婆所属的"巨大母胎"。当阿蕊婆的邻居写信给她的二儿子，告知阿蕊婆的病情后，她的孙子海参就来城里接她一起去了乡下。两人搭乘火车离开小城，阿蕊婆开始了她在乡间的生活。通过一系列的城乡对比，其对城与乡的态度可谓一目了然。

> 一开始，当她下了车，在孙儿的搀扶下走过久久不见人烟的乡间路，阿蕊婆感觉天空无比的开阔。在城里，阿蕊婆的眼睛几乎未曾望向天空，可是她现在看见天空无穷无尽地罩覆在草与木、人与屋和道路之上，蔚蓝而宁静。不只天空，地面上散步的屋舍和草木也是一片宁谧的光景。这一天，大自然带着微笑迎接了阿蕊婆。尽管这种子播下的时间晚了，阿蕊婆年老衰颓的灵魂终于在迟暮的时候感应到了自己所属的巨大的母胎。这实在是个惊人的变化，虽然她没表达出来，但她确实感觉到自己就像站在一面大镜子前，从草木和天空当中看见了自己的倒影。这种感觉更进一步把阿蕊婆内心里，对青春记忆的悸动、不安、焦躁和怀疑，以及一切为了活下去的抓挠都抚平，带来一种释然与宁静的状态，既没有悲伤也没有欢喜。②

---

① 朱惠足：《"现代"与"原初"之异质交混：翁闹小说中的现代主义演绎》，《台湾文学学报》，2000 年第 15 期。

② 翁闹：《破晓集——翁闹作品全集》，黄毓婷译，台北：大雁出版基地，2013 年，第 217 页。

从以上文字，我们不难感受到阿蕊婆对于乡村自然生活的喜爱与赞美。理所当然，她在乡下的生活也发生了巨大变化：周围不再是高墙和私娼窟，而是竹林、芭蕉和农家；走到外头，看到的不再是喧嚣的大街或庙，而是水色清澄的广大田园和土地公祠；一反昨日的孤寂，现在家中总能听得见六七个人的走动和笑语；从前她坐在石狮子的基台上，如今她则把椅子搬到庭院里，坐着晒太阳。

作者花了大量篇幅，更进一步地袒露对于乡下田园生活的喜爱，对都会生活的厌恶。阿蕊婆的少女时代和青春时代——她从出世以来，一直都是在城镇里生活过来的，却没想到在身体的感性——消退之后，被带进草木润泽、生意盎然的田园。初春种下的芭蕉，如今已朝天空伸展着枝叶，仿佛在炫耀着他们的青春；每一处土堤或路旁的树林和草丛都吸收了大地的精气，郁郁苍苍地以它醒目的色彩和蓝天对峙；最引人入胜的还是那片辽阔的田原，春季里播下的稻子一齐抽长、展开一致的翠绿色，就仿佛在大地上铺开了大片的青色绒毯。日头将落的时候，这绒毯下方有青蛙的私语此起彼落地响起，蛙鸣伴着月光和星光，在明亮的夏夜里鼓噪到天明。对从来只待过城镇拥挤杂乱环境里的阿蕊婆来说，这些自然的风光和自然的音响完全超乎她的想象——跨出门槛一步，那里就是植物与小溪，还有家畜和湿润的黑色泥土。作者设想，如果阿蕊婆在富于感性的少女时代就生长于这样的田园，此等自然的风光和气息一定会浸透她的身体和心灵，不仅成为她身体的一部分，也会成为心灵的一部分。然而，阿蕊婆偏偏是在人为粉饰与虚构组成的都会里长大的，那里连泥土都被覆盖在别的东西底下，没有植物也没有小溪，有的只是电线杆和臭水沟。

然而，无论都会多么丑陋，由于人类的灵魂具有不可思议的属性，对于自己长久居住的地方，就算再脏再丑，因为是故里也会长久回荡在记忆里。于是，阿蕊婆开始思念她一直居住的城镇。在此，作者抒发了有关记忆的议论，其中可以说也折射出他自身的心路历程："记忆有时候会变成浓烈的乡愁，使你就算身在桃源乡也不可自抑地焦躁不安；如果还在朝气蓬勃、想去哪里就去哪里的少年时代，人们只想天涯海角地闯荡，可是到了活力尽失、在哪里都觉得惴惴不安的年纪，人们会想要找回旧巢。"[1] 这里体现出作者对于乡村与都市差异的矛盾复杂的心态，这与他一贯反对简单、机械的人性论，主张人性的复杂性相一致。

---

[1]　翁闹：《破晓集——翁闹作品全集》，黄毓婷译，台北：大雁出版基地，2013年，第220页。

殖民现代性的厌恶与抗拒

在《可怜的阿蕊婆》中，翁闹隐晦地表达了当时人们对现代文明的厌恶与抗拒。之所以说是隐晦地叙述，这与翁闹个人的艺术追求密不可分。他在《新文学三月号读后感》中，曾经借由对具有左翼立场的赖明弘刊登在《台湾新文学》杂志上的小说《夏》的批评，表明自己的艺术主张。"我想说的就是仁兄的这种描写方式，或者应该说作者的人生观乃至社会观吧。作品整体给我的感觉就是脱离了人性原本的样貌。人性本应更复杂，也应该有更多通融、自由、奔放不羁的面向，不能因为是支配阶级、因为是地主就只能具备浅薄的人性，但愿你能关照人性的真实。不是说，把支配阶级和布尔乔亚一律当成敌人一样深恶痛疾是一种左派的幼稚病吗？这几乎成为老掉牙的批评了，我实在不愿意拿这种陈腔滥调来批评你的作品。"他批判赖明弘的作品在必然性和具象性上太过稀薄，并具体指出："换个角度想，像林万舍那般坐拥二三十万元财产、悠闲度日的人在我们台湾究竟有多少？我想，台湾就算有极少数的这类布尔乔亚，也已经在更庞大的……势力包围下，渐趋没落了吧！我不能不看它悲惨的情状。"① 这里省略了几个字，不难猜想指的很可能是"日本殖民统治"。由此，我们可以看到：作者主张人性是复杂的，他不是不关注底层，也并非不批判少数的"布尔乔亚"，但他更为关注的应该是"更庞大的……势力的包围下"，渐趋没落的整个台湾社会。而他的这种关注与对于"殖民统治"和现代文明入侵所施加于台湾民众的压迫与剥削的批判，不是像赖明弘那样直接进行，而是通过具体的细节描写娓娓道来。

比如饮水问题，作者描写镇上虽然已经铺设了自来水管，但阿蕊婆住的地方附近用的仍然是井水，糟糕的是井里的水总是浑浊不清，邻居们会在水里加入明矾后饮用，只有阿蕊婆不这么做，她说她不喝那种不自然的水，并说："如果水本来就是浊的，就该照本来的样子喝。"这一细节既可看成阿蕊婆的落后、不文明，但也可解读为阿蕊婆对于殖民现代性的厌恶与拒绝。

比如修路问题，作者把对现代文明的态度投射到他对阿蕊婆二儿子海东命运变化的塑造中。海东在离开阿蕊婆庇护的头五年，像浮萍一样随波逐流，最后来到这个文明空气未至的边鄙乡村中落脚。仰赖淳朴的村民们的帮助，他开

---

① 翁闹：《新文学三月号读后感》，《破晓集——翁闹作品全集》，黄毓婷译，台北：大雁出版基地，2013年，第229页。

了一间杂货铺，慢慢还清借款，养家糊口不成问题。然而，"文明这东西毕竟还是流进了这边鄙的偏乡，海东一家在它的铁腕拨弄底下摇摇晃晃地几乎站不住脚"。由于村里的有钱人要拓宽道路，开设一条联结东西两边城镇的公车路线，道路将穿越海东店铺所在的乡村小街，他的店铺成了妨碍，需要拆除。因为担心关店后的生活，海东不肯拆除，却惊动了警官。最后，以地方文化发展为名，强制他搬走，店铺变成了平直的车路。

比如现代文明的新鲜事物：汽车、火车，甚至轮船，等等。海东在这个文明尚未进驻的乡村生活了十年，期间，他与村民们相处融洽，村里人闲暇时会来他的店里闲聊，他为村里人讲述那些都会里的事物，汽车、火车、轮船等村里人从未见过的东西。如今，汽车就要开到这个村子，村人们或许会在某个日子，带着兴奋的心情，搭车到都会去看看外面的世界。而这些现代的文明，不仅未能使得人民的生活变得更加美好，反而使得海东个人的命运因为修路而滑入低谷。

乡下已然无法谋生，一家人在阿蕊婆的建议下重返城镇。然而"城镇在她往返睡褥和城隍庙前的那段期间已经完全改变了风貌，路拓宽了不少，热闹的大街两旁矗立着内地风（指日本本土的风格样式）的建筑物，她只觉得做梦一般，不敢相信这竟然就是她中年以前记忆中的那个狭仄、曲折又潮湿的地方。这里的灯光炫目，连人们交谈用的语言都不一样了。阿蕊婆感觉自己好像被这里的世界完全排除在外，她想，毕竟还是那个臭水沟一样的巷弄才是属于她的所在"[1]。

在这文明日益进驻的城市，疯癫也与之相向而行。小说描写巷子里精神异常的人不少，光是阿蕊婆的住处附近就有三个。作者以三个不同年龄段的女性为例，分别为十七八岁的少女，二十四五岁的少女，五十岁左右的老妇。十七八岁的少女，看起来却只有十二三岁，有严重的斜视，整天拿着个竹竿在邻里间见着墙壁就捅，有时又突然没来由地发出像发情的猫一样难以言喻又凄惨无比的叫声。这个少女即使再冷的冬夜也进不得家门，像条狗似的睡在屋檐下。而二十四五岁的少女，被沉重的锁链锁着，五六年不见天日，才貌兼备的她不知何故，有一天突然就疯了。五十岁左右的老妇，总是手提一个放着爆竹和线香的篮子，日日到各地方的庙宇去进香，然后把篮子里的东西倒在路中央，为死去的儿子祈求，要神明把儿子还给他。作者素描式的刻画，不禁让人思考使

---

[1]　翁闹：《破晓集——翁闹作品全集》，黄毓婷译，台北：大雁出版基地，2013年，第225页。

人疯癫的社会现实。这现实不仅让人疯癫，也展演着死亡。"就好像被时光遗忘的这些巷弄迟早会破败、消失，在这里住着的人们也终归要走向死亡；即便不死，也要承受这样的诅咒吧！"① 眼看着身边的人一个接着一个离开人世，有些后生晚辈也先她一步走了，对阿蕊婆来说，她身边的一切"就像一块完整的东西，正在不断地快速崩解"②。阿蕊婆因为摔伤了腰，终于也离开了人世，临终的时候一点痛苦也没有，仿佛只是一朵花凋零那样的宁静。送葬的队伍，走出城镇，就可以看见东边的山，"那山上像纸屑一样四散的白点，就是数也数不清的坟墓"③。当他们来到人烟稀少的郊外，送葬的人越来越少，抬棺的人走得越来越快，一直不曾哭泣的海东这时才大哭起来。四个兄弟虽也正在低声哭泣，却不解海东为什么这时才哭得如此伤心。作为阿蕊婆二儿子的海东，此时哭的不仅是母亲的去世，更是为自己命运的未知定数而哭。他十五年前离开城市，四处漂泊了五年，终于在乡下安身立命，能够勉强养家糊口。然而，生活了十年的乡下，随着现代文明的进驻，已然无其安身之处，只能默然离开，兜兜转转，又回到城里，却黯然发觉，城里也不是他生存的所在，饼店开了不到一个月就关门歇业，无法谋生。为了生存，他又要再次携家带口，背井离乡，投靠在对岸经营私立医院的旧友，人到中年将要迈入老年之际，毫无建树，前途是一片未知的迷茫。因此，海东不仅是为去世的母亲哭，也是为自己漂泊不定、颠沛流离的未来而哭。

耐人寻味的是，整个小说没有对于殖民统治的直接批判，然而，读者通过作者所描绘的台湾底层民众艰难的生活、多舛的命运、孤寂的一生，不能不感受到殖民统治的庞大与无孔不入，台湾民众所受剥削与压迫的残忍与深重。由此，我们不难看到翁闹写作手法的高超。

诚如朱惠足所言："在翁闹的小说当中，现代主义文学与左翼文学之间资产/无产的阶级差异、抽象/写实的再现策略差异，都不是绝对的，而是整体人性的多样层面之一。……翁闹小说中'现代'与'原初'之异质交混，呈现了台湾知识分子在追求文学自律性之际，对于现代主义进行的多重殖民演绎。翁闹的书写主题与形式中各种文学流派、意识形态与文化糅杂斑驳的交混样貌，见证了现代主义文化作为西方帝国海外殖民统治之产物，如何成为'现

---

① 翁闹：《破晓集——翁闹作品全集》，黄毓婷译，台北：大雁出版基地，2013 年，第 227 页。
② 同①。
③ 同①，第 228 页。

代'与'原初'、帝国都会与殖民地乡土互相形构与辩证的混杂与流动过程。"①

结语

翁闹是台湾文学史上的重要作家，其作品题材多样、风格鲜明，丰富了日据台湾文学的多样性。《可怜的阿蕊婆》刻画了阿蕊婆寂寥的晚年生活，通过乡村与城市各自的变化与对比，展示出现代文明的入侵带给人民生活的各种变故，隐晦地抒发了作者对于殖民现代性的厌恶与抗拒。小说是台湾社会变迁的一幅剪影，虽然短小，却不啻于一部浓缩的社会变迁史。

基金项目：国家社会科学基金项目"20 世纪台湾左翼文艺思潮研究"【12BZW088】；福建省社会科学规划项目"魏建功与战后初期台湾的'国语'运动及与新文学传统关系之研究"【FJ2016B285】

（作者单位：福建师范大学闽台区域研究中心）

---

① 朱惠足：《"现代"与"原初"之异质交混：翁闹小说中的现代主义演绎》，《台湾文学学报》，2000 年第 15 期。

闽南语歌曲《望春风》艺术特征及演唱分析

庄锡清

一、《望春风》的创作背景

闽南语歌曲《望春风》于 1933 年创作出版，特殊的时代背景和文化环境赋予歌曲独特的音乐形态和曲调特点。

（一）时代背景

1895 年至 1945 年，台湾被日本侵占长达半个世纪。在台湾被占领的初期到中期，外来文化给台湾本土文化带来诸多的影响，日本音乐、西洋音乐等外来音乐也让传统、质朴的当地民谣得不到推广，更满足不了当时人们的精神追求。随着时间的推移和台湾地区社会的变迁，融合了台湾本土、祖国大陆，以及日本、美国等多元音乐特点的风格曲调，逐步形成"台湾调"这一新颖的音乐形态，在台湾当地开始流行。20 世纪 20 年代，台湾本土人民民族意识兴起，受过教育的台湾知识精英、工人们组织了一次次新文化运动。台湾有识之士为了启蒙民众、唤醒民众、组织民众、训练民众，不断筹划推动新文学、新戏剧、新歌谣和新美术的内涵活动，一次次地用新文化运动影响台湾本土的各个阶层民众。通过知识精英和工人们的宣传与组织，台湾全岛的中华民族意识有了很大的提升，进而带动了更多新文化的传播与发展，到达了一个社会文化发展的高潮阶段。

（二）创作来源

从 20 世纪 30 年代伊始，台湾社会逐渐走向开化、进步、自由，电影《桃花泣血记》《月夜愁》等作品的推出，反映了女性主义的萌芽和自由恋爱的风潮等社会形态的初步形成，为当下歌曲创作带来了非常广阔的创作空间。歌曲题材从过去展现台湾本土文化、传统质朴的创作题材，延伸到展现少女情怀、抒写爱情、反映妇女心声等方面题材。《望春风》正是刻画了少男少女情窦初开、渴望爱情、渴望幸福的作品。

《望春风》的曲作者是闽南语乐坛才子邓雨贤。邓雨贤曾说："台湾音乐水平较低，一开始就推行西乐的话，大众不容易理解，结果会使音乐和大众分离。"① 因此，《望春风》在歌曲曲调的创作上虽带有日本和西式音乐的元素，但在很大层面上依然保留了台湾本土民谣的音乐特征，构成符合中华传统的音律审美感知。

歌曲的词作者是著名的词作家李临秋。李临秋在创作回忆中提到，《望春风》歌词的灵感来自于《西厢记》里的诗句"隔墙花影动，疑是玉人来"。从生活中的美好静谧风景着手书写，留心于夜晚、清风、月亮的灵动，进而深刻书写表达出青春少女期盼爱情和对自由恋爱的向往追求。

在多元音乐融合的时代背景下，《望春风》一经出版发行，便受到广大台湾民众的推崇，广为传唱，在特殊的历史年代里成为人们排解忧烦的精神慰藉，同时，许多留学海外的台湾学子，每当思乡情切、孤单寂寥时，都会通过哼唱和聆听乡音来充实精神力量。《望春风》成为最具代表性的闽南语原创歌谣，被普遍认为是极具"台湾调"特色的代表作。

二、《望春风》的艺术特征

闽南语歌曲《望春风》创作于台湾"光复"之前，这一时期的闽南语歌曲创作已然受到政治环境等多方面的影响。《望春风》是邓雨贤和李临秋第一次合作完成的歌曲，其歌词采用的是七—五句子的结构，用语言与旋律表达出了情窦初开的少女独坐闺中，思念着一面之缘的少年家，对爱情充满期待的情感。

（一）《望春风》的旋律特征

《望春风》整首作品在曲式结构上运用的是较为传统的起、承、转、合的结构，并且是方整性的四句体：a（4）□b（4）□c（4）□d（4）。

---

① 林斌：《台湾歌谣——〈望春风〉的审美探讨》，福建师范大学硕士学位论文，2015 年。

独 夜 无 伴 守 灯 下，清 风 对 面 吹， 十 七 八 未 出 嫁，

见 着 少 年 家， 果 然 标 致 面 肉 白， 谁 家 人 子 弟？

想 要 问 伊 惊 歹 势， 心 内 弹 琵 琶。

想 要 郎 君 作 尪 婿， 意 爱 在 心 内，

待 何 时 君 来 采， 青 春 花 当 开， 忽 听 外 头 有 人 来，

开 门 甲 看 觅， 月 老 笑 阮 憨 大 呆， 乎 风 骗 不 知。

谱例 1 　《望春风曲谱》

第一句始于徵音（见谱例 2），前半句级进上行落于 a 角上，紧接着向上三度，以高八度的徵音作为后半句的开始，后半句的旋律线条与前半句形成了对比，采用的是级进下行的方式，而最后一个音则是反向二度进行，停留在 G商上，做四拍的延长。该句的旋律线条呈现出了"拱形"的结构，而在旋律

的进行中也采用了细微迂回的手法，含蓄而巧妙地将少女渴望爱情却又羞于表达的矛盾心理状态刻画得淋漓尽致。

谱例 2

第二句（见谱例3）为第一句的承接句，始于A角音，前半句的旋律进行变化较大，不再是平稳地进行，而是采用了迂回大跳的手法，总体的音乐线条趋于波浪起伏的走向。后半句则是与第一句的后半句相似，只是起始音为低八度的徵音。"十七八未出嫁，见着少年家"，从该句的旋律线条中我们可以感受到，较之第一句的平稳进行，该句在情绪上则要激动许多，表现出了少女内心的情感波动。

谱例 3

第三句（见谱例4）始于G商音，旋律线条先是迂回平稳地向下进行，前半句在F宫上做停顿，紧接着下行三度，在D羽音上开始后半句，旋律线条与前半句形成对比，采用的是级进上行的手法，在C徵音上做四拍的延长。"谁家人子弟"，该句在旋律创作上符合了歌词语言的表达：当人们有疑问时，在说话过程中，会不自觉地将音调提高，该句的旋律用上扬的音乐化表达勾勒出少女满怀爱慕的好奇心。

谱例 4

第四句（见谱例5）的起始音作者采用的是"鱼咬尾"的技法进行发展，该句也出现了全曲中的最高音"D羽"音，紧接着又回到了级进下行的走向。后半句则是与第二句的后半句一样，结束了全曲。

想 要 问 伊 惊 歹 势， 心 内 弹 琵 琶。

谱例 5

从谱例中我们可以看出这起、承、转、合四句的节奏型都相对类似，每一句都以大附点的节奏型作为开头，之后每一句的节奏发展都较为四平八稳，整首乐曲旋律进行和节奏的韵律与歌词的朗诵格律有很高的契合度，这也是该首歌曲唱起来令人感觉朗朗上口的原因所在。

（二）《望春风》调式特征

《望春风》乐曲是采用 F 宫调式进行创作的，哼唱中可体会到乐曲融合运用了传统的五声音阶、W 宫调式的手法进行谱曲，形成具有"台湾调"特点的悠扬、明朗轻快的独特的曲调风格。从中央 Cl 出发，最高音在小字二组 d2 上——轻松、自然的音区，这是普通民众所能接受的音域范围，可以自如、轻巧、舒服地驾驭歌曲。但是，在读谱和演唱中发现，歌曲旋律与歌词形成了戏剧性的音乐形态——作词家李临秋先生，在歌词中表现出一种慨叹、孤独、酸涩的情绪，例如"独夜无伴守灯下""心内弹琵琶""被风骗不知"等词句中均可体现出这般无奈、寂寥惆怅的心思，然而这与邓雨贤先生轻快、优美的曲调特征碰撞出另一番柔情、动人的曲风，增强了作品的魅力和艺术表现力。

三、《望春风》的演唱分析

《望春风》作为一首闽南语歌谣，在演唱时用的是闽南地区方言，如何更好地把握歌曲意境风格，更恰当地使用适合闽南语方言的唱腔演唱，本文从歌曲的唱词内容、唱腔两方面分析该曲的独特之美。

（一）《望春风》唱词的意境美

唱词第一段：

独夜无伴守灯下，清风对面吹，

十七八岁未出嫁，想着少年家。

果然标致面肉白，谁家人子弟？

想要问伊惊歹势，心内弹琵琶。

（译：想要问他害怕不好意思，心里弹琵琶）

唱词第二段：

想要郎君做尪婿，意爱在心内，

（译：想要郎君做丈夫，意爱在心里）

等待何时君来采，青春花当开。

听见外面有人来，开门甲看觅，

（译：听见外面有人来，开门看一下）

月娘笑阮憨大呆，被风骗不知。

（译：月亮笑我是傻瓜，被风骗不知）

单从唱词中就能感受到词作家把早期台湾青春少女的心思雕琢得入木三分，从歌名"望春风"足以看出作者用词功力之深。一个"望"字就把少女渴望爱情但却不去刻意强求的模样表现得恰到好处。"独夜无伴守灯下，清风对面吹"，春风徐来，万物复苏，原本适合恋爱的季节，却只能独自一人静坐灯下，点点滴滴都诉说出当时的少女情怀。"十七八岁未出嫁，想着少年家"，将花样少女待字闺中、等着伊人上门提亲的心情灵动地展现在我们的面前。有别于当代人们的婚嫁年龄，当时的台湾地区，十七八岁已经达到适婚年龄。歌词中"标致面肉白"的适婚少女却只能独守深闺，翘盼着爱慕自己、追求自己的男子的出现，"未"字有力点出了少女待嫁的事实和急切的心理。"做尪婿""等君采"进一步点破了待嫁女子对爱情的渴求，同时也点出了女子在爱情中的被动及对被动的无奈。词中对少女待嫁的娇羞心态也做了很生动的描写。"听见外面有人来，开门甲看觅，月娘笑阮憨大呆，被风骗不知"，这几句用细腻的笔触写出了渴望恋爱、追逐爱情的女子的敏感和娇羞，连风吹草动都能够引发她们对爱情到来的联想。这种内心矛盾的根源在社会，"等待何时君来采"道出了一个社会事实：在传统爱情中，女性总是处于被动的一方，男性处于主动的一方。正是这一社会根源，造就了少女独有的爱情心理。传统社会里，在爱情和婚姻上，正像《诗经》中"窈窕淑女，君子好逑"所描写的那样男追女藏式的，男女爱情中的男追女藏犹如蝶戏花间，意境优美。词中女子的娇羞和含蓄，更从侧面写出了爱情的美好。少女"欲说还休"的娇羞态及少女怀春的意乱情迷状，在文中均做了诗情画意的刻画，凸显了歌词中的意境美，赋予唯美的音乐感知和充满时代感的温婉记忆。

（二）《望春风》中的声腔之美

（1）腔词关系

在声乐作品中，语言的风格影响着旋律的走向。在汉语中，有"阴、阳、上、去"之分，因此在创作声乐作品的过程中，作曲家要兼顾汉语的四声走向进行创作，以此来避免"倒字"而造成听众对歌词产生误听或听不懂的情况。从语言的音色方面来说，相对于汉语而言，闽南语方言则拥有更为丰富的声调韵律，这也是其独特的地方特色的体现。在声调上，台湾闽南语方言分为：阴平、上声、阴去、阴入、阳平、阳去、阳入七个调，但除此之外，其声调也会有因不同字连读而引起变调的特点，这样的特点在台湾闽南语方言的歌唱中也是很常见的。语言与唱腔之间的关系就正如于会泳在《腔词关系研究》一书中所提到的："音乐曲调的趋向与语言声调的相互适应，以及语言音色对音乐风格的影响是极为重要的。语言字调在音乐中的性质决定于音高，唱腔与字调之间的关系，也就是唱词字调的音高对于唱腔旋律之起伏运动有着制约关系。"① 歌曲《望春风》在腔词结合方面也较为符合闽南语语言音韵的走势。如在第三句中的"想［ɕu∞］"和"欲［pɛk³³］"二字，在闽南语中分别为阴平、阳平，在旋律的创作中，作者采用的是平直进行的旋律。"惊歹势"三个字在闽南语中分别为阳去、阴入、阴入，作者在旋律创作过程中也兼顾到了语言走向的这一特点，采用的是级进下行的旋律线条。在把握语言音韵特色的同时也实现了旋律的美听及情感的表达。歌曲中的阴入字音，作者大多数也配予较低音区的音。如第一句中"独［tɔ-k31］"字，和第四句中的"心［ɕin-t31］"字，作者都配予该乐曲中最低的音"c1"。

值得一提的是，该曲在许多地方采用了装饰音来进行润腔。在闽南语的语音中有较多的鼻化音，因此在演唱创作歌曲时则常常在并非鼻化音的字调上采用鼻化和颤音来演唱，产生鼻化的效果。如第四句中的"琵琶"二字，在演唱过程中就加入了润腔的技法进行装饰，将鼻化音的语言音调与润腔相结合，这样就使得歌曲更具有本土化气息，也更容易传唱。

（2）腔韵之美

王耀华先生在《论〈腔韵〉》中提道："在中国传统音乐结构层次中，腔韵是最具代表性、典型性的抢腔节。"② 在演唱闽南语的歌曲时，窃以为，常

① 于会泳：《腔词关系研究》，北京：中央音乐学院出版社，2008年。
② 王耀华：《论〈腔韵〉》，上海：上海音乐出版社，2009年。

常可用到"鼻腔共鸣"的方式演唱，这与当地方言的说话方式也是较为一致的。

在《望春风》的歌词中往往有许多"in""ing"这种前鼻韵母和后鼻韵母的发音，那么也很自然地形成鼻咽腔的共鸣效果。例如"十七八未出嫁，见着少年家"（见谱例1），"见""年"都是前鼻韵母"in"，行腔上唱成"g-in""n-in"，尾音延长仿佛挂在鼻腔、眉心处形成带有哼鸣感觉的声腔特点；再如"想要问伊惊歹势"中"想"字、"问"字中韵母分别为"ing""en"，还有"想要郎君做尪婿"中"郎""君""尪"，在闽南语中分别读"lang""gun""ang"。从这些字音中不难发现，歌曲在行腔中非常注重押韵，并且字的尾音多能找到"en"的感觉，使得歌曲演唱上加重了气息与哼鸣位置的配合，以及气息控制与行腔咬字上的技巧性，体现出腔韵的细腻之美、和谐之美。

结语

闽南语歌曲《望春风》自1933年一经出版推出，就被民众所喜爱和传唱。它也成为我国迄今第一首被联合国命名的世界著名东方小夜曲。这一首美妙的歌曲在八十几年时光里，不断从精神层面丰富着民众的内心世界，带给演唱者和听众对美好青春生活的感知，对纯洁爱情的追寻。本文从创作背景、词曲意境、腔词特点、腔韵特点等角度对《望春风》的艺术特征进行了分析研究，从本人对该曲的演唱体会和行腔方法进行分享探索，希望以此来向创作者和如此美好的歌曲作品致敬，也期盼与喜爱闽南语歌曲《望春风》的演唱者和听众们更多探究此曲美好的意境，不断传唱和体会《望春风》歌曲之美！

基金项目：福建省本科高校教育教学改革研究重大项目"弘扬中华优秀传统文化背景下的应用型文化创意人才培养模式探索与实践"【FBJG20180132】阶段性成果

（作者单位：福建师范大学协和学院）

论《我不是潘金莲》的圆形画幅

周达祎

2016 年冯小刚导演的野心之作《我不是潘金莲》，改编自刘震云的同名小说，影片颠覆了传统电影的画幅，以极具中国古典韵味的圆形画幅为主、方形画幅为辅，讲述了范冰冰饰演的农村妇女李雪莲被丈夫污蔑为"潘金莲"、十数年坚持上访为自己讨回公道这样一个同样有着鲜明中国烙印的故事。影片斩获了许多国内外重要电影大奖，上映后也引发了一阵观影热潮和社会关注。

这部电影最大的亮点，是来自于电影画幅的改变，这种改变直接影响了电影的视觉体验。看电影的"看"，不仅是感觉器官眼睛的"看"，它还包括识别、认知、联想、记忆等一系列复杂的脑神经活动，从而完成对银幕信息的进一步加工。同时，作为观看的主体——人，在社会生活中所形成的经验、常识、文化背景、价值观念乃至观影时的情绪，都会在看电影这个动作的发生过程中起作用。看电影的"看"，既是视觉的看，也是审美的看，还是文化的看。

一、《我不是潘金莲》圆形画幅的视觉特点

画幅一般指电影放映端所展示的画面大小，常用"宽高比"（Aspect Ratio，也称横纵比）来定义。早期的电影大多使用的是 1.37∶1 的画幅，这是趋近于 4∶3 的一个比值。而电视普及之后，受 TV 标准画幅 16∶9 的影响，更多的电影使用 1.85∶1 的画幅。如今，在宽银幕观念影响下，主流电影的画幅通常是 2.35∶1，这也是观众最熟悉的一种画幅。

有的影评将《我不是潘金莲》中的"圆"称为圆形镜头或者圆形构图，这是不准确的。确切地说，冯小刚的这部电影，是在银幕的中间，用直径/边长为 1 的圆形/方形画幅置换了大家熟悉的 2.35∶1 的宽银幕画幅，银幕上非

画面的部分，则为黑幕。《我不是潘金莲》电影总时长为 138 分钟，除却约 7 分钟的片头片尾字幕外，正片共使用了三种画幅，其中两次使用圆形画幅，时长分别约为 21 分钟和 56 分钟，两次使用方形画幅，时长分别约为 16 分钟和 15 分钟，而在影片结尾回归了常见的 2.35∶1 的画幅，时长约为 6 分钟。

这种画幅的改变，不是简单地将银幕上非画面的部分用黑幕遮住，而是在拍摄时就相应地按照圆形/方形画幅进行拍摄。不能简单粗暴地理解画幅问题，画幅的改变牵动着摄影景别、摄影机运动方式、演员表演等一系列相关问题，带来的是整个视觉系统的改变。

在传统的电影画幅中，摄影机尽可能地模仿人的眼睛，机位的选择大致参照一个人在现实世界观看的最舒服的位置，摄影机的角度、高度、距离都尽可能屈从于这种观看模式，从而使得人在看电影时很容易地认同影片的观看视角，沉浸入剧情中。

而《我不是潘金莲》的圆形画幅在视觉上带来以下改变：

首先，圆形画幅将画面中的可视信息集中化了。我们可以这样来理解这种视觉效果，假定在 2.35∶1 的画幅中，观众看到的画面大小面积是 $2.35 \times 1 = 2.35$，那么在这个圆形画幅中，观众看到的画面大小就是 $\pi \times 0.5 \times 0.5 \approx 0.785$，两者面积比约等于 3。也就是说，假定拍摄同一场戏，同一个空间内，提供的视觉信息是恒定的，那么圆形画幅在单位面积内所容纳的视觉信息是传统画幅的 3 倍。当然，视觉信息不能这样量化，但可以说明的是，圆形画幅起到了一个将画面中的可视信息压缩的效果，将更多导演想表现的内容集中在了画面最中心部分。

因此，我们观看影片的时候，会感觉看这个圆形的中间部分特别舒服，因为它包含了更多的视觉信息。而看到圆形的边界处时，会很别扭。这是因为弧形的构图线条切断了原本镜头之中可能出现的其他线条，造成一种割裂感，如法院庭审那场戏中，出现的窗户和桌子，在传统画幅中这些物体的线条显得十分鲜明，并且会随着画面空间向外延展，而在圆形画幅中，窗户和桌子的线条就被强行地切断了，给人稍显突兀之感。

但总体而言，这种画幅变化并没有带来观影的障碍。《环球银幕》副主编陈世亚表示，观影时，他个人只用了五分钟就适应了圆形画幅，之后甚至忘记了画幅问题。同样，中国传媒大学教授游飞说，他是和学生一起看的电影，他们一同的感受是，一开始会觉得有点奇怪，但差不多五分钟后就适应了①。

其次，圆形画幅改变了观众对电影景别的习惯。通常电影按照表现空间范围的大小分为五个景别，分别是：远景、全景、中景、近景、特写。观众最为熟悉的好莱坞商业电影，以镜头切换频率快、景别变换丰富著称，表现环境时多用远景和全景，而拍摄人物行动多用中近景，人物的对话则是近景的正反打镜头或过肩镜头，表现细节还会穿插一些特写。此外，代表主流电影另一个风格的欧洲艺术影片，则更多地使用长镜头，同样是拍摄人物的动作和对话，欧洲艺术影片偏爱使用全景和中景。而在《我不是潘金莲》中，全片的景别几乎都是清一色的中景，个别镜头展示环境使用了全景，没有近景和特写。正如本片摄影师罗攀所说："圆形构图如果拍近景或特写，就非常像是拿着望远镜在看，有强烈的窥视感。这是绝对不能采用的。"②

此外，本片还有一部分是以方形画幅展示的，不过方形画幅出现的时间较短，其景别、摄影机调度和场面调度基本上延续了圆形画幅的特点，因此在此不再赘述。

二、《我不是潘金莲》圆形画幅的美学风格

在《我不是潘金莲》中，表现女主角李雪莲家乡——中国南方农村的部分，全用了圆形画幅，而李雪莲两次到北京，则用的是方形画幅。2016 年在多伦多国际电影节接受媒体采访时，冯小刚曾表示：他拍的这个李雪莲故事是很中国的，而这个"圆"是很有中国味道的，就像中国古代那些文人画，"圆"象征着中国几千年的人情社会；而北京是个大城市，是权力机关集中的地方，权力和城市都是很硬的，用"圆"就不合适了，于是他选择了"方"，"方"代表法制③。

因此，许多影评谈到《我不是潘金莲》的美学风格时，都使用了类似于"方圆美学"的概念，评论者借由冯小刚的表述，将中国古典的"方圆之道"的处世哲学直接转换成了电影的美学风格。笔者认为，虽然不可否认冯小刚创

① 胡克、游飞、赛人，等：《〈我不是潘金莲〉四人谈》，《当代电影》，2016 年第 11 期。
② 梁丽华：《捕捉生活中绝妙一刻——与罗攀谈〈我不是潘金莲〉的摄影创作》，《电影艺术》，2017 年第 1 期。
③ 风易：《冯小刚亮相多伦多金句不断："特想冒犯观众"》，腾讯网，（2016-9-12）. http://ent.qq.com/a/20160912/014975. htm。

作时的意图受到其主观哲学思想影响，但如果简单直接地将"方圆之道"转换成一部电影的美学风格，显然掺杂了过多的人文思想方面的解读，而不是从电影艺术的思维出发。

那么，什么才是本片的美学风格？笔者概述《我不是潘金莲》这种极具中国味道的美学风格为："风""静""平""柔"。

"风"即风情，"风"的概念类似于《诗经》中"风雅颂"的"风"。十五国风，指春秋时期十五个国家的民歌，而民歌是人民现实生活最直接真实的反映。同样的，从内容上看，《我不是潘金莲》这个以农村妇女上访为题材的故事，反映的是一个纯粹的中国式的民生问题。同时，《我不是潘金莲》中表现的"官场众生相"，很直接地反映了中国当代官场存在着的一些官僚主义作风和长期以来中国社会的"官本位"思想。在一个更深的层次，这部电影还探讨了中国社会人情与法制冲突的问题。当然，除了中国故事，影片里有中国式的山水，影片拍摄取景自江南水乡小镇婺源，通过圆形画幅，把中国山水的那种清秀钟灵的韵味和徽派建筑的精工巧作、自然得体都表现得淋漓尽致。

"静"指的是本片中表现出的一种静态的影像风格。本片大篇幅地使用固定机位拍摄中景镜头。为了配合这种摄影机的运动模式，演员的表演尽量偏重对话，减少了镜头内的调度。因为在不摇镜头的情况下，演员动作幅度一大，就出画了，等于丧失了表演。几个仅有的移动镜头也仅限于横移镜头，尽量做到规避摄影机的存在感。因此造成了一种影像风格，就是人物相对静止，而背景进行着舒缓的变换，观众仿佛置身于观看一幅中国古代的长卷轴画的情境中。影片的剪辑节奏为了配合这种影像风格，缓慢自然地过渡，尽可能地保持影像的时空完整性。这也符合了中国古典美学中对"静"这个审美范畴的追求。

"平"是指本片的影像风格具有"扁平"的特点，它是相对于"立体"的概念而言的。基于"艺术模仿自然"的哲学观点，自15世纪文艺复兴以来，"焦点透视"就成为西方绘画界推崇的不二法则，它强调立体、强调透视关系、强调视觉近大远小的科学比例。西方"焦点透视"的传统，很自然地影响到了电影领域。尤其是"景深镜头"出现后，电影摄影构图上，更多地强调纵向的对比关系，强调前后景都要清晰，且最好能有意义。然而，在《我不是潘金莲》中，摄影师罗攀选用了 Arri Super Speed T1.3 的 25mm 和 35mm 这两种镜头，这两种镜头的广角没有超过 25mm，长焦没有超过 35mm，保持了透视的高度统一。因此，影片中就形成了一种独特的"小景深"视觉特点，即无论是前景还是后景，景深都很小或不清晰，而将视觉的重心聚焦在人物身上，构图上呈现出"扁平化"或"反立体"的特点。这种"小景深"美学与中国传统国画中"重写意不重写实"的所谓"散点透视"，有异曲同工之妙。

"柔"即柔和，指的是影片的整体艺术风格呈现出一种反差小的特点。从美术布景的角度说，整部影片没有设计任何一个反差色大或冷暖对比很强的场景，并且在大多数情况下采用了对比度低的中间色。而灯光设计方面，也以柔光为主，不打轮廓光，甚至连逆光也不用，这与冷暖对比小的场景相得益彰。同时，影片中出场人物众多，冯小刚对演员表演的指导，也体现出统一化的风格，滑稽诙谐，但不浮夸，点到为止，呈现出喜而不腻、哀而不伤的喜剧效果。

三、《我不是潘金莲》圆形画幅的观看视角

视觉文化研究，研究的就是视觉背后蕴含的文化机制，其中，看电影的机制，一直被西方电影理论家所重视。1968 年，法国电影理论家让·路易·博德里在其《基本电影机器的意识形态效果》一文中提出，观众在看电影的过程中，会产生两种认同，一种是对摄影机的认同，一种是对角色的认同。那么，我们知道，电影院播放的电影，虽然作为一个客观存在，但却必然蕴含着创作者主观的创作意图。也就是说，观众对摄影机和角色的认同，实际上认同的是导演预设的观看视角[1]。

有评论分析《我不是潘金莲》的观看视角时，由于这种圆形画幅的确带来了一定的窥视感，因此很自然地引用了劳拉·穆尔维在《叙事电影与银幕快感》一文中提出的"窥视"概念，即这种观看视角的实质是将女性的身体作为一种情色奇观进行展示，以满足男性观众的窥淫欲望[2]。笔者认为，这种看法是错误的。因为在穆尔维的"窥视"理论中，观众认同的是影片中角色的视角，通常是男主人公的视角，而本片根本不存在男主人公，也没有什么角色视角，窥视无从谈起。那么，本片的观看视角又是什么呢？

影片开头的前 6 个镜头，并不是现实画面，而是采用了当代艺术家魏东创作的 6 幅关于"潘金莲"的中国画，配以冯小刚极具辨识度的旁白，对"潘

---

① 杨远婴：《电影理论读本》，北京：北京联合出版社，2017 年，第 561 页。
② 同①，第 522 页。

金莲"作为文化标签的含义（即指放荡的女人）进行了类似于"说书人"的解释。由此引出故事的主人公李雪莲，展开叙事。也就是说，观众在影片一开始就不自觉地认同了这个看似客观中立的"说书人"的叙事视角。此后，冯小刚的旁白多次出现，缝合了叙事上的裂缝，推动了叙事完整发展。同时也不断巩固了这个叙事视角的确定性，全片下来，旁白共出现10次。笔者姑且称这个叙事视角为"冯氏观看"。

这种"冯氏观看"蕴含两组二元关系。其一，男对女的观看。虽然不同于穆尔维带有强烈女性主义批判的"窥视"理论，但在"冯氏观看"中确实存在一定的男权意识，李雪莲是以一个他者的形象存在的。"潘金莲"作为一个文化标签被"说书人"介绍，并成为整部影片的引子，这是无论旁白的语气如何中肯，也隐藏不了的对父权制社会女性标签化评判语境的认同。而值得注意的是，李雪莲是作为影片中有且仅有的一名完整的女性角色出现的，而据笔者考据，前后出场的，与李雪莲发生直接或间接关系的男性角色多达25名。"李雪莲不是潘金莲"作为一个叙事线索被提出，观众会不自觉地在观影过程中带着"李雪莲是否有不贞行为"的疑问进行观看，检视李雪莲与每一名男性角色的关系。而事实上，影片的叙事张力，正是李雪莲被赵大头骗上了床将李雪莲故事的悲剧推向高潮。虽然在女性身体的展示方面，本片镜头做得极其克制，但不可否认，这种"冯氏观看"是一种男权视角的观看。

其二，民对官的观看。在影评网站豆瓣电影上，有网友将《我不是潘金莲》称为当代中国的"官场现形记"。影片中，两任法院院长荀正一、王公道，两任县长史惟闵、郑众，两任市长蔡沪浜、马文彬，省长褚敬链等各级官员角色粉墨登场，对中国官场的生态进行了群像式的展示。其中包括了对公开的政治活动的展示，如法庭庭审和人民代表大会那场戏，但更多的是对私密性的官员活动进行展示，如荀正一私人宴请老领导，马文彬四次分别在礼堂、卫生间、河边、走廊对郑众指示工作，法院庭长贾聪明向郑众邀功求进步，等等。

但这种对官场暴露式的展示，冯小刚持的并不是一个批判态度，他像是在跟中国几千年的官场文化开了一个隔靴搔痒般的玩笑。纵观整部影片，虽然是社会民生题材，但并不呈现一种批判现实主义的风格，而是通过圆形画幅的"间离效果"，带出一种荒诞感。李雪莲有其农村妇女的狡黠，故事缘起于她的两次撒谎，无论是假离婚骗取单位分房，还是假离婚骗取二胎，都僭越了法律。李雪莲的悲剧，有很大的咎由自取成分，因此观众并不会对这个角色产生同情。而相反的，各级官员虽然工作方法存在问题，但依法办案，秉公办事，并没有原则性错误，却被李雪莲的上访搅得鸡犬不宁。官员的无奈，反而更能引起观众的共鸣。李雪莲上访始于一个离婚骗局，终结于前夫秦玉河的意外死亡，始于荒诞，终于荒诞。在冯小刚的立场里，民与官根本不是一个对立的关系。而故事的最后 6 分钟，叙事时间来到了多年后，在北京开起了小餐馆的李雪莲偶遇了因上访案丢了官的前县长史惟民，画幅也回归了传统电影的 2.35：1，李雪莲的一句"过去的事，不提也罢"，象征着民与官完成的和解。

结语

2013 年，在与电影学者焦雄屏的对谈中，冯小刚提到，他不认为自己是所谓的精英分子，自己就是个普通人，拍摄的电影基本就是站在自己的立场[1]。有的人是愤怒地记录了中国社会，而自己不论是早期的"冯氏贺岁喜剧"，还是后期《集结号》《唐山大地震》《一九四二》等反思国民性沉重题材的电影，他都力图温和地记录时代。

温和地记录时代，以老百姓的角度看待社会民生，既不偏向民的立场，也不偏向官的立场，笑看世事，想必这就是"冯氏观看"态度。

（作者单位：福建师范大学传播学院）

---

[1] 《焦雄屏对话冯小刚：我对电影真的有点腻了》，优酷网，（2013-12-02）. http://v. youku. com/v_show/id_XNjQyNTIwNDYw. html。

诗歌的文本裂变及审美抵达

——论汤养宗的诗歌创作

许陈颖

　　"诗歌的王道并没有变。变在变数。变在每一个时代都有自己的语言方式，变在我们不想变却总在变来变去的生活。应变，就是诗歌的王道。"① 这是第七届鲁迅文学诗歌奖获得者汤养宗对诗歌的认识。作为一个对诗歌怀有责任感和使命感的诗人，从 20 世纪 80 年代始，汤养宗在全球化视野下向传统文化提取、整合多种语音、文法、辞格和语体手段，并从民间口语中获得了源源不断的活力。换言之，他的现代口语写作，并不是真正意义上的日常口语，而是经过精心打磨使其诗歌在新的生长点上获得有效的自身秩序，并通过与身体细节的诗学交换，形成一种具有创造力和生命力的诗歌语言。"真正的诗人是造庙者，那个庙是由每一个诗人自己的舌头建立的，只有这样，这个国家这个民族的语言才会无限丰富灿烂起来，才会有照耀世界的光。"② 通过独特的审美眼光与心灵表现力，汤养宗把日常生活中那些毫无诗意的事物创造性地转化为一种复杂叙述的诗歌语言，从而敞开了诗歌写作的文本可能，进一步丰富和拓展了诗歌写作的审美空间。

一、"海洋诗人"：别具一格的海洋精神

　　汤养宗出生在福建闽东霞浦县的小渔村里，海洋的气息伴随着诗人的成长过程，青年时期的诗人入伍当过四年潜水艇水兵。这些经历不仅丰富着诗人的人生体验，同时也为他后来的诗歌创作提供了独特的视角和感受。

---

① 汤养宗：《一个人大摆宴席——汤养宗集 1984—2015》，北京：作家出版社，2017 年，第 359 页。
② 谢有顺：《诗歌中的心事》，福州：福建人民出版社，2017 年，第 88 页。

（一）"海洋精神"的内在视野

20世纪80年代初，政治上的清朗带来了思想上的解放，人们渴望迅速抚平特殊时代留下的心灵创伤，开启被蒙蔽的心智，重新建构审美价值体系。20岁出头的汤养宗开始思考并写下了一系列独具特色的海洋诗作：不仅突破了当时大部分文学青年"青春、爱情、人生"等狭隘的题材局限，转向生于斯长于斯的海洋创作；同时，他又不因袭传统海洋诗，而是把目光转向自己亲历的海洋经验。正如他自己所说的："让别的诗人去歌颂海平面的景色吧，我必须溶入大海的水滴中，看到并尝到海平面下的酸甜苦辣。"① 故乡的海洋赋予了诗人源源不断的写作动力，潜水艇水兵的生涯又使诗人在观察海洋上具备了别开生面的视角。80年代中期，汤养宗发表的一系列海洋诗如《哭喊的桅杆》《船骨》《网》《怀想一把鱼叉》等，立足自身的生命体验，同时借助现代思维的触须去重新扫描传统海洋诗的意象，打破了传统思维的连贯性，使其笔下的海洋诗具有了特殊的"韵味"。别开生面的海洋文化，引起了诗坛的关注，蔡其矫称之为"海洋诗人"。

海洋作为陆地之外的另一个人类的精神家园，是人类古老文明的见证者。在西方文化中，"大海"的意象是与现代性追求的终极价值联系在一起的，如"自由、平等、公正"等；中国古典诗歌中"海"的意象往往是环绕在中国的近"海"，是自我生活于其中的自然场景之一，"根据中国古人的宇宙观，在中国古人阐释中，海实际上成了自我的一部分"②。中西文化中关于"海洋"的文化想象滋养了汤养宗的心灵，在此基础之上，他把新的文化语境、新的诗歌美学、新的人生体验输入大海形象中，用直觉去抓取形象，通过崭新的意象来说话，这构成了汤养宗的海洋诗内在文化视野。

（二）"海洋视野"的崭新表达

他把海洋与当代女性的命运和际遇结合起来，塑造了一系列海边渔妇的新形象，颠覆以符合传统规范之品德的女性书写，取而代之的是一个个真诚、鲜活、生动的新时代渔女形象。对于20世纪80年代的诗歌写作而言，这样的渔女塑造，不仅是新鲜的，而且是具有创新性的。"她说再也不用站在滩头等他归航/她才不把自己站成望夫石呢/那晚她用头撞她礁盘般的怀/说等他在海上一死就嫁人/但今天她在船头画了这双眼睛"（《船眼睛》）。痴情、热烈且主

---

① 汤养宗：《水上吉普赛》，福州：海峡文艺出版社，1993年，第2页。

② 王一川：《大学丛游——王一川文学批评讲稿》，北京：北京师范大学出版社，2009年，第212页。

动、勇敢，一反传统爱情形象中的女性柔顺和任人摆布；"她就是人那么美调子那么美腌鱼那么美"，诗人高调地赞颂渔女的美丽，也蔑视那些传统男性的虚伪："鱼贩子说真可惜你的美貌，真可惜腌鱼娘/说这话的还有觊觎者和那目光"；诗人毫不掩饰对新时代渔女独立与自强充满赞赏："她更花俏的孤女/已是渔村第一个大学生。"（《腌鱼娘》）"我还要告诉你，就是/我母亲的鱼纹/一篇起草我这个人的初稿/在她白姑鱼般光洁的身体上/我是被这密密麻麻大海亘古的密码/破译出来的。"借助母性的"鱼纹"，诗人向遥远而宽广的海洋追溯生命的起源。在汤养宗的书写下，闽东渔女第一次被放置到更空旷的人类生存背景下，以丰富、饱满的个性系列形象进入诗歌中，这不仅是在历史转型期对女性价值的重新界定，同时也是诗人重新复活滋长的人道精神和人性思想在海洋诗中崭新的审美表达。

（三）"海洋精神"的现代反思

汤养宗对海洋精神的审美梳理并不意味着他对传统的扬弃，相反，对渔民风俗的深刻理解使他的海洋诗具备独特的审美趣味。《船舱洞房》取材于20世纪80年代初闽东海边连家船的习俗——连家船渔民不下船，即使新婚，一家三代也是挤船同眠。"要是能像鱼儿双双沉入水底就好了/但你别无选择"，诗人了解渔家原始生命观在现代文明视野中的尴尬处境。"既然你们被鱼罐般塞在这舱内/可生命的渴念可以挤掉吗"，诗人在询问中接近了生命的本源，并通过他的理解创造性转化为新的文化审美特性。

> "看呵！
> 多么神秘而生动呀
> 这艘船轻轻、轻轻地摇晃起来了
> 这在多眼睛的星空下
> 是海突然起风了吗？"
>
> ——《船舱洞房》

整首诗粗犷又含蓄，连家船民俗的陌生体验在诗性的转译与想象中产生了神秘的审美张力。类似的还有《甲板上裸着五个渔汉》《老船》《海边的名字》《鱼王》《鱼荒》等诗作，诗人对海洋的民间日常生活进行新的整合，同时与时代精神发生紧密关联，使其作品的民间性投射有了崭新的海洋文化品格。

海洋诗时期是汤养宗重要的诗歌阶段，是他从哲学视野上开始关注人类的存在、并在诗歌创新表达上形成自觉意识的重要时期。他从开始思考"写什么"的同时，进而意识到"怎么写"的重要性，并把对时代的感触融入了对诗歌语言的思考，从而使他的诗歌从一开始就呈现出极高的辨识度。"总是崭新的说，发现并带动了崭新的内容。"① 汤养宗诗歌语言不仅仅是普世的情感，更多注重的是个体体验的传达，特别是对个体独特生命体验的阐释。虽然他对语言思考依然带有古典的语言工具论的影子，但他对社会文化的主动思考与诗歌文本的自觉承担使他的海洋诗在诗坛上发出了令人耳目一新的声音，也为其文本从感性建构向审智建构的转型提供了坚实的基础。

二、"语言修行者"：直指语言的智性求索

如果说海洋诗时期，诗人仍然把笔锋指向社会问题与社会责任，那么新的历史与文化语境的变迁颠覆了文学内部的自我表达，个人情感的表达方式、表达内涵也相继发生了变化，更多的作家和诗人开始关注文化取向与个体生命的存在意义，相应地导致了语言上的多元性。

（一）对汉语本性的重新把握

在海洋诗之后，汤养宗愈发自觉地寻找属于自己的写作风格和精神路径，他不再指向现实中某种具体的事物，而是开始了对汉语本身的思考，对汉语的本性进行重新把握。《黑得无比的白》《尤物》《寄往天堂的 11 封家书》这三部诗集收录了汤养宗从 20 世纪 90 年代到 21 世纪初的大部分作品，可以说，这三本诗集见证了汤养宗以"语言修行者"的虔诚对诗歌语言的智性求索轨迹，以及对汉语本体反思路径的艰苦过程。

> 一个人与一张白纸之间没有确凿的距离
> 我们摸到它：光滑，平面，却是无底的深渊
> 一张纸只为一个真正的书写者留着一扇门
> 那人无比敬重地推了一下，门开了
> 里头的人说："果然是你，进来吧！"
>
> ——《纸张》

---

① 汤养宗：《黑得无比的白》，北京：作家出版社，2000 年，第 7 页。

诗人在诗歌中对"白纸"的反复、深情的探究，源自他对文学的深度自省，对写作本身的质疑与追问，对语言的敬畏，以及对惯性的警惕。海德格尔说："诗不只是此在的一种附带的装饰，不只是一种短时的热情甚或一种激情和消遣……诗乃是对存在和万物之本质的创建性命名——绝不是任意的道说。"[1] 诗歌作为高级的艺术样式，从本质上来说是一种创造性的精神直觉。通过诗歌语言的创造性转化，人的精神在有限的世界中得以生长，从而"道说"出存在的去蔽状态，敞开一个崭新的世界。如果说《纸张》是汤养宗对诗歌的深情表白，那么《断字碑》可以看成汤养宗对多元化诗歌语言变革的深入思考。

> 雷公竹是往上看的，它有节序，梯子，胶水甚至生长的刀斧
> 穿山甲是往下看的，有地图，暗室，用秘密的呓语带大孩子
> 相思豆是往远看的，克制，操守，把光阴当成红糖裹在怀中
> 绿毛龟是往近看的，远方太远，老去太累，去死，还是不死
> 枇杷树是往甜看的，伟大的庸见就是结果，要膨胀，总以为自己
> 是好口粮
> 丢魂鸟是往苦看的，活着也像死过一回，哭丧着脸，仿佛是废弃
> 的飞行器
> 白飞蛾是往光看的，生来冲动，不商量，烧焦便是最好的味道
> 我往黑看，所以我更沉溺，真正的暗无天日，连飞蛾的快乐死也
> 没有。
>
> ——《断字碑》

这首短诗的内涵极其丰富。诗人从自然界选取了几类人们所熟知的日常意象，引入二元对立的思维模式，上与下、远与近、甜和苦、光与暗构成了诗歌的内部张力。表面上写物，指向的却是不同的文化认同和生命价值观。努力向上或是安稳向下？求永恒还是认同当下？认同结果还是在意过程？希望还是虚无？世间万物体现着不同的文化认同，也存在着多元的价值观念，它们彼此对立却又彼此支撑，构成了这个世界的丰富性。诗人从更高的视野上看到了文化

---

① [德] 海德格尔：《荷尔德林和诗的本质》，孙周兴译，《荷尔德林的阐释》，北京：商务印书馆，2000 年，第46-47 页。

价值观的多样性与差异性，必然导致相对应的语言形态的多元化。

（二）多维立体时间叙事的建构

"永远的问题是文字能否真的写进一张纸"，正是这份对诗歌的责任感支撑着汤养宗挺进世界的深处，正如他在《大街》中所说的："我带着红玫瑰送给妻子生日/开门的主人说：这是你的家，那么我是谁。"（《大街》）"我是谁"是哲学古老的命题之一，对于汤养宗而言，在创作中寻找并对话那个"写作中真实的另一个人"，是他不倦的创作动力。西方哲学特别是存在主义，为年轻的诗人打开了看世界的另一扇窗口，使他在立足于本民族传统文化的基础上融入了新的思考，并最终通过介入"时间"这个终极形态，解放单一线性思绪，使诗歌的言说方式上升到哲学高度，呈现出"陌生化"的诗学眼光。

> 这一年当中我如果再遇上一次日食，那证明
> 去年我还欠谁一个夜晚。如果月食
> 就等于在明年我还可以多用上两个白天
> 朝着年迈的方向我找到自己十七岁时的鞋子
> 三十年后才能出生的青年诗人闯进书房
> 说我是你少年时丧失的一个伙伴
>
> ——《平衡术》

他以当下为圆点，延伸到过去、未来，这三者镜像般地彼此填补、互映照，仿佛似曾相识，但又是共时呈现。在《两面镜子》《速度与缓慢的名词排列》《尤物》及长诗《一场对称的雪》等一系列作品中，诗人通过视角的转换、重叠或多题的并行发展及彼此关联等方式瓦解传统诗歌的单向度历时性结构，努力建构立体多维的诗学言说立场。这种重构与创新并非空穴来风，而是诗人在大量的理论学习并深度透视"时间"这个哲学概念的基础上产生的。"聂鲁达给了我开阔的诗歌启示，维特根斯坦给了我语言哲学上的态度，博尔赫斯、马尔克斯以及东方的神秘玄学，又给了我大开大合的叙述方式。"全球化视野下的学习与借鉴极大地解放了汤养宗诗歌语言的表现能力和控制能力，并逐渐突破了固有的语言惯性。

特别是在长诗《寄往天堂的 11 封家书》中，诗人的语言摆脱了时间线性框而具备了空间的深度模式，极大地更新了阅读者的审美体验。"一年后，你在我身体中活了下来。"一开始，诗人让逝去的母亲以另一种生命的形式又重

新复活——"睁开了皇后的眼"，通过 11 封信中不断地丰富与阐释，实现了具体和超验的统一。"三片掉落的叶子又重新回到枝条""墙角的蟋蟀加长的声音""隔壁房间的一声响动""无缘无故冒出的小草"，诗人借助对细节事物瞬间生成的直觉传达打开一个立体的时空通道：生命在真实的世界里常常是孤独、隔绝的，然而在这个发光的世界里，却是彼此参与的在场合一的共舞状态。诗人出色地运用了电影的呈现手法，拒绝了理性的分析，坚实的叙述让事物本身历历在目，带着诗人强烈细腻但又不动声色的内在感受，"在掌心的左右，哪边才掌握了真实的自己"，在与物质的对话、凝视中反观自己，修正了传统抒情的空洞，使诗人的情感落实有了坚实的肉身。

所以，在《有问题的复述》《我的舌头我的方向》《神秘地图》《汤养宗我们分手吧》《白银时代》等作品中，诗人突破语言工具论的传统看法，赋予语言以内容中心的地位。他承认，"与自己祖国的母语一直热恋，对人说/哪怕你骗我，也幸福得要死"（《汉诗在中国》），也认同传统语言模式在特定时代对中国文化的贡献——"在白银时代，开放过真正的牡丹"（《白银时代》），在传统文化的滋养中"人们分到了香气，也分到了珍贵的话语"。然而，"保持一致的方向，国家语言/在那时最光洁，并深藏高度的警惕"。正是对语言模式僵化的警惕，才使诗人不断地看到自我的局限，从而努力实现自我超越。

自我的突破是一个漫长且艰辛的过程。萨特说："首先，我是一位作家，以我的自由意志写作。但紧随而来的则是我是别人心目中的作家，也就是说，他必须回应某种要求，他被赋予某种社会作用。"[1] 在这个阶段，诗人对语言的过度关注，各种暗示、多方位意象、情感寄寓的交错使用，造成了部分诗歌语言的坚硬晦涩和阅读障碍，汤养宗同样面临着语言上痛苦的转型期——"手上有一大堆锈铁，扔掉或回收，已相当犹豫"《白银时代》）。语言变革的过程引起了许多非议，但他仍然坚持着自我设定的美学高度，努力平衡"诗人"与"公众"的审美分歧，并承受着由此所带来的孤寂、不解和拒绝。这份基于对诗歌语言敬畏之上的勇气让人有理由相信并期待"诗歌并不是一般人所认定的那份简约，那份宽朗的神意及辨析上的明白无误，它还有多重性的打开，还有更为宽阔复杂的言说自由，并因自由而成为一门精致纷繁的艺术"[2]。

---

① ［美］爱德华·萨义德：《知识分子论》，单德兴译，北京：生活·读书·新知三联书店，2002 年，第 65 页。

② 汤养宗：《一个人大摆宴席——汤养宗集 1984—2015》，北京：作家出版社，2017 年，370 页。

三、"文字的立法者"：破茧成蝶的复杂写作

诗人于坚曾经说过："诗歌的难度，就是创造诗然后你再推翻诗的过程，重新为诗建立一个庙堂的难度。"从海洋诗开始，汤养宗本来可以选择以俗常的审美标准进行诗歌创作，但他却坚定地从现存的语言秩序中退出，突破了二维时间的局限，在"身体""时间""现实事物"三者之间撑开了文本的多维空间，实现了从历史纵深性返回身体的第一现场写作。

（一）诗学想象的自我重组

在其超拔的诗学想象力下，汤养宗实现了身体经验的语言化，他所创建的诗歌文本在客观与真实的基础上获得了重新言说的方向。可以说，建立起一种带有独特个人气息的复杂言语方式，是诗人给自己设定的写作目标和写作难度。

> 我是诗人，我所做的工作就是立字，自己给自己
> 制订法典，一条棍棒先打自己，再打天下人
> 也住着亮晃晃的自己所要的月亮，我立字
> 立天地之心，悬利剑于头顶，严酷的时光
> 我不怕你，我会先于名词上的热血拿到我要的热血
>
> ——《立字为据》

《立字为据》的诗歌精神承接了《白纸》的深情款款，得以一窥的诗学责任感构成汤养宗审美精神中最坚实的质地。如果说，在《白纸》里汤养宗尚处于语言求索期，对诗歌的深情还有着能力不足的犹疑，那么《立字为据》的酣畅凛冽则是建立在对文本的充分自信之上。这份坚定的自信是建立在"对精神的持续砥砺，对生活的智性堪问，对事物隐秘结构打开方式的综合应用，对文字的反复掂量"（第七届鲁迅文学诗歌奖颁奖辞），他的诗歌在修辞技艺、精神内质上不断更新。

诗学想象的自我重组使诗人能够不依赖于公共的话语空间，在脱离事物固有的文化想象中，成为自己文本的"立法者"，重建一种"读后能迅速瓦解对已有诗歌的温存而确信一种美终于又可以找到其相依托的形式"。比如他回忆海洋：

对大海，我有自己的手感。早年的纠缠

令我闭着眼也能感知

它的丰臀，腰细，激情不跌的呼吸

及爱动手动脚的小脾气

可在三亚，我的手突然被人砍掉

像特意来扑一个空，来证实

什么叫够不着与舍弃

——《在三亚与大海失之交臂》

　　回望过去的"海洋"，他全然拒绝了那些"广阔""自由""美好"的公共的文化想象，并返回生存的现场，以想象力重建个人记忆与海洋之间不舍、温情、美好的本然关系，随之而来的深情跃然纸上，"蓝天上，我的手轻捻着一件空空的蓝绸衣/用鼻子一嗅再嗅那久久不散的体香深"。

　　公共文化是文化现代性传统的一部分，是特定时期的精神产品并随着使用的广泛而成为一种约定俗成的文化惯性。比如"竹子"与品性高洁、"落花"与伤感、"月亮"与思念等之间的联想。这些曾经的真实感受，具有审美合理性和文化合理性。但是如果它们僵化了想象力，遏制了写作的活力和原创力，那么消解并重构想象力就势在必行。这个问题在汤养宗的诗歌创作中得到了重视，他把诗歌文本放置在诗人亲历的事件中，用身体与现场建立直接对话的关系，逃离固有文化的遮蔽，从而获得客观、冷静、真实的语言立场。

　　他对抗被复制的公共文化：别问今天是哪年哪月哪日，风每天都在吹/每天都是复活，在反方向中/活命就是死命（《复制》）

　　他用《红豆诗》消解习以为常的爱情诗：每天用假腿跑步，假的塔，假的桥，还假惺惺说/我若不来，你千万别老去（《红豆诗》）

　　他还原了眼中的白鹭丝图形：撑起的身体是几何形的/要把时间一口口吃掉/又完全弄不清身体里有什么样的幽怨（《白鹭鸶》）

　　在这些诗歌中，诗人置身于存在的现场，并把它们从旧有的想象中解放出来，恢复事物原来的样子，这成为诗人基本的写作方向。这也正是为什么他有许多诗歌题目都是以具体的场景或事件命名，比如《惊堂木》《雕花的床》《我出生那年，这世上一些事也发生了》《拾一块石头当作佛》《我已在小城慢慢老去》《在特教学校，看智障的孩子们做游戏》《在央视歌手比赛节目听两个羌族汉子醉酒和声》《岁末，建新西路，过一家整容医院》《元月十六日与胡屏辉等啖狗肉，归时遇小区母狗躲闪，札记》《我们都有相似的一天》等，这种毫不修辞的标题正是汤养宗对身体经验、对生活细节本身的坚守与认同，他解构了长期被文化符号所遮蔽的语言空间，重建一种基于存在本真的真诚言说。

（二）对时间言说的深入思考

对于进入中年"在小城慢慢老去"的诗人，多维时间言说的立场不仅仅是他打开文本空间的技术手段，也是诗人更新生命体悟的重要观察点。

> 我父亲说草是除不完的
> 他在地里锄了一辈子草
> 他死后，草又在他的坟头长了出来
>
> ——（《父亲与草》）

时间在线性思维中是单向存在的，但从宇宙的角度而言，它却是周而复始的，消解了过去、未来，只剩当下。这首短诗写的是日常生活，触及的却是存在主义的哲学命题——西西弗式的努力而徒劳无功。诗歌《一把光阴》《向时间致敬》《三个场景里一个叙述时间》《后来》，包括长诗《举人》等都是通过时间形状叙述对生存进行持续深入思考，使其诗歌烙上了深刻的智性并形成某种意义上的生命诗学，正如他在《光阴谣》中借用竹篮打水说的，"活着，就是漏洞百出"。虽然抗争是虚无的，但活着就是绝望与希望的并存的一个过程，即使"大好的江山统统与我无关/江山只问/我名叫什么，是男是女"，但是渺小的个体可以通过自省、自剖、自我发现，从而在有限的肉身生命中确认生命的存在——"肉身里早就有了一块自己的墓地。自己的/好风水与坏风水。/更有自己的地标与坐标"（《墓地》）。

（三）对传统文化的继承与创新

汤养宗重构诗学想象，更新言说方式，并不意味着他对优秀传统文化的拒绝。他始终坚持在传统文化这片丰厚的土壤里汲取营养，在《岁末，读闲书，闲录一段某典狱官的训示》《辛卯端午不读屈原读李白》《春慵好睡贴》等作品中，可以看出诗人在反思古典诗词向现代诗转变所带来的文化上的演变、生存及新的可能性，并在诗歌的技艺与力度上有了更新的尝试。

诗歌最早是与音乐统一在一起的，音乐的叠章、复唱、押韵等在一定程度上决定了中国诗歌的形态特征，但随着现代诗的发展，诗的音乐性逐渐内化或分离。汤养宗在《祷告书》中对中国传统诗歌中的"歌唱"的形式做了尝试性的恢复。

> 我的一生都在一条河流里洗炭，
> 十指黑黑。怎么洗，怎么黑
> 我的一生都在一条河流里洗炭，
> 怎么黑，怎么洗。十指黑黑。
>
> ——《祷告书》

诗人采用了互文的形式突出了歌唱所需要的回环复沓的要求，并借助歌唱的形式使现代汉语形成强烈的韵律感，短短的几句诗并不以现实具体的事物为指向，但它的跳跃性与非现实性均来自诗人对生命深处的思考。与此同时，他在语言上渐渐脱离了原来的晦涩与坚硬，简约且柔软的质地显示了其诗歌语言新的熟练度。

四、结语

语言作为诗歌的重要物质载体，不仅表达思想，而且延续、丰富、创造着思想和意义，最终以审美文本的形式得以凝定。汤养宗始终坚持在全球化的哲学视野下思考中国诗歌的文本创作方式，坚持用语言创造意义，向着个体精神深处进行艰难地探索，以中国古典文化为内在支撑，向民间资源汲取生机，融合、交汇各种现存的文化资源，在传统中创新。此外，他在诗歌文本里，还尝试着把地方方言、地域传说等地方文化与广袤的诗学世界连接在一起，可以说，汤养宗对诗学的探索是一种无止境的审美发现与智力创新活动——丰富的学识修养、立足于身体经验的想象、清晰的思辨融为一体，形成了具有强烈个性特征的诗歌审美文本。

（作者单位：宁德师范学院语言与文化学院）

"石竹风诗群"生态思想初探

江少英

　　"石竹风诗群"是一个以福清（又称"融城"）作为区域文化创作背景的诗歌群体，由在融生活或融籍的海内外七十多位诗人组成，他们"不以追名逐利为目标，诗歌写作是他们情感的依托、生活的情趣"①，代表诗人有念琪、马勇（笔名马蒂尔）、何刚、苏勤、何金兴、锜炜、衣沙贝等。他们分别出版了个人的专集，例如念琪的《芷叶集》（2014 年），马勇的《雨落清明节》（1992 年）、《雪中的书生》（2000 年）、《在山上：隐蔽或光亮》（2013 年），何刚的《寻找桃花源》（2008 年）、《海的背影》（2010 年），苏勤的《雕刻灵魂》（2007 年），何金兴的《击缶之雅》（2015 年），锜炜的《宁无此夏》（2017 年），衣沙贝的《五月如斯》（2015 年），等等。

　　"石竹风诗群"原生态的"绿色思想"如生态批评的首倡者密克尔指出的那样："发现它（文学创造）对人类行为与自然环境之关系的影响，确定它（文学创造）在人类的福祉和人类的幸存中所发挥的作用……确定它（文学创造）将什么见解带入人类与其他物种、与其周围世界的关系。"② 如果文学创造是人类的一个重要特征，那就应该细致和诚实地审视文学创作，意识到文学要为生态危机负责，它本身就是生态危机的深层文化原因之一。"石竹风诗群"以理性之精神使命关怀自然、关怀人类社会，深刻地反思人类失衡的行径，用审美的方式拯救失衡的生态，力图重树人与自然、人与人、人与社会的责任意识。

---

① 江少英：《"石竹风诗群"构造的文学空间》，《福建师大福清分校学报》，2017 年第 4 期。
② 王诺：《欧美生态批评》，上海：学林出版社，2008 年，第 5 页。

一、工业化时代社会生态危机的批判

如今，发展的"焦虑症"随处可见，包括对田园乡村文化、传统文化、城市化、全球化等的焦虑，以及人类生存环境的破坏，难以估量人们所受的物质与精神的双重奴役。在物欲横流的时代，人们内心太过浮躁，急功近利，不惜以牺牲环境为代价，也要取得扭曲的价值观所认可的成就。

"山自永福里，水自清源里"的福清本是个山清水秀的好地方，在现代文明的冲击下，也面临着巨大环境问题的挑战，出现了水污染、大气污染、土壤污染、海洋污染、噪声污染、辐射污染等问题，爱土爱乡的"石竹风诗群"，面对这样的遭际无疑是痛苦的，他们在诗歌中对工业化时代社会生态危机进行了批判，呼吁人类不能走得太快太远。

马勇的《长城的深秋》中写道，"双腿开始发抖/手握一枚枫叶/显得很沉重/五十级台阶后/我喘不过气来/秋风如沙暴/刮得我睁不开眼//秋风/不断地/翻墙潮涌/刮落我的近视眼镜"，描写了秋风与沙尘暴之关系。诗人试图征服长城却被秋风无情地刮落眼镜，也暗示了长城之不可征服，大自然之不可随意征伐和改变。诗人《在山上：隐蔽或光亮》中呈现的护林员悲惨的结局、"野兔夹"之陷阱、人类的贪婪，无不言说着诗意生存之艰难，现状的批判与解构，以及合理生存世界的寻求建构是马勇创作的动力和主体。

锜炜的《龙江，我的娘亲》以对龙江亲切的呼唤为诗题，用娘亲比喻龙江——福清的母亲河。二、三节中写出了龙江水容颜之变化，"往日华丽的容颜/饱经了岁月的沧桑"，并"渗透着一股耐人寻味的伤感"，暗示现代工业污染了往日"冰清玉洁"的龙江水。第三节末以"刺痛了玉融大地的每一根神经"，衔接四、五两节，玉融儿女"义不容辞地加入守护您的行列"，迅捷治理着龙江水。诗人想象着未来的龙江水应是"浪吐百花，锦鳞游泳"，休闲散步的人们可以依偎在龙江畔，进而歌颂龙江"焕发的生机"。锜炜热爱自己的家乡，在现代工业文明的冲击下，这种精神尤为可贵，因爱之深有时也转换为对生态破坏的忧虑。如《无法呼吸的村庄》似乎变成了对环境破坏的控诉，"曾经水草丰美的村庄"，"悄悄蒙上了杀手的面纱"，"自由舒畅的呼吸/成了奢侈和一种享受"，传达着诗人对生态灵韵的呼喊；《城市蛙鸣》写在城市餐厅"忽闻牛蛙的悲鸣"；《寻找生活的色彩》中找寻生活的色彩却发现"生活富含金属成分/缺乏木质的柔软和馨香"……

在梭罗看来，"人的发展绝不是物质越来越多的占有，而是精神生活的充实和丰富，是人格的提升"①，当我们的环境遭到严重的破坏，绿水青山渐渐变少，取而代之的是散发出恶心臭味的河水及光秃秃的山头，人类面临着环境的巨大挑战，没有"爱"也就没有恨，对于生态危机的批判是以"爱"作为基础的。与自然和谐共处的同时，人与人之间也和睦相处，"石竹风诗群"从低调、纯朴的精神姿态出发，保持内心的纯净热爱家乡，热爱生活，拥抱生活，他们在文本中的探求是置身于现实而又想要超越从而营造成的丰富多彩的文学世界，对山林的守望并不尽然是退守农业文明，而是更为切实坚韧的博大，并从中探寻幸福生活的"隐蔽"的文明。

二、尊重自然中个体的生命形式

对于大自然的歌颂，对于宇宙生命的敬仰，这是"石竹风诗群"很重要的生态思想。大自然是神性与理性的结合，是一种精神的存在。罗杰·罗森布拉特说："谁都无法想象，一位作曲家、画家或作家不曾从一只鸟、一棵树、一朵玫瑰花中获取过重要的灵感。"② 自然与人类共存，是人类亲密的朋友，人类灵魂依托于大自然。自然的意识深深扎根于"石竹风诗群"中，他们与自然的感情灵性相通。

出淤泥而不染的"荷花"给予马勇创作的灵感，"荷，夏天里最美的思想/唯一称得上花朵的花朵"（《真正的绽放》），诗人赞美"荷花"是夏日里唯一的花朵，因为它过滤了污泥、浮躁与腐败，"你始终坚持自己的本色/向上，向上，一直向上/生命与灵魂挺出水面"，诗人情牵"荷花"，对"荷花"敬畏之情油然而生，赞美了"荷花"繁盛的生命力和光艳夺目的灵魂。

生态危机日益加剧，人类重新思考人与自然的关系，马勇的作品集《在山上：隐蔽或光亮》就是这样的思索。在马勇的笔下，树木、花草的荣枯都是生命正常的波动，即使那些不经意的小花、小草皆引起他无限的感怀，如"一枝无名的藤""韭菜""茅草""三叶草""野蔷薇""蒲公英""狗尾巴草"等都会让其怀想不已。如《卑微的几种草》中，"玉带草""蒲苇""芒颖大麦草""狼尾草"，这些很难分辨的草本植物融入了作者的情感，难能可

---

① 王诺：《欧美生态批评》，上海：学林出版社，2008年，第210页。

② ［美］格伦·A. 洛夫：《实用生态批评：文学、生物学及环境》，胡志红、王敬民、徐常勇译，北京：北京大学出版社，2010年，第65页。

贵的是这些"卑微"得无人瞧得上眼的小草，却有一个自由生长的繁荣茂盛的家园，是野兔、山鸡小动物们温暖隐蔽而安全的窝巢，这些小植物不像地球上的某些物种那样需要去探求真理，它们也不在乎这是事物的真相与否，只是顽强地显示着自我旺盛的生命力。马勇以酣畅淋漓的笔调有力地说明了万物皆有其生长规律、每一个生命的个体都有其生机盎然的一面，值得我们去认真对待与敬重。很多事物都没有了踪迹，唯植物留下来了，"漫山遍野，满不在乎地站立和摇曳，没有贪婪，没有仇恨，没有什么崇高的理想，它们在地下的根系，经由流水清洗和滋润，一年年地绿，一年年地摇晃"（马勇《快活生长的植物》）。

"炊烟""松树""布谷鸟""山樱花""蟹菊花"（《在山上：隐蔽或光亮》）等意象是对人与自然和谐相处的生态文明的想象，这个虚实结合体是对民间真实生活的还原，是对理想家园的建构与守望的体现，是马勇置身当下进行精神探索时所寻找到的一条路径，是作者对自由生命的无穷向往。"在山上"，马勇找回了自己的脉络与血缘，"重新得到了他的纯正、自由和宁静"，就如野山桃，"像燃烧的火焰"，圆润而饱满地开着小花，自然地生长着，并"把春天的讯息带给原野和旅人"……

何刚礼赞了"杨树落叶"，"一夜之间/杨树叶就铺满街旁/蝴蝶般曼妙起舞/意境深远/宛如电影里某处浪漫经典"（《杨树落叶》），诗人先用了动词"铺"字展示落叶之铺天盖地，然后用两个比喻"如蝴蝶起舞""如浪漫经典电影"，深情地讴歌了"落叶"独特而又丰满的个性生命色彩，与中国传统文人因落叶引起"伤秋"之作大为不同。而何金兴的大自然是"澄静"的天空和"辽阔的爱心"，"会孵化出梦里的草原/一片连着一片"（《孵化草原》），而"河流每转个弯，就是向远方的客人/行鞠躬礼"，诗人对于自然生命的赞誉是虔诚而又祥瑞的。

对于"石竹风诗群"文本的赏读可见歌颂自然、敬畏生命是他们普遍的创作标尺，他们遵循自然规律而非征服自然，了然大自然之永远不可征服。当然，仅仅如此显得不够，会有人类中心主义之嫌疑，还需面对"石竹风诗群"思考世界的相对与绝对，以及内在的超越等问题。

三、自身与自然的整体性认同

生态哲学家纳什指出："自然不是为人存在，不是为了向人类生活提供支持而存在的……自然的价值在于其自身，全在其自身。"① 人类只是自然整体的一小部分，人类并非主宰世界的中心，自然并非人类统治、驾驭的对象，自然界作为"他者"而存在。世间万物构成生命的整体，一个个个体构成整体，整体与每一个个体紧密相连，整体的利益高于一切。

作为中国诗歌学会会员的诗人念琪，在其"吉岚组诗"（共五首）中，以"吉岚"为中心意象，抒写"个体"对"吉岚"这个"梦里的故乡"的自然怀想。

> 一阵破败的风吹来
>
> 拾掇地上的光阴残草
>
> 我梦见炊烟缕缕
>
> 一直深入低矮的围墙
>
> 牵手走过的春天正在绽放油菜花
>
> 如今荒芜的心等待浇灌
>
> 山岚在草帽上低徊
>
> 叩开柴扉，走出的是你么？
>
> 继续沿着这北风的神经
>
> 和你聊会儿天
>
> 吉岚，你是长在我梦里的故乡
>
> ——念琪《吉岚，梦里的故乡》

自身的"我"是"吉岚"的一个部分，"我"的动态与"吉岚"的静态相得益彰，"我"成为"吉岚"的一个有机组成，表达了对自然"吉岚"的整体性认同。念琪"表现了人与大自然互为一体的谐和，物是一道道观赏的风景，而人亦成为大自然的一道美丽风景线"②。诗人在艺术探索的过程中发现"彼时"的"吉岚""炊烟缕缕"，是"正在绽放油菜花"的春天，充满着希望与梦想。可"此时"的"吉岚"充溢着"破败""残草"与"荒芜"，在诗歌的艺术张力中，"彼时"的"吉岚"是"我"再也回不去的梦乡，在时光隧道之中，"我"叩开柴扉，不禁怀疑"走出的是你么？""此时"的"吉岚"

---

① 王诺：《欧美生态批评》，上海：学林出版社，2008 年，第 201 页。
② 江少英：《福清空间元素的建构——解读〈芷叶集〉》，《福建师大福清分校学报》，2014 年第 6 期。

已非"彼时"的"吉岚"，而"此时"的"我"亦非"彼时"的"我"，似乎又回到古希腊哲学家赫拉克利特的"人不能两次走进同一条河流"的命题。

"此在与世界"不可分割的存在论是海德格尔生态美学中重要的理论基础，"此在"即人的此时此刻与周围事物构成的关系性的生存状态。对"吉岚"的爱、对"吉岚"的尊重，在"吉岚"面前谦卑的态度，"我发誓要娶您及您的所有女儿/倒插在吉岚隆坡的山腰"（《吉岚，为什么你让我的眼泪穿破石墙》），"此在"的诗人合作性地参与到"吉岚"这一生命的创造中去，与"吉岚"成为休戚与共的命运共同体。诗人与"吉岚"结缘，"吉岚"是诗人实际生存中不可或缺的组成部分。"吉岚"包含在"此在"之中，而不是在"此在"之外，或许说"在世界之内的""吉岚"统一协调地存在于世界之中，达到自身与自然整体性的认同。

物质文明的无限发展必然与自然环境的有限承载发生矛盾，城市化虽加速文明的进程，可现代人生存的空间却日趋逼仄。《寻访吉岚》是对这样"空间"的一个反拨，"有这山这水的陪伴/有虫鸣的夜幕才是催眠曲"，诗中"吉岚"这一文学空间有山有水有虫鸣，"油菜花"可以"蓬勃生长"。这是一个多么富有宽度的诗意之所啊！令"我们"神往之，在有限的真实世界中，想象的世界永远是没有止境的。

生命的圆润饱满是在对生活的不断追问中实现的，"宛如初心，一见回到往昔/只是，从前的年轻俊俏模样呢？"（《吉岚，为什么你让我的眼泪穿破石墙》）"吉岚"，不再是往昔的"吉岚"，不复"俊俏"，更无震惊周遭的"盛妆"……人类如何才能突破重围？如何才能破解围困生活的秘密？生态危机日趋严峻、生态灾难越来越频繁的时代，诗作不用金刚怒目式的愤世嫉俗，也不用针砭时弊如投枪式的喷射，而以热烈、真挚、充沛的情感为依托，反复渲染这种为爱而生、因爱而受难、依然无怨无悔执着追求的情感。诗人在《吉岚山歌》中真诚而又深情地吟唱："吉岚啊吉岚/我要牵着你的手隐居在这山中/为你生儿育女，繁衍无数黝黑的山民。"诗人与"吉岚"同在，同"吉岚"共存，在"吉岚"中找到生命的归属感，是其"诗意地栖居"之所。

锜炜的诗集《宁无此夏》中洋溢着对乡村的喜爱之情。如《故乡月》中描述的是一幅乡村荷锄踏月而归图，故乡的月亮"流淌着浓淡相宜的光华/丰富了山民的梦乡"，父辈们劳作之余"粗重的鼾声"，在月夜下飘扬"宛如一首厚重的民谣"。"月"因"人"的出场充满了生机，"人"在"月"的照亮下温馨如斯，在"人"与"月"互为关照的境界中，表现出诗人对"天人合一"精神的深情歌唱。《夏日蝉鸣》讴歌"山野中的村庄"的蝉儿与树下纳凉的汉子"无休止地讲着有关庄稼的世事"，《吉岚古寨》中称赞吉岚古寨是"上苍遗落人间的一块璞玉"。"万物皆出于机，皆入于机"（《庄子·至乐》），万物皆产生于大自然，回归于大自然，诗人认为天地万物自然地运转变化，万物演变的过程自有其生息盈亏的规律，我们应顺乎自然本性"无为而治"。

当下社会环境问题突出，气候异常、海洋生态系统遭到破坏、物种濒临灭绝等问题日益严重，美国高校第一个获得文学与环境研究教授席位的彻丽尔·格罗特费尔蒂激烈地呼吁道："如果我们不是出路的一部分，我们就是问题的一部分。"[1] 环境问题大部分是人类自己造成的恶果，可以说，人类的价值体系直接导致了这场生命系统的危机。"石竹风诗群"以身作则，肩负时代使命，批判发展中的精神生态危机，尊重自然中的生命形式，抒写"吉岚"、石竹山、大姆山草场、龙江、大海等自然空间最原始的状态，在他们的诗作中发出热爱自然、回归自然、与自然融合为一个整体的呐喊，渴望社会生态的和谐，并营构精神生态的平衡。"石竹风诗群"通过他们的作品，追问生命系统的恒长意义以期对生态环境思想做出他们应有的贡献。

（作者单位：福建师大福清分校文化传媒与法律学院）

---

[1]　王诺：《欧美生态批评》，上海：学林出版社，2008年，第6页。

努力建设新时代社会主义文化事业

张帆

习近平总书记在十九大报告中指出："满足人民过上美好生活的新期待，必须提供丰富的精神食粮。"这一重要论述从战略高度强调了为人民提供丰富的精神食粮的重要性，指明了新时代建设社会主义文化事业的历史任务和前进方向，对于推动我国文化事业发展，激发全民族文化创新活力，建设社会主义文化强国，具有重要的指导性意义。

一、深刻认识为人民提供丰富精神食粮的重大意义

习近平总书记在十九大报告中的论述，既立足于破解现阶段的突出矛盾与问题，又体现了中国特色社会主义以人民为中心的思想精髓，着眼于夯实全面建成小康社会的文化基石，为实现中华民族伟大复兴奠定了更加坚实的思想文化基础。

（一）提供丰富的精神食粮是全面建成小康社会的应有之义

全面建成小康社会是我们党到 2020 年要实现的奋斗目标，是党在新时期的重大历史使命。习近平总书记在十九大报告中指出："我国稳定解决了十几亿人的温饱问题，总体上实现小康，不久将全面建成小康社会。"全面建成小康社会，就是要实现人的全面发展和社会全面进步，实现物质生活和精神生活的全面进步。因此，实现精神生活的全面进步，是全面小康的应有之义。同时，提供丰富的精神食粮，也是因应新时代我国主要矛盾已经转化为人民日益增长的美好生活需要和不平衡不充分的发展之间的矛盾的必然要求。目前，我国经济建设已经取得了辉煌成就，但是文化建设还相对落后，经济建设和文化建设之间发展不平衡和不充分等问题已经成为全面建成小康社会的主要制约因素之一。因此，全面建成小康社会迫切需要补齐文化发展短板，实现文化小

康，在建设富裕的物质生活的基础上，进一步建设更丰富的精神文化生活，提高国民素质和社会文明程度。

（二）提供丰富的精神食粮是满足人民美好生活需要的重要内涵

习近平总书记在十九大报告中指出："人民美好生活需要日益广泛，不仅对物质文化生活提出了更高要求，而且在民主、法治、公平、正义、安全、环境等方面的要求日益增长。"可见，满足人民美好生活需要是我们党执政为民思想的深刻体现，是新时代建设中国特色社会主义的目标指向和根本归宿。满足人民美好生活需要，首先要理解"什么是美好生活"。习近平总书记2017年7月26日在"省部级主要领导干部专题研讨班"开班式上发表重要讲话，对人民的美好生活需要进行了科学阐释，指出："人民生活显著改善，对美好生活的向往更加强烈，人民群众的需要呈现多样化、多层次、多方面的特点，期盼有更好的教育、更稳定的工作、更满意的收入、更可靠的社会保障、更高水平的医疗卫生服务、更舒适的居住条件、更优美的环境、更丰富的精神文化生活。"可见，满足人民美好生活需要不仅要提高人民的物质生活水平，更应该促进包括民主、法治、公平、正义、文化、安全和环境等多方面、多元化需求的满足，其中丰富的、高层次的精神文化生活是美好生活的关键要素。提供丰富的精神食粮，能够提高人民的获得感和幸福感，增进社会共识，促进社会和谐稳定，推动历史发展和社会进步，增强综合国力和国际竞争力。

（三）提供丰富的精神食粮是建设社会主义现代化强国的必然要求

习近平总书记在十九大报告提出，到21世纪中叶，"把我国建设成富强、民主、文明、和谐、美丽的社会主义现代化强国"。其中，繁荣和发展社会主义文化，建设社会主义文化强国，是建设社会主义现代化强国的必然要求。文化是一个民族传承和发展最根本、最深沉、最持久的力量，是民族兴盛的精神源泉，也是凝聚民族向心力、增强民族自信心、团结各族人民共同奋斗的坚强基石。这就要求我们为人民提供丰富的精神食粮，激发全民族文化创新创造活力，提升中国的整体文化实力。在经济全球化、世界多极化、文化多样化的背景下，世界文明之间的冲突不断发生，文化交流日益频繁，建设社会主义先进文化，就是打破西方中心主义，不再用西方的现代化模板来解释中国，建构中国文化的主体性和话语权，为推进社会主义现代化强国建设提供有力文化支撑。

二、牢牢把握为人民提供丰富精神食粮的着眼点

为人民提供丰富的精神食粮，关系中国特色社会主义文化建设大局，关系现代化蓝图的实现。习近平总书记在十九大报告中不仅深刻指出了为人民提供丰富精神食粮的重要性，同时高屋建瓴地为推动文化建设指明了方向。

（一）为人民提供丰富的精神食粮，必须展现高尚的价值追求，提供向上的精神指引

习近平总书记指出："发展社会主义先进文化，不忘本来、吸收外来、面向未来，更好构筑中国精神、中国价值、中国力量，为人民提供精神指引。"当前，我国文化建设虽然取得了丰硕成果，但也面临着泥沙俱下、价值观混乱的复杂环境。这就要求我们在为人民提供丰富的精神食粮的同时，必须以社会主义核心价值观为指导，不仅要注重文艺创作的数量，更要重视文艺作品的思想性，以展现高尚的道德情操，为人民提供向上的精神指引作为文艺创作和生产的价值追求。只有这样才能确保社会主义文化正确的前进方向和发展道路，才能克服极端化、片面化的思想，抵御腐朽落后的文化，塑造奋发向上、团结和睦的精神风貌。我们要加大推进思想道德建设，坚持马克思主义在文艺领域的指导地位，推进马克思主义文艺理论的中国化、时代化、大众化，用马克思主义的立场、观点和方法来指导文艺创作生产。要贯彻好党的文艺方针，把握好文艺发展正确方向，推动弘扬主旋律、传播正能量的文艺作品不断涌现。要加强文艺人才队伍建设，培养造就一批德艺双馨名家大师，培育一大批高水平创作人才，生产出适应美好生活新期待的丰富精神食粮。

（二）为人民提供丰富的精神食粮，必须坚持以人民为中心的创作导向

十九大报告最为鲜明的特点就在于高扬人民至上立场。习近平新时代中国特色社会主义思想基本方略第二条就是"坚持以人民为中心"，强调"人民是历史的创造者，是决定党和国家前途命运的根本力量"，这是由我们党的性质和宗旨决定的。我们党始终把人民放在心中最高位置，把人民立场作为根本的政治立场，把人民利益摆在至高无上的地位。社会主义的根本性质决定了社会主义文化的人民性，这也是社会主义文化优越性的根本所在。我们要牢牢把握新时代主要矛盾的变化，顺应人民群众对美好生活的向往，把满足人民精神文化需求作为文化建设的出发点和落脚点，把人民认可不认可、满意不满意作为文化建设的根本判别标准。要深入推进文化体制改革，进一步发挥市场在文化资源配置中的积极作用，加强制度创新，加快构建把社会效益放在首位、社会

效益和经济效益相统一的体制机制。要制定促进和保障文艺繁荣的法律法规，保障人民基本文化权益，提高群众文化参与度和获得感。要健全文化经济政策体系，大力扶持民间艺术和贫困地区的文化产业。要完善公共文化服务体系，深入实施文化惠民工程，丰富群众性文化活动，推动基层公共文化设施资源共建共享。

（三）为人民提供丰富的精神食粮，要深入群众，了解群众，创造出人民喜闻乐见的精品力作

习近平总书记指出："社会主义文艺是人民的文艺，必须坚持以人民为中心的创作导向，在深入生活、扎根人民中进行无愧于时代的文艺创造。"人民不是抽象的符号，而是一个个具体的人，要践行为人民服务的文艺思想，就要虚心向人民学习，从丰富多彩的生活中汲取营养。要完善激励机制，制定支持文艺工作者长期深入生活的经济政策，健全长效保障机制，为他们蹲点生活、挂职锻炼、采风创作提供必要的工作条件和成果展示平台。文艺工作者要主动深入群众，了解群众的看法、需求、感受，为人民抒情，为人民抒怀，反映人民的心声和时代的要求，以人民群众为创作主体和价值归属。要在人民中体悟生活本质、理解生活底蕴，以生活为基底方能创作出激荡人心的作品。要把人民作为文艺审美的鉴赏家和评判者，文艺作品好不好，必须由人民群众说了算。

（四）为人民提供丰富的精神食粮，必须发挥优秀传统文化的滋养作用

中华优秀传统文化蕴含的思想观念、人文精神、道德规范和中国的革命、建设与改革实践相结合，孕育了先进的有中国特色的社会主义文化，是中华民族发展壮大的精神支柱和内在力量，也为人民创作和生产精神食粮提供了深厚滋养。不忘本来才能开辟未来，善于继承才能更好创新。要深入研究阐发中华文化的精髓，加强中华优秀传统文化的研究挖掘和创新发展。要深入阐发中华文化讲仁爱、重民本、守诚信、崇正义、尚和合、求大同等核心思想观念，以中华文化的道德规范为人民群众塑造一个崇德向上、和谐美好的思想基础和生活环境。要善于从中华文化资源宝库中提炼题材、获取灵感、汲取养分，把中华优秀传统文化的有益思想、艺术价值与时代特点和要求结合起来，运用丰富多样的艺术形式进行当代表达，推出一大批底蕴深厚、涵育人心的优秀文艺作品。要推动传统文化现代化，传承振兴民间文化，保护和发展传统工艺，活态利用戏曲、诗词、书法等文化艺术，使其有益的文化价值和审美风范深度嵌入百姓生活。

（作者单位：福建社会科学院文学研究所）

福建区域特色文化与地方新型智库建设

陈美霞

　　党的十九大报告指出："文化是一个国家、一个民族的灵魂。文化兴国运兴，文化强民族强。没有高度的文化自信，没有文化的繁荣兴盛，就没有中华民族伟大复兴。要坚持中国特色社会主义文化发展道路，激发全民族文化创新创造活力，建设社会主义文化强国。"不管是国家层面的"决胜全面建成小康社会"，还是地方层面经济社会的全面发展，都离不开文化的繁荣兴盛。区域特色文化是优秀中华传统文化的重要组成部分，地方经济建设离不开区域文化的参与，作为地方政府智囊团与思想库的地方新型智库建设，同样不应该忽视区域特色文化的研究。习近平总书记指出："智库建设要把重点放在提高研究质量、推动内容创新上。要加强决策部门同智库的信息共享和互动交流，把党政部门政策研究同智库对策研究紧密结合起来，引导和推动智库建设健康发展、更好发挥作用。"加强区域特色文化的学术研究与决策咨询，是地方新型智库建设提高研究质量、推动内容创新的重要途径。

　　中国地域辽阔广袤，各地气候风土各殊，不同区域的文化也会有或多或少甚至是非常显著的差异。中华文化"多元一体"，既有共同的、相对稳定的文化核心，各区域又有丰富多彩的不同面向。处于中国东南海疆的福建，其文化正是这中华文化"多元一体"中的一"元"，而且是比较特殊的一"元"。福建区域文化对福建地方新型智库建设有着极强的助推作用。第一，福建拥有妈祖文化、朱子文化、闽南文化、畲族文化、地方戏曲、传统工艺等区域特色文化，这些区域文化与福建地方民众生活关系密切，与地方新型智库建设同样关系密切。福建区域特色文化是地方百姓生活智慧的结晶，建设地方新型智库，要立足于"以人民为中心"，深入民间生活，深入百姓群体。福建地方新型智库建设不能只停留在理论层面，要对区域特色文化展开多层次的田野调查与学术调研，从宏观理论与微观细节等多个方面把握区域特色文化。第二，智库被认为是服务于政府决策的独立的第四权力，政治、经济、社会、文化、生态是地方新型智库建设的主要内容，区域特色文化是福建地方智库建设不可忽略的重要部分。区域特色文化研究是地方智库应用研究、对策研究的主要内容，是实现经济文明、政治文明、文化文明、社会文明与生态文明的"五位一体"总体布局的途径之一。挖掘妈祖文化、朱子文化、地方戏曲、传统工艺等区域特色文化的民间形态与实践意义，发挥区域特色文化在民众精神塑造方面的优势，为培育地方文化繁荣提供智力支持，应是福建地方新型智库建设的方向之一。第三，福建拥有地方高校智库、地方社科院、地方党校、政府政策研究中心等多种类型的智库平台，地方智库学者有着自身的基础理论优势，福建区域特色文化的历史性梳理与理论性深化离不开地方新型智库专家的研究工作，哲学社会科学工作者可以发挥自身优势，挖掘区域特色文化的内涵。妈祖文化、朱子文化、传统工艺、地方戏曲等的学术化与新型地方智库建设有一脉相承之处。第四，地方文化建设是"决胜全面建成小康社会"的主要内容。"2020年实现全面建成小康社会的奋斗目标，成为工业化基本实现、综合国力显著增强、国内市场总体规模位居世界前列的国家，成为人民富裕程度普遍提高、生活质量明显改善、生态环境良好的国家，成为人民享有更加充分民主权利、具有更高文明素质和精神追求的国家，成为各方面制度更加完善、社会更加充满活力而又安定团结的国家，成为对外更加开放、更加具有亲和力、为人类文明做出更大贡献的国家。"全面小康社会包含文化小康，"传统文化"热潮下，福建区域特色文化的保护与开发是大势所趋。以妈祖文化为例，海神妈祖在民间拥有广泛的信众，妈祖文化旅游带动了湄洲岛经济发展，妈祖平安面、妈祖手工艺品等周边产品的开发亦带动了莆田部分产业的发展，这有利于莆田地区经济社会发展。妈祖文化兼顾了社会效益与经济效益，引导人民精神生活、服务地方经济社会发展。区域特色文化的开发与保护，理应成为地方新型智库文化建设的重要内容，专家学者的研究报告与决策建议自然不应该忽视区域特色文化。

福建区域特色文化已经得到一定程度的重视与开发，在当下福建地方新型智库建设的大方向下，可以有何提高、有何改进呢？其一，众所周知，妈祖文化、朱子文化、福建传统工艺、地方戏曲等都是富有区域特色的地方文化，区域特色文化的保护与传承，有利于地方文化自信的塑造。党的十九大报告指出："发展社会主义先进文化，不忘本来、吸收外来、面向未来，更好构筑中国精神、中国价值、中国力量。"这为新时代中国特色社会主义文化建设提供了思想方法，为坚定文化自信、推动中华文化走向新辉煌指明了方向。福建区域特色文化如何更好地参与社会主义先进文化的塑造、如何参与社会主义核心价值观的培育是地方新型智库建设的研究方向之一。只有做到区域特色文化的保护与传承，才能真正实现文化领域的"不忘本来"。其二，区域特色文化是优秀中华传统文化的一部分，福建特色文化已经进行了一定程度的开发与利用。但是，文化资源优势如何转化为产业优势，区域特色文化的经济效益与社会效益如何协调与平衡，还需要关心福建发展的哲学社会科学工作者进一步思考。"要坚持中国特色社会主义文化发展道路，激发全民族文化创新创造活力，建设社会主义文化强国。"面对日新月异的现代社会，如何促进福建区域特色文化的创新性发展与现代性转化，如何处理福建区域特色文化的开发、保护与传承，是值得福建地方新型智库建设者与文化研究专家深思的。其三，福建区域特色文化专家队伍与地方新型智库建设专家队伍需要进一步的人才整合，现状是有些区域特色文化专家仅仅关注基础理论，对应用研究关注不足。有些智库专家较为偏向政治经济社会层面，对区域特色文化的关注有待加强。其四，福建是台湾同胞与海外华人华侨的祖居地，福建区域文化作为祖地文化的优势尚未充分彰显，福建区域文化联络全球乡亲的实践作用没有获得足够重视。福建地方新型智库建设应该思考如何发挥区域特色文化的祖地文化优势，增强区域特色文化对台港澳同胞及海外华人华侨的凝聚力，增强台湾同胞、海外侨胞对祖国的认同感。

如何以福建区域特色文化推动地方新型智库建设？其一，福建区域特色文化应该与时俱进，"面对重大的时代课题"。习近平总书记指出："深入挖掘中华优秀传统文化蕴含的思想观念、人文精神、道德规范，结合时代要求继承创新，让中华文化展现出永久魅力和时代风采。"福建地方智库建设要立足当代福建现实，结合当今时代条件，赋予区域特色文化新的时代意义。哲学社会科学工作者应该发挥自身理论优势，促进区域特色文化的创造性转化与创新性发展，增强区域特色文化的时代感染力。在互联网时代，新型智库专家要发挥思想作用，积极促进区域特色文化的网络传播，通过网站建设、微信公众号等多渠道构建区域特色文化的网络平台，宣传区域特色文化，推介区域特色文化。其二，区域特色文化参与福建地方新型智库建设，应该与"中国特色社会主义的伟大实践"相结合，福建区域特色文化只有与福建地方经济社会发展相结合，才能在新时代发挥出自身的优势。地方新型智库专家与区域特色文化研究学者应该打通区域文化与智库研究的边界，充分了解区域特色文化的历史与现状，充分了解区域特色文化的保护与开发。地方新型智库建设既要弘扬区域特色文化，更要根据地方经济社会发展情况合理规划区域特色文化的未来发展。地方新型智库专家可以与区域特色文化所在地政府合作，进一步通过文化旅游、周边产品开发，多途径弘扬与开发区域特色文化。其三，新时代中国特色社会主义是物质文明与精神文明的共同富裕。当前，福建依然存在一些民生问题，脱贫攻坚任务有待完成，习近平总书记在闽期间非常重视扶贫工作。地方新型智库建设不仅要重视物质生产领域，更要重视精神文明领域，地方新型智库专家应该把区域特色文化研究与"文化扶贫""精准扶贫"相互联系，在"文化扶贫""精准扶贫"的视域中推动区域特色文化的保护、开发与传承。其四，实现祖国完全统一是"中国梦"与"中华民族伟大复兴"的重要内容，福建是台湾同胞的祖居地，福建地方新型智库建设中应充分发挥区域特色文化作为祖地文化的优势，通过妈祖文化、朱子文化、地方戏曲等祖地文化推动两岸文化交流，促进两岸关系和平发展。近年，习近平总书记提出"两岸一家亲""两岸统一是心灵的契合""携手建设两岸命运共同体"等对台战略思想。福建区域特色文化作为祖地文化，对于拉近闽台民众的思想认同与感情交流有着重要作用。地方新型智库建设应该考虑以区域特色文化为媒介，通过文化寻根、文化联谊等方式推动两岸文化交流，促进台湾同胞增强对祖国大陆的向心力。

（作者单位：福建社科院文学研究所）

文化创意营造助力乡村振兴战略

黄艳平

一、乡村振兴战略的现实意义

党的十九大报告提出，农业、农村、农民问题是关系国计民生的根本问题，必须始终把解决好"三农"问题作为全党工作的重中之重，实施乡村振兴战略。2018年2月，中共中央办公厅、国务院办公厅颁发《关于实施乡村振兴战略的意见》（以下简称《意见》），《意见》指出："坚持乡村全面振兴。准确把握乡村振兴的科学内涵，挖掘乡村多种功能和价值，统筹谋划农村经济建设、政治建设、文化建设、社会建设、生态文明建设和党的建设，注重协同性、关联性，整体部署，协调推进。"《意见》中涉及"文化"概念共35次，并对文化有专节阐述。《意见》指出："传承发展提升农村优秀传统文化"，"支持农村地区优秀戏曲曲艺、少数民族文化、民间文化等传承发展"。这是一场在地的乡村振兴与文化复兴，标志着我国乡村发展步入了新时代、新征程、新格局。

2018年9月，中共中央、国务院印发了《乡村振兴战略规划（2018—2022年）》，在涉及重塑乡村文化生态时指出："紧密结合特色小镇、美丽乡村建设，深入挖掘乡村特色文化符号，盘活地方和民族特色文化资源，走特色化、差异化发展之路。"规划主要提出四点要求：一是特色化、差异化；二是保持地方原有建筑风貌和格局；三是本土历史文化元素融入乡村建设；四是鼓励和引导社会资本和人员参与，丰富农村文化业态。乡村振兴战略的实施为乡村文化及中华传统文化艺术的当代传承带来了前所未有的机遇。

习近平总书记在十九大报告中明确指出："文化是一个国家的灵魂，一个民族的灵魂。文化兴国运，文化强民族。没有高度的文化自信，没有文化的繁荣兴盛，就没有中华民族的伟大复兴。"实施乡村振兴战略，要高度重视乡村文明在中华文明体系中的历史地位和时代价值，培育乡村文化原创力。中国灿烂辉煌的农耕文明孕育了"耕读传家、诗书继世"的文化道统和"乡土中国"的儒家伦理。广袤的乡村大地留存着丰富的物质文化遗产和非物质文化遗产，保护、传承这些源头活水，是实施乡村振兴战略、实现乡村文化复兴、增强文化自信的重要部分。

二、乡村振兴发展应避免的几个问题

尽管近年来国家和社会对乡村振兴与发展的重视程度和支持力度不断提升，然而，从近几年乡村发展的情况来看，还是应该正视存在的几个问题：

一是缺乏科学的规划。保护发展随意性比较大，一般都是找策划公司做一份规划。然而有的策划公司缺乏专业的文化遗产保护知识，致使具有地域历史特征的社会文化符号和文脉逐渐流失，造成"千村一面"的现象。

二是过度的商业化发展使其建筑格局风貌、文化生态环境不断遭到破坏。发展是为了更好地保护和利用，而不是纯商业性开发。文化效益、社会效益与经济效益之间的矛盾日益凸显。

三是文化传承保护的主体缺失。乡村是活态的文化遗产，无论居住者、使用者的功能业态，还是利用过程中的建筑物自身，都是活态文化遗产的重要组成部分。许多乡村存在严重的在地人缺失问题，在地人的主体性被不断弱化，保护在地人意识不强。一是由于居住环境恶劣，导致在地人人口流失，造成乡村空心化。二是以保护为名，要求在地人集体搬迁，造成滋养传统民风市井的土壤丧失，乡村抑或变成热热闹闹的纯商业区域，抑或变成建筑博物馆而已。殊不知，建筑是静态的，生活在其间的居民却是活态的文化遗产，如果缺少在地人在其间的生产与生活，将无法整体体现在地文化的独特性及文化的多样性。

三、借鉴台湾地区社区营造文创发展经验，助力大陆乡村振兴

新时代下，如何赋予乡村新的生命力？在重新焕发乡村活力的同时，更重要的是要传播优秀的传统文化，使其真正成为复兴传统文化的载体。利用文化创意，深度开发文化创意产品，为民众带来差异化的愉悦体验，让传统文化"活"起来，实现活态传播、传承，是重要的现实路径。

台湾地区的"社区总体营造"运动，近些年取得了很多成功的经验，它以文化创意为内容，从地域设计的角度来重建一个地方，让都市可以再现活力，让村落可以生存下去；通过对地方文化、环境资源与特色的寻求，建立扎根于地方土壤、地方经验的产业，来发展地方经济。其中，引导社区居民主动参与、开展"公民美学"运动，以及通过文化创意来振兴地方经济等方面，对大陆的乡村振兴非常具有借鉴意义。一是台湾地区推动社区营造策略，强调保存传统和地方特色，通过文化创意产品媒介，引导社区居民意识到传统文化艺术是具有高度生产价值的重要文化资本，扩大民众参与文化的深度，以主动投入到保护与发展文化遗产的行列。二是寻求地方文化与环境资源的特色元素，挖掘具有地方性、传统性的文化资源，建立扎根于地方土壤、地方经验的产业，如三义木雕、美浓纸伞、白米木屐等，结合文化创意，使之与地方产业有机整合，建立传统产业的可持续经营发展模式①。这种发展策略使传统文化与艺术创意成为地方产业发展的共生环节，这是现在台湾乡镇村落主要的发展方向。大陆乡村振兴战略的实施，为重振乡村传统产业、复兴乡村优秀的传统文化提供了一个千载难逢的机遇，以文化创意为媒，助力乡村振兴。

（一）文化创意实现传统文化及产业与现代社会发展的和谐共生

传统+创意的发展策略使传统文化与艺术创意成为地方产业发展的共生环节。以文化创意实现传统文化及产业与现代社会发展的和谐共生，已经成为我国乡镇振兴、古镇和古村落保护与发展的一个重要路径。共生理论的概念，最早由德国真菌学家德贝里于19世纪80年代在生物学领域提出。他认为，很多现象都可以被理解成共生，如寄生、腐生、共存等。1970年，美国生物学家马格里斯提出"细胞共生学"，"共生学说"由此更加盛极一时。20世纪中期以来，共生理论被广泛应用于社会科学领域。

在传统社会，艺术作为人的基本素养，与人的成长和全面发展关系密切，在许多乡村的建筑遗产上，都能感受到传统生活美学的影子和魅力。然而，时代在发展，技术在进步，灿烂的乡村文明渐渐淹没在现代文明的浪潮中，如何利用传统艺术与当代社会的共生机制，让传统艺术在与当代社会建立关联、互相支撑的过程中得以传承和发展，文化创意产业做了一个很好的联结，以在地文化为本，以创意为媒，以创意产品为口，向现代社会输送传统文化，以现代人喜闻乐见的方式去接纳、传播、传承优秀的传统文化。很显然，文化创意和

① 李跃乾：《台湾发展文化创意产业的经验》，《理论参考》，2014年第10期。

创意设计为乡村传统文化艺术的当代传承及传统产业的振兴提供了一个有效的发展途径，传统与现代不再孤立发展，不再对立面，文化创意的衍生设计激发着传统文化活力，跨界营销实现了传统文化活态传承。

（二）鼓励、引导民众主动参与乡村文化创意营造

乡村振兴战略应该最终把落脚点放在人身上，体现"以人为本"的原则，对在地人应该是邀请、鼓励参与，根据当地情况"量体裁衣、因地制宜"；在政府的主导下，维持在地人的生活场景，尊重在地人的意愿，鼓励在地人共同参与保护与发展。乡村振兴，在地人是主体，没有在地人的深度参与，哪怕乡村建设得再漂亮，也不可避免出现"外在与价值观断裂"的问题。

台湾地区的社区营造取得成功，一个很大的因素就是在地人的积极参与。如台湾地区的"桃米村"就非常注重在地人的参与，他们开创了"雇工购料"的社区营造模式，由在地居民参与设计社区真正需要的工程，由社区工班来实施，并充分利用在地原材料。如今，社区内的茅埔坑溪的河道修复、湿地改造，以及竹桥、蜻蜓流笼、蛙树屋、凉亭等具有浓郁地方特色的建筑，无一不是在地居民参与的成果。这种"在地参与"的价值在于增强了民众的幸福感与获得感，体现了在地居民对于社区和社区事务的主动权[1]，并在实际参与营造的过程之中不断提高保护、主动和奉献的意识，因为最大的受益者是在地居民自身。这样的以社区居民为主体的机制对于大陆乡村振兴具有很大的借鉴意义。

大陆乡村是物质与非物质文化的结合体，是生产方式和生活方式的统一体，包涵着丰厚的文化内涵、民俗人文风情和非物质文化特色，这一文化形态的保护至关重要。要实行静态保护与动态参与相结合，应对以在地人为主体的优秀传统文化这一动态文化遗产实行动态保护，使之在现代社会中得以活化地传承。

（三）精准挖掘地方性传统文化资源并加以创意整合

在乡村，共同的信仰是凝聚社区感的重要元素，发掘乡村独特的历史文化的过程正是重新发掘共同信仰的过程，村民能够在这一过程中增强认同感，培养共同的乡村振兴愿景，并从中发现乡村振兴发展具备的优势和资源。

在发展过程中，首先要"精准"挖掘当地独一无二的历史文化要素和人

---

[1]　顾远：《台湾用 10 年搞明白，"社区营造"原来不是我们想象的那样!》，《泉州网-东南早报》，2016 年 3 月 7 日。

文特质，寻求地方文化与环境资源的特色元素，挖掘具有地方性、传统性的文化资源，如民间信仰、饮食文化、自然资源、特色手工产业等物质文化遗产和非物质文化遗产的元素。其次是为这些优秀的传统文化提供落地的载体，如重现地方特色的传统表演、创意体验，以及以在地文化为主体的各类文化创意产品，让当地灿烂的物质文化和非物质文化真正实现可触摸、可带走、可传承，不再是将其束之高阁，仅供观赏。由此，应充分借助文化创意，以带动乡村整体文化品牌实力和效益，让文化活起来。

如台北县莺歌陶瓷博物馆以发展莺歌陶瓷工艺为目标，具有当代陶艺创作展览、陶艺教育教学等多重功能，打造了具有历史、文化认同感和兼具教育性、休闲性的文化空间，游客络绎不绝。

（四）利用创意设计提升传统产业和文化产品的附加值

乡村振兴，是一个整体的振兴，包括文化振兴和产业振兴，以保护传统文化为主，还是以产业振兴发展为主，似乎是两难，也存在着争议，如何做到社会文化效益与经济效益平衡发展，也许，发展文化创意产业就是平衡社会文化效益与经济效益的那个点。文化是灵魂，但是如果无法改善在地居民的生活水平和质量，无法满足人民群众对美好生活的需求，那么文化的传承发展也会缺失动力，而传统产业本身也面临着发展困境。因此，往地方特色传统产业注入文化创意与创意设计，提升产品附加值，既突出了当地文化特色，又使其在同类产品的竞争中显出优势。

乡村文化创意产业要建立在与生活环境的彼此依存关系上，强调保存传统，发掘地方特色产业。如台湾地区的地方特色产业美浓纸伞、白米木屐、三义木雕等，将传统手工艺加上创意设计及创意产品开发、营销，发展成为地方特色产业吸引消费者，维持地方经济发展。这是一种新的生活方式和产业经济。

大陆许多乡村都拥有独特的地方传统手工产业，应增强创意的体验感和愉悦感，使地方产业兼具观光、体验和教育等功能，将传统产业赋予艺术、文化内涵，打造独特的文化和产业品牌。

（五）发挥文创优势，实现文化IP品牌效益与经济效益双赢

全国有许多乡村的自然资源和文化资源都具备独特的"非复制性"，关键在于如何盘活这些资源，守正创新。应充分利用新媒体进行创新营销宣传，极力打造原创的文创IP，以提升乡村整体品牌实力和影响力，实现文化效益与经济效益的双赢。

在文创产品的开发上，要注重几个因素：一是元素生活化，产品发展以公众需求为引导，深入挖掘文化资源并提取可以与百姓生活相结合的部分作为元素加以创意设计；二是概念故事性，研究当地人的生活方式、习惯，如年节文化、婚俗文化、民间信仰等风土人情等，打造具有故事性的概念；三是产品实用性，文化创意与相关非遗文化元素结合，使文创产品形式多样，提高文创产品的实用性，以引起民众的共鸣，并能在现实生活中使用和诠释这些文创产品，给游客现实的体验，让游客愿意把这一个个鲜活的文创产品"带回家"，实现文创 IP 成功运营。

正如故宫文创对故宫文化功不可没一样，故宫的门票收入在整个文旅营收入中所占的比重越来越低，而其文化 IP 的边际效应却是越来越广，截至 2018 年 12 月，故宫文化创意产品研发超 1.1 万件。2017 年，故宫文创产品全年总收入达 15 亿元，真正实现了"故宫文化带回家"。这恰恰是故宫对"纯正"历史文化品质长期坚守得到的回报，是一个非常好的良性循环运营模式，最大程度实现了社会文化效益和经济效益的双赢。

（作者单位：福建社会科学院精神文明研究所）

闽南文化理论研究探析

游丽江

闽南文化是中华民族优秀的传统文化，源远流长，博大精深，在世代传承的过程中，随历史的发展不断丰富内涵。闽南文化突破地域限制，不仅台湾、浙江、海南、广州等地都有闽南文化的存在，而且在东南亚、欧洲等地都有很大的影响力。因此，近几十年来，越来越多的学者开始研究闽南文化，从多学科的视角出发进行研究，对闽南文化的研究日趋深入，研究成果丰硕。不过，当前闽南文化研究面临着一个问题，就是学界对闽南文化的研究更多地偏向于微观研究，侧重对闽南方言、戏曲、工艺美术等的具体研究。总体视野的宏观研究较为缺乏。总体而言，关于闽南文化的理论研究还有不足，亟待建构一个完整的闽南文化理论体系。本文试图厘清闽南文化理论研究的几个重要方面，以期对闽南文化理论研究的发展有所裨益。

一、闽南文化的定义

在界定什么是闽南文化之前，我们要先了解"闽南"这一地域概念。"闽南"概念随历史的变迁不断演进，在不同的历史时期具有不同的内涵。不同的历史文献指证，"闽南"一词有时指称福建全省，有时指包括泉州、漳州、厦门、龙岩、莆田等地在内的福建东南部地区。如今狭义上的闽南，通常指厦门、漳州、泉州三市，这主要是根据方言来进行划分的。至于对闽南文化的定义，不同学者从不同的角度出发理解，对闽南文化的定义众说纷纭，莫衷一是。学者主要从以下几个角度出发来定义：

（一）从地域角度定义闽南文化

有些学者认为闽南文化是指闽南地区的文化。不过随着闽南人移民外迁，闽南人的影响范围已突破闽南区域，闽南文化的地域不仅包含闽南地区，还包括闽南文化发展和所影响的广大地区，因此，这种定义会产生涵盖不周的问题。也有学者从地域角度出发，结合对外传播这一现象得出定义，扩大了闽南文化的地域范围，解决了定义涵盖不周的问题。具有代表性的定义是福建师范大学胡沧泽教授提出的"闽南文化是闽南地区产生、发展、变化并向外传播的主流文化"①。

（二）从历史角度定义闽南文化

部分学者从历史角度出发，认为闽南文化源于中原地区的河洛文化，故而将闽南文化定义为古代中原河洛地区传承下来的文化，即河洛文化②。虽然闽南文化是由河洛汉人南下之后将河洛文化迁播于闽南地区，但河洛文化逐渐与当地古闽越文化相融合，同时还吸收了阿拉伯文化和南洋文化，已形成了独特的精神内涵，因此，二者并不完全相同，存在一些差别，将闽南文化定义为河洛文化是不太准确的。也有学者从历史角度与其他角度出发定义闽南文化，比如著名闽南文化专家刘登翰从历史和地域的角度出发，将闽南文化定义为"衍生于中原地区的汉民族文化，经由移民的携带，南徙入闽后形成的闽文化在闽南地区发展的一种亚文化形态"③。这样得出的定义会更准确、更全面。

（三）从方言角度定义闽南文化

也有学者以方言为标准，将闽南文化定义为讲闽南方言地区的文化④。但是，讲闽南方言的地区不止闽南，还有台湾、广东、浙江、海南等地区，这些地区除了有闽南文化，还有潮汕文化、客家文化、福佬文化等多种文化。因此，单纯地从方言角度定义闽南文化，是不太精准的。

（四）从民系角度定义闽南文化

一些学者从民系角度出发，认为闽南文化是闽南人在其活动区域内创造的文化，闽南文化是民系文化。持这种观点的学者主要有福建省闽南文化研究会副会长陈耕⑤和闽南师范大学何池教授⑥等。将闽南民系作为出发点定义闽南文化，拓宽闽南文化的地域影响范围，增加了闽南民系在闽南地域之外的文化

---

① 胡沧泽：《关于闽南文化研究的若干思考》，《漳州师范学院学报》（哲学社会科学版），2011 年第 1 期。

② 方友义、彭一万主编：《闽南文化研究丛论》，北京：文化艺术出版社，2006 年，第 89 页

③ 刘登翰：《论闽南文化——关于类型、形态、特征的几点辨识》，《福建论坛》（人文社会科学版），2003 年第 5 期。

④ 同①。

⑤ 同②，第 98 页。

⑥ 何池，等：《闽南文化研究国际笔谈会论点选载》，《闽台文化研究》，2014 年第 1 期。

内涵，弥补了从地域角度出发的闽南文化定义的不足之处。

笔者认为，闽南文化不能单纯地将地域、历史、方言、民系等作为唯一的划分标准，闽南文化既是地域文化，又是民系文化，应从多角度出发综合得出闽南文化的定义。闽南文化既是在中原汉民族文化的基础上融合闽越文化及其他外来文化而逐步发展起来的文化形态，也是以闽南方言为主要外在特征、具有相同风俗习惯和思维意识的闽南人在闽南及世界其他活动范围内共同创造的物质财富和精神财富的总和。

二、闽南文化的内涵

闽南文化是中华文化的重要组成部分，在特定的地理环境中，随着历史的发展，不断地丰富自身的内涵，最后形成了独特的精神内涵。闽南文化所蕴藏的深厚内涵，影响着世世代代的闽南人。

（一）尊儒重教，重名尚义

随着中原文化南下，儒学在闽南大地上广泛传播开来，尤其是朱熹在闽南期间，积极讲学，传授弟子，大力弘扬儒学，极大地推动了儒学在闽南地区的传播与发展。朱熹曾称泉州"满街都是圣人"，这说明儒学教化在当时的泉州甚至在闽南地区已经广泛普及。闽南人崇尚儒学的价值取向和精神内涵，尊儒重教便成为闽南文化的重要传统，在闽南地区形成了一种良性的社会风气。闽南人受儒学的熏陶，崇拜关公，因此更加追求"义"。闽南人慷慨仗义，打抱不平，助弱扶危，乐善好施，回馈社会。闽南人只要经济条件允许，就喜欢做些好事，追求好名声，比如修建庙宇和祠堂，使自己的名字刻于其中。许多闽南华侨会选择回报家乡和祖国，投资兴业、修路搭桥、捐赠助学、兴建学校等，为公益事业做贡献。

（二）重商主义，务求实利

闽南人善于经商是海内外闻名的。由于闽南具有临海和海岸线长的优势，地少人多，迫于生计而从事海外贸易，闽南人由此创造和积累财富，获得实实在在的利益，因此，越来越多的闽南人走上经商之道，重商主义盛行。闽南人凭借极强的商业天赋、经商智慧和创业精神，使闽南的经济水平在福建省内居于领先地位。闽南人重商传统，敢于求利，注重对物质财富和实际利益的追求，这其实体现了闽南人务实的精神。

（三）坚强不屈，拼搏进取

历史上，早期的闽南是未经开发的蛮荒之地，闽南人为了生存，就必须与恶劣的环境做斗争，靠着自身坚强不屈、拼搏进取的精神获得生存和发展，早期形成的这种精神影响着世世代代的闽南人。同时，闽南背山临海，土地贫瘠，地少人多，人口负荷重，因此催生了闽南人的向大海索取生存和发展空间的海洋意识。闽南人在与海洋的接触中，需要面对海洋的未知危险性，这激发闽南人爱拼敢赢、开拓进取和冒险精神。著名闽南语歌曲《爱拼才会赢》正是这种精神的写照。

（四）重乡崇祖，尊崇传统

闽南人家族意识强烈是有历史根源的，这是由移民性决定的。闽南人在历史上是中原南迁的移民，为了在闽南这个陌生的环境下更好地生存和发展，他们就必须凝聚家族成员的力量，家族成员之间互帮互助，在这个过程中，巩固了闽南人对血缘关系的认同和家族意识。后来闽南人向海洋进军，发展海外贸易，在异域漂泊和闯荡，也需要家族和乡族的帮忙，因此闽南人重乡崇祖的情结十分强烈。闽南人尊崇历史文化传统，注重文化传统的保护工作，比如在闽南语中保留一些古汉语的语音，因此被称为"古汉语的活化石"。用闽南语演唱的"南音"，也被称为"音乐史上的活化石"。许多闽南传统工艺也都得到保护和传承。

三、闽南文化的类型

关于闽南文化的类型，学界众说纷纭，主要有以下几种看法：

（一）闽南文化是大陆文化

闽南文化是中原文化南播之后，结合当地闽越文化，吸收外来文化而形成的文化形态，因此，有些学者认为中原文化是闽南社会建构的基础，闽南文化在本质上是中原文化，而中原文化是农耕文化，人与土地的关系十分密切，大陆性特征明显，有些学者从而得出闽南文化是大陆文化这一论断。不过此种看法完全忽略了闽南所处的地理位置，以及由此而衍生的海洋特征和闽南人与海洋的互动，因此这种看法过于片面。

（二）闽南文化是海洋文化

有些学者认为闽南文化是海洋文化，闽南具有临海这一独特的地理区位优势，但闽南地区山多地少、土壤贫瘠，迫于生计，闽南人以海为田，不断开拓定居海外，成为国内最早移居国外的族群，闽南也成为海外移民的主要输出地，这使闽南文化具有其他区域文化所少有的海洋文化的特征，丰富了中华文化的内涵。不过如果据此就认为闽南文化是海洋文化，也是具有片面性的，因为这一论断忽略了闽南文化仍旧是以农耕文化为基础的中原文化的一个重要分支。

（三）闽南文化既是大陆文化，也是海洋文化

有些学者认为闽南文化受到大陆文化和海洋文化的双重影响，二者相互影响、相互联系、相互促进，共同丰富闽南文化的内涵。因此，闽南文化应该是大陆文化和海洋文化的有机结合体。刘登翰教授首次提出闽南文化是"海口型"文化这一论断①，用来概括闽南文化既是大陆文化又是海洋文化这一现象。"海口"虽然是个地理学名词，但是用它来理解闽南文化的类型，赋予"海口"文化意义，具有很大的理论创新性。将闽南文化认作"海口型"文化，不仅可以体现闽南是大陆文化向海洋文化的过渡地段，连接大陆与海洋，而且形象生动地表明闽南作为外来文化进入中国的"入海口"，各种文化在此地相互交融、碰撞，最后形成多元交汇的特殊形态②。

四、闽南文化的特征

闽南文化源于中原文化，受中原文化的影响很大，保留了许多中原文化的优秀成分，而且在闽南地区吸收了本土的闽越文化之后，形成了新的文化形态。闽南文化形成的历史决定了闽南文化既是一种移民文化，又是一种本土文化，同时具有移民性和本土性。在移民性和本土性的基础上，闽南文化还具有以下几个鲜明的特征：

（一）包容性

闽南文化的包容性决定了闽南文化具有一元多体的特征。历史上中原汉人南迁入闽，为了与当地居民和谐相处，就必须与当地文化相融合，而不是一味地排他，从而形成了相对稳定的闽南社会。这种包容性不仅体现为闽南文化是闽越文化与中原文化的融合，也体现为闽南文化与外来文化的兼容并蓄。闽南

---

① 刘登翰：《论闽南文化——关于类型、形态、特征的几点辨识》，《福建论坛》（人文社会科学版），2003 年第 5 期。

② 同①。

地区的临海环境，加上具有许多优良的天然港口，这种优越的地理区位因素导致闽南不仅从大陆走向海洋，从封闭走向开放，而且有众多机会与外来文化进行交汇和碰撞。早在南朝时期，闽南就开始与海外有联系，到了宋元时期，泉州的刺桐港已成为举世闻名的贸易港口。到了明清时期，闽南更是异常繁华，许多阿拉伯人、欧洲人等外国人来闽经商和定居，带来外国民俗、语言、宗教、艺术等，外来文化与当地文化在闽南相互交融，和谐共生。闽南文化的包容性，促使伊斯兰教、摩尼教、天主教、基督教、犹太教、印度教、日本教和拜物教等诸多外来宗教在闽南大地上落地生根，形成了多种宗教并存共生的格局。现在的泉州因保存着大量的不同宗教的历史文化遗迹，获得了"世界宗教博物馆"的美誉。闽南不仅宗教多，民族也非常多。除了汉人之外，还有回族、蒙古族、畲族、满族等少数民族。多种少数民族的语言及外国人带来的语言，也使闽南存在多种语言。宗教多、民族多、语言多，这"三多"正是闽南文化具有包容性的最好体现。

（二）海洋性

闽南文化的海洋性主要体现在以下几个方面：

1. 闽南人的生产生活与海洋密切相关。闽南临海的区位环境使闽南人能够因地制宜，利用海洋从事生产生活活动。一部分闽南人从海洋中获取食物，利用海洋里的渔业资源，捕捞海洋生物、养殖鱼类，以此谋生。另一些闽南人进行海洋贸易，通过发展海洋经济获得财富。

2. 闽南地区的海商力量十分强大。闽南的海洋贸易十分繁华，爱拼敢赢的闽南人即使是在明代朝廷对海事进行限制时，仍能以走私、海盗等方式突破海禁封锁，建立强大的海商集团，牢牢把握海外贸易的主动权。郑芝龙海商集团就是一个闽南海商的传奇。

3. 大批闽南人通过海洋侨居世界各地。随着闽南海洋贸易的发展，大批闽南人向海外迁徙，这些海洋移民定居当地后促进了当地海洋事业的发展。

4. 闽南人具有领先的航海技术和造船业。闽南海商率先使用指南针进行航海，因而海航技术领先于世界。闽南的造船历史悠久，造船技术先进。唐朝时，泉州海船便采用隔舱。最迟于宋代，泉州所造海船已采用水密隔舱技术，比欧洲要早数百年①。泉州、漳州在历史上一直是造船业的重要基地。

---

① 中国网：《古代泉州传统手艺——水密隔舱海船制造技术》，http：//hsqz. china. com. cn/chinanet/index. php/Home/Index/readcontent/contentid/277。

5. 闽南人具有海洋信仰。闽南人因其生存环境和生存方式而对海洋具有特殊的信仰。闽南人崇拜妈祖，希望通过信奉妈祖，使妈祖保佑渔民免遭海难，保护海上的船只和渔民的安全。这也体现了闽南文化具有海洋性色彩。

（三）世界性

闽南文化的世界性是和闽南文化的海洋性息息相关的。历史上的闽南人已经突破地理限制，通过海洋到达世界各地。人是文化的主要载体，人与文化相随，闽南人迁徙到哪儿，就带着闽南文化根植在此。因此，闽南文化也就散播在世界各地，具有世界性。闽南文化的世界性并不是指它是全世界各个民族所共同拥有的文化，仅仅只是表明在世界许多地方都有闽南文化的存在而已。当我们在讨论闽南文化的世界性时，不能忽略闽南文化到达世界其他地方之后所发生的异变情况，比如峇峇娘惹文化就是闽南文化发生异变后的一种新文化形态。这种异变后的闽南文化，依旧是闽南文化世界性的一种体现。

五、闽南文化的表现形态

关于闽南文化的表现形态，目前学界比较统一的看法是闽南文化具有俗文化和雅文化两种形态。我们不能简单地按字面意思来理解俗文化和雅文化，将俗文化理解为低俗文化，将雅文化理解为高雅文化，这其实是一种误解。根据刘登翰教授的看法，二者不存在高低贵贱之分，划分的依据是这些文化主要是由哪个阶层来占有和享用。俗文化，也称俗民文化、民间文化，主要是由民间群众所享有，是俗民在日常生活中所形成的各种文化形态，是一种下层文化，易被底层民众所接受和理解。谈到俗文化，就离不开民间戏曲、民间信用、方言等反映社会大众的审美要求的文化。雅文化，也称士人文化、精英文化，主要来自于对儒学的传承和发展，是士人形成的一种高层次的文化形态。雅文化通常比较系统、理性，具有官方性和上层色彩。通常被统治阶级所占有，借雅文化的力量用来制约管理民众，推动社会发展①。

闽南文化的俗文化更多的是体现出闽南地区的闽南人自己创造产生的独特文化，这是文化的个性，而雅文化更多地表现出中原文化与古越文化融合之后形成的文化共性。雅文化与俗文化是既相互依存又相互对立的辩证统一关系。

---

① 刘登翰：《论闽南文化——关于类型、形态、特征的几点辨识》，《福建论坛》（人文社会科学版），2003 年第 5 期。

一方面，雅文化来源于俗文化，是在俗文化的基础上进行概括整理和扬弃提升而形成的。雅文化精于俗文化。另一方面，雅文化作为统治阶层的文化工具，又对俗文化起着制约、规范和改造的作用①。

闽南文化虽然同时拥有俗文化和雅文化成分，但是闽南文化是更多地拥有俗文化的成分，还是雅文化的成分，或者说是俗文化对闽南文化的影响大，还是雅文化对闽南文化的影响更大，这也是个值得研究的问题。闽南的俗文化比雅文化的范围更广，内容更丰富，在民众中具有更最广泛的群众基础。因此笔者倾向于认为闽南文化的主体成分是俗文化，并且俗文化对闽南文化的影响会更大。

结语

加强闽南文化的理论研究有助于我们更好地将闽南文化与其他区域文化进行比较，发现闽南文化的特质，加深对中华文化的认识，促进海峡两岸的文化认同，以闽南文化为突破口，助力一带一路建设。因此，我们需要拓展闽南文化理论研究的深度和广度，重视宏观把握，从语言学、历史学、传播学、人类学、宗教学等多学科视角出发进行研究，尤其是要注重对闽南文化的当代性和世界性的阐释，更好地发挥闽南文化的作用。

（作者单位：福建社会科学院海峡文化研究中心）

---

① 刘登翰：《论闽南文化——关于类型、形态、特征的几点辨识》，《福建论坛》（人文社会科学版），2003 年第 5 期。

美学话语建构：理论探讨与批评实践

郑海婷

2019 年是新中国 70 周年华诞。9 月 20 日至 22 日，福建省社会科学界 2019 年学术年会"中国经验：美学学科建设七十年"青年博士论坛在福建省漳州宾馆召开。本次研讨会由福建省社会科学界联合会主办，福建省美学学会、闽南师范大学文学院、福建社会科学院马克思主义文艺理论与批评研究中心、东南学术杂志社联合承办。福建省社科联副主席、东南学术杂志社社长陈文章，闽南师范大学党委副书记肖庆伟，福建社科院副院长刘小新等领导出席会议并致辞。来自福建社科院、厦门大学、福建师范大学、集美大学、闽南师范大学等单位的 120 余位专家学者参加了研讨会，共同探讨美学学科的历史进程，总结美学发展经验，推动美学服务于中华民族的伟大复兴，为祖国华诞献礼。

闽南师范大学肖庆伟副书记代表闽南师大对参会专家学者表示了热烈的欢迎，简要介绍了闽南师大文学学科建设的情况，鼓励与会学者围绕主题畅所欲言，为美学学科建设建言献策。福建省社科联陈文章副主席在大会致辞中指出，新中国成立 70 年来，伴随我国社会主义事业的不断进步与发展，中国美学研究事业始终与时代同频共振，在历史进步中实现着审美文化的进步，取得了令人瞩目的成绩。中国美学学科建设必须始终坚持以马克思主义为指导，始终坚守中华美学立场，立足当代中国现实，结合当今时代条件，更好地运用中国美学理论解读中国审美文化实践。福建社科院副院长刘小新研究员的致辞梳理了 70 年来中国美学发展的历史进程，展望了新时代美学发展所面临的前景和挑战。刘小新指出，新时代美学再出发，始终要坚持马克思主义在美学研究中的指导地位，要坚持不断发掘、传承与弘扬中华美学精神，在重认传统中构建美学的中国性与中华性。

论坛采用大会发言与分组讨论、自由讨论相结合的方式，与会专家学者以

"中国经验：美学学科建设七十年"为主题，围绕 70 年来美学学科建设的中国经验与启示、马克思主义与新中国 70 年美学学科建设、中国美学的传承与创新、国外美学的最新发展及其借鉴意义等话题展开交流研讨。与会代表一致认为，中国美学学科建设是继承和发扬中华美学精神的主要力量和人文支撑，必须始终坚持马克思主义在意识形态领域的指导地位，立足中国经验，为中华民族的伟大复兴服务。

本次论坛主要体现出以下几个特点：

一是体现学科特色，紧扣年会主题。时值新中国成立 70 周年，省社科联将 2019 年学术年会主题定为"礼赞新中国，奋进新时代"。美学学会紧扣年会主题，以学术为导向，选取"中国经验：美学学科建设七十年"作为分论坛的主题，借此机会，回顾和梳理中国美学学科建设的历程，总结出经验与不足，以便更好地应对未来的挑战。

二是立足中国经验，凸显实践导向。新中国成立 70 年来，美学和其他人文社会科学一样，由弱到强，由衰到盛，不仅中华传统美学资源得到传承与发展，世界上优秀的思想成果也不断为我所用，在中国土壤中焕发出不一样的生机和活力。习近平总书记在文艺工作座谈会上的讲话，指明了文艺工作的发展方向，要求文艺工作必须坚定地立足本土，深耕大地，以人民为中心，建构中国文化的主体意识。立足中国经验、凸显实践导向——这是中国美学学科建设 70 年最重要的一条经验，是中国美学研究能够立于世界学术舞台的根本。分论坛总结经验，继往开来，使美学研究立足当代中国现实，担负起新的文化使命。

三是阐释中华美学精神，突出时代主题。习近平总书记在看望参加政协会议的文艺界社科界委员时指出，文艺界社科界要"把当代中国发展进步和当代中国人精彩生活表现好展示好，把中国精神、中国价值、中国力量阐释好"。结合新的时代条件传承和弘扬中华美学精神是本次分论坛的重要面向，是时代赋予美学研究者和教育工作者的重要使命。结合新的时代条件阐释中华美学精神，需要对中华美学的完整理解，需要认识到中华美学既通过历史阐释和学理探讨实现学科进步，又通过社会参与和文化建设实现人文价值。这是中华美学给予当代美丽中国建设的重要启示，也是中华美学为当代文明贡献的一种中国智慧。举办"中国经验：美学学科建设七十年"研讨会，是福建省美学学会深入学习和贯彻落实习近平总书记重要讲话精神的具体举措。

四是以文入会，学者参与度高。本次分论坛与会学者达 120 多名，共收到论文 107 篇，总字数超过 100 万字。是美学学会承办的历届分论坛中规模最大、收到论文篇数和字数最多的一次。2013 年以来，福建省美学学会连续 7 年承办社科联分论坛，经过这几年的学术建设，美学学会已经集合了福建省内各高校和科研机构从事美学教学和研究的绝大部分专家、学者，成为省内美学研究界最主要的活动平台。目前省内美学研究界的学术新人特别是"80 后"人数不少，多具"博士"头衔，知识基础扎实，出现了一批"新生代"的代表人物。他们以"观点新锐"和"方法多元"见长，代表了福建美学研究的未来。本次分论坛进一步响应省社科联青年博士论坛的号召，在有重点地邀请知名学者之外，继续搭建学术交流的公共平台，邀迎更多青年博士崭露头角，促进美学和文艺学界的青年俊彦融入学术共同体，助力我省美学研究的人才梯队建设。

论坛的论文集分为以下七个部分：

第一部分为理论史，是一系列重点命题的重新阐释与解读。南帆重新阐释了文学批评与美学中的"历史"概念及其在当代的意义；刘登翰在美学视域中阐述了华文文学理论建设的几个基本问题；杨春时提出了构建文化阐释学的新思路；杨健民提出了"潜感觉"新概念；俞兆平讨论了鲁迅先生在厦门时期美学与思想的转折；代迅从阿瑟·丹托的理论诉求出发，讨论了西方当代美学新范式；贺昌盛以王国维"古雅"说的"形式"意味为中心，阐发了现代"形式"意识自觉性的生成；胡明贵分析了中国现代文学死亡审美介入叙事的三种形态及其不同的经验诉求；黄键论述了中国现代文艺批评中"人民话语"的生成与重构。

第二部分讨论 70 年来中国美学、文艺理论及文学研究的发展历程、经验及其启示。刘小新总结了改革开放以来中国文艺美学的历史进程、经验并探讨了未来发展问题；郑珊珊回顾了中国当代文艺评论 70 年的发展历史，认为当代文学批评体现了《在延安文艺座谈会上的讲话》精神的回归；泉州师范学院王伟博士的论文阐述了新中国成立 70 年来三大美学高峰的话语建构；福建社会科学院王伟博士从文化自信的角度探讨了中国特色文艺理论话语体系的构建经验；朱盈蓓聚焦于 70 年来文艺本质论的发展及其在文论教材中的具体体现；肖成的论文钩沉了 70 年来世界华文文学学科的发展轨迹，并且提出海外华文文学晚近出现的七大现象；伍明春研讨了早期新诗美学话语场域的构成；陈舒劼从挑战想象的角度探讨了 70 年来中国科幻美学的发展经验，突出科幻小说参与塑造新价值能力的问题；张文涛聚焦于百年中国美学的知识生产问题，提出美学要对审美这一价值进行表述；陈开晟的论文批判地反思"西方文论中国化"命题；周伟薇思考了新时期以来主体间性文论的中国建构；谢慧英探讨了新时期以来文学审美论的形成与多种形态及其意义；唐玲丽探讨了马克思美育思想及其对新中国美育建设的意义；宋妍探讨了当代审美教育问题及其与中国大学精神的重建的关系；田军聚焦于大学生的生活美育及其当代意义；陈长利从期待视野出发反思了接受美学方法论；李旭探讨了新媒介背景下中国美学的传承与创新；孙恒存和于海洋的论文提出了构建数字美学中国学派的构想；刘桂茹思考了网络文学提供的新的审美经验；尚光一思考了新时代网络文学发展的福建经验；许莹探讨了 20 世纪 90 年代以来国家文艺政策发展路径。

第三部分集中探讨新的文艺经验与美学前沿问题。颜桂堤探讨了后人类主义、现代技术与人文科学的未来问题；桂蔚从"具身性"出发讨论了数码环境下的"身体"概念及其意义；成业聚焦于信息代码、虚拟身体与"真实"的关系问题；于小植和雷亚平关注了新媒体文化对个体心理的负面影响；郑海婷探讨了朗西埃对现代主义文学的重读对当代美学的意义；李婷文聚焦于分析美学与现象学美学对"现成品"艺术的争论；李长生关注了弗雷德里克·杰姆逊的"空间批评"；卞友江提出了重读卢卡奇命题；赵威分析了罗尼·佩弗对马克思道德观的系统解读及其现实意义；苏立君以《评亲合力》为中心探讨了本雅明对歌德"神魔学"的扬弃；罗伟文思考了后现代文论对主体性的解构问题；管雪莲将后现代美学批判与审美形而上学的重建连接起来思考；赵臻探讨了中国当代奇幻文学的"三重回旋结构"；廖述务比较了中西身体叙事传统中的身体形象的差异；卫垒垒提出了审美事件论的构想及可能性；吕东旭思考了布尔迪厄在中国的接受；陈璋斌重新思考了文学真实与虚构的讨论；郑恂探讨了德勒兹生成文学思想；周红兵从"有机体"概念充分分析了朱光潜前期的思想"变迁"。

论文集的第四部分集中研讨生态美学问题。郑亮和张家淑的论文从生态美育角度探讨了少数民族地区绿色发展的教育新起点；唐梅花聚焦于生态美学的理论困境及其中国化；戴冠青思考了老子生态美学观在生态批评中的意义；吕陈从性别与身体向制度的进军的角度思考社会生态女性观；江少英聚焦于"石竹风诗群"生态思想；张鑫分析了林清玄散文的生态意识。

论文集的第五部分探讨了台港区域文学发展与闽南区域文化。张帆的论文批判地分析了台湾后殖民文学史书写；肖魁伟以中村地平《雾之蕃社》为例分析了日据时期台湾"雾社事件"文学书写及殖民权力表征；邹建英聚焦于文白转换、文体探索与赖和新文学的生成；徐纪阳和刘建华讨论了《民族魂鲁迅》的两个版本兼及萧红与香港抗战文化的关系；隋欣卉分析了翁闹小说《可怜的阿蕊婆》；林祁、庄锡清、马娟娟等探讨了闽南语歌曲和闽南工艺美学。

论文集的第六部分探讨中国传统美学及其在现当代文艺中的表现，包括早期中国的"德"、"中和为美"内涵三层次辨、魏晋名士文化浸润下的状物文学、庄子的气论及其美学意义等。

论文集的第七部分为硕士生专辑，内容大体为文学文本的审美分析。

福建省美学学会副会长胡明贵教授在论坛总结中指出：本次论坛的研讨取得了良好效果，对推进我省美学学科建设具有积极的意义。福建省美学学会会长、东南学术杂志社执行总编辑杨健民研究员主持了论坛闭幕式和学会工作议程。集美大学文学院郑亮教授代表集美大学文学院承接了 2020 年的美学研讨会。

《福建日报》、中国社会科学网、漳州新闻网、中国教育在线，以及承办单位的官方网站和微信公众号对本次分论坛活动情况进行了报道。

（作者单位：福建社会科学院文学研究所）